氷河期以後

After the Ice
A Global Human History
20,000-5000 BC
Steven Mithen

スティーヴン・ミズン
久保儀明 訳

紀元前二万年
からはじまる
人類史

上

青土社

ガリラヤ湖の湖畔のオハロ（紀元前二〇〇〇〇年頃の居住址）の発掘現場、一九九九年九月撮影

アブー・フレイラの丘状遺跡（テル）（シリア、一九七二年）と
紀元前一一五〇〇年頃まで遡る、発掘された狩猟採集民の住居の残骸

近代都市イェリコに囲まれたテル・アッスルターン（紀元前九六〇〇年頃の最初期の新石器時代の居住址）、一九九九年九月撮影

ワディ・ファイナーン（ヨルダン、二〇〇〇年九月）。ランドローバーを停めてあるあたりが前期新石器時代の遺跡WF16である（紀元前九五〇〇－八五〇〇年頃の居住址）。

WF16の狩猟－採集－栽培民の住居の発掘現場、二〇〇〇年九月撮影

トルコ南部のギョベクリ・テペの発掘現場（紀元前九五〇〇年頃の居住址）、二〇〇二年一〇月撮影

右：ヨルダンのアイン・ガザールから出土した石膏立像

グワイルIの遺跡（紀元前八五〇〇年頃の居住址）、ヨルダンのワディ・ファイナーン、二〇〇一年四月撮影

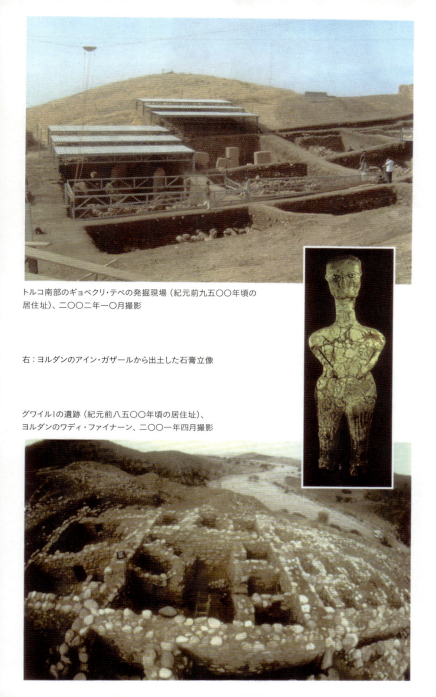

キプロス島のアエトクレムノスの洞窟の遺跡に立つアラン・シモンズ博士（二〇〇一年九月）と、ほぼ紀元前一〇〇〇〇年に遡ると思われる、発掘されたコビトカバの骨の見本

フランスのオアーズ川河畔のヴェルブリ（紀元前一二五〇〇年頃の居住址）の発掘現場と、ヴェルブリから出土した典型的な炉床

スペインのアストゥリアスのラ・リエラの洞窟——入り口と、紀元前二〇〇〇〇－七〇〇〇年頃に遡る居住堆積物の多層

右：紀元前六四〇〇年頃に遡る、石に彫り込まれた人間と魚の絵姿（セルビアのドナウ川流域のレペンスキヴィルから出土）

左：デンマークのヴェドベックの遺跡——紀元前四八〇〇年頃に遡る埋葬された若い女。その傍らには白鳥の翼の上に新生児が横たえられている（墓穴八号）。

エルテベレの貝塚（紀元前四四〇〇年頃の居住址）の
発掘現場、デンマーク、一九八三年撮影

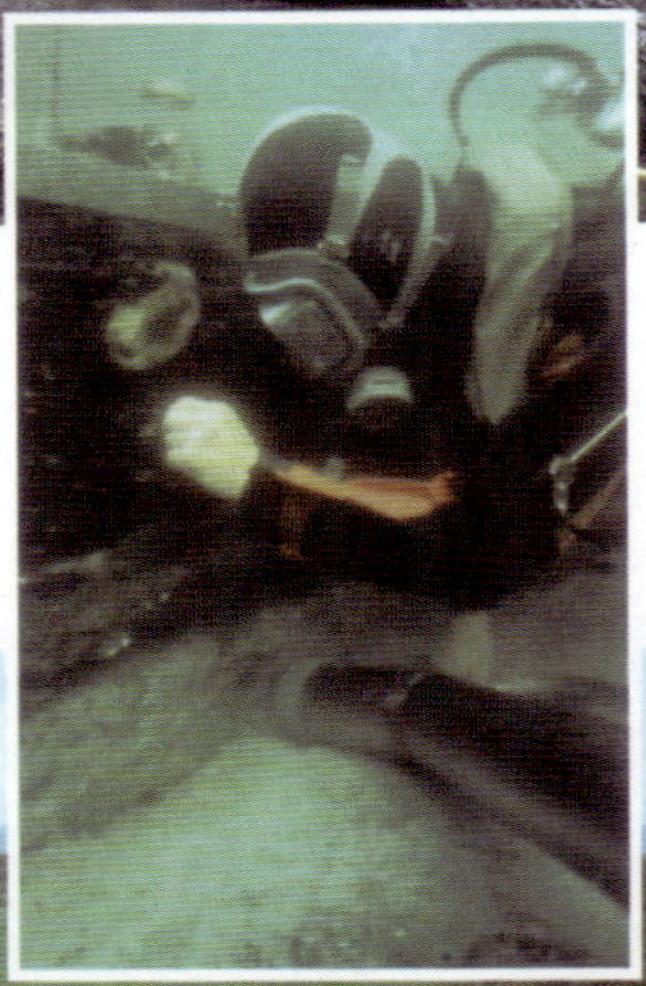

トゥプリンド・ヴィック（紀元前四四〇〇年頃の居住址）の
水中発掘、デンマーク

ボルセイ農場（紀元前六三〇〇年頃の居住址）の発掘現場、
スコットランドのアイラ島、一九九二年八月撮影

ブルーフィッシュの洞窟（紀元前一一五〇〇年頃、あるいは、おそらく紀元前一五〇〇〇年以前まで遡ると思われる居住址）の発掘現場、合衆国アラスカ州、一九八三年七月撮影

メドウクロフトの岩窟住居。合衆国ペンシルヴェニア州で発見されたこの遺跡は一九七三年以降発掘が進められており、紀元前一五〇〇〇年以前に人々が居住していたものと思われる。

チリのチンチウアップの小川に隣接しているモンテ・ヴェルデ（紀元前一二五〇〇年頃の居住址）の立地と、狩猟採集民の住居の構造木材が腐朽を免れていたことを示している発掘現場（下）。

右：ペルーのアンデス山脈の
プーナの景観

パチャマチャイの洞窟（紀元前
一〇五〇〇年頃の居住址）、ペルー

下：その堆積物が紀元前一〇五〇〇年頃に
遡るペルーのパヌラウカの洞窟の発掘現場

ギラ・ナキッツの岩窟住居（紀元前
八〇〇〇年頃の住居址）の発掘現
場、メキシコ、一九六六年四月撮影

合衆国アリゾナ州のサンダル・シェルターの遺跡と紀元前七〇〇〇年頃に遡る、ユッカの葉を編んだサンダル

コスターの遺跡（紀元前八〇〇〇－五〇〇〇年頃の住居址）の発掘現場、合衆国イリノイ州、一九七〇年撮影

「ロイヤル・アカデミー」会員ジョージ・リッチモンドが一八六七年に描いたエイヴバリー領主サー・ジョン・ラボックの肖像画

紀元前二〇〇〇〇年頃のフリントの掻器と細石器（ヨルダンのワディ・アル・ウワイニド 14から出土）

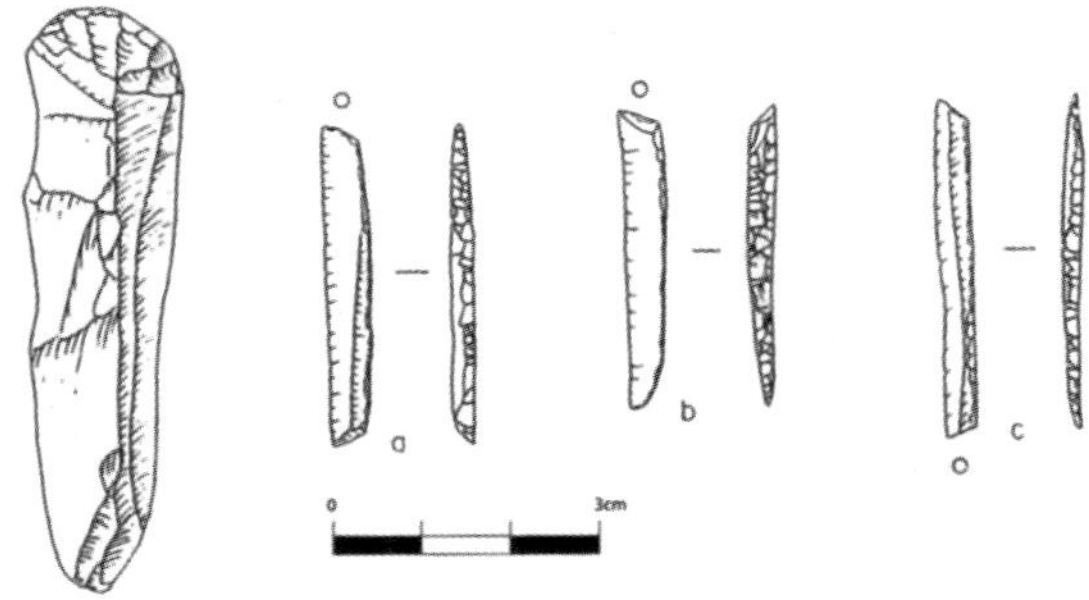

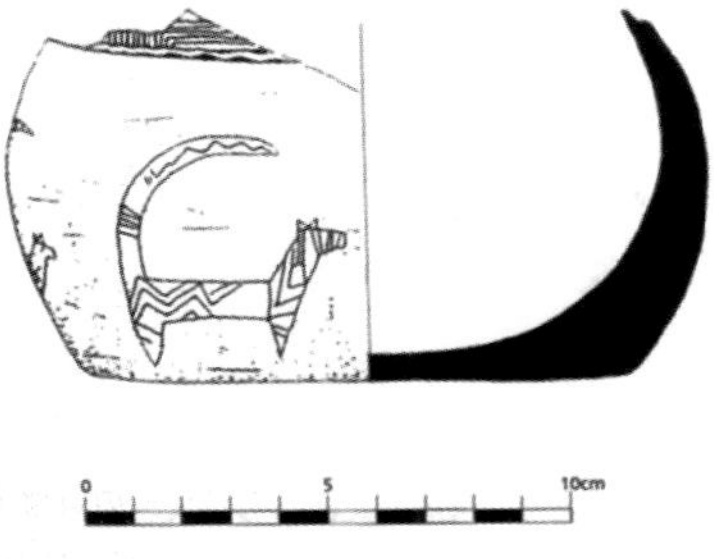

紀元前一一〇〇〇年頃の石の碗
（トルコのハラン・チェミ・テペシから出土）

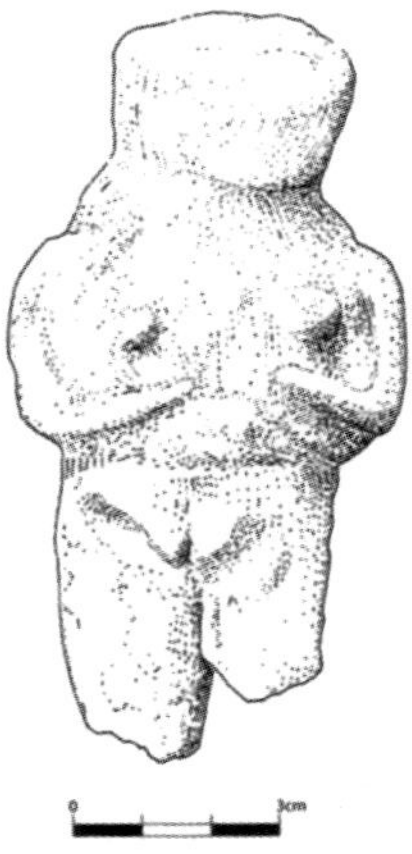

紀元前九三〇〇年頃の女の小立像（シリアのムレイベトから出土）

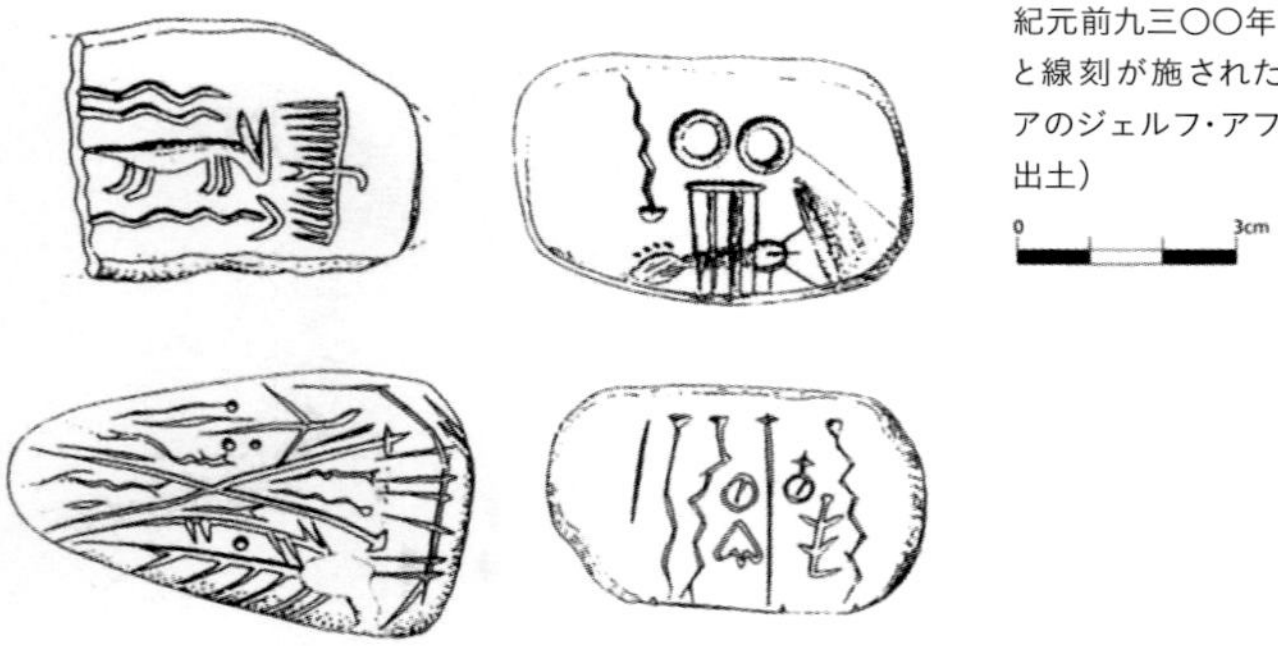

紀元前九三〇〇年頃の彫刻と線刻が施された石（シリアのジェルフ・アフマルから出土）

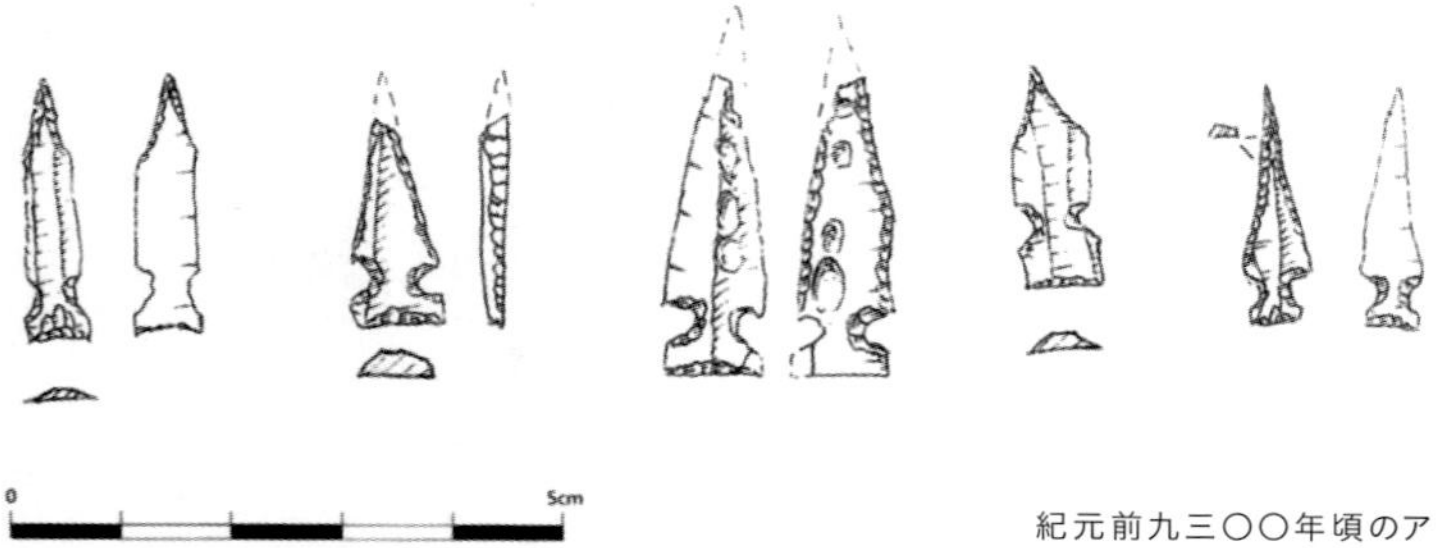

紀元前九三〇〇年頃のアル・キヤーム尖頭器（イスラエルのネティーヴ・ハ・グドゥードから出土）

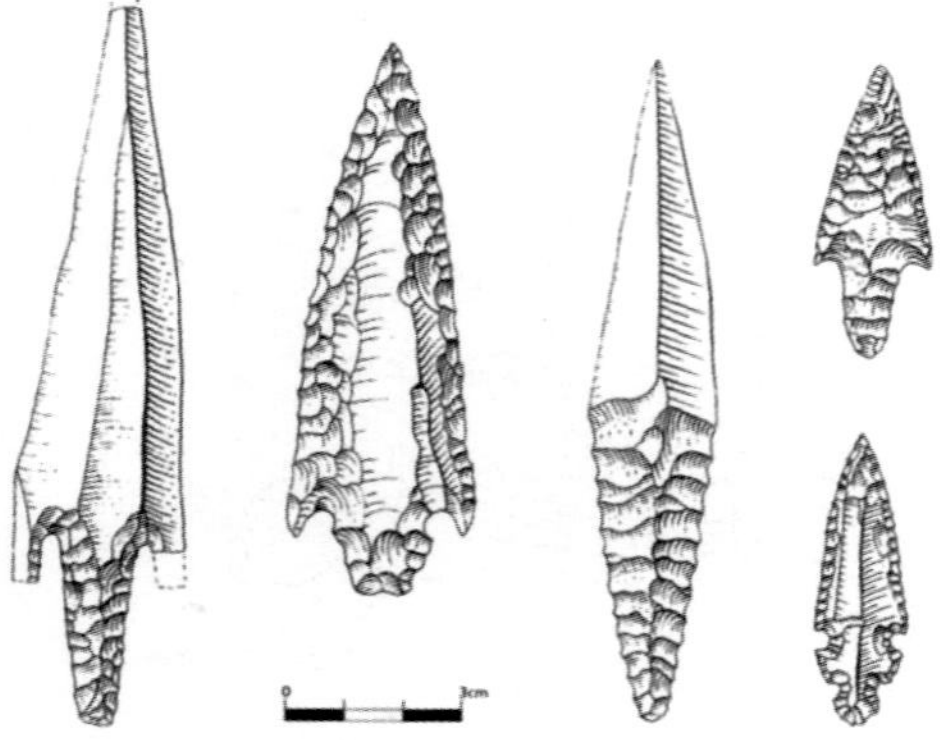

紀元前八〇〇〇年から六五〇〇年頃の石の尖頭器（ヨルダンのベイダと、それと同時代の先土器新石器時代Bの遺跡から出土）

紀元前七〇〇〇年頃の石膏で成形された頭蓋骨（イスラエルのクファル・ハ・ホレシュから出土）

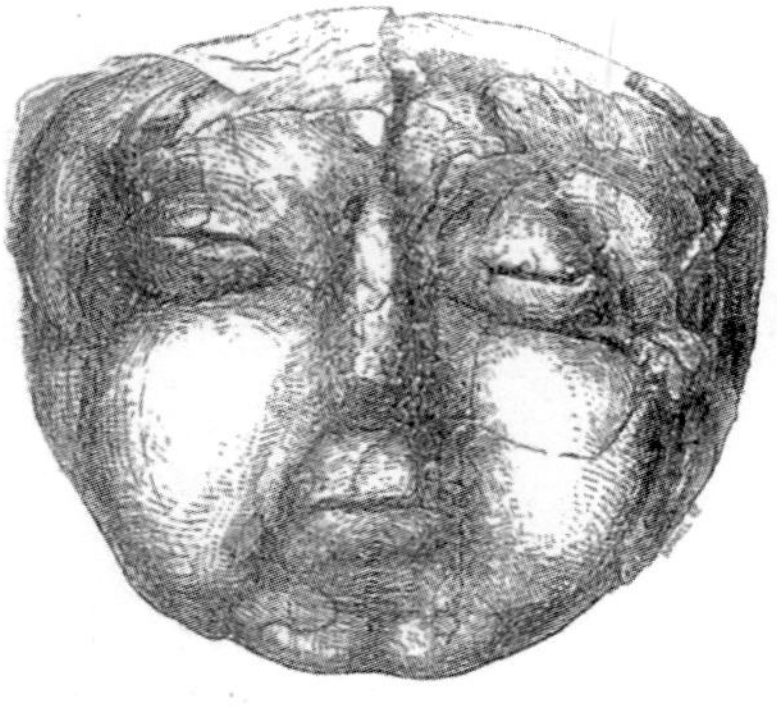

トルコのチャタル・ヒュユクで発見された紀元前七〇〇〇年頃に描かれたフレスコ画

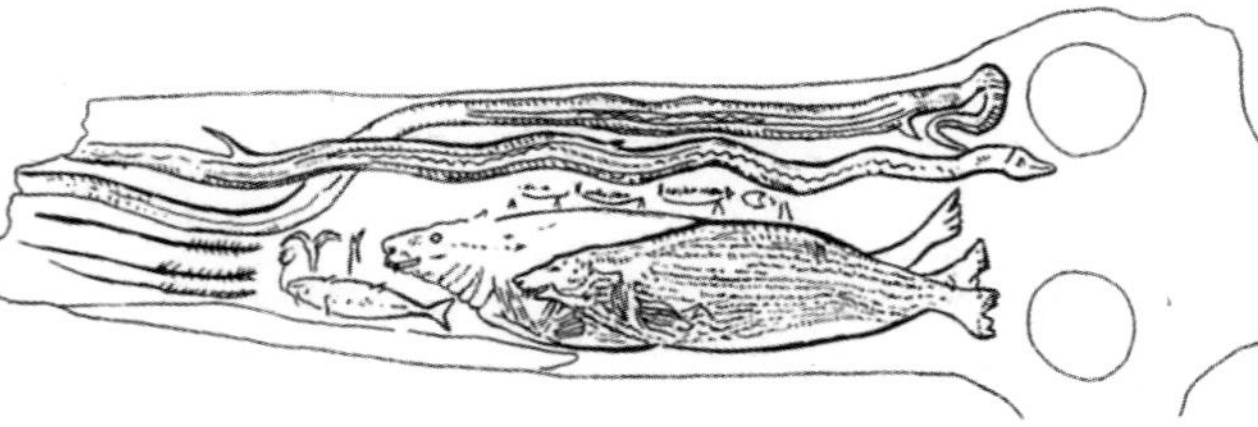

フランスのモンゴディエ・バトンの遺跡から出土した紀元前一七〇〇〇年頃の遺物

一人は子供を背負っている、図式化された四人の女を線刻によって描いている紀元前一二五〇〇年頃の石板（ドイツのゴンネルスドルフから出土）

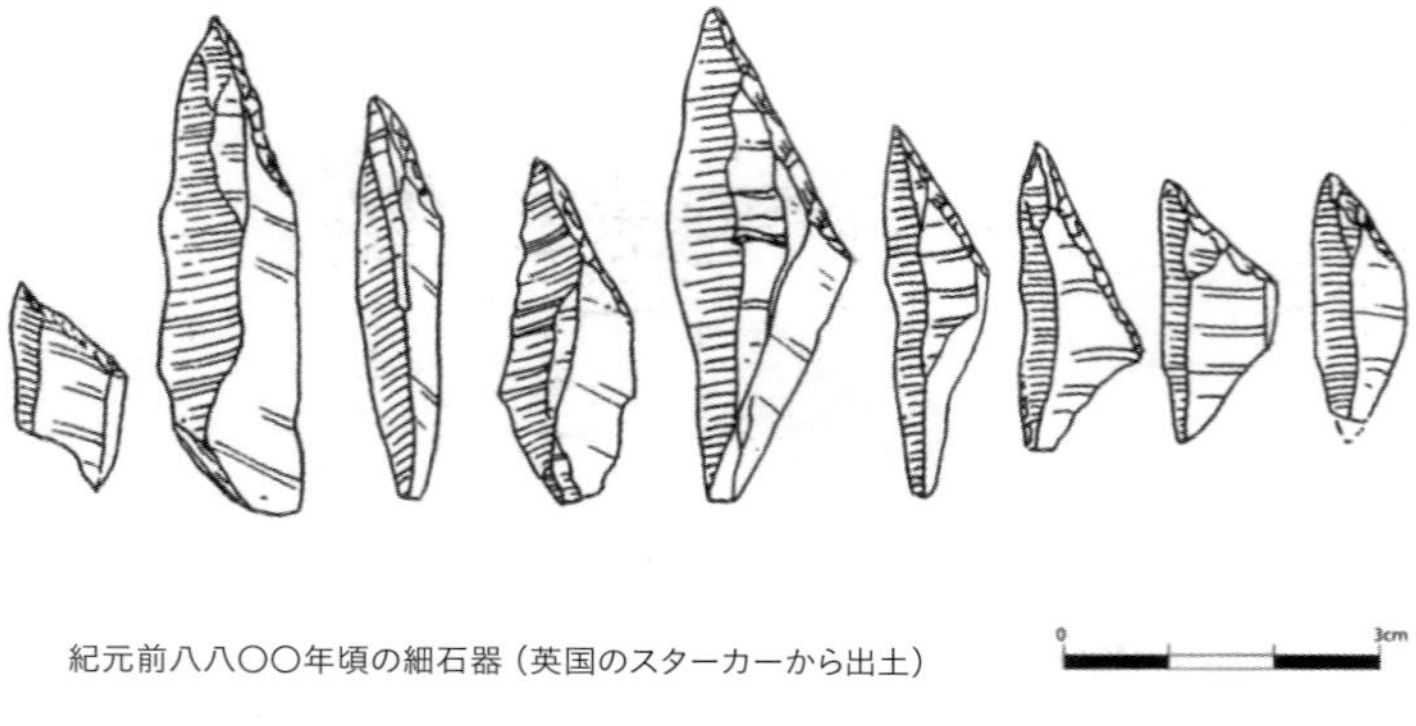

紀元前八八〇〇年頃の細石器（英国のスターカーから出土）

紀元前六五〇〇年頃の粘土製の女の小立像
（ギリシアのネア・ニコメディアから出土）

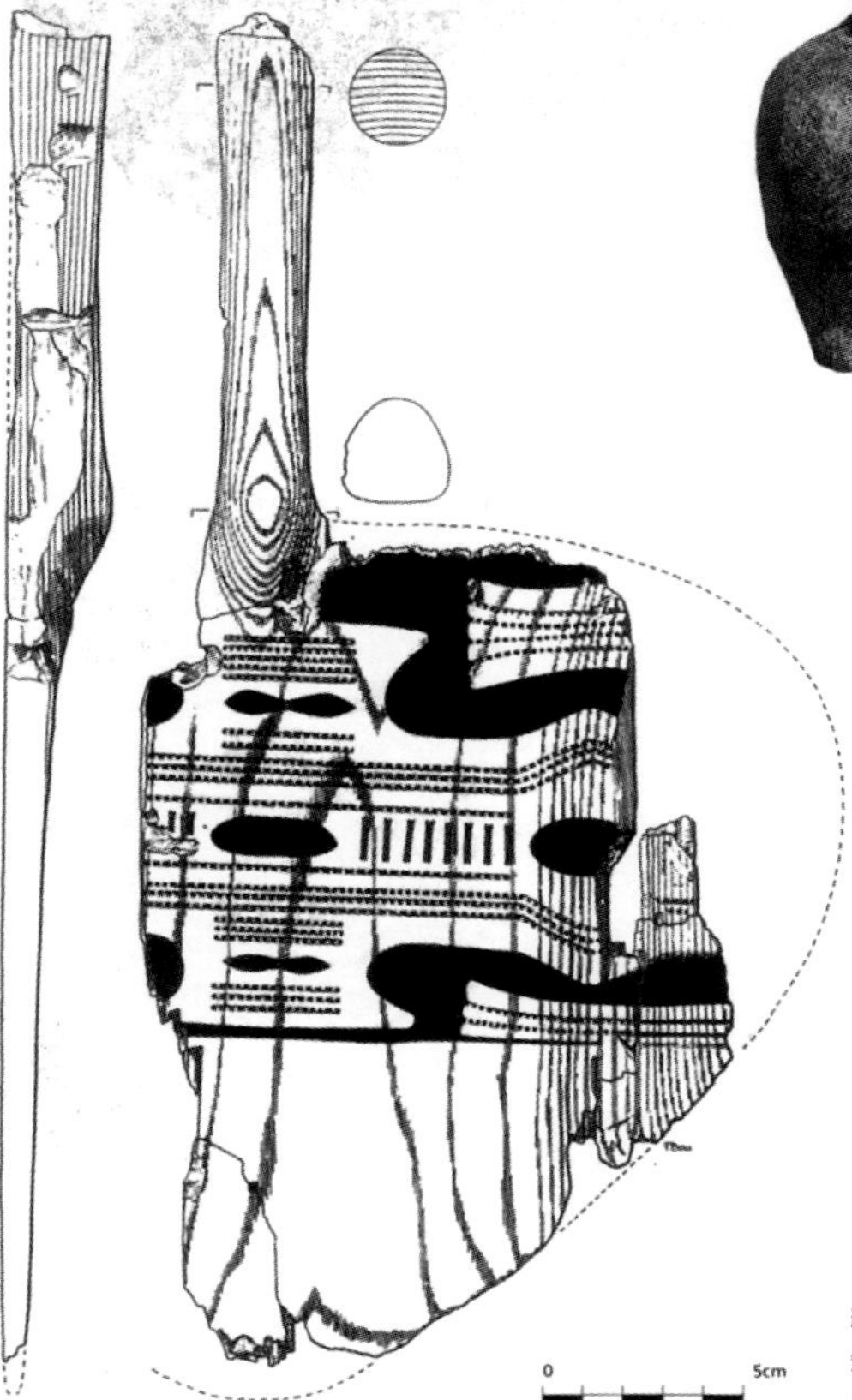

紀元前四四〇〇年頃の丸木舟の
短い幅広の櫂（デンマークのトゥブ
リンド・ヴィックから出土）

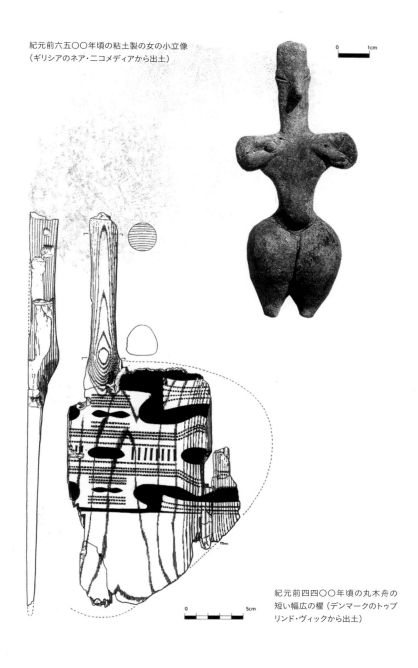

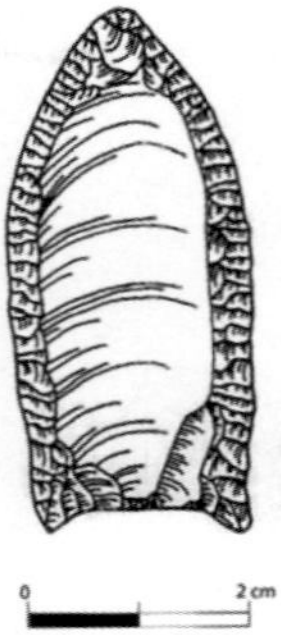

北アメリカで発見された紀元前
九〇〇〇年頃のフォルサム尖頭器

紀元前一〇五〇〇年頃の
クローヴィス尖頭器（合衆
国アリゾナ州のレーナー牧
場の遺跡から出土）

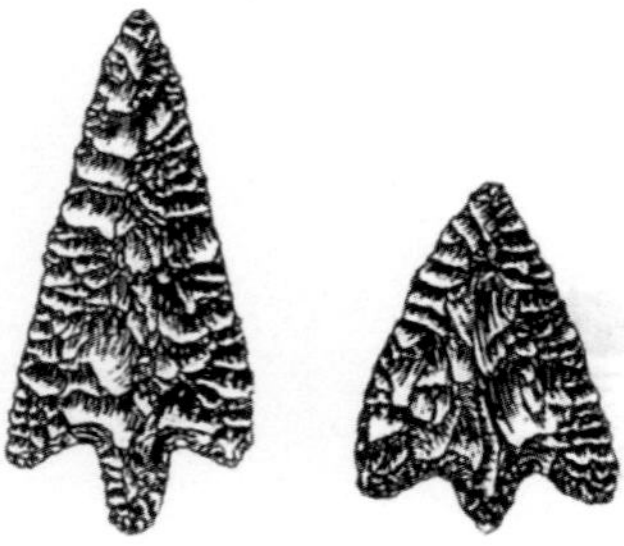

紀元前一〇〇〇〇頃年に遡ると思われ
る投げ槍の三角形の尖頭器（アマゾン
の支流タパジョス川流域から出土）

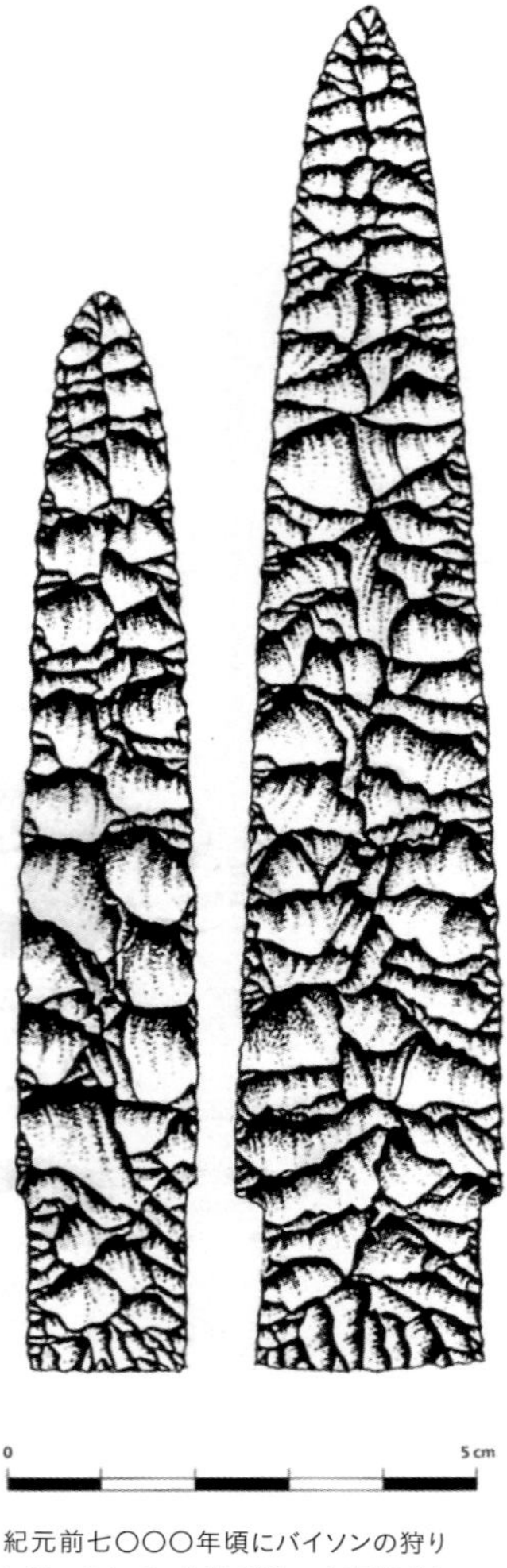

紀元前七〇〇〇年頃にバイソンの狩り
に用いられていた投げ槍の尖頭器（ホ
ーナーの遺跡から出土）

氷河期以後　紀元前二万年からはじまる人類史（上）　目次

アメリカ大陸

下巻　目次

オーストラリア大陸と東アジア

南アジア

アフリカ大陸

氷河期以後　紀元前二万年からはじまる人類史（上）

私をこの世に送り出してくれた両親のパットとビルのために

緒言

本書は、紀元前二〇〇〇〇年から五〇〇〇〇年に至る世界の歴史を扱っており、過去について考えることを好んでおり、農耕や都市や文明の起源についてさらに多くのことを知りたいと望んでいる人々のために執筆された。それは、また、未来について考える人々のためにも執筆されている。論考の対象とされている時代は、地球温暖化の期間の一つであり、その期間を通して新たな種類の植物と動物が姿をあらわしたのだが、それらのうち栽培植物化された種は、農業の分野における革命を支えていた。野生種の遺伝学的な新たな変異体であるこれらの種は、現代社会おいて遺伝子を組み換えて作り出されている種と一脈相通じる、好奇心をそそる主題の一つであり、その一方、地球温暖化もすでに始まっている。遺伝子を組み換えて生みだされた種と気候の変化が私たちの世界にどのような影響を与えるのかといった事柄に関心を抱いている人々は、新たな種と地球温暖化が私たちの過去に影響を及ぼした経緯《いきさつ》を知りたいと考えることだろう。

過去は、それが現代に与えてくれる可能性のあるいかなる教訓とも関わりなしに、それ自体のために研究されるに値する。本書は、人類の歴史についてごく単純な疑問を提起している。それは、なにが、どこで、いつ、なぜ起こったのだろうか、という問い掛けである。本書は、歴史的な物語に、原因に関する論証を擦り合わせることによって答えを見つけ出そうとしている。そうした手続きよって、本書は、私たちはどのようにしてそれを知るのだろうか、と問い掛ける読者諸賢に応答する。こうした問い掛けは、考古学上の痕跡がひどく乏しいときには、往々にしてきわめて適切に機能してくれる。また、『氷河期以後』と題された本書は、過去についてもう一つのタイプの疑問を提起している。それは、「有史以前の時代を生きるということは、どのようなものだったのだろうか？　地球温暖化と農業の分野の革命と文明の起源の時代を生きていた人々の日々の体験とは、いったいどのようなものだったのだろうか」という問い掛けである。

筆者は、最高水準の純理論的な学識を維持する一方、先史学の証拠物件を幅広い層の読者の方々に理解してもらえる著作の執筆を試みてきた。テレビ番組や近年の数多くの著作による考古学を普及させようとする試みは、視聴者や読者に対して、しばしば、「腰は低いけれども人々を見下したような態度」を取っており、私たちの過去に対して表面的で不正確な解説を提供している。これを逆の観点から見れば、先史学のもっとも注目に値する出来事の多くは、専門用語をふんだんに用いた、少数の大学人や専門家を除くほとんどの一般読者にとっては敷居が高くて踏み込むことができない学術書に封じ込められている。筆者は、筆者の主張を批判的に査定し、自らの研究をさらに深めたいと望んでいる人々の要求を満たす一方、考古学に関する知識をもっと容易に手に入れることができるよう計らうことに真剣な努力を積み重ねてきた。本書の巻末に包括的な関係書目と主要な出典を特定し、さらには技術的な問題を議論し、代替の見解を提供する膨大な註を付したのはそのためである。しかしながら、これらは、あくまでもそうした目的に沿った、読者の方々の自由意思に委ねられている情報であり、筆者の主たる、また、一貫した意図は、人類の歴史の驚嘆に値する時代に関する「良質な読み物」を創作することにある。

この種の著作の執筆は、けっして容易ではない。数年前にその企てに着手したのだが、執筆は、大学人としての職務と、家庭生活の差し迫った必要のせいで繰り返し中断を余儀なくされた。その一方、筆者の頭の中では新たな主題が次々と浮かんできたのだが、その中には、考古学に関する思索の歴史、そのほかの文化を理解することの可能性と不可能性、学問研究と発掘の暗喩として機能するタイムトラベルといった着想が含まれていた。筆者が本書を擱筆することができたのは、ひとえに家族や友人と同僚が与えてくれた惜しみない支援のおかげである。本書は、過去一〇年間に筆者が行ってきた研究や教育活動に依拠していることから、筆者は、なによりもまず、この期間の全体を通して本書の構想を刺激し、支援してくれる環境を与えてもらったことについて、レディング大学の考古学部の同僚に感謝しなければならない。これらの同僚のうち、とりわけ、特定の疑問に応えてくれたり、的を得たアドバイスを与えてくれたマーティン・ベル、リチャード・ブラッドリー、ボブ・チャップマン、ペトラ・ダーク、ロバータ・ギルクリスト、スタート・マニング、ウェンディー・マシューズの諸氏に謝意を表しておきたい。また、アドバイスを与えていただき、カラー挿絵の準備を手助けしてもらったマーガレット・マシューズ女史と、草稿を綿密にチェックしてもらったテレサ・ホッキング女史にも感謝申し上げる。なお、レディング大学付属図書館の相互貸借システム担当部には、筆者の度重なる要望に実に的確に対応してもらった。特に記して感謝の言葉に代えさせていただく。

筆者は、アドバイスを与えてくれたり、未発表の論文を提供してくれたり、発掘調査に同行させてくれたり、考古学上の遺跡を訪れる機会を与えてくれた世界の各地の考古学者たちからも途方もないほど大きな恩恵を被っている。すでにその名を記している方々に加え、セーレン・アンデルセン、オフェル・バー＝ヨセフ、ビシュヌプリア・バサク、アンナ・ベルファー＝コーエン、ピーター・ローリー＝コンウィ、リチャード・コスグローブ、ビル・フィンレイソン、ドリアン・フラー、アンディー・ガラード、アヴィ・ゴーファー、ナイジェル・ゴーリング＝モリス、デーヴィッド・ハリス、ゴードン・ヒルマン、イアン・カイト、ラーズ・

ラルッソン、ポール・マーティン、ロジャー・マシューズ、エドガー・ペルテンブルク、ピーター・ローリー＝コンウィ、クラウス・シュミット、アラン・シモンズ、C・ヴァンス・ヘインズ、トレヴァー・ワトキンズの諸氏に謝意を表しておきたい。

発掘作業に携わっている考古学者たちの中にはその遺跡に関する筆者の特定の質問に快く応え、カラー挿絵を提供していただいた方々もおられるのだが、そうした挿絵の多くは、最終的には本書に収録することができなかった。そうした意味合いから、ダグラス・アンダーソン、フランソワーズ・オドゥーズ、グレイム・バーカー、ゲルハルト・ボシンスキー、ジェームズ・ブラウン、「チャタル・ヒュユク・プロジェクト」、ジャック・サン＝マール、アンジェラ・クロース、「クレズウェル岩山遺産トラスト」、ジョン・カーチス、リック・デーヴィス、トム・ディルヘイ、マーチン・エミール、フィル・ゲイブ、テッド・ゲーベル、ジャック・ゴルソン、ハラルド・ハウプトマン、イアン・ホッダー、今村啓爾、シベル・クシンバ、ブラドリー・レパー、カーティス・マーリーン、ポール・メラーズ、デーヴィッド・メルツァー、アンドルー・ムーア、J・N・パル、ジョン・パーキントン、ウラジミール・ピトゥリコ、ジョン・リック、ローレンス・ロビンズ、ゲーリー・ローレフソン、マイケル・ローゼンバーグ、ダニエル・サンドワイス、マイク・スミス、ローレンス・シュトラウス、ポール・タコン、キャシー・タブ、フランソワ・ヴァラ、リン・ワドリー、ジョアオ・シラオといった方々と関係機関にも感謝の言葉を述べておきたい。

農学上の慣例や、植物の遺伝学と穀類の進化に関するアドバイスを与えてくれた筆者の兄弟のリチャード・ミズンにも感謝しなければならない。本書の一つ、あるいは、それ以上の章に目を通し、それに論評を加えてくれたアンジェラ・クロース、スー・カレッジ、トム・ディルヘイ、ケント・フラナリー、アラン・ジェームズ、ジョイス・マーカス、松本直子、デーヴィッド・メルツァー、ジェームズ・オコンネル、アン・ピリー、リン・ワドリーといった方々にも計り知れないほどの恩恵に浴している。これらの方々のうちとりわけアン女史とスー女史には、校閲をお願いした以上の章に目を通し、その内容と著作のスタイル一般についてアドバイスをいただいたことに感謝申し上げる。本書がWeidenfeld & Nicolson社から出版される労を執ってくれたトービー・マンディーと、本文全体に関する編集上の詳細なアドバイスによって多大の利益を与えてくれたトム・ウォートンに感謝の言葉を述べておきたい。

筆者は、四人の考古学者、ロバート・ブレードウッド、ジャック・コバーン、リース・ジョーンズ、リチャード・マックネイシュの名前を特記しておかなければならない。いずれも傑出した業績を達成しているこれらの考古学者たちは、本書の執筆の後半の段階においてこの世を去ってしまった。彼らの発掘と考え方は、本書にその詳細が記述されており、過去に対する私たちの理解に彼らが達成した独創的な貢献に対して謝意を表しておきたい。

二〇〇二年の年末以前に本書を擱筆することができたのは、ひとえに「英国学士院」が二〇〇一年の一〇月に研究准教授の身分を与えてくれたことによって、大学人としての通常の義務を、執筆に必要とされる時間を確保できる程度にまで軽減することができたおかげである。けれども、それ以前には、執筆の圧倒的大部分は、時間を盗みながら行うほかなかった。筆者は、学生たちが書く小論を指導したり、講義を準備する義務を負っているのだが、そうした意味合いからすれば、その時間は、学生諸君から盗んだものであり、学部の会合の時間をもっと厳守すべきだったという観点からすれば、同僚から盗んだものであり、筆者が行ってきたワディ・ファイナーンの発掘調査については、その現場で筆者が指導すべき作業チームから盗んだものだった。けれども、筆者は、その大部分を家族から盗んだのである。

これらの人々にお詫びするとともに、深甚な謝意を表しておきたい。とりわけ、学校で読み書きを教わった後で午後に帰宅し、本書における「動詞と名詞ばかりか形容詞の遣い方」を思い出させてくれたヘザー（今では八歳になった）、その不運な「考古学体験」を要約しようとすれば「ぬかるみを苦労しながら前に進む」という言葉が似つかわしいニコラス（一二歳）、「父さんの著作は、本当は、家族ぐるみのプロジェクトなんだ」ということに真っ先に気づいたハンナ（一五歳）に「どうもありがとう」と声をかけてやりたい。事実、それは、家族一人ひとりの支援がなかったとしたら完了させることができなかったプロジェクトだった。妻のスーには、私の世界の中心に位置を占めていてくれたという、ただそれだけのことに計り知れないほどの恩義を感じている。また、この私をこの世に送り出してくれた両親のパットとビルにかぎりない愛情と感謝を込めて本書を捧げる。

はじめに

1　歴史の誕生
――地球温暖化と考古学上の証拠物件と人類の歴史

人類の歴史は、紀元前五〇〇〇〇年に始まった。それはあくまでもおおよその数字であり、紀元前一〇〇〇〇〇年と見積もることもできるのだが、おそらくそのあたりが限界だと思われる。人類の進化は、途方もないほどの長期に及ぶ系統図に由来しており、生命の誕生以降少なくとも三〇億年が、人類の系統がチンパンジーのそれから枝分かれしてからこの方六〇〇万年が経過している。そうした悠久の時間的な感覚からすれば、様々な出来事の成り行きと知識の発達が累積することによって形づくられてきた歴史は、近年に属しており、驚くほど短期間の営為にすぎない。紀元前二〇〇〇〇年以前には重要な意味をもった出来事はほとんど起こらなかった。人々は、その祖先が何百万年もの永きにわたって行ってきたのと同じように、狩猟採集民として暮らしていたにすぎなかった。人々は、小さな集団を作って生活し、一つの居留地に長期にわたってとどまることはけっしてなかった。いくつかの洞窟の壁には絵画が描かれ、かなり精巧な狩猟具がいくつか製作されていたとはいえ、その後の歴史、つまり、現代世界を生みだすに至った歴史に影響を与えるような事象はまったく見当たらなかった。

それに引き続いたのが驚嘆に値する一五〇〇〇年という期間であり、その中から農耕と都市と文明の原型が生まれた[1]。紀元前五〇〇〇年までには現代世界の礎《いしずえ》がすでに築かれており、その後に歴史の表舞台に登場した古代ギリシア、産業革命、原子力時代、インターネットといったいかなるものといえども、それらの出来事の意義と比肩できるものはなに一つとしてありはしない。紀元前五〇〇〇〇年が歴史の誕生を特徴づけているとすれば、紀元前二〇〇〇〇年から五〇〇〇年に至る期間は、歴史が一定の成熟を遂げた時代だったのである。(2)

歴史の時代が始まるとともに人々は新たな精神を獲得していった。だが、その精神は、人類のいかなる祖先や、現在生存しているそのほかの種のそれとももまったく異なったものだった。それは、際限がないのではないかと思われるほどの想像力、好奇心、創意に満ちあふれている精神だったのである。そうした精神の起源の物語は、一九九六年に筆者が公にした著作『心の先史時代』（青土社　一九九八年）において伝えた、あるいは、伝えようと試みたものだった。(3) そのとき筆者が提起した、どれほど多様な、また、特殊化された知性が邂逅することによって「経験的な事実認識にもとづいた流動的な」精神が生みだされたのか、という理論が正鵠を射ているのか、間違っているのか、それとも、正否相半ばしているのかは、筆者が本書において物語ろうとしている歴史にとって問題ではない。すべての読者諸賢が認めなければならないのは、今から五〇〇〇〇年前という時点において、ずば抜けて創造的な精神がすでに進化していたという事実である。したがって、本書は、ごく単純な一つの問題と取り組んでいる。それは、その次にはどのようなことが起こったのか、ということなのだ。

最後の氷河時代の絶頂期は紀元前二〇〇〇〇年頃であり、これは、最終氷期最盛期として知られている。(4) この時期以前には、人々は、その数もわずかであり、過酷さを増していた気象条件に苦しめられていた。太陽を中心とする地球の公転軌道の微妙な変化によって途方もないほど分厚い氷床が北アメリカ、北ヨーロッパ、アジアへと広がっていった。(5) 地球は、その全域において渇水に見舞われ、海面が低下して広大な海岸平野が姿をあらわしたのだが、その大部分は不毛の地だった。人類の集団は、それでもなお薪や食料を確保することができるレフュジア（この時期に比較的気候の変化が少なく、ほかの場所では絶滅した種が生き残った地域）に引きこもることによって、このもっとも過酷な状況の中を生き延びていった。

紀元前二〇〇〇〇年の時点からほどなくして地球温暖化が始まった。当初、これは、いずれかといえば緩慢であり、一様ではなかった。気温と降雨量は、小規模な上昇と下降を何度となく繰り返したのである。けれども、紀元前一五〇〇〇年までには、巨大な氷床はすでに溶け始めていた。紀元前一二〇〇〇年までには気候の変動がすでに始まっており、気温と降水量が劇的に上昇したかと思う間もなく低温と渇水がぶり返すこともあった。しかしながら、紀元前一〇〇〇〇年の時点からほどなくして、地球温暖化に急激な拍車が掛かり、それによって氷河時代はその終焉を迎え、私たちが今日その中で暮らしている完新世がもたらされた。人類史の道筋は、こうした一〇〇〇〇年に及ぶ地球温暖化と、その直接的な結果によって変化していったのである。

紀元前五〇〇〇年までには、世界の各地で暮らしていた多くの人々は、農耕を生活の手段としていた。家畜化と栽培植物化によって動物と植物の新たな種が姿をあらわし、すでに集落や町に定住していた農民たちは、それぞれの部門の職人、聖職者、支配者を支えていた。実際問題として、これらの人々は、今日の私たちとほんの少しばかり異なっていたにすぎない。私たち人類は、狩猟と採集から農耕へと生活様式を切り変えることによって、すでに歴史のルビコン川を渡っていたのである。狩猟採集民の状態にとどまっていた人々も、その時点においては、最終氷期最盛期を生き延びていた祖先とはまるで異なった生活様式をもつようになっていた。この歴史書の眼目は、どのようにして、また、なぜそのような劇的な転換がもたらされたのかを探究すること、つまり、農耕や新たな形態の狩猟と採集を生みだすに至った歴史的な要因の探究である。

それは、地球全域の歴史、つまり、紀元前二〇〇〇〇年から五〇〇〇年に至る時代においてこの地上で暮らしていたすべての人々の物語なのである。

地球が温暖化による変化を被ったのはこれが初めてではなかった。私たちの祖先や、その進化の系統を同じくしていたヒト属、つまり、ホモ・エレクトゥス、ホモ・ハイデルベルゲンシス、ホモ・ネアンデルターレンシスは、地球が一〇〇〇〇〇年周期で氷河時代と温暖化を繰り返すたびごとに同じような気候の変化の期間を生き抜いていた。(6) 彼らは、彼らがそれまで常に取ってきたのとほとんど変わらない方法によってそれに対応していた。その個体群は、拡大と縮小を繰り返し、変化した自然環境に適応しながら製作する道具を作り替えていったのである。彼らは、歴史を作り出すというよりはむしろ、変化している周辺世界に対する適応と再適応という循環を果てしなく繰り返していたにすぎなかった。

そうした事情は、現代においてもけっして変わっているわけではない。地球温暖化は、二〇世紀の初頭に新たな形を取って始まり、今日においても急速に進んでいる。またしても植物と動物の新たな種が作り出されているのだが、今回それを推し進めているのは、国際的な遺伝子工学である。こうした新奇な生命体と同じように、今日の地球温暖化は、ひとえに人類の活動、つまり、化石燃料の燃焼と大規模な森林伐採の産物である。(7) これらは、大気に含まれている温室効果ガスの比率を増大させ、地球上の温度を、自然の営みが引き起こす限度をはるかに越えて上昇させていると考えられている。(8) 新たな形態の地球温暖化と、遺伝子を組み換えた生命体が私たちの環境と社会に引き起こす影響は、私たちが予測できる限度を越えている。私たちの未来は、いつの日にか歴史書に記述され、今日、私たちが苦闘している膨大な思索と予測に取って代わることだろう。けれども、その前に私たちは、過去の歴史をもたなければならない。

紀元前二〇〇〇〇年から五〇〇〇〇年に至る時代を生きていた人々は、彼らが送っていた暮らしや目撃した出来事を描写する文字や日記の類を残していない。だが、町や交易や職人たちは、文字が発明され、文書が書き残されるようになる前から、それぞれ適切な機能を果たしていたはずである。したがって、この歴史に迫ろうとすれば、書き残された記録に頼ることなく、今となってはその名や身許をけっして割り出すことのできない人々が残している、それ自体を取り上げてみれば変わり映えのしないものを吟味しなければならない。それは、石器や土器や、炊事炉や食べ物の残留物や、住居の遺跡ばかりか、記念建造物や墓地や岩絵のような、そのほかの数多くの考古学の研究対象に依拠している。それは、また、古代の堆積物に閉じ込められている花粉粒や甲虫の翅《はね》のような、過去の環境の変化に関する痕跡にも依拠している。また、それは、現代世界からもなんらかの手掛かりを得ることがないわけではない。私たち自身の遺伝子や、私たちが話している言葉は、過去について私たちに語りかけることができるからである。

そうした痕跡に頼らなければならないことに起因する最大の難点は、その結果として導き出された歴史が人工遺物の目録より少しばかりましなものや、考古学上の遺跡の一覧表や、それらしく設えられただけの「文化」の羅列になりかねないことにある。もっと身近に感じられ、私たちの好奇心をそそる歴史とは、人々の暮らしぶりに関する物語を語りかけてくれる歴史、つまり、過去の暮らしを、身をもって体験させてくれる類のものとして提示し、人類の活動を、社会的・経済的な変化の誘因として認識させてくれるような歴史である。(2) そうした歴史を達成しようとすれば、本書は、現代世界に暮らしている誰かを有史以前の時代に送り込まなければならない。つまり、その誰かが、石器が造られたり、炉床で火が燃えていたり、人々が住居の中で暮らしている現場を目撃するのである。氷河時代の世界を訪れ、その世界が変化していく状況を目の当たりにするのである。

筆者は、この任務にジョン・ラボックという名の若者を選抜した。この若者は、それぞれの大陸を、西アジアを手始めに順次訪れ、ヨーロッパ、アメリカ大陸、オーストラリア大陸、東アジア、南アジア、アフリカ大陸といった世界の各地を経巡る。彼は、考古学者が遺跡を発掘するのと同じようなやり方によって旅行する。つまり、人々の暮らしぶりのもっとも本質的な詳細を検分する。だが、いかなる質問を発することも許されてはおらず、自分の存在をけっして知られてはならない。筆者は、読者諸賢に註釈を提供し、考古学上の遺跡がどのようにして発見されて発掘され、調査研究されたのか、つまり、遺跡が、農耕、都市、文明の誕生に関する私たちの理解に貢献した経緯《いきさつ》を説明することにしよう。

それでは、ジョン・ラボックとはいったい何者なのか？ 彼は、筆者の想像の世界に住んでいる若者であり、過去に興味をもっているのだが、未来については恐怖心を抱いている。もっとも、その未来とは彼自身の未来ではなく、この地球の未来である。この若者は、一八六五年に過去に関する書物を著し、それを『有史前の時代』と名づけたヴィクトリア女王時代の一人の博識家とその名前を共有している。

ヴィクトリア女王時代のジョン・ラボック（一八三四－一九一三年）は、チャールズ・ダーウィンの隣人であり、友人であり、その理論の信奉者だった。[10] 彼は、きわめて重要な財政改革を仕組んだ銀行家であり、古代の遺跡の保存と銀行休日を最初に法制化した自由党の下院議員であり、数多くの科学的な著作を出版した植物学者にして昆虫学者だった。『有史前の時代』はベストセラーになり、標準的な教科書として広く読まれ、最終版となった七版が一九一三年に出版されている。この著作は先駆的な労作であり、この世界は六〇〇〇年の歴史をもっているにすぎないと主張していた、聖書に依拠した年代学を最初に斥けたものだった。

それは、「旧石器時代」と「新石器時代」という用語を導入していたのだが、そのいずれもが今日では有史前の過去のきわめて重要な時代として認識されている。

しかしながら、ヴィクトリア女王時代のジョン・ラボックの洞察力は、お話にならないほどの無知と同居していた。石器時代の時代区分についてはわずかの知識しか持ち合わせておらず、古代の生活様式と環境に関する手持ちの証拠物件は乏しく、ラスコーや有史前のイェリコや、今日では人類の過去の道筋を明らかにする標石として知られているそのほかの無数の遺跡の存在を耳にしたこともまったくなかった。筆者は、本書の構想を思い立ったとき、『有史前の時代』の執筆に敬意を表し、ヴィクトリア女王時代のジョン・ラボックをそうした遺跡に送り込もうと考えた。けれども、彼は、もはや過ぎ去ってしまった過去の時代の人物である。たとえラスコーの洞窟絵画やイェリコの遺跡を身をもって体験したとしても、すべての狩猟採集民は子供のような知能をもった野蛮人であるという、ヴィクトリア女王時代にはごく一般的だった感性を棄て去るとはとうてい考えることができない。

有史前の時代へのタイムトラベルのもっと適切な受益者は、この世界においてまだ名を成していない人物である。それゆえ、筆者は、現代社会に暮らしているジョン・ラボック君を、彼がその名をもらい受けた人物が著した書物をもたせて有史前の時代に送り込むことにしたのである。この若者は、人里離れた世界の片隅でこの書物を読むことによって、ヴィクトリア女王時代のジョン・ラボックの業績と、『有史前の時代』が初めて世にあらわれてから一五〇年も経たないうちに考古学者たちが達成してきた驚嘆に値する進歩のいずれをも正しく認識することだろう[11]。

筆者がジョン・ラボック君に本書に登場してもらったのは、この歴史書が、考古学者たちが発見するたんなる過去の遺物ではなく、人々の暮らしぶりに関わっていることに力点を置きたいからである。筆者自身の眼は、現在を免れることができない。うち棄てられた石器や食べ物の残留物や、手触りの冷たい空虚な住居址や炉床の背後にあるものを見通すことができない。発掘は、そのほかの文化への出入り口を与えてくれるとはいえ、そうした出入り口は、たんに無理矢理少しばかり開かれているにすぎず、けっして文化そのものへの出入りを許してはくれない。けれども、想像力を用いることによってそうした裂け目の中にジョン・ラボック君を押し込み、筆者の眼には拒まれているものを彼に見てもらい、旅行作家のパール・セローが「奇妙な土地の奇妙な闖入者」と表現している人物になってもらうことはけっして不可能ではない。

セローは、「他者たることをその限界まで」体験したいという自らの欲求にもとづいた著作を執筆している。セローは、その著作において、自分が闖入者――まわりの人々にとっての他者――になることによって、自分が誰であり、なにを表象しているかを発見したのだが、その道筋とはいったいどのようなものなのだったのだろうか、と自問している。(12) そして、これこそが、考古学が、今日、私たちすべてのためになすことができることにほかならない。グローバリゼーションが世界の各地においてあたりさわりのない画一的な文化をもたらしていることを考慮してみれば、想像力を働かせた有史前の時代へのタイムトラベルは、ことによると、私たちが、今日、他者たることの究極的な感覚を獲得し、そうすることによって自己自身を再確認することができる唯一の方法なのかもしれない。また、それは、筆者が熟知している考古学上の証拠物件を、筆者が書きたいと願っている類の人類史に「翻訳」するために筆者が発見した唯一の方法である。

筆者は、自らの発掘作業によって姿をあらわした空虚な住居の遺跡を凝視《みつめ》ていると、しばしばもう一人の偉大な旅行作家ウィルフレッド・セシジャーと思索をともにしているという感慨にとらわれる。一九五一年、セシジャーは、イラク南部のマーシュ・アラブ（アラブ・アル・アフワーン――字義的には「湖沼のアラブ」）とともに暮らしていた。翌年、ふたたびその地を訪れ、夜明けとともに到着したとき、彼は、広大なアシ原が朝日を背景としてその輪郭だけを浮かび上がらせている光景をはるかに望んだ。そのとき、セシジャーは、その地を初めて訪れたときのことを思い出していたのだが、それは、水路に浮かんでいるカヌー、ガチョウの鳴き声、水上に建てられたアシの家、ずぶ濡れのスイギュウ、暗がりで歌っている男の子たち、カエルの鳴き声といった情景だった。彼は、それを後に「私はふたたび実感したのだが、その実感とは、この生活を共有したい、たんなる傍観者以上の存在になりたいという切実な願望だった[13]」と表現している。

私たちは、考古学の技法のおかげで有史前の時代の傍観者になることができるようになった。たとえそれが不鮮明なレンズ越しの傍観だったとしても、そうした事情そのものに変わりはない。けれども、筆者は、セシジャーと同じようにさらに前に進みたいのだ。有史前の生活そのものを体験し、その体験に根差した人類史を執筆したいと切望している。セシジャーは、自らのカヌーを操って出発することができたのだが、筆者が手にしているすべては、考古学上の痕跡に対する細心、かつ、徹底的な研究から導き出された想像力である。それゆえ、ジョン・ラボック君は、本書においてたんなる傍観者以上の存在になりたいという筆者の願望を叶えてくれることだろう。筆者は、この若者を通してセローやセシジャーのような人物に、つまり、奇妙な地域を経巡る闖入者になるのだが、筆者が経巡るのは有史前の世界なのである。

2 紀元前二〇〇〇〇年の世界
――人類の進化と気候の変動と放射性炭素年代測定法

紀元前二〇〇〇〇年の地球は、寒冷で乾燥しており、風が吹きすさぶ荒涼とした世界だった。しばしば嵐が吹き荒れ、大気には大量のほこりが含まれていた。海面が大幅に低下したことによっていくつもの広大な地域が陸続きになったり、大規模な海岸平野が剥き出しにされていた。タスマニア島とニューギニア島は、オーストラリア大陸の一部だった。ボルネオ島とジャワ島もタイも陸続きであり、そこには地球上最大規模の多雨林が山脈を形づくっていた。サハラ沙漠とゴビ沙漠や、そのほかの砂地の沙漠は、最大規模にまで拡大していた。グレートブリテン島は、ヨーロッパの半島にほかならず、その北部は氷に埋め尽くされ、その南部は極地沙漠だった。北アメリカの大部分は、巨大な氷のドームに被われていたのである。

人類の集団は、最終氷期最盛期以前に住んでいた多くの地域を放棄せざるをえなかった。比較的居住に適した地域もあったとはいえ、そこに住んでいる人々はほとんどいなかった。そうした地域にたどり着くための道筋が乾燥した沙漠や氷の壁によって封鎖されていたからである。人々は、生存が可能な地域で凍てつくような寒気と、果てしなく続く渇水と苦闘しながら細々と生き永らえていた。たとえば、後世になって考古学者たちにプシュカリとして知られるようになった、今日のウクライナの内部に位置している居住地の人々の暮らしぶりを想像してみていただきたい。

氷河期のこの時期、五つの住居が、ツンドラの上でいびつな円形を形づくっている。これらの住居群は、身を切るような冷たい風を避けて南向きに、また、半ば凍りついている曲がりくねった川の近くに建てられている(1)。その住居は、イグルーと呼ばれている、イヌイット族の氷雪塊の家に似ているのだが、氷のブロックではなく、マンモスの骨と皮によって組み立てられている。それぞれの住居は、マンモスの二本の牙によって形づくられた堂々とした入り口をもっており、その牙の上端によって屋根はアーチ状をなしている。壁には縦方向の支柱として、どっしりとした脚の骨が用いられており、支柱と支柱の間には下顎骨を、顎先を下向きに積み重ねることによって、寒気と風に対する堅固な障壁が築かれている。骨と枝によってその骨格が形づくられている屋根には獣皮と芝草が貼りつけられ、それを下方向に押しつけているいくつもの牙が屋根の構造の強度を補っている。ある住居からは煙が天井をくぐり抜けてゆるやかに立ち昇っており、赤ん坊の甲高い泣き声が、別の住居の分厚い獣皮を突き抜けて聞こえてくる。

集落から少しばかり離れたところでは、大量の骨を積んだ橇《そり》が川から引き揚げられている。その作業を行っている人々の顔は、喘ぎながら吐く息が寒気に触れて白く曇っているせいで薄ぼんやりしているのだが、濃い顎髭と長い髪の毛に被われており、皮膚はごくわずかしか露出していない。これらの人々は、毛皮の裏付きの衣服を身に纏っている。それは、たんに毛皮を体に巻きつけたといった簡素なものではなく、巧みに縫い合わされている。今は冬のまっただ中であり、この集落は、氷河から南にわずか二五〇キロばかり離れているにすぎない。気温は、摂氏マイナス三〇度にまで下がることがあり、そうした寒気をこれから先九ヶ月も耐えなければならない。川は建築資材を与えてくれる。北方で死んだ動物の死体が下流に押し流されているうちに各部の骨へと解体されるからである。

生活はけっして楽ではない。川から骨を引き揚げたり、住居を建てたり修繕したり、牙を細かく切断したり砕いたりすることによって、集落の職人たちが道具、武器、装飾品を造ることができるよう計らわなければならないからである。日の光は貴重だ。それは、一日のうちほんの数時間しか射さない。その後は長時間にわたってあたりは暗闇に閉ざされ、人々は、焚き火を囲んであれこれの物語を披露する。こぢんまりとした住居群の間にはすでに小さな焚き火が燃えており、節くれ立った一本の丸太から炎が揺らいでいる。この炎が照らし出しているのは六人の男と女であり、彼らは、寒風にさらされる度合いを最小限に抑えるために、膝を折り曲げ腕を組んで互いに寄り添って座ったり、新しい衣服を縫い合わせている。

焚き火の近くでは一頭の動物が屠られており、あたりの空気は、その肉と血によって悪臭に満たされている。それは、群から離れてうろついていたトナカイであり、岩石が地表に剥き出しにされている露頭で石を切り出していた一行にとっては思いもかけない、ありがたい獲物だった。それを捕殺して天然の冷蔵庫である地下の穴に保存しておいた彼らは、その肉を瀉血せずに食べている。屠体は、いかなる部分といえどもうち棄てられることはない。その肉は、この冬をプシュカリで暮らしている五つの家族が分け合う。枝角は小刀の柄や銛に加工し、皮は衣服や袋の素材として利用する一方、靭帯と腱は糸や紐として使うことができる。心臓、肺、肝臓などの臓器は御馳走として食用に供され、歯は、穴を開けて糸を通して首飾りとして、骨は、貯蔵しておいて燃料として利用する。

一つの住居の内部には装飾が施されており、それを獣脂ランプの小さな炎が照らし出している。そのすけた内部は温かいとはいえ、空気は淀んでいる。床の地面は柔らかく、その中央に切られている、灰によって被われている炉床のまわりには獣皮と毛皮の敷物が置かれている。マンモスの頭蓋骨と脚の骨が室内装飾に用いられており、皮袋、骨や木を刳り抜いた深い半球状の器、枝角や石から造られた道具が壁のそばに散乱していたり、垂木からぶら下がっている。これは、石器時代の家庭の雑然とした光景である。揺れ動くランプの光が一人の男を照らし出しており、この男は、年老いているように見えるのだが、氷河期の世界においては、皮膚や骨は、急速な老化を免れることができない。男は、髪の毛をさなだに編んでおり、牙と歯に糸を通した装身具を首にかけている。彼の指は、骨の編み針と、腱から作った糸を巧みに操りながら衣服を縫い合わせている。

住居の外では一人の男と数人の女たちと子供たちが一緒に座り込み、膝の上に抱え込んだ石の塊を叩いている。いくつもの剥片が剥がれ落ち、そのうちもっとも大きいものは、注意深く傍らに選り分けているのだが、そのほかのものは、落ちた場所にそのまま放っておくか、周囲にまき散らされている大量の剥片の中に何気なく投げ込んでいる。こうした作業にはお喋りがつきものであり、それに笑い声が混じることもあるとはいえ、石の代わりに親指を叩いてしまって思わず悪態を吐いてしまうこともある。

もう一つの住居の内部には、家庭生活の気配を感じさせるものはなに一つとして見当たらない。床は、分厚い毛皮で被われており、赤い縞模様の装飾が施されたとりわけ大きなマンモスの頭蓋骨が異彩を放っている。その傍らには鳥の骨から造られた太鼓のばちと横笛が置かれている。牙に彫刻を施した、高さはほんの数センチ程度の二体の小立像が石板の上に置かれている。内部にはそのほかの装飾品はまったく見当たらない。ここでは特別の会合が開かれる。別の集落の人々が訪ねてくると、ほとんどすべての居住者たちがここに集って訪問者たちから耳新しい話を聞いたり、互いに贈り物を交換する。すると、内部はかなり暑くなり、強烈な臭いが立ち籠めてくる。全員がそろって歌を歌い始めると騒々しくもなる。

けれども、そうしたことがなければ、最終氷期最盛期の物音は、石と石を打ち合わせる鋭い音や、人々のもの静かなお喋りや、重労働につきものの怒声と喘ぎといった日々の生活の響きにかぎられている。これらの物音は、容赦なく吹きつける、身を切るような冷たい風に運ばれてツンドラを渡っていくのだが、この風は、夜の帷《とばり》が降りると、オオカミの遠吠えをはるか彼方にまで運んでいくこともある。こうしたとき、プシュカリの人々は、焚き火を囲んで車座を作り、炙った肉を分け合い、あれこれの物語に花を咲かせる。話に実が入らないほど気温が下がってしまうと、毛皮の温もりが恋しくなった人々は、それぞれの住居に引き上げていく。

プシュカリで暮らしていた人々は、ホモ・サピエンス、つまり、新人であり、解剖学的にも知能的にも読者諸賢や筆者とまったく変わらない。(2) 紀元前二〇〇〇〇年までにはヒト属のそのほかのすべての種はすでに絶滅しており、これは、ジョン・ラボック君がその旅において遭遇することとなる唯一の類型である。したがって、こうした事態がいつ、また、なぜ生じたかに関する手短な説明は、これから筆者が物語ろうとしている歴史にとって有益なプレリュードだといえるだろう。

人類の進化に関する化石記録は、中央アフリカの北部に位置しているチャドで紀元後二〇〇二年に発見された頭蓋骨によって今から七〇〇万年前という太古の昔に遡る。これは、考古学におけるもっとも重要な発見の一つであり、サヘラントロプス・チャデンシスと命名されている。(3) 四五〇万年前には二足歩行をし、石器を使っていた類人猿に似た数種の生き物が存在していたことがアフリカ大陸における化石記録によって明らかにされている。その後ほどなくして二〇〇万年前には、人類に似た初めての種が出現し、考古学者たちは、それをホモ・エルガステルと呼んでいる。これは、アフリカ大陸から周辺地域に広がっていった、私たちの祖先であるヒト属の最初の種だった。拡散の速度は並外れて速く、その種は、今から一六〇万年前には、おそらく東南アジアに到達していたと思われる。(4)

ホモ・エルガステルは、その進化の途上で少なくとも二種の子孫、つまり、東アジアを生活圏としていたホモ・エレクトゥスと、アフリカ大陸を生活圏としていたホモ・ハイデルベルゲンシスを残した。後者は、ヨーロッパに拡散し、今からほぼ二五万年前にネアンデルタール人（ネアンデルターレンシス）を生みだした。ネアンデルタール人は、アジアのホモ・エレクトゥスと同じように、その子孫を残すことなく絶滅してしまったのだが、ネアンデルタール人とホモ・エレクトゥスは、そのいずれもがきわめて大きな気候の変動に適応して暮らすことに並外れた成功を収めた種だった。

ホモ・サピエンスがアフリカにおいて進化を遂げたのは、氷期のうち生存にとってとりわけ過酷な時代の一つだった、今からほぼ一三〇〇〇〇年前のことであり、最初期のその化石は、エチオピアのオモ・キビシュで発見されている。この新たな種は、それ以前のそのほかの種とはまるで異なった行動様式をもっていた。考古学上の記録は、芸術や儀式や、新たな領域を切り拓いた工芸の形跡を示しており、それは、それ以前にはまったく見られなかった創造的な精神を反映していた。ホモ・サピエンスは、それまで存在していたヒト属のすべての種に取って代わるようになり、ネアンデルタール人やホモ・エレクトゥスを絶滅へと追いやったのである。

紀元前三〇〇〇〇年まで時代が下ると、ホモ・サピエンスは、地上に残されたヒト属の唯一の種になり、アフリカ大陸、ヨーロッパ、アジアのほとんど地域においてその化石が発見されている。ホモ・サピエンスは、新天地を求めて生活圏を広げていく、驚嘆に値する意欲に恵まれており、その一部は、オーストラシアの最南端の地域、つまり、現在のタスマニア島にまで到達していた。しかしながら、その時点において、気象条件は、最終氷期の最盛期を迎えようとしており、気温は急速に落ち込み、すべての生き物は、執拗な渇水に苦しめられ、氷河と氷床や沙漠が拡大して海面が低下し、人々は、植物や動物と同じように生き延びていくことができる場所と方法を探し求めるか、それとも、絶滅するかの二者択一を迫られていた。ところで、最終氷期最盛期の地上にはどの程度の人々が生存していたのだろうか？　居住がまるで不可能な地域が途方もないほど広大だったこと、短命を強いる過酷な気象条件、現代の遺伝学が今から一三〇〇〇〇年前に生存していた新人はわずか一万人程度だったと提唱している事実を考慮すれば、私たちは、その数字を一〇〇万人くらいと推測することができる。けれども、これはたんなる推測にすぎない。過去の人口の規模を見積もろうとする試みは、考古学者たちが直面しているもっとも困難な課題の一つだからである。

プシュカリの狩猟民たちが住居を建てたり、石から剥片を打ち欠いていた頃、地球のそのほぼ反対側の北アメリカに位置している、現在ではサウスダコダ州ホットスプリングズとして知られている地域の近辺ではマンモスの群がエサを漁っていた。それは冬のとある日の午後のことであり、日差しはしだいに衰えており、この巨大な獣は、一定の間隔をおいて規則的に牙を使って雪を払いのけながらその下の草を見つけ出そうとしている。巨大な獣たちは、近くの池の湯煙を立てている鉱泉水の周辺に生えている高茎草本と低木林地に向かって進んでいる。(5) 紀元前二〇〇〇〇年の時点において、アメリカ大陸は、数多くの野生動物にとって好適な地形に恵まれていたにもかかわらず、人類はまったく住んでおらず、それゆえ、これらの獣たちは、狩人たちの脅威にさらされることはなかった。

来たるべき地球温暖化は、ジョン・ラボック君がこれから体験しようとしている人類の歴史のみならず、そのほかのすべての種の歴史を条件づける運命を担っており、マンモスのような一部の動物は、彼の遍歴が完結する前に絶滅してしまう。紀元前二〇〇〇〇年の後に巡ってきた地球温暖化は、現代社会を生きている私たちが直面している地球温暖化とは異なり、純然たる自然現象だった。それは、地球の歴史における「寒冷で乾燥した」期間から「温かくて湿潤な」期間へのもっとも最近の転換、つまり、氷期から間氷期への転換にほかならなかった。そうした気候の変化の本源的な原因は、太陽を中心とする地球の公転軌道の周期的な交替の反復である。(6)

セルビア人科学者ミルティン・ミランコビッチは、一九二〇年代にそうした軌道の変化が重要な意味をもっていることを敏感に察知した最初の人物だった。彼の理論にもとづき、科学者たちは、地球の公転軌道が九五八〇〇年ごとに円に近い形から楕円形に変わることを確証した。こうした変化が生まれると、北半球では季節ごとの気候の格差が著しく増大するのだが、南半球ではその逆の現象が発生する。その結果として、北の地域では氷床の増大が誘発される。軌道が円形に近づくと、北半球と南半球の季節間格差が縮小して地球温暖化が始まり、氷床が溶け始める。

地球の公転軌道とともにその傾きも、気候と密接に関わっている。地球の傾きは、四一〇〇〇年周期で規則的に二一度三九分と二四度三六分の間を揺れ動いている。この角度が増大するにつれて、それぞれの季節の特徴が強度を増す。夏はさらに暑くなり、冬はさらに寒冷になる。地球の自転軸も、また、規則的に揺れ動いており、その周期は二一七〇〇年である。これは、地球の公転軌道上において地球が北半球を太陽に向けて傾く時点に影響を与える。これが、地球が比較的太陽に近づいているときに起これば、冬は短くて温かく、その逆に、地球がこうした状態で傾いているとき、比較的太陽から遠ざかっていれば、冬はより長くさらに寒冷になる。

地球の公転軌道の形と傾きと揺れ動きのこうした変化は、地球の気候を変えるとはいえ、これらの要因は、それだけでは過去の気候の変化の途方もないほどの規模と速度を説明するには不十分だと科学者たちは考えている。地球そのものの上で生まれている様々なプロセスは、それらの要因が引き起こす些細な変化を増幅させてきた。これらのうちいくつかはすでに知られており、それは、海洋と気流の変化や、温室効果ガス(主

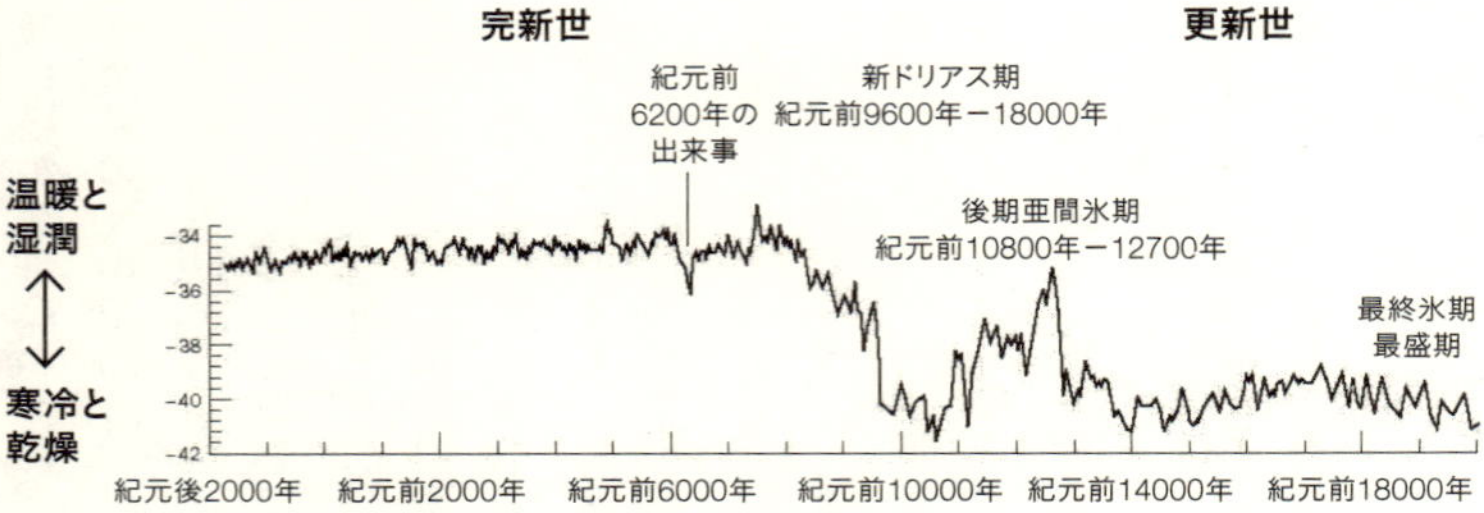

として二酸化炭素）の増大や、氷床そのものの増大（氷床は、その規模の増大にともなってしだいに増加している日射量を跳ね返す）である。公転軌道の変化が気象条件に及ぼす影響と、それを増幅するメカニズムが組み合わさった結果として、気候は、ほぼ一〇〇〇〇〇年周期で氷期と間氷期の間を揺れ動き、その転換のプロセスは、しばしば異常なほど急激に進展したのである。[7] こうした転換のうちもっとも劇的だったものの一つは、最終氷期最盛期の極限的な気候以降の一〇〇〇〇年間にわたって降雨量と気温が上昇と下降を繰り返した後の紀元前九六〇〇年頃に起こった。

　上掲の図解のギザギザの線は、紀元前二〇〇〇〇年から現代に至る地球上の気温の変化を示しており、それは、グリーンランド島で採取された氷床コア（ロータリー掘削による氷床の各層の試料）の化学的な混合物の変化の測定という、地球上の気温の間接的な算定基準にもとづいている。[8] もっと厳密にいえば、酸素の二つの同位体である酸素16と酸素18の比率が、基準値からの相対偏差として表示されるのである。この値が高いとき、地球は、比較的温暖で湿潤であり、それが低いときには、寒冷で乾燥している。上掲の図解によって理解できるように、この値を示している線は、紀元前二〇〇〇〇年における低い部分から紀元前一二七〇〇年の時点に至るまで徐々に、また、不規則に上昇しているのだが、その時点において急速に上方に突出しており、これは、後期亜間氷期として知られている、比較的温暖で湿潤な期間が始まったことを示している。この期間には小規模な頂点がいくつかあり、最初の頂点はベーリング期として、二番目の頂点はアレレード期として知られている。だが、これらは、ヨーロッパ以外の地域においてはまったく識別することができない。注目すべき重要な意味をもった特徴は、紀元前一二七〇〇年から一〇八〇〇年までが概括的には温暖な期間だったということである。

それに引き続く大幅な下降線を描いている期間は、新ドリアス期（ヤンガードリアス）と呼ばれている。これは、北半球における人類史に重大な役割を果たしていたとはいえ、ここで再度指摘しておけば、そうした事情は、南半球においては顕著ではなかったと考えても差し支えあるまい。そのきわめて寒冷で乾燥した気象条件が突如として終焉を迎えた紀元前九六〇〇年において、気温は、二度目の劇的な上昇を示しており、それは、最終氷期が確実にその幕を閉じたことを意味している。事実、それは、地球の歴史における二つの重要な期間である更新世と完新世の間の移行を特徴づけている。そうした急激な上昇以降、線は、波動を繰り返して紀元前七〇〇〇年における一つの頂点に向かって徐々に上昇したのだが、紀元前六二〇〇年には顕著な下降を示している。この二つの上昇と下降を除外すれば、完新世における地球の気温は、著しい安定を示してきた。だが、そうした安定性は、人類が近年に引き起こしている地球温暖化という新たな時代が始まった結果として、現在、終焉のときを迎えようとしているのかもしれない。

マンモスの骨を用いて住居を建てたり、衣服を縫い合わせたり、石器を造ったり、食料を確保するといった事柄だけが、最終氷期最盛期に営まれていた人類の活動ではない。芸術家たちは、ヨーロッパの南西部の洞窟で作品の制作活動を行っていた。フランスで発見され、今ではペッシュ・メルルとして知られている洞窟の床の上ではいくつもの獣脂ランプが燃えており、もう一つのランプが芸術家の手の素速い動きに照明を当てるために、まだ幼い少年によって高く持ち上げられている。その芸術家は老人だとはいえ、白髪の活発な男であり、体の一部を剥き出しており、その皮膚には彩色が施されている。彼は、狩人たちの集団の一人であり、フランス南部のツンドラに棲息しているトナカイの狩りを生活の手段としている。いくつものランプの真ん中には顔料がある。それは、赭土《しゃど》の塊を押し潰して粉末にし、それを木の椀の中で洞窟の床の上の水たまりの水と混ぜ合わせたものである。もう一つの椀には黒色の顔料が入っている。そこいらには獣皮と毛皮の切れ端、すり切れた棒切れ、毛のブラシとともに、木炭の棒切れがいくつも散乱している。空中には甘い香りが漂っているのだが、それは、香草が炉床の火の中で燻っているからだ。芸術家は、心の中で思い描いている映像に魂を吹き込むために、ほんの少しばかりの時間的な間隔を開けて跪いたり、深々と息を継ぐといった仕草を繰り返している。(9)

洞窟の壁には二頭のウマの輪郭が、背中合わせで、それぞれの後躯が部分的に重なり合うように描かれようとしている。芸術家は、今しもその輪郭の中に大きな斑点をあしらおうとしている。顔料を口に含み、それを革の刷り込み型を通して吹き付けることによって壁の上に円を描いていくのだ。その息づかいは、その二頭のウマに命を吹き込む上で重要な意味をもっている。次いで、香草の煙を深々と吸い込み、顔料を取り換えて壁に片手を押しつけ、吹き付け技法によってその輪郭を岩肌に定着していく。

芸術家は、顔料や刷り込み型を変えたり、ブラシやスポンジを交換したり、ランプに脂を補給するために少しばかり休むだけで何時間も制作に没頭し、それによって自らの精神を酩酊させる。ウマに話しかけたり、歌を歌ったり、雄馬に憑依しようとして四つん這いになったり、不意に二の足で立ち上がることもある。もっとたくさんの斑点や手型の刷り込み型を造る。ウマの頭や首を黒く塗って一連の造形を終えたとき、芸術家は、まさに精も根も尽き果てている。(10)

考古学者たちは、プシュカリでマンモスの骨を用いて住居が建てられたり、ペッシュ・メルルで洞窟絵画が制作されていた時代に関する知識を、放射性炭素年代測定法という、もっとも効果的に機能する科学的な手段を用いることによって身につけてきたにすぎない。この技法を欠いていたとしたら、有史前の時代の人類史を書くことはまったく不可能だったことだろう。考古学者たちは、自分たちが発掘した遺跡、つまり、ジョン・ラボック君がこれから訪れようとしている居住地を正しい年代順に配列することはできなかったからである。それゆえ、これから物語ろうとしている歴史のプレリュードを締め括るに当たり、考古学に関わっている科学のもっとも驚嘆に値するこの技法を手短に要約しておくことは理に適っていることだろう。

その基調をなしている原理は、実に単純である。大気は、炭素の三つの同位体である炭素12、炭素13、炭素14を含んでいる。これらは、異なった数（それぞれ六個と七個と八個）の中性子をもった炭素原子である。生き物は、大気に触れながら生存しているとき、炭素の同位体を同じ比率で体内に取り込む。その死とともに、体内の炭素14は崩壊を始めるのだが、そのほかの炭素は、きわめて安定した状態を保っている。したがって、死が訪れた年代は、炭素12の炭素14に対する割合を測定し、炭素14が崩壊した比率を知ることによって確定することができる。(11)

年代を確定するためには、測定の対象が炭素を含んでいなければならず、それは、その対象がかつては生命を維持した状態を保っていなければならないことを意味している。いかなる遺物にも増していたるところで発見されている有史前の石器は、それが造られた年代を直接的に確定することはできないし、岩壁や土器にしてもそうした事情に変わりはない。その代わりとして、考古学者たちは、動物の骨や植物の残留物（理想的には、木炭）のような、年代を確定できる素材と密接な関わりをもっている遺物の発見に頼らなければならない。それと同時に、その骨や残留物には十分な炭素14が残存していなければならない。実に残念なことに、紀元前四〇〇〇〇年以前のいかなる化石もこうした条件を満たしておらず、これは、放射瀬炭素年代測定法にもとづく年代順配列の限界である。

事態をさらに複雑にしている要因が二つある。その一つは、放射性炭素年がけっして厳密な値ではなく、平均値と標準偏差によって画定された推定値にすぎないという事実であり、それは、たとえば、「今から七五〇〇±一〇〇年前」と表記され、この「今」は一九五〇年と定められている。この例においては、七五〇〇が平均値であり、一〇〇が真実の年代がその範囲内に収まっている期間を示す偏差である。これが私たちに示しているのは、真実の年代が、平均値の一つの偏差、この場合は、今から七四〇〇から七六〇〇年前までの期間の範囲内に収まっている確率が六八パーセント（三分の二）であり、それが二つの標準偏差の範囲内、つまり、今から七三〇〇から七七〇〇年前の期間に位置している確率が九五％だということである。可能なかぎり最小の偏差が望ましいことは論を俟たないとはいえ、それが五〇年以下にまで切り詰められるなどといったことはとうていありそうもないことから、過去の出来事の年代が概算にとどまるのは今後とも避け難いことだろう。

複雑化のもう一つの要因は、放射性炭素年が暦年と同じではないということであり、事実、この両者は互いに異なっている。放射性炭素にもとづいて今から七五〇〇年前と測定された人工遺物は、今から七四〇〇年前と測定された人工遺物より暦年で一〇〇年ほど古いわけではない。これは、大気中の炭素14の濃度が時間の経過にともなってしだいに減少しているからであり、そのせいで、年数はより長く計測されてしまう。だが、幸運なことに、この問題は、年輪年代学を用いて放射性炭素を「較正」することによって解消することができる。

年輪を用いることによって、私たちは、暦年による過去に遡る個々の年数を計算することができる。それぞれ異なった年輪をもっている木を結びつけて考えることによって、一一〇〇〇年の過去に遡る木々の連続的な配列がすでに確定されている。[12] これらの年輪をもった木材は、それがいかなるものであれ、放射性炭素年代測定法によってその年代を確定することができることから、暦年による真実の年代と、放射性炭素にもとづく年代の間の偏差を導き出すことができる。したがって、考古学上の遺跡から放射性炭素にもとづく年代が得られれば、その偏差を考慮することによって暦年を確定することができる。年代が換算されると、それは、しばしば「今から〜年前」(つまり、一九五〇年から〜年前)から「紀元前〜年」へと変換される。それゆえ、較正を終えると、放射性炭素年である「今から七五〇〇±一〇〇年前」は、真実の歴年が紀元前六四三四年と六三二九年の間のいずれかの時点である確率が六八パーセントであることを示している。年輪は、今から一一〇〇〇年前よりもっと過去に遡る年代には利用することができない。だが、科学者たちは、その年代を較正するそのほかのいくつかの方法をすでに発見している。これは、「放射線炭素年」と「暦年」の間の隔たりが、過去に遡るにつれて、不規則的にではあれ、しだいに大きくなっていることを示している。今から一三〇〇〇年前の昔にまで遡ると、放射性炭素によって得られた年代と、暦年による真実の年代の間には二〇〇〇年以上もの違いがある。本書の本文に用いられている紀元前のすべての年代は、暦年で表記されており、巻末の註には、一つの標準偏差において較正された正確な暦年とともに、放射性炭素年が示されている。[13]

プシュカリの人々が衣服を縫い合わせ、芸術家がペッシュ・メルルの洞窟の中で岩絵を制作していた頃、そのほかの人々は、タスマニアの草原地帯ではワラビーを求めて歩きまわり、東アフリカのサバンナではガゼルを待ち伏せ、地中海やナイル川では魚を捕っていた。この歴史書は、こうした地域をはじめとする様々な環境の中で暮らしている狩猟採集民たちを訪れ、地球温暖化がその子孫の暮らしぶりをどのように変えていったかを考察する。ところで、そうした変化は、現在ではヨルダン、イスラエル、パレスチナ、シリア、トルコの南東部、イラクによって被われている、なだらかに起伏している丘陵、川谷《せんこく》、湖盆が円弧を描いている肥沃な三日月地帯において始まった。ここは、農耕と都市と文明の原型が初めて生まれた場所だったのである。

ガラリア湖としても知られているテベリア湖の西岸のとある野営地では狩猟採集民たちが日々の生活を営んでおり、その暮らしぶりはかなりの活況を呈している。後に考古学者たちによって発掘され、オハロと呼ばれるようになったこの野営地は、最終氷期最盛期における、保存状態がもっとも良好な遺跡の一つだと考えられている。(14) この野営地は、氷床やツンドラ地帯からはるか彼方の、オーク林地からさほど遠くないところに位置している。住居は、粗朶《そだ》を使って作られており、人々は、獣皮と植物の繊維を素材とした衣服を身に纏っている。今しも新しい小屋が建てられようとしており、夥しい数の粗朶が地中に埋め込まれ、それを編み上げて半球状の丸屋根が形づくられている。その傍らには葉の茂っている枝と獣皮が積み重ねられているのだが、これらは、屋根を補強する素材として用いられる。そうした建築作業は、プシュカリの場合と比べれば、はるかに少ない労力しか必要ではない。事実、オハロの暮らしは、すべての点においてさらに魅力的であるように思われる。

湖岸に沿って多くの人々があちこちに散らばっており、その中には群がって座り込んでお喋りをしている人たちもいるし、遊技を楽しんでいる子供たちもいれば、午後の日差しを浴びて眠り込んでいる老人たちもいる。一人の女が捕らえたばかりの魚を詰め込んだ籠を抱えて湖畔から住居群へと足を運んでおり、コラクル（小枝で作った骨組みに獣皮などを張った小さな釣り舟）の向こう側には、漁網を乾かそうとしている人たちもいる。

すると、二人の女が捕殺したばかりのキツネとノウサギを肩からぶら下げて林地から姿をあらわし、その後から数人の男たちが棒に括りつけたガゼルを担いで歩いてきた。多くの女や子供たちはといえば、袋と籠を、頭に載せたり、地面の上を引きずったり、肩からぶら下げたり、腰に括りつけたりといった思いおもいの方法で携えている。彼らは、こうした獲物をひとまず炉床の近くに置き、袋や籠の中身を獣皮の上に放り出し始めたので、瞬く間に果物、草や樹木の実や葉、根っこや皮や茎が山と積まれていった。今夜は祝宴が張られることだろう。忙しく働いているこれらの人々のただ中に一人の若者が立っているのだが、その姿が働いたり遊んだりしている人たちに気づかれることはまったくない。この若者とはジョン・ラボック君であり、人類史を経巡る彼の旅は、ここ、紀元前二〇〇〇〇年のオハロから始まる。

西アジア

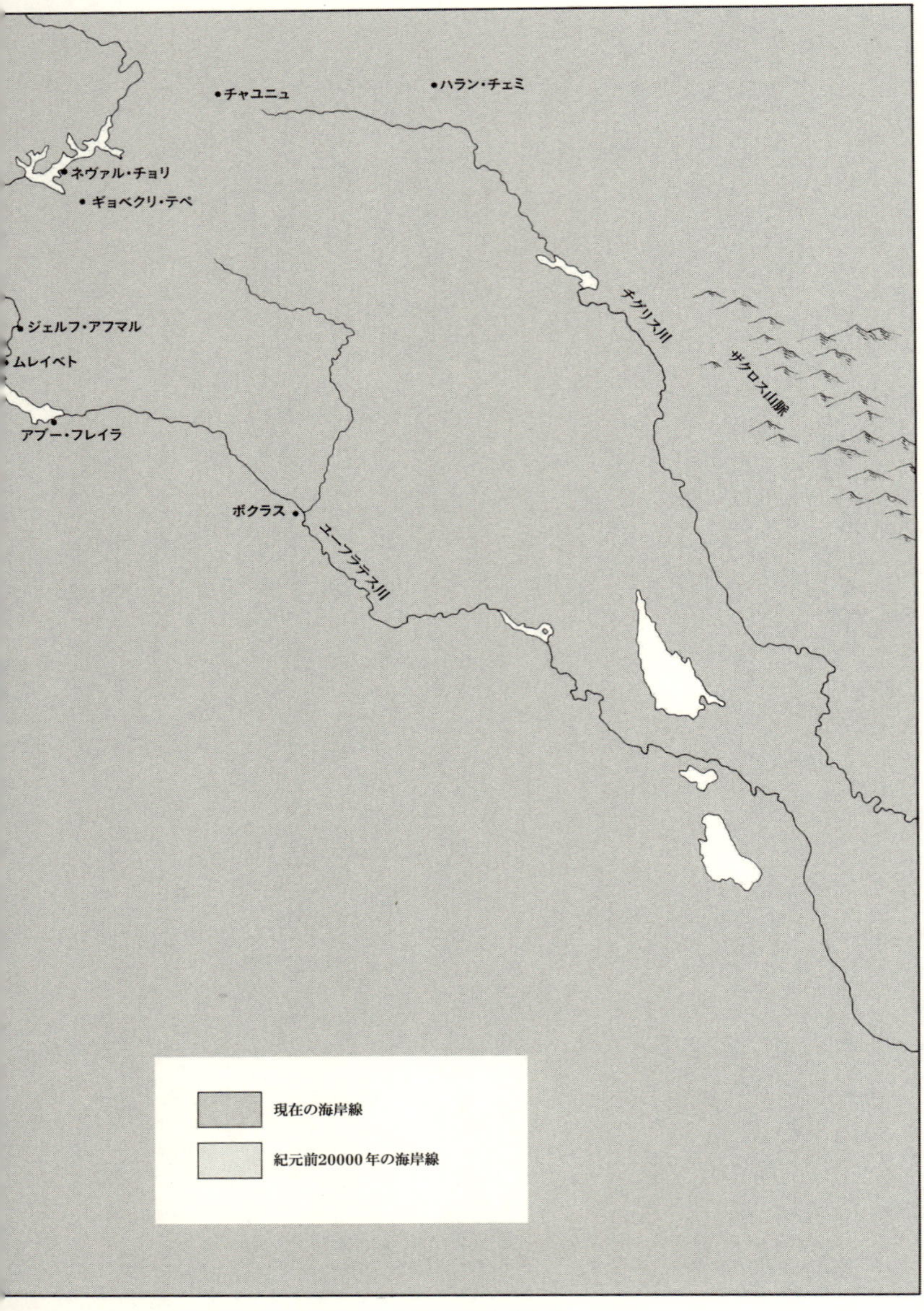
チャユニュ
ハラン・チェミ
ネヴァル・チョリ
ギョベクリ・テペ
ジェルフ・アフマル
ムレイベト
アブー・フレイラ
ボクラス
ユーフラテス川
チグリス川
ザグロス山脈
現在の海岸線
紀元前20000年の海岸線

アシュックル・ヒュユク
チャタル・ヒュユク
トロス山脈
シロウロカンボス
ミロスキア
キロキティア
テンタ
アエトクレムノス
地中海
テル・アスワド
アイン・マッラーハ
ハ・ヨニーム
フラ盆地
1 ナハル・オレン
2 アル・ワード／ネヴェ・ダヴィッド
クファル・ハ・ホレシュ
ティベリアス湖
アトリット-ヤム
1オハロ
2
ケバーラ
ネティーヴ・ハ・グドゥード
ギルガル
アイン・ガザール
イェリコ
アズラク
ワディ・アル・ウワイニド14
死海
ザード
ダラ
ナハル・ヒマル
ローシュ・ツィン
WF16
グワイル1
アブー・サーレム
ベイダ
ローシュ・フルシャー
バスタ

3　火災と草花

――紀元前二〇〇〇〇年から一二三〇〇年における狩猟採集民と森林ステップ

　ジョン・ラボック君は、眠れないまま湖畔に座って、エサを漁って飛びまわっているコウモリを眺めながら心地よい夜の微風に身を任せている。湖の向こう側の林地のはずれでは、草を食んでいるシカが月の光を浴びてその輪郭だけを浮かび上がらせている。オハロの住居群は、ラボック君の背後の、湖岸から数メートル離れたところにある。だが、その住人たちは星空の下で燃え尽きて燻っている焚き火のまわりで眠り込んでいるので、今はすっかり空っぽである。小屋の床にはフリントの剥片が散乱していたり、食べ物の滓がこびりついている。小屋の中の垂木からは数珠繋ぎの魚や香草の束がぶら下がっており、壁のそばには小枝細工の籠や木の椀がいくつも積み重ねられている。誰かが吐息をついて寝返りを打ち、幼児が泣き出したので、それをあやす声が聞こえてくる。焚き火から木がひび割れる音が響き、真っ赤な燃えさしが空中に跳ね上がった。いったん宙を舞った燃えさしは、焚き火の中ではなく、小屋の粗朶《そだ》葺きの屋根を被っている乾燥した草の上にゆるやかに落ちていった。

　やがて屋根から煙が立ち昇り始めた。ラボック君はそれを深々と吸い込んだのだが、その煙が焚き火の中で燻っている小枝から立ち昇っているのだと決め込んでいた。けれども、煙は消え去るどころか、その量が増していった。それは、ラボック君のまわりを雲のように漂って彼の鼻を刺激した。ラボック君が咳き込んで後ろを振り返ってみると、小屋が燃えているではないか。目覚めた人々は、小屋を引っ張ってバラバラにして燃えている粗朶を踏みつけたり、水を求めて懸命に走っている。けれども、ゆるやかに吹く風は、そうした死に物狂いの労力をいとも容易に打ち砕いてしまった。燃えている数多くの木の幹、小枝、葉っぱが風に煽られて舞い上がり、あたり一面に落下していく。そのせいで、火の手が二番目、三番目の小屋へと次々と広がっていった。消火を諦めた人々は、顔を両手で被ったり、幼い子供をしっかり抱きしめながら湖の畔まで逃げ延び、赤々と燃えている野営地を見つめる以外の手立てをもっていなかった。

オハラの火災が住居群を黒こげの棒切れが環状をなして積み重なっている状態に変えるには、ほんの数分しかかからなかったことだろう。火災がこんな風にして発生したのか、それとも、それ以外のなんらかの原因によっていたのかはまったく明らかにされていない。ノミやシラミが大量に棲み着いてしまった住居群を意図的に焼き払ったのだと推測することもできるのだが、いずれにしても、オハラの人々にとっては悲しむべき出来事だったに違いないこの火災は、二〇世紀の考古学者たちにとってはまさに天の恵みだった。火災の数年以内に湖の水面がしだいに上昇したことによって、焼け跡はゆるやかに水没し、腐食を免れることができたからである。オハロは、一九八九年の干魃によって湖面が九メートルばかり下がり、かつては粗朶で編まれていた住居群が建てられていた場所に環状をなしている木炭が剥き出しにされるまで、歴史からその姿を消していたのである。

ハイファ大学のダニ・ナダルは、まさに驚嘆に値するこの遺跡の発掘に細心の注意を払って着手し、ナダルのみならず、世界中の考古学者たちは、最終氷期最盛期のオハロの人々の生活と深く関わっていた多様な植物と動物に驚きの眼を見張った。(1) この最初の発掘によって考古学者たちを興奮させる膨大な発見が達成されたのだが、ナダルは、発掘を継続できる程度にまで水面がもう一度下がるまで一〇年ばかり待たなければならなかった。筆者は、類い稀な幸運に恵まれたことによって、ナダルが発掘を再開した一九九九年にその現場に立ち会うことができた。それは、筆者がそれまでに眼にしていたうちでもっとも牧歌的な発掘だった。太陽の日差しは温かく、青々とした湖水がそれを反射してキラキラ輝き、その傍らには、遮光された深くて細長い掘割が、古代の生活の残留物を白日の下にさらしていた。

夜が明けると、オハラの人々は、温かな灰と、まだ燻っている野営地の焼け残りを掻きまわしながら、フリントの刃を動物の骨に埋め込んだ小刀、火災を免れた敷物、焼け焦げた、だが、修理することができる弓といった、少しばかりの貴重品を拾い集めた。彼らは、それらの品々を携えて焼け跡を後にし、野営に適した別の場所を求めて西に向かって進み、オークの林地に入っていった。

彼らが狩猟採集民ではなく農民だったとしたら、火災によって焼失したのは、粗朶を編んだ小屋だけではなかったことだろう。木材を使って建てた住居、家畜の小屋と柵、貯蔵しておいた穀物を火災のせいで失ってしまう確率がきわめて高いばかりか、家畜の群が逃げ出したり、焼け死んでしまう恐れもあるからだ。農民たちは、焼け跡を放置することなくその場に踏みとどまり、再建を図らなければならない。周囲の土地に、林地を開墾したり、柵を設けたり、穀草を栽培するといった労力を投入しているからである。しかしながら、オハラの人々は、いとも容易に林地の中に姿を消し、地中海の海岸平野を目指して西に向かって進むことができた。(2) 林地の探索は後まわしにしても構わないと判断したラボック君は、その場を後にして湖を一周し、東に向かって伸びている なだらかな丘の上の、まばらに樹木が生えている草原へと入り込んでいった。

まばらに生えている樹木のまわりにイネ科草本、灌木、花々が瑞々しく茂っている森林ステップは、人類の歴史の発達にとって決定的な役割を担っていた。そこには狩猟採集民たちが食料として利用していた数え切れないほど多種多様な植物が生い茂っており、その中にはオオムギ、エンドウ、レンズマメ、亜麻など、最初に栽培植物化された農作物と系統を同じくする野生種が含まれていたからである。それに比肩することができる植物の群落は、今日ではほとんど存在していないし、今ではゴラン高原と呼ばれている、ティベリアス湖の東に位置している丘陵地帯では、もはやまったく眼にすることができない。

有史前の地表の植生の復元は、その時代の理解にとっては必要不可欠な条件である。それは、しばしば、花粉粒、つまり、雌花の生殖細胞に到達することによってそれを受精させる目的をもっている種子植物の雄花の生殖細胞の分析によって達成される。幸いなことに、花粉粒の多くは、その目的を達成することができないまま地上に落ちる。それは、花が枯れてしまってからおそらく何千年ものときが流れた後で科学者たちによって回収されると、生殖とは異なった役割を果たしてくれる。どのような植物が氷河時代の進化のプロセスの中で繁茂していたかを私たちに教えてくれるからである[3]。

植物のそれぞれ異なった種の花粉粒は、実に独特である。裸眼ではちっぽけな斑点にしか見えないとはいえ、両眼用の顕微鏡を使えば、それが固有の特徴を備えていることが明らかになる。たとえば、マツの花粉粒は、二つの羽根の嚢をもっており、オークのそれは、それぞれの先端のまわりに三つの切れ込みをもった顆粒状を呈している。電子顕微鏡を使って拡大してみると、それらの花粉粒は、シュールレアリズムの画家が描いたような、先端の尖った立体的な球体や、それとは異なった不思議な形状を呈している。

イネ科草本、灌木、樹木の花々の花粉粒は、雨あられと地上に降り注ぎ、しばしば、池や湖の底の泥に埋め込まれ、その上に花粉粒を含んだ泥がさらに沈積する。このようにして、近くに繁茂していた多種多様な植物の花粉粒が泥とともに次々と沈積していく。こうしたプロセスを経ることによって、湖が完全に泥で塞がれてしまうまでにはおそらく何千年もの悠久のときが流れたことだろう。

こうした堆籍物からは「コア」(ロータリー掘削による地層試料)を、泥や泥炭塊の細い円柱として抽出することができるのだが、それは、一インチごとに私たちを過去の世界へと誘《いざな》ってくれる。花粉粒研究の専門家である花粉胞子学者たちは、これらのコアをササミのように薄切りにしていく。切り離したそれぞれの薄切りから花粉粒を取り出し、泥のその特定の層が地表をなしていたとき、どの植物がその近辺に繁茂していたかを突きとめる。一連の薄切りに含まれている花粉粒を比較することによって、植生が時間の経過とともにどのように変化していったかを復元する。コアの中に封じ込められている茎や葉や種子の断片から放射性炭素年を割り出すことによって、花粉胞子学者たちは、植生の変化の歴史を解き明かすことができる。(4)

ヨーロッパの各地を経巡るとき、ラボック君は、私たちが考察すべき「花粉のコア」と遭遇することだろう。それは、ツンドラが森林地帯へと変わり、ふたたびツンドラへと戻っていったことを示してくれる。だが、西アジアではこうしたコアはごくわずかしか見つかっていない。そればかりか、そのほとんどが地下深くにまで達しておらず、花粉の保存状態も良好ではない。けれども、ガリラヤ湖の北方二〇キロに位置しているフラ盆地の堆積物から抽出された一つのコアは、測り知れないほどの価値をもっていた。(5) そのコアは、深さ一六・五メートルの地点で、オハロの人々が湖畔で野営していた最終氷期最盛期にまで遡る堆積物に到達していた。それは、その当時、どのような花粉が空中に漂っていたかを私たちに教えてくれたのである。

花粉という証拠物件は、狩猟民たちが地中海沿岸地帯から東方へと移住していったとき、林地が消え、まばらに生えている樹木のまわりにイネ科草本、灌木、香草が繁茂している森林ステップが姿をあらわしたことを明らかにしている。ヨルダン川の峡谷平野を横断するとすぐに、樹木は、高原へと続く丘陵地帯には数多く生い茂っているとはいえ、その数がめっきり少なくなり、さらに東に進むと草花や灌木そのものもまばらになり、ついには沙漠が姿をあらわしてくる。それは現在の景観とさほど変わらないとはいえ、その沙漠の内部にかつてはいくつものオアシスがあり、わけても、内陸湖という顕著な特徴を備えていたアズラクは、鳥類や動物ばかりか、狩猟採取民たちを引きつけていた。そして、赤いケシの花が鮮やかに咲き誇っている広大なステップの真ん中を通り過ぎようとしているラボック君が向かっているのは、ほかならぬこのアズラクである。(6)

花粉という証拠物件は、それだけでは氷河時代のステップの正確な景観を描き出すことはできない。野生の穀草を含めた異なったいくつもの種類の草本をその花粉粒から識別するのはけっして容易ではないばかりか、昆虫が受粉を媒介する植物は、かぎられた量の花粉しか作り出さないことから、花粉がコアに含まれている確率はけっして高くないからである。それゆえ、考古学者たちは、西アジアに残されている数少ないステップ地帯、とりわけ、自然保護区や軍事訓練場などの、ヒツジやヤギによる大量の牧草の消費を免れている地帯を調査してきた。これらは、考古学上の証拠物件からだけでは得ることができない、古代の植物の群落に関する洞察力を与えてくれるからである。(7)

ロンドンの「考古学研究所」のゴードン・ヒルマンは、世界的にも第一流の植物考古学者の一人である。彼は、現代のステップに繁茂している植物の群落に関する研究を三〇年以上もの長きにわたって継続しており、この学問分野のすべての年代の学究に影響を与えてきた。ヒルマンは、有史前のステップが、植物学者たちにはニガヨモギやアカザ科の植物として知られている、多肉質の小さな葉をもった、膝までの高さの多年生の亜灌木と、その周辺に生い茂っていた草本によって構成されるようになったプロセスを明らかにしてきた。これらの草本のうちいくつかの種は、小さくてしなやかで丈夫な茂みを作って群生する一方、それより背が高いイネ科のナガホハネガヤは、ヒルマンの言葉を借れば、「風に煽られて大きくうねる銀色の羽根飾りの海原」のような光景を呈していた。ステップは、春が巡ってくる度ごとに、アザミ、ヤグルマギク、野生のウイキョウをはじめとする多種多様な植物の花がいっせいに咲き乱れることによって、色彩が爆発的に増加し、香気が噴出していたことだろう。

植物考古学者たちは、ステップに残存している植物の群落ばかりでなく、アメリカ先住民やオーストラリアのアボリジニーのような、先祖の伝統を代々受け継いできた人々がこれらの植物をどのようにして食料として活用してきたかを研究してきた。可食植物に関する実用的な知識の持主であるこれらの人々は、ステップが主要な産物と御馳走に満ちあふれていることを実証してきた。フウロソウ、テンジクアオイ、野生のパースニップなどの植物からは球根状の分厚い根茎を、アカザ科の植物からは大量の種子を、野生のイネ科の植物からは穀類を採集することができたからである。

そうした植物の栄養価を理解することは、ステップにおける有史前の生活の復元にとってきわめて重要な意味をもっている。だが、実に残念なことに、どのような植物が採集されていたかに関する証拠物件は、きわめてかぎられている。植物は、石の人工遺物とは異なって、いったんうち棄てられてしまうと、ほとんど直ぐさま腐敗してしまう。極度の乾燥や、オハロの場合のように、激しく焼け焦げた住居が水没するといった幸運に恵まれないかぎり、その腐敗をとどめることはできない。しかしながら、そうした遺跡の焼け焦げた残骸の周辺からすら、採集されていた可能性がきわめて高い多肉質の青物や葉の痕跡はまったく発見されていない。

歴史を現在の時点から振り返ることができる私たちは、野生の穀草が森林ステップに自生していたもっとも重要な植物だったことを知っている。野生種と栽培種の決定的な違いは、穀草の穂の内部にある。野生種については、穂は、それが熟したときには、自《おの》ずから粉々になり種子が地上に散乱することができるように、きわめて堅く、かつ、もろい構造をもっている。栽培種はそれとは異なって、穂がそのままの状態を保っており、種子は、脱穀によって穂から取り除かなければならない。栽培種は、人の手によって管理されなかったとしたら、生き残っていくことができない。それは、自ら種子を播くことができないからである。

そうした事情は、エンドウ、レンズマメ、ソラマメ、ヒヨコマメなどをはじめとする、初期に栽培植物化されたそのほかの種についても変わらない。野生の穀類と栽培植物化された穀類の遺伝学に関する専門家である、エルサレムのヘブライ大学のダニエル・ゾハリーがかつて解明したように、栽培植物化された穀類や豆類の種子は「収穫者を待っている」(8)。ゾハリーは、一つの種から別の種への変化がたった一つの遺伝子の突然変異体によって左右されることを明らかにしている。野生種と栽培種のもう一つの違いは、種子の発芽と成熟の時期に明らかである。野生植物は、それ固有の植生を維持しているかぎりにおいて、それぞれの個体が少しばかり異なった時期に発芽し、種子が熟す時期にもバラツキがある。これは、少なくともその中のいくつかが成熟することによって、予測できない降雨という気象条件を免れることができない翌年のための種子を確保するためである。けれども、栽培植物化された品種は、そのすべてが同じ時期に発芽し、成熟する。栽培種は、たんに収穫者を待っているのみならず、彼の、というより、おそらくは、彼女の「人生」に対しておっとりと構えているのである。

農耕の起源は、これらの穀類やマメ科の植物の栽培植物化された系統のみならず、有史前のリネンの製造に使用されていた亜麻の出現と分かちがたく結びついている。この出現は、これから私たちが理解していくように、植物の生活環への人類による「内政干渉」によって初めて引き起こすことができたのだ。事実、人々は、途方もないほどの長期にわたって遺伝子の組み換えという「事業」に従事してきたのである。

しかしながら、オハロの人々や、その同時代に暮らしていた人々にはそうした事情は当てはまらない。彼らは、種子を、野生の穀草の穂を棒切れで叩いてその下にあてがった籠に落とし入れて収穫していたことだろう。これは、北アメリカの先住民のような数多くの人々が野生の穀草からその種子を採集するとき、最近まで用いていた手法である。それを効果的に行おうとすれば、採集作業にとって適切な時期を選ばなければならない。種子がまだ熟していなければ、少量の種子しか籠には落ちてこないからである。その逆に、穀草の穂が成熟の頂点を過ぎていたとしたら、多くの穀粒は、すでに地面に落ちてしまっていることだろう。そのうちのいくつかは地面の割れ目に入ることによって寒気を免れ、降雨に恵まれれば、春には新芽が顔を出すことだろう。けれども、おそらく、そのほかの種子は、その圧倒的大多数が鳥類や齧歯動物に貪り食われてしまうに違いない。

植物は、オハロの人々にとって重要な役割を果たしていたのだが、林地やステップに棲息していた動物についても、そうした事情は変わらなかった。人々がその地帯一帯で好んで狩っていた獲物は、それぞれ異なった棲息地に適応して生き延びていた数種のガゼルだった。地中海沿岸地帯にはマウンテンガゼルが、岩場にはドルカスガゼルが、東部のステップにはコウジョウセンガゼル（ペルシャガゼル）が棲息していた。レバノンの山岳地帯ではダマジカが、ステップでは野生のロバが新芽を食《は》んでおり、高地地方では野生のヤギが岩場を棲息地としていた。森林地帯では、オーロックス（畜牛の祖先）、ハーテビースト、イノシシを、数多くの小型の哺乳類、鳥類、爬虫類とともに眼にすることができたことだろう。

オハロから発掘された動物の骨は、これらの種のうち数種類が狩られていたことを私たちに教えてくれる。

魚類は、ガラリア湖で、また、おそらくは、地中海で捕らえていたのだろう。地中海の海岸線では、カニ、海草、貝などの多種多様な海産物を採集することができたに違いない。けれども、これらが採集されていたか否かについては、私たちは、それを推測してみるほかない。海岸線は、考古学者たちが調査活動を行うことができるようになるはるか以前に、北方地帯の巨大な氷床が溶けて海に流れ込んで海面が上昇したことによって水没し、沿岸の居住地は、洗い流されてしまったからである。

ジョン・ラボック君が小石くらいの大きさの溶岩が積み重なって転がっている最後の尾根を登っていくにつれて、T・E・ローレンスが「オアシスの女王」[9]と呼んだアズラクが視界に入ってくる。彼は、ガラリア湖から、夜間には気温が極端に低下する不毛な沙漠を越えて一〇〇キロばかり歩いてきたところである。彼は、朝の太陽の曙光を浴びてかすかに輝いている湖面をはるかに見晴るかしている。その湖のまわりの沼沢地では、ガゼルが優美な足取りで進んでいる。紫一色に塗り込められていたあたり一帯は、木々がその姿をあらわしてくるにつれて、緑と黄と茶によって豊かに彩られた群葉へと姿を変えていく。新たな一日を祝福するかのように、小鳥たちが愛らしくさえずり、湖を取り囲んでいる数多くの野営地には小さな煙が幾筋も漂っている。

夏期にはステップや沙漠に散在して暮らしていた狩猟民たちは、冬期にはこうしてアズラクに集まってくる。この地で再会した人々は、情報を交換したり、親睦を新たにしているのだが、婚姻を祝福するといったこともおそらくはあったことだろう。これらの人々は、紅海や地中海の貝殻、木の椀、毛皮などの交易の品々を携えている。

沼沢地を探検したり、湖岸を渡り歩いてエサを漁っている脚の長い鳥を観察したり、湖で泳いだりしてときを過ごしていたラボック君は、一休みしたとき、背が革で表装されているとはいえ、かなりボロボロになった『有史前の時代』をパラパラとめくってみて、人工遺物や墳墓の見事な出来映えの素描に感銘を受けた。その正式の表題である「古代の遺跡と現代の野蛮人の風俗と慣習によって図解された有史以前の時代」は、実に多くのことを物語っている。その著作の紙幅の多くは後者に割かれており、石器時代の過去の現存している典型としてオーストラリア大陸のアボリジニーやエスキモー族のような部族民の生活が記述されている。無作為に選んだ章に眼を通しているうちにラボック君は、ヴィクトリア女王時代のその著者が、有史以前の人々は子供のような知力しかもっていなかったと考えていたにもかかわらず、道具を製作する技術、とりわけ、フリントを加工する実用的な技術の重要性を敏感に察知していることに気づいた。

ほどなくして日も暮れようとしている頃、ラボック君は、玄武岩の露頭の下手の、泉から湧き出る真水を堰き止めた池のそばの小さな野営地に到着した。そこには、腱を使って繋ぎ合わせたガゼルの獣皮を、棟木《むなぎ》と、石を積み重ねて上方に固定した棒が支えているだけの簡素な小屋がある。この小屋のたたずまいは、一人の男と二人の女が戸外で石器を造っており、その過程において生みだされる大量のフリントの剥片が周辺に積み重なっていく光景とは対照的に、考古学者たちは、それを復元できるだけの遺物をなに一つとして発見していない。彼らは、胡座《あぐら》をかいており、私たちにはツノガイとして知られている管状の貝殻の首飾りを身に着けている。そのそばでは一人の子供が石の塊で遊んでいる。そうした遊びを通して子供たちは、知らず知らずのうちに道具を造り出す技術を学ぶ。もう一人のもっと幼い子供が小屋の陰で眠っている。その傍らでは年老いた女が玄武岩のすり鉢で種子を磨り潰しており、棟木からは一匹のノウサギがぶら下がっている。

その集団のもう一人の若い娘が、火をおこしているのだが、これは、有史前の世界を人類が生き延びていく上できわめて重要な仕事である。娘は、一本の軟らかい木を足許に固定して地面にうずくまっている。両手にはそれよりもっと堅い木のほっそりとした棒をもち、それを軟らかい木の刻み目に押し込んで猛烈な勢いで回転させており、その刻み目には摩擦を強めるために少しばかりの砂粒が振りかけられている。そうこうしているうちに、木の粉末が次第に積み重なっていき、その堆積物が発火した。娘は、その上にひと握りの乾燥した草を振りかけ、ほどなくして傍らの炉床の火種を得ることができた。ラボック君は、世界の各地においてこうした技法が用いられている現場を何度となく繰り返し眼にすることだろう。それは、彼自身が後に熟達することになる技法でもある。彼は、また、堅いけれどももろい石を互いにうち合わせたときそげ落ちる破片から火花を作り出す技法も検分することだろう。だが、今のところ、彼の興味は、石器の製作を観察することによって、彼がその名前をもらい受けたヴィクトリア女王時代の人物がそれに必要とされる技術の度合いを正しく記述しているか否かを理解することにある。

居住者たちが今取り組んでいる石の塊は、考古学者たちによって石核と呼ばれており、人々は、その原石をアズラクの近くの、フリントの塊を含んでいる石灰岩の露頭から切り出している。彼らは、まず玄武岩の石斧を使って石灰岩の硬くて分厚い表面をそぎ落とし、フリントの石核を削り出す。こうして石核が得られると、その端のまわりからフリントの細長くて薄い剥片を注意深く打ち欠いていく。これらの剥片、つまり、刃は、その長さが五センチから一〇センチとまちまちであり、その多くは、そのほかの廃物とともにうち棄ててしまうのだが、えり抜かれた少しばかりの刃は手許にとどめている。

お喋りを楽しみながら石と取り組んでいる人たちは、ふとした弾みで申し分のない刃がポキッと折れたときには思わず悪態を吐くこともあれば、塊が半分に割れたとき姿をあらわす貝の化石に註釈を加えることもある。ラボック君は、石の塊と石斧を手に取って刃を打ち欠こうと試みてみた。だが、その結果として得たものといえば、二本の分厚い刃と一本の血まみれの指だけだった。彼は、『有史前の時代』の一文を思い出している。それには、「このような剥片を造ることは容易であると思われることから、その製作を試みてみようとする人は誰であれ、少しばかり慣れれば、ある種のコツが必要とされること、また、フリントの選択は注意深く行う必要があることを納得することだろう」[10]と書かれていたからである。フリントを割る人たちは、測り知れないほどの技能を用いて思いおもいの刃を形づくっていく。先端の尖った石を使ってきわめて小さな剥片を打ち欠き、刃を、薄い尖端をもったものや、湾曲した「みね」をもったものや、鑿のような尖端をもったものといった一揃いのちっぽけな道具に変えていく。[11]もっと正確にいえば、これらは道具の部品である。考古学者たちが細石器と呼んでいるこれらの部品は、アシの矢柄に埋め込んで鏃《やじり》として、骨の柄に埋め込んで小刀として用いられる。折れてしまった先端や、なまくらな刃は、すでに取り除かれており、堆《うずたか》く積まれている廃物の中にうち棄ててしまう。造り出したばかりのいかなる細石器といえども、それが期待通りの出来映えでなければ、投げ棄てる。有史以前の熟練工たちは、はるかに貴重な矢柄を台なしにしてしまう危険を冒すよりも、切れ味の鋭い剥片の製作にひとときを費やした方がましだと考えているからである。

オハロの人々も同じような細石器を造っていた。事実、最終氷期最盛期以降に造られたそうした人工遺物は、西アジアの各地の遺跡から発掘されており、それが製作された期間は何千年にも及んでいる。形と大きさも多岐にわたっている細石器と、その製作過程で生みだされた破片は、西アジアのこの時代の考古学上の証拠物件を特徴づけており、考古学者たちは、その研究によってケバーラ文化の輪郭を明らかにしようとしている。[12]

ラボック君がその製作現場を目撃した細石器と、石の剥片が散乱していた遺跡は、最終的には、現在ではロンドン大学で教鞭を執っているアンディー・ガラードによって発掘された。一九八〇年代、ガラードは、ヨルダンのアンマンに置かれていた英国の研究所の所長としてアズラク盆地の大規模な発掘計画に着手し、狩猟採集民ばかりか、有史以前の農民たちの存在をその発掘作業によって証明した。ガラードは、アズラク湖から一〇キロばかり離れているワディ・アル・ウワイニドで、玄武岩の石臼、ツノガイの貝殻の首飾り、ガゼル、カメ、ノウサギの骨とともに、数多くのフリントの剥片が散乱している場所を二ヶ所ほど発見している。[13]

ガラードの努力は、そうした遺跡が途方もないほど数多くあることを明らかにし、そのうちのあるものは何千年もの期間にわたって何度となく繰り返し使用されてきたことを、その結果として生みだされた莫大な人工遺物の散乱によって立証していた。[14]アズラクの魅力は、ガゼルの群が水を飲んだり、草本を食んだりするために湖畔に集まってきたことだった。ガゼルがきわめて大きな群れをなして予想できる期間にそうした行動を取っていた確率はきわめて高く、狩猟採集民たちは、そうした時期を知っており、狩りにさほどの困難を覚えない獲物を手に入れるために大挙して集まり、おそらくは、前年に使っていた野営地へと帰っていったのだろう。使い尽くされてすり減ってしまった道具と、新しい道具を作る過程で生みだされた破片は、それ以前に積み重なっていた膨大な堆積物の中に投げ棄てられており、そのおかげでガラードは、野心的な発掘にその精力を注ぎ込むことができた。

ガラードが発掘に着手するほぼ二〇〇〇〇年前、ラボック君は、ワディ・アル・ウワイニドの野営地に到着した二人の男を見守っている。この二人は狩りから帰ってきたばかりなのだが、獲物はごくわずかだった。日が暮れてあたりが薄暮に包まれた頃、二人は、ノウサギを焼き串の上で丸焼きにし、その肉を、裏返しにしたカメの甲羅によそった濃いポリッジ（穀類を水で煮詰めてどろどろにしたかゆ）と一緒に食べている。[15]すると、ほど近くの野営地の居住者たちがやってきて、食べ物をもっと用意し、焚き火の薪を増やすよう求めている。ほどなくして、少なく見積もっても二〇人ばかりの人々が集まってきた。人々の話し声には静かな歌声が混じっているとはいえ、それは、聞き取れないほど微かである。ラボック君は、近くのゴツゴツした玄武岩に登り、その上から粗末な小屋と焚き火と、その焚き火を取り囲んで胡座をかいている人々を見下ろしている。見上げると星が輝き、月が昇っている。それは、アズラク盆地あたり一帯のみならず、西アジアの各地で繰り返されてきた光景であり、彼らが後世に残した石の人工遺物の散乱によって考古学者たちだけが体験している世界である。

その後の四五〇〇年にわたって、この地域では植物がさらに密生し、居住地の密度もしだいに高くなっていった。かつては不毛な沙漠だったアズラクの西の地域も、紀元前一四五〇〇年までには草本、灌木、花々によって被われていた。かつては一望の下に見渡すことができたステップにも樹木が広がっていた。

西アジアがしだいに温暖で湿潤になっていくにつれて、植物相と動物相はさらに豊かさを増していった。そうした環境の変化の直接的な証拠物件は、フラ盆地のコア（地層試料）であり、それは、紀元前一五〇〇〇年頃から林地がオーク、ピスタチオ、アーモンド、ナシなどの木々によって彩りを豊かにしていったことを示している。温暖と湿潤がその度合いを増していったこの時期は、紀元前一二五〇〇年頃、つまり、後期亜間氷期においてその頂点を迎えた。

植生のこうした変化にともなって、ステップから多種多様な可食植物が採集できようになった。[16] 野生のカブ、クロッカス、ムスカリなど、それまでは数がかぎられていた、食用に適した地下茎をもった植物が今ではあたり一帯に密生するようになったからである。気候がさらに温暖になったばかりでなく、季節間格差も増大し、冬はより寒冷で湿潤に、夏はより暑く乾燥することによって、イネ科草本が青々と生い茂るようになった。私たちは、野生のコムギ、オオムギ、ライムギの広大な群落が、樹木がその中にまばらに生えているステップ一帯に姿をあらわしたという事実を直視しなければならない。事実、それは、肥沃な三日月地帯全域の狩猟採集民たちにとって、野生植物の食料としての有用性が飛躍的に増大したことを意味していた。

より温暖でさらに湿潤なこうした世界において人類の人口が増大した。栄養状態が改善されたことによって、女たちは、より多くの子供を産めるようになり、生き残ることができた幼児たちは、さらにその子孫を残すことができるようになったからである。こうした人たちは、新たな林地やステップへと生活圏を広げていったばかりか、それ以前にはあまりにも寒冷で乾燥していた高地でも動物を狩ることができるようになった。

人口は増大したとはいえ、人々の生活様式は、最終氷期最盛期にオハロやアズラクで野営していた人々のそれと比べて少ししか変わらなかった。それにもかかわらず、考古学者たちは、人類の文化に新たな均一性を発見している。紀元前一四五〇〇年以後、ユーフラテス川からシナイ半島の沙漠地帯に至る地域と、地中海沿岸地帯からサウジアラビアに至る地域で暮らしていた人々は、同じような形の細石器と、同じような製作方法を採用していた。人口が増大し、人々がより広い地域にまで足を伸ばし、さらに頻繁に集まるようになるにつれて、それ以前に広まっていた、道具を製作する伝統がしだいに廃《すた》れていったからである。この地域一帯で暮らしていた人々は、長方形や不等辺四辺形の細石器を使用するようになり、これらの細石器は、その後の二〇〇〇年においてそのほかのすべての人々にも好まれるようになっていった。(17)

アズラク盆地や地中海沿岸の丘陵地帯では今なお最大規模の遺跡の発見が相次いでいる。カルメル山の西の丘陵地帯の麓では新しい居住地がその姿を明らかにしており、ネヴェ・ダヴィッドはその一例である。(18)ハイファ大学のダニエル・カウフマンは、その発掘によって石造りの円形の小さな小屋と壁の残骸ばかりか、数多くの石器、玄武岩の石臼とすり鉢、石灰岩を刳り抜いた碗や貝殻の数珠玉、埋葬されていた遺体を白日の下にさらしている。この遺体は、両膝をきつく折り曲げられ、胴体の右側を墓の底面に接して横たえられており、両脚の間には平たい石臼が、頭蓋骨の上方には壊れたすり鉢が、首と肩の背後には壊れた碗が置かれていた。この墓の中に植物を磨り潰す道具が置かれていたことは、ネヴェ・ダヴィッドの人々の食料源と、そうした埋葬のありかたの重要性を暗示している。カウフマンは、すり鉢が壊れているという事実は暗示的だと考えている。墓に葬られた人物が死んでいるのと同じように、それも、また、「死んでいる」からである。

ラボック君は、ワディ・アル・ウワイニドから一五〇キロと六〇〇〇年以上という時空を一足飛びに跳び越え、地中海沿岸地帯の樹木が生い茂っている林地に戻ってきた。時は今、紀元前一二三〇〇年であり、彼は、秋の午後のフラ湖の西岸に立って、その西に位置している、オーク、アーモンド、ピスタチオの木々によって被われた丘陵地帯を眺めている。東に面している斜面に半ば埋もれているのは、赤色、朽葉色、茶色に彩られている住居群であり、獣皮と粗朶《そだ》によって形づくられているこの住居群は、その周辺の林地とほとんど一体をなしているような光景を呈している。それは、ラボック君がそれまでに眼にしたことがあるそのほかのいかなる居住地よりもはるかに大きく、集落と呼ぶに相応しい規模をもっていた。

4　オーク森林地帯の集落の生活

――紀元前一二三〇〇年から一〇八〇〇年における前期ナトゥフ文化期の狩猟採集民の集落

ジョン・ラボック君は、葉が生い茂った木々の隙間を通して、森林ステップに沿って一直線に並んでいる五、六軒の住居を眺めている。それらは、その基部が地面に埋め込まれており、地中の床と、粗朶と皮で葺いた屋根を支えている壁をもっている。そうした頑丈でこぎれいに整った住居群のせいで、その集落は、今となっては、成り行きにまかせて場所を定めて慌ただしく建てられたように見えるオハロやアズラクの居住地とはまったく異なった景観を呈している。人々が一年を通してこの集落の内部で生活する工夫を積み重ねてきたことには疑いの余地がない。これは、二一世紀の今日ではアイン・マッラーハとして知られており、中海沿岸地域の丘陵地帯の全域に生まれたオークの林地の内部に形成されるようになった、新しい生活様式をもった集落の一つである。[1] この新しい生活様式は、まったく新しい一つの文化と表現した方がより適切であり、考古学者たちは、それをナトゥフ（ナトゥーフ）文化と呼んでいる。[2] 西アジア考古学の第一人者であるハーヴァード大学のオフェル・バー＝ヨセフは、この文化を、農耕への道筋における「後戻りすることなどありえない段階」だと考えている。[3]

ラボック君は、その集落の外れに立ちながら人々が働いている姿を注意深く見守っている。彼らは、背が高くて健康そうで、こぎれいな獣皮の衣服を身に着けており、その中には貝殻と骨の数珠玉の垂れ飾りを首に掛けている人たちもいる。オハロの場合と同じように、彼らの主要な仕事は、林地や森林ステップから採集した植物を食料に変えることである。けれども、彼らの仕事ぶりはまったく異なっており、その規模もずっと大きく、骨の折れる度合いもはるかに高い。彼らが使っているすり鉢は、大きな丸石を刳り抜いて造られており、磨り潰したり、つき砕いたり、殻を取り去ったり、切ったりといった作業には数多くの人々が加わっている。いくつもの籠に詰め込まれたドングリやアーモンドが、磨り潰されて粉や練り粉になるのを待っている。

ラボック君は、働いている人たちの間をぶらつきながら、その人たちの肩越しに覗き込んだり、アーモンドの練り粉を少しばかり盗んで味見をしている。粉砕された植物と薪の煙の濃厚な臭いが、植物をつき砕くすり鉢のリズミックな音や、大人たちのもの柔らかなお喋りや、子供たちの笑い声と溶け合っている。だが、すべての大人たちが働いているわけではない。午後の日差しを浴びて安閑と座り込んでいる人たちもいれば、少なくとも二人の女は、臨月が間近だと思われる。もう一人の女は、眠っている一匹のイヌを膝の上にのせて住居の壁に背をもたせかけている。ラボックはそこを素通りし、その中に将来のために木の実が蓄えられている、漆喰で被われているいくつもの穴の間を通り抜け、その女の住居に入っていった。この住居の遺跡は、途方もないほど長い年月が過ぎ去った後、フランス人考古学者ジャン・ペローによって一九五四年に発掘され、一三一号というごくありふれた整理番号によって知られるようになった。[4]

住居一三一号は、そのほかのものより少しばかり大きく、横幅はおそらく九メートルに達しており、五、六人ばかりが楽々と座ったり眠ったりすることができる。その内部は薄暗くてカビ臭いところもあるとはいえ、それ以外の場所は、午後の太陽の日差しが粗朶葺きの屋根越しにとぎれとぎれに入ってくる。その屋根は、岩石で締めつけて上向きに固定した内部の柱によって支えられている。石積みの壁は獣皮で被われ、イグサを編んだむしろが床に敷きつめられている。

入口のすぐ内側には灰が散乱しており、ノミやシラミなどの刺咬昆虫を寄せつけないために前夜火が焚かれたことを示している。床の中央に埋め込まれているもう一つの炉床の中では薪が赤々と燃えており、そのそばに一人の男が胡座をかいて二羽のウズラの羽根をむしっている。男は、ウズラをいくつかの骨付き肉に切り分け、それを熱く焼けている石板の上で加熱している。男の背後で火が燃えているので、弓と矢を修理している数人の若者たちの姿をはっきりと眼にすることができる。いくつもの深い溝が同一方向に彫り込まれている平たい石が、矢柄として使われる細い枝を真っ直ぐにするために使われている。その矢柄には切れ味の鋭いフリントの剥片が樹脂によって固定されており、この剥片は、鋭い先端と、いったん突き刺さった矢を抜けにくくする「かえり」をもっている。

石のすり鉢とすりこぎや、小枝細工の籠と木を刳り抜いた椀がいくつも壁のまわりに積み重ねられている。垂木からはラボック君にとってはまったく目新しい道具がぶら下がっている．近寄ってみると、それは、五つか六つの剥片が樹脂によって溝にしっかりと固定されている手鎌だった。その骨の柄には幾何学的な模様の装飾が施されていたり、柄そのものが若いガゼルを象《かたど》って削り出されている。(5) 手鎌がぶらぶら揺れたり回転したり、太陽の光を浴びたりすると、それぞれの剥片がキラキラ輝く。数え切れないほど数多くの植物の茎を切断してきたことによって磨き込まれているからだ。

ジャン・ペローは、アイン・マッラーハで住居一三一号を発掘したとき、古代の家庭生活がこうした光景を呈していたことを裏づける遺物を発見した。それは、かつて屋根の支柱があった場所に掘られていた穴と数多くの石、炉床の内部の石板のまわりに散乱していた鳥の骨、フリントの石核、溝が彫り込まれた石、玄武岩のすり鉢、フリントの剥片だった。多くの刃が「鎌光沢」を帯びていた。それは、これらの刃が大量の植物の茎──その確率がもっとも高いのは野生のコムギとオオムギの茎──の切断に用いられたことを示していた。改めて断るまでもなく、ペローは、イグサを編んだむしろ、獣皮、小枝細工の籠、木の椀の類は発見していない。私たちにできることは、林地から手に入れることができた数多くの素材に少しばかりの想像力を働かせることによって、これらの生活用品が存在していたことを推測する楽しみを味わってみることくらいである。ところで、ラボック君は、住居一三一号から少しばかり離れたところに、すでにうち棄てられている住居があることに気づいた。屋根と壁は久しい以前に崩れ落ち、その土台をなしていた石は、どこかほかの場所で使うために持ち去られていた。住む人もなく荒廃してしまったこの住居は、共同墓地になっていた。それぞれの墓には墓標は見当たらず、細やかな細工が施された装身具を身に着けた遺体が埋葬されていた。ジャン・ペローは、男と女と子供の一一体の人骨を発見しており、それぞれ個別の墓に葬られていた。これらの人々は、おそらくは一つの家族に属していたものと思われる。そのうちの四人は、ガゼルの蹄の先端の骨と貝殻を繫ぎ合わせた首輪と腕輪を身に着けており、この貝殻は、私たちがすでにアズラクで眼にしている細長い中空のツノガイだった。一人の女は、一列に繫ぎ合わせたツノガイの貝殻を入念に束ねた帽子を被っていた。(6)

その後数年以内に住居一三一号も見棄てられ、そこにはアイン・マッラーハの別の家族の一二人の死者が埋葬され、そのうちの五人の墓からは同じような装身具が発見されている。死者たちの一人は初老の女であり、この女は、一匹の子犬に寄り添われてあたかも眠ってでもいるかのように横たわっていた。女の片手は、そのイヌのちっぽけな体の上に置かれていたのだが、女は、子犬をその短い一生を通してそのように慈しんでいたのだろう。(7)

集落の中心部の近くには一個の床岩が上方に突き出ているような形に掘られた大きな石のすり鉢があり、

ラボック君は、その縁に座って周囲の光景を興味深げに眺めている。筆者が一九九九年にその上に座っていたちょうどそのとき、アイン・マッラーハでは、もう一人のフランス人考古学者フランソワ・ヴァラによって新たな発掘が行われていた。そこに住んでいる人はただの一人としておらず、あたりは深閑としていて、耳に入ってくるのは、林地から聞こえてくる小鳥のさえずりだけだった。けれども、ラボック君が今眼にしているのは、玄武岩の大きな塊がすりこ木とすり鉢へと彫り出され、その表面に幾何学的な複雑な装飾が施されている光景である。[8] 彼は、石を削る音や、お喋りや、イヌの吠え声に耳を傾けている。人々がツノガイの貝殻を切り分け、その切片により糸を通して数珠玉を造っている様子を注意深く観察している。人々は、その貝殻を木の椀から取り出しているのだが、この椀にはナイル川の流れに由来している二枚貝も入っている。それは、交易によって人から人へ、居住地から居住地へと運ばれることによって、少なくとも北に五〇〇キロも離れているアイン・マッラーハにたどり着いたのか、あるいは、ひょっとすると、この集落の一人の居住者の長旅の手みやげだったのかもしれない。[9]

オハロとアズラクの場合と同じように、人々は、石の塊から剥片を打ち欠いている。だが、アイン・マッラーハで造られている細石器は、その形が従来のものとは異なっている。薄い長方形のフリントの刃が入念に三日月形に削り出されているこの石器を、考古学者たちはリュナート（三日月細石器）と呼んでいる。これらの中には手鎌に用いられているものもあれば、矢の「かえり」にとして用いられているものもある。こうした特定の形をもった細石器がなぜそれほどまでにもてはやされたのかは明らかにされていないとはいえ、人々がそうした時代の好みにいやおうなしに追従したという以外の理由は見当たらないように思われる。

日が翳り始めた頃、ラボック君は、集落を離れて林地に入っていった。植物を磨り潰す作業は、石を打ち欠く作業と同じように、しだいにリズムを失って緩慢になり、ついにはその音そのものが聞こえなくなった。

ほどなくして、アイン・マッラーハの居住者たちは、それぞれ自分の住居に引き上げたり、焚き火のまわりに集まってきた。もの柔らかなお喋りが落ち着いた音調の歌声に変わる。ネズミたちが地面に落ちた木の実や種子を漁るために巣穴から姿をあらわし、それをイヌたちが狩り出している。

ラボック君は、日没前のおぼろげな光を頼りに『有史前の時代』を少しばかり読んでみた。西アジアについてなにも記述されていないことを知って失望したのだが、二つの記述は、アイン・マッラーハと直接関わりがあるように思われた。その一つにおいて、ラボック君がその名前をもらい受けたヴィクトリア女王時代の著者は、イヌが最初に家畜化された種であることを示唆するほんの少しばかりの証拠物件を集めている。[10]けれども、もう一つの記述については、著者は、まったく間違っているように思われる。

正真正銘の野蛮人は、自由でもなければ雄大でもない。彼は、自らの欲望と情念の奴隷であり、天候からは不十分にしか身を守られておらず、夜間の寒気と日中の太陽の暑気に苦しめられている。農耕の知識をまったく持ち合わせておらず、狩猟によって露命を繋いでいるにすぎず、物事に上首尾を収めるだけの先見の明を欠いている。飢えは、常に彼の顔を凝視しており、しばしば恐るべき食人の風習と餓死の二者択一へと彼を駆り立てる。[11]

そうした記述に眼を通しながら、ラボック君は、当のその著者に、堅固な住居、こざっぱりした衣服、居住者たちが口にしているかなりの食べ物を見せてやりたいと考えている。そのすべてが、農耕にはまったく無知の、だが、自由でもあれば、雄大でもあると思われる人々が楽しんでいる暮らしぶりの質の高さを物語っているからだ。ラボック君は、ナトゥフ文化の歌声に、フクロウのホーホーという鳴き声と、甲虫がエサを漁っている物音がかすかに混じり始めた頃、眠りに落ちていった。

アイン・マッラーハは、紀元前一二五〇〇年頃、地中海沿岸の丘陵地帯の林地に形づくられていたいくつかの集落の一つにすぎない。もう一つは、その南西二〇キロに位置しているハ・ヨニームの洞窟である。[12]オフェル・バー－ヨセフと彼の同僚たちは、一九六四年にこの洞窟の発掘に着手し、一一シーズンに及ぶ野外調査によってそれを継続した。洞窟の中から六つの円形の構築物が発見され、その直径は、それぞれほぼ二メートルであり、そのうちいくつかは、石を空積みした壁が七〇センチの高さまで残存しており、その床には平石が敷き詰められていた。一つの構築物は、住居としてではなく、作業場として使用されており、人々は、この作業場を、当初は石灰窯として、次いで、骨の加工のために用いていた。洞窟の岩壁の近くから野生のウシの肋骨の貯蔵所が発見され、そのうちのいくつかは、部分的に手鎌に加工されていた。キツネの歯とウズラの脚の骨から造られた数珠玉も発見されているのだが、これは、アイン・マッラーハの人々によってこうした用途に用いられたことはまったくない素材である。それとは逆に、アイン・マッラーハの人々が装身具として好んで用いていたガゼルの蹄の先端の骨は、ハ・ヨニームでは極度に稀である。

装身具におけるこうした違いは、ナトゥフ文化期のそれぞれの集落の居住者たちが自らのアイデンティティの主張に関心を抱いていたことを暗示している。アイン・マッラーハとハ・ヨニームの人々の間の婚姻は、この二つの個体群が生物学的に異なっていることから判断して、稀だったのだろう。[13]その骨格の残骸から明らかなように、ハ・ヨニームの人々は、著しく背が低く、その多くが第三臼歯の「非形成」という特徴を示していたのだが、これは、たんにそれが生えてこなかったことを意味しており、そうした状態は、アイン・マッラーハではきわめて稀だった。こうした遺伝形質は、二つの集落の間で定期的な婚姻が行われていたとしたら、それぞれの居住者たちの間に等しく見られたはずである。しかしながら、いずれの集落も、単独で生存の持続が可能なだけの居住者を擁する多産な集団を形づくっていたといったことはありそうもないことだと思われる。ハ・ヨニームの人々は、今日ではケバーラの洞窟として知られている、ナトゥフ文化期のもう一つの集落の居住者たちと繋がりをもっていたのかもしれない。これらの二つの集落の居住者たちは、ほとんど同じような、複雑で幾何学的な模様をあしらった骨の装身具を共有していたからである(14)。

それぞれの集落は、固有の共同墓地をもっており、そこにはしばしば入念な細工が施された装身具を身に着けた遺体が埋葬されている。もっとも人目を引くいくつもの墓は、イスラエルのカルメル山の麓のアル・ワードの共同墓地で発見されている。そこにはナトゥフ文化期のほぼ一〇〇体の遺骸が、その多くは個々の墓に葬られていたのだが、数体の遺骸が一緒に埋葬されていた墓もいくつかあった。

アル・ワードは、これまでに発見されているナトゥフ文化期の遺跡のうちもっとも重要なものの一つであり、一九三〇年代にケンブリッジ大学のドロシー・ギャロッドによって発掘された。ギャロッドは、女性として初めてケンブリッジ大学の教授に任命されたばかりか、近東に派遣されたいくつもの主要な遠征隊の指導者を務めた驚嘆に値する人物だった。彼女は、ユデアの丘陵地帯の西側でシュクバーの洞窟(15)を発掘していたときナトゥフ文化を発見し、ナトゥフ文化期の人々が農民だったと考えるようになった。だが、この認識は、今では間違っていると考えられている。ギャロッドは、アル・ワードの共同墓地に葬られていた数体の遺骸からとりわけ高度に装飾的ないくつもの副葬品を発見した。一人の成人の男は、頭飾りと首輪を身に着け、一方の脚には輪飾りが嵌め込まれており、ツノガイの貝殻から造られていたこれらの装身具のいずれにも入念な細工が施されていた。

そうした装身具が、副葬品としてだけではなく、日々の生活においても身に着けられていたか否かは明らかにされていない。もっとも入念な細工が施されている装身具が男と女の成人の若者を飾っており、埋葬されていた遺体は、女よりも男の方が多かった。これは、社会的なアイデンティティ、おそらくは、富と権力を意味していたのかもしれない。装身具の多くは、ツノガイの貝殻から造られており、ツノガイは、ナトゥフ文化期の人々が自ら地中海の沿岸から採集することができたはずである。けれども、アメリカ合衆国のタルサ大学の考古学者ドナルド・ヘンリーは、ヨルダン南部において行ってきた徹底的な調査活動にもとづいて別の可能性を示唆している。彼は、貝殻が現在ではネゲヴ沙漠と化している広大なステップで暮らしていた狩猟採集民たちから、野生の穀類、木の実、獣肉と引き替えに得られていたのかもしれないと考えている。

ナトゥフ文化期の人々に富と権力をもたらしたのが、こうした交易の管理だったことは十分考えられることである。また、こうした交易を維持する上でカギを握っていたのは、自分たちの集落の内部で流通している貝殻の数が制限されている状態を確保することだったのかもしれない。それをもっとも効果的に行う方法は、死者とともにそれを定期的に埋めることによって流通量を大量に減らすことだった．こうした墓は、今日でいえば、貴重品保管室に金塊を多量に蓄積することによって残っている少量の流通の確保を目論んでいる銀行のようなものである。金塊であれ貝殻であれ、それは、その幾分かを所有している少数者に地位と威光を与えてくれるからこそ、その価値を維持することができるからである。

葉が生い茂っている枝をくぐり抜けた早朝の陽光の輝きが、地面をまだらにしている。ラボック君が眼を覚ますと、林地から近づいている足音と人声が聞こえてきた。狩りに出かけていた四人の男と二人の男の子が夜明けとともにアイン・マッラーハに帰ろうとしているのである。一行は、すでにはらわたを抜いて部分的に各部に切り分けた、だが、木々の間に血の痕跡を点々と滴らせている三頭のガゼルを運んでいる。

頭と四肢を切り離して皮を剥いだ獣肉は、太陽とハエを避けるために住居の内部に吊される。獣肉を炙って食べるときには、それが不可能な場合は別として、家族と友達たちによって共有される。集落に帰ってきた狩人たちは、歓呼して迎え入れられ、狩りの一部始終を物語る。驚いて逃げようとする動物を子供たちがどのようにして待ち伏せ場所へと追い込み、そこで待ち構えていた男たちがそれをどのようにして矢で射止めたかといった自慢話に花を咲かせるのである。男たちは、自分たちが実地に体験したことがある、動物たちが通った様々な痕跡を話の種にし、女たちは、採集できる状態をすでに迎えている可食植物に関する知識を身につける。二人の若い女が、小枝細工の籠を手に取り、それまでに何度となく見たことがある、あちこちに散らばって生えているマッシュルームを、シカがそれを食べてしまう前に採集しようとして出かけていった。ラボック君はその後を追ってみることにした。

ナトゥフ文化期のすべての集落の居住者たちが共有していた経済的な基盤は、アイン・マッラーハのそれと同じだった。事実、それぞれの集落は、きわめてよく似た環境の中で発見されている。それは、樹木が生い茂っている林地が森林ステップと隣接していることから、二つの対照的な生育地から可食植物を採集することができるばかりか、飲み水を継続的に、また、容易に手に入れることができ、ガゼルの狩りに適しているという立地条件を満たしている。ナトゥフ文化期の遺跡からは発掘によって大量のガゼルの骨が発見されている。シカ、キツネ、トカゲ、魚類、猟鳥といった小さな獲物など、そのほかの動物も狩られていた。ガゼルの骨は、たんにナトゥフ文化期の食生活を明らかにしているだけではない。それは、人々がおそらく一年を通して集落に住んでいたであろうことを示しているからである。

私たちは、それをガゼルの歯から知ることができる。ガゼルの歯は、すべての哺乳動物の歯と同じように、セメント質によって形成されており、それは、動物が生きているかぎり一つの層の上に別の層が積み重なってゆっくりと増えていく。この層は、成長がもっとも急速な春から夏にかけては不透明であり、成長が制限される冬には黒みを帯びている。それゆえ、歯を輪切りにしてセメント質の最後の層を調べることによって、その動物が射止められたのが夏期と冬期のいずれであるかを突きとめることができる。

合衆国ニュージャジー州のラトガーズ大学の動物考古学者ダニエル・リーバーマンは、この技法を用いて西アジアの各地のナトゥフ文化期の遺跡から出土したガゼルの歯を研究してきた。[16] 彼が調査したすべての歯によって、春から夏にかけて射止められたガゼルもいれば、秋から冬にかけて捕殺されたガゼルもいることが明らかにされている。リーバーマンは、これが継続的な居住、つまり、定住を意味していると理解していた。初期の遺跡から出土したガゼルの歯に関する彼の発見は、定住が冬期、あるいは、夏期に始まったことを示しているのだが、それは、これらの狩猟採集民たちの移動性の生活様式を反映している。

一連の証拠物件は、ナトゥフ文化期における定住という考え方を支持しているとはいえ、前期ナトゥフ文化期の人々は、移動性の狩猟採集民として暮らしていたと確信している考古学者たちもいる。[17] しかしながら、石積みの住居の建築には多大の労力が投入されたに違いないことを考慮してみれば、それが一年のうち数週間や数ヶ月しか使用されなかったといったことは、あまりありそうもないことだと思われる。集落の廃棄物の中から出土している数多くのラット、マウス、スズメの骨も、また、多くを物語っている。それは、人家の周辺に棲み着く系統の動物がナトゥフ文化期において初めて姿をあらわし、人々の定住によって生みだされた新たな棲息地を巧みに利用して進化していったことを示唆しているからである。[18]

こうした事情は、イヌについても当てはまるのかもしれない。アイン・マッラーハに子犬が埋葬されていたという事実は、野生のオオカミがナトゥフ文化期においてすでに家畜化されたイヌに進化していたことをもっとも雄弁に物語っているからである。ハ・ヨニームにおいてもイヌが埋葬されており、ここでは一つの墓の中に三人の遺体と二匹のイヌがねんごろに配置されていた。[19] これらの動物は、たんなる飼い慣らされたオオカミではなく、紛れもなく家畜化されたイヌだった。それらは、その祖先のオオカミより体がはるかに小さかったのである。動物のすべての種は、これから私たちがヒツジ、ヤギ、ウシについて考察していくように、家畜化された異体があらわれると、体が小さくなる。

初期の集落は、オオカミを引きつける強い力をもっていたことだろう。そこでは人々の食べ残しを漁ることができたし、マウスやラットを補食することもできたからである。したがって、オオカミは、小型の害獣を集落から追い払うという意味において、ナトゥフ文化期の人々の役に立ったことだろう。飼い慣らされて狩りに使われたり、老人や病人のペットとして可愛がられていたオオカミもいたかもしれない。集落に近寄ってくるよそ者を警戒する「番犬」として使われたこともあったことだろう。野生の群から切り離され、飼い慣らされたこれらのオオカミが、ナトゥフ文化期の人々がなんらかの特性の増進を確保しようとしてその繁殖を管理するようになるにつれて、急速に独自の遺伝形質を獲得していったということはありえない話ではない。その結果として、この世に新たな種が、家畜化されたイヌが生みだされたのである。

ナトゥフ文化期のすべての人々が一年を通して集落に住んでいたわけではなかった。というより、おそらく、そうしたことはまったくなかったことだろう。タブカやベイダ（バイダーゥ）などヨルダン川の峡谷平野の東側のいくつかの居住地は、短期間しか使われていなかったと思われる。これらの居住地は、そこから住居や墓の残骸が発見されていないことから、狩猟のための一時的な野営地であり、おそらく、ラボック君がアズラクで眼にした居住地とは少しばかり異なっていた可能性がもっとも高いと思われる。ベイダの人々は、野生のヤギ、アイベックス、ガゼルを狩っており、紅海からツノガイの貝殻を採集していた。[20] これらの人々が、一年の一部をそれなりの住居で過ごしていたのか、それとも、それよりはるか以前のケバーラ文化期の人々と同じように、食べ物を求めて常に各地を点々と流離《さすら》う生活様式をもっていたのかは明らかにされていない。

一匹のイヌが、二人の女の後を追おうとして飛び跳ねながらラボック君を追い抜いていった。オオカミそっくりのそのイヌはすぐに下草の中に消えてしまった。女たちの後を追おうとしていたラボック君は、ほどなくしてそれを諦めてしまった。女たちは、オークとアーモンドの木立の間の曲がりくねっている小さな、だが、しっかりと踏みしめられている迷路のような道を、ハウチワマメの房とサンザシの茂みをかき分けながら素速く潜り抜けてしまったからである。女たちが踏み分けていった道を見失ってしまったラボック君は、自分がフラ盆地の湖と接している沼沢地の近くの、木々がまばらに生えている林地にいることに気づいた。いくつもの小道が真っ直ぐに伸びており、オークの木々の下ではその小道によって区割りされた地面の上で植物が栽培されている。その中には蔓が絡まり合っているエンドウや、種子をつけた穂が垂れ下がっている野生のコムギが含まれている。ラボックは、一休みするために区割りされた地面のそばに坐ってはるか彼方でイヌが吠えているのを聞いている。

ペットとしてであれ、作業犬としてであれ、飼い慣らされたイヌは、いずれかといえば、子供に似ている。それは、人の手による世話を必要としており、飼い主と強い絆で結ばれ、その指示に従う動物になることができる。イヌは、ナトゥフ文化期の人々にとって、今日と同じ度合いにおいて「最良の友」だった。動物に対するこうした思いやりという感性は、ナトゥフ文化期の人々が採集していた植物にもふんだんに注がれていたのだといえるのかもしれない。私たちは、彼らが最小限の努力によって当面の収穫高を最大化させることと以外にはなんの関心も抱いていない、純然たる「経済学」という観点から、種子を採集したり、果実を摘み取ったり、木の実を拾い集めていたと考えるべきではない。人類学者たちが記録している狩猟採集民の集団にはそのような事例はまったく見られず、したがって、そうした事情は、先史時代には当てはまらないと考える理由などなに一つとしてないからである。

アフリカ南部の、サン人とも呼ばれているブッシュマン、オーストラリア大陸のアボリジニー、アマゾン川流域の土着民たちは、周辺の植物に関する膨大で詳細な知識を持ち合わせており、それは、経済的な価値のまったくない植物についてさえ当てはまる。彼らは、しばしば植物の地下茎の一部や、種子をつけた頭状花を地中に埋めることによって、翌年にその同じ場所で成長した植物を採集する手立てを講じている。火を放って古い茎を焼き払い、新たな若芽の成長を促すことも稀ではない。

カリフォルニア大学バークレー校の考古学者クリスティーン・ハーストルフは、野生植物の栽培植物化の最初期の段階における「植物の愛育」の意義を強調している。(21) 彼女は、一つ屋根の下で生活をともにしている子供たちに注ぐのと同じような感性と配慮によって植物に接することがそれほど稀ではない女たちによって植物が採集され、栽培されてきたこと、また、それにはごくわずかの例外しかないことを私たちに思い出させてくれる。ナトゥフ文化期の女たちは、住居の近くに家庭菜園をもっているコロンビア北西部のバラサナ族の女たちと似ているといえるかもしれない。その菜園で育てているほとんどの植物は野生種なのだが、女たちは、それを愛育し、食料、薬品、避妊薬、薬物として用いている。バラサナ族は、しばしば友人や親戚と挿し木を交換することによって、それぞれの菜園に加えた植物に関する話題が社会的な結束の維持に裨益するよう計らっている。けれども、それだけの話ではない。数多くの植物は、バラサナ族の起源に関する神話と関わりのある特定の意味をもっているからである。ハーストロフは、それを、「(バラサナ族の)女たちの菜園を通り過ぎることは、その日々の生活、先祖の系列、家族の社会的な関係の歴史を垣間見ることである」(22)と表現している。

園芸愛好家であれば誰であれ、それを理解できることだろう。たとえば、筆者は、郊外に菜園をもっており、妻は、そこで贈り物にする植物、埋葬されている我が家のペットの墓標代わりの植物、過去二〇年間に転居する度ごとに菜園から菜園へと転々としてきた植物を育てている。毎年、妻は、翌年に播くためのマリーゴールドの種子を小まめに集めている。妻は、そのマリーゴールドの種子を久しい以前に自分の祖母からもらったのだが、その祖母は、長い生涯を通して季節が巡ってくる度ごとにそれを集めて播いていたのである。

私たちは、ナトゥフ文化期の人々が身近な植物についてどのように考えていたかに関する知識をまったく持ち合わせていない。しかしながら、その住居が耐久性を備えていたこと、多くの居住者たちが食料を必要としていたこと、数多くの石臼、すり鉢、すりこ木が発掘されていることを考慮すれば、私たちは、彼らが栽培種を愛育している私たちと同じように、野生植物の成長を見守っていたと想定することができる。筆者は、野生の穀草の群落、堅果樹の木立、ハウチワマメ、野生のエンドウマメ、レンズマメなどの群生が自然が育んだ菜園として扱われ、これらは、バラサナ族の家庭菜園とまったく同じように、社会的な利害関係の中で管理され、象徴的な意味が賦与されていったのではなかろうかと推測している。ナトゥフ文化期の人々が農民だと考えたドロシー・ギャロッドは間違っていたのかもしれない。だが、彼らが特殊な意味合いにおける「園芸家」だったことは、いかなる観点からも、紛れもない事実であるに違いない。

こうした観点からすれば、ナトゥフ文化期の遺跡から出土しているいくつかの人工遺物は、さらに大きな意義をもっている。というのも、それらには菜園そのものが描かれていると考えることもからである。ハ・ヨニームから出土した、ほぼ一〇センチと二〇センチの対辺をもった長方形の石灰岩の石板にはその表面を明確に区分けする線が切り込まれている。オフェル・バー゠ヨセフと、エルサレムのヘブライ大学のナトゥフ文化期の芸術の専門家であるアンナ・ベルファー・コーエンは、この模様が「明確な限界をもった領域、おそらくは、畦道によって区分けされた『なんらかの種類の畑』を指し示していると考えることができる」[23]

と提唱している。この石板には類例がないわけではない。そのほかにも同じような模様が刻まれている遺物がいくつか発掘されており、それらは、畑や菜園のとりわけ正確な地図というわけではないにしても、ちょうどロンドンの地下鉄の路線系統図のように、ある種の抽象的な形態によってそれを表現していると理解することもできるからである。

ラボック君は、フラ盆地というナトゥフ文化期の世界の中で『有史前の時代』を読んだり、バードウォッチングをしながら朝のひとときを過ごしている。太陽が昇って霞のようなうっすらとした幾筋かの朝雲をかき消してしまい、二羽の大型猛禽が晴れ上がった青空に円を描いている。ガンの群が湖に降り立ち、鳴鳥たちは種子をついばむために野生のコムギに飛び移った。ラボック君がアイン・マッラーハに帰ろうとしていたちょうどそのとき、女たちの一行がやってきた。彼の右側に立ってコムギの熟れ具合を確かめていた女たちは、思わずちょっとした悪態を吐いた。コムギは、予想していたよりももっと早く熟しており、収穫するときに多くの種子が失われてしまうことを知っているからである。女たちは、直ちに作業に取りかかり、ラボック君が住居一三一号の中で垂木からぶら下がっていたのを眼にしたことがある、フリントの刃を埋め込んだ手鎌で茎を切り始めた。茎をその根本から刈っているのだが、それは、種子ばかりでなく、できるだけ多くの麦藁を手に入れるためである。危ぶんでいたように、穂は、女たちがそれに触れると、粉々になって多くの小穂《しょうすい》、つまり、長い下穂《かすい》がくっついている種子、が地面に散乱する。女たちは、手早く茎と穂の束を寄せ集め、それを結び合わせて藁苞《わらづと》を作った。

集落に帰ってくると、女たちは、穂を叩いて残っている小穂を木の椀の中に落下させ、いくつもの熱した石をその中に放り込み、それをかきまわした。ラボックは、こうした手順によって小穂が焦げてもろくなることを知った。次いで、それを木のすり鉢に放り込み、つき砕いて小穂から穀粒を取り出す。すり鉢の中身を樹皮の浅い盛り皿に移し、盛り皿を揺すって籾殻を分離してそれを捨てる。[24]こうして取り出した穀粒をもう一度すり鉢に戻し、細かな粉に磨り潰していく。それに水を混ぜて生地を作り、生地を熱した石の上で平たいパンケーキに調理するのだが、アイン・マッラーハの自然が育んだ菜園で育っていたコムギがパンケーキに変わるまでにはほんの数時間しか掛からない。

私たちは、ナトゥフ文化期の人々が手鎌を使って野生の穀類を切り取っていたことを知っている。その柄に装飾が施されていたという事実を考慮してみれば、これは、ちょうどマリーゴールドを摘むことが筆者の妻にもっているのと同じような、象徴的な意味をもっていたということなのかもしれない。手鎌を使って切るという作業は、穂を叩いて、その下にあてがった籠に種子を落とし込むよりはるかに効率的だったことだろう。そうすることによって、採集できなくて地面に落ちてしまう量を減らすことができたからである。[25]この新しい収穫方法のもう一つの歴史的な意義がナトゥフ文化期の人々に理解されることはなかったとはいえ、それは、野生種から栽培品種への移行の礎《いしずえ》を築いたのだ。

両者の間の重要な違いが穂のもろさにあることを思い出していただきたい。野生の系統の穂は、熟すると自《おの》ずからバラバラになり、その種子を地上に散乱させてしまう。だが、「収穫者を待っている」栽培植物化された系統がそうなることはない。野生の穀草の群落の中には、比較的もろくない穂をもった数少ない穀草、つまり、遺伝的な突然変異体が混じっていたはずであり、ゴードン・ヒルマンは、それを二〇〇万から四〇〇万本に一本か二本だと推定している。

穂を叩いてその下に支えている籠で種子を受けとめていた人々は、そうした遺伝的な突然変異体を採集することはほとんどなかったことだろう。手鎌で切られたときにのみ、そうした穀草の種子が、通常のもろい穂をもった穀草の種子とともに採集されたことだろう。ナトゥフ文化期の人々の小さな集団が野生の穀草の群落に到着してその茎を切り始めた状況を想像していただきたい。コムギやオオムギがすでに熟れていたとすれば、もろい穂をもった穀草からは多くの種子がすでに地面に散乱していたはずである。けれども、もろくない穂をもったごく稀な穀草は、まだ種子をつけていることだろう。それゆえ、手鎌で切られたときには、収穫物にはそうした穀草の種子の方が、林地やステップで種子を叩いて採集していた頃に比べれば、比較的多かったとはずである。

それでは、ナトゥフ文化期の人々が前年の収穫から蓄えておいた野生の穀類の種子をばらまく、というよりは、おそらくは、棒切れを使って掘った穴に、さらには、耕した土地に播くようになったとしたら、どのようなことが起こったかを想像していただきたい。その種子には、もろくない穂をもった突然変異体が比較的高い比率で含まれていることだろう。それが成長して熟し、手鎌によって収穫されれば、もろくない穂をもった当然変異体は、ふたたび有利な条件に恵まれ、したがって、収穫された種子にそれが占める比率はさらに高くなる。こうしたプロセスが何度となく繰り返されていくうちに、もろくない穂をもった穀草はしだいに優位を占めていったことだろう。最終的には、それは、その当時存在していた唯一の系統になる。「収穫者を待っている」栽培植物化された突然変異体の誕生である。しかしながら、この系統は、いったん見棄てられてしまうと、しだいに消滅してしまう。それは、自らの力によって子孫を残していくメカニズムをすでに失っていることから、新たな突然変異体が、つまり、当初の野生種のようなもろい穂をもっている系統が繁殖することができる唯一の種となり、ふたたび急速に優位を占めるようになることだろう。

ゴードン・ヒルマンと、ウェールズ大学の生物学者スチュアート・デーヴィスは、植物遺伝学と、その多くが実験によって得られた、古代の採集技法に関する知識を用い、野生種の系統から栽培種の系統への転換が、どの程度の時間的な経過によってなされるかを見積もっている。[26] 二人の学者は、コンピューターシミュレーションを用いることによって、理想的な条件の下では、収穫と種播きの周期をわずか二〇回繰り返しただけでもろい穂をもったコムギの野生種からもろくない穂をもった、栽培植物化された変異体への転換が可能であることを示している。もっと現実的な状況においては、二〇〇年から二五〇年が、転換に必要とされるもっとも確率の高い期間である。

考古学上の証拠物件は、こうした転換がナトゥフ文化期には起こらなかったことを明らかにしている。栽培植物化された穀草の種子の形と野生種のそれの間には微細な違いがあり、ナトゥフ文化期の考古学上の記録には穀草の種子は稀であるとはいえ、そのすべてが明らかに野生の穀草のものであることが知られている。それから少なくとも一〇〇〇年以内に、私たちは、シリアのアブー・フレイラやテル・アスワド、パレスチナのイエリコの定住地において最初に栽培植物化された穀草の種子と遭遇する。ナトゥフ文化期の人々は、三〇〇〇年間にわたって野生の穀草の株を手鎌で刈っていたとはいえ、その期間を通して、穀草の穂はもろいものからもろくないものへと急激に進化することはなかった。

ロマーナ・アンガー゠ハミルトンの非凡な一連の研究は、それがきわめて明快に説明できることを明らかにしていると考えられており、彼女は、ロンドンの「考古学研究所」に勤務していた一九八〇年代にそれを行った。[27] ゴードン・ハミルトンの指導の下に、ナトゥフ文化期に野生の穀草の収穫に用いられていた手鎌の複製に何ヶ月もの時間を費やした彼女は、骨の柄とフリントの刃を用いて製作した手鎌を使って、一連の対照実験において、カルメル山の側面、ガリラヤ湖の周辺、トルコの南部に自生していた野生のコムギやオオムギの株を切ってみた。次いで、光沢の特徴、それが見られる位置、その強度が穀草の種類や成熟の度合いによって変わるのではないかとの判断にもとづき、その刃の「鎌光沢」の状態を仔細に吟味した。

アンガー・ハミルトンは、ナトゥフ文化期に用いられていた本物の刃の「鎌光沢」がまだ熟していない穀類を収穫したとき彼女が使っていた刃のそれともっともよく似ていることを発見したのだ。その段階においては、もろい穂をもった穀草はごくわずかの種子を地上にこぼしているにすぎず、したがって、もろくない穂をもった異体から採集された種子が群生している穀草から得られる種子全体に占める比率は、実質的にはきわめて微細である。それゆえ、ナトゥフ文化期の人々が野生の穀草を新たに群生させるために種子を播いていたとしても、もろくない穂をもった異体が優位を占めることはできなかった。熟していない穂を収穫するという方法は、申し分がないほど思慮深いものだった。それによって、時機を失えば地面に散乱してしまう、もろい穂から得られるほとんどの種子の損失を防ぐことができたからである。

ナトゥフ文化期の人々の間で穀類の栽培植物化のプロセスが進まなかったことについては、おそらくもう一つの要因があったと思われるのだが、それは、受動的な生活様式だった。パリの「ジャル研究所」のパトリシア・アンダーソンは、ロマーナ・アンガー＝ハミルトンのそれと同じような研究プログラムを行い、彼女の研究結果の多くを確認した。[28] 彼女は、また、野生の穀草の株を手鎌で切ったとき、たとえその種子が「熟していない」段階にあったとしても、来年の収穫を十分に確保できるだけの量の種子が地面の上にこぼれ落ちることを発見した。したがって、ナトゥフ文化期の人々は、穀類に関する新たな計画を実行に移したときにのみ、種子を播く必要に迫られたことだろう。さもなければ、彼らは、すでに存在している穀類の自生地に依存することができたはずである。たとえナトゥフ文化期の人々が採集していた種子の中にもろくない穂をもった変異体の種子がより高い比率で混入していたと仮定したとしても、新たな穀類を新たな土地で育てる計画をもっていなかったとしたら、これらの変異体が優位を占める機会はけっして訪れてこなかったことだろう。そして、ナトゥフ文化期の人々の生活様式はあくまでも受動的であり、人々が自ら進んで新たな計画を構想することはまったくなかった。ナトゥフ文化期の人々は、地中海沿岸地帯の林地において自然が育んだ菜園に自生していた野生の穀草の栽培者という段階にとどまっていたのである。

ナトゥフ文化期の人々が、自然が育んだ菜園を活用して植物の採集活動を行っていたとの主張には一つの明白な難点がある。彼らの定住地から植物の残留物は、ごくわずかしか回収されていないからである。これは、一つには保存状態が劣悪だからであり、さらには、今日、威力を発揮している回収技法に先だって数多くの発掘がすでに行われていたからである。紀元前一二〇〇〇年の時点における植物の採集の本質に関する直接的な証拠物件を求めようとすれば、ジョン・ラボック君は、地中海沿岸の林地とナトゥフ文化を後にしなければならない。ユーフラテス川の氾濫原（洪水時に流水に被われる平原）で発見されたもう一つの狩猟採集民の集落に向かって北東に五〇〇キロばかりの道程《みちのり》を踏破しなければならない。その集落とは、驚嘆に値する遺跡、アブー・フレイラである。

5　ユーフラテスの河畔にて
——紀元前一二三〇〇年から一〇八〇〇年における アブー・フレイラと狩猟採集民による定住の起源

ジョン・ラボック君がアブー・フレイラの集落に近づいていくと、その道筋に当たるステップの草花は朝露に濡れている。今しも紀元前一一五〇〇年の真夏の一日が暁の光とともに始まろうとしている。アイン・マッラーハから旅だった彼は、地中海沿岸の丘陵地帯のオークが濃く生い茂っている森を抜け、広々とした森林ステップを横切り、最終的には、樹木の生えていないステップに、今日のシリアの北西部にたどり着いたのである。彼は、今日の私たちには今なおまったく知られていない、川や湖の畔のいくつもの集落を通り過ぎたことだろう。彼は、一息つこうとして遠方に広がっている平原を眺めている。その向こうには一列の木々が、広々と流れている川との境界線をなしている。これがユーフラテスである。その彼方には一日の始まりを告げるおぼろげな光の中で地平線が霞んでいる。

数分ばかり歩いていくと、集落が視野に入ってきた。それは、一見したところごく普通の集落だと思われるのだが、すぐにけっしてそうではないことに気づいてギョッとさせられる。この集落は、ちょうどアイン・マッラーハが周辺の林地と融和しているように、砂岩の段丘に溶け込んでいるとはいえ、人間の手によって建てられたというよりは、太陽によって生みだされ、風によって形づくられたように見えるからだ。そこに向かって歩いて行くにつれて、氾濫原の端に群がっている、低くて平らなアシ葺きの屋根の輪郭が少しばかり明らかになってきた。たとえそうだとしても、自然と文化の間の境界線は、いぜんとしてまるで曖昧である。(1)

アブー・フレイラの人々は眠っている。何匹ものイヌが互いの臭いを嗅いだり、地面を嗅ぎまわっている。骨をガリガリ引っ掻いているイヌもいれば、骨を噛んでいるイヌもいる。屋根は腰の上部ほどの高さで、それが砂岩に切り込まれた小さな住居の木の骨組みによって支えられている。(2) その中の一つに潜り込んでみたラボック君は、部屋が差し渡し三メートルより少しばかり長い円形を呈しており、ひどく狭苦しいことを知った。そこには一人の男と女が毛皮と乾燥した草の上で、一人の娘が毛皮にくるまって寝っている。

床には人工産物や廃物が散らばっている。だが、それは、アイン・マッラーハの石のすり鉢とすりこ木ではなく、凹面をもった平らな粉挽き石だった。床の上のいたるところに、いくつもの打製石器が小枝細工の籠や石を刳り抜いた碗とともに散乱しているばかりか、動物の骨が小山のように積み上げられており、その上には数多くの蠅がとまっている。小さな一つの碗の中にはちっぽけなフリントの三日月形の打製細石器(リュナート)が入っており、この石器は、アイン・マッラーハで眼にしたものときわめてよく似ている。壁の片側には泥が堆《うずたか》く積もっている。壁が砕けて土が外部から落ち込んでくるからである。腐った獣肉が吐き気を催す悪臭を放っており、空気はむっとしている。

集落の生活の大部分は、こうした壁の外側で営まれている。今日の私たちの考え方とは異なって、壁は、家族の生活を取り囲むものではない。調理場、大量の小枝、アシの束、堆く積まれた樹皮、数多くの石臼は、戸外に置かれている。そうこうしているうちに、多くの人々がステップの中の自然が育んだ菜園と、川岸の近くの樹木の茂った湿地から採集してきた植物の調理にとりかかった。ラボック君は前かがみに立って、石臼から絞り出される色とりどりの種子の殻、茎、小枝、葉っぱを指で漉してみた。これらは、採集されてきた草や花の束から除かれた滓であり、石臼から下に落ちたちょうどその場所に放置される。石臼の近くには、様々な種類の木の実や種子をあふれるほど詰め込んだ籠や石の碗がいくつも置かれている。

集落の別の場所でラボック君は数多くの石臼を見つけた。これらの石臼は、いくつもの赤石の塊によって取り囲まれており、その中から擂り出されているのは、種子の殻や植物の茎ではなく、穀類の粉末だった。石臼は、人体の装飾に用いられている化粧顔料によって赤く着色されている。そのすぐ近くには、はらわたを抜いた、だが、まだ各部に切り分けられてはいない三頭のガゼルが、イヌたちが近づくことができないところにぶら下げられている。アブー・フレイラの人々は、食料を、植物の採集からだけでなく、ガゼルの狩りからも得ている。けれども、彼らは、そうした動物を、もっぱらその大群が集落の近くを通り過ぎる夏期に狩っており、その期間も数週間ばかりにかぎられている。(3)

アブー・フレイラの一日の生活が始まった。狩人たちは、ガゼルが姿を見せないので、川谷《せんこく》まで足を伸ばして野生のブタとロバを捜さなければならない。この季節には集落の周辺にはごくわずかの動物しか姿を見せないので、狩人たちは、がっかりさせられることが多い。女たちや子供たちは、自然が育んだ菜園で雑草を取り除いたり、害虫を駆除したり、太陽の恵みを受けて食べ頃を迎えた植物を手当たり次第採集している。

そんなふうに日々を過ごしているうちにガゼルの群が移動しきて、例年の狩りが始まる。狩りにはそのほかの集落の居住者たちも参加する。これらの人々は、贈り物としてトルコの南部からもたらされた、陽の光を受けて光り輝く黒曜石を携えており、それを、地中海の海岸で採集され、それ以前にアブー・フレイラを訪れていた人々からもたらされたツノガイの貝殻と交換する。

アブー・フレイラの狩猟採集民たちは、一〇〇〇年以上もの永きにわたってガゼルの狩りを続けた。数多くのガゼルは大きな群れをなして移動してくるので、狩人たちが群の規模に影響を与えることはない。女たちや子供たちは、自然が育んだ菜園の手入れに精を出し、その豊かな恵みを収穫した。住居の中に泥や砂や、破損した生活用品やそのほかの残留物が堆積したことによって、その内部の生活がとうてい耐え難くなったのか、あるいは、たんにそこに入ることすらできなくなってしまったのかもしれない。そこで、アブー・フレイラの人々は、新しい住居を、砂岩を利用することなく地面の上に建てた。けれども、ついに困難な時代が襲ってきた。新ドリアス期の干魃がガゼルの群を追い払い、ステップの生産性を大幅に削減してしまったのだ。人々は、集落を見棄てて各地を転々とする生活に後戻りせざるをえなかった。

人々は、紀元前九〇〇〇年にアブー・フレイラに戻ってきた。だが、狩猟採集民として戻ってきたわけはなかった。彼らは、すでに農民だったのである。アブー・フレイラの人々は、泥煉瓦を積んで家を建て、沖積世の平野でコムギやオオムギを栽培した。ガゼルも群を作って移動する習性を取り戻し、人々は、一〇〇〇年にわたってそれを狩っていた。だが、その後、人々は、突如として生活様式をヒツジとヤギの放牧へと切り換えた。住居が何度となく繰り返し建て替えられたことによってテル（古代の遺跡の重なりからなる中東の丘状遺跡）が形づくられ、横幅五〇〇メートル、深さ八メートルに達するその遺跡には一〇〇万立方メートルもの堆積物が含まれるに至った。砂岩を利用したアブー・フレイラの最初の住居群は、地下に深々と葬られてしまい、人類の記憶から失われてしまったのである。

そのテルの一部を一九七二年に発掘したのは、考古学者アンドルー・ムーアだった。それは、ダム建設によって失われたり、破壊されたりする恐れのある埋蔵物を救出する発掘だったことから、発掘作業は二シーズンにかぎられていた。今日では、このテルは、アサド湖の湖底に水没している。発掘することができた小さな区画から、ムーアは、アブー・フレイラの最初期の居住者たちのいくつかの住居とごみ捨て場を発見した。だが、共同墓地はおろか、墓の痕跡すらまったく見られなかった。それゆえ、ムーアは途方に暮れてしまい、「彼らは死者をどのように扱ったのだろうか？　アイン・マッラーハにおいて明らかにされているのと同じような貧富の差があったのだろうか？」と自問したのである。

それにもかかわらず、ムーアは、この二つのシーズンの発掘作業によって集落に関する多量の情報を得ることができた。それは、どんなにちっぽけで、どんなに壊れやすい植物の残留物すら確実に回収する技法を採用した最初の発掘の一つだったからである。これらの遺物の中には、炭化した数多くの種子がそれを被っていた堆積物から抜け出して文字どおり浮遊している「浮体」が含まれており、それをすくいとって研究する準備が整えられた。ゴードン・ヒルマンは、一五七種もの異なった植物がその集落に持ち込まれていたことを発見し、それとは別に少なくとも一〇〇種が、考古学上の痕跡はまったく残されていないとはいえ、採集されていたのではないかと推測した。[4]

ヒルマンは、採集が少なくとも二つの季節に行われており、それが春から初夏と秋だったことを正確に突きとめることができた。だが、ヒルマンは、人々が一年を通して集落に住んでいたと考えている。だとすれば、ステップや周辺の林地の状況が荒涼としていたに違いない冬期にはどこかほかの場所で過ごしていたのだろうか？　真夏のもっとも重要な生活資源は、おそらく谷間から得られる水だった。彼らは、アブー・フレイラにとどまることによってガマやハナスゲのような、夏に最盛期を迎える可食植物の根塊を、そのいずれもが考古学上の遺物としては発見されていないとはいえ、採集することができたことだろう。

英国のもっとも傑出した二人の動物考古学者ピーター・ローリー＝コンウィとトニー・レッグは、一年を通したガゼルの狩りの状況に関する研究を積み重ねてきた。[5]二人は、二トンにも及ぶ骨の破片から、成獣と生まれたばかりの幼獣と満一年子だけが射止められていることを明らかにした。これは、狩りが初夏の時期においてのみ行われたことをはっきりと示している。年齢のこうした分布域が見られるのは、一年のうちこの時期だけだからである。

ムーア、ヒルマン、ローリー＝コンウィ、レッグをはじめとする数多くの考古学者たちによるこうした注目に値する研究は、アブー・フレイラの狩猟採集民たちが最終氷期最盛期以降の何千年もの永きにわたって継続していたもっとも魅力的な環境を享受していたことを示している。地中海沿岸地帯の林地のナトゥフ文化期の居住者たちにとって動物や植物がそれほど豊富で、それほど多種多様で、その入手の可能性がそれほど予測できた時代はそのほかにはまったくない。人類の祖先がアフリカのサバンナに最初に姿をあらわしたのは、今から三五〇万年前のことであり、そのとき以降、移動性の生活様式は、その集団の要求を満たしてきた。だが、こうした魅力的な環境は、アブー・フレイラの人々にそれを放棄する機会を与えた。しかしながら、なぜ彼らはそうしたのだろうか？　人々が一つの集落の中で継続的に隣人として暮らしていれば、それは、必然的に集団の内部に緊張状態を引き起こす。それにもかかわらず、なぜ彼らは敢えてその道を選んだのだろうか？　移住することが少なくなった生活様式につきものである、人々が生みだす排泄物、生活廃棄物、健康上の危険に敢えて自らをさらしたのはいったいなぜだったのだろうか？　自らの集落の近くの動物や植物が枯渇してしまう危険を冒したのはなぜだったのだろうか？

私たちは、人々が人口の過剰によってそうした生活様式を強いられていたわけではなかったことをほぼ確信することができる。ナトゥフ文化期の遺跡は、それ以前の時代と同じようにけっしてその数は多くない。人口の過剰があったとしたら、それは、ケバーラ文化期に遺跡の数が劇的に増加し、細石器の形式の標準化に拍車が掛かった紀元前一四五〇〇年の時点だった。その後二〇〇〇年の歳月が流れて、最初のナトゥフ文化期の集落が出現したとき、人口の増加を示している痕跡は見つかっていない。それればかりか、ナトゥフ文化期の人々の骨は、彼らが適度に健康であり、食料不足のせいで望ましくない生活様式を強いられていたような人々とはまるで異なっていたことを明らかにしている[6]。

エルサレムのヘブライ大学のアンナ・ベルファー－コーエンは、骨格の状態を研究し、治癒した骨折や、栄養失調や感染症に起因する外傷の徴候がごくわずかであることを発見した。ストレスにさらされた人々の歯にはエナメル質の発育不全を示す細い線が形成されることが少なくない。こうした線は、食料不足の時期を示しており、離乳直後にしばしばあらわれる。だが、そうした線の形成は、ナトゥフ文化期の人々の歯では、農民のそれよりもその頻度が低い。ただし、ナトゥフ文化期の人々の歯と初期の農民たちの歯のいずれもが甚だしく摩滅している。これは、彼らの食生活に植物が重要な役割を担っていたことを追認している。種子や木の実を石のすり鉢で磨り潰すとき、磨り潰された粉や練り粉に石の小さな破片が混入することはさほど珍しくない。それを加熱して食べるとき、こうした破片は歯をすり減らし、歯が、エナメル質をほとんど失ってしまった状態を呈していることも稀ではない。

ナトゥフ文化期の人々は、たんに健康だっただけではなく、ずいぶん温和だったと思われる。ラボック君がヨーロッパ、オーストラリア大陸、アフリカ大陸を経巡るとき発見することになる状況とはまるで異なって、人骨に突き刺さっている矢の尖頭器のような、集団間の闘争の痕跡はまったく発見されていない。ナトゥフ文化期の狩猟採集民たちは、互いに良き隣人だった。豊かな土地、自然が育んだ菜園と動物がすべての人々の要求を十分に満たしていたからである。

ナトゥフ文化期の人々とアブー・フレイラの人々は、定住地につきものの集団の内部のストレス、人々の排泄物、資源の枯渇といった生活上の欠点を、その利点を享受するためには耐えなければならないと考えていたのかもしれない。アイン・マッラーハを発掘したフランソア・ヴァラは、ナトゥフ文化期の集落がたんにケバーラ文化期の人々の特定の季節における集合から生まれたのだと考えている。(7) ヴァラは、世紀の変わり目の頃、北極地方の狩猟採集民たちと生活をともにしたことがある文化人類学者マルセル・モースの著作を想起している。モースは、周期的な人々の集合が密度の濃い集団生活という特徴をもっており、そうした生活が、祝祭、宗教的な儀式、知的な議論、頻度の高い性行為をともなうことを認識していた。それとは対照的に、それぞれの人々が小さな集団を形づくって互いに遠く離れて暮らしている、一年のうちのそれ以外の期間は、いずれかといえば活気がない。

ヴァラは、ナトゥフ文化期以前の移動性の狩猟採集民たちの集合がそれと似通っていた可能性があり、ナトゥフ文化期の人々は、集合する期間を延長する機会を得たその結果として、一年を通してそうした状態を効果的に持続するようになったにすぎないと提唱している。事実、ナトゥフ文化期の集落のすべての基本的な要素、つまり、石組みの住居、石臼、ツノガイの数珠玉、遺体の埋葬、ガゼルの骨などは、ネヴェ・ダヴィッドにおいてすでに存在していた。気候がしだいに温暖で湿潤になるにつれて、植物と動物がより多様で豊かになっていったことから、人々は、冬期の集合場所により長期間滞在し、より早くそこに帰って来るようになり、一部の人々が年間を通してその地にとどまるようになっていったのである。

アイン・マッラーハやアブー・フレイラばかりでなく、紀元前一二五〇〇年から一一〇〇〇年に至る西アジア全域の定住性の狩猟採集民たちは、居心地のよい生活を享受していた。考古学上の豊かな証拠物件と卓越した研究によって、私たちは、そうした暮らしぶりの生きいきとしたいくつかのイメージを心の中にありありと思い描くことができる。それは、籠に詰めたドングリがアイン・マッラーハへと運ばれ、それがつき砕かれて練り粉になっていく光景であり、近づいてくるガゼルを目ざとく見つけたアブー・フレイラの狩人たちの精悍な顔つきであり、アル・ワードにおいてツノガイの貝殻の頭飾り、首輪、足首飾りなどの装身具を身につけた死者が今にも埋葬されようとしている情景である。

しかしながら、記憶にとどめておくべき形象は、イヌの吠え声や、悪臭を振りまいている生活廃棄物の堆積や、集落に居残っている気難し屋を後にして、森林ステップで一日を楽しんでいる少しばかりの家族の姿である。彼らは、獲物を探しているわけでもなく、植物を採集しているわけでもない。それは休息の一日であり、筆者は、彼らが無数の夏の草花に囲まれて座っている姿を思い描くことができる。子供たちは花輪を作り、若い恋人たちは背丈の高い草に身を隠している。お喋りを楽しんでいる人もいれば、眠っている人もいる。すべての人々が太陽の温かい光を満喫しており、お腹は一杯で、心配の種などなに一つとしてない。アブー・フレイラで暮らしながら居住者たちの生活を考察する数日を過ごしたジョン・ラボック君は、彼らとともに座っている。彼は、『有史前の時代』を読んでみて、その著者が気候の変動について、ごくわずかではあれ、知識を持ち合わせていたことを知った。ヴィクトリア女王時代のジョン・ラボックは、きわめて大きな気候の変動があったことを正しく認識していた。太陽がさんさんと降り注ぐ南フランスの洞窟を訪れ、その中から大量のトナカイの骨を見つけ出したこともあれば、泥炭湿原の中からオークを発見したこともあり、古代の川によって切り開かれた峡谷平野を調査したこともあったからである。しかしながら、一八六五年という時点においては、気候の変動の複雑さ、つまり、二〇世紀の初頭にようやく評価されるようになった複合的な氷河作用といった考え方や、今なお未知の領域に属している新ドリアス期のような気候の変動に関する大事件は、まったく知られていなかった。それにもかかわらず、ジョン・ラボック君は、気候の変動の原因として太陽の輻射の変量、地球の回転軸の周期的な変化、海洋の潮流の変化が示唆されていることを知って、彼がその名をもらい受けた人物の著作に強い感銘を受けた。そのすべては、それ以降に証明され、今なお科学的な研究の最先端に位置づけられている(8)。

ラボック君は、歴史の中で自分が占めている時代区分をしばらくの間忘れてしまった。チョウが舞い、草花が咲き乱れている自然の中でそよ風に身を任せていると、時間の感覚などどこかに消し飛んでしまうからだ。けれども、時は今、紀元前一一〇〇〇年であり、気候の劇的な変動は、今にも始まろうとしていた。ステップに座っている家族の人々は、それを知る由もなく、環境の激変という断崖絶壁の崖っぷちをよろめいていたのである。新ドリアス期は今まさにその幕を開けようとしていた。

最終氷期最盛期以降、世代が変わっていくにつれて、西アジアの人々の暮らし向きはしだいによくなっていった。無論のこと、浮き沈みがなかったわけではない。比較的気候が寒冷で乾燥しており、可食植物や獲物の発見が困難な時期もあれば、とりわけ自然の恵みが豊かだった時期もあった。ただし、時代の流れは、より温暖で湿潤な気候へと向かっており、植物相はさらに多種多様になり、種子、果物、木の実、塊茎の収穫量は増加し、動物の群はその規模がしだいに大きくなり、その移動の予想はさらに容易になり、文化的・知的な生活が豊かになっていった。これは、ラボック君がアイン・マッラーハとユーフラテスの河畔で体験してきた集落の生活においてその頂点に達していた。ステップに降り注ぐ夏の陽光を楽しんでいたアブー・フレイラの家族の人々は間違いなく幸運だったし、たぶんそれを知っていたことだろう。しかしながら、彼らは、自分たちがどれほど幸運に恵まれているかを知る由もなかった。数世代のうちに気候の変動の潮流が様変わりし、暮らしぶりがもう一度それほどまでによくなることは、けっしてなかったのである。

6　一〇〇〇年に及ぶ干魃

——紀元前一〇八〇〇年から九六〇〇年における新ドリアス期の経済と社会

ジョン・ラボック君は、ふたたびフラ湖の西岸に立ってアイン・マッラーハの集落の全貌を眺めている。生い茂ったオーク、アーモンド、ピスタチオなどの木々に囲まれていた集落の内部の生気にあふれた活動を観察していたとき以降、すでに世代交代が五〇回も繰り返され、一五〇〇年の歳月が流れた今、時代は様変わりしている。林地は貧弱になった。樹木や下草は、自然の豊かな恵みをアイン・マッラーハの人々に惜しみなく与えていた活気に満ちた成長力を失っている。集落の内部では、屋根や壁が崩れ落ち、住居の中にはたんなる生活廃棄物の堆積と化してしまったものもある。新しい円形の建物がいくつかあるとはいえ、それは小さくて造りも雑である。

その南西二〇キロに位置しているハ・ヨニームの集落も、すでに荒れ果てている。人々は、二〇〇年のあいだ住居として利用していた洞窟を見棄てて段丘で暮らすようになり、以前の住居を死者の墓として使っていた。けれども、そうした新しい住居群に今では誰一人として住んでいない。自然がその力を取り戻し始め、石灰岩の壁、玄武岩のすり鉢、フリントの刃を地中に埋め込んでいくにつれて、その集落の住人は、茨や雑草、ヘビやトカゲ、地衣類や蘚類《せんるい》だけになってしまった。それは、アブー・フレイラにも当てはまる。居住者たちが去ってしまった無人の住居は崩れるに任され、文明の産物は見棄てられ、忘れ去られてしまったのだ。

時は今、紀元前一〇八〇〇年である。定住性の集落の生活は、生き残りを賭けて苦闘している林地と、今や荒涼たる景観を呈しているステップに散在している移動性の野営地で暮らしている人々の、一つの世代から次の世代へと語り継がれている物語の中にのみ存在している。ナトゥフ文化期の文化的な業績は、考古学者たちが後期ナトゥフ文化期と呼んでいる時代を生きている人々の工芸品、衣服、社会的な慣習の中にそのかすかな痕跡をとどめているにすぎない。これらの人々の多くは、死者の骨を携えてアイン・マッラーハ、アル・ワード、ハ・ヨニームで落ち合っていたのだが、それは、その骨を、今では歴史と神話の狭間に位置している聖なる場所で静かに眠っている祖先の傍らに改葬するためだった。

集落における定住性の生活という「実験」は、ほぼ二〇〇〇年にわたって続いたのだが、最終的にはそれは失敗してしまい、人々は、それ以前の移動性の生活様式に戻らざるをえなかった。そうした変化が生まれる前に、ナトゥフ文化は、オフェル・バー＝ヨセフがその「祖国」だったと主張している地中海沿岸地帯の林地を越えてはるか彼方にまで伝搬していた。この文化の特徴である三日月形の細石器（リュナート）は、西アジア全域で使用されるようになり、後期ナトゥフ文化期の野営地とともに、アラビア半島の南部の沙漠からユーフラテスの川岸に至る広大な地域で見られるようになっていった。

ナトゥフ文化の普及は、定住性の集落がそれ自体としては成功を収めたとはいえ、その成功がある程度まで犠牲を強いるものだったことを示唆している。その居住者たちの数は、間断なく増えていったことだろう。移動性の狩猟採集民たちは、その集団の成員の数に対する制約を必然的に課せられている。野営地から野営地へと移動するとき、自分たちの所有物のみならず、歩くことができない幼児たちを運ばなければならないからである。一時に一人以上の幼児を運ぶことはできないことから、出産には三年から四年の間隔を置かなければならない。アイン・マッラーハやハ・ヨニームやそのほかの集落で暮らしていたナトゥフ文化期の人々は、もっと自由に子供を産むことができた。

ナトゥフ文化の普及は、人々の集団が新たな定住地を求めて集落を離れていったことに端を発していたとの考え方は無理のない仮説だと思われる。これは、野心的な若い男たちや女たちが権力を手に入れることができる唯一の手段だったのかもしれない。けれども、この普及には、周辺から十分な食料をもはや手に入れることができなくなったというもう一つの理由を心に浮かべてみることもできる。後期ナトゥフ文化期の人々は、ネゲヴ沙漠に入り込んでローシュ・フルシャーやローシュ・ツイン[1]のような集落を作ったり、地中海の海岸線の近くにナハル・オレン[2]や、ユーフラテスの川岸にムレイベト[3]のような居住地を形成したのだが、これは、経済的な理由による移住の原型だといえるかもしれない。

居住者たちは、自分たちが依存していた野生の動物や植物の過剰消費をすでに始めていた。生活廃棄物の堆積から発見されたガゼルの骨は、その群を管理しようとする試みが最終的には裏目に出てしまい、それが食料不足を引き起こしたことを明らかにしている。エルサレムのヘブライ大学のキャロル・コープは、ハ・ヨニームとアイン・マッラーハから出土したガゼルの骨をこと細かに注意深く研究してきた[4]。これらの居住者たちが狩っていたマウンテンガゼルは、アブー・フレイラの人々が狩っていたそれとはまったく異なった習性をもっていた。その群は、一年を通してナトゥフ文化期の人々の定住地の近辺にとどまっており、ユーフラテス川の近くのマウンテンガゼルのような大きな群を作ることはけっしてなかった。

コープは、ナトゥフ文化期の人々が好んで雄のガゼルを射止めていたことを発見した。これは、コープが調査した足の骨（距骨）がその大きさにもとづいて二つのグループに容易に分類され、大きな骨の方が小さな骨より四対一の割合で多かったことから自ずと明らかだった。大きな骨は大きな体躯を意味しており、ガゼルの場合、そうした体躯をもっていたのは雄だった確率がきわめて高いからである。ナトゥフ文化が確立される五〇〇〇年前にケバーラ文化期の人々がハ・ヨニームの洞窟を使っていたとき、彼らは、雄と雌のガゼルを同じ比率で狩っていた。(5) ナトゥフ文化期の人々は、雄を優先的に選択することによって、おそらくガゼルの個体群の維持を企てようとしていたのだろう。雄と雌は同じ比率で生まれてくるとはいえ、実のところ、群の維持に必要とされているのはごくかぎられた数の雄である。ナトゥフ文化期の人々は、できるだけ数多くの雌が子を産むことができる状況を確保する必要性を認識していた一方、雄は何頭でも狩ることができると決め込んでいたとキャロル・コープは考えている。

これが彼らの目論見だったとすると、それは恐るべき結果を引き起こす。ナトゥフ文化期の人々は、たんに雄を狩っていたばかりでなく、群の中のもっとも大きな個体を選ぶという間違いを犯していた。したがって、雌のガゼルは、より小さな雄と繁殖せざるをえない状況に追い込まれた。だが、これは種の維持にとってはけっして自然な選択ではない。小さな雄が小さな子孫を残していくにつれて、また、ナトゥフ文化期の人々がその子孫のうちもっとも大きな個体を狩っていくにつれて、ガゼルは、世代を重ねるごとに矮小化していったからである。それゆえ、ハ・ヨニームの洞窟のごみ捨て場から発見されたガゼルの骨は、段丘のごみ捨て場で発見された骨よりはるかに大きかった。それは、ガゼルの体躯の大きさの違いを物語っており、二つの骨の大きさの違いは、大きな雄が優先的に狩られていた五〇〇〇年の歳月の経過によって引き起こされたのである。

小さなガゼルは、たえず増え続けている居住者を養うために利用することができる獣肉の量が少なくなることを意味している。この不足は、自然が育んだ菜園の過剰利用によってさらに悪化していった。あまりにも多くの野生の穀類が収穫され、自然が育むことができる限度を越えた量のドングリやアーモンドが採集されたのである。

ナトゥフ文化期の人々の健康状態、とりわけ、子供たちのそれは悪化していった。これは、彼らの歯から明らかにすることができる。(6) ハ・ヨニームに埋葬されていた後期ナトゥフ文化期の人々の歯は、前期ナトゥフ文化期の先祖のそれと比較して、形成不全の状態を示している頻度がはるかに高い。彼らが死んだときに残されていた歯の本数もさらに少なくなっており、その歯も虫歯が多く、これは、いずれも健康状態が悪かったことを示している。

食料の不足は、現代社会の飢餓の犠牲者に明らかなように、肉体の成長を阻害する恐れがある。これは、たとえば、ナハル・オレンに埋葬されていた後期ナトゥフ文化期の人々の多くがアイン・マッラーハに最初に住み着いた人々より背が低い理由を説明してくれるといえるだろう。現代社会において見られるのとまったく同じように、男たちは、女たちよりもその影響を受けやすい。それゆえ、後期ナトゥフ文化期の人々は、それ以前の時代と比較すると、男と女の間の体格の差がほとんどなくなっている。(7)

ナトゥフ文化期の集落における食料不足は、移住を、最終的には、集落の瓦解を引き起こしたのだが、その責任をナトゥフ文化期の人々だけに、居住者の数を管理することができなかったことだけに求めることはできない。居住者数の増加という問題は、人々がそれを管理することがまったくできない現象、つまり、気候の変動によってきわめて深刻な影響を蒙っていたと考えられるからである。

一〇〇〇年に及ぶ寒気と干魃によって特徴づけられている新ドリアス期は、北アメリカの氷床が崩壊したとき、氷河から溶け出した途方もないほど大量の水が大西洋に流入したことによって引き起こされたものだった。それが西アジアの地形に与えた衝撃は、フラ盆地のコア（地層試料）に含まれている花粉粒によって容易に理解することができる。(8) フラ湖の湖底の紀元前一〇八〇〇年以降の堆積物は、樹木の花粉が激減したことを示しており、それは、林地の樹木が降雨量の不足と気温の低下のせいで枯死したことを意味している。事実、気候は、五〇〇年以内に最終氷期最盛期の頃とほとんど変わらない状態にまで舞い戻ってしまった。食料供給の壊壊的な落ち込みは、増加を続けていた居住者の数とまったく同じように、かつてなかったほどの規模にまで達していた。

居住者数の増加が引き起こした食料事情の悪化と、気候の劣化という強烈なダブルパンチをまともに食らってしまったことを考慮してみれば、前期ナトゥフ文化期の集落の生活が瓦解してしまったのはさほど驚くべき話ではない。しかしながら、人々は、たんにケバーラ文化期の祖先たちの生活様式に回帰することはできなかった。たんに居住者の数がかなり多くなっていただけではなく、後期ナトゥフ文化期の人々は、定住性の生活という遺産を受け継いでいた。彼らは、新たな技術と新たな社会関係、植物と動物に対する新たな姿勢、土地と住居に対する新たな観念、おそらくは、所有と財産という観念すらもっていたことだろう。

たとえ人々が野営地から野営地への移動に足を棒にする大昔の生活様式に舞い戻ったとしても、そうした考え方から後戻りすることなどできるはずもなかったのである。

ヨルダン川の峡谷平野で暮らしていた後期ナトゥフ文化期の人々の物語をたどり、ラボック君の旅路に戻る前に、私たちは、東に一〇〇〇キロの地点、今では廃墟と化しているアブー・フレイラの集落を越え、さらにはユーフラテス川を越えたはるか前方に位置しているタウルス山脈とザグロス山脈の山麓の丘陵地帯をほんの少しばかり訪ねておかなければならない。ここには、新ドリアス期に見棄てられた集落ではなく、まったく新たに形づくられた居住地があるからだ。

ザグロス地域は、その境界線がかなり曖昧で、地勢的には多様である、それは、メソポタミア平野の上部となだらかに起伏している丘陵地帯、深い峡谷と嶮しい岩場、山脈の山頂などによって形づくられている。地形と標高のこうした変化は、降雨量と気温に劇的な違いをもたらしており、一般的には気候が寒冷で乾燥しているときですら、山間《やまあい》の数多くの場所には草木が青々と茂っていた。

その全域において、気温は低くて降雨量は少なく、それ以前には地中海の海岸線から広がっていた樹木の多くが枯死していた。しかしながら、そうした気象条件を免れていた低地の谷間は、すでに寒気が増していたせいで標高の高い傾斜地から降りないわけにはいかなかった動物ばかりか、オーク、ピスタチオ、ギョリュウなどの低林にとっても「避難所」として機能していた。

狩猟採集民たちは、丘陵地帯全域を転々と移動していたときと比較すれば、植物と動物を求めてこうした谷間にはるかに高い密度で住み着かなければならなかった。彼らは、そこに世界史においてそれ以前にはまったく存在していなかったもっとも複雑な住居を建設した。タウルス山脈の山麓の丘陵地帯の小川の川岸で発見されたハラン・チェミ・テペシは、これらの新しい定住地の中でももっとも興味深い集落である。(9) 一九九一年にはダムの建設によって私たちの眼から姿を消してしまう危機にさらされていたその考古学上の遺跡を発掘したのは、アメリカとトルコの合同調査隊であり、石組みの土台と、編み垣に粘土を塗りつぶした壁をもった建築物の痕跡を発見した。それが建設された正確な年代は明らかにされていない。放射性炭素にもとづくいくつかの年代は、二〇〇〇年以上にまたがっているのだが、人々がそこに住んでいた時期は、紀元前一〇〇〇〇年頃だと思われる。ハラン・チェミ・テペシの人々は、アーモンド、ピスタチオ、桃、豆類を含む多種多様な可食植物を採集し、野生のヤギ、シカ、イノシシを狩っていた。

いくつかの建築物は家族の住居であり、その中からは炉床、石臼、実用的な人工遺物が発見されている。けれども、そのほかの建築物からは小立像、装飾を施された石の碗、北方一〇〇キロの場所を産地としている黒曜石が発見されている。これらの建造物からは家庭的な労役が排除されており、それが社会的な、あるいは、儀式的な行事に用いられていたことを示している。

装飾を施された石の碗は、肌理《きめ》の細かい砂岩から造られており、その底面が平らなものもあれば、全体的に丸みを帯びているものもあり、そのいずれもが炉火にかけられるよう側面に穴が開けられている。多くの碗には、井桁、稲妻形、蛇行などの線刻によって装飾が施されている。動物の姿が刻まれているものもいくつかあり、ある碗にはその表面に沿って三匹のイヌが一列に彫り込まれている。数多く出土しているすりこ木は、入念に磨き上げられており、様式化されたヤギの頭の形に掘り出された柄をもったものもある。着色した石を繋ぎ合わせた数珠玉も、様々な形や大きさのものが数多く発見されており、いわゆる小立像は、碗の製作に用いられているのと同じ白い砂岩から造られている。

ハラン・チェミ・テペシは、特定の季節に狩猟採集民たちによって利用されていた野営地にしてはあまりに造りが堅固だと思われる。その建設にはかなりの労力が投入されており、石を刳り抜いた大型の器は、明らかに調度品として製作されている。高度に発達した物質文化と黒曜石の交易は、アイン・マッラーハで繁栄していたのと同じような複雑な社会、また、おそらくは、象徴と儀式の世界と深い関わりをもった社会を示唆している。ジョン・ラボック君は、これらの発達の社会的な重要性を、アフリカ大陸を除く世界中のほとんどすべての地域を経巡った後に彼がたどる旅路の最終段階において、紀元前一一〇〇〇年にメソポタミアに到着したとき発見することだろう。

考古学者たちは、ヨルダン川やユーフラテス川の峡谷平野で暮らしていた後期ナトゥフ文化期の人々が新ドリアス期に採用した新たな生活様式を理解しようとして今なお苦闘を強いられている。私たちは、その証拠物件の有効な供給源の一つを、埋葬の慣習と、それが定住地を拠点としていた彼らの祖先の慣習からどのように変わったかに求めることができる。[10] もっとも印象的な変化は、人々がもはや動物の骨やツノガイの貝殻に精巧な細工を施した頭飾り、首輪、腕輪、垂れ飾りを身につけた状態では埋葬されなくなったということだった。前期ナトゥフ文化期の人々のうちほぼ四分の一がこうした方法によって埋葬されていたという事実は、一部の人々がそのほかの人々よりはるかに裕福で有力だったことを示唆している。

富と権力は、明らかに定住性の集落の生活に由来していた。これは、選ばれた人々に貝殻やそのほかの物品を集落にもたらす交易を管理する機会を与えた。移動性の生活様式への回帰は、そうした権力の基盤を一掃し、社会は、ふたたび、ケバーラ文化期の社会とほとんど同じような意味合いにおいて平等主義的になった。死者を飾っている貝殻が見当たらなくなったとはいえ、それは、そうした貝殻がもはや手に入らなくなったからではなかった。それらは、後期ナトゥフ文化期の居住地で数多く発見されているからである。死者を飾ることはなくなった貝殻は、たんに骨の数珠玉や垂れ飾りとともにごみ捨て場に棄てられてしまったのだ。貝殻はその価値を失ってしまった。その流通には、もはやいかなる管理も存在していなかったからである。移動性の狩猟採集民たちは、自分たち自身のために貝殻を採集したり、自分たちにとって望ましい人々と交易することができた。

より平等主義的な社会への回帰のもう一つの痕跡は、人々を、主として集団で、おそらくは、一つの家族や系列の成員として埋葬する慣習から個人埋葬への転換である。これが明らかにしているのは、特定の家族の成員であることがもはやこれまでと同じような重要性をもたなくなったということである。人々は、血縁よりもむしろ、自らの実績や人となりにもとづいて評価された。しかしながら、ナトゥフ文化期の社会の変化についてもっとも多くを物語っているのは、埋葬の慣習における三つ目の変化である。後期ナトゥフ文化期の大部分の墓に埋葬されているのは、骨の寄せ集めや、骸骨であり、そのいずれにおいてもそのほかの部分、多くの場合、頭蓋骨が失われている。

これは、考古学者たちには二次的な埋葬として知られている。それは、死者を葬る儀式が遺体を墓に安置し、それをそこに置き去りにするという、たった一つの出来事をはるかに越えるものだったことを明らかにしている。死者を葬る儀式には少なくとも二回の、おそらくは、数回の段階があり、死者の最終的な消滅のために多くの集団が集ったとき、その頂点を迎えたと考えるのがもっとも理に適っている。

紀元前一〇〇〇〇年の秋のとある日の夕暮れ、薄暮がフラ湖をすっぽりと包み込み、あたかもそれを告げるかのようにガンの群が飛び立った。ジョン・ラボック君は、小さな焚き火の近くに腰を下ろし、満ちたりた気分で夜の帷が降りるのを見守りながら眠りが訪れるのを待っている。けれども、それは、すぐに人々の話し声によって掻き乱された。アイン・マッラーハへと向かっている、長旅に疲れ果てた一行が通り掛かったのである。その中には杖をついて歩いている老人もいれば、疲れ果てた両親に抱きかかえられている幼い子供たちもいる。イヌの騒々しい吠え声が荒れ果てた集落から聞こえてきたので、これらの人々が連れているイヌたちが少しばかり抑え気味の甲高い声でそれに応えた。イヌたちにとっては、アイン・マッラーハは、一年を通して訪れる数多くの野営地の一つにすぎなかったことだろう。しかしながら、これらの人々にとっては、それは、唯一無二の場所だった。それは、彼らの先祖の生まれ故郷であり、これは、彼らが長年待ち望んでいだ初めての里帰りにほかならなかったからである。

彼らは、この旅の途次においていくつもの一時的な野営地を転々としてきた。野営地は、その周辺の獲物や植物が彼らの生存を維持できなくなるほど枯渇してしまうと放棄される。彼らは、死んでしまった仲間たちが埋葬されているいくつもの場所を訪れ、それぞれの墓から骨を掘り起こして籠の中に収めた。それをアイン・マッラーハに改葬するためである。いくつかの墓からは、乾燥させた獣皮と腱によってバラバラにならないよう固定されたほぼ完全な骸骨を、別の墓からは頭蓋骨だけを取り出した。老人たちは、旅の途次で休息をとる度ごとに、自分たちの父親や祖父が死者たちの骨をアイン・マッラーハに運んでその地に改葬した思い出話に花を咲かせ、若者たちは、その話に熱心に耳を傾けた。彼らは、自分たちの祖先が一年を通してずっとアイン・マッラーハに住んでおり、その地は食料がいかに豊かだったか、祖先たちが遺体を装身具や衣服でどのように飾ったのか、オオカミがどのようにしてイヌになったのか、といった物語をそらで憶えていた。

ラボックがその一行に加わり、アイン・マッラーハの集落に入ると、一行は、今にも壊れそうな住居に住みながら先祖代々の土地を守っている一握りの人々と、型どおりの慇懃な挨拶を交わし、ここまで運んできたいくつもの籠と少しばかりの所持品を置いて休息をとった。火を焚き、少しばかりの食料を分け合うと、疲れ果てていた人々は、一人残らずぐっすりと眠り込んでしまった。

その後数日の間にさらに三つの集団が、死者の骨を詰め込んだ籠を携えてアイン・マッラーハに到着した。ほぼ一〇〇人の人々が先祖の過去を再現する準備を整えるために集ったのである。その後の二日間、人々は、獲物や可食植物を煮炊きする薪を拾い集めて祝宴の用意を整えた。人々は、いくつもの物語を、少しばかりその趣向を変えながら何度となく繰り返し物語った。

ラボックは、崩れ落ちている住居から丸石、朽ち果てた木材、土塊《つちくれ》などの堆積物を運び出したり、その周辺の藪蔓を引き抜く作業を手伝った。アイン・マッラーハの古びた共同墓地がふたたび開かれ、人々が歌ったり、朗唱したりしている最中《さなか》に死者の骨が籠から取り出されて地面の上に安置される。そうすることによって、過去と現在は、一つの実体として結合されるのである。人々は、改葬と、それに引き続く祝典の日々を過ごし、祖先を共有している一つの集団として暮らしながら、物語や御馳走を楽しむ行為によって、祖先の過去の時代の暮らしを再現する。そうすることによって、人々は、干魃がうち続く新ドリアス期という試練を生き延びるために苦闘しなければならない過酷な現実を、ほんの束の間ではあれ忘れている。

人々は、食糧の調達が許すかぎりの期間をアイン・マッラーハで過ごす。だが、それは一〇日か、長くてもおそらく二週間程度だったことだろう。彼らは、これまでどこで暮らしていたのか、誰を見たのか、これから先いったいどんなことが起こるのだろうかといった話題を飽きることなく物語る。互いに石や貝殻などの贈り物を交換するのだが、その中でも私たちの興味をもっともそそるのは、穀類、エンドウ、レンズマメが詰まっている皮のポーチである。

別れの日がやってくると、それぞれの集団は、アイン・マッラーハを後にして思いおもいの方向に散らばっていく。そのとき、集団に新しい成員が加わることもあれば、成員が別の集団と合流することもある。地中海沿岸の丘陵地帯、ヨルダン川の峡谷平野、その向こう側に広がっている地域の乾燥した環境の中を移動する生活様式に戻ることを誰もが喜んでいる。つまるところ、それは、彼らが体験したことがある唯一の生活様式であり、それを心から楽しんでもいたからだ。ラボック君も、また、それを心から楽しむようになっていた。こうした人たちと行動をともにし、様々な峡谷平野、丘陵地帯、水たまり、小さな森に関する物語に耳を傾けているときには、とりわけその感が深かった。ラボック君は、ヨルダン川の峡谷平野を目指して南東に向かって歩き始めた一行に加わった。彼らの腰の上部からは種子を詰めた袋がぶら下がっており、それが振り子のように揺れている。それは、あたかもその袋が、時間そのものを強く意識している、つまり、食料を求めて狩猟や採集に精を出している人々にはそうした時間がわずかしか残されていないことを知っているかのようだった。

後期ナトゥフ文化期の人々が穀類、エンドウ、レンズマメを詰めた袋を携えていたことを具体的に示している考古学上の痕跡はない。けれども、もし彼らがそうしており、秋の野営地にたどり着いたときその種子を播き、別の場所に移動してしまう前の夏にその収穫物を採集していたとしたら、それは、コムギやオオムギの野生種が栽培種へと進化していった経緯を説明してくれることだろう。

パトリシア・アンダーソンの実験にもとづく研究は、前期ナトゥフ文化期の人々が行っていたのではないかと考えられている、群生地への種子の追い播きは、その時点ですでに土壌にこぼれ落ちている種子のせいで、もろくない穂をつける変異体の比率をほんの少しばかりしか高めないことを明らかにしている。[11] 栽培植物化された種の出現に必要とされていたのは、まったく新しい特定の区画における穀類、エンドウ、レンズマメの定期的な種播きと収穫であり、これこそが、後期ナトゥフ文化期の数多くの人々が行っていたと考えられていることだった。しかしながら、なにが彼らにこうした行動を取らせたのだろうか？

しだいに乾燥の度合いを高めていた新ドリアス期という環境において、時勢が過酷だったことを私たちは知っているとはいえ、その過酷さがどの程度だったかは、今なお明らかにされていない。干魃によって数多くの池や川が完全にその姿を消してしまい、大きな湖は縮小した。それは、間違いのないことだったと思われる。南部、つまり、今では沙漠と化しているネゲヴやシナイ半島に当たる地域で暮らしていた人々がもっとも過酷な状況に直面していた確率は、きわめて高いといえるだろう。彼らは、ケバーラ文化期の人々とほとんど変わらない、所々を転々と移動する狩猟採集民に固有の生活様式に回帰した。獲物が少なくなり、その結果として、それを仕留める機会が巡ってきたときには、それを成功させることが必須になった。こうした環境の下で生き残っていくために必要とされたのは、狩猟器具の性能の向上である。こうした要請にもとづいて考案されたのが、考古学者たちには「ハリーフ尖頭器」として知られている菱形の鏃だった。[12]

もっと北方では新ドリアス期の影響は、さほど過酷ではなかったのかもしれない。たとえそうだとしても、生き残りに必要とされていたのは、移動性の狩猟採集民に固有のはるか昔の生活様式へのたんなる回帰だけではなかった。耐久性を備えた住居をともなった前期ナトゥフ文化期の実験に先行していたケバーラ文化期の状況と比較すれば、さらに多くの人々が食料を必要としていたからである。それに対応する一つの方法は、以前よりはるかに多様な動物を狩ることだった。後期ナトゥフ文化期の居留地では、お馴染みのガゼルばかりでなく、数多くの小型の獲物の骨を発見することができるのはそのせいである。[13]

もう一つの方法は、植物の栽培を続ける、というより、おそらくは、拡大することだった。野生の穀草は、大気中の二酸化炭素の濃度の減少のせいで、新ドリアス期からとりわけ深刻な打撃を蒙っていた。[14] 南極の氷に封じ込められている気泡の入念な研究によってその根拠が示されているこの減少は、穀草の光合成を妨げ、穀類の収穫を著しく減少させた。その結果として、前期ナトゥフ文化期においてすでに始められていた栽培がどのような形をとっていたにせよ、今では、雑草の除去、移植、灌水、害虫の駆除は、十分な食料の確保にとって必要不可欠だった。そして、これらの要因こそが、最初に栽培植物化された系統を作り出したのではあるまいか？

これは、アブー・フレイラにおいて、それが見棄てられるほんの少し前に起こったことだと思われる。ゴードン・ヒルマンがその遺跡から出土した種子を調査したとき、彼は、すでに栽培植物化への移行を遂げているライムギの種子をいくつか発見した。その時代を測定したところ、それが紀元前一一〇〇〇年と一〇五〇〇年の間であることが明らかにされた。栽培植物化された穀草の種子は、世界の各地の遺跡から数多く発見されているとはいえ、これは、そのいずれよりもさらに時代を遡る最古のものである。ヒルマンは、これらの種子とともに、耕作地で育ったことを典型的に示している雑草の種子を発見した。したがって、新ドリアス期の襲来にともなって収穫することができる野生の可食植物の量が減少していくにつれて、アブー・フレイラの人々は、野性のライムギの管理にそれまでよりはるかに多くの時間と労力を注ぎ込むようになり、そうすることによって、知らず知らずのうちに、それを栽培植物化された系統へと転換していったのだろう。(15) しかしながら、それをもってしても集落を支えていくことはできなかった。集落は、人々が、おそらくは、穀類が詰まっているポーチを携えながら移動性の生活様式に回帰せざるをえなくなったとき、見棄てられてしまった。それによって、栽培植物化されたアブー・フレイラのライムギは、野生の状態へと戻っていったのである。

後期ナトゥフ文化期の人々は、植物の栽培に対する強い関心を抱いたまま、自分たちの祖先がかつてはその自然の豊かな恵みを享受していた林地を離れてそのほかの地域へとゆっくりと移動していった。そうした彼らを引きつけたのは、ヨルダン川の峡谷平野ばかりか、メソポタミア平野のいくつもの大きな川の峡谷平野や、近東全域の湖や川の畔の沖積土だった。新ドリアス期を通して川や湖がしだいに小さくなっていくにつれて、こうした豊かで肥沃な土壌に恵まれた広大な区域が利用できるようになったからである。そうした土壌は、とりわけ、その近くに、たとえそれが貧弱なものだったとしても、乾燥という条件に耐えて生き残っている泉や池や小川があれば、野生の穀草の栽培には申し分のない条件に恵まれていた。

アブー・フレイラから出土したほんの少しばかりの種子は、後期ナトゥフ文化期におけるその類の栽培によって栽培植物化された穀類の系統、つまり、「収穫者を待っている」品種が生み出されたことを物語っている、現存している唯一の痕跡である。乾燥していた新ドリアス期に種播きから収穫に至る管理技術を用いることによって、コムギ、オオムギ、豆類、亜麻を同じように転換することができたと考えることもできる。

現時点においては、私たちは、人類史上初の栽培植物化された系統がいつ、どこで姿をあらわしたのか、そうした系統は、それぞれの種について一回だけ進化したのか、または、それぞれ個別に、それとも、一括して進化したのか、といった事柄に関する知識を持ち合わせているわけではない。これは明白な事実である。肥沃な三日月地帯に自生しているコムギの遺伝子を、今日栽培されているコムギのそれと比較する先駆的な研究が一九九七年に行われ、その分析にもとづいて栽培植物化の有望な位置選定として、カラジャダーとして知られている、アブー・フレイラの北方ほぼ二〇〇キロに位置している、トルコの南東部の丘陵地帯が提唱されているとはいえ、[16]これについては、さらなる検証がなされなければならない。私たちは、この丘陵地帯の近くで注目に値する考古学上の遺跡が発見されたことをほどなくして知ることになる。

栽培植物化されたコムギ、オオムギ、豆類が姿をあらわすまでにはさらに一〇〇〇年、あるいは、それ以上の歳月が必要だった、あるいは、こうした状況は、新たな集落、というよりは、新たな町が建設されるようになる以前には生まれなかった、ということであったのかもしれない。しかしながら、筆者は、肥沃な三日月地帯のどこかで、新ドリアス期のある時点において、移動性の狩猟‐採集‐栽培民の一つか、それ以上の集団が新たな系統の種子を方々に運ぶようになっていたと推測している。彼らは、おそらく、自分たちの収穫量がはるかに増大したことに気づいていたに違いない。だが、改めて断るまでもなく、それらの種が「文化的なダイナマイト」であることなど知る由もなかった。しかしながら、新ドリアス期が劇的な終末を迎えたまさにそのとき、このダイナマイトの短い導火線に火がついたのだ。

紀元前九六〇〇年頃、地球の気温は一〇年以内に摂氏七度も上昇した。それは、驚異的で無秩序な気候変動だった。林地は、紀元前一二五〇〇年に前期ナトゥフ文化期の人々がその恩恵に浴していた青々と茂った樹木と下草を回復してはいなかったとはいえ、フラ盆地のコア（地層試料）の堆積物に含まれている樹木の花粉の量は、突如として激増している。

後期ナトゥフ文化期の人々は、世代が一つ交替する以前にその影響を感じ取っていたに違いない。たった一つの季節しか野営地を維持できなかった土地が終《つい》の住処となる可能性を帯びてきたのだ。ふたたび野生の可食植物があちこちに満ちあふれ、それとともに動物の個体数が増えていった。河川の流れは、ふたたび活力を取り戻し、湖水は、久しく乾ききっていた周辺の土壌を潤していった。野生の穀草は、大気に含まれている二酸化炭素が増大したことによって、瑞々しい成長力を取り戻した。

栽培技術は、新ドリアス期を通して干魃に苦しめられていた野生の可食植物の成長力をほんの少しばかり補っていたにすぎなかったのだが、今ではそれを用いることによって、穀類、エンドウ、レンズマメの豊かな収穫が見込めるようになった。それとともに、前期ナトゥフ文化期の集落の生活において試みられていた「実験」をふたたび行う機会が巡ってきた。おそらくは、世代を越えて語り継がれてきた物語によって記憶されていたに違いない、ほとんど神話の域に達していたと思われる生活様式の「実験」がふたたび現実のものとなることができたのだ。人々は、その機会をしっかりと掴んだ。そして、それは、今回については、後戻りなどありえない類のものだった。

前期ナトゥフ文化期の人々にとって、集落の生活の要石《かなめいし》は、ガゼル、オークの実、アーモンド、ピスタチオ、林地の下草や森林ステップから採集した可食植物だった。紀元前九六〇〇年に新ドリアス期の桎梏から解き放されたとき、新たな要石となったのは、まったく異なった環境だった。それは、峡谷平野の沖積土であり、それを拠り所として人類の歴史の新たな局面が切り拓かれた。考古学者たちは、それを新石器時代と呼んでいる。

7　イェリコの形成

――紀元前九六〇〇年から八五〇〇年における ヨルダン川の峡谷平野の新石器時代の建築物と埋葬と技術

ジョン・ラボック君は、パレスチナの丘陵地帯の夕暮れの日陰に立って峡谷平野の中の小さな円形の住居群をはるかに見下ろしている。これらの平らな住居の屋根は粗朶で葺かれており、低木の茂みと交じり合っているので、それが天然の遮蔽物の役割を果たしている。低木の茂みは、彼が紀元前二〇〇〇〇年にオハラで眼にしたことがあるものとさして異なってはいないとはいえ、住居はまったく目新しいものだった。ヤナギ、ポプラ、イチジクの木々が集落を取り囲んでおり、明らかに近くの泉を水源としていると思われるこれらの樹木は、今では完新世と呼ばれている温暖で湿潤な新たな世界の中で鬱蒼と生い茂っている。その向こう側には、沼沢地が、今日では死海として知られているリサーン湖の畔まで広がっている。

数多くの樹木が建築資材として、あるいは、オオムギやコムギの小さな畑を作り出すために伐り倒されている。そうした穀類が生物学的には栽培植物化された種なのか、それとも野生種なのかを問うことは、今となってはまるで取るに足りないことだと思われる。人々がすでに農耕という新たな世界に突入していることは、もはや紛れもない事実だからだ。時は今、紀元前九六〇〇年であり、ジョン・ラボック君は、西アジア史の、というより、おそらくは、世界史の転換点そのものとも呼ぶべき集落、イェリコを遠望している。

筆者自身がテル・アッスルターン、つまり、古代のイェリコを最初に眼にしたとき、その光景は、実に印象的だったとはいえ、画趣に富んでいるとはお世辞にもいえない類のものだった。筆者も、ラボック君と同じように、パレスチナの丘陵地帯の日陰に立っていたのだが、そこは、太陽と風と雨による浸蝕作用によって崩壊してしまった建築物や人類の生活廃棄物が数千年間にわたって積み重なった小高い丘から西にほぼ五〇〇メートルのところに位置していた。はるか東の方向には輝かしい黄色と、眼が眩むほどの白色に彩られたヨルダン川の峡谷平野が帯状に広がって灼熱の太陽に焼かれており、眼下にはパレスチナの町のくすんだ灰色のシンダーブロックの建築物が古代の遺跡を取り囲んでいた。けれども、筆者の視界の中央に位置していた「世界最古の町」として名高いテル・アッスルターンは、古代に関する知識の源泉というよりはむしろ、空襲被害地域のような観を呈していた。

それは、改めて断るまでもなく、筆者の職業の、つまり、その小高い丘を一八六七年に掘り始めた考古学者たちの責任である。その数年後、テル・アッスルターンが旧約聖書に記載されているイェリコだと考えていたチャールズ・ウォーレンは、預言者ヨシュアがイスラエルの人々に吹かせたトランペットによって崩壊したとされている壁の調査を開始した。ウォーレンの後を追ったのは、一九〇八年から一九一一年に発掘を行ったドイツ人の学者たちの調査隊であり、その後、一九三〇年代にはリヴァプール大学のジョン・ガースタングが発掘調査を行った。けれども、古代のイェリコを白日の下にさらしたのは、一九五二年から一九五八年にかけて大規模な発掘を行ったキャスリーン・ケニヨンその人だった。[1]

ケニヨンは、その地について「イェリコのオアシスは、エデンの楽園さながらの景観を呈している」[2]と記述している。筆者が眺めた、イェリコを取り囲んでいる青々と茂った樹木と耕作に適した農地は、ケニヨンを感動させたオアシスのはるか彼方まで不規則に広がっていた。現代の灌漑施設は、今では、古代の集落を生みだした泉であるアイン・アッスルターンの水を峡谷平野のはるか彼方の畑にまで運んでいるからである。そこで、筆者は、想像力を働かせて遠方の樹木を伐り倒し、小高い丘のまわりに数多くのヤシを植えてみた。コンクリートとシンダーブロックの建築物を消し去り、そこに麦畑を配置した。次いで、小高い丘のふもとにケニヨンが使っていたいくつもの白いテントを張った。いったんテントの組立が終わると、筆者は、そこに一日の仕事が終わって小高い丘を去ろうとしている作業者たちの流れを眼にすることができた。それは、発掘した遺物を類別する前にお茶の準備に取りかかろうとしている考古学者たちや大学の学生諸君だった。それは、彼らがその小高い丘の中のもっとも古い建造物に関する最初のかすかな徴候を感じ取った一日だった。青銅器時代の町と、それより古い新石器時代の長方形の建築物はすでによく知られていた。けれども、その日、一九五六年のとある一日であることを筆者が記憶しているその日について、「私たちは異なった、さらに古い層に到達しようとしていた。（中略）床は漆喰ではなく、泥で塗り固められていた。（中略）壁は湾曲しており、住居の設計は円形であるように思われた(3)」とケニヨンは後になって記述している。

私たちは、ナトゥフ文化期の人々が彼らに固有の三日月形の細石器（リュナート）の散乱が発見されている泉のそばで野営していたことを知っている。彼らが穀類、エンドウ、レンズマメの種子を播いており、峡谷平野や丘陵地帯のどこかで暮らすために泉を後にする前にほんのわずかばかりの収穫物を得ていたということはきわめてありそうなことだと思われる。

紀元前九六〇〇年頃、夏期の干魃が終わりを告げ、ふたたび降り始めた雨がパレスチナの丘陵地帯の小川に流れ込んだ。その水流によってヨルダン川は川幅を広げ始めた。豊かで肥沃な土壌の分厚い層が年々の洪水によってヨルダン川の峡谷平野一帯に堆積し、こうした土壌は、活力に満ち溢れている新たな泉を水源としていた。栽培されていた穀草は繁茂し、それは、おそらくは主要な食料源として、もはや人々に管理されなくなった野生の植物に取って代わっていたことだろう。後期ナトゥフ文化期の人々は、野営地で暮らす期間をしだいに延ばしていき、最終的には、歴史が繰り返されることによって、定住性の集落の生活様式が、前期ナトゥフ文化期の人々に自然の恵みを与えていた地中海沿岸地帯の林地からはるかに隔たった地域にふたたび生みだされた。それゆえにこそ、イェリコに町が建設され、それとともに人々は農民になったのである。

人々は、今日に至るまでイェリコに住み続けている。最初の集落は、陶器や青銅器を使っていた次のいくつもの世代の人々によって建設された住居、貯納室、神殿の下に埋没していき、次いで時代は、旧約聖書の歴史の年代記へと入っていった。かくして、アイン・アッスルターンの泉のそばには、長さ二五〇メートル、高さ一〇メートル以上の小高い丘が生みだされた。それは、崩壊してしまった泥煉瓦の壁、いくつもの層をなしている住居の床、ごみ捨て場などから構成されていたのだが、その中に生活廃棄物の残骸が含まれていることは改めて断るまでもあるまい。この小高い丘は、なんと一〇〇〇〇年に及ぶ人類史から失われていた人々の所持品や、その歴史の中に深く秘められていた墓を含んでいたのである。

イェリコに到着したキャスリーン・ケニヨン（一九〇六－七八年）は、すでに手にしていた近代的な発掘技法を実地に適用したいと考えていた。ケニヨンは、ナトゥフ文化を発見したドロシー・ギャロッドと同じように、二〇世紀が生んだ偉大な英国人考古学者の一人だった。いずれの女性も、その当時はまだ男の世界だった考古学という学問分野において成功を収めた。ケニヨンは、一九二〇年代にオックスフォード大学で学び、次いで、英国やアフリカ大陸における発掘を指導した。第二次世界大戦中はユニヴァーシティ・カレッジ・ロンドンの「考古学研究所」の所長を務め、最終的には、オックスフォード大学のセントヒューズカレッジの学長になった。ケニヨンは、数多くの名誉章に輝いており、その頂点を極めたのは、一九七三年に大英帝国のデイムの位（男のナイト爵に相当）を授けられたことだった。[4]

一九五二年のケニヨンの目的は、旧約聖書の物語と関わりがある可能性を秘めている古代の町の最下層をさらに発掘することによって最初期の遺跡を発見することだった。それは、ケニヨンが自らの研究を平易に解説した『イエリコの発掘』を公表した一九五七年に世界中の人々にとって明らかになった。しかしながら、学者たちは、建築物、土器、テル（丘状遺跡）の内部の基本的な各層の配列を記述した内容に相応するだけの広範な一連の専門書が巻を追って出版された一九八〇年代の初め頃まで待たなければならなかった。[5]しかしながら、実に残念なことに、ケニヨンその人は、その出版の二、三年前にすでにこの世を去っていたのである。

ジョン・ラボック君は、集落の中で泥煉瓦を積んで住居を建設する作業を手伝っている。大規模な建設工事が行われており、粗朶葺きの住居が、もっと耐久性のある建築物にしだいにとって代わられている。峡谷平野では冬期に安定した降雨量が見込め、収穫物も豊かであり、狩ることができる野生動物も数多く棲息していることから、イエリコの人々は、そこを離れる必要はなかった。友達や家族を訪ねたり、遠方まで狩りに出かけたり、交易の長旅などの必要に迫られて数週間、あるときには、数ヶ月を過ごしたとしても、彼らは、自分たちがイエリコに帰ってくることを知っていた。それゆえ、彼らは、泥煉瓦造りの住居の建設や、原野の開墾に時間と労力を投入するだけの覚悟を十分にもっていた。いったんいくつかの住居が建設されると、イエリコは、穀草の栽培というまったく新たな生活様式に加わるために狩猟採集民の集団から離れるだけの覚悟を固めていた人々を引きつけた。

ラボック君は、峡谷平野の地面から粘土を掘り出し、それを木製の橇に積んで集落まで引っ張っていく作業に午前中の時間を費やした。そこで粘土に麦藁を混ぜ込み、長方形の煉瓦に切り分け、乾燥させるために日向《ひなた》に放置しておく。人々は、泥を使ってそれらの煉瓦を固着し、一段低く設えた床をもった直径ほぼ五メートルの円形の住居の壁を築く。上部の壁は丸太と枝を使って組み、アシ葺きの屋根には粘土を塗りつけて雨風を防ぐ工夫が施されている。

その日の夕刻、泉で体を洗い流したラボック君が集落を歩きまわりながら住居の数を数えてみると、それはすでに五〇軒にまで達していた。そのうちのいくつかは、大家族がそこで暮らすために中庭を取り囲む形に配置されており、そのほかは、単独で、あるいは、房状に点在していた。炉床が住居の内部と外部に切られており、それぞれの住居の間には薪の濃い煙が垂れ込めている。人々は、中庭に座ってむしろや籠を編んだり、耳新しい話題を取り交わしたり、翌日の仕事の手順を考えたりしている。紀元前九六〇〇年の時点において、イエリコの居住者は、五〇〇人以上に達していたと考えられているのだが、これほど多くの人々が時と場所を同じくして、また、その生存をまったく脅かされることのない環境の中で暮らすことができたのは、人類史上おそらく初めてのことだったに違いない。

数百年以内にイエリコの規模はさらに大きくなり、七〇軒以上の住居におそらく一〇〇〇人ばかりの人々が暮らしていたと思われる。人々は、周囲の林地の開墾に多大な労力を投入し、広々とした畑から農作物を収穫していた。当初の住居の多くは、すでに崩れ落ちていたり、意図的に取り壊され、その跡地に新しい住居が建設された。しかしながら、この集落にとってもっとも著しい以前との相違点は、パレスチナの丘陵地帯に面している西側が分厚い石組みの壁によって囲われ、その内部に大きな円形の塔が建設されたことだった。

ケニヨンは、これらの構築物を一九五六年の発掘によって発見した。高さ三・六メートル、基部の横幅一・八メートルに達するこの壁は、居住地全体を取り囲んでいたとはとうてい考えられない。東側にはその痕跡がまったく見当たらないからである。ケニヨンは、その内側に高さ八メートル、基部の直径九メートル、推定総重量一〇〇〇トンにも達する塔の遺物を発見した。その内部には二二段の階段が石で組まれており、それを昇れば頂上まで到達する。その種の建造物は、人類史にその類例がまったくなく、ケニヨンが発見した遺物の中でも並外れて印象的なものだった。この壁と塔の建設には少なくとも一〇〇人の男たちによる一〇〇日間の労働力が必要とされたことだろう。ケニヨン自身は、それを、「この塔は、その構想と構築において、もっとも壮大な中世の城郭の一つと比較したとしても、まったく遜色がないと思われる」(6)と表現している。この壁と塔は、今日に至るまでそれと比肩すべきものが発見されていない。

ケニヨンは、これらが町を攻撃から守るために建設されたと決め込んでいたのだが、それは、イェリコの壁が、預言者ヨシュアがイスラエルの人々に吹かせたトランペットによって崩壊したと旧約聖書に記述されている壁を連想させることに抵抗することができなかった結論であるように思われる。事実、この結論は、一九八六年にオフェル・バール－ヨセフがそれに疑問を投げかけるまで、抗しがたい魅力をもっていた。だが、バール－ヨセフは、「イェリコの敵とは何者だったのか？　わずか二〇〇年の後に住居の残骸と生活廃棄物によって埋没してしまった壁が再建されなかったのはなぜなのか？　西アジアには防備を固めた同時代の遺跡がそのほかにはまったく発見されていないのはなぜなのか？」と問い掛けたのである。

バール－ヨセフは、壁が防御を目的としていたとはいえ、それは侵略してくる敵に対する防壁ではなく、その敵とは洪水の水と泥流だったと結論づけた。(7)降雨量が増加し、周辺の林地の開墾によって植物による保水機能が失われていくにつれ、パレスチナの丘陵地帯の堆積物の安定性が損なわれ、その堆積物が近辺のワディによって集落のはずれまで運ばれることによって、イェリコは、定期的な洪水の危険に常にさらされていた。だが、集落の廃棄物が壁を埋め尽くしてしまった頃までには、居住地の地表は、崩壊した住居や生活廃棄物の残骸が積み重なったことによってすでに上昇していた。それによって洪水の水と泥流にさらされる危険は取り除かれており、たんに壁は、もはや必要ではなかったのである。

オフェル・バー＝ヨセフは、塔が防衛を目的としていたという考え方を斥けた。彼は、その良好な保存状態に強い印象を受け、石造りの構築物の頂上の泥煉瓦造りの歩道がそれを助けたのではあるまいかと提唱している。ケニヨンは、その北側に取りつけられていた建築物の痕跡を発見し、それが穀物の貯蔵に用いられたのではあるまいかと考えていた。この点を考慮して、バー＝ヨセフは、塔が居住者たちすべてによって所有され、おそらくは、通年の儀式の中心地として使用されていたと提唱している。決定的な答えが発見されるといったことはとうていありそうもないと思われるとはいえ、塔の近辺のさらなる発掘は、おそらくその手掛かりを与えてくれることだろう。この壁と塔の建設に関して一つだけ確かなことは、人々が建築物と、共同で参加する活動を、まったく新たな規模において生みだしたということである。それは、人類史に一つの新たな局面がつけ加えられたことを雄弁に物語っている。

一九五〇年代の末頃までには、イェリコに匹敵するヨーロッパの定住地は、時代がそれよりはるかに下っているとはいえ、すでに新石器時代として記述されていた。一九二〇年代において第二次世界大戦以前の指導的な考古学者だったゴードン・チャイルドは、生活様式における全面的な著しい変貌を反映していると彼が信じていた定住地の突然の出現に言及するために「新石器時代革命」という造語を作り出した。これは、チャイルド農耕だけではなく、建築物や土器や、表面を滑らかに磨き上げた石斧を含んでいる概念だった。

は、これらが「新石器時代の一括文化」、つまり、常に単一の、分割できない全体としてもたらされるものを形づくっていると考えていた(8)。

ケニヨンは、それが間違っていることを発見した。イェリコの最初の居住者たちは、その住居や墓や一般的な生活様式については新石器時代という鋳型にぴったりと収まっていたとはいえ、新石器時代の一括文化にとって決定的な一つの要素を欠いていたのだが、それは土器だった。そこから出土したいかなる碗や器や皿やカップも、石から造られており、そのほかの数多くの日用品は、木材や植物の繊維から造られていたと考えられている。そこでケニヨンは、初期のイェリコの文化のために「先土器新石器時代」という新たな用語を造り出した。ケニヨンは、イェリコの最初の集落を「先土器新石器時代A」に属する遺跡と呼んでおり、これは、今では完新世が始まったとき以降一〇〇〇年に及んだ時代として知られている。

「先土期新石器時代A」にイェリコの集落で暮らしていた人々は、文字どおり死者とともに住んでいた。ケニヨンは、居住地のうちわずか一〇パーセントしか発掘していない段階においてすら、すでに二七六基もの墓を発見していた。死者たちは、いかなる意味合いからしても、すべて建築物と結びついていた。遺骸は、床下や、住居の下や、壁と壁の間から、さらには塔の内部からも発見されたのである。後期ナトゥフ文化期の人々の基本的な伝統が継承されており、人々は、集団ではなく単独で埋葬されている場合の方が多く、副葬品は、たとえあったとしてもごくわずかだった。

埋葬の後、おそらくは、すべての肉が完全に腐敗してしまったとき、人々は、穴を掘って頭蓋骨を取り出し、その多くをその後に集落のほかの場所に改葬した。幼児の五つの頭蓋骨は、ケニヨンが祭壇だと考えていた遺物の下の穴に納められていた。けれども、埋葬されていた死者たちのうち四〇パーセントを占めていた子供や幼児たちの大部分は、最初に埋葬された状態を保っていた。人々がそれと対面するために掘り起こし、最終的にはそれを改葬したのは、主として成人の頭蓋骨だった。

人々が頭蓋骨にそれほど強い執着を示したのはいったいなぜだったのだろうか？　それは、イェリコの集落が町へと変貌を遂げていくにつれて、しだいに複雑さを増していった執着であり、ついには、頭蓋骨に石膏の仮面をかぶせ、その眼の部分を子安貝の貝殻で被うまでに至った。ケニヨンは、祖先崇拝が行われていたと考え、崇拝されている祖先の頭蓋骨を近年に至るまで儀式に用いてきたニューギニアのセピック川流域の人々と比較し、その類似点を指摘している。しかしながら、私たちは、イェリコの人たちばかりか、西アジア全域、さらにはそれを越えた地域の人たちが頭蓋骨を掘り起こし、おそらくは、それを一定期間人目に触れる場所に安置した後に改葬したのはなぜなのかを正確に知ることはできないことだろう(9)。

イェリコの居住者たちが使っていた道具は、埋葬の慣習と同じように、主要な技術的な革新がいくつか見られるとはいえ、後期ナトゥフ文化期の人々のそれときわめてよく似ている。もっとも顕著なのは、建築に使用された泥煉瓦である。煉瓦の製作には集中的な労働力が必要であり、この作業は、集落の生活に対する献身を例証している。けれども、人工遺物の多くは、変化した形跡をほとんど示していない。多種多様な刃、掻器《そうき》、手鎌などの細石器がいぜんとして造られていた。石斧や手斧《ちょうな》が以前よりはるかに数多く発見されているのだが、これは驚くには当たらない。これらは、林地や草原を開墾し、それを耕作地に変える作業に用いられていたからである。そうした開墾は、土壌の浸蝕を引き起こし、防御上の壁が必要とされる要因となった。けれども、一つの道具はとりわけ注目に値する。それは、新しいタイプの鏃であり、考古学者たちには「アル・キヤーム尖頭器」として知られている。これは、三角形の鏃であり、いずれの側面にもそれを矢柄に固定するために使用される切り欠きを備えており、この名称は、それが小さな遺跡、アル・キヤームで最初に発見されたことに由来している(10)。

ちょうど幾何学的な模様が彫り込まれていた細石器や三日月形の細石器（リュナート）が広く普及していったのと同じように、このアル・キヤーム尖頭器も、紀元前九〇〇〇年頃に流行の最盛期を迎え、肥沃な三日月地帯の西側と中央の地域の全域においてほとんど同時に広く使用されるようになった。けれども、それが最初にどこで造られたのか、また、こうした広大な地域の全域においてそれほど広く使用されるようになったのはいったいなぜなのかは明らかにされていない。その多くは、空気力学に適った形をもっており、狩りの効率をかなり高めたのかもしれない。しかしながら、顕微鏡検査を用いた新たな研究は、これらの尖頭器の大多数が、それ以前には当然のこととして想定されていた投射尖頭器ではなく、石錐や弓錐《ゆみぎり》の穂先として用いられていたことを明らかにしている。(11)

ガゼルは、狩人たちにとって主要な獲物だった。けれども、林地が広がっていくにつれて、狩りの標的の種類は以前より多くなっていき、イェリコの生活廃棄物の堆積にはダマジカやイノシシの骨が、ガゼルやアイベックスの骨に混じるようになった。キツネや鳥類、とりわけ、猛禽類の骨も数多く出土している。人々がこれらの動物を食料として狩っていたとはいかにも考えにくい。キツネの毛皮、猛禽類のかぎ爪、優美な翼、尾羽根は、古代の人々にとって身体の装飾品としてきわめて重要な意味をもっていたのだろう。これらの品々は、ヨルダン川の峡谷平野の内部は無論のこと、それを越えて急速に広まっていた交易の一部を担っていたのかもしれない。イェリコは、新石器時代というこの新たな世界の中で孤立していたわけではなかったからである。

8 絵文字と石柱

――紀元前九六〇〇年から八五〇〇年における新石器時代の観念と象徴の形態

イェリコは、最初に発見された初期の新石器時代（先土器新石器時代A）の集落であり、その名は、今なおもっとも広く知られている。しかしながら、新石器時代と農耕によって特徴づけられている生活様式の起源という、イェリコが長期にわたって専有してきた抜群の地位は、近年では、ヨルダン川の峡谷平野と肥沃な三日月地帯の北方の地域における新たな発見によって著しく脅かされている。それればかりか、これらの発見は、新石器時代の宗教について新たな、また、実に驚くべき洞察力を与えてくれる。

一九八〇年代にいくつかの「先土器新石器時代A」の集落がヨルダン川の峡谷の西岸地域で発見され、発掘されたのだが、そのうちもっとも広く知られているのは、ネティーヴ・ハ・グドゥードとギルガルである[1]。そのいずれもがイェリコからわずか二〇キロの地点に位置しており、その規模ははるかに小さく、それが数多くの居住者たちを擁していたイェリコの周辺地域の中の小さな集落だったことは容易に想像することができる。これらの定住地は、有史前後期の泥煉瓦造りの建築物の集積とその後の崩壊によって丘状遺跡（テル）へと姿を変えることはなかったことから、発掘者たちは、新石器時代の最初期の住居群を、イェリコよりもっと広い区域において調査することができた。その発掘によって、私たちは、ケニヨンがすでに発見していた建築物、埋葬、経済的な慣習の特徴をさらに明らかにし、その詳細を知ることができるようになった。

それによって、この西岸地域は、イェリコそのものよりも、新石器時代の世界の起源と中心地として特記されるようになったのである。

一九九〇年代の後半には、初期の新石器時代（先土器新石器時代A）の遺跡が、ヨルダン川の峡谷平野の東側、死海の南方において発見され、発掘されるようになった。これらの発掘は、前期新石器時代の文化が、かつて想定されていたよりもはるかに広範な地域において繁栄していたことを明らかにした。オーストラリアのメルボルンのラトローブ大学のフィリップ・エドワーズによって現在発掘が進められているザードでは、石積のU字形の壁という、とりわけ印象的な建造物が発見されている。[2] ザードからほんの二キロ離れているにすぎないダラ（ズラ）の遺跡は、「英国レヴァント研究評議会」の会長ビル・フィンレイソンと、合衆国インディアナ州のノートルダム大学のイアン・カイトによって発掘が進められている。[3] この二人は、とりわけ印象的な構築物を発見したのだが、それは、円形の泥壁によって囲われており、木製の床を支えていたのではないかと考えられている石柱をその内部にもっている。

そこから七五キロ真南に位置しているのは、筆者自身がビル・フィンレイソンとの共同作業で進めている発掘現場ＷＦ16（ヨルダン南部のワディ・ファイナーンの調査によって発見された一六番目の遺跡）である。[4] 我々がこの遺跡を一九九六年に発見したとき、ある著名な考古学者が、ＷＦ16はイェリコからあまりにも離れているので、重要な意味をもった遺物はわずかしか発見できないことだろう、と筆者にほのめかした。けれども、我々の発掘は、「先土器新石器時代Ａ」の、最良の状態で保存されているいくつかの床、生活廃棄物で埋まっている穴、様々な建築様式と多種多様な墓、人工遺物と芸術的な遺品を明らかにすることができた。新石器時代の最初期の文化がヨルダン川の峡谷平野の南の地域と東側で繁栄していたことについては、もはやなんら疑いの余地がない。[5]

ネティーヴ・ハ・グドゥードからWF16に至るこれらの発掘のすべては、ケニヨンがまず最初にイェリコで突きとめた「先土器新石器時代A」の特徴を追認している。それは、小さな円形の住居、床下に置かれている墓、頭蓋骨と関わりをもっている儀式、食料源としての野生動物と、多種多様な可食植物の利用を含めた野生の、あるいは、おそらくは、栽培植物化されていた穀草の栽培である。イェリコが、私たちが知っている「先土器新石器時代A」の定住地の中で最大だったことは論を俟たない。イェリコの塔と壁に匹敵するような遺物は、そのほかのいかなる遺跡からも発見されていないからである。けれども、私たちは、もはやイェリコの遺跡を新石器時代の文化そのものの起源とみなすことはできない。それは、肥沃な三日月地帯の北の地域における発掘を考慮すれば、よりいっそう明らかになる。これらの発掘が示唆しているのは、ヨルダン川の峡谷平野全域が、新石器時代という世界を生みだした社会、経済、観念の発達にとって実際には周辺地帯を形づくっていたのではあるまいかという認識だからである。(6)

イェリコの北東五〇〇キロの地点にはムレイベトの遺跡がある、というより、「あった」と書いた方が適切かもしれない。アブー・フレイラに降りかかったのと同じような災難に見舞われてしまったこの遺跡は、タバカ・ダムの建設によって生みだされたアサド湖に水没してしまったからである。(7) この二つの遺跡は、ユーフラテス川を鋏んで五〇キロ足らず離れたところに位置している。したがって、アブー・フレイラを見棄てた人々は、ユーフラテス川を渡ってムレイベトに新しい集落を作ったのかもしれない。この定住地が形成されたのは、後期ナトゥフ文化期のことであり、その新しい集落は、数千年に及ぶ居住に由来している崩壊した住居や、生活廃棄物の堆積によって、今ではイェリコに見られるのと同じような丘状遺跡（テル）へと姿を変えている。

一九七一年にムレイベトを発掘したジャック・コバーンは、イェリコの最初の集落と同時代の堆積層を突きとめた。けれども、ムレイベトの建造物はもっと複雑であり、いくつもの部屋によって構成されている住居が連結されていた。コバーンは、これらの住居を、地面を掘り下げて半地下の基礎を作り、そのまわりに壁を配置し、その内部にいくつもの親柱を建て、その親柱と壁の上部の台によって屋根を形づくっている木材が支えられている構造をもったものとして復元している。その住居は、おそらくは、寝たり、床の上に固定した石を磨いたりするために使用されたと考えられる地上部と、穀物の貯蔵所を備えていた。

ムレイベトから出土した石の人工遺物は、ヨルダン川の峡谷平野の遺跡から出土したものと似ていたとはいえ、コバーンは、焼成粘土がそのほかの遺跡よりもはるかに大量に使用されていたことに気づいた。この技法は、小さな器の製作にも用いられていたのだが、技術的にはこれらを土器と呼ぶことはできない。粉砕した骨や貝殻や石のような、窯の中の粘土が焼成の途中で張り裂けるのを防ぐ素材が混入されていなかったからである。しかしながら、器は焼き固められており、これは、たぶん西アジアにおける陶芸の最初の一歩だったのだろう。

粘土は、女を象《かたど》った小立像の成形にも用いられていたのだが、この種の小立像については、石に彫刻を施したものも出土している。これらは、腕が小さく、顔の造作も粗雑で、人体の特徴をごく大まかに捉えているにすぎないとはいえ、ネティーヴ・ハ・グドゥードから出土した、抽象の範疇からほとんど抜け出ていない人体表現に比べれば写実的である。これらの小立像にもとづき、コバーンは「地母神」崇拝がたんにムレイベトだけではなく、新石器時代の世界の全域において存在していたと提唱した。コバーンによれば、この地母神に次いで神性を獲得したのは雄牛だった。雄牛を象った小立像や絵の類は、ムレイベトからまったく発見されていないとはいえ、コバーンは、野生のウシの頭蓋骨と角を床の下や壁の間から発掘している。(8)

遺跡から出土したすべての植物と動物の残留物が野生種に由来していたことから、コバーンは、新石器時代に新たに生まれたそうした神格の崇拝は、農耕の発達に先行しており、それが、今となってはその痕跡を見つけ出すことのできないなんらかの作用因によって、農耕の発達を促したのだと主張した。「新石器時代の地母神」という観念に同意している考古学者は、今となってはほんの一握りしかいないとはいえ、観念上の変化が経済的な変化に先行するという、一見したところ、因果関係を逆立ちさせたように見えるこの見解は、実は、新石器時代の二つの遺跡であるジェルフ・アフマルとギョベクリ・テペによって支持されているのだ。

ジェルフ・アフマルは、ムレイベトの北方一二〇キロの地点で発見された遺跡であり、それは、今では人造湖に水没しているもう一つの遺跡でもある。[9] フランスのリヨン大学のダニエル・ストルドゥールは、その遺跡の発掘を、一九九五年から一九九九年にかけて、それが水没する直前に救助活動として行った。その最初期の層は、またしてもイエリコの最初の集落と同時代のものだった。ジェルフ・アフマルの構築物が、その構造において、ムレイベトやヨルダン川の峡谷平野で発見されているそれときわめてよく似ていることは、誰の眼にも明らかだった。しかしながら、またしても、その構造は著しく複雑であり、わけても二つの構築物は、とりわけ印象的なものだった。

そのうちの一つは、集落の中央に位置しており、野生の、だが、栽培されていた穀類の共同貯蔵所として使用されていたと思われる。それは、二つの長椅子がその中に設えられている中央の中庭を取り囲んでいる六つの小さな部屋に分割されており、並外れて保存状態が良好で、壁も高さ一メートル以上の部分が残存していた。この構築物は、その集落の居住者たちが高度に協力的であり、共有の観念をもっていたことを示唆しているといえるのかもしれない。もっとも、それをもっと冷徹な眼で見れば、中央に集中している穀物の貯蔵は、単一の個人や家族に、すべての居住者たちへの穀物の分配を管理する権力の掌握を可能ならしめたのではあるまいかと解釈することもできる。この建造物は、最終的には儀式的な行事に用いられたのだろう。崩壊してしまった屋根の下からほぼ完全な人骨が床の上に手足を広げた状態で発見されたからである。失われていたのは頭蓋骨だけだった。頭部は、人体から切り離されていたのである。

そうした儀式や観念がジェルフ・アフマルの居住者たちの暮らしに顕著な役割を担っていたことは、もう一つの構築物から明らかである。これは、小さな円形を形づくっており、意図的に焼き払われていた。ストルドゥールは、その床の上でかつては壁からぶら下げられていた野生のウシの四つの大きな頭蓋骨を発見することによって、これらの動物が宗教的な意義をもっていたことを示すさらなる根拠を提示した。ジェルフ・アフマルのこの部屋は、ここから北西三〇〇キロに位置している、ザグロス山脈の丘陵地帯の中の新ドリアス期の定住地ハラン・チェミ・テペシの一室を想起させる。そこにはやはり野生の雄牛の頭蓋骨が壁からぶら下げられていたからである。(10)

ジェルフ・アフマルの構築物は、その遺跡の重要性のたんなる一つの側面にすぎない。その遺跡からは、穴の中で燃えている火の上に置かれ、次いで、その上に敷き詰めた小石によって封印を施されている人間の三つの頭蓋骨のような、私たちの好奇心をそそらないわけにはいかないいくつもの儀式の痕跡が発見されているからである。ジェルフ・アフマルから出土している芸術作品も、また、儀式に負けず劣らず興味深いものであり、それには、幾何学的な装飾を複雑に彫り込んだ石製の壺や、猛禽を象った石像が含まれている。しかしながら、もっとも重要な出土品は、おそらく長さ六センチばかりの四つの飾り板であるに違いない。その上には、蛇、猛禽、四足獣、昆虫、抽象的なシンボルを象った絵文字のように見える記号が彫り込まれているからだ。

これらが、文字の発明に六〇〇〇年も先行している前期新石器時代の遺跡から発見されたものではなかったとしたら、そうした記号を象徴的な符号体系だと、つまり、新石器時代の象形文字だと記述することにためらいを覚える考古学者は誰一人としていないことだろう。それについて、ダニエル・ストルドゥールは、「なんらかの記録の喚起」と「情報の伝達」を意図していたのではあるまいかと提唱している。[11] その情報とはいったいなんだったのかという疑問は、私たちが新石器時代のこの符号体系を解読する技能を身につけるまで解かれることはない。そのためにはさらに多くの絵文字の発掘が不可欠なのだが、ジェルフ・アフマルが湖底に眠っている今となっては、私たちは、それをどこかほかの場所から発見しなければならないのである。

筆者がこれまでに眼にしたことがある、ジェルフ・アフマルの絵文字にもっとも近い形象は、北へさらに一〇〇キロの地点に位置しているある遺跡の石柱に彫り込まれている。この遺跡は、トルコの南東部の石灰岩の丘の上で発見されていることから、水没の恐れはない。それは、今日ではギョベクリ・テペとして知られている。一九九四年以降のその発掘は、考古学の世界を驚嘆させてきたばかりか、イエリコとヨルダン川の峡谷平野を新石器時代の起源から周辺へと追いやろうとしている人々を鼓舞してきた。[12]

ギョベクリ・テペの位置が最初に突きとめられたのは、一九六〇年代のことであり、その地域を踏査したイスタンブール大学とシカゴ大学の調査隊は、その種の遺跡が発見されなかったとしたらたんなる不毛な石灰岩の山頂を、「丸まった頂上部をもったいくつもの赤茶けた土壌の円丘」と記録している。その円丘から密集して散乱しているフリントの人工遺物と数多くの石灰岩の石板が発見されたのだが、この石板は、おそらくはビザンチン帝国時代の共同墓地の残骸だと考えられていた。その調査では中世の陶器のほんの少しばかりの破片が発見されていたからである。けれども、きわめて密集して散乱しているフリントの人工遺物については、論評がなに一つとして加えられていなかった。一九六〇年代においては、前期新石器時代の遺跡が丘の頂上から発見されるなどといったことは、まるで思いも寄らないことだったからである。

その遺跡は、イスタンブールの「ドイツ考古学研究所」のクラウス・シュミットがその丘に登ってみた一九九四年までの三〇年間、無視され、忘れ去られていた。シュミットは、フリントの人工遺物が新石器時代に由来していることを即座に理解し、石灰岩の石板は、それと同時代の構築物の残骸ではあるまいかと考えた。そのとき以降、発掘が毎年繰り返され、思わず息を呑むほど壮観で、まったく類例のない遺跡が白日の下にさらされた。二〇〇二年の発掘シーズンが終わりに近づいていた一〇月のとある日の午後、クラウスが遺跡を一通り案内してくれたとき、筆者は、彼が発見した遺跡の全貌とその景観にただひたすら圧倒されていた。

紀元前九六〇〇年のほんの少し後、イェリコで最初の円形の住居が建てられていたのと同じ頃、ギョベクリ・テペに集まってきた人々は、石灰岩の基岩からT字型の分厚い石柱を切り出していた。その多くは、高さ二・四メートル、重さ七トンだった。人々は、丘を円形に掘り下げ、その円に沿って石柱を縦に組み立てることによって地下の穴蔵のような構築物をいくつも作り上げた。次いで、それぞれの構築物の中央に二本の石柱を据え、その端のまわりには八本の石柱を等間隔に配列し、その間に長椅子を設えた。そうした石柱の表面には、蛇、キツネ、イノシシ、野生のウシ、ガゼル、ツルといった野生動物が、ジェルフ・アフマルの絵文字と同じような不可解なシンボルとともに刻み込まれている。一つの石柱の表面には人間の腕を象った彫刻が施されているばかりか、石柱そのものが人間の裸身像の胴体を象っているのではないかと思われるものすらある。(13)

筆者がそこを訪れたとき、互いに隣接しているこの種の四つの構築物がすでに発掘されており、その景観には思わず息を呑むほどの衝撃を覚えた。シュミットは、その丘の地下深くにはまだいくつもの構築物が眠っているのではないかと推測している。前期新石器時代の人々がそこを見棄てたとき、彼らは、儀式に使用されていたこれらの構築物と石柱を自らの意思にもとづいて数トンもの土の下に埋め込んだ。

こうした石柱を切り出して彫刻を施し、運搬して配列することに投入された時間と労力は、それがフリントの道具しか手にしていなかった人々によってなされたことを考えてみれば、想像を絶するまでに驚異的である。そればかりか、七トンの石柱すら、彼らの要求を完全に満たしていたわけではなかった。クラウスがこれらの構築物から一〇〇メートルばかりのところに位置している石切場に筆者を案内してくれたとき、彼は、部分的にまだ基岩から切り離されていない未完成の「T字型の」石柱を指差した。これが切り離されていたとすれば、その長さはなんと六メートル、重さ五〇トンにも達していたことだろう。その石をT字型に刻むために使用された道具から剥がれ落ちたフリントの破片の分厚い堆積を踏みしめながら歩いたとき、我々の足がザクザク音をたてたのは驚くべき話ではない。これらの道具は、数キロ離れた露頭から丘へと運び上げられていった何千ものフリントの塊から製作されたのである。

この作業のすべては、野生動物と可食植物だけを食料源としていた人々によってなされた。発掘によって大量の動物の骨と植物の残留物が発見された。だが、その中には家畜化されたり、栽培植物化された種は、ただの一種として含まれてはいなかった。ギョベクリ・テペの人々は、ガゼルや、野生のウシやブタを狩っていた。私たちは、彼らがアーモンド、ピスタチオ、野生の穀類を採集していたことを知っている。筆者は、ギョベクリ・テペ周辺の自然が育んだ菜園が、少なくとも南に二〇〇キロのところに位置しているアブー・フレイラと同じ程度の豊かな可食植物を与えてくれたのではなかろうかと考えている。ところで、そうした食物の残留物が丘から発見されているにもかかわらず、家族が居住していた痕跡は、まったく見当たらない。住居もなければ、炉床も穴もないのだ。

シュミットは、ギョベクリ・テペが祭儀の中心地、彼の言葉を借れば、「山間の聖域」であり、したがって、西アジアに見られるすべての新石器時代の遺跡の中でも唯一無二のものだと結論づけている。それは、その丘から半径一〇〇キロ、あるいは、それよりもっと遠くに住んでいた数多くの異なった集団の集合場所だったとシュミットは考えている。彼らは、一年に一回か二回、その本質からすれば、宗教的な目的のためにのみ集まっていた。そうした集会には、ジェルフ・アフマルの人々も、おそらく加わっていたことだろう。この二つの遺跡は、抽象的な符号の選択と、彫刻によって描かれている動物の種類における類似点のみならず、とりわけ、長椅子がその中に設えられている円形の構築物を使っていたという点において、建築上の特徴をも共有している。

動物や象徴的な形象は、そもそもいったいなにを意味していたのだろうか、また、ギョベクリ・テペではどのような形態の儀礼的な行事が行われていたのだろうかということになると、私たちがそれを発見するといったことは、とうていありそうもない話である。これらの形象は、一族のトーテムだったのかもしれず、新石器時代の神々を描いたものだったと考えることもできる。だが、「地母神」の類はまったく発見されていない。すべての動物は雄であり、遺跡からはペニスを勃起させている人物像を彫り込んだ一つの石灰岩も発見されている。事実、ジェルフ・アフマルとギョベクリ・テペに見られる、新たに生みだされた宗教的な主題は、豊穣と生殖ではなく、野生の荒々しいものに対する恐れと、それ固有の危険と関わっている。たとえそうだとしても、観念上の変化は、農耕集落を生みだした経済的な発達に先行していたというコバーンの考え方は、この二つの遺跡によって支持されている。実に残念なことに、コバーンその人は、長患いの末に二〇〇一年にこの世を去ってしまい、ギョベクリ・テペの石柱を自らの眼によって確認する機会を得ることはなかった。

符号と石柱によって表象されている観念は、農耕の発達に一つの役割を果たしていたのかもしれないという考えが切実な実感として筆者の心を捉えたのは、クラウスがギョベクリ・テペの麓に広がっている平地をほんの三〇キロばかり越えたところに位置しているいくつかの丘を指差したときのことだった。彼は、ふとした弾みから、それがカラジャダーだということに筆者の関心を促してくれたのである。

カラジャダーに今なお自生している野生のコムギは、現在栽培されているコムギと同じ系統として知られているもののうち遺伝子的にもっとも近い種であることが一九九七年に突きとめられている。[14]おそらくは数百人に達していたと思われる、ギョベクリ・テペで働いたり、儀式に参加するためそこに集まってきた人々に十分な食料を確保する必要性は、野生の穀類の集約的な栽培を生み出し、そうした状況が、栽培植物化された最初の系統を生みだしたということであったのかもしれない。こうした観点からすれば、コムギの栽培植物化は、新ドリアス期が強いていた過酷な状況と苦闘していた人々とはわずかしか関わりがなかったと考えることができるのかもしれない。それは、狩猟採集民たちをトルコの南部で分厚い石柱を刻んで組み立てようとする激しい情念へと駆り立てていた観念の偶発的な副産物にすぎなかったのかもしれないからである。

紀元後二〇〇二年の一〇月の午後遅くその丘の頂上に立っていたとき、筆者は、世界の歴史が転換したのはイエリコではなく、ここギョベクリ・テペにおいてだったと心の底から実感した。クルド人の労働者たちが自分たちの村へ、考古学者たちが自分たちの発掘キャンプへと帰っていくのを見守りながら、筆者は、それ以外の人たちがこの場を離れていこうとしている姿を想像していたのだが、その人たちとは、儀式が終わった後でギョベクリ・テペから去っていく新石器時代の人々だった。ギョベクリ・テペのコムギが豊かな収穫を与えてくれることをすでに知っていたこれらの人々の中には自然が育んでくれた自分たち自身の菜園に播くための種子を詰め込んだ袋を運んでいた人たちもいたのではあるまいか？　そうすることによって、彼らは、新たな種子ばかりでなく新たな生活様式を、狩猟‐採集‐栽培民たちの集落に、つまり、ジェルフ・アフマルやムレイベトに、そして、おそらくは、イエリコにすら広めていたのである。

穀類の種子は、トルコからヨルダン川の峡谷平野の南部地域にかけて広がっていた新石器時代の交易網において重要な役割を担っていたことだろう。私たちがそうした交易が行われていたことを知っているのは、トルコの南部の丘陵地帯の単一の産地から切り出されたきわめて良質な漆黒の黒曜石が前期新石器時代のすべての遺跡から発見されているからである。ヨルダン川の峡谷平野の比較的切れ味のよくないフリントに頼っていた人々にとって、黒曜石は、きわめて価値の高い素材だったに違いない。オーストラリア大陸のアボリジニーのような現代世界に暮らしている狩猟採集民たちは、光り輝く石に超自然的な力を賦与しており、そうした事情は、新石器時代の黒曜石にも必ずや当てはまったはずである。その薄い破片は透き通っており、厚い破片は鏡として使うことができるばかりか、その尖った先端はいかなる石よりも鋭利であり、割って複雑な形を造り出すことができる。それは、新石器時代の人々にとって紛れもなく魔術的な素材だった。

黒曜石は、毛皮、鳥の羽根、穀物、獣肉、木の実など、今となってはそれを確認することができないそのほかの数多くの物品とともに、居住地から居住地へと運ばれていったことだろう。イェリコで発見されている黒曜石の量がその集落の規模とは不釣り合いであることから、イェリコは、交易網の重要な中心地だったに違いないと考えられている。新たな穀類の種子は、おそらくこうした交易網によって漸進的に西アジア全域に伝搬していったのだろう。この種子は、ダニエル・ゾハリーの言葉を借れば「収穫者を待っている」植物を人々にもたらし、ついには新石器時代の栽培者たちを歴とした農民に変えたのである。こうした変遷によって新石器時代の次の局面である最初期の定住が始まったのだが、ケニヨンは、それを「先土器新石器時代B」と呼んでいる。こうした集落がイェリコなどの新石器時代の最初の集落に対してどれほど劇的な対照を示しているかを理解しようとすれば、私たちは、肥沃な三日月地帯の北部から南部のはずれまで足を伸ばし、筆者自身の発掘現場ワディ・ファイナーンを訪れなければならない。

ワディ・ファイナーンは、乾燥した不毛の地であるとはいえ、思わず息を呑むほどの美しい景観に囲まれている。そこにたどり着こうとすれば、アカバに向かう道路を、死海の南のほとりを通り過ぎ、クレイキラの村を通過して西に向かって車を走らせなければならない。ちなみに、クレイキラの村には、その地域一帯のベドゥインたちのために建てられたシンダーブロック造りの家屋が散在しているのだが、彼らの多くは、テント生活の方を好んでいる。クレイキラから先は道路がないので、水が干上がっているワディの川底に沿って走っている砂利道（もしそれを見つけることができれば）を、そこをさらに登り詰めるとヨルダン高原へとたどり着く、急な傾斜地の端まで進まなければならない。車を走らせるのは夜がもっとも好ましい。ヘッドライトの光に狼狽《うろた》えるヤマアラシやトビネズミの姿を捉えることができるし、この道だ、いや、あの道だと言い争いは絶えないとはいえ、無事、発掘キャンプまでたどり着いた後で月の光を浴びながら冷えたビールを楽しむことができるからである。

ワディ・ファイナーンに到着すると、我々は、星空の下で眠り、大学の仕事や家庭生活のストレスから解き放たれ、考古学の無邪気な、背筋がゾクゾクするような快感をふたたび取り戻す。両手を泥まみれにして情報を掘り上げ、過去を白日の下にさらすのである。筆者は、ビル・フィンレイソンとともに働きながら、このワディにおける最初期の時代から最初の農耕集落に至る居住を復元しようとしている。多くの遺跡が発見されており、その中にはネアンデルタール人や、おそらくは、それ以前のヒト属の種が造ったと思われる人工遺物が出土している遺跡もあるのだが、我々が発見したもっとも重要な遺跡は、初期の「先土器新石器時代A」の集落であり、我々は、それにごく即物的なWF16という名称を与えた。

我々がその集落の痕跡を発見したのは、下検分をするために最初にそのワディを訪れたときのことだった。容赦なく照りつける太陽の下で働きながら体力を消耗する数日を過ごした後、二人とも遺物がなに一つとして発見できないことに落胆してしまったとき、筆者は、ワディの底から盛り上がっている二つの小さな円丘を調査した後でその日の作業を切り上げることにした。すると、筆者は、言葉ではうまく表現できないほどの興奮を覚えた。その地面には石の人工遺物が散乱していたからだ。それは先端の尖ったフリントの欠片と石臼だった。筆者は、これらの人工遺物とともに小さな円形の構築物の微かな痕跡を発見した。まわりの丘から流れ込んだ堆積物とゴツゴツした岩の下から環状をなしたいくつも石が姿をあらわしており、それは、その下には集落が埋没しているのではないかという期待を筆者に抱かせたのである。

その数年後、我々は、WF16が北方二五〇キロの地点に位置しているイェリコの最初期の層と同時代の前期新石器時代の小さな居住地にほかならないことを突きとめた。そこにはおそらく一〇軒から一二軒の、直径四メートルばかりの小さな円形の住居が、それぞれ数メートルの間隔をおいて建てられており、人々は、その間を自由に歩きまわることができた。WF16の居住者たちは、野生のヤギを狩ったり、タカをワナで捕えたり、キツネを巣穴から狩り出したりしていた。それと同時に、イチジクやマメ科の植物や野生のオオムギの種子を採集していた。死者たちのうちの一部は、住居の内部に、遺体に手を加えずそのままの形で個々に、あるいは、骨の寄せ集めとして埋葬されていた。居住者たちは、地中海と死海から貝を採集しており、骨や石から造り出した道具に幾何学的な模様を彫り込み、周辺の岩山から切り出した銅の鉱石から緑色の数珠玉を造っていた。トルコを産地としている黒曜石も手に入れていたとはいえ、我々は、今のところ、何千ものフリントの破片の中から黒曜石のたった一つの欠片を発見しているにすぎない。

我々の発掘は、完了からはほど遠い。居住者たちがWF16に一年を通して暮らしていたのか、それとも、それが特定の季節だけの野営地だったのかは今なお突きとめられていない。いくつの住居があったのか、すでに発見されている住居は、ときを同じくして建てられたのか、それとも、紀元前一〇〇〇〇年から八五〇〇年に及ぶ居住期間において少しずつ建てられていったのか、その居住者は、狩猟‐採集‐栽培民だったのか、それとも、栽培植物化された穀類を育てていた農民だったのか、といったことも今の段階では明らかにされていない。

遺跡に関する筆者自身の解釈は、そのほかの遺跡における新たな発見と照らし合わせることによって変化してきた。キツネをワナで捕らえていたのは、たんに温かい毛皮を手に入れるためだったとかつては考えていたのだが、ギョベクリ・テペの石柱の彫刻を眼にした今となっては、その捕獲の背後には実利的な動機というよりはむしろ、観念上の誘因があったのではなかろうかと考えている。我々が発見した数多くの猛禽類の骨についても同じような関心を抱いている。ジェルフ・アフマルの彫刻に鑑みれば、ひょっとしたら、これらの鳥が捕らえられていたのは、装飾的な羽根を手に入れるといった単純明快な理由だけによっては説明できないのではあるまいか？　ちょうどギョベクリ・テペの場合と同じように、雄の形象が重要であるように思われる。我々は、男根を象って彫られた骨を発見しているばかりか、実用だと考えられているすりこ木の中には男根と酷似したものがあり、植物を磨り潰すという作業にはなんらかの性的な象徴性が賦与されていたのではあるまいかと考えてみたくなるほどである。

紀元前九〇〇〇年、ジョン・ラボック君は、イェリコから南に向かって旅を続け、後にWF16と呼ばれるようになる円丘の上に立っている。彼を取り囲んでいるワディの景観は実に壮麗である。それは、現在の焦げた黄色と茶色とはまるで異なって、眼にも鮮やかな緑一色に彩られている。筆者が眼にしているのは、不毛な沙漠にすぎないとはいえ、ラボック君は、そこにオークやピスタチオの木々を見ることができる。川岸にはイチジク、ヤナギ、ポプラが生い茂っているのだが、その川は、今では完全に干上がってしまい、草一本生えていないワディに変わり果てている。ラボック君は、人々のお喋りや、石と石を摺り合わせている音や、イヌの吠え声を聞いている。あたりには伐り倒されたばかりのビャクシンの香りが漂っており、新石器時代の人々は、住居の外に座って、私たちがいつの日にか人工遺物として発見することになる道具を造ったり使ったりしている。彼らは貝殻の首輪と、私たちがその骨を発掘することになるタカの羽根を身につけている。アル・キヤーム尖頭器がアシの矢柄と弓錐《ゆみぎり》に取りつけられており、人々は、すり鉢の中の植物をすりこ木で磨り潰したり、ビャクシンの杭を打ち込んで壁を作っている。

ほかの集落の居住者たちが黒曜石を携え、それを緑色岩の数珠玉や一塊のヤギの毛と交換するために到着した。ラボック君は、狩りが成功を収めたときに開かれる宴会や、天候が悪かった時期には乾燥したちっぽけな種子が磨り潰されるのを観察した。老人の遺体が、頭に石の枕をあてがわれた状態で住居の内部に埋葬される光景も目撃した。その後、その遺骨が掘り起こされ、ふたたび土の床が平らに踏み固められたとき、遺骨の頭蓋骨は剥き出しにされていた。そうすることによって、家族は、そのまわりで眠ったり働いたりすることができるばかりか、家族の暮らしの中にその老人が存在し続けることによって心の安らぎを得ることができるからである。

紀元前八五〇〇年、WF16から人々の気配が消えてしまい、ラボック君は、そこにいるのが自分だけになってしまったことに気づいた。新石器時代の居住者たちはどこかに消えてしまい、見棄てられてしまったその住居は自然の力と、その遺跡を発見して発掘するかもしれない誰かの手に委ねられたのである。ラボック君は、ワディが曲流し、険しい岩山が絶壁に姿を変えているところから人声が聞こえてくることに気づいた。これは、今ではワディ・グワイルとして知られている定住地である。ラボック君は、青々と茂ったアシを払いのけ、驚いて飛び立つガンやカモを避けながら川岸を進んでいった。流れの速い川の土手をほんの五〇〇メートルばかり進むと、人々が働いている。その中にはWF16からやって来た人たちもいたのだが、そのほかの人たちは、はるか彼方から、おそらくは、ヨルダン川の峡谷平野のどこかほかの場所から、あるいは、それよりもっと遠くからはるばるここまで来たのである。これらの人たちが一緒に作り上げようとしていたのは、たんなる新しい集落ではなく、まったく新たな形態の定住地だった。

人々は、横幅一〇メートルから二〇メートルの川原より高いところに位置している傾斜地で働いている。そこに長方形の住居を建てているのである。傾斜地の地崩れを防ぐ段々がすでに築かれており、長さ一〇メートル、横幅五メートルの住居群の壁の位置が地面を掘り下げて区割りされている。人々は、石を組んで頑丈な壁を作り、床には漆喰を張っている。住居の中にはその建設が半ば終わっているものもあり、ちょうど胸の高さくらいの壁には流水の作用によって摩滅した丸石が用いられている。同一方向に二列に配置した丸石の間に小石や泥粘土を詰め込んで厚さ五〇センチの頑丈な壁を築いている。それは、泥粘土を用いず空積みで作ったWF16の壁と比べれば、長足の進歩を示している。住居の中には壁の内側に木材の柱を固定し、それで天井の梁の重みを支える構造をもっているものもある。

住居の建設が進められている現場の近くには床に張る漆喰の原料となる石灰を作り出すために火が焚かれている。人々は、ワディ・グワイルの上手《かみて》の区画から何百もの石灰岩の塊を拾い集め、それを穴の中で焼いている。石は、一定の高温に達すると、崩壊して粉末状の石灰になる。別の場所では石灰がすでに水と混ぜ合わされ、石を敷き詰めた土台の上に分厚く流し込まれている。こうして床ができあがれば、住居の建設がほぼ完了する。人々は、内部のすべての隙間と割れ目や、炉床として使用する中央部の穴などに漆喰を分厚く塗っていく。漆喰が乾燥して堅くなると、赤く着色し、それに磨きを掛ける。壁の内側と外側にはさらに漆喰を塗るのだが、これは、光り輝く白色をそのまま保っている。

筆者はこの新たな定住地をよく知っているのだが、その建築現場や居住空間を眼にしたことなどあるはずもない。その集落を、発掘によって白日の下にさらされた遺跡として知っているだけである。その遺跡を発見して発掘したのは、ヨルダン考古省のムハンマド・ナジャールとネヴァダ大学のアラン・シモンズである[15]。二人は、毎年、ワディ・グワイルを訪れ、その建築様式をしだいに明らかにしているのだが、その様式がWF16のそれとは著しく異なっているそれらの住居は、一つの世代の人々がその生涯をかけて作り出したものだった。

二階建ての長方形の住居によって構成されているその種の集落は、紀元前九〇〇〇年以降ほどなくして肥沃な三日月地帯全域に姿をあらわしたのだが、その起源は、おそらく、住居が円形から長方形へと移行しようとしていたジェルフ・アフマルとムレイベトだったと思われる．この新しい建築様式は急速に広まっていった。それは、栽培植物化された穀類による農耕が本格的に始まったことによって社会的・経済的な変容が引き起こされことを物語っており、それとともに居住者の数が急増していった。新たな様式によるこれらの建築物は、キャスリーン・ケニヨンが「先土器新石器時代B」と呼んでいる新石器時代の文化の形態の典型的な特徴である。ところで、ジョン・ラボック君がこれから踏査しなければならないのは、新石器時代のもう一つの新たな世界である。

9 レイヴンズ峡谷平野にて

——紀元前八五〇〇年から七五〇〇年における建築物と織物と野生動物の家畜化

ワディ・グワイルを見晴るかす嶮しい岩山を後にしたジョン・ラボック君は、紀元前八〇〇〇年の春のある一日の夜の帷が降りるまで南に向かって歩いて行った。彼が歩いている道は、ヨルダン高原の下手の、目覚ましい景観を誇っている砂岩の棚状地層へと続いている。彼は、野生のヤギが踏み固めた小道をたどりながら樹木が生い茂った緑の林地の中を歩いている。西アジアを、地中海沿岸地帯からユーフラテス河畔へ、そしてふたたび地中海沿岸地帯へと行き来してきたので、木々に関する知識は豊かになり、オーク、ピスタチオ、サンザシなどの樹木を、たとえそれらが繁茂していなくても、見分けることができる。あたりを眺めながら歩いていると、嶮しい岩山の上を進んでいる野生のヤギの群ばかりか、夜の狩りを始めようとしているジャッカル、巣穴に帰ろうとしているノウサギ、イノシシの足跡、ヒョウが食い残した獲物の残骸が眼に入ってくる。そうした野生動物に取り囲まれていたラボック君は、太陽がはるか彼方のヨルダン川の峡谷平野に沈んでいくにつれてその色を変える砂岩の絶壁の岩穴で不安な眠りに就いた。

翌日、時折、岩場の崖っぷちにさしかかると体のバランスに気を配りながら林地を通り抜けると、一本の木すら生えていない広大で深い割れ目の向こう側の西の方向に、今ではネゲヴ沙漠と呼ばれている地域が姿をあらわした。ワディ・グワイルから三〇キロばかり歩いてきたラボック君は、高々と聳えている砂岩の絶壁の麓に木々が青々と茂っている広々とした峡谷平野の入り口にたどり着いたのである。折しも、クロウタドリによく似た小鳥の番《つがい》が騒がしい鳴き声を立てている。ここはワディ・ガラーブ（カラスのワディ）としても知られているレイヴンズ峡谷平野であり、その中にはラボック君が訪れることになる町[1]があるのだが、それは、人類史上最初期の町の一つとして知られているベイダ（バイダーゥ）にほかならない[2]。

ヤギが通った跡は、林地に入ると木の葉が堆《うずたか》く積もっている、しっかりと踏み固められた小道に変わる。そこを通り抜けると、ほどなくして、発芽したばかりの穀草、エンドウ、見慣れない農作物の一つである亜麻の青々とした短い若枝が育っている小さな畑が眼に入った。すると、近くから町の気配が漂ってくる。石造りの長方形の住居群が姿をあらわし、人声、イヌの吠え声、ヤギの騒々しい鳴き声が聞こえ、薪の煙が幾筋も立ち昇っている。ここには、アイン・マッラーハやアブー・フレイラに見られたような自然の領域と人間の文化が曖昧に溶け合っている状態は、まったく見られない。ベイダの町は、人類が自然界から離脱したことを劇的に物語っている。それを典型的に指し示しているのが、角張った住居とその整然とした配列であり、囲いの中で飼育されているヤギであり、耕作のために開墾されている土地である。

ベイダを訪れる機会を私たちに与えてくれたのは、三人の非凡な女性考古学者のうちの最後の一人である。私たちは、すでにドロシー・ギャロッドとキャスリーン・ケニヨンが有史前の歴史の解読に達成した貢献を知っている。ここで私たちは、ダイアナ・カークブライドの業績を正しく認識しなければならない。カークブライドは、一九三〇年代にユニヴァーシティ・カレッジ・ロンドンでエジプト学を学び、イェリコでケニヨンとともに発掘作業に携わった後、ヨルダン考古省の委託により一九五六年の七ヶ月をペトラの発掘に費やした。このとき彼女は、新石器時代の町であるベイダを発見したのである[3]。

実に二〇〇〇年にも及ぶ歴史を有している、岩に穿たれたペトラの壮大な神殿や墳墓にも好奇心を満足させることができなかったカークブライドは、発掘作業の休日を利用して近くの「フリントの遺跡」を訪ねてみた。ベドゥインのガイドの助けを借りていくつかのフリントを見つけたカークブライドは、後にベイダと呼ばれるようになる小さな丘状遺跡（テル）を、ペトラの北に位置している砂岩の丘陵地帯を一時間ばかり歩いた地点で発見した。

一九五八年にその発掘に着手したカークブライドは、八回に及ぶ発掘の最後のシーズンを一九八三年に完了し、そのときまでに六五の建築物を発見していた。これは、先土器新石器時代の定住地の、比較を絶したもっとも広範囲に及ぶ発掘であり、そうした事情は現在においても変わっていない。それによって、私たちは、最初期の町の設計に関する比類のない洞察力を手に入れることができるようになった。彼女の業績は、ベイダが相互に連結した円形の住居の集落から長方形の二階建ての建築物によって形づくられている町へと変貌を遂げていった道筋を明らかにしているのだが、ラボック君は、その町にちょうど今しがた到着したばかりである。

ラボック君がこの町に入るには、住居群を取り囲んでいる低い壁を踏み越えなければならない。この壁は、それが樹木の伐採によって部分的に崩壊してしまった今となっては、中庭を被い尽くす恐れのある砂地の土壌に対する防壁として機能している。建築物の間の小道を歩いて行くと、壁によって囲われている直径八メートルばかりの中庭に出る。ここが町の中心である。ラボック君の向かい側には、四つの石造りの部屋があり、その床に散らばっている種子は、そこが収穫物の収納に用いられていることを示している。彼の左右にはとりわけ大きな建築物の前面部分（ファサード）がある。ラボック君は、その戸口を通り抜け、白く光っている内部に入ってみた。すると、床や壁ばかりか、天井にすら漆喰が分厚く塗り固められている。壁の基部に沿って赤い帯状の線が走っているので、それがひときわラボック君の眼を引いた。その中央には高さ一メートルばかりの石柱が立っているのだが、この石柱には彫り込みがまったく施されていない。その背後にはもう一つのもっと大きな部屋の入り口がある。その内部も同じように漆喰で白く塗り固められて光り輝いており、一筋の赤い帯が走っているばかりか、この赤い帯の装飾は、床の中央に切られている炉床と、入り口の近くに置かれている石の盥《たらい》のまわりにも施されている。もっとも奥の一角には穴が掘られており、それを石が縁取っている。内部にはそのほかのものはなに一つとして見当たらず、まるで伽藍堂のように閑散としている。住居を連想させる調度もなければ、作業場を示している打製石器や骨の欠片もなく、儀式や礼拝の場所を匂わせる彫像も見当たらない。とりわけ苛立たしいのは、そこで働いたり遊んだりしている人が誰一人としていないことだった。

ベイダはカークブライドによって発掘されたとはいえ、その建築物を解釈するもっとも本質的な試みを行ったのは、カリフォルニア大学のブライアン・バードだった。[4] ラボック君が入ってみた建築物の規模にとりわけ強い印象を受けたバードは、その漆喰だけでも二〇〇〇キログラム以上の生石灰が、石灰窯を焚くには九〇〇〇キログラムの薪が必要とされたと推定している。それゆえ、たとえ個々の家族が自分たちの住居を町の中に建てたと仮定しても、この建築物の建設にはすべての居住者の労力が必要とされたに違いない。だが、ベイダばかりでなく、そうした建築物によって特徴づけられているすべての新たな町に関する基本的な疑問は、その作業が自発的になされたのか、それとも、町の指導者たちの強制の下になされたのか、という点である。おそらく五〇〇人程度の居住者を擁していたと思われるベイダのような規模をもった町が統率力を欠いた状態で存続していたというのは、現実問題として、想像してみることすら困難である。この建築物は、おそらくは、意思決定に突出した役割を担っており、重んじられてもいた年長者たちによる発案であり、その決定がすべての居住者たちに影響を及ぼしたということだったのだろう。あるいは、ひょっとしたら暴力的に権力を揮《ふる》っていた何人かの人物がいたということだったのかもしれない(5)。

ブライアン・バードは、この建築物がそうした意思決定に用いられていた、つまり、すべての居住者が集うことができる場だったのではあるまいかと考えた。中庭の入り口の真向かいが穀物の貯蔵施設だったことは暗示的だと思われる。中庭を取り囲んでいる壁は、その後につけ加えられたものであり、当初、人々は、中庭を自由に通り抜けることができた。中庭に新たに建設された壁は、そのほかの建築物の建て増しとともに、疑いもなく、町を通り抜ける人々の動きを管理し、人々が眼にすることができるものに影響を及ぼす意図をもっていた。中庭のレイアウトの変更をこのように解釈すれば、それは、権力を握っていた人々に有利に作用する。穀物の貯蔵所と、その中にどの程度の穀物が保管されているかを知っていることは、その配分を管理している人々にとっては権力の源だったからである。

大きな建築物を後にしたラボック君が住居の間を歩いて行くと、もう一つのもっと小さな、敷石に被われていない中庭に出た。そこから隣り合っている二つの住居に入ることができる。それぞれの家屋には上階に通じる三段か四段の階段がついており、地下室に通じる同じような階段もある。一つの住居から人声が聞こえたので、ラボック君は階段を昇ってその部屋に入ってみた。そこには八人から九人の人々が中央の炉床を囲んでイグサのむしろの上に坐っている。大人もいれば、子供もいるし、男もいれば、女もいる。数人の人たちはパンと獣肉を一緒に食べており、そのほかの人たちは、燻っている香草の煙を吸い込んでいる。煙は、アシ葺きの屋根の隙間からゆっくりと外に抜け出ているだけなので、部屋中に充満している。ラボック君の眼は涙に濡れている(6)。

人々は互いに体を寄せ合っている。おそらく一つの家族が別の家族をもてなしているのだろう。人々の衣服は実に印象的であり、それは、過去一〇〇〇〇年間に起こったもう一つの小さな革命の証なのだが、考古学者たちは、この革命にはこれまでほとんど気づいていない。この歴史書にこれまで登場したすべての人々は、獣皮か毛皮を縫い合わせた衣服を、きわめて稀な場合に、植物の繊維を結び合わせた衣服を身に着けていた。ベイダの人々は、紡ぎ糸から作った織物を上品に着こなしている。彼らは、最初期の形状の亜麻布（リンネル）を緑色に染め、ゆったりとした上着やスカートに仕立てている。紡いだり織ったりする技術が揺籃期だった時代に作られたそれらの衣服が、朽ち果ててバラバラになってしまう前の二、三世代にわたってその形を保っていたとは考えにくい。ましてや、人々がベイダの一室に座って食べ物を摂っていたときから何千年もの歳月が過ぎ去ってしまった現在、それは望むべくもない話であるように思われる。しかしながら、そのうちのいくつかは、ベイダの遺跡の中ではなく、すでに知られている古代人のいかなる定住地からもはるかに隔たっているネゲヴ沙漠の北の境界線上の、ベイダとイェリコの中間点に位置しているナハル・ヒマルの小さな洞窟の中に残存していた。この洞窟の人工遺物は、死海文書を捜していたベドウィンによって一九六〇年代にすでに盗み出されていた。それを一九八三年に再発見したのは、オフェル・バー－ヨセフとともに残存していた堆積物を発掘したイスラエルの考古学者ダヴィッド・アロンだった。[7] 二人の考古学者たちは、織物、より糸、籠の数多くの切れ端を発見したのだが、そのすべては、西アジアの最初のいくつもの町と同時代のものだった。

織物が残存していたのは、堆積物が干からびていたから、つまり、水分のない状態の中では、バクテリアが有機物を分解する働きを完了させることができなかったからだった。[8] それらの人工遺物は、アシ、イグサ、草を素材として、紡いだり、結び合わせたり、縫い合わせたり、織ったりといった多彩な技術を用いて製作されていた。籠は、植物の繊維の糸を渦巻き状に編み上げて鉢のような形を作り上げ、死海の湖岸に堆積していた天然のアスファルトでコーティングすることによって防水加工が施されていた。洞窟から出土した骨製のスパチュラ（ナイフ状の薄いへら）は、おそらく、その籠を編むために使われた道具だったのだろう。

いくつかの織物は、亜麻の茎の丈夫な繊維を使った紡ぎ糸から作られていた。これらは、紡いでから「横糸撚り合わせ」として知られている技法を用いて結び合わせたり、手織りしたものであり、この作業は、一枚の板に縦糸を固定して行われていたのかもしれない。これは、世界中の部族民たちによって最近まで用いられていたもっとも単純な織り方であり、縦糸に横糸を編み込むのに用いられたと考えられている骨製のシャットルもいつくか発見されている。

実に残念なことに、ナハル・ヒマルから出土した織物の残存部分はあまりにも小さいので、新石器時代の衣服をこと細かに復元することはできない。だが、その一つの例外は、円錐形の頭飾りである。これは、一個の緑色岩によって装飾を施された帯状の織物が額のまわりにぴったり合うよう作られており、それに菱形模様の織り地を加えて円錐形に仕上げられていた。これは、そのほかには類例がない人工遺物だとはいえ、それが新石器時代の人々によって日常的に着用されていたのか、それとも、特別な人物によって、特別な機会にのみ使用された儀式用の衣服だったのかということになると、私たちは、その種の知識をまったく持ち合わせていない。けれども、その洞窟が集落からはるか彼方に位置していることと、そのほかの出土品と照らし合わせてみれば、それは、おそらくはなんらかの儀式に用いられていたのだろう。

コムギやオオムギとともに、亜麻も、また、その野生種が西アジアの森林ステップに自生しており、その後、穀類や豆類とともに栽培されるようになった。亜麻の繊維の断片は、イェリコ、テル・アスワド、アブー・フレイラからも発見されているとはいえ、その亜麻が野生種だったのか、それとも栽培植物化された系統だったのかは同定されていない。筆者は、ベイダでは亜麻も栽培されていたと推測しているのだが、それを明らかにする痕跡は現時点では発見されていない。この遺跡の植物の保存状態がとりわけ劣悪だったことから、その回収が著しく困難だったからである。ナハル・ヒマルに残されていた衣類と籠は儀式に用いられていたと思われるとはいえ、それらの遺物は、新石器時代の人々の日々の生活の中で一般的に見られていたに違いない情景を私たちに連想させてくれる。アシを切ったり、亜麻を育てたり、繊維を紡いで糸を作り、それを織ったり撚り合わせたり、縫ったり、結び合わせたりする作業は、数多くの人々の暮らしの中で大きな比率を占めていたに違いない。人々は、日常的に織物を眼にしたり扱ったりしながら、その肌理の粗い肌触りを感じていたことだろう。アスファルトの臭いや枝組細工や亜麻布は、常に彼らとともにあったことだろう。けれども、連想の世界から現実に立ち戻ってみれば、人々が身に着けていた衣類のうち考古学者たちが知っているすべては、ナハル・ヒマルの洞窟で発見された数少ない断片にすぎない。(9)

ラボック君は、ベイダの住居の中で床の上に置かれている、防水加工を施した籠と積み重ねられている編み物を検分している。炉床で熱した小石が時折籠の中に投げ込まれているのだが、それは籠の中の液体を温めるためであり、その液体はミント・ティーだった。その部屋の奥まった一角には毛皮や獣皮や織物が分厚く積まれており、人々はそこで眠るのだろう。一人の幼い子供がその上に横たわっているのだが、その青白い顔には生気が感じられない。ベイダの幼児死亡率は、そのほかの場所でラボック君がきわめて頻繁に眼にしてきたのと同じように高い。それを裏書きするように、ベイダを発掘したダイアナ・カークブライドは、床下に埋葬されていた多くのちっぽけな骸骨を発見している。

ラボック君は、作業が主として地下室で行われていることに気づいた。土の床と分厚い壁によって形づくられている地下室は、六つの部屋に分割されており、向かい合って配列されている三つの部屋の間には短い廊下がある。[10]床の上のいくつもの石板は作業台であり、そのうちのいくつかは石の剥片で被われており、そのほかの石板の上には切り分けられた骨や角の断片が投げ棄てられている。石を磨いて数珠玉を造る作業に使われている部屋もあれば、獣皮の加工に用いられている部屋もある。入り口にもっとも近い二つの部屋にはコムギやオオムギを粉に挽く大きな石臼がいくつか置かれている。

したがって、私たちはここに、ナトゥフ文化期の定住地ばかりか、イェリコやネティーヴ・ハ・グドゥードのような最初の農耕集落とも異なったもう一つの根本的は変革を読み取ることができる。多くの活動が屋内へと移り、一つの建築物のそれぞれの部屋が今では特定の役割をもっているからだ。いくつかの部屋は、そこで食事を摂ったり眠ったり、家族以外の人々をもてなすために使われており、そのほかの部屋は、手作業や貯蔵に振り向けられている。建築や町の配列のみならず、人々の暮らしにも新たな秩序が生みだされているように思われるのである。

イェリコやネティーヴ・ハ・グドゥードやWF16のような「先土器新石器時代A」の定住地に典型的な小さな円形の住居から、ベイダやそのほかの「先土器新石器時代B」の定住地の比較的大きな、また、しばしば二階建ての建築物への推移は、重大な社会的な変容を物語っている。[11]これは、余分な食料を蓄えておき、それをすべての人々が手に入れることができる集団志向型の社会から、家族が社会的な単位として重要な意味をもっている社会への転換を反映しているとミシガン大学のケント・フラナリーは論じている。いくつかの小さな円形の住居にバラバラに住むといった環境を脱したそうした家族は、一つの住居の中の多様ないくつもの部屋によって家族そのものの存在を強固なものにしていった。彼らは、自分たちが生みだした余分な食料の一部、あるいは、そのすべてを所有して蓄えるために、しばしば、自分たちの住居の一部として特別な貯納室を建設していた。[12]

ベイダの小道や中庭を歩きまわったラボック君は、そのほかにも新しいことをいくつか発見した。それまでに訪れたことのある狩猟 - 採集 - 栽培民たちの定住地ではラボック君を驚かすようなものは、さほど多くなかった。集落のそれぞれの側面を、ほとんど常にといっていいほど観察することができたし、大部分の作業は、戸外で行われており、誰もがほかの人たちが従事している作業を知っているように思われた。ところが、ここでは、そのほかの新石器時代の町の場合と同じように、町の角を曲がる度ごとに驚くべき光景に出くわしたといっても過言ではないほどだった。思いもかけぬほど多くの人々に出会ったり、炉床が戸外に切られていたり、ヤギが縄で繋がれていたからである。人々は、町の中の、ほんの数メートルしか離れていないほかの場所でなにが起こっているかをまったく知ることができない。分厚い壁によって視線が遮られている背後では、それほど多くの事柄が行われていたからである。居住者の数がきわめて大きくなった結果として、人々は、お互いの用向きや、それが自分たちとどのような関わりがあるかを知ることができなくなってしまった。ラボック君がそこから感じ取ったのは、不信と不安という情調、つまり、町の生活の影響力によって、それ以前にはもっと小さな集落の中の暮らしに沿った形で発達していた物の見方に引き起こされた変容だった。(13)

ヤギは、ヒツジとともにイヌの後で家畜化された最初の動物であり、それによって狩猟採集から農耕にもとづく生活様式への転換が完了した。そうした家畜化が行われた正確な場所や時代や理由に関する議論の大部分は、今なお考古学者たちの間で決着がついていない。(14)

ナトゥフ文化期や前期新石器時代の集落から出土している骨のうち圧倒的多数を占めているのは、最終氷期最盛期以降好んで狩られてきたガゼルに由来しており、これらの時代においては、ヤギの骨はきわめて稀だった。それゆえ、ベイダで発見されているすべての動物の骨のうちヤギのそれが占めている比率が八〇パーセントに達しているという事実は、それが狩猟ではなく、放牧に由来していたことを示している。

また、ベイダのヤギは、すでに知られている野生のヤギに比べると、その体格が小さい。すべての野生動物は、いったん家畜化されると、その体格が矮小化する。ブタはイノシシより、畜牛は野生のウシより小さい。これは、幼獣を育てる母乳の栄養分の低下と、食用としてもっとも大きな成獣の雄を選んで屠殺していたことに起因している。ベイダの屠殺にもそうした選択が働いていたことは、ほとんどの骨がほぼ二歳のヤギのものであることに明らかであり、これは、ヤギが完全に成長したとき、つまり、それ以上飼育を続けてもその体重が増えるわけではない段階で食用にされたことを示している。ベイダから幼獣の骨がごくわずかしか発見されていないという事実は、ヤギがその乳を利用するために飼育されていたわけではなかったことを雄弁に物語っている。それが飼育の一つの目的だったとしたら、幼獣は、人々がその母乳を飲むために食用にされてしまったはずだからである。

ヤギとヒツジが初期の段階において家畜化されたのは驚くべき話ではない。その野生の行動から判断して、それらを人々が管理するのは、さほど困難ではないからである。いずれの動物も、縄張り制という顕著な習性をもっていることから、群を離れてさまようことはほとんどない。また、ヤギとヒツジのいずれもが、高度に階層的な群の中で生きており、群の中のもっとも大きな個体に従うことから、人間を群の指導者として刷り込むことができる。それればかりか、石組みの住居は、野生のヤギとヒツジがその習性にもとづいて天敵から逃れる場所として使っていた洞窟の代わりを務めることができた。

放牧がどこで、いつ始まったかは、今なお正確には明らかにされていない。ヒツジとヤギは、その骨格の大きさと数の多さから判断すると、肥沃な三日月地帯の中央部（シリアとトルコの南東部）、あるいは、その東部地域（イラクとイラン）で紀元前八〇〇〇年頃、おそらくは、それよりずっと早い時点において最初に家畜化されたのではないかと思われる。私たちは、ユーフラテス河畔のアブー・フレイラの居住者たちが紀元前七五〇〇年にはヒツジとヤギの群を放牧していたことを知っている。この頃までには、泥煉瓦造りの新しい住居群がすでに建てられており、ラボック君が訪れたことがある狩猟採集民たちの集落を地下に埋め尽くしていた。この新しい町の居住者たちは、当初は、特定の季節に移動しながらガゼルを狩るという後期ナトゥフ文化期の慣習にしたがっていた。けれども、彼らは、紀元前七五〇〇年までには管理している群の中からヒツジやヤギを食用とする生活様式に移行していた。[15] しかしながら、ヤギの最初期の家畜化については、私たちは、眼をさらに東に、今日のイランの中央部で発見されている前期新石器時代のいくつかの集落に向けなければならない。

その中でもガンジ・ダレとして知られている集落は、もっとも説得力のある証拠物件を私たちに与えてくれる。[16] それは、ケルマンシャー峡谷平野の南の外れの直径ほぼ四〇メートル、高さ八メートルの小さな丘状遺跡（テル）である。そのテルの大部分を構成しているのは、紀元前一〇〇〇〇年から八〇〇〇年の間のある時点で最初に建てられた、崩壊している泥煉瓦造りの建築物である。[17] ガンジ・ダレに住んでいた人々は、数多くのヤギを屠殺しており、そうすることによって、ほぼ五〇〇〇個の骨を調査する機会を私たちに与えてくれた。その研究を行ったのは、アラバマ大学のブライアン・ヘッセと「スミソニアン研究所」のメリンダ・ゼダーであり、二人は、数多くの雄の幼獣が屠殺されていることから自ずと明らかになる家畜化の痕跡を発見した。[18]

家畜化されていたヤギとヒツジの群そのものが、あるいは、たんに放牧という考え方が、ちょうど耕作農業という慣習が東に普及していったのと同じように、先ず西に、次いで南へと広がっていったのかもしれない。その結果として、ヤギの放牧は、紀元前八〇〇〇年頃までにはヨルダン川の峡谷平野に伝搬していたと思われる。けれども、ヤギは、どこかほかの場所でまったく別個に家畜化されたのであり、それは、ベイダの近辺だったといったことすらありえない話ではない。今のところ、考古学者たちは、たんにそれを知らないだけである。

そもそもヤギやヒツジの家畜化といった考えがどのようにして生まれ、それがどのような手段によって実行に移されたのかという問題も議論の的である。イェール大学のフランク・ホールは、狩猟民たちが野生動物の数がしだいに減っていることに気づくようになり、それを管理する行動を意図的に起こしたのだと考えている。これは、冬期のための飼い葉の準備、柵の建設、親と死に別れた幼獣の世話などをともなっていたのかもしれない[19]。

オーストラリア大陸のアボリジニーのような、その詳細が記録されている歴史上の数多くの狩猟採集民たちは、飼い慣らした動物をペットとして手許にとどめており、私たちは、こうした事情がナトゥフ文化期や「先土器新石器時代A」の人々にも当てはまることを想定しなければならない。そうした人たちの子孫が永続的な定住生活を送るようになったとき、これらの「ペット」は、性的に成熟して定住地の内部で繁殖するようになっていたことだろう。野生種から隔離されていたこれらの動物は、家畜化された群のための基盤を与えてくれたはずである。選択交配によって、おとなしい気質、速やかな成長、高いミルクの産出力といった望ましい特性を計画的に発現させることができるようになったからである。狩猟採集民たちの集団においては、飼い慣らした動物の世話をしていたのは、多くの場合、女たちや子供たちだったと考えられている。だとすれば、動物の家畜化にもっとも決定的な役割を果たしたのは、男の狩人たちというよりはむしろこうした人たちだったといえるのかもしれない。

いったんヒツジとヤギが家畜化されると、数百年以内にウシとブタがそれに続いた。しかしながら、ウマやロバは、新石器時代の町が栄えるようになった後といえども数千年にわたって家畜化されることはなかった。これらの動物は、おそらくは、青銅器時代に入って金属細工が始まったとき、鉱石や燃料を精錬の中心地に運搬する荷役動物として歴史の舞台に登場したのだと思われる。

そろそろラボック君にはベイダを後にしてもらわなければならない。新しい住居が今なお建てられているとはいえ、この町は、数世代後には見棄てられる運命にある。ベイダは、もっとも有利な立地条件には恵まれていなかったからである。ヨルダン川の峡谷平野の南の地域は、かろうじて農耕を支えることができる程度の降雨量しか見込めなかったし、湧水が涸れることのない泉のうちもっとも町に近いものすら五キロ以上も離れていたばかりか、四〇〇メートルも登らなければならなかった。こうした条件にさらされていた土壌は、生産性が低く、集約的な栽培を繰り返すことはできなかったばかりか、その周辺から樹木が伐採されてしまうと、あまりにも不安定だった。年を追うにつれて、ヤギを集落からさらに離れた場所で放牧せざるをえなくなり、その一方、穀類の生産量が減少していき、ほどなくして急落した。[20] それゆえ、ベイダの最後の居住者たちは、紀元前七五〇〇年頃、生活があまりにも困難になるにつれて絶え間なくエネルギーを消耗させていったことから、町を後にしてしまうのである。

多くの人々は、今日ではバスタとして知られている、南にほんの一二キロのところに位置している、新たに繁栄していた町に向かった。[21] この町は、一九八六年に考古学者たちによって発見されたばかりであり、そのとき以降、高さ二メートルの石組みの壁をもち、窓や扉さえ備えているいくつかの建築物が発掘されている。これらは、残存している新石器時代の建築物のうちもっとも印象的な事例の一つである。バスタは、一二ヘクタール以上もの規模にまで発展した新石器時代最大の町の一つだった。この町は、人々の生存に必要な条件をとりわけ豊かに備えており、それが、ベイダをはるかに凌ぐ規模をもつに至った発達を可能にしたのである。しかしながら、この町すら、紀元前六〇〇〇年を越えて生き残ることはできなかった。

ラボック君の旅はバスタにではなく、北に向かっている。いったんイエリコまで引き返し、そこからアイン・ガザールの町を訪れるのである。ラボック君がベイダで過ごした時間は、新石器時代の新しい町の居住者たちの一部の概要を、具体的にいえば、主として家庭生活と関わっている部分の概要を教えてくれたにすぎない。それゆえ、彼らの聖なる世界についてもっと多くのことを学ぼうとすれば、ラボック君は、なにはともあれアイン・ガザールを訪れなければならない。

10　死霊の町
――紀元前七五〇〇年から六三〇〇年における祭儀と宗教と、経済の崩壊

ベイダを出発して一直線に西に向かったジョン・ラボック君は、樹木が生い茂った峡谷平野を通り抜けて低地へと流れている小川に沿って進み、ついにヨルダン川にたどり着いた。川の両岸には樹木が青々と生い茂った林地があり、岸辺にはアシやパピルスが生えているとはいえ、それを除けば辺り一帯は、乾燥した不毛の地である。ヨルダン川を越えると、そこには傾斜地が広がっており、それは、ほどなくして現在のネゲヴ沙漠に姿を変える。陽光があたり一帯を照らしており、川の向こうでは焚き火から一筋のかすかな煙が物憂げに立ち昇っている。

それを焚いているのは、穀物を詰めた籠を携えイェリコから南に向かっている人々の一行である。一〇人ばかりの男たちは、重い荷物を運びながらネゲヴ沙漠に住んでいる狩猟採集民たちと落ち合う場所に向かっている。そこで穀物を貝殻や獣肉と交換するのである[1]。

新ドリアス期が幕を閉じるとほどなくして、ネゲヴ沙漠とシナイ半島の沙漠には人々がふたたび住み着くようになった。いくつかの新しい居住地は、ネゲヴ沙漠の中央部のアブー・サーレムのような、後期ナトゥフ文化期の人々が住んでいたのとまったく同じ場所に形成された[2]。こうした新たな居住者たちは、狩猟採集

民として一年中沙漠の内部で暮らしていたのかもしれない。それとも、彼らは、夏期だけ沙漠で狩猟と採集を行い、冬期にはベイダのような新石器時代の町で暮らしていたのかもしれない。いずれにせよ、彼らは、町で暮らしていた人々に獣肉を提供していたことだろう。

家畜化された動物の肉が食肉の多くの比率を占めるようになるにつれて、猟獣の肉は、町に住んでいた人々から食材として好まれるようになっていったのではあるまいか？　ベイダなどの定住地の居住者たちは、多種多様で実にみごとな矢や槍を製作しており、それは、猟獣を手に入れることが今や特別の地位を獲得したことを示唆している。(3) 現在のアンマンの周縁の町であるアイン・ガザールでは、四五種もの野生動物の残骸が発見されており、それには三種類のガゼル、野生のウシとブタ、それより小型の肉食動物が含まれていた。(4) そうした多種にわたる野生動物が町のすぐ近くで狩られていたというのはあまりありそうもない話であり、これらの骨は、沙漠を拠点としていた狩猟採集民たちによって骨付き肉として運び込まれてきたものに由来していたに違いない。

紅海の貝殻も、なんらかの手段によって町に持ち込まれていた。貝殻に対する強い執着は、その入手が交易によるものであれ、海岸への遠出によるものであれ、最終氷期最盛期にまで遡る類のものであり、前期ナトゥフ文化期にその頂点を迎えていた。けれども、人々の好みにはある変化が生まれていた。筒状のツノガイの貝殻への執着が薄れ、タカラガイの貝殻がもてはやされるようになったと考えられるのである。(5)

ラボック君は、ふたたびイェリコを訪れるために、交易のために南に向かった人たちとは逆に北をめざし、死海の西岸に沿ってヨルダン高原の麓を進んでいった。幾筋ものワディが高原を切り裂くように走っており、その中には底に細い小川が流れているものもあるとはいえ、その流れも、暑い夏の日差しの下でほどなくして干上がってしまうことだろう。ラボック君は、若い男の子たちが放牧しているヤギの群や、アスファルトや塩を集めている人々の小さな集団を追い越していった。

ラボック君は、紀元前七〇〇〇年にイェリコに到着した。この定住地は、彼がその地でコムギが初めて播かれるのを観察した頃に比べればまったく様変わりしてしまった。小さな円形の住居群が長方形の建築物に取って代わられたばかりか、それが耕作地の中に不規則に広がっており、あたりには幾重にも積み重ねられた泥煉瓦が日向《ひなた》で乾かされている。イェリコは、狩猟‐採集‐栽培民の定住地から農民、職人、商人の町へと変貌を遂げたのだ[6]。

ラボック君は、中庭や家々の間をぶらついているうちに新石器時代の暮らしの喧騒に呑み込まれてしまった。食事を用意したり、石に細工を施したり、籠、織物、革製品を製作したりといったほとんどの仕事は、戸外で行われている。彼はベイダを思い出している。町を歩きまわってみると、同じようにイヌの群がエサを漁っており、ぶら下がっている食肉の異臭、土臭い薪の煙、燻っている香草の芳香がかわるがわる臭覚を刺激する絶え間のない変化は、ベイダとまったく同じだったからである。ラボック君は立ちどまって、手挽き臼を挽いている一人の女を注意深く見守った。臼はとても大きいので、女は、その片方の端に座り、手で支えた石を伸ばしてもう一つの石と擦り合わせており、その度ごとにその背中が曲がる。それは、これから先も世代を越えて果てしなく受け継がれていく光景である。

住居は、石ではなく日干しの泥煉瓦で建てられている。それは一階建てであり、その設計は、ベイダのそれよりむしろ簡素であるように思われ、廊下がついている形跡は見当たらない[7]。ラボック君は、無作為に選んだその中の一つに入ってみた。木の扉を開けて中に入ると、扉をもった長方形の部屋が三つほど繋がっている。それぞれの部屋の床には磨きがかけられた赤色の漆喰が張られており、その上にはイグサを編んだいくつものむしろが敷かれている。住居の中には誰も見当たらず、調度類はごくわずかである。その一角にむしろや獣皮が積み上げられているところ見ると、家族はそこで眠るのだろう。籠や石の碗はどうやら貴重品らしい。

三番目の部屋には、それぞれ女を象った高さ五センチばかりの三つの粘土製の小立像が壁に立て掛けられている。そのうちの一つは、とりわけ印象的である。なだらかに垂れているロープのような衣服を身に纏い、それぞれの手が、両の乳房の下に位置するように両肘を折り曲げた形に彫り出されている。三つの小立像の隣には人間の頭部のように見えるものが置かれている。ラボック君は、それをゆっくりと持ち上げてみた。すると、それは紛れもなく頭部だったのだが、より正確にいえば、頭骨の上に石膏を被せて顔を精緻に成形したものだった。

町を歩きまわっているうちにラボック君は、そのほかの住居の中でも、部屋の片隅や壁の凹みに置かれている、手を加えられていない頭蓋とともに、石膏で成形した頭部を見つけ出した。あれこれ物色していると、彼は、自分の住居の中に座って顔の造形と取り組んでいる一人の男を発見した。その顔は、彼の父親の頭蓋の上に象られているところだった。その父親は、この住居を建て、その二の腕で漆喰の床を張ったのだが、今ではほかならぬその床下で眠っている。遺体が数年間そのままの状態で埋葬されていた後、男は、墓をふたたび開けて頭蓋を取り出し、部分的に掘り上げた床を新しい漆喰で被ったのである。(8) そうした手順によって息子は、今や父親に栄誉を与えようとしているところなのだ。

造形に取りかかっている男は、それぞれ白い石膏、赤い顔料、各種の貝殻が入っている碗のそばで胡座《あぐら》をかいている。鼻の部分の空洞と眼窩は、すでに詰め物によって形が整えられており、後は乾くのを待つばかりであり、頭蓋の基部は、支えがなくても自立できよう平らに削り出されている。男は、今や肌理の細かい白い石膏を塗り広げていく最終的な上塗りに取りかかっており、それが乾けば赤く着色し、眼にいくつものタカラガイの貝殻を埋め込む。これですべての工程を終えた頭蓋は、住居の内部のしかるべき場所に安置される。男が石膏の形を整えたり、つまんだり、滑らかにしているとき、男の妻は、背中に革紐で結びつけた男の子の赤ん坊の重さに難儀しながら、畑でレンズマメを採集していた。いつの日にか、この息子も、情愛を込めて自分自身の父親の遺骨を掘り上げ、その頭蓋を石膏で成形することによって、父親が、たとえその骨が床下に埋葬された後といえども、住居の中で暮らし続けることができるよう取り計らうことだろう。

石膏を被せた頭蓋は、キャスリーン・ケニヨンが発見した遺物の中でも、おそらくもっとも劇的なものだった。ケニヨンは、切り離されて住居の床下に埋められていた様々な頭蓋とともに、そうした頭蓋を一つの穴の中から七個ほど発見した。そのほとんどはいずれかといえばずんぐりしていた。下顎を欠いている頭蓋の上に顔全体が成形されていたからである。けれども、一つの頭蓋は、完全な状態を保っており、その石膏彫刻は、敬われていた祖先の塑像としての気品を湛えていた。その頭蓋がどこかに安置されていたのか、また、住居の「建設者」としてその塑像が強く望まれたかのか、ということになると、それは推測してみるほかない。私たちが知っているすべては、それがある時点において穴に埋められたということであり、それは、あるいは、追懐の最後の行為だったのかもしれないし、死者が死後の生に到達する最後の段階だったのかもしれない。

イエリコにおけるケニヨンの発掘以降、石膏を被せた頭蓋が実に数多くの新石器時代の遺跡から発見されており、それぞれの定住地によってその様式に微妙な特徴があるとはいえ、基本的なデザインそのものに違いはない(9)。

すでに述べたように、ナハル・ヒマルの洞窟では織物の断片が回収されているのだが、それとともに異なったタイプの装飾を施された頭蓋も発見されている。こうした頭蓋は六つほど出土しており、そのすべての頭蓋のまわりには網の目状に配列されたアスファルトの縞模様が残されていた。このアスファルトは、おそらく、髪の毛を固定するために用いられていたと思われるのだが、顔面骨に石膏が被せられていた形跡はまったく見当たらない。

この洞窟からはこれらの頭蓋や織物の断片ばかりか、儀式に用いられたと考えられている一連の驚くべき遺品が発掘されている[10]。その中には赤と緑が交互に縞模様に着色されている二つの石の仮面の断片があり、そのいずれにも髪の毛と頬髭が固定されていたと思われる。長い骨の切片の上に人間の顔を象った四つの彫刻も発見されており、そのそれぞれは、眼、髪の毛、頬髭を特徴づけるために、石膏、赤色の赭土、アスファルトによる装飾が施されていた。こうした装飾は、そのほかにもいくつかの彫像に用いられており、これは、象られている人物が「年老いていること」を意図的に印象づけようとしていたことを示唆している。石膏のいくつもの破片が洞窟の前方の叢林《そうりん》から発見されており、これらは、筆者がこれから手短に説明しようとしている発見に照らし合わせてみると、石膏を用いた塑像の残骸ではないかと思われる。洞窟の内部から出土した大量の数珠玉のうち数百が地中海や紅海の貝殻から、そのほかの数珠玉は、石や石膏や木材から造られていた。

ナハル・ヒマルを発掘したダヴィッド・アロンとオフェル・バー＝ヨセフは、そうした貴重な品々の収集物が、すでに知られている定住地からはるか遠方のちっぽけな洞窟に収納されていたのはなぜなのかを説明しようと苦闘を強いられてきた。その洞窟は、二つの社会的な領域、つまり、ネゲヴ沙漠とヨルダンの沙漠地帯という明瞭な特徴をもった二つの景観の境界線をなしていた立地のゆえに崇められており、それゆえにこそ、儀式の対象だった品々の保管に使用されていたのかもしれない。現時点では、それ以上踏み込んだ推論はほとんど不可能である。私たちは、その洞窟を訪れ、その遺物を記述し、新石器時代の人々の聖なる世界に関する私たちの悲しむべき無知を認める以外の手立てをもっていない。

イェリコから北西の方角へ一〇〇キロばかり旅をすれば、ラボック君は、ナザレの丘陵地帯へ、次いで、埋葬の中心地クファル・ハ・ホレシュに到着する。そこに住み着いている人々によって守られているこの地は、その地域の小さな町や集落の人々が死者の埋葬のために、というより、さらに多くの場合、遺骨を掘り上げた後に改葬するために訪れてくる場所である。クファル・ハ・ホレシュでは、数多くの儀礼的な行事、具体的には、石膏を用いた顔の成形、野生動物の屠殺と埋葬、その中に人骨が埋め込まれていることもある低い壁に囲まれた床の表面に漆喰の重ね塗りを施すことによって最近の死を模倣する儀礼、共同で執り行う祭礼などが行われていた。事実、エルサレムのヘブライ大学のナイジェル・ゲーリング－モリスが一九九一年に着手した発掘を進めるにしたがって、これまでには見られなかった、多岐にわたる風変わりな慣習が次々と明らかにされている。[11]

クファル・ハ・ホレシュからさらに三〇キロばかり歩いて行くと、ラボック君は、カルメル山の麓の地中海の海岸線に出る。その途次においてほぼ五〇〇〇年の歳月が過ぎ去ったと仮定すれば、ラボック君は、その海岸線の集落アトリット－ヤムを訪れることができる。その居住者たちは、穀類を育て、ウシやヤギやブタを飼っていたとはいえ、ここは、当初は、漁師たちの集落だった。人々は、日々、小舟を操って海底の砂地や岩場からモンガラカワハギを網で捕らえていた。[12]だが、人々に恵みをもたらしていた海は、最終的には、この集落を消滅させてしまった。海面が上昇したことによって、地中海の海岸線が洗い流されてしまい、アトリットーヤムは、完全に水没してしまったからである。

ラボック君が西アジアの新石器時代にとどまる期間は、ほどなくして終わりを迎えようとしている。それゆえ、彼は、クファル・ハ・ホレシュとアトリットーヤムの視察は見合わせ、ヨルダン川の峡谷平野の東側まで五〇キロばかり旅をしなければならない。そこで彼は、今日ではアイン・ガザールとして知られている、新石器時代最大の町を発見することだろう。それゆえ、彼は、二日間かけて樹木が生い茂ったヨルダン川の峡谷平野の林地を通り抜け、その東側の急な斜面を昇り終え、木々が散在している草原地帯へと入ってきたところである[13]。

町が近くにあることを示す最初の徴候は、彼がたどってきたヤギの踏み跡が広がり、小さな畑の間の固く踏みしめられた小道に姿を変えたことだった。それらの畑にはレンズマメやエンドウが育っていたり、コムギやオオムギが植えられている。畑の中では女たちや子供たちがレンズマメを収穫しており、三々五々と重い収穫物を運びながら町を目指して立ち去っている。だが、多くの籠が運ばれるのを待っている。ラボック君は、そのうちの一つを肩に担いで、疲れている二人の子供を連れている一人の女の後を追った。少しばかり歩くと、今日では青いワディを意味するワディ・ザルカ（アル・ワーディ・アル・ズラカーゥ）として知られている峡谷に出たところ、その川岸には数多くのヤギが繋がれている。飛び石を伝ってその川を渡れば、そこから町の中心地までは一本道である。

ラボック君は歩きながら、利用できるすべての地面に植物が栽培されていることに気づいたのだが、その理由はほどなくして明らかになった。その町の規模は、イェリコの三倍、おそらくは、四倍にも達していたからである。だが、ワディ・ザルカの両端の谷間の平地の土壌はまったく不毛だった。周辺の灌木が薪として刈り取られてしまったことによって、ただでさえ度重なる収穫によって地力が消耗していた土壌が植物による保水機能を失ってしまい、冬期の雨によって洗い流されてしまったからである。いくつかの傾斜地には土壌の浸蝕を防ぐ段々が築かれている。そこには新しい住居が建てられており、家族は、仮小屋で、あるいは、灌木によって風雨を凌ぎながら暮らしている。アイン・ガザールは、一つにはその町そのものの居住者の増加と、さらには周辺の土地の浸蝕と地力の甚だしい低下のせいで自らの集落を見棄てざるをえなかった人々の流入によって急激な人口の増加を「享受」している。

時は今、紀元前六五〇〇年であり、町は、新しく建てられたり、修繕中だったり、荒れ果てたり、見棄てられた建築物によって迷路のような状態を呈している。それらは、磨きが掛けられていない石、木材とアシ、泥粘土と漆喰によって作られている。[14] 暮色がしだいに濃くなってきたので、人々は自分の家に帰って行く。食事を摂ろうとしている人もいれば、眠りに就こうとしている人もいることだろう。女の後をついていったラボック君は、その女の家の外側に籠を下ろした。女は、それを運んできたことで子供たちを褒めることだろうが、子供たちは、それを聞いてびっくりするに違いない。その後一時間ばかり、ラボック君は、窓越しや、人々の肩越しに家の中を覗き込みながら、町を探索してみた。石膏で成形した頭部や、粘土の小立像が人目を引く場所に安置されている点については、ベイダやイェリコとほとんど同じである。彼は、一軒の住居の中で、キツネを象ったほれぼれするほど見事な彫像を眼にした。事実、動物を象った像、とりわけウシのそれは、それが野生なのか、家畜化されていたのかは、今なお明らかにされていないとはいえ、ここで暮らしている人々にとって、とりわけ重要な意味をもっているらしく思われる。[15]

別の住居の中では一団の人々が、火が赤々と燃えている炉床のまわりに座っている。それらの人々の手から手へと黒曜石の刃、サンゴの破片、鮮やかな色合いに着色された石が受け渡されている。これらの品々は、身につけている衣服と髪型が特徴的な一人の男からもたらされたものであり、その男は、北方から最近この町を訪れた商人である。戸口のあちこちから中を覗き込んだラボック君は、粘土製の小さな球形、円盤、ピラミッドの数が数えられ、皮細工のポーチにしまわれるのを眼にした。[16] こうした粘土細工は、ラボック君にとってはまったく目新しいものだった。だが、それによってそそられた好奇心も疲れには打ち勝てず、見棄てられた住居を見つけ、その中で眠りに落ちていった。

翌朝、ラボック君が眼を覚ましてみると、町は深閑としており、人の気配がまるで感じられない。中庭からも調理の音がまったく聞こえず、畑仕事に出かけていく女たちの姿もまったく見当たらない。木材を直立させたり、床に漆喰を張っている男たちもただの一人としていない。ラボック君が家々の間の小道をさまよい歩いていると、低いかすかな人声が、ひそひそと囁き合っているような声に変わった。ラボック君がとある角を曲がってみると、数百人の人々が一ヶ所に集まっている。幼い子供たちは両親の背中におぶさり、年上の子供たちは、壁や窓の下枠の上に登っている。すべての人々が眺望できる場所を争って騒ぎ立てている。ラボック君がその場に到着したまさにそのとき、一つの建物の木の扉が左右に開き、行列が姿をあらわした。その瞬間、その場を沈黙と静寂が包み込んだ。

仮面を被り、裾まで垂れるゆるやかな外衣と頭飾りを身に着けた六人の男たちが行列を先導している。そうした装飾品は、ナハル・ヒマルから発見されたものとほとんど同じである。男たちは、台座を運んでおり、その台座にはアシの束を上半身、腕、脚を形づくるように結び合わせ、それを石膏で成形した一群の立像が固定されている。[17] そうした石膏立像はおそらく一二体あり、そのうちのいくつかは、高さが一メートルばかりである。そのほかはそれよりはるかに小さい。立像の胴体はやや平らで、首は長く、顔は大きくて丸い。眼は大きく見開かれ、その中央部は漆黒である。鼻は切り株のように少しばかり突き出ており、唇はほとんど識別できない。石膏は純白で、みごとな出来映えの織物によって被われている立像もある。一体の立像は、凝然と見開いた両眼によって人々を捉えて放さないばかりか、それぞれの手を両の乳房の下にあてがい、乳房を人々に向かって突き出している。

群衆は、それらの立像を見ようとして騒ぎ立てている。これが、それを眼にする最後の機会であり、立像がこれから埋葬されることを知っているからだ。けれども、群衆は、数年後には、新たな一群の立像が開け放たれた木の扉を通して持ち出されること、それがこれから先、何度となく繰り返されることも知っている。ちょうど春の成育の後には常に収穫のときが巡ってくるように、死の後には新たな生命が甦る。

ラボック君は、行列に加わって見棄てられてしまった住居まで歩いて行き、群衆の中に割り込んで葬礼を見守りながら、祈りと詠唱に耳を傾けた。それぞれの立像は、まず高く持ち上げられ、次いで、床下に掘られた穴に慎重に安置される。さらに祈りが捧げられ、その穴が塞がれる。「司祭たち」は、先ほど彼らがそこから出て来た建物に帰っていき、扉が固く閉ざされた。群衆は思いおもいの方向に散らばっていったのだが、その中にはその儀式に衝撃を受けた人もいれば、悲しげな顔つきをしている人もおり、途方に暮れている人もいるように思われる。

アイン・ガザールの町は、新しい道路の建設によって壁と人骨が露出した一九七〇年代の終わり頃に発見された。石膏立像は、その当時サンディエゴ大学で教鞭を執っていたゲーリー・ローレフソンが指揮していた発掘が第三シーズンを迎えていた一九八三年に発見された。ローレフソンと彼の同僚たちは、石膏で成形された数個の頭蓋、数多くの墓、トルコ産の黒曜石、紅海のサンゴのような、交易が行われていたことを示す証拠物件ばかりか、「なにかを象徴していると思われる」小さな数多くの粘土細工を発見している。この粘土細工は、古代の計算機の働きをもっていたのかもしれないし、ひょっとしたら、特定の家族に対する畑の割り当てを象徴していたのかもしれない。膨大な量の動物の骨も発掘されており、その大部分はヤギに由来しており、これは、ヤギの大きな群が飼われていたことを示していた。

ローレフソンは、農耕によって支えられていたこの町が急速に発展し、最終的には破綻してしまった経緯の詳細を記録している。それゆえ、アイン・ガザールは、たとえ石膏立像が発見されなかったとしても、前期新石器時代の農民たちの経済的・社会的・宗教的な生活に関するさらなる洞察力を与えてくれる。しかしながら、アイン・ガザールを、新石器時代のそのほかのすべての町とは異なったものとして特徴づけているのは、これらの立像にほかならない。石膏で装飾を施されたアシの破片がいくつかナハル・ヒマルとイェリコから発見されているとはいえ、いくつもの石膏立像がそのままの形で発見されているのは、アイン・ガザールだけだからである。

その安置所が二カ所ほど発見されている。そのうちの一つは、一二体の立像と一三体の胸像を含んでおり、そのすべてが一つの穴の中に、大きな立像が東と西を結ぶ線上に一直線に並ぶように配列されて埋め込まれていた。その二年後にはもっと小さなもう一つの安置所が発見され、その年代は、アイン・ガザールの歴史における二〇〇年ばかり後のものだった。これらの立像は、それ以前のものより少しばかり大きく、さらに規格化されていたとはいえ、そのデザインは酷似していた。この二つ目の安置所にはひときわ人目を引く像が含まれていたのだが、それは双頭の胸像だった。

テキサス大学のデニス・シュマンド・ベッセレートは、それらの立像がなにを象徴しているかを解く手掛かりを、そのはるか後のバビロニア文明の宗教的な慣習に求め、バビロニア人の信仰の起源が西アジアの最初の農耕集落だと確信している。[18] 一つの可能性は、石膏立像が死霊を描いたものだったとの推測である。バビロニアの文書には、死霊を追い払うために住居から遠く離れた場所にしばしば人形が埋め込まれたとの記録がある。シュマンド・ベッセレートは、アイン・ガザールの人々がこれらの立像に恐怖心を抱いており、人々を凝視する大きな両眼、不釣り合いに大きな頭部、一つの立像の六つの足指といった薄気味悪い形象が死霊を示唆しているのではないかと考えている。

そういったことであったとすれば、アイン・ガザールは、死霊に満ちていた町であり、人々は、そうした死霊を、地中に埋め込むことによって住居、中庭、ヤギの畜舎、畑から繰り返し追い払わなければならなかった。だが、シュマンド・ベッセレートは、もう一つの可能性、つまり、これらの立像が、新石器時代の男神と女神をその中に安置したパンテオンを象徴しているという考え方にさらに強い共感を抱いている。

バビロニアの文献に登場する主神マルドゥックは二つの頭をもっており、いくつかの石膏立像ときわめてよく似ているばかりか、西アジアの有史前の後期のコミュニティーや歴史時代のコミュニティーの芸術に描かれている双頭の立像とも類似している。両の乳房をあらわにしている石膏立像は、同じような姿勢を取っているバビロニアの女神を想起させる。それゆえ、バビロニアの宗教の起源は、紀元前六五〇〇年頃のヨルダン川の峡谷平野において開花した石器時代の文化にあるという可能性が浮かび上がってくる。

しかしながら、立像はなぜ埋められたのだろうか？　発掘された小さな一つの区画から二つの安置所が発見されたという事実は、かつては数多くの立像が造られていたことを示唆している。これについては、使い古されてほころびてしまった、つまり、石膏立像がほどなくしてひび割れて砕けてしまい、その埋葬は、新しい立像の製作を可能ならしめる一つの方法だったということであり、それ以外にはさしたる理由などなかったのかもしれない。あるいは、その後の宗教の場合のように、神々は、豊穣な春をもたらそうとすれば、再生しなければならず、そのためには、毎年、いったん死ななければならないということだったのかもしれない。

石膏立像は、宗教的な営みが、それ以前の新石器時代の人々の場合と比べれば、もっと公共的で、おそらくは、さらに中央集権的な形態へと移行したことを指し示している。これは、「神殿」らしさをかなりな度合いにおいて備えている建築物の外観によっても暗示されている。私たちは、そうした建築物によってイェリコやベイダを連想するとはいえ、もっとも説得力のある建築物は、アイン・ガザールのそれである。この定住地の歴史が最終段階を迎えた頃、三つの新しいタイプの建築物が姿をあらわすことによって、家族のための長方形の住居という、建築の様式に顕著に認められていた均質性に多様化がもたらされたからである。

ゲーリー・ローレフソンは、家族の住居の「近辺」に散在するようになった、アプス(半円形の先端部分)をもった建築物の外観を記述している。小さな円形の建築物も建てられていた。これらの建築物は、床が何度となく繰り返し塗り直されていることから、ローレフソンは、それを、いくつかの家族、あるいは、なんらかの血統と関わっていた神殿だったと解釈している。アイン・ガザールの最終的な段階においては、二つの「特別な」建築物も知られている。そのうちもっとも印象的な建築物は、定住地全体を一望の下に見渡すことができる高い傾斜地に建てられていた。それは、漆喰の床をもっていないことと、その中に残存している備品の種類において、そのほかには類例がない。部屋の中央には赤く着色された四角の炉床が切られており、それを七つの石灰岩の平らな石板が取り囲んでいる。そのまわりにはいくつかの石灰岩の塊と、人間の姿に似せた石柱が立っている。ローレフソンは、その建築物がすべての居住者たちがその中に集っていた神殿としての機能をもっていたのではあるまいかと提唱している。[19]

アイン・ガザールの町は目覚ましい発展を遂げ、ワディ・ザルカの東側へと広がっていったその面積は三〇エーカーにも達し、二〇〇〇人以上もの居住者を擁していた。しかしながら、それは、紀元前六三〇〇年頃までには凋落の末期的な段階を迎えていた。数多くの住居は見棄てられ、住居の間の小道には新石器時代の廃棄物が散乱していた。人々がごくわずかしか住んでいない住居と、今なお中庭で働いている男たちと女たちには、かつては活気に満ちていた町のかすかな名残すらわずかばかりしか残されてはいなかった。最近建てられた家屋はどれをとっても、町の建設が始まった当時のそれに比べれば、小さくて造りも雑だった。[20]

ワディ・ザルカの川の水流には変わりがなかったとはいえ、その両岸の谷間の平地は、集落の周辺ばかりでなく、見渡すことができるすべての区域が不毛だった。土壌の地力の著しい低下と浸蝕がアイン・ガザールの農耕経済をすでに荒廃させていたのである。町の内部には一本の樹木すら残されていなかった。穀草を栽培したり、ヤギの飼い葉を見つけようとすれば、年を追うごとにもっと遠方まで足を運ばなければならなくなった。収穫高は大幅に落ち込み、燃料は乏しくなり、川は、人々の排泄物によって汚染されていった。乳児死亡率は常に高く、ついには破滅的な比率にまで達した。その結果として、居住者の数が急激に低下し、それに拍車を掛けたのが、人々が周辺に散在している集落の暮らしへと絶え間なく戻っていったことだった。[21]ヨルダン川の峡谷平野の「先土器新石器時代B」のすべての町を襲ったのは、そうした物語、つまり、経済の完全な崩壊だったのである。

ラボック君は、ワディ・ザルカの峡谷の小高い平地に立って、農耕が引き起こした環境の荒廃という衝撃的な光景を凝視《みつめ》ている。[22]ラボック君は、はたして農耕がその唯一の原因だったといったことなどありうるのだろうか、と思い悩んでいる。だが、それについては、現代の考古学者たちも変わりはない。氷床コアは、紀元前六四〇〇年から六〇〇〇年の間にとりわけ気温が低く、干魃とまではいえないにしろ、安定した降雨量が望めない期間があったことを示している。しかしながら、今では不毛の地と化してしまったアイン・ガザール周辺の景観について、農耕と気候の変動のいずれがより大きな影響力をもっていたかという縺れた糸を解きほぐすのは、まったく不可能であるように思われる。

遠方に眼を遣ると、人々がヤギの群を丘陵地帯へと追っている。ラボック君がそれを見守っていると、人々は、足許を確かめながら嶮しい岩山を登っていき、やがてその姿が見えなくなった。その群は、いずれアイン・ガザールに帰ってくることだろう。けれども、それは何ヶ月も先のことであるに違いない。すでに新たな経済が姿をあらわしているからだ。町の暮らしは、ヨルダン川の峡谷平野ではもはや維持することができず、今日に至るまでなお継続している生活様式である遊牧性の牧畜生活に取って代わられてしまったからである。アイン・ガザールは、数年以内に、遊牧性のヤギの牧畜民たちのたんなる特定の季節の集合場所になり、遊牧性の牧畜民たちは、動物たちが見棄てられた建築物や神々の埋葬の地のまわりに生えているアザミを食んでいる間に、風雨を凌ぐことができる程度の粗末な仮小屋を建てることだろう。(23)

11　チャタル・ヒュユクの天国と地獄

――紀元前九〇〇〇年から七〇〇〇年における新石器時代のトルコの人々の繁栄期

ジョン・ラボック君は、オハロの狩猟採取民たちから、アイン・ガザールの農民、職人、司祭たちへと、西アジアの新石器時代の革命を経巡ってきたのだが、その旅もそろそろ終わりに近づこうとしている。彼は、アイン・ガザールから牧羊者たちや商人たちの一行とともにオアシスからオアシスへと移動しながらシリアの沙漠を横切って北西へ五〇〇キロもの旅をしてきた。彼は、その旅の途次において、ユーフラテス川とハブール川の合流地点の氾濫原を見下ろす崖の上に建設されたボクラス（ブークラース）の町を訪れた。[1] 彼は、その建築物の中で大きな水鳥、コウノトリ、ツルが描かれている壁画を発見した。これは、彼が西アジアの旅の最終段階において遭遇することになる大量の芸術作品を眼にした最初の機会だった。

けれども、ボクラスは、アイン・ガザールと同じように、すでに全盛期を過ぎており、泥煉瓦造りの住居もその多くが荒廃に陥っていた。氾濫原は、かつては狩猟、放牧、農耕に豊かな恵みを与えていた。だが、窮乏の時期に直面してしまった今となっては、かつては一〇〇〇人にまで達していた居住者も、せいぜい二〇〇人程度にまでやせ細ってしまった。特殊技能をもった一握りの職人たちが今なお働いており、大理石や雪花石膏を刳り抜いてみごとな出来映えの碗を製作している。

その町を後にしたラボック君は、北東に進路を取り、ユーフラテス川に沿ってタウルス山脈の東側を通り過ぎ、アナトリア高原の麓のなだらかに起伏している丘陵地帯へと入っていった。そこで方向を変えたユーフラテス川は、西に向かって弧を描き、その中に樹木が茂った草原が散在している石灰岩の不毛な丘陵地帯の間を流れている。ユーフラテス川から南にわずか三キロしか離れていないこの地において、彼は、ユーフラテスの支流である小川の川岸を跨ぐようにして形づくられているネヴァル・チョリの集落を発見した。[2] ここには見棄てられてしまった二五軒ばかりの建築物があり、そのすべては長方形の一階建てで、泥粘土で固定した石灰岩のブロックで建てられている。だが、人っ子一人として見当たらない。その集落は、深閑と静まりかえっており、聞こえてくるのは、そこいらをチョロチョロ走りまわっているネズミたちのかすかな足音だけである。

いくつかの家屋が地崩れを防ぐ段々に沿って一直線に並んでおり、その間に狭い抜け道がある。これらの家屋のいくつかは並外れて大きく、長さがほぼ二〇メートルもあり、その内部は隣り合ったいくつもの部屋に分割されている。その部屋の大部分の床は分厚い漆喰が張られているとはいえ、床の腐朽が著しい部分には石の配水管と墓が剥き出しにされている。

床の上には動物の骨、壊れた手挽き臼、フリントの道具、すり切れた籠などの廃物が散乱している。こうした光景は、衛生状態や秩序が緩慢に低下していったことによって、人々がしだいにこの集落を見棄てていったことを物語っている。ラボック君は、廃物の中から木の棚から落ちている粘土製の小立像と石の小立像を見つけ出した。その中の一つの特徴的な顔はお馴染みのものだった。アイン・ガザールの「祭司」が被っていた仮面を連想させる部分があり、ナハル・ヒマルの仮面とも似ていたからである。

家屋の外部もまた乱雑だった。獣肉を炙るために掘られたいくつもの大きな穴の中にはそれに施した装飾線を修理した痕跡をとどめているものもあるのだが、泥がその中に堆積し始めているものもある。数多くの石臼のまわりには籾殻や切り藁が散乱しており、石臼そのものはそのままの状態を保っているとはいえ、畜舎はすでに崩れ落ちている。こうした光景は、ネヴァル・チョリに住んでいた人々がベイダ、イェリコ、アイン・ガザールの人々と同じように農民だったことを示している。だが、ラボック君は、後世の考古学者たちが「祭儀建築物」と呼ぶようになる建物の中に入ってみたとき、彼らがまったく異なった宗教的な信仰をもっていたことを正しく認識した。

段丘の北西のはずれには黒い壁に囲われた正方形の建築物が天然の傾斜地に縫い込まれるように建っている。アシ葺きの屋根はほとんど崩落しており、壁も崩れている。ラボック君は、建物の内部へと続いている少しばかりの階段を下りていこうとしたのだが、そのためには散乱している木材をかき分けて進まなければならなかった。中に入ってみると、床の上の荒石のまわりから数多くの蛇が慌てて逃げ出した。

四方の壁に沿って石の長椅子がぐるりと設えられており、その長椅子が十本の石柱によって各部に区切られている。部屋の中央にも石板状の石柱がいくつか立っている。これらの石柱の柱頭はT字型をなしており、その形が人間の肩を連想させる。ラボック君が近寄って調べてみると、それぞれの表面には一対の腕が浅く浮き彫りされていた。階段の上から反対側の壁に掘られている凹みに眼を向けてみると、その中に人間の頭部が安置されており、その上で蛇がとぐろを巻いている。頭部と蛇のいずれもが石に彫刻を施したものだった。周囲の壁は、その上にいったん漆喰を分厚く塗り、それを赤と黒で着色した風変わりな壁面装飾によって被われている。けれども、ほとんどの漆喰が床の上に崩落しているので、その装飾は、壊れたジグソーパズルのいくつもの小片が壁に取り残されているような観を呈している。

ラボック君は、そのほかにもいくつもの彫刻を見つけ出した。その中にはそれ自体の自立構造で立っているものもあれば、壁や石柱に彫り込まれているものもある。大形の鳥の彫刻もあり、これは、おそらくコンドルかワシを象っているのだろう。女の頭部をかぎ爪で掴んでいる巨大な鳥の彫刻もあれば、二つの女の頭部が彫り込まれている円柱の先端にとまっている猛禽の彫刻もある。その一部は動物の、別の部分は人間の顔を象っているのではないかと思われるようなものもあるし、鳥や蛇を象った彫刻は、そのほかにも数多くある。

ネヴァル・チョリがアタチュルク・ダムの建設によって人造湖に水没する前の一九八三年から一九九一年にかけてその遺跡の発掘の指揮を執ったのは、ハイデルベルク大学のハラルド・ハウプトマンだった。それは、ヨルダン川の峡谷平野の「先土器新石器時代B」のいくつもの町と同じように、紀元前八五〇〇年から八〇〇〇年にかけて繁栄していた定住地だった。その居住者たちは、狩猟と採集も行っていたとはいえ、栽培植物化したコムギを育て、家畜化したヒツジとヤギの群を放牧していた農民だった。ネヴァル・チョリの彫像と石柱などへの彫り込みは、今でこそ、ほんの三〇キロばかり離れている丘の頂上に位置している、前期新石器時代の祭儀の中心地だったギョベクリ・テペがその起源であることが明らかにされているとはいえ、それが初めて発見されたときには、新石器時代にはまったく先例がない類のものだった。事実、後にギョベクリ・テペとして知られるようになる丘の上で石灰岩の平板を眼にしたクラウス・シュミットが、それが彫刻を施された新石器時代の石柱であることを即座に認識することができたのは、彼がそれ以前にネヴァル・チョリの発掘に加わっていたからにほかならなかった。

ネヴァル・チョリの祭儀建築物の設計は、その構造が円形ではなくて長方形だということを別にすれば、直立している石柱と長椅子という点において、ギョベクリ・テペの「先土器新石器時代A」の建築物と著しく似通っている。しかしながら、ギョベクリ・テペの建築物のすべては、紀元前八五〇〇年頃までには、長方形の構造をもつようになっていた。彫刻を施されたがっしりした石柱を内部にもっていたいくつもの円形の建築物は、何トンもの土によって意図的に埋め込まれ、それらの建築物を取り囲んでいた壁の内部の地下に姿を消してしまった。新しい長方形の建築物は、その壁の外部に建設され、今では建築物がその地下に眠っている区画はそのまま放置された。この新しいいくつもの建築物の内部には、またしても野生動物の形象が彫り込まれている石柱が立てられ、その形態は、地下に眠っている建築物とまったく同じだったとはいえ、それらは、かつての記念碑的な規模を欠いていた。シュミットは、これらの新しい建築物と関わりのある家庭的な営みの痕跡を今なお見つけ出そうとしているとはいえ、ギョベクリ・テペは、おそらくは、紀元前七五〇〇年頃に見棄てられてしまうまで、祭儀の中心地という特定の機能を持ち続けていたのではなかろうかと推測している。

その一方、ネヴァル・チョリの祭儀建築物は、家族の住居によって特徴づけられている定住地の一部にすぎなかった。こうした事情は、ネヴァル・チョリから東方二〇〇キロの地点に位置している狩猟採集民たちの集落ハラン・チェミ・テペシで発見されている特殊な建築物についても変わりはない。祭儀建築物は、今日ではチャユニュとして知られている、この二つの定住地の中間に位置している定住地でも発見されており、これは、トルコの南東部で新石器時代の文化が開花期を迎えていたことを例証している。(3)チャユニュは、ネヴァル・チョリやハラン・チェミ・テペシよりはるかに長い発掘の歴史をもっており、それは、一九六二年に始まり、一九九一年まで続いた。(4)その遺跡は、メソポタミアの低地のもっとも北のはずれの、ユーフラテス川とチグリス川がその端を流れているエルガニ平野で発見された。それは、タウラス山脈の麓に位置しており、特定の季節には今なおその遺跡のそばを川が流れているとはいえ、その景観は乾ききっている。だが、そこに集落が形成されていた時代には、沼沢地が一面に広がっており、人々は、その近辺でビーバーやカワウソをワナで捕らえていた。それは、そこを訪れようとすれば、艱難を強いられる遺跡であり、測り知れない静穏と、有史前の過去の強力な観念が支配している空間であり、現在のトルコ東部の道路を封鎖しているいくつもの軍事上の検問所を通り過ぎた後では、えもいわれぬ安堵感を与えてくれる場所でもある。

チャユニュへの定住は、遅く見積もったとしても、紀元前九五〇〇年にはすでに始まっており、イェリコに最初の集落が形成され、ギョベクリ・テペに祭儀の中心地が建設された時代とほぼときを同じくしている。そこに最初に住み着いた人々も、円形の住居を建て、コムギを栽培し、野生動物、とりわけ、ブタやウシやシカに依存していた。けれども、紀元前八〇〇〇年頃までには、人々は、きわめて異なった形態の建築物を建てるようになっていた。彼らは、石で組んだ長方形の低い壁の上に木材と漆喰を張った基礎を作り、その上に石組みの建築物を建てた。これは、たぶん湿気の強い地面と定期的な洪水に対する防護策だったと思われる。こうした建築物が少なくとも四〇ほど建てられており、そのうちもっとも大きなものはいくつもの部屋と作業所に分割されていた。もっとも最近その遺跡を発掘したイスタンブール大学のアスリ・オズドガンは、少しばかり新しい様式と形態をもったこれらの建築物には、少なくとも六つの建築上の発達段階が明らかに認められると考えている。

集落の大規模な拡張は、十分に発達した混成農耕経済の採用を反映しており、この集落は、おそらく、それを採用した最初の定住地の一つだったと思われる。集落の中心には「公共空間」が設けられており、おそらく、人々はそこに集い、儀式に参加していたと思われるのだが、その一方では、祭儀建築物も建設されていた。その中の一つの部屋から七〇個もの頭蓋が発見されていることにも明らかなように、人々は、頭蓋が安置されていたその空間の中で埋葬の儀式を執り行っていた。ネヴァル・チョリやギョベクリ・テペの記念碑的な芸術作品に匹敵するようなものはまったく発見されていないとはいえ、主として人と動物を象った四〇〇体以上もの粘土製の小立像がごみ捨て場の中から発掘されている。粘土がこうした用途に使われており、彫刻が施されている石の碗をはじめとする多様な工芸品の遺物が発見されているにもかかわらず、集落の内部で土器が用いられていた痕跡はまったく見つかっていない。しかしながら、チャユニュの人々は、紛れもなく技術革新を推し進めており、二〇キロ離れた鉱床から銅鉱石を切り出し、それを打ち延ばして数珠玉、釣り鉤、金属板に加工していた。

ネヴァル・チョリを後にしたラボック君は、西を目指した大旅行に挑み、タウルス山脈を越えてアナトリア半島の中央部の高原へと入っていった。小さな集落や、それよりも大きな町をいくつも通り過ぎていったその旅を、あるときは牧畜民たちと、また、あるときは、遠くの集落に住んでいる親戚を訪ねる人たちや、「黒光りする丘陵地帯」へと向かっている人たちとともにしてきたのである。

黒曜石によって形成されているこれらの丘陵地帯は、私たちが今日ではカッパドキアと呼んでいる地域で発見された。紀元前七五〇〇年においてすら、人々は、すでに数千年にわたって黒曜石を拾い集めるためにその地を訪れており、その黒曜石は、西アジア全域で取引されていた(5)。ラボック君がアブー・フレイラ、イェリコ、アイン・ガザールで眼にした黒曜石は、カッパドキアからもたらされたものであり、おそらく、その途次において数多くの異なった人々の手から手へと受け渡されていったことだろう。

それゆえ、黒曜石の数多くの採掘場のまわりには役に立たない剥片や石核の残滓が堆《うずたか》く積み上げられていたのは、驚くには当たらない。そうした採掘場から運び出されたのは、選り抜きの最上の破片だけだったからである。したがって、人々が貝殻、毛皮、銅鉱石と引き替えに膨大な量の黒曜石の石核を手に入れることができた作業場は数多くあった。けれども、黒曜石の産出地は途方もないほど広い地域に及んでいたことから、その採掘の管理など思いも寄らぬ話だった。それゆえ、ラボック君は、その旅の途次において、黒光りする貴重なこの石の大きな塊を地中から掘り出したり、露頭から大きな剥片を切り出そうとしている数多くの小さな集団を見かけたのである。

ラボック君の旅の道連れは、今日ではアシュックル・ヒュユクとして知られている、カッパドキアの西のはずれに位置している、泥煉瓦造りの建築物が不規則に広がっている農耕定住地に向かっている。[6] けれども、ラボック君は、アナトリア高原を横切ってその南端の平原に向かう別の道を選んで、新石器時代の町チャタル・ヒュユクに向かって歩いて行った。

ネヴァル・チョリから始まった彼の旅の全体を通して、植生は、多岐に及ぶ地勢に対応して、ステップから林地へ、林地からステップへ、周辺の平地をその水で潤している峡谷平野から切り立った崖に鋏まれている峡谷へ、なだらかに起伏している丘陵地帯から多くの川が流入している平原へと絶えず変化している。今、ラボック君が通り抜けようとしている林地にはオークが青々と生い茂っており、その木々の隙間を通してシカやウシの姿をほんの一瞬ではあれ捉えることができる。ふと見上げると、巨大な猛禽が大空を何度となく繰り返し旋回している。それを見つめているうちにラボック君は、時間の感覚を失ってしまった。

時は今、紀元前七〇〇〇年であり、チャタル・ヒュユクはその最盛期を迎えている。[7] ラボック君が近づいて行くにつれ、膨大な労力を投入して開墾が行われている光景が姿をあらわしてきた。伐採の痕跡は、それが共同作業であることを示している。伐り倒されたばかりの樹木が小さな木々の上に置かれていくにつれて、林地が最終的には食料の貴重な供給源になろうとしている。小さな畑が姿をあらわし、その中では女たちや子供たちが一日の仕事を終えようとしており、幼い少年たちは、ヒツジとヤギの群を町の中の畜舎に追い立てようとしている。ほどなくして、たそがれどきの薄明かりの中ですら頑丈そうに見える塊体が姿をあらわしてきた。これがチャタル・ヒュユクである。

チャタル・ヒュユクは、ラボック君がこれまで眼にしてきたいかなる集落ともまったく異なっている。途切れることなく続いている壁がその境界線をなしているように見え、あたかも招かれざる客を拒んででもいるかのように、その壁には入り口が見当たらない。もっと近づいてみると、ラボック君は、それぞれの住居が壁に取り囲まれているわけではなく、数多くの個々の住居の壁が、あたかもその範囲を越えるのを恐れているかのように、互いにぴったりとくっついていることに気づいた。生活廃棄物があちこちに浮かんでいる汚れた川が片側に沿って淀んでおり、その川は、町の背後の、悪臭を放っている沼沢地に繋がっている。その反対側には濁った池があり、そのまわりには夜に備えてヤギが繋がれている。

ラボック君は、畑で働いていた人たちが家に帰っていくのを注意深く見守っている。すると、人々は、木の梯子を登って屋根に上がり、階層と階層、住居と住居を結びつけている迷路のような屋上の小道、階段、梯子を伝って思いおもいの方角に姿を消していく。そうしたいくつもの通路の間には泥を塗り固めた屋根がいくつもあり、その中には道具を造ったり、籠を編んだりする作業場として使われているのではないかと思われるものもある。すでに崩壊して大きな穴が開いている屋根もあり、その下の部屋が剥き出しにされている。中庭のまわりの小道の端のところどころは、泥煉瓦の壁によって完全に囲われており、そこから人々の排泄物の悪臭が漂ってくる。

それぞれの住居には、その南側の屋根に、屋根と同一平面をなしている、はね上げ戸の入り口がついており、壁が隣接している屋根より高く突き出ている場合には、そこに窓が穿たれている。はね上げ戸の中には開け放たれているものもあり、そこから煙と獣脂ランプの光が冷たい夜空にチラチラ洩れている。薪がたっぷり投げ込まれている炉床からは、時折、ひときわ大きな炎が燃え立っている。

ラボック君は、開け放たれている一つのはね上げ戸を選んで、木の梯子を伝って長方形の小さな台所に降りてみた。(8) まず眼についたのは炉床だった、それは、一段高く設えられており、灰がこぼれ落ちるのを防ぐ縁石がそのまわりに敷き詰められている。その中では真っ赤な火が燃え立っているのだが、燃料として用いられているのは、乾燥させた動物の糞であり、火力はそれほど強くない。その近くの壁にはかまどが組み込まれており、こぎれいな泥煉瓦が剥き出しにされている。そのそばには底に穴が開いている粘土製の貯蔵容器が置かれており、その穴からレンズマメが零れている。根菜が入っている籠などの台所用品があちこちに散乱し、若いヤギが壁に繋がれている。それは、イェリコやアイン・ガザールでも眼にすることができた、ごくありふれた家庭の光景である。ところが、眼を転じたラボック君は、雄牛が壁から突然あらわれるという奇怪な光景に遭遇した。

この壁には腰の高さの位置になんと三頭の雄牛が描かれていたのだ。その白い頭部は黒と赤によって帯状に着色されており、そこから尖った巨大な角が突き出ている。その角は、部屋の中の人々のすべての暮らしを威圧しているように見える。ラボック君の傍らでは一人の女と男が、雄牛の近くの一段高く設えられた台の上に座り、うつむいて黙ってパンを食べている。二人の間に座っている一人の女の子は、木製の皿の上のパンに手をつけていない。

三頭の雄牛の画像のまわりの壁には幾何学的な奔放な模様が描かれている。その模様は、黒と赤で着色されている手形の上に、鋭く、威圧的な形象として定着されており、手形そのものは、最終氷期最盛期のフランスのペッシュ・メルルの洞窟に描かれていたものとよく似ている。ところが、氷河時代の狩猟採集民たちの手形がその洞窟を訪れる人たちを温かく迎え入れるために手を大きく広げているように見えたにもかかわらず、チャタル・ヒュユクの農民たちの手形は、それよりもむしろ、警告、あるいは、助力の嘆願でもあるかのような雰囲気を湛えている。チャタル・ヒュユクの人々は、そこから逃れることのできない「動物寓意譚」にとり憑かれているのである。

ラボック君のチャタル・ヒュユクの夜間の視察はこうした光景から始まった。それは、農耕がこれらの特定の人々にもたらした悪夢のような幻影でもあった。ラボック君は、先ずその部屋から抜け出そうとして小さな戸口を腹ばうようにしてくぐり抜けてみたところ、その先は貯蔵室であり、籠や獣皮が積み上げられているだけだった。そこで、屋根にとって返し、別の住居を次々と見てまわったのだが、そこで眼にしたのは、まったく同じような光景だった。炉床、かまど、穀物の貯蔵容器、一段高く設えられている台座などは、そのすべてがほとんど同じ形と大きさをもっている部屋の中のまったく同じ場所に位置していた。多くの部屋では粘土の小立像が壁に穿たれた凹みの中や、たんに床の上に置かれていた。小立像のいくつかは明らかに女を象っており、そのほかは男を象っていたとはいえ、その多くは、まるで性的な特徴を備えていなかった。そのうちもっとも刺激的だったのは、穀物の貯蔵容器のそばに置かれていた、玉座に座っている女の小立像だった。玉座の両脇にはそれぞれ一頭のヒョウがうずくまっており、女は、それぞれの手をヒョウの頭の上に置き、二頭のヒョウの尻尾が女の体に巻きついている。(9)

雄牛の画像は部屋ごとに異なっていたとはいえ、それが強い印象を与えるものだったことに変わりはない。とりわけ、ちっぽけな窓から射し込んでくる月の光によってその輪郭をくっきりと浮かび上がらせていたり、炎に照らされてまるで生きてでもいるかのように見えるウシに遭遇したときには、ひときわそうした感が深かった。(10) ねじりが掛けられている長い角をもった雄牛の頭部もあれば、風変わりな模様が施されている顔をもった頭部もあり、いくつもの頭部が床下から天井まで積み重ねられている部屋もある。部屋の中に角が嵌め込まれているいくつもの石柱がそれ自体の自立構造で立っていることもあれば、長椅子が置かれている部屋もあったのだが、その長椅子に列をなして組み込まれているいくつもの角は、その上に座ろうとする人に襲いかかろうとしてでもいるかのように見える。

幾何学的な模様の傍らには、首のない人々を襲っている巨大で真っ黒い凶暴な猛禽の絵や、興奮している人々が巨大なシカとウシを取り囲んでいる光景が描かれているにもかかわらず、当のその屋の家人たちは、台座の上で眠っている。彼らは、体をねじ曲げて横になり、ラボック君がその傍らを通り過ぎたとき、突然、両眼を見開いて体をぐいと動かし、あたかも自分たちの暮らしに入り込んできたもう一人の侵入者の姿が見えてでもいるかのように、ラボック君を見つめた。

梯子を登ったり降りたりしながら部屋から部屋へと渡り歩き、その度ごとになにかしらギョッとさせられたラボック君は、疲れ果てて、彫刻で飾られた別の壁の前でへたり込んでしまった。両膝をついて上半身を起こした彼は、泥煉瓦と漆喰から浮かび上がっている女の両の乳房を直視した。それぞれの乳首は二つに割れており、その中からおぼろげに浮かび上がってきたのは猛禽とキツネとイタチの頭蓋骨だった。母性そのものが強烈な形象によって拒まれているのだ。それ以上の刺激に耐えられなくなってしまったラボック君は、床の上を這うようにゆっくりと進んで真っ暗闇の貯蔵室に逃げ込み、日中の光がこうした新石器時代の責め苦から解放してくれることを願いながらそこに身を潜めた。

アンカラの「英国考古学研究所」のジェームズ・メラートがチャタル・ヒュユクの小高い丘に到着したのは、一九五八年一一月のとある寒い日のことだった。一九五一年以降、アナトリア高原のコニヤ平野で考古学上の遺跡を捜していたメラートは、そうした努力を始めてから二年目にかなり遠方から小高い丘を発見した。それを最終的に調査したとき、彼は、その丘が牧草や雑草に被われており、その表面が南西の風によって削り取られていることに気づいた。そうした自然の営みは、泥煉瓦の壁の疑いようもない痕跡を明らかにし、黒曜石の鏃や土器の破片のような人工遺物を剥き出しにしていた。メラートは、即座に自分が重要な遺跡を発見したことを知った。メラートの訓練された眼にとって、その人工遺物は、紛れもなく新石器時代に由来しており、その当時、新石器時代の定住地は、その地域では発見されていなかった。その丘は広大であり、長さは四五〇メートル、広さは三二エーカーにも達していた。だが、彼は、その時点においては、それがきわめて重要な丘状遺跡（テル）だとの認識はまったくもっていなかった。その後、チャタル・ヒュユクは、それまでに発見されていたうち比較を絶する、もっとも驚くべき新石器時代の定住地であることが明らかにされた。だが、その抜群の地位は、今日ではギョベクリ・テペと共有されなければならない、というより、おそらくは、それによって凌駕されてすらいると思われる。

メラートは、その定住地を一九六一年から一九六六年にかけて発掘したとはいえ、それは、南西の一角という遺跡全体の小部分を白日の下にさらしたにすぎなかった。それにもかかわらず、彼が発見した壁画、雄牛の頭部、人々の埋葬地、小立像は、ほどなくして世界中に広く知られるようになった。このほかにも、黒曜石の鏡や、絶妙な彫刻が施されている動物の骨の柄に埋め込まれた短剣など、人々に強い印象を与える人工遺物も出土している。

しかしながら、厳密にいえば、メラートはなにを発見したのだろうか？　発掘された、一連の部屋のうち大きくて入念に作られているものは、祠堂だと考えられており、小さなものは家族の住居だった。また、彫刻と絵画や、工芸の専門家集団と複雑な構造をもった建造物の痕跡が認められているにもかかわらず、聖職者のカースト、政治的な指導者、公共的な建築物の存在を示している遺物は、まったく発見されていない。

メラートは、ロンドンの「考古学研究所」に帰任し、そこで彼が一九七〇年年代に行ったチャタル・ヒュユクに関する講義は、多くの人々を、とりわけ、その当時大学の学部学生だったイアン・ホッダーを魅了した。一九九三年にはホッダーは、すでにケンブリッジ大学の考古学教授であり、同時代の考古学者のうちもっとも革新的だと多くの人々から認められていた。[11] 彼は、有史以前の象徴主義の研究の先駆者としての地位をすでに確立しており、その彼がチャタル・ヒュユクに、つまり、過去の人々の象徴的な世界に踏み込みたいと望んでいた人々にとっては「究極の」といったとしてもけっして過言ではない挑戦に引きつけられたのは、さほど驚くべき話ではない。

ホッダーは、一九九一年に一つの構想にもとづいてチャタル・ヒュユクと取り組む計画を始動させたのだが、それは、新たな発掘の着手ばかりでなく、その遺跡の適切な修復と保存を確保し、それをトルコの遺産の一部として管理するという気宇壮大なものだった。それは、世界最大の考古学プロジェクトの一つ、具体的には、考古学に関するもっとも新しく、もっとも進歩した科学的な手法と理論を適用した発掘だった。床の上の堆積物や壁の漆喰の顕微鏡検査を担当したのは、レディング大学の筆者の同僚であるウェンディー・マシューズであり、それによって、彼は、いくつものもっとも有益な成果を達成した。[12] これらの検査は、壁の中には塗料と漆喰が四〇層にも達しているものがあることを明らかにした。これは、壁が、毎年、あるいは、おそらくは、壁の下に新たな遺体が埋葬される度ごとに、上塗りされたことを示唆していた。

ホッダーは、その定住地には公共的な建築物、聖職者、政治的な指導者がすでに存在していたのではないかと考えている。彼は、祠堂と家族の住居をそれぞれ異なったものとして認識していたメラートに異を唱えている。一般的には祠堂だと考えられている部屋の床の上の堆積物の顕微鏡検査は、道具の製作のような日常的な作業が、そのほかの部屋と同じように、それらの部屋においても行われていたことを示していたからである。ホッダーは、儀礼的な慣例と家庭的な営みがきわめて密接に絡まり合っているという事実に鑑み、人々は、この二つの間にいかなる区別をも設けていなかったと考えている。[13]

チャタル・ヒュユクの経済的な基盤も、また、議論の的とされてきた。メラートは、こうした定住地は穀物と家畜にもとづいた効率的な農耕経済に依存していたはずだと結論づけ、それについてほとんど疑念を抱いていなかった。だが、彼は、それを示している痕跡をごくわずかしか発見できなかった。炭化した穀類が少しばかり出土していたとはいえ、それを磨り潰す道具は、ヨルダン川の峡谷平野の集落ではその種のものが数多く発見されているにもかかわらず、住居や中庭にも稀だった。塊茎やシカなどの野生の植物と動物は、メラートが考えていたよりはるかに重要な意味をもっていたのかもしれない。その一方、新たに発掘された遺物の当初の研究は、その地の経済がその時代のそのほかの定住地とまったく異なってはおらず、家畜化されたヒツジとヤギと、栽培植物化された穀類とマメ科の植物に依存していたことを示している。[14]

ホッダーの新たな研究は、しかしながら、メラートの創意に富んだ考え方の多くを追認している。メラートは、定住地の内部の秩序、それぞれの部屋が同一の空間をもつよう配列されている様式、定住地の歴史全体を通した人工遺物の設計に見られる著しい均一性を強調していた。ホッダーは、そうした秩序のさらなる証拠物件を発見している。住居を建て替えなければならなくなったとき、それは、同じ設計によって、同じ場所に、その内部で行われる作業に必要とされる同一の空間を維持して建設された。ホッダーは、老人と若者、男と女、専門的な技能をもった職人とそうした技能をもたない者といった、それぞれ異なったタイプの人々がそれぞれの部屋の内部のどこに座り、どこで仕事をするかに関してきわめて厳しい制限が設定されていたのではないかと示唆している。それは、筆者には、あたかも人々の生活のすべての側面が儀式化されており、自立したいかなる考えや行動といえども、雄牛、乳房、頭蓋、猛禽類によってなによりも明白に示されている威圧的な観念によって粉砕されていたことを示しているように思われる。

このように書くと、チャタル・ヒュユクの居住者たちがあたかも新石器時代の地獄で暮らしていたかのように受けとめられかねないのだが、これは、ちょっとした皮肉である。というのも、筆者が二〇〇二年の秋のとある日の午後にその広大な丘を訪れたとき、その遺跡は、むしろ考古学上の天国のように見えたからである。そこには管理人を除けば誰一人として見当たらず、遺跡は、コニヤ平野のただ中で壮麗な全貌を白日の下にさらしていた。ホッダーが最近掘削した掘割は遮蔽物で被われており、筆者は、きわめて良好な状態で保存されている壁の漆喰や炉床ばかりか、はね上げ戸の下に取りつけられている梯子、貯蔵室への入り口、穀物の貯蔵容器、その下に遺体が葬られていた台座など、多岐にわたる建築上の特色を検分することができた。それらと同じように印象的だったのは、考古学者たちのための現場の研究室、作業室、施設と、その遺跡を訪れる人々のための展示品や復元された住居だった。筆者は、自らの夢のプロジェクトについて説明を求められたインタビューでイアン・ホッダーが答えた言葉を思い出していた。自分はすでにそれを発見しており、今後何年かかろうともチャタル・ヒュユクの発掘を続けていくつもりだと彼が語ったのは驚くべき話ではない[15]。

紀元前七〇〇〇年のチャタル・ヒュユクの新しい一日がほどなくして始まろうとしている。前夜の責め苦に疲れ果ててしまったラボック君は、ふたたび屋根に登って平原を見晴るかす格好の地点を見つけ出した。太陽はまだ顔を出しておらず、微風が肌に心地よい。ヤギ飼いたちは、群の牧草を見つけ出すためにすでに町を離れており、一人の女が町を囲んでいる畑で雑草を抜いている。ラボック君は、ネヴァル・チョリとギョベクリ・テペが位置している東の方角に顔を向けながら、その地の芸術作品がチャタル・ヒュユクのそれを前もって通告していたのではあるまいかと考えている。たとえそうだとしても、ボクラスに描かれていた鳥やアイン・ガザールのウシを象った小立像や石膏立像にもそうした事情が当てはまるのではないか、とも考えている。

彼の旅がそこから始まった、現代のイスラエルやヨルダンの方角である南東に眼を向けたラボック君は、イエリコ、ネティーヴ・ハ・グドゥード、WF16などの最初期の農耕集落では猛禽類が崇敬の対象とされており、頭部が遺体から切り離されていたことを思い出している。そういうことであれば、チャタル・ヒュユクの絵画や彫刻は、つまるところ、それほど恐るべきものではなく、おそらくは、西アジアで農耕が始まり、それが発達を遂げていくにつれて小麦畑とともに発展していった神話体系のたんなる一つの表現にすぎなかったのだろう。

次いで、ラボック君は、時代をさらに遡って、火災を引き起こす前のオハロを訪ねたり、ステップや沙漠を踏み越えたり、アイン・マッラーハの自然が育んだ菜園で野生のコムギの茎を切ったことを思い出してみた。ケバーラ文化期やナトゥフ文化期の狩猟採集民たちがチャタル・ヒュユクを眼にしたとすれば、彼らはいったいどのような感慨を抱くのだろうか？　おそらく、彼らは、困惑して恐怖心を抱いたことだろう。彼らは、自然界に確固とした信頼感を抱いており、事実、自らその一部と化していたように見えたからである。それに反して、チャタル・ヒュユクの人々は、野性的なるものや荒々しい存在を恐れ、忌み嫌っているように思われる。

ふたたび顔の向きを変えたラボック君は、そこにヨーロッパが位置している西の方角に眼を遣ってみた。ヨーロッパは、地球上の歴史を経巡る彼の旅の次の段階の舞台だからである。この旅によって、ラボック君は、ふたたび氷河時代のただ中へと遡り、人々が毛皮の衣服で身を固めてトナカイを狩っている北西の地域の暮らしぶりを体験することだろう。けれども、彼は、その前に今なおヨーロッパの文化と西アジアの文化の中間点をなしている場所を訪れなければならない。それは、地中海の島々の一つ、キプロス島である。

12 キプロス島における三日
――紀元前二〇〇〇〇年から六〇〇〇〇年における絶滅動物と、人々の移住と文化の停滞

アラン・シモンズは、見渡すかぎり青く光り輝いている地中海を見下ろす絶壁の岩棚の上で、止まり木にとまっている鳥のような危なっかしい姿勢を保っている。筆者は、アランがアクロティリのアエトクレムノスの洞窟(1)を一九八六年に発掘したときの状況を説明する言葉に一心に耳を傾けている。それは、今では壁面に穿たれた台地にすぎず、その天井は数千年も前に崩落している。筆者は、その床の上にうずくまっている。アランは、背中を海の方に向けて二メートルばかり離れて筆者と向き合っており、強い海風が彼の密生したつややかな白髪を搔き乱している。彼の頭上では数羽の猛禽が上昇気流に乗って旋回している。その鳥たちは、おそらく、アエトクレムノスが「猛禽の崖」を意味することを知っているのだろう(2)。

アランは、この床の上には主要な層が二つあり、その上層からは石器、大量の貝殻、鳥の骨が出土し、下層にはカバの骨がぎっしりと詰まっていた発掘現場の状況を説明してくれた。ただし、ここでいうカバとは、現在のアフリカ大陸に棲息しているカバではなく、ブタくらいの大きさのコビトカバであり、このちっぽけな洞窟の堆積物から五〇〇頭以上のコビトカバの骨が発掘されたのである。

紀元前一〇〇〇〇年頃キプロス島に初めてたどり着いた人々(3)は、コビトカバを狩っていた、とアランは説明してくれた。アエトクレムノスは、その屠体が運び込まれて炙られ、次いで、肉と脂身と骨の各部に切り

分けられた場所だった。そうした話をしているうちに感情が昂ぶってきたアランは、両腕を振りまわしながら、人々がどのようにしてコビトカバを餌場から追い立てて崖の縁へと追い込み、そこから墜落死させたかを、彼自身の推測を交えながら物語ってくれた。その物語に耳を傾けながら、筆者は、一歩後に下がれば、アラン自身が、白波に洗われている眼下の岩の上でコビトカバと同じ運命をたどるに違いないと考えていた。

紀元前二〇〇〇〇年から一〇〇〇〇年までの期間、キプロス島に人類はまったく住んでいなかった。そればかりか、野生のヤギやブタやシカもただの一頭として棲息していなかった。深い海によって取り囲まれていたキプロス島は、地中海のそのほかの島々と同じように、何百万年もの永きにわたって大陸から隔離されており、そこに棲息していた動物の種類は極端にかぎられていた。(4)

島が青々と樹木が茂る林地やステップによって被われていくにつれて、そこには飼い葉と牧草が満ちあふれていたことだろう。また、そうした林地とステップの比率と配置は、気温が完新世の世界に向かって上昇と下降を繰り返す度ごとに変化していった。紀元前一〇〇〇〇年頃までには、島の大部分は、オークの林地によって被われており、高地には堂々としたヒマラヤスギとともにマツが育ち、これらの樹木は、巨大な枝を四方八方に伸ばして強烈な香りを発散させていたことだろう。

マウスと、それを夜間に補食していたジャコウネコ科のジュネットを除けば、島で盛んに繁殖を繰り返していた動物は、コビトカバとゾウだけだった。これらの動物の祖先がかつて棲息していたのは、海面の上昇によってそのときにはすでに水没していた西アジアの海岸線の沼沢地だった。古代のある時点においてこの祖先は、キプロス島の海岸に流れ着き、捕食者がまったくいないこの環境の中で、進化は、その子孫を矮小化させていった。唯一の苦労の種が十分なエサを見つけ出し、番《つが》うことによって遺伝子の存続を確保するということであれば、巨体はまったく不必要だからである。(5)

ゾウとカバのいずれもがしだいに小さくなり、ついには大きなブタくらいの体格をもつようになったのだが、後者ははるかに数が多く、一見したところ、ブタそのもののように行動するようになった。泳ぎは巧みだとはいえ、下草の上を走りまわる方が居心地がよかったらしく、木の葉や若枝をエサとしていた。崖の上の泉の水を飲んでおり、傾斜地の登り降りを得意としていたことから、冬期には海岸の洞窟を避難所として使っていた。こうした洞窟は、出産や幼獣を育てたり、寿命が尽きたときの死に場所としても用いられていたことだろう。

紀元前一〇〇〇〇年、ジョン・ラボック君は、三人の男と二人の女からなる五人の旅人たちとともに砂浜に座っている。彼らは、丸木舟をアエトクレムノスの下手の砂浜に今し方引き上げたばかりであり、西アジアの海岸から六〇キロもの海原を乗り切る操船に精力を使い果たした後でようやく乾いた土地にたどり着き、ほっと胸をなで下ろしているところである。当然のことながら、腹を空かせていた彼らは、岩場や浅い水たまりから手早く貝を拾い集め始めた。どこを捜せば見つかるかをこと細かに知っているからだ。海面に浮かんで首を上下に振っているカモを見つけた彼らは、浜辺で拾った小石を狙いを定めて投げつけ、二羽のカモを仕留めることができた。カモは、これらの闖入者たちによる脅威にまったく無警戒だったからである。

丸木舟でやってきた一行は、キプロス島の南の海岸を歩きまわっているうちに洞窟を見つけた。中に入ってみると、狭苦しかったので頭をすりむかないように前屈みで歩いた。彼らは、炉床を切るために、岩をつるはしとシャベル代わりに使って砂地の床を掘り始めた。そうしているうちに地中からいくつもの骨が出てきた。そのうちのあるものは投げ棄てたのだが、岩よりもましな道具として使えるものもあった。ラボック君は後の方で、しっかりと折り曲げた両膝の下に胸をたくし込むような姿勢でうずくまっている。ふとしたはずみで頭を洞窟の天井にぶっつけてしまったところ、頭は、ラボック君に当てつけるように紫色のアザを作って見せていたからである。

ラボック君の仲間たちは、砂浜で拾った木切れと、枯死していた灌木から折り取った小枝を使って浅く掘った穴の中で火をおこした。[6] カモの羽根を手荒くむしり取りながら、彼らは、洞窟の地面から掘り出した骨にもう一度眼を遣った。ラボック君が注意深く見守っていると、彼らは、歯の形を確かめながら、頭蓋を次々に手渡していき、これはいったいなんの動物の頭蓋だろう、といった意味合いを込めて肩をすくめてみせた。熟練した狩人だったにもかかわらず、それ以前にそのような骨を眼にしたことはなかったからである。この骨は燃えるのではないかと考えた彼らは、二つ三つの頭蓋を拾い集めて砂を払い、炎の中に押し込んだ。手に入れることができた薪は、さほど多くはなかったからである。

筆者自身がキプロス島に着いたのは、アランが筆者をアエトクレムノスの洞窟に連れて行ってくれた前日だった。筆者がその島で過ごすことができるのは、キプロス島の初期の先史学に関する会議に出席するわずか三日間にかぎられていた。アラン・シモンズがアエトクレムノスの遺跡を案内している間中、会議の参加者である二〇人の派遣委員は、かつては洞窟だった崖の側面の岩棚にしゃがみこんでいた。

その洞窟は、二〇〇一年九月の会議の席上で異論が続出し、もっとも議論の的となった遺跡だった。その遺跡は、アランがそれを発掘し、洞窟から出土した炭化した大量のコビトカバの骨について、その洞窟の居住者たちがコビトカバを捕殺して食用とした決定的な証拠物件であるとの挑発的な主張を行ってからこの方、とどまることを知らない論争の的となっていたのである。きわめて数多くのコビトカバの骨の残骸が切り立った崖の中腹の小さな洞窟から発見されたという事実は、それ以外のどのような解釈が可能だというのだろうか？[7]

その遺跡については、議論の余地がない事実がいくつかあった。紀元前一〇〇〇〇年頃、人類が洞窟の中で火をおこし、石器と貝殻の数珠玉の散乱を残した。何千もの貝殻と、カモをはじめとする多種多様な鳥類の骨を残したのも人類にほかならなかったという点についても、それを疑う人は誰一人としていなかった。[8]コビトカバの骨の中には焼かれたものがあることにも疑いの余地がなかった。だが、コビトカバの骨が洞窟の中から見つかったのはなぜなのか？　それが激しい論争の的となったのである。

アランの主張の批判者たちは、コビトカバの骨そのものとともに発見されている石の人工遺物が稀である点を指摘し、下層の内部のいくつかの骨は、岩の割れ目から滑り落ちたコビトカバに由来しているとの推測にはさほどの無理がなく、洞窟を巣穴として使っていた齧歯動物が持ち込んだ可能性もあると示唆した。彼らは、発掘された二一八〇〇〇個もの骨には石器で切った痕跡がまったく見当たらない点も指摘した。切り傷の痕跡だけが、コビトカバが狩られて解体されたことを示す動かぬ証拠物件となることができる。それが見当たらないということであれば、その骨は、キプロス島の海岸の数多の洞窟から発見されている骨と同じように、たんなる自然現象としての堆積物である可能性が高く、おそらくは、人類が到達する以前の何万年もの間に少しずつ堆積していったと考えることができる。アランは、報告書の準備に当たり、合衆国のピッツバーグの「カーネギー自然史博物館」の死体の身元確認の専門家サンディ・オルセンを招き、その骨の調査を依頼していた。アランにとって実に残念なことに、彼女も、また、アランのもっとも手厳しい批判者になった。[9]オルセンは、アエトクレムノスの洞窟の人々は、たんに洞窟の中の空間をもっと広くするために地面を掘り下げただけだと提唱した。そのとき堆積物に含まれていたいくつかの骨が地面に露出し、彼らがおこした火に焼かれ、それが、彼らが残した有機堆積物と交じり合った。居住者たちがその骨を燃料として用いようとした可能性すらある。オルセンは、コビトカバの骨は、人類の居住よりおそらく数千年ばかり古いのではないかと推測している。ただし、コビトカバの骨の放射性炭素年代は、骨そのものが加熱による化学的な変化を被っていることから、信頼できないと説明している。(10)

筆者は、その議論の両面を比較衡量してみた。アランは、コビトカバの狩人たちの存在の説得力のある提唱者だった。けれども、切り傷の痕跡が見当たらず、放射性炭素にもとづく信頼に価する骨の年代が得られないとなると、アランの仮説にはやはり納得できなかった。紀元前二〇〇〇〇年から一〇〇〇〇年の間の絶えざる気候の変動は、コビトカバの繁殖の形態にきわめて大きな影響を与えたことだろう。紀元前一二五〇〇年頃、つまり、後期亜間氷期に青々と樹木を茂らせていた林地は、壊滅的な被害を蒙っていたに違いない。それゆえ、筆者は、最初の丸木舟がキプロス島の砂浜にたどり着いたときには、崖の頂上の泉で水を飲んでいたコビトカバやゾウはすでに存在しておらず、猛禽類が上昇気流に乗ってゆったりと旋回していただけではなかったのだろうかと推測している。その頃までには、コビトカバは、断崖からではなく、存在そのものの瀬戸際からすでに滑り落ちてしまっていたのだろう。(11)

彼らがコビトカバの狩人だったか否かはともあれ、アエトクレムノスから出土した石の人工遺物と、紀元前ほぼ一〇〇〇〇年にまで遡る、焚き火の残滓である木炭の放射性炭素年代は、その時点においてキプロス島にすでに人類が存在していたことを示している。それは、これまで知られているうちもっとも古い証拠物件である。それでは、彼らはなぜこの島にやってきたのだろうか？　その年代は、これらの人々の移住が西アジアの人々の暮らしを激変させた新ドリアス期に始まったことを示している。人々が定住していたのがアイン・マッラーハであれ、イスラエルのハ・ヨニームの洞窟であれ、ユーフラテス河畔のアブー・フレイラであれ、自然が育んだ菜園の収穫量が落ち込んでいくにつれて、彼らは、しだいに移動性の生活様式へと回帰していった。最初の丸木舟がキプロス島にたどり着いたのは、彼らが直面していた経済的な緊急の要請の一つの結果だったのかもしれない。島の存在は、必ずやすでに知られていたことだろう。山の頂上からその姿を捉えることができたと考えることもできるし、遠くに浮かんでいる雲の形や、海流や、砂浜の漂流物が自ずからその存在を物語っていた可能性もあるからだ。

狩猟民たちがそこで眼にした光景は、彼らを落胆させたに違いない。狩るべき獲物はまったく見当たらず、収穫できる野生の穀類もわずかだったからである。アエトクレムノスが現時点ではキプロス島のその時代の唯一の遺跡であることから、最初にこの島にやってきた人々は、ほどなくしてそこを去ってしまったのではあるまいか？　人々がふたたびキプロス島に帰ってくるまでには、ほぼ一〇〇〇年の歳月が流れなければならなかった。そのとき、彼らは、それなりの準備を整えていた。小舟に穀類の種子ばかりか、島で放牧する野生のヤギとブタを積み込んでいたのである。

キプロス島を訪れていた二日目、筆者は、ケンブリッジ大学の卒業生であり、今ではキプロス島在住の考古学者であるポール・クロフトとともに新石器時代の井戸を見下ろしながら立っていた。彼は、それを発見し、発掘した経緯《いきさつ》を物語っていた。そこから一〇〇メートル足らずのところでは、休暇を楽しんでいる人たちが入り江の砂浜で日光浴をしたり、ビーチバーのまがい物の麦わらの傘の下でカクテルを飲んでいた。

一九八九年以降、ポールは、島の南西部の急速に開発が進んでいるミロスキア地区の海岸リゾートで「訴訟警戒依頼」を引き受け、エディンバラ大学のグループと活動をともにしている。考古学に関する訴訟警戒依頼は、採石や建築の現場で人目にさらされたものを注視する業務であり、その引受人は、考古学上重要である可能性のあるなんらかの遺物が出土した場合、作業の停止を要請することができる。[12]

ミロスキアには、紀元前二五〇〇年頃以降の青銅器時代の遺物が数多くあることがすでに知られていたのだが、そうした古代の井戸の発見は、まったく想定されていなかった驚くべき事件だった。キプロス島の外部におけるその種の唯一の新石器時代の事例は、今ではイスラエルの海岸の沖合に水没している集落アトリット-ヤムにおいて報告されているだけであり、新たに発見されたこれらの井戸は、それよりもかなり古く、ひょっとすると、世界中でこれまで知られている井戸のうちでも最古であるかもしれない。

ポールは、複合宿泊施設の建築現場の内部とその周辺に散在していた六つの井戸が地面の上の円状の黒っぽい土壌として発見された状況を説明してくれた。その黒っぽい土壌の境界をなしている石を取り除いていくにつれて、縦に穿たれていた穴に堆積した土壌が長い円柱状をなしてあらわれてきた。当初、その井戸は青銅器時代に由来しており、浅い穴にすぎないと考えられていた。けれども、発掘によってそれらが、少なくとも一〇メートルの深さの軟岩にまで達していることが明らかにされた。井戸を埋め尽くしていた有機堆積物は、新石器時代の人々が製作したことが自ずと明らかな人工遺物を含んでいたのだが、土器はまったく見当たらず、その点がとりわけ暗示的だった。栽培植物化されたコムギとオオムギの炭化した種子も発見されている。放射性炭素年代によって、それが前期新石器時代にまで遡ることが確認され、それによって、キプロス島における農耕の起源が少なくともさらに二〇〇〇年ほど古いことが明らかにされた。

それらの井戸は、その必要がなくなった、あるいは、地下水脈が枯れてしまったせいで放棄されたというよりはむしろ、意図的に埋められたものだった。一つの井戸の堆積物には、道具の製作に用いられた石の槌やフリントの剥片とともに、驚くほど大量の石造りの器の破片が含まれていることが明らかにされている。これらは、おそらく、井戸の近くのごみ捨て場から持ち込まれたのだろう。もう一つの井戸からは、二三頭のヤギの完全な死体や、入念に安置された人間の頭蓋や、磨きを掛けたピンク色の石から造られた職杖の先端といった、儀式に使用されていたと思われる遺物が出土している。

ポールは、角枝のつるはしを使ってどのようにして井戸が掘られたのか、また、井戸の壁面の登り降りに用いられた手足掛かりが今なお井戸の中に残存していると説明してくれた。筆者は、その登り降りを是非とも試してみたいと思ったのだが、それを口にする前に、ポールは、会議の参加者たちの一行を先導しようとしてその場を離れてしまった。ポールは、宿泊施設の長期滞在者用のアパートメントの裏庭の中で新たに発見された、だが、まだ発掘されていない井戸を我々に見せたかったのである。

時は今、紀元前八〇〇〇年であり、ラボック君はその井戸を覗き込んでいる。井戸の開口部のまわりには墜落を防ぐ柵があるので、水を汲もうとすればその柵を乗り越えなければならない。その近くでは三、四人の大人と数人の若者が今にも倒れそうな風よけの下手で石を刻んで器を造っている。石の槌を使って石を砕き、苦労しながらそれを穿って大まかな輪郭を整え、次いで、磨いたり刻んだりしながら碗や皿の形に仕上げている。その製作過程において石に頻繁に水を注がなければならない。職人たちが井戸の近くに座っているのはそのせいだとラボック君は思い当たった。

井戸のまわりには建築物がまったくない。一軒の小屋もないばかりか、二〇〇メートルばかり前方の、入り江の砂浜まで続いている低木の茂った林地の中に見えるべきはずの集落すらない。仕事場に座わり込んだラボック君は、一人の男が黒光りする刃をもった小刀を腰紐に押し込んでいるのに気づいた。その男は、一心不乱に仕事と取り組んでいるので、ラボック君がそれを注意深く抜いてみたところ、それは、彼が推測していた通り、カミソリのように鋭利で、その原料は、彼がチャタル・ヒュユクに向かって旅をしていたときカッパドキアで大量に眼にしたことがあったのとまったく同じ石だった。それゆえ、キプロス島のこれらの職人たちは、トルコの南部で暮らしていた人々の子孫なのか、あるいは、その地域と交易によって結びついているのである。

彼らは、一艘の小舟が入り江に姿をあらわしたとき、突然、作業の手をとめた。[13] それは、二〇〇〇年前にアエトクレムノスにたどり着いた丸木舟とはまったく異なり、厚板で作られ、帆柱と帆をもっている。[14] ほどなくして、小舟は碇を下ろし、一〇人ばかりの人々が水を跳ね返しながら浜辺に降りてきた。職人たちは、浜辺に駆け寄って彼らを出迎えた。

ラボック君も小舟に近寄ってすぐさま荷下ろしを手伝った。積み荷は、コムギとオオムギの詰まったいくつもの袋、数頭のヤギ、一頭の若いダマジカであり、その脚は縄できつく縛られているのだが、そのいずれもがみすぼらしく見える。二つの家族と思《おぼ》しき人々もけっして健康そうには見えない。とりわけ、子供たちはひどく具合が悪そうだ。

島に到着した人たちはひどく喉が渇いていたらしく、井戸の水をゴクゴク飲んでいる。ラボック君はそれを眺めながら、今が紀元前八〇〇〇年であること、この島のそのほかの場所ではいったいどんなものを眼にすることができるのだろうかと思いを巡らせている。この時代の西アジアにいたとき、彼はベイダを訪れていた。その町には長方形の二階建ての住居、人々が集まる建築物、穀物の貯蔵室、中庭があった。肥沃な三日月地帯の全域においてそうしたいくつもの集落や小さな町を眼にすることができた。ラボック君は、イェリコで父親の頭蓋に石膏細工を施していた男や、アイン・ガザールで石膏立像の埋葬を観察したことを思い出している。キプロス島には同じような新石器時代の集落や、あるいは、町すらあるのだろうか？　この島の農民たちが西アジアからやって来たに違いないということであってみれば、彼らも、たぶん集落か町を形成していることだろう。そこで、ラボック君は、井戸、職人たち、ミロスキアに新たに到着した人々を後にし、集落の暮らしを探索するために島の奥地へと入っていった。

キプロス島には、ミロスキアの井戸と同時代の新石器時代の定住地が少なくとも二つある。そのうちの一つは、最近発見されたシロウロカンボスの遺跡であり、[15]それは、考古学者たちとっては好都合なことに、島の南の海岸から数キロ離れたオリーブの果樹園の中央に位置しており、フランス人考古学者ジャン・ギレーヌによって一九九二年から発掘が進められている。我々一行は、ミロスキアの井戸を視察する前にすでにその遺跡を訪れていた。

いかにもフランス人らしくエスパドリーユの靴を履き、シュラッグを身に着け、愛嬌たっぷりのギレーヌは、発掘現場を案内してくれた。彼も、おそらくは、野生の習性と体格をとどめていたに違いない動物の囲い込みに用いられていたと思われる柵の残骸とともに井戸を発見している。その遺跡からはウシの骨も発見されているのだが、ウシは、西アジアから小舟で島に持ち込まれたと考えて間違いあるまい。

シロウロカンボスは、定住の長い歴史をもっているとはいえ、その建築物の保存状態は劣悪である。事実、それはほとんど存在していない。役に立ちそうな石は一つ残らずそのほかの場所の建築物の建材として久しい以前に持ち去られてしまったからである。垣根の杭を立てるために掘った穴からギレーヌが突きとめることができたかぎりでは、住居は、円形だったと思われ、その点については、ほぼ同じ時代の新石器時代の定住地テンタの住居ときわめてよく似ている。もっとも、それは、キプロス島の紀元前五〇〇〇年以降の後期新石器時代の住居ともきわめてよく似ている。

キプロス島における円形の住居の長期に及ぶ伝統は、この島の遺跡の中でもっとも大きいことで知られているキロキティアの発掘が始まった一九三〇年代以降、繰り返し認められてきた。その定住地は、テンタから数キロの一つの丘陵の側面全体を被っている。キロキティアは、西アジアの「先土器新石器時代B」のいくつもの小さな町と同じくらいの規模を誇っていた。もっとも、そうした西アジアの小さな町は、キロキティアがその頂点を迎えるはるか以前にすでに見棄てられていた。キロキティアの集落は、円形の小さな一階建ての住居によって構成されていた。これらの住居は、いずれも紀元前九五〇〇年頃にまで遡る、ヨルダン川の峡谷平野のネティーヴ・ハ・グドゥードや、ユーフラテス川の峡谷平野のジェルフ・アフマルのような、西アジアの最初期の集落のそれともっともよく似ている。

そうした事情は、テンタについても変わりはない。テンタは、こうした建築上の様式が、そのほかの場所においては新しい様式に取って代わられた後といえども、キプロス島において何千年もの永きにわたって存続していたことを疑いもなく示している。キプロス島の考古局の委嘱によって一九七〇年代にこの集落を発掘したのはイアン・トッドだった。彼は、円丘の頂上の周辺に一群の住居を発見したのだが、その住居には石造りのものもあれば、泥煉瓦造りのものもあった。その頂上の真ん中にはそれよりはるかに大きな円形の構築物があり、それを同心の三つの壁が取り囲んでおり、そのそれぞれの壁をさらに小室が取り囲んでいた。(16)

この構築物は、その規模と形状と設計において、東方五〇〇キロの地点に位置している集落で発見された、また、それより一〇〇〇年以上前に建設されたと考えられている構築物と酷似している。その集落とはダニエル・ストルドゥールによって一九九〇年代に発掘され、今ではアサド湖の湖底に眠っているジェルフ・アフマルである。三重の壁と放射状の小室に鑑み、ストルドゥールは、ジェルフ・アフマルの構築物が居住者たちの共同的な労力によって建設された、集落の中央穀類貯蔵所だった可能性が高いと提唱している。

キプロス島とシリアのいずれにおいても発掘を指揮しているエディンバラ大学の考古学者エディー・ペルテンブルクも、テンタとジェルフ・アフマルの構築物の間の著しい類似性に注目している。会議のプレゼンテーションにおいて、ペルテンブルクは、キプロス島の新石器時代の構築物と、「先土器新石器時代A」まで遡る、イラク、シリア、トルコの最初期の集落の構築物の間のそのほかのいくつかの連続性を指摘した[17]。一例を挙げれば、そのいずれもがその住居の中に分厚い石柱を用いている。これらの石柱は、イラクのケルメズ・デレとネムリク（この二つの遺跡についてはこれ以降の章において考察する）や、トルコのネヴァル・チョリやギョベクリ・テペでも発見されている。そればかりか、テンタの少なくとも一つの石柱には踊っている人間に似た絵姿が描かれており、これは、ネヴァル・チョリとギョベクリ・テペの彫像を想起させる。キプロス島の住居が分厚い壁をもっていることから、ペルテンブルクは、そうした石柱が屋根の支柱として必要とされたという考え方を無視している。ペルテンブルクは、それらが実用的な機能を欠いており、象徴的な意味を賦与されていたと考えているのである。

そうした建築上の類似性と、石器の技術的な細部に認められている類似点にもとづき、ペルテンブルクは、キプロス島の最初の農民たちが、ジェルフ・アフマルやギョベクリ・テペそれ自体ではなく、シリアの南部に定住していた人々の子孫だったと提唱している。ジェルフ・アフマルとギョベクリ・テペが遠隔地の内陸に位置していたことから、同じような建築と文化の伝統をもった、沿岸の同時代の定住地をその候補地として選定したのである。そうした定住地は、現時点ではまったく知られていない。海岸の近くに定住地が存在していたとの推定には十分な根拠があるとはいえ、今ではそのすべてがはるか沖合の海底に沈んでいる。ペルテンブルクは、現在のシリアの海岸線の周辺には住居址が今なお埋め込まれているに違いないにもかかわらず、それを捜す労を厭わない人が誰もいないからこそ、それが発見されていないのだと推測している。また、それこそ、彼がこれから行おうとしていることにほかならない。

ペルテンブルクは、キプロス島の最初の農民たちがシリアの海岸から舟でやって来たことを示す説得力のある根拠を指摘している。最初期にキプロス島にたどり着いた人たちが新ドリアス期によって引き起こされた経済的な緊急の要請に突き動かされていた一方、新たに進出してきた人たちを駆り立てていたのは、農耕経済がもたらした植民という好機だった。こうした人たちは、種籾、ブタ、ウシ、ヒツジ、ヤギばかりでなく、はるか東方のジェルフ・アフマルやギョベクリ・テペにおいても発見されている建築と文化の伝統を携えていたのである。

これらの入植者たちは、紀元前九〇〇〇年頃からほどなくしていったんキプロス島に到着すると、その時点においては西アジアの本土の全域で長方形の二階建ての住居という新たな建築様式がすでに発達していたとはいえ、自らの文化的な伝統を維持した。テンタやキロキティアにおいて変わり映えのしない円形の泥煉瓦の壁をもった小さな住居が建てられていた紀元前六〇〇〇年頃までには、ユーフラテス川の峡谷平野は、ラボック君がアイン・ガザールやボクラスで眼にしていたよりもっと大きく、さらに印象的な建築物をもった堅固な町の発祥地になっていた。

キプロス島訪問の三日目、筆者は、テンタとキロキティアを訪れた。いずれの遺跡も、同じような程度において魅惑的であるとともに、がっかりもさせられた。遺物そのものは群を抜いていた。テンタの泥煉瓦造りの住居は、その壁が腰の高さまで残存しており、円丘の頂上に建てられている三重の壁をもった石造りの円形の構築物のまわりに、肩を寄せ合うように密集していた。それは、ジェルフ・アフマルで筆者が眼にした構築物の光景そのもののように見えた。多くの住居の中には分厚い四角の石柱の残骸があり、それが居住空間のほとんどを被っている。

木製の歩行者用通路が設置されているので、人々は、遺跡を見下ろさなければならない。上を見上げれば、巨大な円錐形のテントが日光と軟風と景観を遮っている。[18] そうした措置によってタンタの脆弱な泥煉瓦造りの住居が守られているのである。けれども、建築物がどれほど素晴らしく見えようとも、これらの住居の間や内部を歩きながらその石に触れてみたり、壁のそばでしゃがんでみることはできないことから、かつてその中で暮らしていた人々を想像することはまったく不可能だという思いが募ってしまう。

キロキティアの遺物はさらに印象的だったとはいえ、新石器時代の過去を呼び起こしてはくれない度合いも、さらに高かった。[19] それは、「世界遺産」に登録されている遺跡として、歩行者用通路、情報板、ガイドブック、復元された住居によって入念に管理されている。一九三〇年代と一九七〇年代の発掘によって石造りの円形の住居の集合体が白日の下にさらされたのだが、一群の住居が丘陵の側面の全域にぴったりと密集しているので、その遺跡は、遠くから見ると、有史前の集落の廃墟というよりは、岩くずによって被われた傾斜地のような景観を呈している。近寄ってみると、多くの円形の住居の壁は膝の高さまで残存しており、いくつかの住居の内部には石柱や炉床や石臼が残されている。

しかしながら、徘徊を許してくれるところはどこにもなかった。明確に境界が画定されている道筋をたどりながら丘陵を上がったり下りたりした後、その麓の近くを走っている高速道路の轟音と排気ガスの臭いにたどり着き、その後で地元のバーでビールを飲んだだけである。そのバーは「新石器時代のサラダ」を売り物にしていたのだが、それは、キプロス島のそのほかのサラダと同じような味だった。キプロス島は、有史前の過去をしっかりと現代に伝える決意を固めてでもいるかのように思われる。アエトクレムノスの洞窟を訪れたときには、アクロティリの空軍基地から飛び立った軍用機の轟音に心を掻き乱されたし、ミロスキアの井戸は、観光客を当て込んだ開発に取り囲まれている。シロウロカンボスのまわりのオリーブの果樹園の段々畑の景観は眼に心地よかったとはいえ、そうした集約的な栽培は、もはや有史前の景観の雰囲気をまったくとどめていない。テンタとキロキティアのいずれにおいても、遺物が実にみごとに保存され展示されているのだが、それらは、そのプロセスにおいて有史前の死者の魂をすでに失っている。

筆者は、ラボック君とともに紀元前六〇〇〇年のキロキティアの丘陵の斜面に戻らなければならない。すると、その集落は、一日中畑で働いた後で家に帰ろうとしていたり、ほかの家族を訪ねようとしている人々でごった返している。平らな屋根をもった住居の一群が小さな中庭を取り囲むように配列されており、石造りの碗や石臼、フリントの刃がいくつも埋め込まれている手鎌などの破片が散乱している。大家族がその中で暮らしている住居の一群が互いにぴったりと隣接しているので、居住者たちは、通り過ぎようとしていたり、自分の住居のあまりにも近くにごみを投げ棄ててしまった人々に対して怒りっぽくなっている。幸運なことに、ラボック君は、二頭のヤギとともに隅っこで誰にも見られることなく座ることができたとはいえ、そのヤギの屁には閉口している。ラボック君のまわりは、吠えているイヌや泣き叫んでいる幼い子供たちによる新石器時代の不協和音に充ち満ちている。集落全体に人間と動物の排泄物の悪臭が漂っているばかりか、それぞれの中庭では食べ物を煮炊きする火が焚かれているので、刺激性の不快な臭いを発散している濃い煙が立ち籠めている。

キロキティアの暮らしは、ラボック君にとってひどく不愉快だったように思われるのだが、それは、チャタル・ヒュユクの場合とは異なって、彼を何度となく脅かした形象のせいではなく、そこがあまりにも乱雑で、閉所恐怖症を感じさせるほど人々が密集して暮らしているからだった。人々の住居と中庭の造りは、当初は、せいぜい五〇人程度の集落を意図していたものだったにもかかわらず、ラボック君が数えてみたところ、丘陵のいくつもの炉床のまわりには、その十倍もの人々が胡座をかいている。西アジアに暮らしていた人々は、居住者の数が増えるにつれて、新しい建築様式を採用していった。だが、キロキティアの人々は、たんに同じ住居を継ぎ足していっただけであり、その結果として、不規則に広がっていった定住地は、すでに機能不全に陥っている。

西アジアの新しい建築は、共同生活を営むための新たな規律の要請と歩調を合わせながら発達していった。そうした規律は、アイン・ガザールではラボック君が眼にした聖職者たちによって課されており、ベイダではすべての居住者が集う集会場で合意されていた。しかしながら、そうした権威や公益のための意思決定は、キロキティアでは生まれなかった。それぞれの大家族は、もっぱら身内の面倒を見ることに追われていた。そのために食料を生産して蓄え、死者たちを葬っており、固有の宗教的な信仰すらもっていた。

ラボック君は、すべての居住者に関わる計画、礼拝、儀式がその中で行われている公共的な建築物を探してみたのだが、それは徒労に終わった。規律を課したり、争いを解決する権威をもった人物のいかなる痕跡をも見つけ出すことができなかった。その種の自立した家族集団は、真水、土地、薪を十分に手に入れることできるかぎり、存続することができる。だが、それが今やきわめて深刻な事態に直面している。その結果として、居住者過剰の町に引き起こされているのは、絶え間のない緊張と軋轢だった。

筆者が乗る飛行機は、翌朝にはラルナカ空港を飛び立ってしまう。けれども、筆者にはキプロス島の過去と関わりをもつ最後の機会が残されていた。そこで、筆者は、キロキティアのバーのビールを早々と切り上げ、キプロス島をかつては被っていたマツとオークの古代の森がふたたび育とうとしているトロードス山脈へと車を走らせた。

山脈の麓に到着したときにすでに日が暮れようとしていた。目的地は、森の中央に位置しているシダーヴァレー、つまり、かつては島の全域に青々と茂っていたに違いないその土地固有のスギが、自然のままの状態で自生している最後の原生地である。アスファルト舗装の道路はすぐに四輪駆動の作業車にとっても手強い林道に変わってしまい、筆者が拾ったタクシーは、そうした道を走るにはまるで不向きにできているので、何度となく繰り返し耳障りな摩擦音を響かせた。太陽はすでに木々に被われている傾斜地に沈んでおり、ヘッドライトがあたりをおぼろげに照らしている。急カーブが果てしなく続く林道にうんざりした筆者が諦めようかと考え始めていたとき、車がまたもや急カーブを切ったのだが、そのとき、一頭のムフロン（西アジアの山岳地帯に棲息している大型巻角の野生羊）が林道に姿をあらわした。筆者は車を停めさせ、筆者と運転手は、少しばかりの間互いの顔を見つめ合った。湾曲した偉大な角と力強さにあふれた前駆をもち、濃い茶色の毛皮に被われているこの野獣は、今日、私たちが眼にすることができる動物のうちもっとも新石器時代のヤギに似ている。すると、林道から木々の中へとゆっくりと歩いていたムフロンは、突然、身を翻して疾走した。後に残されたのは、その野獣が我々の視界から姿を消そうとして傾斜地の岩場を蹴ったとき飛び跳ねた小石の音だけだった。気を取り直した筆者は車を走らせ、通り掛かった一人の森林警備員にシダーヴァレーへの道を尋ねた。「まだ二〇キロはありますね。林道は、この先もご覧の通りの有様ですから、少なくとも一時間は掛かりますよ」と彼は答え、「明日になさったらいかがですか。着いたときには真っ暗闇ですよ」と言葉を継いだ。

その言葉に素直に従う気にはなれなかった。けれども、それは適切な言葉だった。車から降りてヘッドライトを消してみたところ、ほとんどなにも見えなかったからである。釈然としない思いを抱えて木々の中に入り込んでみると、眼が暗闇に順応していくにつれて太い幹が一本また一本とあらわれてくる。杉の枝が寄り集まって傘を広げたような形状を呈している姿を眼にすることができるのではあるまいかと考え、頭上を見上げてみた。だが、その影も形もなく、マツとプラタナスとスギの枝が、不規則に射し込んでくる月の光に照らされて、一つの黒っぽい塊状を呈した輪郭を浮かび上がらせているだけだった。

筆者は、幹から幹へとのろのろ歩き、その樹皮に触れながら、スギの樹皮の手触りがざらざらなのか、それとも、すべすべしていたのかを思い出そうとしていた。視力が当てにできないときには、聴覚がその肩代わりをしてくれる。セミの鳴き声が響き渡り、ちっぽけな水滴のしたたりが水しぶきを連想させ、甲虫かマウスが下草をうろちょろしている音がムフロンやシカや、はてはイノシシの足音のように思われてくる。すると、自分は今、有史前の世界を、アエトクレムノス、ミロスキア、テンタ、キロキティアにいたときよりももっと身近に感じているという感慨が不意に筆者を襲った。今、自分は、スギとマツと、腐葉土と腐植している樹皮と、月の光と森のせせらぎが織りなしている驚くばかりの香気に頭のてっぺんから足のつま先まで浸されている。それは、おそらくは、この島を探検し、そこに住み着くために初めてやってきた人々と筆者が共有することができた一つの感慨だったのである

ヨーロッパ

オレネオストローフスキー・モギーリニク
現在の海岸線
紀元前二〇〇〇〇年の海岸線
紀元前二〇〇〇〇年の氷床
エルテベレ
グクロスター
ヴェドベック
スカッテホルム
ブリンド・
ック
ドヴィナ川
ドン川
ヴィスワ川
ィッチ
ドニエプル川
プシュカリ
デレイフカ1
ドニエストル川
カルパティア山脈
ハンガリー
大平原
カフカス山脈
レペンスキヴィル
ドナウ川
黒海
ボスポラス海峡
ネア・ニコメディア
タウルス山脈
フランキティの洞窟

ストゥース
ヌィグ
オロンセイ
の貝塚
ウール
BRG3
1
2
3
1 クレララッハ
2 グレン・モール
3 ボルセイの農場
北海
インヴァネス、キャッスルストリート
13－24
スターカー
クレズウェルの岩山
ゴフの洞窟
マイエンドルフ
エスペック
シュテル
ボワ・ラトゥリ
シャルゥ
ライン川
ゴンネルスドルフ
大西洋
キュイリ＝レ＝
ショダルド
ヴェルブリ
エティオール
パンスヴァン
テヴィエック
オエディック
ロアール川
セーヌ川
オフネット
ドナウ川
ガロンヌ川
ペッシュ・メルル
ローヌ川
アルプス山脈
アルタミラ
ラ・リエラ
モンデバル・デ・ソラ
マス・ダジール
ピレネー山脈
アレーネ・カンディデ
セブルン・
パルマ・マルヒナーダ
グルタ・ド・
カルディロ
ロック・デル・ミグディア
テグス川
モルタ・ド・
セバスシオ
地中海

13 北方地帯の開拓者たち

——紀元前二〇〇〇〇年から一二七〇〇年における北西ヨーロッパへの再進出

ヨーロッパの旅は、人体の解体図から始まる。フリントの刃が若者の肉と腱にめり込んでいき、先ず下顎を、次いで、舌を切り取る。もう一つの死体からは頭皮がすでに剥がされている。三つ目の死体は、血の海に顔を埋めて裸で横たわっており、背中は石器によって切り開かれ、抉られている。洞窟の中に射し込んでいる月の光が、毛皮を着て石器を振りまわしている、血に染まった狩人たちを照らし出している。隅っこにうずくまっているジョン・ラボック君は、その現場に居残るのは恐いけれども、かといって、そこから抜け出すのもそれと同じように恐くて、身動き一つできない。

これは、紀元前一二七〇〇年の秋の夜のイングランド南部のゴフの洞窟の中の光景である。洞窟の外部は、後にチェダー渓谷として知られるようになる石灰岩の絶壁であり、その向こうには、吹きさらしのカバノキが凍りつくような夜の寒気の中で月の光をキラキラ反射している景観が広がっている。その男たちは、氷河時代の狩人であり、大氷河時代の厳寒がその幕を閉じた後、北方地帯に入り込んできた開拓者でもあった。ラボック君は、狩人たちに気づかれることなくそのそばを忍び足で通り過ぎたのだが、風雨にさらされた彼らの顔は、長い髪と縺れた顎髭に被われているのでほとんど見えなかった。

渓谷に一歩踏み出すと、彼は、凍りつくような外気に身震いした。足を踏み出す度ごとに草がバリバリと音を立てて砕け、息を継ぐ度ごとに吐く息が白く曇る。物音一つ聞こえず、大気にはかすかなマツの香りが漂っている。ところで、ラボック君は、ふたたび旅を始めなければならない。ヨーロッパが森林と農民たちの大陸へと姿を変えていくにつれて、歴史のもう一つの断片が、きわめて重要な変遷の時代が、彼を待ち受けているからである。

紀元後二〇〇〇年の春にゴフの洞窟を最後に訪れたとき、筆者は、洞窟からプラスチック製のマンモスや恐竜を売っている土産物店へと続くコンクリートの小道を、電球の熱を顔に感じながら歩いていた。洞窟の外では、入場券を買った観光客が、回転式改札口を通り抜けて洞窟の中に入っていく。人々は、鍾乳石や地下の川に強い関心をもっていたのだが、その中にはキクガシラコウモリを見たいと考えている人たちもいた。けれども、この洞窟の内部でいくつもの死体が切り刻まれたことを知っている人はごくわずかしかいなかった。

ゴフの洞窟は、筆者にとっては、考古学的な関心のみならず、歴史的な関心をそそられる場所だった。それは、一九世紀の考古学者たちが氷河時代の過去の痕跡を発見した最初の現場の一つだったからである。今日の基準からすれば、最初の発掘は、途方もないほど不手際なものであり、おそらく、回収した証拠物件よりも破壊してしまったそれの方が多かったのではなかろうか？　そうした初期の発掘作業は、彼らが用いていた手鋤とシャベルを、今では一連の科学的な技法によって補完している今日の考古学者たちにほんの少しばかりの堆積物を残してくれたにすぎない。そうした少量の堆積物を一九八六年に発掘したのは、英国の氷河時代の居住に関する専門家ロジャー・ヤコービだった[1]。彼は、その洞窟の入り口の近くの小さな堆積物の中から棄てられた道具、解体された動物の残骸、一二〇片の人骨を発見した。

その骨を調べた「大英博物館」のジル・クックは、骨が甚だしく切り刻まれていることに気づいた。強力な顕微鏡で調べてみると、これらの切り傷には、その由来を自ずと物語っている平行の掻き跡が残されていた。これは、それらの掻き跡が石器によって引き起こされたことを示す決定的な証拠物件だった。それぞれの掻き跡の位置と方向は、どの筋肉が切断されたのか、四人の成人と一人の若者の肉体がどのようにして計画的に切り分けられたのかを余すところなく指し示していた。(2)

そのもっとも可能性の高い説明は食人風習である。掻き跡が残されている骨の中には焼かれているものもあり、人肉が炙られて食われたことを示唆していた。その骨は、動物の骨と壊れた道具とともにごみ捨て場の中にうち棄てられていた。犠牲者たちが故意に殺されたのか、それとも、自然死したのかということになると、それは想像に任せるほかない。ゴフの洞窟から出土した動物の骨は、洞窟の中ではそれとは異なったもう一つの営みがあったことを私たちに教えてくれる。ウマの骨から腱が取り除かれているのだが、これは、おそらく靴や衣服を縫い合わせる紐や糸として用いられていたのだろう。それゆえ、私たちは、血生臭い食人と平行してごくありふれた家庭的な生活の光景を思い描くことができる。(3)

ゴフの洞窟は、氷河時代がその幕を閉じるにつれて、人々が北方地帯にふたたび住み着くようになっていった痕跡を示しているヨーロッパの数多くの考古学上の遺跡のほんの一つにすぎない。これらの地帯は、氷河時代がその頂点に達していた最終氷期最盛期には極地沙漠に姿を変えており、人類ばかりか、極度に過酷な条件にも耐えることができる動植物を除いたすべての生き物から見棄てられていた。ヨーロッパに関するこの歴史書は、人々がそうした地域にふたたび進出していった物語から始まらなければならない。それは、移住の第二波が押し寄せてくるまで続く、つまり、農民たちが姿をあらわすまで続く一五〇〇〇年に及ぶ歴史である。しかしながら、そうした農民たちが姿をあらわすのは時代がはるかに下った後の話である。私たちの旅の出発点は、最終氷期最盛期であり、その頃、世界のいかなる地域においても農耕はまったく知られておらず、ヨーロッパは、氷河と極地沙漠とツンドラによって被われていた。

ヨーロッパが人類の活動圏へと姿を変えていった経緯を探究するこの物語は、人々が氷河時代の極限状況を生き延びていた南の地域から始まる。彼らは、トナカイ、ウマ、ヤギュウを狩ることによって暮らしを立てるために、フランスやスペインの南部の峡谷平野に住み着いていた。その地の冬は、気温が摂氏マイナス二〇度にも達する過酷な条件にさらされていた。ペッシュ・メルルの洞窟の壁面に描かれている絵画のようないくつかの驚嘆に値する芸術作品が制作されていたとはいえ、人々は、しばしば死にもの狂いで食料を求めており、トナカイのどんな小さな骨さえ割ってその中からほんの少しばかりの骨髄を取り出さなければならなかった。[4]

ヴィクトリア女王時代のジョン・ラボックは、フランス南部のいくつかの洞窟を訪れ、『有史前の時代』にそれについて記述している。ラボックは、その調査に、友人でもあり同僚でもあった偉大なフランス人考古学者エドワール・ラルテと、ラルテの研究活動を支援していた英国の銀行家ヘンリー・クリスティーをともなっていた。[5] ジョン・ラボックが『有史前の時代』を著した一八六五年頃、人々は、いぜんとして人類の古代の遺跡に疑いを抱いており、ヨーロッパ人がかつては「野蛮人」として暮らしていたといった考え方を認めようとはしなかった。ジョン・ラボックは、ラルテが発見したトナカイの骨こそ決定的な証拠物件だと考えていた。それらの骨は、石の人口遺物と混ざり合っていたばかりか、その多くがフリントの小刀による切り傷の痕跡をとどめていたからである。

ジョン・ラボックは、フランスの景観、とりわけ、いくつかの洞窟がその中から発見されているヴェゼールの峡谷平野の美しさに感動していた。氷河時代のツンドラの居住者たちも、自分たちを取り巻いている世界の美しさに、冬期の困苦欠乏をふんだんに埋め合わせてくれる安らぎを見出していたことだろう。その時代のツンドラにはヤギュウウ、ウマ、シカが群れをなし、マンモスやケブカサイが悠然と徘徊していたばかりか、時折、クマやライオンが姿をあらわし、大空にはガンやハクチョウが羽ばたいていたからである。フランスの考古学会に重きをなしていた人物の一人であり、一九五〇年代から一九六〇年代にかけてラルテの先駆的な業績を確立していた考古学者でもあったフランソワ・ボルドは、そうしたツンドラは、「氷河時代のセレンゲティだった」というきわめて適切な言葉を残している（タンザニア北部のセレンゲティ国立公園は、野生動物の楽園と呼ばれている）。ひたすら堪え忍ばねばならなかった冬期の後には、例年通り、見渡すかぎり緑したたる生命の春が巡っていたのである。

人々は、年ごとに巡ってくる雪解けの最初の気配を待ち焦がれており、そうした彼らの切実な願いは、芸術の中に表現されている。紀元前一五〇〇〇年頃のとある日、一人の名もなき人物が骨の表面に数多くの形象を彫り込んでいる。それは、産卵しているサケ、二頭のアザラシ、越冬から抜け出てきたウナギ、花の蕾《つぼみ》といった、生命が甦る春に対する讃歌であり、これは、その後、フランスのモンゴディエ・バトンの遺跡において失われるか、投げ棄てられてしまったのである。(6)

氷河時代の洞窟絵画は、一八六五年の時点ではまったく発見されていなかったとはいえ、ジョン・ラボックは、『有史前の時代』に氷河時代のいくつかの彫刻に関する解説を書き残している。氷河時代の芸術は、有史前の古代人が子供のような知能をもった野蛮人だと信じ込んでいた人々にとっては一つの難題だった。大多数の人々より高い見識を備えていたラボックは、「これらの芸術作品を眼にして驚嘆の念を懐くことはごく当然のこと」であると書きとめ、さらに言葉を継いで、不承不承にではあれ、「我々は、彼らが紛れもなく芸術に対する情熱をもっていたことを、あるがままの形において、全面的に認めなければならない」とまで述べている。[7] しかしながら、その直後に、洞窟の古代人たちは、それにもかかわらず、農耕、家畜、冶金についてはまったく無知だったと註解をつけ加えている。彼は、精妙な芸術的な技能をもった野蛮人という、まったく辻褄の合わないこうした状況と苦闘せざるをえなかったのだが、それが極限にまで達するのは時間の問題だった。一八七九年のとある日、一人の少女が部屋に駆け込んできて、「雄牛がいた」と父親に叫んだ。それは、アルタミラの洞窟絵画の発見にほかならなかった。

氷河時代の芸術家たちの世界は、紀元前一八〇〇〇年以降ほどなくして変わり始めた。地球の気温が上昇に転じた結果として、北方地帯の氷床が溶け始めたのである。氷河は、紀元前一四〇〇〇年までにはすでにドイツの北部から姿を消しており、スカンジナビア半島とグレートブリテン島の全域でも北に向かって退いていた。南の地域に住んでいた芸術家たちや狩人たちは、地球温暖化の効果をじかに眼にし、感じ取っていたとはいえ、彼らが気づいていた、草が以前よりもっと青々と茂り、鳥の巣作りの時期がさらに早くなり、降雪量が減るといった変化が新たな気象条件の前兆であり、人類にとっては歴史の前兆だったことなど知る由もなかった。

私たちは、そうした氷河時代の人々を、彼らの将来にはなにが待ち構えていたのか、つまり、それが一〇〇〇〇年に及ぶ気候の劇的な変動だったことを承知の上で、振り返っている。時代の流れがより温暖な環境へと向かっていたとはいえ、それは、ジェットコースターに乗っているようなものであり、気候の途方もないほどの上昇と下降をともなっていた。しかしながら、グリーンランドと南極の氷床コアの記録から私たちがすでに読み解いている気候のそうした急上昇や急降下は、無論のこと、地表の植生の進化のプロセスについて、ごくわずかのことしか教えてはくれない。ましてや人類の体験の本質ということになると、そうした事情はさらに当てはまる。それらを求めようとすれば、私たちは、ヨーロッパそのものからもたらされる証拠物件を、わけても、洞窟に閉じ込められていたり、古代の湖に沈積している堆積物を調べなければならない。

私たちは、フラ盆地のコアに記録されていた情報を手掛かりとして西アジアの植生の変化の歴史をたどったことによって、花粉粒の価値をすでに理解している。ヨーロッパにおいては、ちっぽけな花粉粒は、かつては氷河そのものに近く、不毛のツンドラだった地域の植物の分布の変化や、林地の発達の歴史を記録している。それは、風に乗って、あるいは、鳥類や動物の羽根や毛皮の中や、足や顔に付着して北方に運ばれていった植物の種子や胞子によって生みだされた歴史である。それらの植物の中には寒冷で乾燥した状態をいぜんとして保っていた環境に対するもっとも強い耐性を備えていた種があり、これらの種は、ほんの少しばかり前であればすぐに凍り着いてしまい、地上で芽吹くことなど思いも寄らなかった場所でも生き延びることができたばかりか、繁茂することすらできるようになった。

これらの先駆植物が根づいていくにつれて、それは、鳥類や動物の北方への進出をさらに促進した。先駆植物は、また、土壌の成長を助けた。それらが土壌の中にしっかりと根を張ったことによって土壌は、保温と保水の機能を向上させ、一連の新たな植物を育てることができるようになった。これらの新しい植物は、気温の上昇と降雨量の増大という新たな自然環境の下で、太陽の光と養分を求める激しい生存競争を繰り広げ、当初その地に定着していた先駆植物をしだいにさらに北方に、氷河時代の厳寒の桎梏を逃れたばかりの地域へと追いやっていった。

紀元前一五〇〇〇年までには、草本や灌木が、ヨーロッパの中央部のなだらかに起伏している丘陵地帯に繁茂するようになっていたのだが、その中でもっともよく知られているのは、ヨモギ属の植物（先端の尖った膝までの高さの亜灌木）やヤナギアッケシソウやヤエムグラなどだった。これらの植物の北方への進出に拍車が掛かったのは、地球温暖化の歴史における最初の主要な段階であるベーリング期が始まったからだった。これは、紀元前一二五〇〇年の時点の氷床コアの記録に見られる温暖化の劇的な頂点であり、それゆえにこそ、前期ナトゥフ文化期の狩猟採集民たちは、より温暖で草木がさらに青々と繁茂し始めた西アジアの世界の中で定住性の生活様式を確立することができたのである。ヨーロッパにおいては、ベーリング期の到来の結果として、北方のツンドラの全域にカバノキが散在するようになり、マツとカバノキの林地がそれより南の地域と、気象条件が比較的安定していた谷間の平地に広がっていった。

花粉粒は、その後、林地の拡大が休止期を迎え、地域によってはその揺り戻しがあったことを示している。しかしながら、紀元前一一五〇〇〇年までにはカバノキ、ポプラ、マツが青々と生い茂っている林地がすでにドイツの北部、グレートブリテン島、スカンジナビア半島の南部にまで広がっていた。地域によっては、これは、アレレード期と呼ばれている、新ドリアス期が紀元前一〇八〇〇年に始まる前の気温の上昇の最後の頂点とときを同じくしていた。

花粉粒の記録は、草本と灌木や、もっとも状況の変化に弾力的に対応することができた樹木だけが新たに優位を占めるようになっていた状況が一〇〇〇年間にわたって北極の極寒へと逆転し、北方地帯の景観がふたたび広々としたツンドラへと変わってしまったにもかかわらず、そうしたきわめて不利な状況の中で灌木とマツが生き残りを賭けて苦闘していたことを示している。草地《そうち》には植物学者たちには学名Dryas octopetalaによって知られているチョウノスケソウの優美な白い花が散在していただけだった。ちなみに、新ドリアス期／ヤンガードリアス（Younger Dryas）という名称は、この花の学名に由来している。紀元前九六〇〇年頃になると、樹木の花粉が、まさに突如として、ふたたび姿をあらわす。それは、北ヨーロッパがほどなくして樹木を青々と茂らせた林地によって被われていくにつれて、満ちあふれるようになっていった。劇的な地球温暖化が、氷河時代にその終焉をもたらしたのである。

花粉粒は、景観がどのように変わったのか、人々が敢えて北方に進出するという危険に自らをさらしたとき、どのような樹木を眼にしたり、薪として燃やしていたのかといった、私たちが抱くきわめて数多くの疑問に答えてくれる。しかしながら、氷河時代のこれらの狩猟採集民たちはいったいどの程度の寒さに耐えていたのだろうか、という疑問に正しい答えを出そうとすれば、考古学者たちは、一つの先駆動物に眼を向けなければならない。それは甲虫である。

甲虫は、そのほとんどが今から一〇〇万年以上も前にすでに進化を終えている。それゆえ、私たちは、古代の堆積物の中から回収された脚、翅《はね》、触角の特徴によって同定された種が現在棲息しているそれとまったく同じであると確信することができる。これは重要である。というのも、多くの種は、気温に対してきわめて敏感であり、ごくかぎられた特定の気象条件の中で棲息しているからである。たとえば、ハネカクシの一種であり、Boreaphilus henningianusの学名によって知られている甲虫について考えていただきたい。今日では、その棲息地は、ノルウェーの北部とフィンランドにかぎられている。それは、酷寒の中でしか生き残っていくことができない。けれども、その残骸は、氷河時代のグレートブリテン島全域の堆積物から発見されており、その地の気温が今日の北極のそれと同じくらい低かったことを示している。

グレートブリテン島から出土している甲虫の残骸は、世界のそのほかのどの地域にも増して詳細に研究されており、(8)すでに知られている三五〇以上の種から過去の気温の正確な推定値が突きとめられている。甲虫は、たとえば、最終氷期最盛期のグレートブリテン島の南部では冬期の気温が日常的に摂氏マイナス一六度に達しており、夏期には摂氏一〇度にまで上昇したことを私たちに教えてくれる。紀元前一二五〇〇年に温暖な期間であるベーリング期を迎えたとき、グレートブリテン島の甲虫は、今日とほとんど同じであり、それは、冬期の気温が摂氏零度からマイナス一度であり、夏期のそれが摂氏一七度と、現在の気候とさほど違ってはいなかったことを示している。けれども、その後、寒さに適応した種が目立つようになり、これは、冬期の気温が、紀元前一二〇〇〇年には摂氏マイナス五度、紀元前一〇五〇〇年では摂氏マイナス一七度と大幅に低下したことを示している。これは寒冷の最後の頂点であり、南極とグリーンランドの氷床コアが示している新ドリアス期とほぼ対応している。

甲虫は気温の格好な指標であるとはいえ、氷河時代のヨーロッパの有史前の景観をそれほど明瞭に想像させてくれるわけではない。その点に関しては、動物の骨はさらに実用的である。マンモス、トナカイ、イノシシを先史の時代から甦らせてみると、これらの景観がすぐさま生きいきと甦ってくる。動物の骨は、キプロス島のアエトクレムノスの洞窟から出土したコビトカバの骨のように、主として洞窟の堆積物の中から発見される。そうした骨の一部は、ハイエナやクマのような洞窟を巣穴としており、その中で死んだ動物のものである。肉食動物の餌食になったり、その幼獣を育てるために補食された動物の骨もあり、多くの小型哺乳動物の骨は、洞窟をねぐらとしていたフクロウのペレットの中から発見される。いったん人類が先史の表舞台に登場すると、彼らは洞窟を隠れ場として使用し、自分たちが仕留めた動物や、凍りついていた動物の死体の骨をその中に投げ棄てた。

動物の骨は、それがどこから出土したものであれ、変化していたヨーロッパの環境について実に多くのことを教えてくれる。哺乳動物は、甲虫と同じように、それぞれ異なった自然環境の中で棲息している。トナカイは寒冷なツンドラを好み、アカシカのエサは、温帯性の林地の下草や木の実である。それゆえ、回収した動物の骨を年代順に配列することによって、私たちは、変化していった動物の群を、また、そこからヨーロッパの自然環境を復元することができる。
しかしながら、長期間にわたる堆積物がその中から発見されている洞窟はきわめて少ない。それゆえ、数千年に及ぶ気候の変化を復元しようとすれば、私たちは、異なった洞窟から出土した骨をともに配列しなければならない。リエージュ大学のジャン＝マリー・コルディはそうした研究の一つを行っている。[9] 彼は、ベルギーのムーズ盆地の石灰岩地帯のいくつもの洞窟から一〇〇〇年以上の期間にわたって発掘された動物の骨を調査してきた。

紀元前一五〇〇〇年から九〇〇〇年に至るジグソーパズルのような堆積物を年代順に配列したコルディは、紀元前一四五〇〇年以前には、ツンドラを棲息地としていたトナカイやジャコウウシの骨が圧倒的多数を占めており、それ以降は、ウマ、アカシカ、イノシシなどの、草地や林地に棲息していた種の残骸がそれに加わっていることを発見した。これらの種は、紀元前一二五〇〇年以降の骨の大多数を占めるようになったのだが、これは、温暖化の時代の一つであるベーリング期、つまり、トナカイが地衣類や蘚類《せんるい》によって被われているツンドラを求めて北方へと移動せざるをえなかった時期とときを同じくしている。

ベルギーの洞窟から出土した一連の骨の次の段階においては、トナカイがふたたび多数を占めるようになった。これは、気温が低下し、ツンドラがふたたび姿をあらわしたことを物語っている。地球の気温がアレレード期から新ドリアス期へ、そして最終的には氷河時代にその終焉をもたらした、今から九六〇〇年前の地球温暖化へと移り変わっていくにつれて、温暖な気候を好む動物と寒冷な気候を好む動物の間のシーソーゲームが続いていたのである。

変化していったヨーロッパの自然環境の測定に大型の哺乳動物を用いることには、いくつかの難点がともなうことがある。それらの動物の中には、発見されている数が少ないものが含まれているばかりか、アカシカのようないくつかの種は、適応性がきわめて高く、広々とした草原と樹木が密生している林地のいずれにも棲息することができるからだ。そればかりか、これらの骨が洞窟の中に投げ棄てられる以前にかなりの距離を運ばれた可能性も否定できない。肉食動物と人類は、そのいずれもが広い縄張り／狩猟圏をもっていた可能性があり、遠隔地で捕殺した獲物を、巣穴／居住地へと運ぶことができたからである。それゆえ、洞窟の堆積物の中から発見された小型の哺乳動物の骨は、気候の変動のさらに適切な指標を与えてくれる。これらの動物は一般的に数が多く、棲息地の環境の変化に敏感であり、その短い命の期間内に遠くまで移動する種は、その数がきわめてかぎられているからである。

そうした観点からすれば、もっとも実用的な動物の一つは、現在では北極を生息圏としているレミングであり、その骨の量の上昇と下降は、温度計そのものだといったとしてもけっして過言ではない。ベルギーのムーズ峡谷平野のシャルゥの洞窟という実例によってそれを検証してみることにしよう。[10] 紀元前一三〇〇〇年以前には、堆積物の中の小型の哺乳動物の骨は、そのすべてが、事実上、レミングに由来しており、これは、景観がきわめて寒冷なツンドラによって占められていたことを示している。次の段階においてそれに取って代わったのは、齧歯動物のそのほかの種——ノーザンバーチマウス、ドテハタネズミ、ごくありふれたハムスター——であり、これらの種は、より温暖で湿潤な気象条件を必要としており、一般的には林地に棲息している。シャルゥの洞窟の堆積物の中からそれらの動物の骨が大量に発見されたという事実は、ベーリング期が始まったことを示している。その次の一〇〇〇年間は、もっとも数多く棲息している種の地位を、レミングと温暖な気候を好む齧歯動物が交互に占める状態を保っているのだが、これは、新ドリアス期の環境破壊によってすべての林地の齧歯類が姿を消してしまう状況に先行している気候の波動を直接的に反映している。

北方地帯の自然環境の復元は、花粉粒、甲虫の脚、動物の骨の研究によって達成された。無菌状態の実験室で働いたり、過去の特定の解釈に関する専門的な論文を書いたりしている科学者たちは、こうした作業を行っている。しかしながら、歴史を書くとき私たちが直面している難題は、これらの証拠物件の供給源をたんに繋ぎ合わせることによって、私たちが植物の群落や、動物や昆虫の生物群集の真実の姿を想像することができるように計らうことだけではなく、まずこれらの群落／群集に入り込み、次いで、その一部を構成するようになった人類の体験に関する知識を獲得することにこそある。植物や動物の一覧表は、松葉の匂いや星空の下で炙った獣肉の味の貧弱な代用品にすぎない。昆虫の残骸に関する論文は、アブのブーンという羽音や、それに刺された痛みを呼び覚ますことはできない。冬期の気温の推定値は、雪に埋もれて歩いたり、凍結した川を歩いて横断したとき、毛皮によって被われた足が負った凍傷の痛みを伝えることはできない。幸いなことに、そうした感覚は、私たちの手が届くところにある。有史前の世界に関する適切な知識を得ようとすれば、私たちは、考古学に関する、科学に依拠している専門的な論文を漫然と読むだけではなく、自分自身の足を運んで自らを自然界に埋没させ、狩猟採集民の体験にほんの少しではあれ、にじり寄ろうとしなければならない。

それは、ジョン・ラボック君がゴフの洞窟を後にしてから以降、行ってきたことにほかならない。彼は、なだらかに起伏している丘陵地帯と平原を一五〇キロばかり横切って北に向かって歩いていった。巨大な氷床そのものに近づいていくにつれて、樹木はしだいにまばらになり、風が吹きやまぬようになった。ツンドラを横切ろうとしているラボック君が眼にすることができたのは、薄霧の中に今にも消えようとしているトナカイの狩人たちの一行と、南に向かって歩いている、おそらくは、ゴフの洞窟に帰ろうとしている二つか三つの家族だけだった。

ラボック君は、一休みしたり、風雪を避けざるをえないときには、彼がその名をもらい受けた人物が動物の骨や植物の残留物を用いた過去の環境の復元について一八六五年の時点において持ち合わせていた知識を知ろうとして、『有史前の時代』を読んでみた。ヴィクトリア女王時代のラボックは、ある種の動物が過去の気象条件の指標であることを明らかに知っていた。トナカイの骨がどのようにして寒冷な気候の明確な指標を与えてくれるかについて論評し、レミングを、それが洞窟や川の堆積物の中で発見されたときには、とりわけ多くを明らかにする種として強調しさえしている。[11] 花粉粒にはまったく言及していないとはいえ、[12] デンマークの泥炭の湿原がその最下層の近くにマツの、その上にはオークとカバノキの、さらにその上にはブナの木の層をもっていることを記述し、それは、それらの木々がそれぞれ一時的に優位を占めた後でその数が減少していったことを明らかに示していると指摘している。それについて、彼は、「樹木の一つの種がかくてもう一つの種に取って代わり、次には、また、それに三番目の種が加わるといったプロセスには疑いもなく膨大な時間の経過が必要とされたと思われるのだが、現時点においては、我々は、それを測定する手段をもっていない」[13] と書きとめている。

そのほかの記述においても、ジョン・ラボックは、過去の気温の推定値に同じようにきわめて慎重な態度を取っている。気温がかつて現在のそれよりも低い摂氏マイナス一六度にまで下がったことがあるとのプレストウィッチ[14]の提唱に対して、「我々は、過去において起こった実際の変量を、なんらかの具体的な数値によって推定できるだけの状況にはけっして到達してはいない」[15] と論評を加えている。それぞれ異なっている二つの植生の間の時間の経過の確定にきわめて有用な古昆虫学、つまり、古代の堆積物に含まれている甲虫をはじめとする昆虫の研究は、放射性炭素年代測定法と同じように、まだ開発されていなかったのである。

ジョン・ラボック君は、本を読んでいないときには、人々があらわれるのを待ち構えており、それと同時に、ツンドラの動物から監視されてもいる。彼が凍りついた大地にうずくまっていると、沼沢地の中の隆起地の上に腰を落ち着けている純白のフクロウが彼をじっと見つめている。すると、ホッキョクノウサギが体を起こして、同じように彼をじっと見つめた。その瞬間、緊張状態が崩れた。羽音一つ立てずに飛び立ったフクロウは、ノウサギに向かって草をなぎ払うように低く一直線に飛んでいく。ノウサギは、ふたたび素速く身を低くしたかと思う間もなく、姿を消してしまった。ラボック君は歩き始めた。

氷河からほんの一日歩いただけで、彼は、今日ではクレズウェルの岩山として知られている峡谷に夜明けとともに到着した。それは、紀元前一二七〇〇年の冬のとある日のことであり、彼は、峡谷の南側の崖っぷちに立ち、谷間《たにあい》に生育地を見出してきたマツとカバノキの林地を見下ろしている。峡谷の両側にはいくつもの割れ目や洞窟がある。木々の間からは幾筋もの細い煙が風に乗ってたなびいている。ラボック君は、その煙をたどっていき、一つの洞窟の入り口で燻っている炉床を見つけた。

叫び声が聞こえてきたので、その方角を見つめると、一人の男と一人の男の子が峡谷に入ってくる姿が眼に入った。毛皮に被われた二人は、それぞれ二羽のノウサギを肩からぶら下げている。その飛び跳ねるような足取りは、二人が猟の成果を自慢したくてうずうずしていることを物語っている。ラボック君が注意深く見守っていると、二人は、岩屑に被われた傾斜地を洞窟まで登って、獲物を炉床の火のそばに放り出した。興奮して洞窟から出て来た女たちと子供たちが、ノウサギに大喜びし、毛皮をなでたり太ももをつまんだりしながら肉のつき具合を確かめている。

ラボック君が絶壁から浅瀬に降りて峡谷を渡り、炉床の火のそばに座っている人々の輪に加わった頃までには、石刃《せきじん》によってもっとも大きなノウサギの前足が切り離され、腹部が切り裂かれていた。ちょうど皮が剥がされており、その作業が頭部に及ぶ前に前脚の皮が剥がされる。数分もすると、焼き串の上の肉の塊が炉火で炙られており、生皮は、そのほかのノウサギと一緒に洞窟の中にぶら下げられている。

焼き上がったノウサギは、大きな肉片に切り分け、その場に居合わせたすべての人がそれを分け合うのだが、無論のこと、ラボック君は、その席には招かれていない。それにもかかわらず、肉の切れ端をいくつかかすめ取ってみたところ、それはまったく申し分のない朝食だった。すべての骨をしゃぶり尽くすと、その残骸を洞窟の入り口の内部の浅い穴に埋め込む。そのまま放置しておくと、ハイエナやキツネがそれを漁りにやってくるからだ。

ラボック君は、その後数日の間これらの人々とともに洞窟にとどまり、北方を旅していたときすでに眼にしていたトナカイやウマや、はてはマンモスなどの大型の野生動物を狩る機会を楽しみに待っていた。けれども、そうした機会は巡ってこなかった。人々が捕獲していたのは、ノウサギだけだった。そこで、強大な獣を狩る方法を学ぶ代わりに、それほど男っぽくはないとはいえ、もっと重要な生き残りの技術を身につけることにした。それは、ノウサギから腱を抜き取り、それを縫い糸として使ったり、その脚の骨を突き錐や針に加工したり、毛皮から靴下、二叉手袋、上着の裏打ちを作る方法だった。

ある日の夕刻、彼は、一人の男と一人の若者とともにノウサギの餌場である矮性のヤナギの密生林に出かけていった。男は、ノウサギが葉を囓ったり、座り込んだせいで折れている草の茎の痕跡を検分している。すると、一本の枝が引きはがされ、囓り取られた葉が地面に転がっている。男は、ノウサギがエサを漁りそうな場所にその足を腱の輪で絡め取る工夫が施されているワナを仕掛けた。(16) 夜明けに一行がそこに戻ってみると、一羽の真っ白なノウサギがワナに掛かっている。ワナから逃れようともがいたノウサギは体力を消耗し尽くして横たわっていたが、まだ生きている。男は、それを思い遣りのこもった手つきで持ち上げて毛皮をなで、長い耳にやさしくささやきかけながら首の骨を折った。

ラボック君は、クレズウェルの岩山の中の、後の世にはロビン・フッドの洞窟として知られるようになる洞窟を後にして東に向かって進んでいった。その行く手には、ツンドラに被われた低地地方が待ち受けている。その旅において、彼は、もはや存在していない土地のなだらかに起伏している丘陵地帯や峡谷平野を通り過ぎることだろう。この土地とは、今では北海に水没しているドッガーランドである。[17] それを通り過ぎると、ドイツの北部に到着し、大型の野生動物を射止めようとしている氷河時代の狩人たちの姿を見たいという彼の願いは、その地で叶えられることだろう。

クレズウェルの岩山は、今日ではすでに衰退し始めている大都市圏の真ん中に位置しており、氷河時代のツンドラの美しさの面影はもはや影も形もない。その岩山は、長さわずか一〇〇メートル、横幅二〇メートルにすぎないとはいえ、そこに穿たれているいくつもの洞窟は、ロビン・フッドの洞窟、マザー・グランディーの客間、ピンホールの洞窟といった驚くべき名称をもっている。かつてこれらの洞窟には、ツンドラに棲息していた動物の残骸を含んでいる大量の堆積物がいくつもの層をなしていた。オオカミ、ハイエナ、キツネ、クマが、これらの洞窟を巣穴として使っており、トナカイ、ウマ、アカシカ、レミングや、多種多様な鳥類などの残骸をその中に残したからである。小型の哺乳動物、コウモリ、フクロウも、この岩山の割れ目を利用しており、その中で死んだことによって、古代の世界の動物の群集を復元したいと願っている人々にとっては、この岩山は、宝の山にほかならない。

一九世紀に発掘されたゴフの洞窟と同じように、クレズウェルの岩山の最初の発掘は、一九世紀の後半にメーゲンズ・メロ牧師によって行われ、それ以降、定期的に継続されて現在に至っている。一九七七年にはジョン・キャンベルが、集積していたすべてのデータを総合的に処理し、動物の骨が、主として、氷河時代の最後の数千年の間に岩山の洞窟に住み着いていた人々の狩りに由来していると解釈した。彼は、それらの北方の開拓者たちがトナカイやウマを狩っていたばかりでなく、マンモスやケブカサイを捕殺していたと考えていたのである。[18]けれども、極度に入念な最近の研究は、石器による切り傷の痕跡を示している骨と、肉食動物の牙によって咬み切られた骨の違いを明らかにしている。この研究によって人々の活動は、ホッキョクノウサギをワナで捕らえるといったもっと控え目な営みにまで切り詰められてしまった。[19]

切り傷の痕跡を残している骨のすべては、放射性炭素年代測定法によって紀元前一二七〇〇年頃というかなり狭い年代的な枠内に限定されていることがすでに認められており、この年代枠は、私たちがまったく同じ北方の開拓者たちの居住地として論じているゴフの洞窟の時代とほとんど同じである。[20]

切り傷の痕跡が残されている骨のすべては、たんに氷河時代のヨーロッパで人々がなにを食料としており、どんな動物が棲息していたかといった事柄よりはるかに多くのことを私たちに教えてくれる。それは、南の地域に避難していた人々が北方に拡散していった正確な年代である。道具そのものはほとんど役に立たない。それは石から造られていることから、正確な年代を突きとめる上で決定的な役割を果たす炭素を欠いているからである。それゆえ、考古学者たちは、人工遺物とともに発見される動物の骨の年代の確定に依存し、次いで、そのそれぞれが互いに同時代であると想定する。しかしながら、実に残念なことに、動物の骨がその論拠にはならないこともしばしばある。

クレズウェルの岩山の場合と同じように、動物の骨は、そのほかの様々なものとともに洞窟の堆籍土の中に埋め込まれ、それがさらに入り交じってしまう場合がありうる。したがって、たとえば、投げ槍の穂先のすぐそばで発見されたトナカイの脚の骨の放射性炭素年代が得られたとしても、その年代は、必ずしもその穂先が洞窟の中に投げ棄てられたり、そこで失われてしまった年代を私たちに教えてくれるわけではない。それは、人々がそこに住んでいた以前、あるいは、それ以後の何百年、さらには、何千年の間にハイエナがその洞窟を巣穴として使っていたことを教えてくれるだけだという可能性もあるからだ。[21]

一八六〇年代に執筆していたヴィクトリア女王時代のジョン・ラボックは、この問題を十分に承知していた。事実、『有史前の時代』において、ラボックは、絶滅した動物の骨は、人類が出現する前の数千年にわたって洞窟の中に埋もれていたものであり、その残骸は、たんに人類の遺物と混ぜ合わされたにすぎないと主張していたデノアイエとかいう人物に対する反駁に切り傷を用いている。石の人工遺物とマンモス、ドウクツグマ、ケブカサイの骨の取り合わせは、人類の古代の遺跡の年代が聖書の年代記より数千年もの昔に遡ると主張するだけの近代的な知性を持ち合わせていた人々にとって、決定的な意味をもっていた。ラボックは、現代の考古学者たちとまったく同じような調査活動をおこなっていた。つまり、彼は、切り傷の痕跡を示している骨を探し、ドウクツライオン、ケブカサイ、トナカイによってその実例を示したのである。[22] 事実、彼は、今日の動物考古学者たちによって用いられているほとんどすべての技法を予想していた。彼は、出土した骨を調査するとき、考古学者は、その骨をイヌが嚙ったり漁ったりしている可能性を考慮しておかなければならないと論じ、[23] 遺骨の断片化の度合いによってその埋葬の相対的な年代を査定し、[24] 狩りが行われていた季節を、その狩りの対象である動物と、その動物に相当している現在の種の習性にもとづいて判断していた。[25]

人類の古代の遺跡の年代にもはや誰一人として疑いを抱いていない今日、切り傷の痕跡を示している骨は、考古学の研究にとって今なお決定的な意味をもっている。切り傷の痕跡を示している骨は、当然のことながら人類の存在と同時代であることから、放射性炭素年代の測定にとって理想的な遺物である。小さな断片として発見されることが多い遺物の年代の測定の可能性が現実のものとなったのは、加速器質量分析法として知られている放射性炭素年代測定の新たな技法が開発されたからだった。これは、今では「従来の」呼ばれるようになった技法が必要としていた千分の一もの小さな試料の年代を突きとめることができる。[26]

一九九七年、ルパート・ホースリーと彼の同僚たちは、ドイツの東部地域からイギリス諸島に至る北ヨーロッパに散在している四五の遺跡から得られた、加速器質量分析法にもとづく一〇〇以上もの新たな放射性炭素年代の結果を公表した。[27] ホースリーは、放射性炭素年代測定の指折りの専門家の一人であり、人類の存在の疑う余地のない根拠を与えてくれる試料を注意深く選んでいた。[28] 考古学者たちは、氷河時代にヨーロッパの南西地帯に避難していた人々がいつ、また、どのようにして北方に拡散していったのかという問題について、正確な知識を獲得する機会を初めて得たのである。

そうした避難所の北の境界は、ロアール川の支流として機能していたいくつもの峡谷平野だった。開拓者たちがさらに北方へと突き進むようになったのは、紀元前一五〇〇〇年以降の話であり、当初、ライン川の上流へと向かっていた人々は、紀元前一四五〇〇年頃までには、ライン川の中流のベルギーとドイツの南部にまで進出していた。これは、草本と灌木が北方へと広がっていった後のことであり、棲息圏を北方に広げる必要に迫られていたトナカイやウマの群も、それらの植物とぴったり歩調を合わせて拡散していった。氷河時代の開拓者たちが平均すれば一年に一キロの速度で移動していき、その後の四〇〇年のうちにフランスの北部、ドイツの北部、デンマークに居住地を形成するようになったことを私たちは知っている。北を目指したこの最終的な進出が、地球に温暖な気候をもたらしたベーリング期とときを同じくしていたのは驚くには当たらない。この時点において、グレートブリテン島は、ヨーロッパのもっとも北西の地方を形づくっており、それが島になるには、さらに数千年もの歳月が経過しなければならなかった。

一つの特定の地域への再進出は、それがいかなる地域であったとしても、そのプロセスは、二つの段階をともなっていた。まず最初に登場するのは開拓者たちである。この段階においては、考古学上の遺跡は小さく、そこには、一般的には、石器が散乱しているにすぎない。そうした遺跡は、おそらくは、氷河期の厳寒が猛威を揮っていた時期には人類のいかなる居住地といえども存在していなかった土地を瀬踏みしていた狩猟民たちの一行が一夜を過ごした野営地だったのかもしれない。開拓者たちは、夏期に北に向かって進み、自分たちが眼にした状況を報告するために移住のための基地として形成されていた南の居住地に帰っていったことだろう。人々が新しい生活圏を心の中で明確に描き出そうとすれば、これらの開拓者たちの活動によって地形、動物と植物の分布、生活を支える資材の供給源に関する知識が漸進的に獲得されていかなければならなかったからである。これは、きわめて困難なプロセスだったに違いない。天候と気温は、そのいずれもが以前と同じようにきわめて不安定であり、一つの世代の開拓者たちによって蓄積された知識の総体は、その次の世代にとってはわずかの価値しかもたなかったかもしれないからである。

開拓の段階は、ほぼ五〇〇年、世代で数えれば、二〇世代程度継続した。この段階が終了した時点において初めて、人類の居住における転換が、つまり、ホースリーと彼の同僚たちが定住の段階と呼んでいる新たな局面への転換が実現した。この段階において、家族をはじめとするそのほかの集団が、北方地帯で永続的に暮らすために、移住のための基地だった居住地から移動していき、ツンドラですでに棲息圏を確立していたトナカイやウマの群を狩るようになったのである。

人々は、なぜ北方の土地に住み着く可能性を瀬踏みし、そこに定住するようになったのだろうか？　植物の胞子や種子は風によって運ばれる。昆虫をはじめとする動物たちは、生態環境にもとづく至上命令には抵抗することができない。種の生存に必要な条件を備えている新たな棲息環境がいったん生みだされると、直ぐさまそれを活用してそこで繁殖する。それゆえ、動物たちがいっせいに北方に進出していったのは自然の摂理に適っている。氷河時代の狩猟民たちは、甲虫、齧歯類、シカとまったく同じように、それ以外の選択肢をもたないまま北方へと追い立てられていったのだろうか？　解氷のときが巡ってきたとき、人類の人口は、河川が氷床の溶解によって大量の水であふれていたように、食料の新たな供給源を見つけ出さざるをえないまでに増大していたのだろうか？

人類の人口が途方もないほど増大していたことを疑う余地はごくわずかしかない。氷河時代の洞窟絵画の光輝は、最終氷期最盛期の暮らしが凄まじいほどの困苦に満ちていたという悲惨な現実を被い隠している。冬期は、数多くの乳飲み子、子供たち、虚弱体質の持主にとっては、壊滅的な猛威を揮ったことだろう。凍りついた大地とブリザードは、食料の供給と人体の健康を壊滅させるほどの威力を秘めていた。ただし、それが人体に事実上どの程度の障害を引き起こしていたのかということになると、私たちは、その知識を持ち合わせているわけではない。共同墓地が発見されていないばかりか、個人の墓もわずかしかなく、個々の墓の間の年代の隔たりも大きいからである。

平均気温がほんの少しばかり上昇しただけでも、人口は増大したと思われるのだが、その増大はおそらく急激だったことだろう。乳飲み子が風邪や空腹のせいで死んでしまうこともなく幼児へと成長し、女たちは、三人目や四人目の子供を産み、年長者たちは、冬期を生き抜くことによって、氷河時代の狩人たちの新しい世代に物語を語り継ぐことができるようになったと考えることができるからである。

しかしながら、人々を北方の土地へと駆り立てたのは、居住者の増加以外の要因だったのかもしれない。野心的な若い男たちや女たちは、食べ物や飲物ではなく、自分たちに声望を与えてくれる生活資源や、交換の物品を求めて旅立っていったのかもしれない。それゆえ、氷床がさらに北方へと退いていくにつれて、進取の精神に恵まれていた人々は、マンモスの牙、豪奢な毛皮、貝殻、珍奇な石を求めて、自ら選び取った道をたどっていったということだったのかもしれない。それとは異なった気質をもっていた人々を北方へと駆り立てたのは、集団の内部の歪《ひず》みだったのかもしれない。新たな土地が活用できるようになるにつれて、若い男たちや女たちにとって、もはや自分たちの気性を満足させてはくれない年長者たちと伝統という権威の下にとどまるよりも、自分たち自身の集団を作り上げる機会が生まれていたからである。

氷河期の終焉とともに始まった北方への大移動は、これらの解釈のいくつかによって、あるいは、そのすべてによって、十分説明できるのではないかと筆者は考えている。しかしながら、ここで是非とも思い出しておかなければならないもう一つの駆動力がある。それは、ラボック君がアメリカ大陸、アジア、アフリカ大陸を経巡るにつれて、世界の各地へと人類が拡散していったその背後に私たちが発見するようになるもの、つまり、人類の精神を特徴づけている好奇心である。それは、新たな土地を探検したいという衝動であり、実利とはさほど関わりのない探検のための探検だったのである。

14　トナカイの狩人たちとともに

──紀元前一二七〇〇年から九六〇〇年における経済と技術と社会

不安に満ちた狩人たちの律動的で深い息遣いと、アドレナリンの分泌によって煽られた心臓の雷鳴のような鼓動以外には沈黙がその場を支配している。幾人かの狩人たちが岩石の背後にうずくまり、そのほかの狩人たちは、草むらに身を伏せて群が近づいてくるのを待ち構えている。ジョン・ラボック君は、地面に腹ばって、シュレスヴィヒ=ホルシュタイン地区のアーレンスブルクの峡谷平野における例年のトナカイ猟の現場を観察する態勢を整えている。

彼は、草の茎の合間から、峡谷平野の川沿いの低地の、二つの小さな湖の間の曲がりくねった小道を一心に凝視《みつめ》ている。トナカイは、秋が巡って来る度ごとに、新しい牧草地を目指して北方に移動していく。そのときこの小道を通るのだ。大きな群の蹄《ひづめ》の打撃音で地面が震動し始めると、冷たい風が狩人たちの体臭を吹き払ってくれる。全員が待ち伏せ態勢を取った。

群を先導しているトナカイの一団が岩石を通り過ぎ、隊列の幅を狭めながら狭い小道に沿ってやってくる。合図のかけ声とともに狩人たちはいっせいに槍を投げ、背後からトナカイを攻撃する。峡谷平野の四方八方からさらに槍が投げられる。窮地に追い詰められたトナカイたちは、恐怖に駆られて湖に逃げ込み、懸命に泳いでいる。数分後には八頭から九頭のトナカイが地面に横たわっていた。その中には、とどめの一撃を頭にくらうまで体を痙攣させていたトナカイもいた。数頭のトナカイが水面に浮かんでいる。けれども、狩人たちは、それを水中に沈むにまかせている。地上で射止めたトナカイだけで十分な食料、獣皮、枝角を手に入れることができるからだ。狩人たちは、投げ槍を一本一本注意深く拾い集めている。だが、彼らの関心は、槍の尖頭器よりもその柄を回収することにある。北ヨーロッパは広大だとはいえ、樹木の生えている地域はごくかぎられていることから、木の槍の柄は、尖頭器よりはるかに貴重だからである。

アーレンスブルクの峡谷平野のマイエンドルフの遺跡を一九三〇年代に発掘したのは、アルフレッド・ラストだった。(1) 彼は、峡谷平野の低地の泥深い堆積物の中から何千ものトナカイの骨と、かつては投げ槍の先端に取りつけられていた大量の石の尖頭器を発見した。おそらくは、推進器、具体的には、投げ槍の末端に引っかけるかぎ爪をもった棒切れによって推進力が補強されていたと思われるこの投げ槍は、その威力を倍増させることができる強力な狩猟具だった。

これは、紀元前一二六〇〇年に遡る時代の話であり、エドワール・ラルテが「トナカイの時代」と命名した時代の末期にほぼ対応している。ヴィクトリア女王時代のジョン・ラボックが高く評価していたフランス人考古学者ラルテは、フランス南部の洞窟の中に堆積していた膨大な量のトナカイの骨の重要性を正しく認識していた。今では、私たちは、それが遅くとも紀元前三〇〇〇〇年以降に堆積していったことを知っている。(2) だが、そうした年代に関する概念を持ち合わせていなかったラルテは、「トナカイの時代」が「ホラアナグマの時代」と「マンモスとケブカサイの時代」の後の、だが、「ヤギュウの時代」より前の時代だったと考えていた。

ジョン・ラボックが旧石器時代と呼んだ時代区分をこの種の四つの段階に分割するという考え方は、一八六五年においては革新的だったとはいえ、ラボックは、『有史前の時代』において、そのように命名された種が時代区分からすれば部分的に重なり合っているとの観点から、少しばかりの批判を加えている。[3] 四つの段階のうち、「トナカイの時代」は、考古学的な考え方では、そのほかの段階よりはるかに長期にわたって継続しており、氷河時代の数多くの肉食獣の群は、その生存をトナカイに依存していた比率がきわめて高かったからである。

トナカイは、氷河がさらに北方に退いた後ほどなくして、木々がまったく生えていないツンドラを通り抜け、スウェーデンの南部の冬期の草原に一年に一度移動する主要な経路として、アーレンスブルクの峡谷平野を通り抜けるようになっていた。ツンドラの景観は、今日の私たちが知っているそれと比べれば、はるかに穏やかなものだった。夏期の気温は摂氏一三度にまで達し、冬期ですら摂氏マイナス五度くらいまでしか下がることはなかったからである。開拓者たちが最初にこの地域に到達したとき、彼らは、トナカイの群が狭い峡谷平野に沿って移動している光景を目の当たりにし、自然の計らいに対する畏敬の念に駆られて思わず眼を見張ったに違いない。それは二つとない絶好の狩り場だった。ラストが発見したマイエンドルフのようないくつかの遺跡は、ベーリング期のものであり、そのほかの遺跡は、それより二〇〇〇年ばかり新しく、新ドリアス期に属していた。その頃までにはツンドラの内部にはマツとカバノキの林地が散在していたとはいえ、ドイツの北部は、亜北極の気温に逆戻りしていた。ラストが発見した、もっともその名を広く知られている新ドリアス期の遺跡は、峡谷平野の東端に位置していたシュテルモールだった。ここからは膨大な数のフリントの道具と、水浸しの堆積物の中で腐朽を免れていた百本以上の松材の矢柄とともに、一八〇〇〇個ものトナカイの骨と枝角が回収されている。

この遺跡は、紛れもなく大量屠殺の現場の一つであり、そのとき流された血はおそらく湖を朱《あけ》に染めたことだろう。ドイツ人考古学者ボディル・ブラトルントは、ラストが発掘したトナカイの骨の、とりわけ、今なおフリントの鏃がめり込んでいる骨に細心の注意を集中した研究によって、体のどの部分が攻撃を受け、矢がどの方角から飛んできたのかを突きとめ、その光景を復元している。

狩人たちは、最初の矢をトナカイに対して水平に放ち、心臓を標的として一発で射止めようとしている。トナカイは、その祖先がマイエンドルフの狩人たちから投げ槍によって攻撃されたときと同じように、恐怖に駆られて湖に逃げ込み、懸命に泳ぐ。すると、そのほかの矢が後上方から射掛けられる。それゆえ、肩の骨と首の後側にめり込んでいるフリントの鏃が発見されているのだが、数多くの矢は、標的から外れて泥の中に沈み込んだに違いない。例年の狩りのために集まった様々な集団は、トナカイの屠体を湖岸に引き上げ、各部に切り分けた後、おそらく祝宴を張ったことだろう。

シュテルモールの狩人たちは、マイエンドルフの狩人たちよりはるかに大きな規模でトナカイを狩っていた。彼らが用いていた技術はさらに効果的だった。投げ槍に代わって弓矢を使用しており、その地特有の三角形の鏃を、その中子で矢柄に固定する工夫が凝らされていたからである。事実、考古学者たちは、今ではそれを「アーレンスブルク風の鏃」と呼んでおり、その種の鏃が新ドリアス期のヨーロッパの北部全域において発見されている。それは、おそらくは、苛烈な気候に対する創造的な対応であり、技術における飛躍的な進歩を物語っている。

マイエンドルフとシュテルモールの狩人たちが投げ槍の推進器や松材の矢柄を作り、待ち伏せの手筈を整えていた野営地は、今のところ発見されていない。けれども、その南西ほぼ一〇〇〇キロに位置しているパリ盆地——北東はアルデンヌの丘陵地帯、東はヴォージュ山地、南西はモルヴァン山塊、南は中央山塊を境界線としている地域——においてはその種の野営地が見つかっている。

五〇以上の遺跡が発見されているとはいえ、そのほとんどがフリントの人工遺物が散乱しているだけであり、動物の骨や木の矢柄のような有機堆積物ははるか以前に腐朽してしまい、影も形もない。ベーリング期において、あるいは、この期が始まった直後に人々が居住していたパンスヴァン、ヴェルブリ、エティオールの三つの遺跡は、保存状態がとりわけ良好である。(4) これらの遺跡は、セーヌ川に注ぐ支流のごく近くに位置していたことから、洪水に見舞われる度ごとに、おそらくは、春が巡ってくる度ごとに、細かいシルト(砂より細かく粘土より粗い沈積土)によって被われていた。その結果として、石の人工遺物、動物の骨、炉床が密封されたことによって、それらが放置されていたそのままの状態で保存されたのである。これらの遺物は、フランス人考古学者フランソワーズ・オドゥーズとニコル・ピジョによって細心の注意を払って発掘され、綿密に研究されたことが知られており、その成果によって、私たちは、ヨーロッパの北西部の開拓者たちと移住者たちの暮らしの生きいきとした断片に触れることができる。

マイエンドルフを後にしたジョン・ラボック君は、こうした「生きいきとした断片」に踏み込もうとして、パリ盆地の内部のオアーズ川の峡谷平野の、後の世にはヴェルブリの遺跡として知られるようになる地域に到着しようとしている。この遺跡は、今日では農業地帯の中央に位置しているのだが、ラボック君がそこを訪れようとすれば、ツンドラを横切り、峡谷平野の川沿いの低地にまばらに生えているマツとカバノキを通り抜けなければならない。けれども、これらの木々は、ラボック君を温かく迎え入れ、身を切るような風の冷たさを和らげてくれた。秋の午後の日差しはすでに衰えようとしている。彼は、野営地の外れに立って、人々が焚き火のまわりに群がっている光景を眺めている。これらの人々は、ヴェルブリに住んでいるわけではない。近くの川の浅瀬を渡ろうとしているトナカイを待ち伏せて射止め、それを各部に切り分けるために一年のうち一度か二度そこを使うだけである。

すでに三頭のトナカイの屠体が運び込まれ、それぞれ二、三メートル離れたところに放り出されている。狩人たちは、仕事に取りかかる前に一休みするために焚き火のまわりの人垣に加わった。ラボック君も、新たに体験する氷河時代の生活の死活に関わっているこの現場から学ぶ機会を逃すまいとして、それがよく見える場所を占めて腰を下ろした。トナカイの屠体は、どのようにして獣肉のステーキに変わるのだろうか？

男と女を含む三、四人が、解体作業を、石器を使って鮮やかな手際で素速くこなしながら、時折その手をとめ、狩りが行われていたときに積み重ねておいたフリントの剥片の中から切れ味の鋭い小刀や新しい鉈《なた》を選び出している。ラボック君は、もっとも近くで作業をしている一団の人々に視線を集中させながら、狩人たちのこの熟練の手業をなんとかして学ぶ方法はないものだろうかと考えている。(5) まず最初、トナカイの頭部を切り離し、次いで、胴体全体の皮を剥ぐ。それぞれの足の蹄のまわりの皮膚を切り裂き、脚の内側に沿って切開線を伸ばし、そこから皮を剥いでいく実質的な作業が始まる。だが、そのためには何度となく繰り返し腱を切り離したり、むしり取ったりしなければならない。剥いだ生皮は、地面の上に広げておく。腹部を、胸骨から股にかけて切り広げると、内臓の塊が地面に溢れ出るので、それは片側に押しやっておく。

次いで、屠体を各部に切り分けていく。まず脚と骨盤と肋骨の厚切りを、肝臓と腎臓とともに取り出し、それを生皮の上に積み重ねる。心臓と肺と気管支は、一繋がりとして取り出し、その後で切り離す。心臓は積み重ねた肉に加え、それ以外の部位は胃腸のそばに置く。終わりから二番目の作業として、切り離した頭部の頬を、舌の根本が剥き出しにされるまで切り広げる。次いで、舌に切り込みを入れながら、強く引いてそれを引き離す。最後に枝角を切り離し、それによってトナカイを各部に切り分ける作業が終わりを告げる。

屠体を取り囲んでいる一団の狩人たちは、皮に沿って次の切り口を入れたり、四肢を切り離すために屠体をひっくり返すこともある。いくつかの大きな骨付き肉を数メートルばかり運んで二人の女に渡すと、女たちはそれを骨なしの切り身へと加工していく。トナカイの解体に取り組んでいる狩人たちは、時折、肉がほんの少ししかついていない骨や脊髄を肩越しに放り出すので、地面の上には、椎骨、下肢や足の骨の短い切片、胸郭の断片が散乱していく。

解体作業が終わると、人々はもう一度一休みし、その間に肉の切り身を、腎臓や肝臓とともに焚き火で炙って食べる。その後、狩人たちは、トナカイの肉を橇《そり》に積み込み、焚き火のまわりの土を足で蹴って灰に掛け、撚り合わせた革紐を強く引きながら出発していく。あたりはすでにたそがれている。数分もすると、オオカミたちが食べ残しを漁りにやって来る。これは、オオカミたちにとっては労せずしてありつける御馳走であり、骨を囓ったり、血を舐めたり、内蔵を奪い合いながら貪り食う。

やがてオオカミたちも解体の現場を去ってしまうのだが、いつの日にか考古学者たちがそれを発見することだろう。かつて火が焚かれた場所には灰の痕跡が残されており、道具が用意されていたところにはフリントの剥片や、剥片が打ち欠かれた石の塊の残滓が集中して散乱してばかりか、オオカミが囓った骨の断片や、狩人たちが棄てた道具が少しばかり散らばっているからである。その種のものが残されていない三つの円形の小さな区画は、そこにかつて屠体が放り出され、そのまわりで狩人たちが解体作業を機敏に行った場所を示している。放置された骨にこびりついている肉の小片、皮、腱、骨髄は、鳥類、甲虫類、ウジ虫に食われてしまい、ほどなくして消えてしまう。春になると奔流によって川の土手が決壊し、その現場の上には肌理の細かい土壌が堆積し、フリントのごく小さな欠片と骨の断片以外のすべては、後世の人々によってあれこれ詮索されることはない。

ラボック君は、後世の人々にパンスヴァンと呼ばれるようになるもう一つの居住地を訪れている。それは、一二五キロばかり離れた真南に位置しているとはいえ、ラボック君は、オアーズ川の峡谷平野と、セーヌ川がヨンヌ川と合流する地帯に沿った曲がりくねった道筋をたどらなければならなかった。そこに到着してみると、木の骨組みをトナカイの皮で被った一群の住居のまわりで人々が焚き火の番をしたり、獣皮を加工している姿が眼に入った。獣皮を杭にしっかりと固定し、それをこすって脂肪や肉などの汚れを取り除きながら滑らかにしている。彼は、あおり戸を持ち上げて住居の中を覗いてみた。小さな火が燃えており、その近くには丸木舟のような獣皮の揺りかごの中で乳飲み子が眠っている。四、五歳くらいの男の子が一対のすね当てを着せられただけの素裸同然の姿で床の上で遊んでいる。

住居の外では数人の年長の男たちと女たちが寄り集まり、そろそろパンスヴァンを後にして南の野営地に帰って冬を越した方がよいのではないかと話し合っている。すでに晩秋を迎えているので、すべてのトナカイの群はもはや去ってしまい、あたりにはずっと以前に北方に移動した巨大な群からはぐれてしまった少しばかりのトナカイしか見当たらない。

パンスヴァンに居残っているのは、五つの家族だけであり、それぞれの家族は、地面の凹みに設えられた専用の炉床を使っている。数人の男たちがトナカイの骨付き肉と枝角を積んだ橇《そり》を引きながら帰ってきた。ラボック君がヴェルブリから去っていくのを見送った一団の人々とほとんど変わらない姿である。すべての人々がそのまわりに集まり、切り分けた骨付き肉を分け合う。夕食は、その野営地を来年まで引き払う前の最後の御馳走である。

フランスの偉大な考古学者アンドレ・ルロア゠グラムが一九六〇年代にパンスヴァンを発掘したとき、彼は、数多くのトナカイの骨の断片を、人々がその肉を炙って食べていた炉床の凹みのまわりから発見した。[6]その二〇年後、アメリカ人考古学者ジェームズ・エンローは、それぞれ異なった炉床から出土した骨の断片が一体を成していることを発見し、人々が一つの骨付き肉を分け合っていたことを明らかにした。[7]たぶん居体全体もこうして分配されていたのだろう。一頭のトナカイの左の前肢が一つの炉床の、その同じトナカイの右の前肢が別の炉床のそばで発見されたからである。食べ物の共有は、パンスヴァンで野営していた人々の社会生活の中核を占めていた。だが、これは、人類の歴史におけるすべての狩猟採集民について等しく認められている生活様式にほかならない。

セーヌ川の峡谷平野に沿って北に四〇キロ引き返す道筋を選んだラボック君は、後世の人々にはエティオールとして知られるようになる居住地に到着した。[8]ここではまったく異なった作業が行われているのだが、それは道具の製作である。予測することができたトナカイの群の移動は、フランス北部の峡谷平野で暮らしていた氷河時代の狩人たちにとって一つの魅力にすぎなかった。もう一つは、峡谷平野の山腹のチョークや石灰岩の露頭であり、そこから良質のフリントの塊を大量に切り出すことができた。フリントは、石器時代のいかなる時期においても、もっとも貴重な原材料だった。フリントの塊を石の槌で叩くことによって、剥片やカミソリのように鋭くて長い石刃《せきじん》を打ち欠くことができたからである。こうした石刃は、精妙な手業で先端を削り出すことよって投げ槍の尖頭器、獣皮から脂肪や肉などの汚れを掻き取る道具、骨や牙に彫刻を施す「ビュラン」(鑿)、獣皮に穴を開ける石錐など、多種多様な道具に加工することができた。北方の土地に進出していった開拓者たちは、氷河時代の金物店ともいうべきフリントの供給源を探し求めていたことだろう。フランス北部の峡谷平野で見つけることができたフリントは、彼らが遭遇した最良のものだったに違いない。
ラボック君は、居住地からほんの数百メートルの地点でチョークの堆積岩から掘り出され、鹿皮の袋に詰められたフリントの大きな塊が運び込まれるのを注意深く見守っている。その中には重さ五〇キロ、長さ八〇センチにも達するきわめて大きいものもあり、ラボック君が西アジアのアズラクで眼にした塊がひどく小さかったように思えてくる。これらの大きな塊の多くは、その内部に疵が見当たらない。石の品質を著しく低下させてしまう化石や水晶や、氷結によって引き起こされたひび割れをまったく含んでいない。

作業は一見したところのんびりしており、お喋りが混じったり、途中で少しばかりの食べ物を口にすることもあるとはいえ、その手業は真剣そのものであり、塊の叩き方は入念に工夫されている。そうした良質の塊は、熟練工にとってはその業を揮う絶好の機会を与えてくれる。そればかりか、フリントは大量にあるので、熟練していない人たちは、熟練者がうち棄てた石ではなく、新しい石と取り組むことができる。職人たちは、両膝の間に考古学者たちが石核と呼んでいる石の塊を固定し、枝角に石を固定した槌で叩いていく。すると、薄い剥片が整然と剥がれ落ちる。地面に落ちたほとんどの剥片はそのまま放置しているのだが、選り抜いた少しばかりは、傍らにとどめている。選ばれたこれらの剥片は、精妙な手業によって端を削り取って特定の形や角度に成形することもあるとはいえ、多くは、そのままの状態で使用する。その種の剥片の切れ味がもっとも鋭いからである。石の塊と石槌を自ら手にして親指を散々叩いてしまった挙げ句の果てに、たった一つの剥片すら打ち欠くことができなかったラボック君は、眼の前で易々《やすやす》と披露されている知識と熟練の業にふたたび感じ入った。けれども、今回は少なくとも指から出血するといった事態はなんとか避けることができたので、アズラクで暮らしていた日々に比べれば、少しばかりではあれ、進歩の跡が窺えるといえるだろう。

剥がれ落ちた薄片の形と大きさは、その作業に使う槌の種類、石の塊のどの部分を叩くか、塊に対して一撃を加えるときの速度と角度に正確に対応している。職人たちは、塊を叩く前にしばしば端を削り取ったり磨り潰したりすることがある。塊を一撃する力が上下左右のいずれかに偏るのをあらかじめ防ぐためである。この作業と取り組んでいる職人たちの目的は、フリントの長くて薄い「石刃」を造り出すことにある。(9)

石刃の製作は、いずれかといえば、機械的で面白みのない作業のように見えるかもしれない。事実、考古学者たちは、その仕事をそのように記述している。けれども、その作業そのものを注意深く見守ったラボック君の印象は、まったく異なっていた。職人たちは、石核を指で撫でながら石の感触を楽しんでいる。打撃を加える度ごとに、石核の裂け目から剥片が剥がれ落ち、地面の上の剥片とぶつかってチリンチリンと鳴るその音に一心に耳を傾けている。絶えず石核をひっくり返しながら、あたかもそれが新しい狩り場の地形ででもあるかのように、もっとも効果的な手順を見きわめようとしている。それを「フリントの打ち欠き」とか「道具の製作」と呼ぶことは、そうした作業を愚弄しているのではないかと思えてくるほどである。

無論のこと、打ち欠きは、常に目論見通り巧くいくわけではない。外側からは申し分がないように見える石核の中には内部に隠れた疵《きず》をもっているものもあり、その種のものは、軽く叩いてみただけですぐにうち棄てている。そうした石核からは完璧な石から響いてくるキーンという硬質な音ではなく、ゴツンといった鈍い音が聞こえてくる。もっと問題なのは、打ち損ないと、石核の形を整えるためにどの部分を取り除くか、に関する間違った判断である。ラボック君が注意深く見守っていると、石核が真っ二つに割れてしまったり、剥片が部分的にしか剥がれ落ちず、石核に「段差」が残ってしまったときにその作業と取り組んでいる職人たちが思わず吐《つ》く悪態が聞こえてくる。ときには石核そのものを、床の上に積み重なって山を成している剥片の中に投げ棄ててしまうこともある。

エティオールではそうした大量の廃棄物の堆積が二五ヶ所も発掘されている。ちょうどジェームズ・エンローがパンスヴァンから出土した動物の骨を再結合したように、フランス人考古学者ニコル・ピジョは、それぞれの廃棄堆積物に含まれていた剥片と石核を再結合してみた。紀元前一二五〇〇年頃のエティオールで働いていた氷河時代のフリントの個々の職人のまさに秒単位の決断と行動を復元してみたのである。その結果、ピジョは、炉床のもっとも近くに座っていた職人たちがもっとも熟練していたことを発見した。再結合された石核のうちそうした人たちが取り組んでいた石核が、打ち欠きの失敗がもっとも少ないことを示していたからである。職人たちは、技能において劣っている度合いが増すにしたがって、その度合いに応じて炉床から遠ざかった場所で働いており、炉床からもっとも離れて働いていた職人たちは、石刃の打ち欠きがぎこちなくて不器用だった[10]。

ベルギーの南部のムーズ川の峡谷平野やレス川の流域のような、ヨーロッパのそのほかの地域では、フリントは、それよりはるかに貴重な必需品であり、未熟な職人がそれを浪費することはできなかった。これらの峡谷平野を最初に探査したのは、おそらくパリ盆地に住んでいた狩人たちであり、彼らは、紀元前一六〇〇〇年頃アルデンヌ丘陵地帯を越えてそれらの峡谷平野の瀬踏みにやってきたのだと思われる[11]。その地において数多くの洞窟を発見した彼らは、それを野営地として利用し、ハンノキ、ハシバミ、クルミノキの小さな低木密生林から切り出した薪で火を焚いていた。フランスとドイツの場合と同じように、狩人たちは、時折、川の浅瀬を渡ったり、狭い渓谷を通り過ぎようとして「天然のワナ」に陥っているトナカイを待ち伏せて狩っていた。それ以外の時期には、いずれかといえば、運を天に任せて獲物に忍び寄り、野生のウマ、アイベックス、シャモア、アカシカのような多種多様な動物を狩っていた。

ムーズ川の峡谷平野とレス川流域は、食料の供給源が豊富な地域だったに違いない。紀元前一三〇〇〇年以後ほどなくして、狩猟採集民たちが一年を通してその地域にとどまるようになったことは、それを物語っている。私たちは、それを、彼らが射止めた動物の歯の季節ごとの成長線の顕微鏡検査によって知ることができる。考古学者たちは、リーバーマンが前期ナトゥフ文化期のハ・ヨニームの遺跡のガゼルの猟期の同定に用いた手法を踏襲することによって、氷河時代のベルギーで狩られていたトナカイの歯の成長の最後の段階が夏期と冬期のいずれかだったことを突きとめている。

そのいずれもが等しい比率であることが知られており、それは、ベルギーの南部の狩人たちが一年を通してトナカイを狩っていたことを示していた。彼らは、一つの峡谷平野から別の峡谷平野へと移動し、その中間点のツンドラに被われていた高原でも動物を狩っていたのかもしれない。けれども、彼らは、手近でフリントを手に入れることはできなかった。その産地は、北方三五キロか、西方六五キロの地点に位置しており、そこにたどり着くには、少なくとも数日の遠出を余儀なくされていた。

氷河時代の野営地の一つは、今ではボワ・ラトゥリと呼ばれている。[12] これは、急峻な峡谷の上手の北に面した、隙間風が吹き込む寒冷で薄暗い小さな洞窟であり、そこを使っていた誰にとってもけっして住み心地のよいところではなかったことだろう。氷河時代の狩猟民たちは、その洞窟を夏期の野営地として使っていたとはいえ、そこに寝泊まりしていたのは、おそらく、その近辺で狩りをしたり、サケやカワカマスを捕獲していたほんの数日間にすぎなかったに違いない。洞窟には部分的に切り分けられた動物の屠体が持ち込まれており、鳥の骨から造った横笛が演奏されていた。その横笛は、その後、洞窟の中で失われたか、その中に放置されていた。その洞窟から出土している骨の編み針は、彼らが衣服を縫い合わせていたことを示している。狩猟民たちが洞窟を後にした後、キツネがそれを巣穴として使っており、そのきっかけは、おそらく、キツネが彼らの残した廃棄物に引きつけられたということだったのだろう。

ムーズ川とレス川の合流点の近くに位置していたシャルゥのようなそのほかの洞窟遺跡は、はるかに大きくて南に面しており、その中にはいくつものがっしりした炉床が石板に沿って一列に並んでいた。これらは、狩猟採集民の小さな集団がそこから様々な作業に出かけていった主要な野営地だったと思われる。人々は、それを、猟と漁や、フリントや薪を拾い集める基地として使用していたのだろう。

ムーズ川の峡谷平野とレス川流域には年間を通して人々が定住していた野営地はまったくなかったとはいえ、それらは、過去の世代の生誕の地である南の地域にはもはや帰ろうとはしなかった狩猟採集民の集団によって年間を通した生活圏として利用されていた。そもそもこれらの峡谷平野や河川の流域にどの程度の人々が暮らしていたのかということになると、それを確定することはほとんど不可能だとはいえ、個体群が生存可能な状態を確保するための最低限の数字は、五〇〇人程度だと考えられている。これは、拡散して暮らしながら、婚姻によってその成員を交換するために定期的に集合する場所をもっていた狩猟採集民の集団群という数学的なモデルから導き出された数字であり、歴史時代の文書に記されている北アメリカやカナダの狩猟採集民の場合とも符合してもいる。[13]それぞれの集団がそうした目的の下に集まる機会は、せいぜい一年に一度か二度だったのではあるまいか？　ムーズ川の峡谷平野やレス川流域の狩猟採集民たちのほとんどは、四つか五つの家族によって構成された二五人から五〇人の集団を作って暮らしていたと思われるからである。

紀元前一二五〇〇年までには極北の地を除くヨーロッパ全域が居住に適していたとはいえ、おそらく、その大分部の地域にはまったく居住者が存在していない状態が続いていたことだろう。氷河時代の自然環境は、人口の増加率を抑制しており、冬期の生存に苛烈な条件を強いていた。そればかりではない。人々にとって重要な食料源だったトナカイが問題を引き起こしていた可能性があるからだ。これは今日ではすでに知られていることなのだが、トナカイの総個体数には「急増と激減の交替」の期間があり、[14]そのうちの後者は、氷河時代の多くの狩猟民たちを絶望的なまでの食料難に追い込み、たとえ人口の増大がその緒に着いていたとしても、それを帳消しにしていた。そうした状況においては、同じ地域に住んでいた人々の集団ばかりでなく、何百キロ、あるいは、何千キロもの距離によって隔てられていた集団にとってすら、互いに接触を保つことは必要不可欠だった。生存のカギを握っていたのは、情報、具体的には、食料源や環境の変化や、シュテルモールで用いられていた弓と矢のような新たな技術革新に関する情報だったからである。

私たちは、人々が長い距離を旅して友達や親戚を訪れて珍聞やうわさ話に花を咲かせたり、将来の計画について話し合ったり、どんな動物や植物を見たとか、どんな渡り鳥が飛んでいたとか、そのほかの集団からどのような知らせがあった、といった情報を交換していたと推測することができる。考古学者たちは、これらの人々の往来の痕跡を、ヨーロッパの広大な地域の全域において運ばれていたり、ときには失われてしまった品目を手掛かりとして発見してきた。その最良の実例は、ベルギーの南部の洞窟に持ち込まれ、その後、その内部で発見された化石化した貝殻であり、実用的な価値をまったくもっていないこの交易品は、しかしながら、衣服の装飾や数珠玉として日々の生活に華やかな彩りを与えることができた。これらの貝殻は、二つの地質学上の地層に含まれていることが突きとめられている。その地層の一つは、パリ盆地の近くに、もう一つは、ロアール川の峡谷平野の内部に位置しており、そのいずれもがその原産地からそれぞれ一五〇キロと三五〇キロばかり隔たっている。

西ヨーロッパ中央部の狩猟採集民たちの間でも同じような人々の往来が、北部のエルベ川とライン川の間で、南部のアルプス山脈とドナウ川の間で行われており、化石化した貝殻ばかりでなく、フリント、石英、琥珀、黒玉が、それらの原産地から一〇〇キロ以上離れた遺跡で発見されている。

現在のドイツに当たるこの地域は、最終氷期最盛期には極地沙漠だった土地に継続的に居住していた集団に関する最良の洞察力の一つを与えてくれる。[15] その地域のなだらかに起伏している丘陵地帯や、河川の峡谷平野で発見されている氷河時代の遺跡の大多数は、またしてもベーリング期のものであり、この時期には、その景観は、かつてと同じように広々としており、狩人たちは、そこで野生のウマやトナカイを狩ることができた。ライン川の中流域では、狩人たちの四つか五つの集団が合流し、峡谷平野で群を作っていた数多くの野生のウマを秋期と冬期に協力しながら狩っており、夏期には隣接している高地地方でトナカイを狩るために分散していったのだろう。

秋期と冬期におけるこうした共同の狩りのもっとも印象的な根拠を与えてくれるのは、ライン川中流において、その川を鋏んで互いにじかに向き合っていた地域に位置していたゴンネルスドルフとアンデルナッハの遺跡であり、そのいずれもが、紀元前一三〇〇〇年から一一〇〇〇年かけて人々が居住していたことが知られている。アーレンスブルクの峡谷平野からエティオールに至るヨーロッパを横切って旅をしている間にトナカイの狩りと解体、フリントの打ち欠きの訓練を積んできたラボック君が今し方到着したのは、このゴンネルスドルフである。[16]

彼は、谷間《たにあい》の平地の上方の段丘に位置している居住地を見つけ出した。季節はすでに冬であり、空はどんよりと曇って、雪が地面に積もっている。彼は、そこがボワ・ラトゥリのような隙間風が吹き込む冷たくて薄暗い洞窟でもなく、パンスヴァンのような粗末な住居の寄り集まりではないことに気づいた。そこには直径六メートルから八メートルの円形の住居が数軒あり、それぞれの住居は、丈夫な木の柱によって支えられ、芝土と分厚い獣皮の屋根よって被われている。身を切るような寒い風がツンドラを吹き抜けていき、煙がそれぞれの住居の屋根から立ち昇っている。遠くの住居からはかすかな歌声が、近くの住居からは家族のお喋りが聞こえてくる。

ラボック君は、腰をかがめて出入り口の獣皮を押し広げ、中に入ってみた。そこには一〇人から一二人ばかりの人々が、平たい石を敷き詰めた床に敷かれている分厚い毛皮の上に座っていた。内部は温かくて、そこに居合わせている男も女も胸を剥き出しにしている。炉床の火の中で香草が燻っているので、芳香を発している煙を吸い込んだラボック君は、軽い陶酔感を覚えた。人々は中央の炉床を囲んでいる。炉床の上にはマンモスの骨に支えられた石板が置かれており、その上ではウマの肉が焼かれている。

いくつもの貝殻が車座をなしている人々の手から手へと受け渡されている。その貝殻は、小さくてクリーム色を帯びた白い中空の管のような形をしており、長さはほんの数センチである。その中には表面が滑らかなものもあれば、数多くのうね模様に彩られているものもある。この地の居住者たちはそうした貝殻をそれ以前に眼にしたことはなかった。それは、まず地中海の海岸で採集され、その居住地を冬期に訪れた人によって持ち込まれたツノガイの貝殻だった。ラボック君は、無論のこと、アイン・マッラーハの人々がそうした貝殻を首に掛けている姿をすでに眼にしている。ちなみに、肥沃な三日月地帯のオークの林地に栄えていたアイン・マッラーハの集落は、この居住地とまったく同時代である。

夜の帷が降りた頃には、人々は、肉をすっかり平らげており、樹脂ランプが灯っている。一人の男は、そのほかの男たちより年老いて見え、キツネの歯に穴を開けて糸を通した首飾りを身に着けている。その男は、人々がここに集って夕べのひとときを過ごしている間中、顔を燻っている香草の近くまで下げ、その香りを深く吸い込んでいる。男は、やおら粘板岩の石板を手にしたかと思うと、フリントの先端を使ってその表面に切り込みを入れながら、絵を描き始めた。男がそうしている間中、人々は、もの柔らかな調べを口ずさんでいる。数分以内に男はそれを完成させ、線刻が施された石板が車座に沿って次々と手渡されていく。男が描いたのはウマである。それは念入りに描写されており、全体と各部の調和も正しく表現されている。石板が傍らに置かれる。その年老いた男は呪術師であり、陶酔感を引き起こす煙をふたたび吸い込み、人々の歌声に包まれて精神を数分間集中させ、もう一枚の石板が車座に沿って次々とまわされていく。その上に象られているのは、またしてもウマである。こうした光景が何時間も続いていき、年老いた男は、ついには床の上に崩れ落ちてしまうことだろう(17)。

ゴンネルスドルフにおいてゲルハルト・ボシンスキーが行った発掘によって、一九五四年以降、ヨーロッパ中央部から出土した芸術的な遺物のもっとも大きく、もっとも洗練されたコレクションが生みだされており、そのコレクションを構成しているのは、動物や女の姿が彫り込まれている一五〇枚以上もの石板である。しばしば自然主義的な技法を用いて、もっとも頻繁に描かれているのはウマであり、これは、ドルドーニュの洞窟絵画ときわめてよく似ている。ウマに対する関心の高さは驚くべき話ではない。それは、その地の居住者たちにとって不可欠な食料源だった。けれども、その種の経済的な観点にもとづく論証は、マンモスも、また、同じようなレヴェルの自然主義的な技法を用いて頻繁に描かれているのはなぜなのかを説明することはできない(18)。これらの線刻は、この時代のライン川の中流域にはマンモスがきわめて稀だったり、あるいは、まったく存在していなかったにもかかわらず、眼や長い鼻や尻尾の詳細な描写において、書き手が解剖学的な構造上の少なからぬ知識を持ち合わせていたことを示している。そのほかには、鳥類、アザラシ、ケブカサイ、ライオンも描かれている。

ラボック君は、ゴンネルスドルフに数日間とどまったのだが、男たちは、毎日、いくつもの集団に分かれて峡谷平野でウマを狩っていた。男たちがそうした仕事に精を出している間に、ラボック君は、氷河時代の集落のもう一つのきわめて重要な事実——一九世紀の考古学者たちによってまるで無視されていた事実——を正しく認識するようになった。それは、女たちによって担われているきわめて重要な役割である。考古学上の遺物の大部分は、男たちによって行われていたと考えられている狩りや獲物の解体から生み出されていることから、そうした労役が強調されることによって、女たちが担ってきた重要な作業が見過ごされてきた。ラボック君は、ゴンネルスドルフでは女たちが薪を集め、住居を建設してそれを補修し、衣服を仕立て、炉床を管理して食事を用意し、石、木材、枝角から道具を造り、子供たち、老人、衰弱した人たちの面倒を見る姿を目の当たりにしてきた。夜中に居住者たちが集って焚き火を囲んでいるとき、歌ったり踊ったりするのも女たちだった。子供を産み、生まれてきた乳飲み子に授乳するのも、無論のこと、女たちである。そればかりか、女たちも、狩りにも出かけていた。

ある日の夕方、ラボック君は、彼がその名をもらい受けたヴィクトリア女王時代の人物が「野蛮な社会」における女たちの役割をどのように認識していたかを知りたいと考え、『有史前の時代』の頁をパラパラめくってみた。だが、その種の記載はごくわずかしかなかった。女たちについては、ほとんどなにも記述されていないのだ。ラボックはある頁に「野蛮人の間では、女たちの貞節は、概して重要視されていなかった」と指摘している。もっとも、それを補足して、「我々は、そのために彼女たちをあまりに厳しく非難すべきではない」[19]とも論じている。そのほかの頁では、食人風習に触れ、不用意にも、女の肉は男のそれより好まれた、と註釈を加え、[20]「食料難の時期には、女たちは、いずれかといえばイヌよりも好んで食われたと思われる」[21]と書きとめている。それゆえ、ジョン・ラボックが評価していた女たちの唯一の役割は、男たちの空腹や、さもなければ、美食の欲求を満たすことにあったのである。

ラボック君は、これがまったく間違っていることに気づいた。氷河時代の社会のすべての局面における女たちのきわめて重要な役割は、ゴンネルスドルフの芸術家たちによって描かれていた主要な主題が女だったのはなぜなのかを説明してくれるといえるのかもしれない。そうした形象は、動物の描写に示されている自然主義的な技法をまったく用いていないとはいえ、両手、体、両腕、一対の乳房を描き込んだほぼ完全な描写から、一本の線が背中と臀部の輪郭をなぞっている事実上の抽象にまで及んでいる。女たちは、単独で、あるいは、三人とか四人の集団で描かれていることもあれば、一〇人、あるいは、それ以上が一直線に配列されており、その体が踊りを連想させるような具合に揺れているかのように描かれているように見えるものもある。女たちが列を成して歩いているように見えるものもあれば、幼児を背中におぶった女の両の乳房が明らかに母乳でふくらんでいるものもある。様式化された女の形は、同一のものが中央ヨーロッパの西部全域の遺跡から数多く発見されており、その中には石板の上にそれを彫り込んだものもあれば、枝角をそうした形に彫り出したものもある。だが、ゴンネルスドルフのように、その種の芸術作品が大量に発見されている遺跡は、そのほかにはまったくない[22]。

考古学者たち――その典型は、男の考古学者たちなのだが――は、氷河時代の女を象った形象を、それがいかなるものであったとしても、伝統的に豊穣の象徴と解釈し、その多くを「ビーナスの小立像」として記述してきた。しかしながら、ゴンネルスドルフの形象については、あからさまに性を描いたものはまったく存在していない。事実、それらの形象は、女たちの役割を、性的な欲望の対象はいうまでもなく、たんなる子供たちを産む存在というよりはむしろ、氷河時代の集団における母親、弱者の看護者、食料の調達者や働き手として捉え、それを褒め称えているように思われる。

人々は、冬期を通してゴンネルスドルフにとどまっており、そのほかの集落の居住者たちが加わったことによって、その数は一〇〇人以上に膨れあがっている。人々は、物語を披露したり、来るべき春の計画――

それぞれの集団がどこに狩りに出かけ、その必要があるとすれば、誰が集落に居残るのかといった事柄――を話し合ったりしながらときを過ごしている。それは、ヨーロッパの中央部や北部の全域の冬の野営地で繰り広げられていた光景だった。しかしながら、それがいつまでも続くことはなかった。ラボック君は、かつてアブー・フレイラ近辺のステップにおいてそうしていたように、満ちたりた心持ちを抱きながら住居の中で座っている。まさしくあのときと同じように、彼の仲間たちは、新ドリアス期が今にも到来しようとしていることをまったく知らない。それは、ライン川の峡谷平野という舞台の上で繰り広げられている歌や踊りの幕を閉じてしまい、その幕がふたたび開くことは、少なくとも今後一〇〇〇年間はないことだろう。

紀元前一〇八〇〇年頃、ヨーロッパの気候は、厳寒の氷河時代のうちもっとも厳しい状況へと瞬く間に後戻りしてしまった。この途方もないほどの気候変動は、ヨーロッパの中央部の峡谷平野で冬を過ごしていた、また、そうすることによって狩猟採集民の大きな集団の暮らしを維持してきたウマの群を激減させた。その結果として、たんに夏の季節の間だけ一時的に人気《ひとけ》のなかったゴンネルスドルフは、永遠に見棄てられてしまったのである。

植物の群落と動物の群集は、ヨーロッパ全域において様変わりした。林地だった地域は不毛のツンドラへと舞い戻った。ヨーロッパの北部で暮らしていた氷河時代の狩人たちは、ちょうど西アジアの前期ナトゥフ文化期の人々と同じように、この新たな状況に適応しなければならず、その個体群は、絶滅の瀬戸際まで追い込まれたのである。野生の穀類を栽培する技術を持ち合わせていなかった彼らは、ふたたび一年に一度アーレンスブルクの峡谷平野を通り抜けて移動するようになったトナカイの群を、今回は矢と弓を使って、活用する以外の手段をもっていなかった。(23)

過去の歴史を現時点から振り返ることができる私たちは、よき時代がふたたび巡って来ることを知っている。紀元前九六〇〇年頃、劇的な地球温暖化が冬期の厳寒の息の根をとめたことによって、ヨーロッパでは一〇〇〇〇年以上もの期間にわたって見られることがなかった、広大な地表が青々と茂る樹木によって被われた環境がもたらされた。そして、私たちが、新ドリアス期を跳び越えて、これから入って行かなければならないのは、こうした林地である。ラボック君にはヨーロッパの南部に入り、そこからヨーロッパの北西部に、つまり、現在のイギリス諸島に帰ってくる旅を続けてもらうことにしよう。

15 スターカーにて

――紀元前九六〇〇年から八五〇〇年における北ヨーロッパの前期完新世の高木林地への適応

ヨークシアのスターカーを訪れることは、ヨーロッパにおける考古学上の基本的な遺跡の一つを訪れることを意味している。この遺跡は、その意義において、ラスコーの洞窟絵画やツタンカーメンの墓に擬えられてきたのだが、その判断は正鵠を射ている。けれども、そこを訪れてみると、大気を汚染する観光バスも見当たらなければ、観光客をカモにしようと手ぐすねを引いているガイドもいない。遺産センターもなければ、土産物店もない。案内板もなければ、記念碑もないし、記念銘板もない。あるのは、英国の田園地帯のいたるところで眼にすることができるひなびた光景だけである。

筆者がそこを最後に訪れたのは、一九九八年の穏やかな夏の日の午後のことだった。そのときにはすでに名もない田舎道に入り、農場の敷地を通り抜ける道筋を見つけていたので、時折、立ちどまってツバメや岩ツバメの曲芸飛行を眺めながら歩いていった。雌牛が草を食んでいる牧草地を通り抜け、低木列の生け垣に沿って歩いている筆者の道連れは、紫色のアザミのまわりを飛びまわっているチョウとゴシキヒワだけだった。この小道が、その水面に白鳥とその雛を浮かばせてゆったりと流れているハートフォード川に出会ったところで農夫と交わした言葉によって、筆者は目的地にたどりついたことを知った。

その遺跡は、筆者の左手にあるとはいえ、見るべき遺物はまるで見当たらない。過ぎ去ってしまった過去を物語る崩れ落ちた壁もなければ、草によって被われた円丘もない。眼の前に広がっているのは、なんの変哲もない牧草地であり、筆者の背中の後の川の土手にはキイチゴ、キンポウゲ、ヨーロッパノイバラの花が乱れ咲れ、そのまわりをミツバチが忙しなく飛びまわりながら花の蜜を集めている。東と西に眼を遣ってみても、ピカリング峡谷の平坦な牧草地が見渡すかぎり広がっており、その広々とした景観をところどころで遮っているのは水路と小さな農園だけである。北側では大地がヨークシアの荒れ地に向かってしだいに盛り上がっており、南側ではウォルズ白亜層台地の丘陵地帯がなだらかな起伏を描いている。そよ風がシモツケソウの香を運んでくる。筆者は軽いめまいを覚え、その後では眠気を催した。

標識一つないヨークシアのこの辺鄙な場所がラスコーやツタンカーメンに匹敵することができるのはいったいなぜなのだろうか？　それは、まるで馬鹿げた比喩にすぎないのではないのか？　しかしながら、そうした譬えを持ち出したのは、誰あろう、ケンブリッジ大学の栄えあるディズニー考古学教授（ジョン・ディズニーが一八五一年にケンブリッジ大学に設立した基金から資金提供の資格を認められた教授）であり、ケンブリッジ最古の学寮ピーターハウスの学寮長を務め、「英国学士院」の特別会員でもあった故サー・グレアム・クラークその人だった。(1)また、彼は、いかなる意味合いにおいても、軽率な人物ではなかった。ただし、控え目な研究者でもなく、スターカー発掘の栄誉を担ったのは、ほかならぬサー・グレアム・クラークだったのである。

ツタンカーメンの墓と、ラスコーの洞窟絵画が失われた古代世界の象徴だとすれば、そうした事情は、スターカーにも当てはまる。それは、考古学者たちが中石器時代と呼んでいる時代区分において森に居住していたヨーロッパの狩猟採集民たちの失われた世界の象徴だからである。それは、ヨーロッパの文化の新たな世界だった。それは、シュテルモールのトナカイの狩猟民たちやゴンネルスドルフの踊り手たちの子孫によって、新ドリアス期が幕を開けたときと同じように突然その幕を下ろした後で、また、それにともなってヨーロッパの氷床が最終的に溶けてしまった後で、形づくられた世界だった。

ヨーロッパには中石器時代の遺跡が何百も、おそらくは、何千もあり、考古学上の記録は、それ以前の歴史に登場した氷河時代の人々の短命に終わった痕跡とはまるで異なっている。遺跡の中には風変わりな墓が発見されているものもあれば、印象的な芸術作品によってその名を知られているものもある。けれども、スターカーは、そのいずれをも欠いている。それでは、その遺跡がそれほど特殊なのはいったいなぜなのだろうか?

その答は単純である。スターカーは、中石器時代が、事実上、その幕を開けた場所なのだ。それは、ヨーロッパ全土における中石器時代の居住地のうちもっとも初期のものとして知られている一つである。中石器時代は、筆者個人にとってはそこから始まった。スターカーは、筆者が聞き知った中石器時代の最初の遺跡であり、筆者が考古学者になる決意を固める上で中核的な役割を担っていた遺跡だった。また、歴史的な意味合いからしても、中石器時代は、ここから始まった。グレアム・クラークが一九四九年から五一年にかけてその発掘を行うまで、中石器時代は、その前の時代区分である旧石器時代と、その後の新石器時代と比較すれば、無視されていたも同然の有様だった[2]。スターカーは、その放射性炭素年代が突きとめられたことによって、それがどのような時代区分に属しているかが確定されたヨーロッパの最初の遺跡だった。

ヴィクトリア女王時代のジョン・ラボックは、一八六五年の時点においては、ヨーロッパの有史以前のこのきわめて重要な時代に関する知識をまったく持ち合わせていなかった。彼は、『有史前の時代』に「我々がすでに手にしている遺物を入念に研究することによって、有史前の考古学は、それぞれ明確な特徴をもった四つの時代に分けることができるように思われる[3]」と書いている。言葉を継いだ彼は、旧石器時代について、「人類がヨーロッパをマンモス、ホラアナグマ、ケブカサイや、そのほかの絶滅した動物と分け合っていた時代[4]」、新石器時代については、「フリントやそのほかの石から製作された見事な出来映えの狩猟具や道具によって特徴づけられている時代[5]」と記述し、それに引き続いたのが青銅器時代と鉄器時代だと理解していた。中石器時代にはまったく言及していない。それは、一八六五年には存在していなかったのである。[6]

ジョン・ラボックは、『有史前の時代』の後半において、デンマークの考古学教授ヴォルソーが旧石器時代を二つの段階に分割したいと考えていたその根拠を説明している。最初の段階は、絶滅した動物と関わりをもっている石器をともなっており、その次の段階は、とりわけ、デンマークの海岸で発見され、魚と動物の骨や人工遺物が埋め込まれていた「大量の貝殻の山」(貝塚)と関わっているとヴォルソーは考えていたからである。もう一人のデンマーク人考古学教授ステーンスルプは、大量の貝殻の山がラボックのいう新石器時代に属していたと考えていた。いずれの側も根拠が乏しかったのだが、それを比較衡量したジョン・ラボックは、ステーンスルプの側に与していた。彼は、大量の貝殻の山がデンマークの歴史において明確な一つの時代を象徴していると考えていたとはいえ、それが、おそらくは、新石器時代に属しているのではなかろうかと考えていたのである。[7]

私たちは、今ではヴォルソーが正しくて、ステーンスルプが間違っていたことを知っている。中石器時代は、ヨーロッパの先史学において、旧石器時代と新石器時代のいずれとも明確に異なっている。それは、農民たちが初めて歴史の表舞台に登場する以前の、樹木が密生した森で暮らしていたヨーロッパの完新世の狩猟採集民たちの時代である。グレアム・クラークは、一九三〇年代を通して英国における中石器時代に関する研究を、その時代の石器の目録と分類を編集することによって開拓した。[8]しかしながら、クラークの関心が中石器時代の生活様式と環境に向かうようになるきっかけを作ったのは、スターカーの発掘だけだった。

そうした制限のゆえに、彼は、大量の貝殻の山が一八五〇年代に発掘されたとき以降、たとえヴォルソーとステーンスルプがその年代について見解が異なっていたとはいえ、そうした問題とすでに取り組んでいたデンマークの考古学にたんに追いつこうとしていただけだったのである。(9)

その穏やかな夏の日の午後、筆者は、ケンブリッジ大学の若き講師がその作業グループとともにスターカーに到着して野営テントを組み立て、発掘作業を始めた場面を想像していた。クラークは、排水溝から石器が発見されたことから、スターカーを選んでいたのだが、それが明敏な判断であることが明らかにされた。彼は、ヨークシアの原野の水浸しの泥炭の中からたんに動物の骨ばかりでなく、狩猟採集民たちの野営地の痕跡を発見したのだが、その中に含まれていた枝角と木の道具の残骸は、先例がないほど保存状態が良好だった。その保存状態にごくわずかであれ近い中石器時代の遺跡は、英国では、それ以前とそれ以後を問わず、まったく発見されていない。

中石器時代の居住者たちは、筆者がその日の快適な午後に座っていたまさにその場所に座っていたことだろう。けれども、彼らが北側と南側に見ていた丘陵地帯の景観は様変わりし、今ではヨークシアの原野には、土壌の浸蝕を防ぐ石積みの段差と石造りの農家が散在しているにすぎない。その丘陵地帯は、かつてはカバノキが茂り、その下にはシダが密生していた林地によって被われていた。また、彼らの眼の前に広がっていたのは、牧草地ではなく広大な湖であり、その湖の畔は、今日では、筆者がさきほどそこで眠気を催した低い傾斜地にそのかすかな痕跡をとどめている。

彼らの野営地は、カバノキの林地や湖岸で狩りをするための基地だった。彼らが好んだ獲物はアカシカだったとはいえ、イノシシ、ノロ、ヘラジカ、オーロクス（野生のウシ）も狩っていた。植物を採集し、カモやカイツブリやアビを捕らえており、おそらく丸木舟を操って魚も捕らえていたことだろう。彼らは、夏が巡ってくる度ごとにスターカーで野営していたのだが、その重要な仕事の一つは、湖岸に群生していたアシを焼き払うことであり、野営地では道具類を造ったり修繕していた。新しい石製の鏃や「かえり」を矢柄に取りつけたり、獣皮から脂肪や肉などの汚れを取り除いてそれを衣服に縫い上げたり、枝角から銛を造っていたのである。

それらの枝角は、秋と冬に集めておき、その作業のために蓄えられていたものだった。枝角を銛に加工するのは、熟練の業をもってしても骨の折れる作業であり、それに用いられたのは鏨《たがね》の形に削り出された石器だった。まず枝角に沿って平行の長い溝を彫り込んでいき、次いで、それを割って平らな切片を取り出す。それをいくつかに切り分け、成形して磨きを掛けて滑らかに仕上げる。このように加工された枝角は、いくつもの申し分のない「かえり」をもった尖頭器へとさらに加工されたものもあれば、さほど細かな細工が施されていないものもある。これらは、おそらくそれぞれ異なった獲物を捕らえる目的に沿った形状をもっていたと思われるのだが、ひょっとすると、試作品だったのかもしれない。狩りにとってどれがもっとも効果的な形状なのかは、誰にもわからなかったからである。

ヨークシアの原野に腰を下ろしていると、筆者の脳裏には自ずと中石器時代の光景が浮かんできた。炎に煽られた乾いたアシにひびが入る音がパチパチ響き、その煙のせいで眼から涙がこぼれる。炎に照らし出されたカモ、ノウサギ、ハタネズミを興奮した子供たちが追いかけている。アシが赤々と燃え、それが垂れ下がっている枝に燃え移ると、鮮やかなオレンジ色に染まった花穂《かすい》が微風に運ばれ、湖上を漂っていたかと思う間もなく消えていく。アシが燃やされているのは、湖を一望の下に見渡すことができるようにするためであり、丸木舟に容易に乗り移ることができるよう計らうためでもある。それは、また、新たに生えてくる若芽の成長を促すことによって、彼らがこの地にふたたび帰ってきたとき狩るシカの餌場を湖岸に確保するためでもあった。紀元前九〇〇〇年の有史前の世界のそのほかの場所でも、人々はこうした手段によって若芽の発育を促していた。イェリコの畑で育っていたコムギやオオムギについても、そうした事情は変わらなかったことだろう。

その夜、人々は、鹿肉をたっぷり平らげ、草本から作り出した薬物に酩酊して踊りや歌を楽しんだのかもしれない。その中には獣皮を身に纏って枝角の仮面を被り、詠唱と、太鼓とアシの横笛が奏でる音楽に合わせながら、ひとときの感興に身を委ねてシカの動作を真似ながら体を動かしていた人もいたことだろう。こうした踊り手たちは、突然立ち止まり、空中の匂いを嗅いでいたかと思う間もなく、恐怖に怯えてあちこち走りまわり、ついには狩人たちの矢によって息絶える。これは、彼らの暮らしを支えているシカに対する感謝を表現するある種の儀式だった。

星空の下で眠った翌朝、人々は別れていく。歩いて丘陵地帯を目指す人もいれば、丸木舟を操って対岸の東の方角に向かっていく人もいる。シカの仮面は、解体された動物の骨や、銛や石器を造る過程で生みだされた破片とともに棄てられる。すぐさま忘れ去られてしまったこれらの破片は、やがて枯死したアシの下に埋もれてしまい、そのアシもいずれは泥炭に姿を変える。だが、それがふたたび日の目を見たときには、ヨーロッパの過去に関する理解を一変させてしまうこともある。

クラークはその発掘によって数多くの証拠物件を探り当て、筆者の脳裏に浮かんだ光景は、それらの遺物に依拠している。[10] クラークは、シカの仮面をいくつも発見しているのだが、これらは、踊り手の衣裳というよりもむしろ、狩りの偽装として用いられていたのかもしれない。それぞれ異なった形と大きさの枝角を加工した「かえり」をもった尖頭器や可食植物の残留物も発見しているとはいえ、草本から作り出した薬物については、なに一つとして知られているわけではない。また、短い幅広の櫂《かい》が出土しているにもかかわらず、丸木舟そのものは発見されていない。

クラークは、一九五一年に発掘を完了した。だが、それは、スターカーから出土した証拠物件の絶えざる再分析と再評価のたんなる端緒にすぎず、そうした事情は今日にまで及んでいる。[11] クラークは、一年の後半に狩られたシカにしか生えていない枝角が大量に出土しているという事実に鑑み、スターカーが冬期の狩りの基地だったと考えていた。しかしながら、動物考古学者ピーター・ローリー＝コンウィとトニー・レッグが動物の骨を再分析してみたところ、冬期の居住を示す根拠は、なに一つとして発見されなかった。[12] それとは対照的に、それが初夏だったことを示す痕跡が数多く見つかった。わけてもシカの歯は、もっとも多くを物語っていた。レッグとローリー・コンウィは、どの歯が生えているかを調べ、それを現在のシカについてすでに知られている歯の成長の形態と比べてみることによって、ほとんどのシカが五月から六月にかけて狩られていたと確信している。

「アシ焼き」は、一九九〇年代の中頃まで確認されていなかった。それを突きとめたのは、環境の復元の専門家であるとともに、レディング大学の筆者の同僚でもあるペトラ・ダークだった。[13] 彼女は、かつての湖の湖岸と中心部の泥炭から新たに採取した試料を薄く輪切りにし、その中に含まれていた花粉粒、炭素の粒子、植物の断片にきわめて詳細な顕微鏡検査を施した。最初のごく薄い切片は、人々がピカリング峡谷に進出してくる以前の時代のものであり、その植生が、マツとカバノキの下層に広葉草本、イネ科の草本、ヤナギアッケシソウが散在している氷河時代に典型的な景観を呈していたことを示していた。

紀元前九六〇〇年以降、泥炭の細片に封じ込められていた花粉粒にはポプラやビャクシンのそれが交じるようになり、次いで、カバノキのそれが著しく目立つようになる。紀元前九〇〇〇年を過ぎるとほどなくして、湖の近くで焚かれた火から飛んできた炭素の粒子が泥炭の中に姿をあらわすようになり、その量が、燃えたアシと花穂《かすい》の断片とともに急増するのだが、これは、集中的で活発な営みが行われていたこと、つまり、湖岸の植生が八〇年間にわたって一年に一度焼き払われたことを物語っている。次いで、人々は、一世代か二世代のあいだ湖を放置し、紀元前八七五〇年頃その地に帰ってきた人々は、以前とまったく同じ営みを、少なくともその後一世紀にわたって継続した。その頃までにはヤナギとポプラが湖に入り込み、そのほとんどを湿地の林（carr）――水たまりの中に樹木が密生した状態――に変えていた。紀元前八五〇〇年頃までにはかつての湖には見渡すかぎりハシバミが生い茂っており、人々は、それを一度焼き払った後、スターカー（Star Carr）を見棄ててしまった。そのとき湖は、事実上、その姿を消していたからである。

ハシバミ、カバノキ、マツ、ポプラといった、氷河時代には「潜伏」を余儀なくされていた樹木は、新ドリアス期が幕を閉じるとほどなくしてふたたび姿をあらわし、林地の広大な部分を占めるようになり、北方への「進撃」を再開した[14]。

新たな林地は、いったんそれが確立すると、「治安の維持」はごくわずかしか望めなくなった。それらの耐寒性を備えた先駆植物のすぐ後で生存競争に加わったのは、より温暖で湿潤な気象条件を好む樹木であり、そうした木々の要求は、すでに始まっていた地球温暖化によって満たされていたからである。これらの樹木とは、オーク、ニレ、リンデンバウム、ハンノキであり、北方に散在していたそれらの種は、新ドリアス期によって息の根をとめられていたとはいえ、南ヨーロッパの峡谷平野では生き残っていた。

これらの種は、氷河時代に避難所としていた南の地域から北上を始めると、その道筋に沿って花粉粒の痕跡を残していった。一例を挙げれば、オークは、新ドリアス期が突如としてその幕を閉じたとき、その生育圏をすでにポルトガル、スペイン、イタリアの全域にまで広げていた。それは、紀元前八〇〇〇年頃までにはフランスの西海岸にまでにじり寄り、グレートブリテン島のはるか南西部にまで到達していた。紀元前六〇〇〇年頃までには、ヨーロッパ本土の全域ばかりか、スカンジナビア半島の最南端を窺い、紀元前四〇〇〇年までにはスコットランドの北端とノルウェーの西海岸にまで到達していた。けれども、その頃までには、はるか南の地域のオークは、穀類を栽培するために耕地を開墾していた農民たちによってすでに伐採されるようになっていた。イタリアの北部とバルカン半島の極寒を耐えて生き抜いていたリンデンバウムは、異なった経路をたどってヨーロッパの南東部から北上していった。それはヨーロッパの東部から中央部へとにじりよっていったのだが、紀元前六〇〇〇年頃、英国の南東部にかろうじて到達しただけだった。ハシバミ、ニレ、ハンノキも、また、同じような経路に沿ってヨーロッパ全土に広まっていった。その結果として生まれた林地は、樹木ばかりでなく、その下層に灌木、草本、菌類、蘚類、地衣類など多種多様な種が交じり合う豊かな群落だった。そうした林地がヨーロッパ全土を包み込んでいったのである。

動物もまた、生き残っていくためには環境に適応したり、棲息圏を変えていかなければならなかった。それに失敗した種もいくつかいた。マンモス、ケブカサイ、オオツノシカは絶滅してしまったのだが、これらの動物たちは、おそらくは、先端に石を固定した投げ槍によって奈落の底に突き落とされてしまったのだろう。トナカイやヘラジカのような動物は、樹木が青々と茂った林地が優位を占めることができないはるか北方や高山に移動することによって生き延びていった。地球温暖化によって多大の恩恵に浴したのは、アカシカ、ノロ、イノシシであり、これらの動物は、ほどなくして中石器時代の狩猟民たちが好んで狩る獲物になった。アカシカは、ツンドラや南ヨーロッパの樹林草原で大きな群れを作って生き永らえていた一方、ノロとイノシシは、最終氷期最盛期と新ドリアス期の過酷な気象条件を比較的免れていた峡谷平野の、矮性のオークやニレの林の中で生き延びていた。

植物の群落と動物の群集がしだいに変化していくにつれて、人々の生活もそれに適応して変わっていった。狩人たちにとって動物の行動の変化は、種そのものの移り変わりと同じように重要な意味をもっていた。エティオールで野営し、マイエンドルフで狩りをしていた人々は、移動性のトナカイの群に依存していた。彼らは、動物が移動するとき毎年たどる道筋を注意深く観察し、狭い峡谷平野や川の浅瀬といった待ち伏せ場で数多くの獲物を狩っていた。けれども、新たに生まれた林地では、シカは、分散して小さな群を作ったり、家族単位で、ときには、たった一頭や二頭で行動するようになっていた。それゆえ、粗暴な手段を用いた血生臭い殺戮は、新たな狩りの技法に取って代わられなければならなかった。一頭の動物に忍びより、密生した下草越に矢を射かけ、逃げる獲物を、その血痕をたどりながら追跡しなければならなくなったのである。[15]

環境と狩りの方法におけるこうした変化が新たな技術の開発をもたらしたのは驚くべき話ではない。投げ槍や矢のずんぐりした形の尖頭器に代わって登場したのは細石器だった。一般的にはフリントを用い、それを小さく打ち欠いた石刃は、瞬く間にヨーロッパの各地に広まり、その製法は、石器製作のもっとも重要な技法になった。

この点に関しては、ヨーロッパの人々は、小さな刃を造り、それを一連の目的に沿った形に削り出すことが石という素材のもっとも効果的な使用法だという、西アジアのケバーラ文化期の人々が少なくとも一〇〇〇〇年ばかり早い時点で下していた結論にようやく到達したのである。その結果として生みだされた狩猟具は、粗暴さと貫通力において劣っていたとはいえ、多様性と柔軟性によってそれを補って余りあるものだった。

細石器は、矢の先端部分と「かえり」としてばかりでなく、毛皮や樹皮や木材に穴を開ける石錐として使用された。それればかりか、小刀の刃や魚を突くヤスや、小さな板に埋め込んで植物のおろし金としても使うことができた。それは、機能拡張テクノロジー――最新の日曜大工器具一式や、アタッチメントを付け替えればその用途にはかぎりがないのではないかと思われるフード・プロセッサー――の石器時代版だった。中石器時代の人々の要求にこれほど適合していたものは、そのほかには類例がない。それぞれの季節の日々の生活や、遠出の狩りにすら、それを様々に活用する機会は枚挙に暇がなかった。思いもかけない獲物が姿をあらわしたり、早々と熟している木の実に遭遇したり、一夜の野営地を用意せざるをえなくなったり、魚を捕らえる好機が巡ってきたとき、それは、実に有用な道具であることを存分に示すことができたからである。(16)

細石器は、一般的には、居住地のごみ捨て場に散乱している状態で発見される。きわめて稀であるとはいえ、矢柄にマツの樹脂を使って固定されたものが回収されることもある。それと同じように稀であるとはいえ、動物の骨にめり込んでいる状態で発見される事例も知られている。いずれもスターカーとほぼ同時代のデンマークの遺跡であるトゥヴリンド・ヴィックとプレイレルプからは、ほぼ完全なオーロックス（ヨーロッパ家畜牛の祖先）の骨格がいくつか発掘されている。(17) これらの動物は襲撃されたのだが、捕獲は免れていた。トゥヴリンド・ヴィックの場合、二つの石の鏃が肋骨にめり込んでおり、さらに二つが骨に損傷を与えていたのだが、そのうちの一つの損傷は癒えていた。その傷口のまわりの骨が再生を始めており、オーロックスが矢を射かけられ、難を逃れたのは、それが初めてではなかったことを示していた。もう一つの傷口は癒えておらず、それがオーロックスにとって致命傷の一つになったことに疑いの余地はない。プレイレルプのオーロックスが被った運命もそれとほぼ同じだった。その尻の部分に突き刺さっていた鏃は一個だけだったのだが、軟部組織に加えられたその一撃によってオーロックスは、出血死したに違いない。この二頭のいずれの場合も、狩猟民たちが下草越しに忍びよって矢を射かけ、次いで、傷を負った動物を追跡していった光景を彷彿とさせる。だが、いずれの場合もそれは成功しなかったのだ。

細石器はいくつかの印象的な活動と関わっていたと推測されているとはいえ、それ自体は、有史前の道具の中でとりわけ印象的でもなければ、複雑だというわけでもない。中石器時代の最先端の技術を発見しようとすれば、私たちは、石ではなく、木材と植物の繊維から造られた道具に眼を向けなければならない。ヨーロッパの歴史において初めて、これらの道具は、考古学者たちの要求を満たすに足るだけの量が発掘されており、それらの道具は、技術上の革命を立証しているように思われる。

これらの新たな道具の発見は、たんに熟練工と女たちが樹木の青々と茂った中石器時代の林地において利用することができた幅広い素材を反映していたにすぎないのかもしれず、あるいは、これらの人々が頻繁に湖の近くで野営し、その廃棄物を泥深い浅瀬に残したという事実のおかげだったということなのかもしれない。いずれにせよ、植生が湖に侵入し、それを泥炭の湿原に変えていくにつれて、これらの廃棄物は、泥沼にすっぽりと埋め込まれてしまい、そうなることによって腐朽に対する抵抗力を強め、原形を保つことができたのである。しかしながら、こうした巡り合わせと良好な保存状態のいずれもが重要な意味をもっていたことに疑いの余地はないとはいえ、筆者は、もう一つの決定的な要因があったのではないかと考えている。それは、かつては絵画と彫刻に注ぎ込まれていた創造的なエネルギーが、切ったり、結びつけたり、撚りを掛けたり、刻んだり、編んだりする技芸に新たに振り向けられるようになったということだったのではあるまいか？

そうした技術によって作り出された道具が私たちに大きな喜びを与えてくれるのは、それらが自然そのものから滲み出たように見えるからである。それらは、現代社会からは失われてしまった自然界との親しい交わりを物語る、自分たちの手芸に愛着を抱いていた人々の細工物である。たとえば、考古学者たちは、ウナギの捕獲に用いられていた小枝細工の籠の残骸を発見している。その中には桜の木とハンノキの小枝にマツの根を編み込んだものもあり、これは、芸術、自然科学、具体的な用途が一つの形へと結晶した作品にほかならない。[18]魚を捕らえる網は、ヤナギの樹皮を編み、それを結び合わせて作られており、マツの樹皮のうきと石のおもりをつけて使用されていた。[19]人々は、こうした網を、トネリコを心臓の形に掘り出した、水かきをもった櫂《かい》を使ってリンデンバウムの幹を刳り抜いた丸木舟を操りながら打ったのである。[20]魚をワナに追い込むための柵にはハシバミの棒が使われており、カバノキの樹皮を折り曲げて縫い合わせた袋は、フリントの石刃の運搬に用いられていた。[21]

道具の製作のすべてが巧くいったわけではなかった。中石器時代のそれぞれの地域には弓を作ることができた優れた熟練者が数多くいたのだが、この技芸には習熟が必要とされた。ある場合には、ニレの木を切り倒し、その幹を大まかに弓へと成形する。それが枯れるまで放置しておき、次いで、完全な形に削り出していく。けれども、おそらくは、経験不足のせいで、あるいは、ひょっとしたら、その内部の節のせいで、使っているうちにその弓に亀裂が入り、しばらくすると、たぶん負荷に耐えきれなくなったせいで屈曲部からボキッと真っ二つに折れてしまうこともあった。[22]

これまでの記述によって、筆者は、中石器時代の食事のすべてがビーフステーキ、鹿肉、ウナギ、焼き魚だったかのような印象を読者諸賢に与えてしまったのではないかと懸念しているのだが、そうした印象は間違っている。私たちが考察しているのが、樹木や草本が生い茂っている緑したたる林地で暮らしていた人々であることを、その樹木や草本が、獲物に忍び寄るときにはその背後に隠れることができたばかりか、道具を造るときには切ったり、彫ったり、撚り合わせたり、編んだりするのに適していたことを、思い出していただきたい。中石器時代の林地は、木の実、種子、果物、草や木の葉、塊茎、若芽といった豊かな収穫物を人々に与えてくれる、自然が育んだ菜園だった。人々は、紛れもなくその恩恵に浴しており、その恩恵は、スターカーからはるかに隔たったヨーロッパの片隅の遺跡であるフランキティの洞窟の事例に明らかなように、きわめて大きいこともあった(23)。

北方では狩猟民たちがシカに忍び寄ったり、アシ原を焼き払ったりしていた一方、四〇〇〇キロも隔たったギリシアの南部で暮らしていた中石器時代の人々は、野生のレンズマメ、カラスムギ、オオムギを採集したり、ナシをもいだり、ピスタチオ、アーモンド、クルミを拾い集めていた。インディアナ大学のトマス・W・ヤコブセンが一九六七年から一九七九年にかけておこなった発掘によって、フランキティの洞窟には中石器時代の人々、とりわけ、紀元前九五〇〇年から九〇〇〇年の時代に暮らしていた人々の基準からすれば、膨大な量の種子が保存されていたことが明らかにされている(24)。事実、彼は、二七種の異なった植物の、二八〇〇〇粒以上もの種子を発見した。フランキティの洞窟に住んでいた中石器時代の人々は、それより数千年前の西アジアのアイン・マッラーハやハ・ヨニームの居住者たちと同じように大量の植物を食料として採集していた。ギリシアの沿岸地帯も、狩猟採集民たちの労力によって育まれた自然の菜園の生産力を維持していたのである。

北ヨーロッパに話を戻せば、その地の重要な可食植物は、ヘーゼルナッツ（ハシバミの実）やヒシの実であり、しばしば大量に収穫されていた。筆者自身、スコットランドの西岸の沖合四〇キロに位置しているちっぽけなコロンセイ島のストゥースヌィグの居住地の中石器時代のごみの穴に棄てられていた最大級の廃棄物の一つを発見したことがある。それは、その島で採集されて炙られた一〇〇〇〇〇個以上ものヘーゼルナッツの残留物だった。[25]

スターカーを後にするとき、筆者は、発掘作業のために掘割の地取りをしているグレアム・クラークや、研究室で歯の研究に余念のないピーター・ローリー・コンウィとトニー・レッグや、来る日も来る日もただひたすら顕微鏡を覗いているペトラ・ダークの姿をもう一度想像してみた。牧草地を歩いていると、一羽のシャクシギが、中石器時代のその遠い祖先と同じように、甲高い鳴き声を上げた。農場に近づいていったとき、湿った掘割に生えているのがヤナギとポプラとカバノキであり、その中にアシが散在していることに気づいた。そのまわりを少しばかり踏みつけてからしゃがんでみると、泥炭質の豊かな香りが筆者を包み込み、地面から水が染み出してきた。筆者は何気なくアシに触れてみた。すると、筆者の脳裏では、シカの仮面を被った狩猟民たちが、彼らに固有の歌声に合わせながら狩人ならではの仕草でふたたび踊り始めたのだった。

16　洞窟絵画の最後の芸術家たち
——紀元前九六〇〇〇年から八五〇〇〇年における南ヨーロッパの経済的・社会的・文化的な変化

時は今、紀元前九五〇〇〇年であり、南ヨーロッパのとある場所で氷河時代最後の洞窟芸術家が作品の制作と取り組んでいる。その男、あるいは、女は、顔料を混ぜ合わせ、壁の上におそらくウマかヤギュウを、たぶん点線で描こうとしているように見えるのだが、あるいは、たんに久しい以前に描かれていた絵を修復しようとしているのかもしれない。それだけのことなのだ。二〇〇〇〇年以上の歴史をもっている洞窟絵画が、おそらくは、人類がそれまでに達成していた最大の芸術の伝統が、その幕を閉じようとしているのである。(1)

紀元前一一〇〇〇年にゴンネルスドルフを後にしたジョン・ラボック君は、ライン川に沿って南に向かって旅を続け、フランスの東部の丘陵地帯を越えてドルドーニュ川の石灰岩の峡谷へと入っていった。彼は、新ドリアス期の到来とともに一〇〇〇年間にわたって景観が凍りついてしまい、林地が南へと退き、トナカイがフランスの中央部と南部の峡谷平野に戻ってきた時の移ろいを見守ってきた。だが、そうした状況は永くは続かなかった。ラボック君が中央山塊を横切ろうとしていたとき、まさしく地球温暖化の時代が巡ってきたのだ。それゆえ、ラボック君は、毛皮を身に纏って獲物を待ち伏せている狩人たちの仲間に加わる代わりに、今ではイノシシを追跡している狩人たちとともに足音を忍ばせて歩いたり、ドングリやイチゴ類を拾い集めて籠に詰める作業を手伝ったり、産卵のために川を遡上して来るサケをヤスで突こうとして岩の上に立ったりしている。(2)

最終氷期最盛期に斑点をあしらったウマが描かれていたペッシュ・メルルの洞窟は、もはや芸術作品の制作には用いられていない。というより、その洞窟にはもはや誰も住んでいない。その入り口に座りながらラボック君が眺めていると、数人の子供たちが茨をかき分け、丸石を押しのけながら洞窟に入っていき、出血している泥だらけの膝を床に突いた。子供たちは粗朶の松明を用意していたので、フリントで火を打ち出すと、小枝が燃え上がったかと思う間もなく、ヤギュウとウマとマンモスが洞窟の壁からいっせいに飛び出してきた。怯えた子供たちは、燃えている松明を床の上に放り出し、一目散に逃げ出した。ペッシュ・メルルの斑点をあしらったウマがふたたび赤々と照らし出されるまでには、これ以降、一〇〇〇〇年の歳月が過ぎ去るのを待たなければならなかったのである。(3)

ラボック君は、さらに南に向かって旅を続け、ピレネー山脈の麓の丘陵地帯に入っていった。この丘陵地帯で、彼は、大氷河時代の人々が時折落ち合っていた場所の一つを訪れてみた。それは、今日ではマス・ダジールとして知られている、石灰岩の崖に穿たれた巨大なトンネルである。(4)そのトンネルの中には一本の川が流れており、人々は、その左側の土手で野営している。その右手には洞窟の入り口があり、その壁には絵画と彫刻が施されている。氷河時代がその頂点に達していたとき、人々は、主として右側の土手で野営しており、そこで、それまで制作されていた中でももっとも芸術的な氷河時代のいくつかの彫刻を失ったか、投げ棄てたのだが、その中には、いなないているウマ、力強さに満ちあふれたアイベックス、雛鳥を連れているカモが含まれていた。冬期にははるか彼方からやって来た人々を含めた様々な集団が、貝殻、海水魚、美しい石を贈り物として、あるいは、交易の品々として携えながらマス・ダジールに集まった。こうした人たちは、その体を顔料、垂れ飾り、首輪で飾っていたのだが、その中には入れ墨をしていた者さえいたと思われる。[5] 集団への加入式、結婚式、儀式が行われていたのは、ここマス・ダジールだった。考古学者たちは、この洞窟を氷河時代の「超絶的な遺跡」と呼んでいる。[6]

しかしながら、ラボック君が紀元前九〇〇〇年にマス・ダジールを訪れたとき、その最盛期はすでに過去っていた。二つ三つの家族が、トンネルの巨大な入り口の近くの川の上流の土手に住み着いていたとはいえ、彼らは、そのすぐ近くの壁に施されている彫刻にはまったく関心を示していなかった。ラボック君は、動物の見事な出来映えの彫刻が制作されている現場を見てみたいものだと考えながら人々の肩越しに覗き込んでみたのだが、彼らはといえば、枝角をまったく装飾を加えずに削りだした平たい小さな銛で捕らえた魚のはらわたを抜いているだけだった。[7] そうした中で一人の男だけは確かに芸術作品らしきものと取り組んでいたとはいえ、よく見てみると、小石に顔料を塗りたくっているだけだった。顔料を一滴垂らしただけのような小石もあれば、二、三滴垂らしたものもあり、もう少し手をかけたものも少しばかりある。その小滴には赤いものもあれば、黒いものもあり、丸いものもあれば、縞が入っているものもある。

アリーズ川は、今なおマス・ダジールのトンネルの中を流れており、今ではパミエとサン - ジロンを結ぶ列車D119がその中を走っている。この路線の建設によって左側の土手のいくつかの遺跡が破壊された。マス・ダジールは、スターカーと同じように、考古学者であれば誰であれ、一度はそこを「巡礼者」として訪れなければならない遺跡なのだが、それは、そこに氷河時代の注目に値する芸術作品があるからだ、というばかりでなく、それが考古学の歴史にきわめて重要な役割を担っているからである。筆者がそこを訪れたのは二〇年以上も前の、大学に入ったばかりの頃であり、筆者の頭の中では、その洞窟の中で眼にした遺跡よりも、燦々と降り注ぐフランスの陽光を浴びながら一ビンのワインを片手にガールフレンドとともにトンネルの外側で横になっていた記憶の方がもっと鮮明に残っている。そればかりか、その当時、筆者は、マス・ダジールの歴史的な意義には気づいていなかった。偉大なフランス人考古学者エドゥアール・ピエットが旧石器時代と新石器時代を結びつける素材となる遺物を発見したのは、このマス・ダジールにほかならず、それは一八八七年のことだった。

ピエットとその後の発掘のいずれもが、旧石器時代の注目に値する一連の芸術作品ばかりか、石器と銛、トナカイ、ウマ、ヤギュウ、アカシカの骨などの有機堆積物を白日の下にさらした。けれども、こうした遺物の上の層には色彩を施された小石、短くて平らな銛、新たな形式の人工遺物が含まれており、ピエットは、それをアジール文化と呼んだのだが、それは、今日では南ヨーロッパの数多くの地域にも見られる中石器時代の遺物として認識されている。

一八八七年、色彩を施された小石を真正の歴史的遺物として扱うことに対して学問の世界において疑義が唱えられた。その当時、初期の有史前の芸術作品の実例は、一八七九年に発見されていたアルタミラの洞窟の壁画だけだった。ほとんどのフランス人考古学者たちは、その時点においてもそうした絵画が氷河時代の狩猟採集民たちによって描かれたとの考え方に対して、事実上、否定的だった。彼らは、野蛮人だったと考えられていたからである。しかしながら、その点についていささかの疑念も持ち合わせてはいなかったピエットは、一九世紀の末葉までには自説が正しいことを立証していた。さらにいくつもの遺跡が発見されたことによって人々は、アルタミラの絵画と、色彩を施されたマス・ダジールの小石のいずれをも真正のものとして受け入れざるをえなかったからである。

ピエットとその後の発掘によってマス・ダジールから色彩を施された小石が一五〇〇個以上発見されてお

り、さらに少なくとも五〇〇個がフランス、スペイン、イタリアの遺跡から出土していることが知られている。これらの小石は、氷河時代の芸術作品の美しさには欠けているとはいえ、どこからどう見ても謎めいており、その点では芸術作品の形象の不思議さをも凌駕している。アジール文化期の芸術は、すべての中石器時代のそれと同じように、難解で複雑であり、容易には窺い知れない謎を秘めている。フランス人考古学者クロード・クーローによる研究は、斑点が無作為につけられているというよりも、おそらくは、なにかを特定している符号を構成していることを示している。というのも、特定の形と大きさをもった小石が選ばれており、それぞれ異なった図柄の特定の組み合わせと、特定の数が好まれているからである。[8] 彼は一六の符号を同定しており、その中から二つを選んで対にする可能性は二五六通りあるにもかかわらず、そのうちの四一通りだけが使われている。小石に描かれている斑点は、一個から四個までが全体の八五パーセントを、対をなしている斑点が四四パーセント占めている。もっと大きな数については、二一個から二九個が好まれているように思われることから、クーローは、これらの数が月相を指しているのではないかと示唆している。だが、その当のクーローにせよ、そのほかの考古学者たちにせよ、マス・ダジールから出土した、斑点が描かれている小石の上に残されているメッセージを読み取ることができた人は誰一人としていない。

マス・ダジールを後にしたラボック君は西に向かい、ピレネー山脈の境界線をなしてなだらかに起伏している林地を通り過ぎ、氷河に被われた山々から溶け出した水が逆っている川を渡って進んでいった。スペインの北部では、海岸平野の奥深くまで入り込んでいる広い河口に沿って野営している人々を訪れた。

これらの狩猟採集民たちは、中石器時代のヨーロッパばかりでなく世界の各地の人々と同じように、広い河口に強い魅力を感じていた。そこでは豊かで多種多様な自然の恵みを享受することができたからである。

その究極的な供給源は、川底や海底の有機堆積物だった。それは、小エビや貝類などの数多くの小動物のエサとなり、次いで、それを補食するためにカニや大型の魚や鳥類ばかりか、カワウソやアザラシなどの哺乳動物が集まってくるからである。渡り鳥は好んで広い河口に飛来するのだが、その飛来は、しばしば魚の産卵、つまり、エサが一年中でもっとも豊富な時期とときを同じくしていた。それゆえ、狩猟採集民たちが広々とした河口に強い魅力を感じていたのは驚くには当たらない。人々は、そこで動物を狩ったり、魚を釣ったり、貝やカニを採集したり、鳥を網で捕らえたり、その卵を採集していた。

これほど自然の恵みが豊かだったにもかかわらず、紀元前九〇〇〇年頃スペインの北部に住んでいた人々は、定期的に海岸から一〇キロばかり離れている山脈の麓まで足を伸ばしてアカシカやイノシシを狩っており、[9] ときにはヤギを追って嶮しい岩山や断崖や山頂にまで踏み込んでいくこともあった。ラボック君も、海岸線からはるかに隔たった内陸へと入っていったのだが、それは、狩りのためではなく、偉大な芸術作品によってその名を広く知られているアルタミラの洞窟を訪れるためだった。

互いに絡まり合って入り口を塞いでいる小枝をかき分け、腹ばいながら巨大な蜘蛛の巣を突き破って前に進んでみると、彼の眼の前にあらわれたのは、紀元前一五〇〇〇年に氷河時代の芸術家たちによって描かれた雄牛の間だった。その内部はかなり薄暗かったとはいえ、ラボック君は、何頭もの雄牛が描かれている壮大な全景をぐるりと見まわすことができた。これは、後世の人々によって有史前のシスティナ礼拝堂に擬えられたことがあるのだが、それはたんなる言葉の綾ではなかった。けれども、その最盛期は久しい以前に過ぎ去っていた。今ではコウモリとフクロウが出入りし、洞窟そのものが、蜘蛛、甲虫、マウスの棲み家に変わり果てている。[10] ラボック君は、その周辺の林地で暮らしている人々はそもそも洞窟がそこにあることを知っているのだろうかと訝しんだ。そうした思いを抱きながら西に向かって二五キロほど旅を続け、もう一つの洞窟に到着した。この洞窟は、はるかに小さいとはいえ、明らかに今なお使われている。床一面に廃棄物が散乱し、堆《うずたか》く積もった貝の残骸が悪臭を放っている。ラボック君は、物陰に身を寄せてその洞窟の住人が帰ってくるのを待った。この洞窟は、今日ではラ・リエラとして知られており、人目を驚かす芸術作品を欠いているとはいえ、氷河時代がその幕を閉じたとき、南ヨーロッパの人々の生活様式がどれほどの変容を遂げたかに関する最大の洞察力を私たちに与えてくれる。ラ・リエラは、おそらく、そのほかのいかなる遺跡にも増して、洞窟絵画と、牙や骨に動物の形象を刻み込む伝統が突然途絶えてしまったのはなぜなのかを私たちが理解する手掛かりを与えてくれる。

ラ・リエラは、ヴェガ・デル・セリャの伯爵家の一門に連なる、エストラーダの公爵だったリカルドによって紀元後一九一六年に発掘された[11]。スペイン考古学界の先駆者としてその名をすでに確立していたリカルド公爵は、勘に頼りながらサンタンデルとオビエドの間の低木密生林の中で遺跡の発見と取り組んでいたのだが、それが洞窟の入口の発見へと彼を導いたのである。

そのとき公爵は岩の裂け目を発見し、それがほぼ垂直の、狭い通路の役割を果たしてくれた。その裂け目を無理矢理通り抜け、小さな薄暗い空間の最後部に入ってみると、彼は、自分がカサガイとタマキビガイの貝殻の巨大な堆積の真後ろにいること、それが洞窟の入り口を塞いでいたことに気づいた。それは、中石器時代のごみ捨て場だったのだ。

首尾よくラ・リエラを発見したリカルド公爵は、その後の発掘によって、貝殻の山には数多くの居住の層があること、それが氷河時代はおろか、それ以前にまで遡るものであることを発見した。彼が発掘を終えた後、その洞窟は、数多くの考古学上の遺跡と同じ運命をたどった。宝探しの夢に取り憑かれた人々によって略奪され、貝殻を大量に含んでいる堆積物は、農民たちによって耕地の肥料として掘り出されてしまったのだ。ラ・リエラは、スペインの内乱時代には兵士たちのアジトとして使われていたことさえあった。一連の絵画がその壁の上に発見された一九六八年と、アリゾナ大学のジェフリー・クラークが残存している遺物の調査のために小さな堀割を掘った一九六九年に考古学に対する関心が復活し、そうした曰《いわ》く因縁にもかかわらず、クラークは、洞窟の中には手つかずの堆積物が残されていることを発見した。

一九七六年から一九八二年の間にクラークは、ニューメキシコ大学のローレンス・シュトラウスとともに高度に洗練されたきわめて重要な発掘作業を行った[12]。二人は、居住者たちの廃棄物が互いに積み重なって三〇もの層をなしており、それが二〇〇〇〇年以上もの長期に及んでいたことを発見した。その最下層からは今から三〇〇〇〇年前にスペインに住んでいた最初の新人たちが投げ棄てた石の人工遺物と動物の骨が出土している。その上の層の有機堆積物は、最終氷期最盛期を生き抜いていた狩人たちの廃棄物であり、さらにその上の層には地球温暖化の時代を紀元前五五〇〇年に至るまで暮らしていた人々に由来する遺物が埋め込まれていた。洞窟の入り口は、こうした人々の大量の廃棄物によって完全に塞がれていたのである。

ラ・リエラは、数日から数週間にかぎられていた短期の居留に用いられた一時的な野営地であり、年によっては、それが春期であることもあれば、夏期や秋期や冬期だったこともあった。細心の注意を払ったシュトラウスとクラークの調査は、二人が発見した遺物を研究した専門家集団の努力と相俟って、劇的な環境の変動に人々がその暮らしをどのようにして適応させていったかを復元し、新たな生活様式へのもう一つの誘因を明らかにしたのだが、それは増え続けていく人口だった[13]。

紀元前二〇〇〇〇年頃にラ・リエラを使っていた人々は、主として樹木が生えていない自然環境の中で暮らしていた。彼らは、アイベックスやアカシカの群を深い雪や、狭い峡谷平野を遮断する立地に茂っていた低木密生林という天然の障害柵へと追い込み、先端に石器を固定した投げ槍によって狩っていた。[14] 紀元前一五〇〇〇年頃までには、ラ・リエラの居住者たちは、海岸まで出かけ、そこでカサガイ、タマキビガイ、ウニを採集し、岩場からタイ科やシマガツオ科の魚をヤスで突いて食料を調達するようになっていた。そこからラ・リエラに帰る途中、マツやカバノキの林地を通り抜け、ハシバミの低木密生林では木の実を採集していたことだろう。林地に新たに棲み着くようになったイノシシのような野生動物の姿を見かけたことがあったかもしれない。その後の七〇〇〇年間にわたって海面が上昇を続けたことによって、海岸は、しだいにラ・リエラに近づいていき、今ではその間の距離は二キロ程度にすぎなかった。洞窟の居住者たちは、海産物を以前にも増して活用するようになり、大量のカサガイの貝殻が洞窟の内部に山をなすようになっていった。その山がさらに大きくなるにつれて、カサガイそのものが小さくなっていった。集中的な採集が貝の成長の速度を上まわってしまったからである。

ラ・リエラに住んでいた人々は、それまでと同じようにアカシカを狩っていたのだが、今では一頭ごとにその後を追跡し、大きな石の尖頭器ではなく、細石器をその先端に埋め込んだ矢を使ってそれを狩っていた。イノシシやノロも狩っており、カモなどの鳥類をワナで捕らえてもいた。洞窟の内部には植物の残留物が少ないとはいえ、石製の短いつるはしの存在は、根菜類を掘り起こしていたことを示唆しており、へこみがある石は、それで木の実を割ったことを物語っている。

人々は、貝殻や魚類と動物の骨を洞窟の中に最後に投げ棄てた後、ラ・リエラの暮らしに見切りをつけた。その入り口は、木々と茨によって被い隠され、人々の記憶から失われてしまった。貝塚の下に重なり合っていくつもの層をなしていたかつての居住者たちの廃棄物は、発掘のときを待っていたのである。ジェフ・クラークとローレンス・シュトラウスは、この廃棄物が明らかにしている食生活の変化が海面の上昇と林地の拡大によって完全に説明できるという考え方を斥けている。しだいに多様性を増していった食材と、動物が狩られ、可食植物と貝類が大量に採集されていたことは、食料を必要としている人々の数が間断なく増えていったことを暗示しているからである。

ラ・リエラのみならず、南ヨーロッパ全域の遺跡から発掘されている動物の骨は、南ヨーロッパに住んでいた人々の生活における、革命というよりはむしろ、ゆるやかな変化を物語っている。アカシカは、それが最終氷期最盛期のツンドラで大きな群れをなしていようと、完新世の林地に散在していようと、狩人たちにとっては常に変わることのない主要な標的だった。南ヨーロッパのツンドラは、北部のそれと同じように木々が生えていない吹きさらしの状態だったことはただの一度としてなかった。気温が上がり、降雨量が増えるにつれて、林地は、木々が氷河時代の冬期のもっとも厳しい条件にすら耐えて生き残っていた峡谷平野の避難所からゆっくりと広がっていった。それに歩調を合わせて移動してきたイノシシやノロは、もはや大量に狩ることができなくなったアカシカの不足分を埋め合わせるとともに、今や林地に生活の舞台を移そうとしていた狩猟採集民たちに新たな好機を与えた(15)。

紀元前一〇〇〇〇年以降ラ・リエラを使っていた人々は、シカ狩りという何千年に及ぶ伝統に従っていたとはいえ、彼らの社会的・宗教的な生活は、すでに旧来の面影をまるでとどめていないほど様変わりしていた。最終氷期最盛期から紀元前一五〇〇〇年にかけてラ・リエラに住んでいた人々は、偉大な絵画が描かれていたいくつもの洞窟へと旅をし、歌ったり踊ったり、氷河時代の神々を崇拝していた(16)。しかしながら、イノシシを狩り、洞窟を大量の貝殻で埋め尽くした人々は、もはやそうした義務を履行する意思をまったくもっていなかった。

動物を、とりわけ、ウマとヤギュウを、抽象的な記号や人間の姿とともに描いたり、彫り込んだりする伝統は、二〇〇〇〇年以上もの永きにわたって継続していた。それは、ウラル山脈からスペインの南部にまで及んでおり、アルタミラの洞窟のヤギュウの壁画、ショーヴェの洞窟のライオン、ラスコーの洞窟のウマ、マス・ダジールの洞窟のアイベックスの彫刻といった傑作が数多く制作されていた。[17] 八〇〇以上もの世代にわたって芸術家たちは、同じ関心と同じ技法を継承していた。それは、人類に知られているうち比較を絶したもっとも長期に及んだ芸術の伝統だったにもかかわらず、地球温暖化とともに突如としてその姿を消してしまったのだ。

広々とした草原に取って代わった閉ざされた林地が人々の精神から芸術的な表現を閉め出してしまったのだろうか？　中石器時代とは、古代人の知覚が忘れ去られてしまった石器時代の「暗黒の時代」だったのだろうか？　そうではない。それはまったく見当外れである。洞窟芸術の伝統が終焉のときを迎えたのは、たんにそうした作品を創作する必要がもはやなくなってしまったからだった。絵画や彫刻は、けっしてたんなる装飾ではなかったし、創造に対する人類の内在的な強い衝動の必然的な表現だったわけでもなかった。それは、それ以上のもの、つまり、生存のための一つの手段であり、石器、毛皮の衣服、洞窟の中でパチパチ音を立てて燃え盛っていた炉床の火と同じように不可欠なものだった。[18]

氷河時代は、情報の時代でもあり、彫刻や絵画は、今日、私たちが手にしているＣＤ－ＲＯＭの役割を果たしていた。[19] 待ち伏せや血生臭い屠殺は、しかるべき人々が、しかるべき場所に、しかるべき時に配置されているかぎりにおいて、容易であり、十分な食料を手に入れることができた。次いで必要とされたのは、争うことなくその配分を確保する決まり事だった。一つの地域における豊かな食料は、そのほかの地域における欠乏を意味していた。それゆえ、いくつもの集団は、自発的にともに狩りに参加し、しかる後、分散していかなければならなかった。そのためには、どの集団がどこにいるかを知り、窮乏時に頼ることができるしかるべき友だちや関係を確保しておかなければならなかった。動物の群は不意に姿を消してしまうことがあり、また、それは、予測することができなかったことから、狩人たちは、それに代わる狩りの計画を、それをすぐさま実行できる状態において、用意しておかなければならなかった。

そうした問題を解決しようとすれば、動物が集まる場所とその移動に関する知識、誰がどこで暮らしており、どこでなにを狩っているのか、それぞれの集団がどのような将来的な計画をもっているのか、危機に陥ったときにはどの集団を頼ればよいのか、といった情報は、集団の存続にとって決定的な意味をもっていた。芸術、神話体系、宗教的な儀式は、そうした情報の不断の取得と供給の維持に裨益していた。

様々な集団が、一年に一度か二度、儀式や祭礼を行ったり、絵を描くためにペッシュ・メルル、マス・ダジール、アルタミラなどの洞窟に集ったとき、人々は、動物の移動に関する情報を交換した。そうした集団は、前年を互いに離れて暮らしており、その中には海岸平野に住んでいた人たちや、遠隔地の親族を訪ねる長旅を体験した人たちもいれば、渡り鳥の飛来を見守っていた人たちもいたことだろう。語るべき話題は数多くあり、その話題によって新たに獲得した知識は、それよりさらに多かったに違いない。狩猟採集民たちの宗教的な信念は、食料を、それが必要なときには、共有する一連の決まり事を定めていた。洞窟絵画は、たんに動物の輪郭をなぞって描かれていたわけではなく、それを人々との関わりにおいて昇華しようとする意図にもとづき、枝角や脂肪質の部位が誇張して表現されている[20]。そうした絵は、子供たちに教えるとき、なにを見なければならないかを判断するための素材だった。それは、来るべきときに獲物を捜したり、どれを狩るかを判断するとき、狩人が注視しなければならない指標を伝えていた。それと同じように、神話的な物語は、その祖先にとって必然的だった、だが、予測することができなかった困苦欠乏の年月を生き抜いてきた戦略を物語っていた。[21]

それゆえ、一年に一度か二度の儀礼や祭礼が行われているかぎり、また、そうすることによって、人々がうわさ話をしたり、知識や判断を交換したり、狩りの手柄話を並べ立てたり、社会的な結束を再確認したり、自分たちのまわりの動物についてもっと多くの知識を身につけたりする機会をもっているかぎりにおいて、情報は流通し、社会は繁栄することができた。だが、それには、社会が氷河時代の気候という制約の下にあるかぎり、という留保条件がついていた。

しかしながら、紀元前九六〇〇年以降の樹木が青々と茂った林地における生活は、その種の差し迫った必要を強要してはいなかった。今では動物は一頭ずつ個別に狩られていた。大量屠殺がなければ、管理しなければならない剰余は生まれない。狭い峡谷平野や渡河は、もはやかつての意義をもってはいなかった。人々をしかるべき場所に、しかるべき時に確実に配置する必要はもはやなくなっていた。人間界と自然界の違いを問わず、はるか彼方でなにが起こっているかを知る必要はなくなった。狩りは、場所と時間を問わず、誰によっても効果的に行えるようになった。また、たとえ動物を見つけることができなかったとしても、可食植物やカサガイをふんだんに採集することができた。ちょうどアカシカの群と同じように、人々の集団は、以前より小さくなり、より広い地域に散在していくようになり、自足の度合いを増していった。

人々はそれでもなお定期的に集合していたのだが、それは、それぞれの集団の間の結束を維持したり、人々を娶せたり、原材料や食料を交換したり、籠細工や織物の新しい技術を習ったり教えたりするといった問題を解決するためだった。こうした集団の活動を、洞窟の壁の上に描かれている四足獣がそれを凝視している下で行う必要はもはやなかったのである。

洞窟芸術がその幕を閉じたのは、文化の崩壊や社会の瓦解や、精神が芸術に対して閉ざされた陰鬱な時代の到来のせいだと考えるべきではない。洞窟絵画の終焉は、人々が、その必要が生まれたときには、社会の慣例を書き直すことができる能力をもっていることをきわめて雄弁に物語っている。それは、地球温暖化が私たちの惑星を脅かしている今日、私たち自身が呼び覚まさなければならない能力でもある。

17 沿岸地帯の大変動

――紀元前一〇五〇〇年から六四〇〇年における海面の水位の変化とその結果

それは四〇ミリだった。ひょっとすると、三三ミリだったかもしれず、二三ミリにすぎなかったということだったのかもしれない。これは、ほぼ砂浜の小石の厚さか、ごく浅い潮だまりの深さくらいである。これが紀元前七五〇〇年以降において一世紀に及んだ年間の平均的な海面の上昇の最良の推定値だと聞かされたとしても、中石器時代の人々がそれに強い関心を示したか否かについて筆者は確信をもてない[1]。なにしろ、そうした統計は、今後一〇〇年間における私たち自身の地球の海面の推定上昇値と、事実上、まったく同じであるにもかかわらず、いかなる国の政府にしても、それについて真剣に思い悩んでいるとはとうてい考えられないからである。

これらの数字は、放射性炭素年代の不精密さと、北ヨーロッパの海面の変化のお話にならないほどの複雑さと苦闘している科学者たちが数年前に弾き出した推定値である。これらの数字は、小さいように思われるかもしれない。だが、それが中石器時代に対してもっていた潜在的な重要性は途方もないほど大きなものだった。それは、沿岸地帯に大変動を引き起こしたからある。その究極的な原因は、巨大な氷床が、とりわけ、北アメリカの氷床が、溶解の決定的な段階を迎えたことだった。想像を絶する巨大な水量が大洋へと流れ込み、何千人もの人々の生活を破滅へと追い込んでいった。だが、これは、ときとして、けっして言葉の綾で

はなかったのである。(2)

紀元前七五〇〇年には、北ヨーロッパの海岸線は、英国の東部からデンマークまで一直線に走っていた。その海岸線にはいくつもの広い河口が深々と刻み込まれ、その河口の奥には切り立った崖に鋏まれた峡谷があり、その峡谷は、なだらかに起伏している丘陵地帯の間を縫うように走っていた。現在では北海に水没しているドッガーランドの海岸線は、礁湖、沼沢地、干潟、砂浜によって形づくられていた。それは、おそらく、ヨーロッパ全域の中でももっとも豊かな動物や野鳥の狩り場であり、漁場でもあったことだろう。(3) スターカーを発掘したグレアム・クラークは、ドッガーランドが中石器時代の文化の中心地にほかならなかったと確信していた。(4)

中石器時代のこの失われた世界が初めて知られるようになったのは、一九三一年のことだった。一隻のトロール船コリンダ号がノーフォークの海岸の東方四〇キロばかり沖合のオワーの浅瀬の近くで夜間の漁をしていた。船長のピルグリム・E・ロックウッドは、泥炭の塊を引き上げてしまい、それを幅広の短いオールでほぐしてみた。すると、なにか固いものを打ち当てたのだが、それは、錆びた金属ではなく、「かえり」をもった枝角の尖頭器だった。(5)

その同じ年、ケンブリッジ大学の植物学者であり、クラークの同僚だったハリー・ゴドウィン博士は、花粉分析の新たな技術をグレートブリテン島の泥炭の堆積物に適用しようとしていた。ゴドウィンは、北海の泥炭試料をコリンダ号が網を引いていた海底の近くからも採集した。彼は、その海底にかつては林地があったことを発見し、その景観は、氷河時代がその幕を閉じた直後のヨークシアの東部、デンマーク、バルト諸国のそれとほとんど同じだった。ゴドウィンは、これらの地域が地続きの大陸の一部だったことを、そのオークの混交林地で人々がシカを狩ったり、可食植物を採集していたことを、その林地の中で人々が「かえり」

をもった枝角の尖頭器を失ってしまうこともあったことを、実質的に立証した。

ほぼ六〇年間、コリンダ号が発見した尖頭器は、海面の上昇によって水没してしまった中石器時代の世界の象徴だと考えられていた。けれども、その枝角から微小な試料が放射性炭素年代測定のために削り取られた一九八九年、考古学者たちは衝撃を受けないわけにはいかなかった。彼らが驚いたことには、それは、スターカーから出土したほとんど同じような尖頭器と同時代ではなく、それより二〇〇〇年ばかり古いことが判明したからである。[6] トナカイの狩人たちは、ドッガーランドが極地ツンドラだった時代に尖頭器を失っていたのであり、ラボック君は、クレズウェルの岩山からアーレンスブルクの峡谷平野へと旅をしていたとき、その地を通り抜けていたのである。

中石器時代のドッガーランド沿岸の居住者たちは、自分たちのまわりの景観が、わずか一日のうちに、あるいは一生のうちに、あるいは、両親や祖父母が今では水没している礁湖や沼沢地の物語を自分たちに話してくれたことを思い出したとき、変わっていることに気づくようになった。変化の初期の徴候は、かつては乾燥していた地面が沼地に変わったり、地下水面が上昇していくにつれて、窪地に池が、さらには湖が姿をあらわしたことだった。海そのものはそれまでと同じようにかなり遠くに見えていたとはいえ、木々が水に浸かって枯死するようになった。オークとリンデンバウムがまず姿を消し、最後まで踏ん張っていたのは、一般的には、ハンノキであり、海水がその根を洗い、しぶきが葉を濡らすようになるまで生き永らえていた。[7]

満潮の潮位がさらに高くなり、次いで、潮が引かなくなった。砂浜がしだいに浸蝕されていった。沿岸の草原と林地が塩性沼沢地に姿を変えていった。土地が日々海水によって洗われ、土壌に塩分が染み込んでいったのである。そうした土壌では可食植物のオグルマや、ノミやナンキンムシやヌカカの棲み家だったイネ科のスパルティナ属のような特殊な植物しか生き残っていくことができなかった。さほど遠からぬ昔には小鳥たちの絶好の棲息地だった林地が消えていくにつれて、サギやソリハシセイタカシギやベニヘラサギが飛来するようになった。

北海がドッガーランドを浸蝕し、海水が峡谷平野や丘陵地帯のまわりにまで侵入するようになっていった。海岸線には新しい半島が形成され、それが沖合の島々へと姿を変え、ついには永遠にその姿を消していった。それは地中海でも起こっていたことであり、海は、ギリシアの人々がその周辺で豊かな可食植物を採集していたフランキティの洞窟にじりじりと近づいていった。(8) 紀元前七五〇〇年までにはフランキティの洞窟の居住者たちにとって海岸線までは午後の散歩程度の道程にすぎなかった。その先祖にとっては丸一日の行程だったことを考えてみれば、それが人々の生活環境を一変させたのは、けっして驚くべき話ではない。フランキティの洞窟の内部の食料の残骸が埋め込まれている層は、その居住者たちがまずカサガイやタマキビガイを採集するようになり、次いで、海を生活の場とする漁師になったことを明らかにしている。彼らは、小舟を操って一二〇キロばかり沖合のメロス島のような島々にまでたどりつくことができる技術を身につけ、そこで発見した黒曜石を洞窟に持ち帰った。こうした新たな生活様式は、探検と移住には打ってつけであり、コルシカ島、サルデーニャ島、バレアリック諸島に人類史上初めて人々が住み着くようになった。(9)

ヨーロッパの沿岸で暮らしていた人々にとってそうした体験は、時間と場所によって異なっていた。一部の地域では、環境の変化は、人々がそれに気づかないほどゆるやかだった。歳月の経過とともに食生活、技術、知識に変容をもたらしていた要因は微細であり、その生活様式への影響は捉えにくくて意識されなかった。その一方では、驚きのあまり眼を見張った人々もいた。大波が内陸にまで押し寄せて水しぶきが屋根にかかっていたり、砂丘が一夜にしてまるで形を変えてしまった光景を目の当たりにしたからである。そのほかの人々、たとえば、現在ではインヴァネスと呼ばれているスコットランドの北西部の居住者たちは、突然の大変動に直面していた。

一九八〇年代にスコットランドの考古学者ジョナサン・ワーズワースは、キャッスル・ストリート一三－二四番のいくつかの家屋が取り壊された後、中世の町の一部を発掘した。(10) その下にはネス川の河口域を見下ろす場所に建てられていた一三世紀の中世の建築物と屋外便所の基礎があった。彼は、中世の煉瓦職人たちが築いた基礎がその中に埋め込まれていた小石混じりの白っぽい海砂の層の下にほぼ五〇〇〇個のフリントの人工遺物、骨の破片、炉床の痕跡、つまり、中石器時代の狩りに由来する残骸の散乱を発見した。

紀元前七〇〇〇年頃のとある日のこと、中石器時代の人々の小さな集団が、入り江と、おそらくは、その先の海を見下ろす砂丘の内部の天然の窪地に心地ちよさそうに寝そべっていた。たぶん、彼らは、アシカ狩りに出かけるために日が暮れるのを待っていたのだろう。ひょっとしたら、日中はアジサシの卵やサムファイア（海岸の岩などに生えるセリ科の多肉の草）を採集し、カワウソの毛皮の袋に収めていた細石器と掻器を補充するために海岸の小石を打ち欠いている一人二人を除いて、一眠りしようとしていたのかもしれない。それは、北ヨーロッパの海岸地帯の全域において何度となく繰り返されてきた光景であり、中石器時代の一般的な狩猟採集民たちにとっては、ごくありふれた一日だった。

しかしながら、運命は、そうした日々の継続を許そうとはしなかった。その数時間前、北方一〇〇〇キロばかりの地点、より正確には、北極海のノルウェーとアイスランドの中間点で大規模な海底の地滑りが起こっていたからである。それは、ストレッガ・スライドと呼ばれている最大級の地滑りであり、大津波を引き起こした。(11)私たちにはインヴァネスのキャッスル・ストリート一三‐二四番として知られている場所で時間を潰していた狩猟採集民たちは、ひょっとしたら、カモメが突然甲高い鳴き声を上げ始めたことに不吉な予感を感じ取って不安に駆られていたかもしれない。遠くから聞こえていた低い唸り声のような音は、ほどなくして轟音に変わった。初めのうちは信じられぬ思いで眼を見開いていた彼らも、高さ八メートルの波が入り江に押し寄せて来たときにはパニックに陥っていたことだろう。彼らは懸命に逃げ惑ったに違いない。

彼らが無事逃げのびることができたか否かは、私たちにはわからない。けれども、もしそうすることができた人が、潮が引いてから後を振り返ったとすれば、小石混じりの白っぽい砂が、砂丘や岩場ばかりでなく、南北、眼のとどくかぎりのあたり一帯を被い尽くしていた光景を目の当たりにしたことだろう。一七〇〇〇立方キロメートル以上もの堆積物がスコットランドの東海岸に沿って投げ出され、それが耕地、砂丘、集落の住居群を、中石器時代の突然の大変動の証拠物件として、その下に埋め込んでしまったのだ。

この津波がドッガーランドの標高の低い海岸地帯に与えた衝撃は、凄まじいほどの破壊力を秘めていたに違いない。何キロ、いや、何十キロもの海岸線は、数時間、おそらくは、数分のうちに破壊され、丸木舟から網を引き上げていた人たち、海草やカサガイを採集していた人たち、浜辺で遊んでいた子供たち、樹皮の揺りかごの中で眠っていた赤ん坊など、数多くの人々の命が失われたことだろう。カニ、魚類、鳥類、哺乳動物などの生物群集は全滅し、沿岸の居住地は、跡形もなく消え失せてしまった。小屋、丸木舟、ウナギを捕らえる筌《うけ》、木の実の詰まった籠、魚を干す棚などすべてが粉々に砕かれ、一掃されてしまったのである。

はるか三五〇〇キロも隔たっているヨーロッパのもう一つの地域も、それとは異なった突然の大変動に見舞われていた。その犠牲者たちは、その当時は淡水湖だった黒海の沿岸の低地で暮らしていた人たちだった。(12)平坦で肥沃な土壌に恵まれていたこの低地にはオークが枝葉を茂らせており、人々は、何千年もの間、その林地で動物を狩ったり、植物を採集していた。しかしながら、その出来事が起こったときには、新しい人々がすでにそこに住み着いていた。それは新石器時代の農民たちだった。トルコの集落から分かれてこの地にたどり着いたこれらの人々は、豊かな沖積土に定住し、木々を伐り倒して林地をコムギやオオムギの耕地に変え、その材木で住居を建て、家畜化されていたウシとヤギの柵や畜舎を作っていた。農民たちの移住と、そうした農民たちが土着の中石器時代の狩猟採集民たちからどのように迎え入れられたのかという物語は、次の章の主題であり、私たちの当面の関心は、農民たちの悲劇的な最期にある。

黒海は、氷河時代には淡水湖だった。地中海の水位がボスポラス海峡の底面より低くなり、その海峡を通してかつては黒海に流れ込んでいた海水がシルト(砂より細かく粘土より粗い堆積土)によって堰き止められていたからである。次いで、地球温暖化とともに氷床が溶け始めたとき、地中海の海面はふたたび上がり始めた。それにもかかわらず、黒海の水面はそれとはまったく逆だった。それは、蒸発作用と河川から流れ込む流去水の減少のせいでしだいに下がっていった。地中海の水面がボスポラス海峡の底面より上がったとはいえ、黒海を塞いでいたシルトは、しっかりと持ち堪えていた。それが堪えに堪えていたちょうどそのとき、海水が巨大な壁となって西の湖岸に殺到したのだ。荒れ狂った海水にさらされた湖岸の土手は、瞬く間に崩壊した。

紀元前六四〇〇年頃のとある運命の日に、ナイアガラの滝の二〇〇個分の圧力を秘めた海水の滝が、穏やかな湖面へと一気に落下した。また、それは何ヶ月にもわたって続いた。一〇〇キロ離れた場所ですら聞き取ることができたのではないかと思われるその轟音は、トルコの丘陵地帯で狩りをしていた人々や、地中海の海岸のまわりで漁をしていた人々の耳を聾したに違いない。日々、五〇立方キロメートルもの海水が、黒海と地中海の水位がふたたび等しくなるまで、凄まじい音を立てながら湖面を叩いたのだ。数ヶ月も経たないうちに、一〇〇〇〇〇平方キロという途方もないほど広大な湖岸の沼沢地、林地、耕地が水没してしまったのだが、これは、なんとオーストリア全土に匹敵するほどの面積だったのである。

ヴィクトリア女王時代のジョン・ラボックは、海面の変化の歴史について多くのことを知っていたわけではなかった。『有史前の時代』においてデンマークの海岸について少しばかり言及し、「陸地が海によって浸蝕されてしまったと推測するには十分な根拠がある」と記述しているだけであり、その一方、別のところでは、コッケンモディンガー（字義的には、台所や調理場のごみやくず。転じて、貝塚）が見当たらない場合について、それが「波がある程度は海岸を浸蝕したことによって引き起こされたことに疑いの余地はない[13]」と述べている。

海面の変化に関するこうした一般的な理解について、ジョン・ラボックは、地質学者であり、一八三〇年から一八三三年にかけて独創性に富んだ『地質学の原理[14]』を、一八六三年には『古代人に関する地質学上の証拠物件』を著したサー・チャールズ・ライエルに依拠していた。ジョン・ラボックは、土地が現在の標高よりも少なくとも一五〇メートルほど高かったと考えられる時期について後者から長々と引用し、水没の一例として、「山脈の頂上の部分だけが海面の上に取り残された」と述べ、さらには、土地が隆起した時期については、氷河時代の海底が「海産の貝や迷子石（氷河によって削り取られた岩塊が永い年月のうちに氷河の流れに乗って別の場所に運ばれ、氷河が溶け去った後に取り残された岩）とともに乾燥した状態を保っている」と記述している。ライエルは、大地の水没と再隆起の「壮大な振幅」にはおそらく二二四〇〇〇年を要したのではあるまいかと提唱していた。

ジョン・ラボックは、自己自身の見解をさほどつけ加えていない。『有史前の時代』は、たんにその出版が早すぎ、そうした見解を支えてくれるより多くの情報をその中に盛り込むことができなかったからである。

この著作を一九世紀の末葉に執筆していたとしたら、ラボックは、過去の気温の推定値についてすでに論評を加えていたジョゼフ・プレストウイッチを引用することもできたはずである。プレストウイッチは、氷河時代がその幕を閉じた、だが、新石器時代を迎える直前のヨーロッパ全土における大洪水の証拠物件に関する著作を一八九三年に出版している。[15] ウィーン大学の地質学の教授だったエドゥアルト・ジュースも、また、引用されていたかもしれない。ジュースは、世界の各地で同時に起こった海面の均一な上昇という考え方を一八八五年に提出していたからである。

しかしながら、氷河時代がその幕を閉じた時代の海面の変化が十分な証拠物件によって証明されるようになったのは、一九三〇年代に入ってからのことであるにすぎない。[16] 今日ではその変化が世界のいくつかの地域においては並外れて複雑であり、チャールズ・ライエルが概算していた一世紀につき最大で一八三センチという推定値よりはるかに急速に起こったことが知られている。ジョン・ラボックが紀元前一〇五〇〇年から八〇〇〇年の間にヨーロッパの北端の海面に引き起こされた変化の因果的連鎖について知ったとしたら、彼は驚嘆したのではあるまいかと筆者は考えている。

ドッガーランドの北部、つまり、私たちが今ではスコットランド、ノルウェー、スウェーデンと呼んでいる地域に移り住んだ人々も、彼らの両親や祖父母やそれ以前の世代が自然の恵みを大いに享受していた海岸線を失った。けれども、その沿岸地帯は、海底になったのではなく、恒久的な乾燥地帯になった。それは、字義通りの意味合いにおいて「身を立て世に出た」のである。[17]

地面の上に重くのしかかり、それを下方に押し潰していた氷河は、その真南の地面を、ちょうど誰も座っていないソファーの末端のように、持ち上げていた。次いで、氷河が地面から離れたとき、地面は平らになった。隆起地域が陥没し、窪んでいた地域が隆起したのである。ドッガーランドの多くは、隆起地域に属していた。それゆえ、上昇している海面による激しい浸蝕作用にさらされていた。隆起がしだいに鎮まっていたちょうどそのとき、氷河から溶け出した何百万ガロンもの水が大洋に流れ込んでいった。

氷河がかつてその大地に重くのしかかっていたもっと北方の地域では、もっとも早く上昇するのは海なのか、それとも大地なのか、というレースが繰り広げられていた。前者だとすれば、人々は、海岸線が洪水に見舞われる光景を目の当たりにした。後者であれば、海岸が隆起したのだが、この「隆起海岸」は、今日の北ヨーロッパの海岸線のまわりで見られる、砂と小石が一面に広がっており、波がはるか沖合いで砕けている地形を説明するときに用いられる用語そのものである。

北端の地域においては、大地が勝利者だった。かつては氷床の中心地だったスウェーデンの東海岸に面しているストックホルムの北部の某地では、地面が氷河時代以降八〇〇メートル以上隆起しており、それは今なお終わっていない。地面の水準の上昇は、来るべき世紀においては新たな地球温暖化と海面の上昇とともにほどなくして変化するかもしれないとはいえ、毎年、数ミリに達している。

スウェーデンの南部、バルト諸国、ポーランド、ドイツの海岸線に沿っているもっと南の地域では、海と陸地は、互角のレースを繰り広げ、海面の上昇と陸地の隆起が定期的に入れ替わっていた。これは、すべての集落に何度なく繰り返し大混乱を引き起こしていた。動植物と人類や、土地と水が、なんとかして安定した状態を確立しようとしていた矢先に、そうした状態がふたたび元の木阿弥に戻ってしまったからである。

私たちは、「デンマーク地質学研究所」のスヴァンテ・ビョルクの著作によってそれを少しばかり知っている。ビョルクは、バルト海の海底の地層から発見された貝殻を、その沿岸の地域の海岸線の堆積物や、隆起した砂浜や水没した森とともに研究してきた。その研究が明らかにしてきたのは、地理学的な劇的な変化の驚くべき物語であり、その物語のうちまったくありのままの最重要点だけを少しばかり形を変えて物語っておくことにしよう。

新ドリアス期がその頂点を迎えていた紀元前一〇五〇〇年、バルト海は、海ではなく、純然たる湖、バルト氷湖だった。湖水の温度は氷点に近く、湖岸には岩床が露出した極地ツンドラが広がっていた。そこを誰かが訪れたとすれば、その人は、トナカイやレミングの姿を見かけたことだろうが、ずっとそうしていたいとはけっして思わなかったに違いない。北には氷河が聳え、南にはがっしりした大地が広がっていたことから、バルト湖の湖水が北海に出口を求める可能性のあるいかなる経路も封鎖されていたからである。氷河が今日のスウェーデンの中央部の低地地帯に沿って障壁を形づくっており、その一方、「大ベルト海峡」を通り抜ける、北海とバルト海の海水が交じり合っている現在の水路、つまり、スウェーデンとデンマークの間の、島々が点在している海景は、標高が高くて乾燥している地続きの大陸だった。これらの国々は、ドッガーランドの東端にすぎなかったのである。

紀元前九六〇〇年までバルト氷湖は、二五メートルの深さまで氷壁によって支えられていた。これは、その三〇〇〇年後に黒海に起こったこととはまったく逆の情況だった。というのも、そのときは、障壁によって堰き止められていた湖の湖水は、外部にあふれ出そうとしていたのではなく、海水がその中に押し入ろうとしたからである。けれども、いずれの場合にも、障壁は崩壊したのだが、バルト湖については、それは、地球温暖化が氷を溶かし、氷壁の強度を弱めたせいだった。バルト氷湖の湖水は、スウェーデンの中央部を一気に突き抜けて北海へと流れ込み、その流れに沿って岩石、砂礫、砂、シルトを散乱させた。せいぜい二、三年、おそらくは数ヶ月も経たないうちに、湖の水面が二五メートルばかり下がったことによって、ドイツの北部、ポーランド、バルト諸国の現在の海岸線のまわりに広大な新たな海岸線が形づくられた。それは、そのほんの少し前までは湖底を形成していた泥だらけの粘土とシルトによって形づくられた海岸線だったのである。

海水が東に向かって流れるようになるにつれて、かつての湖は内海になった。それは、軟体動物類の海産の二枚貝のヨルディアに因んでヨルディア海と名づけられたのだが、その貝の貝殻がヨルディア海の海底の堆積物の中に深く埋め込まれていることがすでに知られており、それは、海水がその時点ですでに現在のバルト諸国の海岸を取り囲んでいたことを示している。人々がヨルディア海の海岸に移り住むようになったのは、その土壌がカバノキやマツの根によって安定してからほどなくの頃だったと思われる。新しい川の河口域のまわりには豊かな自然の恵みを与えてくれる礁湖や沼沢地が形成された。そこに住み着いた中石器時代の人々は、その地の暮らしにしだいに馴染んでいったことだろう。

けれども、人々が集落を確立したかと思う間もなく、世界は変わり始めた。南の地域の沿岸のそうした暮らしは、海面の上昇による洪水によって追い払われてしまった。北の地域の沿岸で暮らしていた人々は、地面がふたたび隆起していくにつれて、海岸線が遠ざかっていったことを知ったことだろう。それは一世紀ごとに一〇メートルばかり遠ざかっていったことから、一生の間にすら沿岸の変化に気づいた人もいたかもしれない。南の地域で洪水によって追い払われてしまった人々と、地面が隆起した北の地域の人々の中間に位置していた地点は、陸と海の間のこうしたシーソーゲームの支点のようなものであり、そこでは陸と海のせめぎ合いが釣り合いを保っていたに違いない。

こうした状況は二五世代にわたって続いたことから、それぞれの世代の人々は、絶えず変化している世界に適応するために生活様式を少しずつ変えていった。しかしながら、次いで、紀元前九三〇〇年頃、南の地域の洪水の状況が激しさを増していった。居住地は、人々がそれを移す前に水浸しになってしまい、私たちは、彼らが大切な財産を救出しようとして右往左往している状景を心に思い描いてみなければならない。その頃までには、海水は、一世代ごとに三メートルも内陸に流入しており、その進度は、人々の暮らしに定期的な、また、突然の大変動を引き起こしていたことを物語っている。人々が、何十年もの間、海岸線が遠ざかっていくのを眼にしていた北の地域では、今や海が陸を浸蝕するようになっていた。彼らも、また、水浸しの土地と洪水に対処する方法を学ばなければならなかったのである。

新たに海水が流入するようになったのは、陸地が隆起したからだった。具体的にいえば、スウェーデンの中央部の地面の水準がその時すでにあまりにも上昇していたことから、その結果として、ヨルディア海と北海の間の流動が塞がれてしまったからだった。ふたたびバルト地方に湖が生まれ、海水が流出する水路が断たれてしまった。湖の水量が、そこに流れ込んでいる数多くの河川の水流によって増大するにつれて、塩分が希釈されて湖水はほどなくして淡水になった。この湖は、学名Ancylus fluviatliとして知られている軟体動物類の淡水カサガイに因んで、アンシルス湖と呼ばれるようになり、その貝殻が、バルト海沿岸の堆積物の中のヨルディアの堆積層の上で発見されている。またもや、すべての生き物は適応したり、棲息地を変えたり、死滅しなければならなかった。たとえば、カヤックを使ってタラを釣っていた人々は、アシ原で野鳥狩りをするようになっていったのである。

人々は、ほぼ三〇〇年――その当時の人々にとっては、おそらくは、一〇世代――にわたって生活様式を変えていかなければならなかった。だが、さらにその後に待ち構えていたのはもう一つの方向転換だった。紀元前九〇〇〇年頃から、人々は、湿地や沼が干上がったり、湖岸の釣りの足場から湖水が遠のいていくのに気づくようになっていた。シルトや砂が新たに広々と剥き出しにされるようになり、先駆植物や先駆動物の甲虫にとって新たな機会が生まれた。

こうした現象は、アンシルス湖から北海へと流れ下る水路がすでに形成されていたことに起因していたのだが、それは、湖面の水位が海面より一〇メートルも高くなっていたことから必然的に引き起こされたごく自然の成り行きだったに違いない。けれども、この水流は、大ベルト海峡沿岸の低地へと流れ込む水路を切り開くことによってところどころで柔らかな土壌を浸蝕して深さ七〇メートルにも達する文字どおりの大峡谷を削りだしたダナ川のような激烈なものではなかったことが知られている。たとえそうだとしても、河岸の林地や泥炭や人々の居住地は、浸蝕されたり、奔流に運ばれてきた砂や砂礫の中に埋没してしまった。その流出は、アンシルス湖の湖面の水位が海面と等しくなるまでの二〇〇年にわたって間断なく続いた。それにともなって、林地や大ベルト海峡の岬にしだいに入り込んでいった川や小川によって曲がりくねった水路が形成されていった。

こうした驚くべき歴史の総仕上げは、大ベルト海峡の洪水だった。紀元前七二〇〇年に始まったこの洪水は、海面の上昇の最終段階によって引き起こされたものであり、それは海面に現在の水位をもたらし、スカンジナビア半島とバルト海沿岸に私たちが見慣れている地形が形づくられた。このとき生みだされた内海は、軟体動物類のタマキビガイ（Littorina）に因んでリットリナ海と名づけられたのだが、その貝殻は、淡水カサガイの貝殻の堆積層の上の堆積物の中から発見されているばかりか、今日のバルト海沿岸の景観に彩りを与えている。まわりの環境が洪水と水浸しの地面という元の木阿弥に戻っていったとき、人々は、ふたたび再適応の必要に迫られたとはいえ、この新たな洪水は、多くの地域においては、ほとんど気づかれることがないほど漸進的なものだった。いずれにせよ、人々は、その生活様式をふたたび海辺の暮らしへとゆるやかに適応させていったのである。

18　ヨーロッパ南東部の二つの集落

――紀元前六五〇〇年から六二〇〇年における定住性の狩猟採集民と農民の移住

遠出の釣りと魚を岸辺で焼いて食べた味、それに雨の後の松林が混じり合った記憶が薪の煙の匂いとともに甦ってきた。ジョン・ラボック君は、テントのような住居の堅い漆喰の床の狭い片隅で眼を覚ました。起き直って戸外に眼を遣ると、石灰岩の絶壁の下には木々が生えている急峻な傾斜地に鋏まれた広い川が流れている。太陽は、今まさに昇ったばかりである。足音と話し声が聞こえてくる。

粗朶で編んだ壁が長い棟木に向かって傾斜しており、その棟木から小枝細工の籠と骨製の銛がぶら下がっている。床に掘られている穴を石灰岩の塊が取り囲んでおり、その中の灰は、前夜、木の葉で包んだ魚をマツの薪で焼いたのでまだ温かい。水と香草が入っている、木を刳り抜いたいくつもの椀が入り口の近くの平たい敷石の上に置かれている。ラボック君が振り返ると、川の丸石を、突き出ている両眼、捲れ上がった唇、鱗によって被われた体をもった形に彫りだした半身像が眼に入った。その両眼が無言でラボック君を凝視《みつめ》ている。それを彫ったのはこの住居の主《あるじ》である。

外に出たラボック君は、彼が一夜を過ごした小屋が川の上方の段丘に配列されている二〇軒の住居群の一つであることに気づいた。これは、彼がヨーロッパの旅で初めて出会った狩猟採集民たちの集落である。ラボック君は、まず紀元前一二五〇〇年に訪れた西アジアのアイン・マッラーハとアブー・フレイラを思い出した。けれども、よく見てみると、その二つの集落とはまるで異なっている。川岸には丸木舟が繫がれ、その傍らでは漁網が乾かされている。これは漁師たちの集落であり、活気に満ちているとはいえ、西アジアではアイン・ガザールが今まさに経済的な危機に瀕している。

人々の中には働いている人もいれば、小さな塊を作って心地よい朝日を浴びながら安閑と立ったり座ったりしている人たちもいる。人々は、空模様、漁の計画、子供たちを話の種にしている。集落の背後には勾配のきつい小さな踏み分け道があり、その小道は、ハシバミの密生低木林を抜けてオークとニレとリンデンバウムの林地に、さらにはその上の松林と高々と聳えている絶壁に続いている。一羽のワシが淡い青色の空高く舞っており、何羽もの鵜が水面を横切って低く飛んでいる。紀元前六四〇〇年のレペンスキヴィルの夜明けである。(1)

ラボック君は、川岸に座ってスペイン北部のラ・リエラの洞窟から南ヨーロッパを難儀しながら踏破した旅を振り返っている。彼が中石器時代の居住者たちとともに過ごした野営地のいくつかは、すでに考古学上の遺跡として知られている。そのほかの数多くの野営地は、おそらくは、その後の居住によって破壊されてしまったり、ローヌ川のデルタやポー川流域の盆地の沖積層に深々と埋め込まれてしまい、けっして発見されることはあるまい。それでもなお、いくつかの野営地は発掘のときを待っている。

ピレネー山脈に分け入ったラボック君は、曲線を描いている、草に被われた山々の頂上が石ころだらけの稜線に変わり、その稜線が東に向かって一日歩く度ごとにさらに高くなり、四方八方に壊乱していることを知った。ピレネー山脈の中央部では、今日ではバルマ・マルヒナーダとして知られている、自然が造形した雄大な半円劇場の標高一〇〇〇メートルの底面でアイベックスの狩人たちとともに野営した。(2) そこでラボック君は、男たちとともにアイベックスを狩ったり、女たちのマス釣りやブラックベリー摘みに加わった。そこから二〇〇キロばかり歩いて行くと、今日ではカタルーニャ地方に含まれている、オークが密生している林地の中の絶壁の麓に穿たれているロック・デル・ミグディアの洞窟に到着した。(3) ラボック君は、その洞窟の居住者たちがドングリ、ヘーゼルナッツ、リンボクの実で籠を一杯にするのを手伝った後で彼らといっしょに座って大型の猛禽類が上昇気流に乗って大空をゆったりと舞う姿を眺めていた。(4)

南フランスを横断する旅では、砂浜を歩いたり、ローヌ川のデルタの沼沢地を通り抜ける丸木舟に乗せてもらったり、クリーム色を帯びた白い石灰岩や燃え立つような赤い斑岩《はんがん》の絶壁の麓を海水が洗っているようなところでは内陸へと迂回した。そうした地域の樹木と植物は、かぎりがないほど多種多様だったのだが、それが今日その地を訪れる人々の眼を圧倒することはない。そこに生えているのは、レモン、オレンジ、オリーブなどの果樹や、ヤシやネムリグサ属の各種の低木だけだからであり、その種のすべての樹木は、リヴィエラにその後に到着した種である。ラボック君は、それらの木々が生えていないことを喜んだ。そのおかげで石灰岩の峡谷には野生のライラックやスイカズラが青々と繁茂し、峡谷からは地面から湧き出た泉水が凄まじい勢いで流れ下る大音響が轟いていたからである。(5)

人々が魚を捕らえる筌《うけ》を仕掛けたり、カモ類を捕らえるために足繁く通っているイタリア北部の水浸しの低地を通り抜けた後、ラボック君は、ふたたびその頂上がマツによって被われているイタリア側のドロミティ山脈に分け入っていった。その道案内をしてくれたのは、夏の牧草地に移動しているアカシカを追っていた狩人たちの足跡だった。標高二〇〇〇メートルの地点で、彼は、はるか昔に氷河が運んできた巨大な迷子石が突き出ている下で野営していた狩猟民たちの一行に加わった。その岩窟住居は今日ではモンデバル・デ・ソラとして知られている。この遺跡が一九八六年に発掘されたとき、一人の男の墓が発見されており、この狩人は、一揃いの石器、イノシシの牙とシカの歯に彫刻を施した装身具とともに埋葬されていた。(6) ドロミティ山脈を後にしたラボック君は、南東に向かって進んでなだらかに起伏している丘陵地帯を通り過ぎ、切り立った崖に鋏まれているクロアチアの谷間《たにあい》へと入っていった。その地では、谷間の川沿いの低地に集まってくる獲物を待ち伏せたり、石の尖頭器を削り出して狩猟具を造っている狩人たちの一行が野営地として使っているいくつもの小さな洞窟で彼らと生活をともにした。(7)

山脈と丘陵地帯を後にしたラボック君は、ハンガリー大草原の南端まで歩き、そこで新たな輸送手段である木の幹を刳り抜いた丸木舟を使うことで疲れた足の負担を和らげることにした。下流に向かって漂っていた一艘の丸木舟を見つけ出したからである。たぶん川岸にそれを繋ぎとめていた紐がほどけてしまったのだろう。ラボック君は、丸木舟を一時的に川岸に繋いでその周辺の林地でイノシシを追跡している狩猟民たちと行動をともにしたり、たまたま出会った漁師たちが網を打つのを手伝ったりしながら、ヨーロッパの南東部のいくつもの川に沿って八〇〇キロにも及ぶ舟旅を楽しんだ。

この舟旅のある地点において、ラボック君の丸木舟はドナウ川に入った。ドナウ川は、木々に被われている丘陵地帯の間を、時折、一、二キロばかり弧を描いてゆったりと流れたり、ヤナギやポプラの間を曲がりくねりながら通り抜けて流れていく。ラボック君の丸木舟は、ついに切り立った断崖の間を通り抜け、今日では鉄門として知られている大峡谷に入ってきた。川の上方の段丘に沿って寝そべっているような一群の住居があらわれたのはそのときだった。これらの住居は、ラボック君が中石器時代のヨーロッパのそのほかの場所で眼にしてきた、粗朶を編んだ小屋とはまったく異なっていた。そこで、彼は、とある日の夕刻遅くに丸木舟を川岸に繋ぎ、土手を昇っていった。雲が月の光を遮っているので、幾何学的に配列されている人工的なその住居群は、まわりの自然との釣り合いを欠いており、まるでまぼろしのように浮き上がっている。

灰の余熱でまだ温かい炉床に蹴躓いてネズミたちを驚かせてしまったラボック君は、集落全体が寝静まっていることを実感した。

眠り込んでいるレペンスキヴィルの居住者たちは、定住性の生活様式へと移行していった狩猟採集民たちである。ドナウ川の峡谷平野では、林地が最終氷期最盛期を通して生き残っており、そこで育っていたのは、主としてビャクシンとヤナギだったのだが、その中にはオークとニレとリンデンバウムの小さな木立も交じっていた。氷河時代の狩猟民たちは、アイベックスに忍び寄ったり、サケを捕るためにその峡谷平野を定期的に訪れていたとはいえ、長期にわたってそこにとどまることはけっしてなかった。気温がしだいに上昇し、降雨量が増えるにつれて、広葉樹が生い茂るようになった。樹木が山々の頂上に向かって広がっていき、数多くの猟獣が棲み着き、可食植物が繁茂する林地が生まれた。それとともに、氷河時代の食料にアカシカ、イノシシ、カワウソ、ビーバー、ガンカモ類が新たにつけ加えられるようになった。それゆえ、人々はもっと頻繁に鉄門峡谷に足を運ぶようになり、そこにとどまる期間がさらに長くなっていった。その地を冬期の野営地として選んだ人々は、おそらくは、初秋から翌年の晩春までそこを利用するようになっていったのだと思われる。そうした人々と、それ以前から夏期に短期間野営して魚を捕っていた人々が交じり合うようになった結果として、紀元前六五〇〇年頃までには、人々は、川辺を去る必要をまったく認めないようになっていた。かつては一時的に利用されていたにすぎなかった野営地は、ドナウの川岸に初めて形成された永続的な集落へと姿を変えたのである。

ジョン・ラボック君は、レペンスキヴィルをぶらつきながらその住居に出入りしてみた。それらの住居は、大きさこそ異なってはいるものの、同じ造りと同じ備品をもっている。それぞれの小屋の中には、部分的には魚で、部分的には人のように見える顔の彫刻が施されている丸石が、いずれかといえば、憂鬱そうな風情を湛えて鎮座している。これらの彫刻は、祭壇らしき石の構築物のそばに置かれていることもあり、その構築物は、幾何学的な模様が刻み込まれている小石によって支えられている。集落の中心に位置しているもっとも大きな小屋の中には少しばかりの骨の護符と一本の横笛が石板の上に置かれている。(8) この小屋の隣には広々とした空間があり、その地面は、居住者たちの踊りによって平らに踏み固められているように見える。儀礼、宗教、歌、踊りは、常に狩猟採集民たちの暮らしと一体化しているとはいえ、これらは、ラボック君がそれまで訪れたことのあるそのほかのいかなるヨーロッパの定住地の場合よりも、居住者たちの体と心により深く浸透している。いたるところに、先端に石の尖頭器を固定した矢柄や枝角の銛、網のうきとおもり、小枝細工の籠、石のすりこ木とすり鉢が散乱している。

こうした多様な道具類は、レペンスキヴィルの人々が獣肉や魚類ばかりか、木の実、菌類、イチゴ類、種子などの多種多様で豊かな食料を手に入れることができることを物語っている。けれども、そうした食生活の多様さにもかかわらず、川の浅瀬で遊んでいる子供たちの幾人かは栄養失調であるように見える。集落には骨軟化症が蔓延《はびこ》っており、健康不良に起因するエナメル質の形成不全を示す水平の線が入っている歯をもっている子供たちもいる。レペンスキヴィルの建築と芸術の創造性は、定期的な食料不足と同居している。(9) それがレペンスキヴィルの現実なのだ。

三人の女たちが一軒の住居の建設作業の半ばに差し掛かっている。三人は、床の中央に炉床を切るために置かれている石の塊のまわりに焼いて砕いた石灰岩、砂、砂礫を混ぜ合わせて不等片四辺形の基礎を築いている。ラボック君が見守っていると、女たちは、獣皮の包みを開け、その中から腐敗している幼児の遺体を取り出した。その骨は、靭帯と干からびて黄色みを帯びている皮膚の断片によってかろうじて互いに繋がっているだけなので、ぶらぶら揺れている。

女たちは、その遺体を床下に埋葬し、そこに密封した。別の包みから成人の下顎骨を取り出し、それを、炉床の二つの石の塊の間に安置した。[10] 女たちがそれに費やした時間はごくわずかであり、ごくありきたりの建築作業をすぐさま再開し、何本もの柱を穴に固定した。その柱は、ほどなくして所定の位置に持ち上げられる棟木を支える。ラボック君にとっては、女たちが世俗から宗教へ、そして、ふたたび世俗へと転換したように見えたのだが、女たちにとっては、そうした区別はまったく意味がない。女たちはごく普通に暮らしているだけであり、その暮らしにおいては、すべての行為、すべての工芸品、自然界のすべての状況は、世俗的であるのと同程度に神聖なものでもあるからだ。

レペンスキヴィルの暮らしは、川を中心としてまわってきた。それは、食料の供給源であり、中石器時代の公水路であり、その流れは、人々の生誕から臨終までのときの流れを象徴していた。少なくとも、レペンスキヴィルの儀礼的な埋葬と季節ごとの儀式ばかりでなく、日々の生活の中にも同じ度合いにおいて織り込まれている象徴的な符号体系を読み解こうとする研究を重ねてきたベオグラード大学のイヴァナ・ラドヴァノビッチはそのように確信している。[11]

ラドヴァノビッチは、レペンスキヴィルを発見し、一九六六年から一九七一年にかけてそれを発掘したユーゴスラヴィアの考古学者ドラゴスラフ・スレヨヴィチの教えを受けた研究者だった。[12] スレヨヴィチは、川岸とそこに秘められているすべての遺跡を水没させてしまう一九七〇年のダムの建設に先立ってドナウ川の両岸を調査していたとき、その遺跡を発見したのである。それは、同じような芸術と建築物を共有していた両岸のいくつかの遺跡の一つにすぎず、これらの遺跡にはハイドチュカやボデニツァやヴラサツなどが含まれていた。そのうちのいくつかは永続的な集落ではなく、特定の季節に使用されていた野営地だと思われるのだが、レペンスキヴィルは、儀礼の中心地だったのだろう。(13)

スレヨヴィチは、レペンスキヴィルで数多くの墓を発掘した。その地の子供たちは、一般的には住居の中、具体的には、床下、石の炉床の内部、スレヨヴィチが祭壇だと考えていた建築物の中に埋葬されていた。男の成人は、一般的には、住居と住居の間に埋葬されており、死者の傍らには、野生の雄牛やシカやそのほかの人々の頭蓋骨と下顎骨が、道具類や巻き貝の貝殻の数珠玉とともに置かれていたこともあった。

ほとんどの成人の遺体は、その頭を下流に向けて葬られていた。これは、その魂が川によって運び去られるためだった。少なくとも、ラドヴァノビッチはそのように信じている。今なお最上のキャビアを私たちに与えてくれる巨大なチョウザメが、春が巡って来る度ごとに川を遡上して産卵することから、川が再生を象徴していたとラドヴァノビッチは考えている。その季節が巡って来ると、毎年、姿をあらわす巨大なチョウザメの姿は実に印象的だったに違いない。体長九メートルにも達する川の怪物が群をなして泳いでいる光景を想像してみれば、それは容易に納得できることだろう。再生した死者の魂は、ラドヴァノビッチによれば、魚と人を一つの存在に融合した石像によって現実のものとなったのである。

とある日の午後、ラボック君は、網が水中から引き上げられている音、柱が地面に打ち込まれている音、人々の話し声を耳にしながらレペンスキヴィルを後にした。南に進路を取った彼は、地面に散らばっている木の葉、球果、ドングリ、オークの虫こぶ、ブナの実、クリのイガなどを踏みしめながら青々と樹木が生い茂っているバルカン半島の丘陵地帯の林地を通り抜けていった。日当たりのよい林間の空き地で草を食んでいる雌鹿を見かけたのだが、雌鹿たちは、彼の臭いを嗅ぎつけると、あわてふためいて真っ白なお尻を見せながら下生えの灌木に姿を消してしまった。見事な枝角をもった一頭の雄鹿が厳しい目つきで周囲を見まわし、均整の取れた光沢のある蹄足を素速く動かしながら雌鹿の後を追った。

クレズウェルの岩山を目指してツンドラを横切るヨーロッパの旅を始めた頃には、動物の足跡や糞によって示されている情報にまるで疎かったラボック君も、今ではまるで別人のように、猟獣の仕草の意味の読み取りに熟達している。シカの足跡をたどったり、イノシシの餌場を探り当てることができるか否かを実際に試してみたこともある。卵を集めるにはどこで巣を見つければよいのか、キノコのうちどれを採り、どれに手をつけてはならないかも知っている。事実、これらの林地の中で狩猟と採集によって生きていくことができることにかけては十分な自信があると感じており、自分以外の誰一人としてそうした生き方を選びたがらないのはなぜなのだろうと訝しんでいる。ここで暮らしている人々はまったくいないし、その痕跡もまるで見当たらない。これまでのヨーロッパの旅の中でこれほど長期にわたって野営地や、人々が居住している洞窟にまったく遭遇しなかったことは、まるで記憶にない(14)。

ドナウ川から地中海に至るヨーロッパの南東の広々とした地域に中石器時代の遺跡が極端に少ないことは、考古学者たちにとってはとうてい無視することができない困惑の種だったし、そうした事情は今も変わらない。居住地は、まったく存在していなかったのだろうか？　中石器時代の遺跡は、破壊されてしまったのだろうか、それとも、いくつかの遺跡は、発見のときを待っているということなのだろうか？　たとえば、ギリシアでは一〇ばかりの中石器時代の遺跡しか発見されていないにもかかわらず、新石器時代の遺跡なら何百もあり、それ以降については何千もの遺跡が、人類の進化の段階におけるそれ以前の時代についても実に数多くの遺跡があることが知られている。初期の有史前のギリシアに関する指折りの学者であるカトリーヌ・

ペルルは、中石器時代の遺跡があまりにも少ないことに関する考えうるかぎりのすべての理由を評価し、これは、人口がきわめて少なかったことを反映しているとしか考えられず、ほとんどの人々は、もっぱら海岸地帯を生活の拠点としていたに違いないと結論づけている。(15)

レペンスキヴィルからほぼ四〇〇キロの道程を踏破したラボック君は、紀元前六三〇〇年にギリシア北部のマケドニア平原に到着した。彼は、がっしりした一本のオークの枝に腰掛けながら、これまでとはまったく異なった一つの集落の営みを注意深く見守っている。一群の住居が小山の上の開墾地の中に寄り添うように建てられており、その敷地の片側には沼沢地がある。その反対側には小道と柵によって十文字に区切られたいくつもの小さな菜園があり、そこでは植物が芽吹き始めたばかりである。一〇軒か一二軒ばかりの住居は長方形で、アシ葺きの屋根と突き出た軒《のき》をもっている。

一軒の住居が建設中であり、若木の直立材の間にアシの束が編み込まれている。これらの住居は、レペンスキヴィルの住居よりもっと大きくてがっしりしている。だが、ラボック君の興味を引いたのは、その壁に取りつけられている木製の畜舎、というより、その畜舎の中の動物だった。オークの大木から飛び下りたラボック君は、林地から集落を取り囲んでいる低い泥の壁の隙間まで続いている小道に沿って集落に近づいていった。菜園の中で芽吹いている植物を確かめようとしてしゃがんでみると、コムギかオオムギと思《おぼ》しき穀草は、その葉を茎のまわりに広げ始めたばかりであり、エンドウかレンズマメは、か細い茎に青白くて丸い葉をつけている。女たちや子供たちも、また、しゃがんで若芽のまわりの雑草を取り除いている。ラボック君は、少しばかりの雑草を引き抜いたのだが、それは畑仕事の手伝いの真似ごとというよりはむしろ、木製の畜舎の中で体一つ動かさずに突っ立っている、いずれかといえばヤギに似ているヒツジにそれを与え、それがエサになるか否かを確かめてみるためだった。

ラボック君は、後世の考古学者たちからネア・ニコメディアと呼ばれるようになる、ヨーロッパの最初の農耕集落の一つに入ろうとしている。[16] この集落ではすでに数回の世代交代が繰り返されている。最初にここに集落を築いた人たちは、ギリシアか、トルコか、キプロス半島のそのほかの農耕定住地からこの地に移り住んだのかもしれず、ひょっとしたら、西アジアからはるばる移住してきたのかもしれない。種籾を詰めた籠と、足枷で固定したヒツジやヤギを積み込んだ小舟を操って大洋を乗り越え、ヨーロッパにたどり着いた最初期の農民たちがかつて船出したのは、西アジアの海岸だった。[17] その中にはエーゲ海を渡ってギリシアの東部の低地に到達した人々もいれば、クレタ島やイタリアの南部にたどり着いた人たちもいた。[18] こうした移住者たちは、林地を切り開き、ヒツジやヤギを放牧し、住居を建設することによって、ヨーロッパの先史学に新たな一章を書き加えたのである。[19]

こうした農民たちが初めてギリシアに到達したのは、紀元前七五〇〇年頃であり、彼らは、その地には人々がほとんど居住していないことを発見した。[20] その頃それなりの数の中石器時代の人々が居住していたのは、アルゴリダの南部のフランキティの洞窟の近辺だけだった。この洞窟の居住者たちが、とりわけ海岸が洞窟のほとんど入り口にまで近づいてきてから以降、豊かな植物と海産物を摂取していた証拠物件を発見したのはトマス・ヤコブセンだった。ヤコブセンは、フランキティの洞窟の上層、つまり、初期の農民たちと同時代の人々の暮らしの遺物が出土している層の中から栽培植物化されたコムギとオオムギとレンズマメの種子をいくつか発見した。だが、それに比べれば、野生の植物の残留物の方が比較を絶するほど多かった。しかしながら、ヒツジ、ヤギ、ブタの骨がこの時代に急増していることは、中石器時代の人々が農民たちの定住地からもっぱらそれを盗んでいたか、あるいは、盗み出した家畜を自分たち自身の群へと飼育していったことを物語っている。けれども、これは、彼らの生活様式にごくわずかの影響を与えたにすぎなかった。フランキティの洞窟における石器、埋葬の慣例、狩猟採集行動にはほとんどなんの変化も生まれなかったのである。[21]

農民たちと狩猟採集民たちは、少なくとも一〇〇〇年にわたって互いに隣り合って暮らしていたにもかかわらず、彼らは、互いにごくわずかの接触しかもっていなかった。林地と海岸に依存していた狩猟採集民たちは、農民たちに豊穣な土壌を、それゆえ、豊かな収穫を与えていた平原にはごくわずかの関心しか示さなかったのである。[22]

しかしながら、ギリシア南部における異なった生活様式のこうした共存は、それ以上永くは続かなかった。紀元前七〇〇〇年頃、数多くの新たな農耕定住地が姿をあらわしたのだが、その一つがネア・ニコメディアだった。これがその地域の人口の急増によって、あるいは、移住という新たな潮流によってもたらされたのかということになると、それは、今なお明らかにされていない。だが、後者の可能性の方が高かったと思われる。この頃から精巧な土器が姿をあらわしており、これは、それ以前のギリシアでは発見されていない類のものだからである。

フランキティの洞窟の最終的な堆積物には土器と石器が含まれているのだが、その石器は、洞窟のもっと下層に含まれている石器より農耕定住地において発見されているものに似ている。住居が洞窟の入り口の外部に建てられるようになり、人々は畑を耕し、穀類を栽培するようになった。中石器時代の農耕文化が、最終的には、フランキヒティの洞窟の狩猟採集民たちを圧倒したのである。

洞窟を見棄てて新たに農耕を採り入れた狩猟採集民たちは、しだいにその人口が減っていき、歴史から姿を消してしまった。それは、彼らが自ら農民になる判断を下したからかもしれず、あるいは、二つの個体群が婚姻によってきわめて密接に結び合った結果として、もはやその区別がつかなくなったということだったのかもしれない。中石器時代のフランキティの洞窟の居住者たちの身に降りかかったこの混乱の中に、私たちは、ヨーロッパ全土におけるその後の歴史の全体像を発見することができる。

ネア・ニコメディアでラボック君が入ってみた住居の内部は、レペンスキヴィルの住居が明るくてすがすがしかったのとはまるで異なって、薄暗くてひっそりしており、空気は煙の臭いでむっとしている。ラボック君は、集落の中を歩きまわりながら、時折その足をとめ、居住者たちがアシの束とオークの若木に粘土を塗りつけ、新しい住居の壁を作っている作業を手伝った。彼は、そうした壁がきわめて効果的であることにようやく気づいた。それは、家庭を外部の世界から隔離する空間を作ってくれるからである。

その壁のそばには土器と小枝細工の籠が積み重ねられており、床にはイグサのむしろと獣皮が敷かれている。地面から一〇センチか二〇センチばかり高く設えられている台座の上には浅い鉢が置かれていて、その中で薪が燻っている。アシ葺きの屋根から外に染み出しているその煙は、有害生物を殺し、アシに防水加工を施す働きをもっている。一人の女が火のそばに座って繊維を撚り合わせて糸玉を作っている。女は時折その手をとめ、灰をつついて掻きまわしている。その女の腰紐を固定している骨の留め金には見覚えがあった。ラボック君は、チャタル・ヒュユクで同じようなデザインの留め金を眼にしたことを思い出した。[23]

土器を見つけたことは、彼のヨーロッパの旅にとってもう一つの「初体験」だった。それまで眼にしていたすべての器は、木や石から造られていたり、防水加工を施した枝編み細工だった。ネア・ニコメディアで彼が眼にした土器は、形も大きさも多種多様であり、広口の器から細い注ぎ口をもった大型の壺にまで及んでいた。彩色のないものもあれば、白塗りの下地に赤色で幾何学的な模様を施したものもある。少しばかりの器には粘土の上に指の圧痕が残されていたり、人の顔が描かれているものさえある。その鼻はつまみ上げて成形されており、眼は小さな卵形によって表現されている。多くの器は、大きくて精巧な造りをもっている。これらの器は、客をもてなすために使われているのではなかろうかとラボック君は考えた。

集落の中央には一〇平方メートル以上の広さをもった一つの建築物がある。その内部は薄暗くて家庭生活を連想させるものはなに一つとして見当たらず、人っ子一人いない。粘土製の小立像がいくつか木の台座の上に安置されている。そのほとんどが女を象っており、ほっそりとした円筒形の頭部、突き出た鼻、切れ長の眼をもっている。両肘は折り曲げられており、それぞれの手が一つまみの粘土で成形された小さな乳房を掴んでいる。球形に近い太ももは、小立像全体と著しく均衡を欠くほど大きく形づくられている。これらの小立像のそばにはヒツジとヤギを象った粗雑な粘土細工が置かれており、カエルを象って優美に彫り出されている、緑と青が入り交じった三つの蛇紋石がそれとは著しい対照を示している。

集落を後にしたラボック君は、林地のオークの木の枝に戻って遠くから集落の生活を観察することにした。数日も経たないうちに、彼は、その集落がどのようにして機能しているかを理解するようになった。それぞれの所帯は経済的に独立している。家族は、自分たち自身の菜園の手入れをし、自分たち自身の家畜の番をし、自分たち自身の土器や道具を造っている。それと同時に、この所帯の自主独立は、もてなしの文化、具体的には、集落のすべての人々が食事の調理に共有している外部の炉床によってその釣り合いが保たれている。

こうして集落の営みを観察していると、ときの経つのがしだいに速くなっていくように思えてくる。オークは、木の実が熟していくにつれて、葉を青々と茂らせ、その葉は、木の実が収穫のときを迎えた頃には茶色に変わって地上に落ちる。冬の間中、ラボック君は、雨が降っているときはなすこともなく座ってときを過ごし、そうこうしているうちに、沼沢地が湖になり、ついにはあふれ出た水が菜園へと流れ出して肌理の細かいシルトの層が堆積し、その肥沃な土壌が来年の豊かな収穫を約束する。オークの葉が芽吹く頃には、ネア・ニコメディアの人々は、手鋤や長柄の鍬を使って菜園の土壌を掘り返し、種播きの準備を整える。

ラボック君は、石、貝殻、精巧な土器などの交易の品々を携えたほかの集落の居住者たちがこの地を訪れるのを見守ったこともあれば、死者が墓標もない浅い墓や、見棄てられた住居の有機堆積物の中に埋葬されるのを目撃したこともあった。墓地のそばの儀式もなく、死者に対する捧げ物もなく、可能なかぎり簡素な形式にもとづいている遺体の処理の仕方は、事務的であるように思われた。その一方、人々は、その中に粘土の小立像が安置されており、神殿らしく見える建築物に定期的に出入りしている。多くの人々がともに集まることもあり、そうしたときには内部から抑制された歌声や詠唱が聞こえてくる。ラボック君は、新たな小立像が持ち込まれたとき、それまで安置されていたものが持ち去られるか、打ち砕かれたのではあるまいかと訝しんだのだが、遠くから見ただけでは、ネア・ニコメディアの宗教的な生活は、そのごくわずかしか見通すことができなかった[24]。

ドングリが地面に落ち、その実生苗が芽吹いたとしても、その命を待ち構えているのはシカの歯に囓られてしまうという冷酷な現実である。そうした運命を免れて若木にまで育ったとしても、ほどなくして伐り倒され、集落へと運び込まれてしまう。こんなふうにしてときが過ぎ去っていくうちに、ラボック君は、冬期の乾燥と遅霜のせいで収穫物が壊滅的な打撃を蒙ったことを知った。人々は、生き延びていくために不本意ながらヒツジやヤギを屠殺せざるをえなかった。こうした窮乏の時に頼りになるのは、普段のもてなしの精神によって維持されている家族と家族の間の友情である。食料の不足に悩まされている家族は、そのほかの家族の分け前に与ることによってそれを切り抜けることができるからだ[25]。

林地から観察しているラボック君がネア・ニコメディアの暮らしから受ける圧倒的な印象は、その困難さである。畑を耕し、雑草を抜き取り、灌漑施設を設け、粘土を掘り、林地を開墾しなければならない。労働力は不足しているらしく、幼い子供たちすら雑草取りや厩肥を畑にまく作業に狩り出されている。ラボック君は、レペンスキヴィル、ラ・リエラ、ゴンネスルドルフ、クレズウェルの岩山の狩猟採集民たちの誰もが一日にほんの数時間しか働いてはいなかったように思われたことを思い出している。彼らにとって胃袋を満たす上でもっとも重要だったのは、労働ではなく、知識、つまり、猟獣を待ち伏せる場所、果物が熟す時期、イノシシの狩り方や浅瀬の魚の捕らえ方といった情報だった。

歳月が過ぎ去っていくにつれて、新しい住居がいくつも建てられ、菜園の数がしだいに増えていった。マケドニア平原一帯の集落は、同じようにその規模がしだいに大きくなり、ほどなくして人口がその限界に達した。ネア・ニコメディアの周辺で利用できる土壌は、それ以上の人々を支え切れなくなり、いくつもの家族の集団が新たな土地を求めてその地を去っていった。ヤギの群と子豚の小さな群を率いた人々は、最初に巡り会った生産性の高い氾濫原に定住地を形成するために北に向かって旅立っていったのである。

農民たちの集団は、一つの豊穣な草原から次の草原へと「抜きつ抜かれつのレース」を繰り広げながら拡散していき、バルカン半島を越えてハンガリー大草原へとたどり着き、それぞれの地域で新たな農耕文化を発達させていった(26)。いくつもの農耕定住地がレペンスキヴィルからわずか五〇キロの地域にも形成され、その地において当初は中石器時代の文化の繁栄期を、次いでその凋落期を迎えた。レペンスキヴィルの人々、おそらくは老人たちの中には、新たに移住してきた農民たちとその生活様式に対抗する一つの手段として自分たちの芸術的な伝統を彫琢した人たちもいた。ラボック君が眼にしたよりもっと大きく、さらに印象的な新しい石の彫刻が制作され、それらの作品は、人目を避けた屋内ではなく、住居の入り口の近くに安置されるようになった。

しかしながら、そのほかの人々、おそらくは若者たちにとって農耕と定住は、新たな考え方と交易という好機を与えた。[27] レペンスキヴィルを待ち受けていたのは、瓦解という必然的な運命だった。狩猟具と漁網とともに大量の土器が出土しているという事実は、人々が農耕にもとづいた生活様式に魅了されていったことをなによりも雄弁に物語っている。これには十分な理由があった。ヒツジなどの家畜とコムギは、子供たちに栄養失調に追いやっていた、狩猟と採集に依存した生活様式には免れがたい定期的な食料不足という食生活の欠陥を和らげることができたからである。それゆえ、そうした生活様式はすぐさま一変し、人々は、穀類とマメ科の植物に依存する食生活を自然界から得られる食料によって補うようになった。

ラボック君も、また、ネア・ニコメディアを後にし、ボスポラス海峡が決壊したことによって地中海と繋がったばかりの黒海の海岸地帯へと旅立っていった。その辺り一帯には、水浸しの森林、シルトに被われた地面、巨大な丸石が転がっている草原が広がっており、根こぎにされた木の幹がそこいらに散乱している。[28] ラボック君は、北に向かって旅を続け、農耕に依拠した新たな生活様式の影響を今なお受けていないドニエストル川とドニエプル川の峡谷平野へと入っていった。その地で彼は、樹木が青々と茂っている林地の真ん中に形成されている集落と、ヨーロッパの旅において初めて共同墓地を眼にしたのだが、この共同墓地は来るべき時代の前兆だった。[29] これらの峡谷平野の川の堆積物の真下に埋め込まれているのは、辺り一帯が不毛のツンドラだった最終氷期最盛期に人々が住んでいた住居の残骸である。

ラボック君がさらに北に旅を続けるにつれて、周囲の景観が変わり始めた。広葉樹の下層に青々と茂った灌木が生えている林地が、木々の根元に下草がまったく生えていない薄暗い針葉樹林に姿を変えたのである。

それとともに、ヘラジカがアカシカに、クマがイノシシにとって代わった。狩猟採集民たちの永続的な集落が、この時代にはもっとお馴染みの一時的な野営地へと道を譲ったのだが、こうした野営地で暮らしている人々の場所に対する感覚は、文化的に境界線が確定されている一区画の土地といったものではなく、森林全体、山岳地帯、一連の湖、あるいは、これらの三つの要素が組み合わさった自然そのものである。ラボック君は、ほとんどが湿地によって占められている、果てしなく続く低地を徒歩と小舟で通り抜け、途方もないほどの歳月の後にレペンスキヴィルの真北の二〇〇〇キロの地点に位置している湖岸にたどり着き、そこから小島に向かって乗り出そうとしている丸木舟にただ乗りした。

ネア・ニコメディアは、おそらくは、その周辺の土壌の地力の消耗、あるいは、人々の膨大な量の排泄物によって引き起こされた風土病のせいで紀元前五〇〇〇年頃に完全に見棄てられてしまった。いったん人々の姿が消えてしまうと、住居群は崩れ落ち、その木材は腐朽し、漆喰粘土は、水や風に洗い流されるか、たんに土に還ってしまい、風が運んできた砂が炉床、柱の穴、ごみ捨て場を埋め尽くしてしまった。

自然がその力を取り戻していくにつれて、ネア・ニコメディアは、小さな丘状遺跡（テル）になり、いったん低木に被われ、日光や雨風によって浸蝕されてしまうと、マケドニア平原の数多くの小さな丘とほとんど区別がつかなくなった。二〇世紀頃までには、ネア・ニコメディアの丘は、果樹園や、綿花と砂糖大根が栽培されている畑に取り囲まれていた。一九五三年に道路建設のためにブルドーザーがその地面を平らにし始めたとき、土器の破片がその丘の切り通しから転がり落ち、ギリシアの考古局がその工事の中止を要請した。一九六一年、「考古局」は、ロバート・ロッデンによって率いられていたケンブリッジ大学との合同発掘調査に着手した。そのとき、ロッデンを補佐していたのはグレアム・クラークだったのだが、地中海性気候特有の暑熱の中で発掘に従事していたクラークの心は、常にスターカーの中石器時代の狩人たちたちとともにあったのではあるまいか？

19　死者の島々

――紀元前六二〇〇年から五〇〇〇年における北ヨーロッパの中石器時代の埋葬と社会

丸木舟は鏡のように滑らかな海面を、トウヒとカラマツや、青みを帯びた鋼色《はがねいろ》の空の鏡像を壊しながら滑るように進んでいく。短い幅広の櫂がはね上げる水しぶきは、氷のように冷たい。太陽はちょうど大空の真ん中にさしかかっている。丸木舟が島に近づいていくにつれて、林地はしだいに後方へととり残されていく。丸木舟が運んでいるのは遺体であり、ラボック君はその後に押し込められているのだが、その遺体は、島に埋葬されようとしているのである。遺体は、活力に満ちていたときと同じように毛皮の衣服に包まれ、ヘラジカの歯の首飾りとクマの牙の垂れ飾りを身に着け、粘板岩の小刀を腰紐に差している。北ヨーロッパの水路と林地を数えきれぬほど行き来してきたこの男にとって、これは最後の旅である。この旅を終えると、彼は、死者の島に住んでいる祖先の仲間入りをしなければならない。

ラボック君が今向かっているのは、オレネオストローフスキー・モギーリニク、つまり、ロシア北西部のオネガ湖の中央に位置しているディア島の共同墓地である。時は今、紀元前六二〇〇年であり、[1]その死者の息子が漕いでいるこの丸木舟は、島に向かっている数多くの丸木舟の中の一艘である。この埋葬は、北部の森林地帯の厳しい冬を乗り切った人々がともに集うための一つの口実でもあり、人々は、まさに四方八方からやってくる。人々は、互いにうわさ話に花を咲かせたり、フリントや毛皮を交換したり、身の上話を物語り、夏には誰がどこへ誰と一緒にどの程度の期間とどまるのかといった将来の計画を話し合わなければならない。それればかりか、人々は、死者たちが先祖の住んでいる魂の世界へと無事に旅立っていく手筈を整えなければならない。

一九三九年、スターリン体制下のソヴィエト連邦の「歴史物質文化国営研究所[2]」の所長だったウラジスラフ・ヨシーフォヴィチ・ラヴォドニカスは、彼の助手であり、秘蔵っ子でもあったグリナが行ったオレネオストローフスキー・モギーリニクの発掘の調査報告書を受け取った。一九三六年に発掘に着手したグリナは、その島がトウヒとカラマツによって被われていることを知った。それらの木々の間にはいくつもの大きな穴があり、その地の人々は、その穴からかつて北方の大氷河によってもたらされた砂や砂礫を掘りだしていた。その作業によって人骨が出土したことから、人々は、その島を「死者の島」と呼んでいた。多くの墓が好奇心と宝探しに駆られた人々によってすでに掘り起こされていたとはいえ、金銀の夢は瞬く間に消え失せてしまい、グリナは、そのおかげでそれとはまったく異なった類の考古学上の宝を発見することができた。その墓に遺骨とともに眠っていたのは、動物の歯と骨から造られた装身具、ヘラジカや蛇を象った彫刻、粘板岩の小刀、骨製の尖頭器、フリントの道具だった[3]。

三シーズンの野外調査によってグリナは、一七〇基もの墓を発掘した。その中には保存状態の良好な骸骨もあり、たんなる人骨の断片にすぎないものもあった。大量の装身具と道具が出土した墓もあれば、その種のものがごくわずかしかない、あるいは、まったくない墓もあった。その島には男と女と子供が埋葬されており、一八の墓は二体を含んでおり、三体を含んでいた墓も少しばかりあった。その共同墓地には総計五〇〇基もの墓があったとグリナは推定していた。野外調査が国家警備部門によって打ち切りを命じられなかったとしたら、グリナは、もっと多くの遺物を発掘することができたことだろう。その頃、ソヴィエト連邦によるフィンランド侵攻作戦が最終段階を迎えており、オネガ湖は、その作戦の進路に組み込まれていたのである。

グリナの発掘の結果は、ラヴォドニカスにとってはジレンマを引き起こす類のものだった。オレネオストローフスキー・モギーリニクの規模と副葬品の豊かさは、その共同墓地を築いた人々が農民だったことを意味していた。少なくとも、社会の進化と物質文化に関するマルキシズムの理論に従うかぎりにおいて、そのように理解せざるをえなかった。スターリン体制下のソヴィエト連邦で「国営研究所」の所長という要職を担っていたラヴォドニカスにとって、考古学的な解釈は、フレデリック・エンゲルスによってすでに構築されていた社会の進化に関する理論を確認する形でなされなければならなかった。それにもかかわらず、彼は、それに異を唱えなければならなくなってしまった。原始共同体は、二つの発展段階、具体的には、常に移動しながら暮らしていた狩猟採集民の時代である初期氏族期と、人々が初めて大きな集団を形成し、道具を所有するようになった時代の定住性の農民と牧畜民によって特徴づけられている後期氏族期を経過すると考えられていた。ならば、オレネオストローフスキー・モギーリニクは、そのどちらに該当するのだろうか？　ラヴォドニカスが紀元前二〇〇〇年まで遡ると考えていたその社会の複雑さは、それが後期氏族期に該当することを示していた。けれども、そういうことであったとすれば、その時代にとって必須であるはずの土器と家畜はどこへいってしまったのだろうか？

そこで彼が下したのは、説明に窮した実に数多くの今日の考古学者たちによって今なお偏愛されている解釈でもある「儀式」というものだった。オレネオストローフスキー・モギーリニクの共同墓地に死者たちを葬っていた人々は、土器や家畜の骨を死者の墓に持ち込むことを禁止する儀式をもっていたに違いない。そういうことであったとすれば、難問は氷解し、エンゲルスの歴史観にも手をつけないですむ。ラフドニカスはまったく間違っていた。ラボック君がただ乗りしていた丸木舟の持ち主は、土器などという言葉をそれまでに耳にしたこともなければ、家畜という観念を持ち合わせてもいなかった。彼らは、ラフドニカスが考えていたより少なくとも四〇〇〇年前に暮らしており、その島を紀元前六七〇〇年から六〇〇〇年にかけて共同墓地として使っていたのである。

丸木舟が島に到着し、人々はそれを浜に引き上げた。その島はごく小さく、長さ二・五キロ、横幅は一キロに満たず、トウヒとカラマツによって被われている。人々は、遺体を担架に乗せて無言で木々の間の小道を進んでいく。その後を追ったラボック君が林地の中の開拓地に着いてみると、そこにはすでに五〇人ばかりの人々が集まっていた。ここが共同墓地である。砂地の低い塚は、それ以前の墓であることを示している。その中にはさほど年月が経っているようには見えないものもあれば、その上に若木や実生苗が一面に生えているようなものもある。新しい墓がすでに掘られており、それは、そのほかの墓と同じように、ごく浅くて、東と西の方角に配列されている。埋葬の儀式が始まったので、ラボック君は、参列者たちの一群に加わり、その努めを果たそうとしている呪術師を注意深く見守った。

遺体が、その頭を東側に向け、粘板岩の小刀や骨製の尖頭器、フリントの道具など死者の持ち物を両脇に置いた形で墓の中に安置された(4)。死者を見送った人々は、共同墓地の外れの炉床へと散らばっていき、四方山話を始めた。墓のそばに居残ったラボック君は、死んだ男の人生についてあれこれ思いを巡らせている。八〇〇〇年あまりの歳月が過ぎ去り、その衣服も肉体も土に還ってしまった後でその遺骨を発掘し、それぞれの骨と人工遺物を細心の注意を払って回収したグリナその人も、その男ははたして何者だったのだろうかと思い悩んだのである。

ラヴォドニカスがグリナの調査結果に解釈を施したほぼ五〇年後、二度目の発掘が試みられた。このときそれを行ったのは、マルキシズムの理論の規範の影響などまったく蒙っていない二人の考古学者、ミシガン大学の共同墓地の分析の専門家ジョン・オシェイと、北ヨーロッパの中石器時代の狩猟採集民に関する指折りの専門家だったシェフィールド大学のマレク・ズヴェレビルだった(5)。

二人の考古学者は、グリナの情報を考慮しつつ、きわめて複雑な統計学的な技法を用いて墓を部分的に重なり合っている一連の集団へと類別した。これらの集団は、オレネオストロフスキー・モギーリニクに葬られた人々の血縁上の相違点を反映していると二人は論じている。二人は、集団が二つの血統に分割されており、その一つがヘラジカの彫像によって、もう一つが蛇の彫像によって特徴づけられていると主張した(6)。これらの彫像は特定の墓からしか発見されていないことから、二人は、それがそれぞれの血統の世襲的な指導者の墓だったと推定したのである。

骨製の尖頭器と銛、粘板岩の小刀と短刀といったある種の道具がもっぱら男たちとのみ埋められていたことから、オシェイとズヴェレビルは、性にもとづく労働の厳格な分化が存在していたと提唱している。女たちの多くは、一般的にはビーバーの歯の数珠玉とともに葬られてており、その墓から特定の道具はまったく出土していない。二人の考古学者たちは、ヘラジカ、ビーバー、クマの歯の垂れ飾りが富の指標だったと結論づけている。これらが数多く出土している墓からは小刀や尖頭器などの人工遺物も、また、数多く発見されているからだ。クマの牙とともに埋葬されていた人たちは、もっとも裕福であり、その大多数は若い成人の男だった。これは、富の獲得が身体的な健康と、おそらくは、狩りの抜きんでた腕前に依拠していたこと、加齢とともに活力が失われることが威厳と権力の喪失を意味していたことを示唆している。女たちにとって富にと繋がる道は、結婚、あるいは、男たちとの血縁だったのだろう。

四つの墓は、そのほかのものとはまったく異なっていた。墓の中に数多くの副葬品が配置されていたばかりか、その遺体が、死者があたかも今なお地面の上に立っているかのように見えるよう、ほぼ垂直に埋葬されていたのである。オシェエイとズヴェレビルは、グリナ自身も提唱していたように、これらが呪術師だったと考えている。その島の墓についてのもう一つの特徴として、年老いた男たちの一一の墓からは骨の尖頭器だけしか出土していない。彼らは、おそらくは、自らの所有物と富の蓄積を禁じられていた特殊な狩猟集団だったのではあるまいか？

オシェエイとズヴェレビルは、死者たちをオレネオストローフスキー・モギーリニクに埋葬した人々がそれ以前とその時点における圧倒的大多数の狩猟採集民たちよりもさらに複雑な社会生活を送っていたと結論づけている。そうしたことであったとすれば、彼らは、その祖先が暮らしていたと思われる死者の島からは隔たっている、今なお発見されていない集落で一年を通して住んでいたのだろう。オシェエイとズヴェレビルは、オレネオストローフスキー・モギーリニクに葬られていた人々がロシアの北部とフィンランドの東部におけるフリントと粘板岩の交易網の中間商人として富を獲得していたのではなかろうかと提唱している。

オレネオストローフスキー・モギーリニクに関するラフドニカスの解釈に重大な異議が申し立てられるまでにはほぼ半世紀を要したのだが、オシェエイとズヴェレビルによる解釈が支持されていた期間は一〇年に満たなかった。一九九五年にモントリオール大学のケン・ジェイコブズが二人の結論に疑義を唱え、オレネオストローフスキー・モギーリニクの共同墓地をふたたび解釈し直したからである。[7]

ジェイコブズは、それぞれの墓について、その相違点よりも共通点の方が重要であると考えた。彼は、その島が、オネガ湖の湖岸や、その周辺の林地に広く分散して暮らしていた数多くの小さな狩猟採集民たちの集団にとって儀式の中心地として機能していたと主張した。彼は、これらの集団を形成していた人々が対等の関係を形づくっていたと考えており、数珠玉や垂れ飾りなどの人工遺物の副葬品の数の違いを、富や地位ではなく、状況に応じて変化する保存状態に帰したのである。ジェイコブズの判断では、オレネオストローフスキー・モギーリニクは、一九世紀までその地に住んでいたサーミ族の聖地に似ていた。彼らも、また、その死者たちを湖の中の島々に埋葬していたからである。彼らがそうしていたのは、死者の魂が定住地に帰ってくるのを妨げるためだった。彼らは、死者たちがその親族や所有物を死後の世界に連れ去ろうとすると信じていた。遺体を島に閉じ込めておけば、その魂によって大切な狩り場や漁場が掻き乱される恐れはない。死者たちをオレネオストローフスキー・モギーリニクに埋葬した人々も、そのように考えていたのだろう。彼らは、おそらくはサーミ族の直系の先祖だったのだ。

夜の帷が降りてくるにつれて、月の光に照らされて踊っている人々の影がしだいに濃くなっていく。ラボック君は歌声に耳を傾けたのだが、その言葉の意味を理解することはできない。ラボック君は、ウラジスラフ・ヨシーフォヴィチ・ラヴォドニカス、ジョン・オシェイとマレク・ズヴェレビル、ケン・ジェイコブズといった現代の考古学者たちに好感を抱くことができたに違いない。彼らも、また、過去の生活の影をなんとかして手に入れようと努力してきたのだが、彼らが読み解こうとしている言語の「翻訳者」、具体的には、クマの牙、ヘラジカの歯、骨製の尖頭器といった「単語」によって構成されている「文章」の「翻訳者」を欠いているのだ。月が昇り、流れ星が夜空に一瞬の光跡を残している頃、ラボック君は、一艘の丸木舟を借りて暗闇の中に漕ぎだしていった。

オネガ湖の西岸を後にしたラボック君は、バルト海の沿岸地帯へと旅立っていった。彼は、時折、丸木舟を川から川へと引いていかなければならなかった。林地はいたるところで水があふれており、それを切り抜けなければならない。ところで、そのすべては、ビーバーが木や石ころで作ったダムのせいだった。ビーバーは、自然の外観に手を加えることにかけては、北方の森林地帯で暮らしているいかなる人々より熟練しているとラボック君は感じ入った。[8] ヘラジカが、時折、一瞬姿を見せる森の中を進み、魚とイチゴ類を常食としながら、メンフクロウやオオカミの叫び声によって眠りを妨げられないときには星空の下で眠った。しょっちゅう足がびしょ濡れになったり、体の節々に痛みを覚えたり、クモやダニなどの昆虫から絶え間なく攻撃されるといったことさえなければ、彼の遊動生活は実に牧歌的だった。

巨大なラドガ湖を横断したラボック君は、ネヴァ川に入り、その川がフィンランド湾へと流れ込む河口に位置しており、後の世にはサンクトペテルブルグとして隆盛をきわめる地域に到着した。ここは南に向かう旅の起点である。[9] ラボック君は、巨大な河口を、数多くの小さな島々の間を縫いながら渡っていき、時折、解放水域へと丸木舟を向けた。多くの場合には後から追いかけてくるネズミイルカが、時折、水路を先導してくれる。その一方、アザラシは絶えず警戒を怠らず、カモメが急降下して群れの闖入者に飛びかかってくることもある。ラボック君は沿岸の数多くの野営地を通り過ぎたのだが、その住居の中にはウィグワム（北米の五大湖周辺以東のインディアンの半球形のテント風の小屋）に似たものもあれば、立木を組んだ小屋もある。人々は、自分たちの丸木舟のそばや、燻っている焚き火のまわりに座っている。漁網を繕ったり、銛の手入れをしたり、食べ物を用意したり、うわさ話に花を咲かせたりしている。[10] ラボック君がバルト海を南に向かって一五〇〇キロばかりの舟旅を愉しんでいるうちに、時は紀元前五〇〇〇年へと移り変わり、季節は冬を迎えようとしている。岸辺にはホシムクドリが巨大な群を成して飛び交い、木々の葉が紅葉し、夜がしだいに長くなる。それゆえ、スウェーデンの南端の礁湖の入り口に不規則に広がっている居住地がもっとも居心地がよさそうに思えてくる。立ち昇っている煙が、温かな炉火と炙った肉をほのめかしているからである。

この居住地は、今日ではスカッテホルムとして知られている、北ヨーロッパ全域の中でももっとも大きな中石器時代の遺跡の一つである。今日のスカッテホルムの農地の平穏な景観には、活気に満ちていた有史前の往時を偲ばせてくれるものはなに一つとして見当たらない。そのとき以降、海面が数メートルばかり低下したことによって、かつては礁湖の中の小さな島だったその姿は、今では平らな地面の上の円丘へと形を変えている。その土壌が掘り起こされたり、風によって吹き飛ばされるようなことがあったとすれば、有史前の砂浜の砂が姿をあらわすことだろう。鋤を使って地面を掘れば、中石器時代の生活に由来している有機堆積物が地表にあらわれるに違いない。

中石器時代のスカッテホルムの痕跡が、具体的には、その石器が発見されたのは、一九七〇年代の後半にその地が鋤で耕されていたときのことだった[11]。ルンド大学の考古学教授ラーズ・ラルッソンが調査に着手し、一九八〇年に彼が試験的に掘った割掘りからあり余るほどの人工遺物と、小魚の骨を含む数多くの動物の骨が回収されたばかりか、その保存状態はきわめて良好だった。だが、たんにそれだけのことではなかった。中石器時代の有機堆積物がまばらになり始め、そこが居住地の外れであることを示していた場所に試験的に掘った割掘によって、その最下層をなしている黄色みを帯びたきれいな砂の真ん中から一区画の黒っぽい堆積物が姿をあらわした。その表面を数センチばかり掘ったところ、人の頭蓋骨があらわれた。それは、ラーズ・ラルッソンがスカッテホルムで発掘することになる六四基のうちの最初の墓だったのである。

ラルッソンは、数年以内にこの有史前の居住地の三〇〇〇平方メートル以上の区画を発掘し、三つもの共同墓地を発見し、夥しい量の道具と動物の骨を回収した。

紀元前五〇〇〇年、礁湖の入り口は、横幅五〇〇メートル程度であり、その間に位置している二つの島のうちの一つは、打ち寄せる波をかろうじて押し戻している。その島は、波に洗い流されてしまう以前には共同墓地として使用されていた。もう一つのもっと大きな島が、その地をくまなく発掘したラルッソンが五三基の墓を発見した埋葬地として選ばれようとしている。礁湖の後方には、冬の寒気によって茶色に立ち枯れたアシの群落が海岸線に沿って広がっており、さらにその後方には、北方でよく見かけるマツではなく、落葉樹が密生している林地が広がっている。ラボック君は、ふたたびオーク、ニレ、リンデンバウム、ハンノキ、ヤナギの世界に帰ってきたのである。(12) ラボック君が乗っている丸木舟は、海岸から一キロばかり沖合で波に洗われているせいで上下に揺れ動いているのだが、それでも彼は、人々が焚き火や粗朶葺きの小さな小屋のまわりに集まっている姿を認めることができた。何艘もの丸木舟がアシの間に繋がれており、漁網が乾かされている。

スカッテホルムの人々が礁湖に引きつけられたのは、その地の植物と動物が途方もないほど多種多様だったからだった。冬期には周辺の林地でイノシシやシカを追跡し、カワカマスやパーチ（スズキの類の食用淡水魚）を捕らえる筌《うけ》を仕掛け、河川で盛んに繁殖していたトゲウオを漁網で大量に捕らえ、魚油を搾り取ることができたからである。人々は、岬の岩場に網を張ってウミガラス、オオハシウミガラス、ケワタガモなどの海鳥を捕らえることもできたし、海が凪いでいるときにはニシンを釣ったり、マイルカやネズミイルカを銛で突くこともできた。磯に集まってくるアザラシに忍びよりために夕暮れのひとときを過ごしたこともあったことだろう。

そうしたすべての営みは、ラーズ・ラルッソンが回収した、それぞれ異なった八七種にも及ぶ大量の動物の骨から明らかだった。これらの多種多様な動物に鑑み、ラルッソンは、人々が一年を通してスカッテホルムに定住していたと考えていた。その一方、ピーター・ローリー＝コンウィは、その骨を手に入れ、動物の解剖学的構造、繁殖、習性に関する該博な知識によってそれを分析した[13]。

ローリー＝コンウィは、イノシシの骨がスカッテホルムの暮らしについて、ラーズ・ラルッソンが考えていた、というより、その地のイノシシが彼にその種の予見を抱かせたのとは異なった状況を物語っていることを発見した。イノシシは、生まれたばかりのちっぽけな幼獣から十分に成長した大きな成体へと育つ速度の速さのゆえに、動物考古学者にとっては理想的な動物である。したがって、イノシシの大きさは、生後どの程度の期間が経過しているかを、年齢ではなく月齢によって知ることができる正確な指標となる。中石器時代のイノシシの幼獣は、現在の子豚と同じように、そのほとんどが春に生まれていた。イノシシが仕留められたとき生後どの程度の期間が過ぎていたかを見積もることによって、私たちは、それが狩られた月を同定することができる。無論のこと、残されているのはバラバラのイノシシの骨であることから、私たちは、現実のイノシシの大きさを判断することはできない。けれども、指節骨や足の骨のようないくつかの骨は、イノシシの全体の大きさについてきわめて正確な推定値を与えてくれる。それゆえ、ローリー＝コンウィは、スカッテホルムの骨を測定し、すべてのイノシシが冬に狩られていたことを発見した。

シカの大顎とアザラシの骨の調査が示唆していたのも、やはり同じ季節だった。鳥類については、そのほとんどすべてが冬の渡り鳥であり、スウェーデンの海岸に夏に飛来する可能性のある渡り鳥の骨は、ニシハイイロペリカンとハシビロガモに由来している二つだけだった。それと同じように多くを物語っていたのは、人々が夏にスカッテホルムに住んでいたとすれば、捕らえていたに違いない思われる種が発見されていないことだった。たとえば、タラ、サバ、ダツは、繁殖のために海岸に近づいてきたときには、間違いなく大量に捕らえられていたと思われるのだが、それらの種の骨は、同定されている二四二五個の魚の骨のうちわずか一五個を占めているにすぎない。これは、人々がその種の魚がはるかかなたのバルト海にいた冬期に漁をしていただけだということを物語っている。

ラボック君が丸木舟の中から眺めているスカッテホルムの沿岸には、それぞれ一群の住居によって形づくられている四つか五つの集落が並んでいる。住居の中には獣皮によって被われているウィグワムのような小屋もあれば、粗朶葺きの半球状の丸屋根をもった小屋もあり、立木の骨格をもった、いずれかといえば、頼りなげな小屋のように見えるものもある。もっと近づいてみると、それぞれの集落の人々は、まったく異なった衣服を身に着けている。長いショールのような衣服を身に纏っている人もいれば、毛皮に包まれている人もいる。顔に彩色を施している人もいれば、素顔の人もいるし、首や腰から数珠玉をぶら下げている人もいれば、その種の装飾品をまったく身に着けていない人もいる。それぞれの集落の間には少しばかりの触れ合いしかなさそうで、忌憚なくいえば、それぞれの集団は、互いに礁湖のそばに野営する同等の権利をもっていることを認めたくないと考えているように見える(14)。

ラボック君が短い幅広の櫂を持ち上げて岸に近づこうとしたちょうどそのとき、一匹のイヌが吠えた。すると、もう一匹に続いて礁湖の西の岬にいたイヌの群がいっせいに吠え始めた。それらのイヌたちは大きくて、いずれかといえば、今日のジャーマン・シェパードに似ている。その顔つきは見るからに獰猛そうだ。ラボック君は、やはり遠くから観察することにした。

ラルッソンが発掘したスカッテホルムの共同墓地は、その埋葬の慣例が途方もないほど多様であることから、それぞれの家族が自らの集団にごくわずかの連帯感しか抱いていなかったことを示唆していた。これは、オレネオストローフスキー・モギーリニクの埋葬に見られる均一性とは著しい対照を示している。ラルッソンは、発掘を完了させたとき、人々の墓が共同墓地の中に一時の気まぐれに任せて配列されており、首尾一貫した様式がまるで欠けていることを発見した。(15) 人々は、仰向けの、あるいは、うつ伏せの状態で、あるいは、うずくまったり、座ったり、部分的に横たわった姿勢で、手足を折り曲げたり、伸ばしたままの状態で埋葬されていた。

複数の遺骨が一つの墓に葬られていた例も少しばかりはあるとはいえ、ほとんどの墓に埋葬されていたのは一体だけであり、男と女の比率はほぼ等しかった。遺骨の中には火葬されたものもあれば、墓の上で木製の構築物が埋葬の儀式の一部として焼かれた痕跡も発見されている。いくつかの骨は、埋葬の後で改葬されたり、部分的に持ち出されていた。

墓の中から発見された人工遺物と動物の骨の種類も、埋葬の慣例の多様さに匹敵しており、道具、垂れ飾り、枝角が、まさにありとあらゆる形で組み合わされていた。副葬品としては、一般的には、アカシカ、ノロ、イノシシなどの縄張り行動をもった大型の猟獣の骨、歯、枝角が好まれていた。けれども、一人の女の遺体の脚の下肢のそばには魚を詰めた容器が置かれており、もう一人の女は、カワウソの頭蓋骨とともに葬られていた。これは、それぞれの家族が身内の死者の埋葬の仕方を選んでおり、集団に広く受け入れられていた慣習や儀礼的な慣例にはごくわずかしか縛られていなかったという印象を私たちに与える。

年齢と性別の点から見てみても、埋葬の典型と人物の類型の間に明確に認められる様式は、ごくわずかしかなかった。(16) オレネオストローフスキー・モギーリニクの場合と同じように、もっとも裕福な人物は、血気盛んなときを迎えていた人々だった。それゆえ、権力と声望は、スカッテホルムの人々についても、血筋ではなく、主として個人的な業績に由来していた。男と女の間の違いもさほど明確ではなく、男たちがしばしばフリントの石刃や斧とともに埋葬されており、その一方、ヘラジカとオーロックスの歯の垂れ飾りは、女たちだけの副葬品だったと思われる。法外な富を築いていた人々や、呪術師や支配者といった役柄が認められるような人物の事例は、まったく発見されていない[17]。

スカッテホルムで家畜化されたイヌが飼われていたことは、ラーズ・ラルッソンのもっとも重要な発見の一つだった。家畜化の根拠は、その骨が生活廃棄物の散乱から出土したばかりか、イヌの墓が発見されたことだった。最初期の共同墓地では、イヌたちは、その飼い主が死んでしまったとき、供犠の対象として、その飼い主とともに葬られ、死後の世界をともにしていた。けれども、ラボック君がその地を訪れたとき用いられていた二つ目の共同墓地では、イヌたちは、それ固有の墓に埋められ、その埋葬には人と同じ扱いが与えられていた。一匹のイヌは、その背中に沿って一本の枝角を、お尻の近くにフリントの三つの石刃と装飾を施された枝角の槌を配置し、赤い赭土を振りかけられて埋められていた[18]。

誰かが石を投げ、イヌたちは、甲高い鳴き声を上げて視界から消え去った。ラボック君はふたたび短い幅広の櫂を持ち上げ、海岸にさらに近づいていった。けれども、焚き火のまわりに座ったり立ったりしている人々の姿がもっと鮮明に見えるようになったとき、またもや丸木舟をとめた。男たちの一人は、松葉杖に頼りながらびっこを引いている。二人の男の顔には傷跡が深々と刻まれており、一人の男は失明しているらしい。ラボック君は、社会的な緊張と暴力の存在を明らかに示しているこの特殊な居住地の視察を諦めることにした。丸木舟の向きを変えたラボック君は、進路を東に取ってデンマークの海岸を目指した。

ラーズ・ラルッソンは、スカッテホルムの人々が同じ居住地の仲間同士で、あるいは、そのほかの人々と激しく闘っていた不穏な痕跡を発見している。事実、共同墓地や個々の墓から明らかにされている痕跡の累積は、北ヨーロッパ全土の中石器時代の集団の内部では暴力が日常化していたことを物語っている。[19]

スカッテホルムでは四人の人物が、頭蓋骨に窪んだいくつもの割れ目をもった状態で発見されている。これは、ある時点において、頭部を鈍器で殴打されたことによって引き起こされたものだった。そうした打撃を蒙った人物はたんに一時的に意識を失っただけだったのかもしれないが、それが致命傷だった可能性も充分ある。二人の人物ついては、フリントの鏃が命中しており、ラルッソンがそれを発掘したとき、その鏃は骨に食い込んだ状態をそのまま保っていた。そのうちの一つが腹部に命中しており、もう一つは胸部に突き刺さっていた。

この二つの事例は、その責任を問うことができない狩りの事故だったとの解釈が成り立たないわけではないにしても、頭蓋骨の骨折をこうした解釈によって説明することは難しい。こうした暴力のいくつかは、本質的には、儀式的なものだったと考えることもできる。一人の若い成人の女が側頭部への一撃によって命を奪われ、年長の男とともに一つの墓の中に横たえられていたのだが、これは、おそらくは、今となっては知る由もないなんらかの罪状への連座に対する極刑だったのだろう。しかしながら、これらの暴力に関するもっとも確率の高い解釈は、中石器時代のこれらの集団が自らの土地を守るために闘っていたことに起因していたに違いないというものである。

林地、沼沢地、河川、礁湖、海といった食料の豊かな供給を約束してくれる地形に恵まれていたスカッテホルムは、狩猟採集民たちにとって羨望の的だったに違いない。

夏期に分散して暮らしていたとき、人々は、予想外の闖入者や、隣接している、だが、生産性の低い地域で暮らしている人々に礁湖を乗っ取られてしまうといった事態はなんとしても避けなければならなかった。

頭部への損傷の大多数は、前面、あるいは、左側に対する打撃によって引き起こされており、この傷は、右利きの敵対者との向かい合わせの戦闘によって蒙ったことを物語っている。男たちは、女たちよりもより多く戦闘に参加しており、損傷の度合いも、頭部への損傷が三倍、矢による傷跡が四倍に達している。私たちは、夏が終わって居住地に帰ってきたいくつもの集団が、招かれざる人々によって環礁がすでに占拠されていた状況に遭遇し、その地をめぐる戦闘の火蓋が切られた情況を容易に想像することができる。

スカッテホルムをはじめとする中石器時代のヨーロッパの居住地における暴力の解釈を求めようとすれば、アマゾン川流域の森林地帯で暮らしているヤノマミ族の人々に関する考察が有力な手掛かりを与えてくれる。ヤノマミ族については、アメリカ人人類学者ナポレオン・シャグノンによってすでに詳細な調査が行われている。[20] 彼らの社会においては、中石器時代の人々と同じように、暴力は、集落の内部と、集落と集落の間との違いを問わず日常化していた。それは、胸部を強打する儀式的な闘いを含めた果たし合いから、棍棒を使った闘いや、集落間の略奪や全面戦争にまで及んでいる。ほとんどの暴力行為に責任を負っているのは男たちであり、その多くは、女たちと性行為をめぐって引き起こされる。

果たし合いは、しばしば、一人の男が自分の妻と性行為を行っている別の男の現場を取り押さえたとき始まる。シャグノンの言葉を借れば、「激怒した夫は、その敵対者に闘いを挑み、棍棒でその男の頭部に一撃を加える。彼は、自らの棍棒を地面に垂直に立ててもち、それに寄りかかって敵対者の一撃を受けるために自らの頭部を差し出す。彼は、頭部への一撃をもちこたえた後、貫通者の頭蓋骨にさらなる一撃を食らわすことができる。けれども、血が流れ始めるやいなや、ほとんどすべての人々が、住居の骨組みから柱を剥ぎ取って戦闘に参加し、争いの当事者たちのいずれかに味方する」。[21] ほとんどの男たちの頭部の頂上には深くて醜い傷跡が刻み込まれており、男たちは、その傷跡に測り知れないほどの誇りを抱いていた。事実、男たちの中にはその傷跡の輪郭を際立たせるために、頭を剃って頭皮に赤い顔料を擦り込んでいる者もいた。

集落間の略奪の多くは、一つの集落の成員たちによって別の集落に対して企てられている邪術をやめさせるという大義名分の下になされているとはいえ、女たちを誘拐するために行われた。シャグノンは、極度に強暴な戦闘行為、とりわけ、ノモホリと呼ばれている、背信行為をともなう戦闘行為を描写しており、それは、偽りの口実を設けてほかの集落を訪問し、それを歓待する居住者たちを残忍な手段によって殺害し、女たちを掠って逃亡するといった類のものである。掠われた女たちは、一般的には、襲撃に加わったすべての男たちによって、次いで、それを望む集落のすべての男たちによって強姦される。その後、強姦に加わった男たちの一人がそれぞれの女たちを妻として迎え入れる。

ヤノマミ族の戦闘行為は、北ヨーロッパの中石器時代の人々の間に起こっていたのではあるまいかと考えられている事柄に対して好奇心をそそる類推を与えてくれる。しかしながら、考古学においては、現実に暮らしている人々に関する記述を過去に押しつける手法は、とりわけ、二つの社会がまったく異なった環境によって条件づけられている場合には、常に危険である。南アメリカの熱帯地方と中石器時代のスカンジナビア半島の沿岸地帯では、その環境にはこれ以上はないほど巨大な隔たりがある。また、ヤノマミ族の人々が中石器時代の人々よりも大きな集団を形成しており、さらに永続的な定住地で暮らしていることについても議論の余地がない。それにもかかわらず、棍棒を用いた儀式化された闘いと略奪者の一団は、中石器時代の共同墓地の、頭蓋骨を骨折していたり、矢が貫通している遺体の解釈として、私たちの心を引きつける力をもっている。また、女たちをめぐる男たちの闘いは、疑いもなく、人類の社会におけるもっとも古く、もっとも一般的だったと思われる特色の一つである。

略奪者たちの一団は、中石器時代のヨーロッパの暴力に関するもっとも劇的な痕跡を説明してくれるかもしれない。それは、ドイツのオフネットの洞窟から出土した数多くの頭蓋骨である。[22] 二つの浅い穴から入念に配置された人々のいくつもの頭蓋骨が一括して発見されたのだが、そのすべては、紀元前六四〇〇年頃のある時点において明らかに死後ほどなくして遺体から切り離されたものだった。一つの穴には二七個の頭蓋骨が、もう一つの穴には六個の頭蓋骨が葬られており、その大多数は、女と子供のものだった。いくつかの頭蓋骨、とりわけ男のそれは数カ所の損傷を蒙っており、そのうちの一つは、斧による六発から七発の強烈な打撃にさらされていた。ほとんどすべての頭蓋骨は、装飾的な貝殻、穴が開けられているアカシカの歯、赤い赭土によって入念に飾られていた。貝殻は、その中に中央ヨーロッパの東部やシュヴァーベン高原や、さらには地中海に由来する種が含まれていることを考慮すれば、注目に値する。

これらの多数の頭蓋骨は、中石器時代の居住地に対して、ヤノマミ族によって企てられたのと同じような略奪が加えられたことを示唆している。それらの首がすでに死んでいた体から切り離されたのか、それとも、捕虜が処刑されたのかは、とりわけ、あまりにも多くの女たちと子供たちが関わっていたことから、陰惨な推測に委ねるほかない論点である。それと同じように、私たちは、入念な埋葬が生き残った人々によって哀悼と追憶の念によって行われたのか、それとも、勝利者たちによってその魂を鎮めるために企てられたのかを推測してみることもできる。そのいずれであったとしても、中石器時代のヨーロッパの歴史は、紛れもなく残忍な暴力と大量の殺戮によって血塗られていたのである。

紀元前五五〇〇年以降の北ヨーロッパの中石器時代における暴力の増大について考古学者たちは、一般的には、食料の供給源の減少を人口の増大が圧迫したせいだと解釈している。[23] 紀元前九六〇〇年以降、北ヨーロッパの林地、礁湖、河川、河口域、海岸地帯といった自然環境は、常に変わることなく豊かな恵みを人々に与えていた。氷河時代がその幕を閉じた後で最初に居住地を形成した人々や前期完新世の人々の人口は、急速に増大していったことだろう。彼らは、中石器時代のエデンの園に住んでいたのだ。けれども、紀元前七〇〇〇年頃までには、今日のスウェーデンやデンマークで暮らしていた人々は、海面の上昇によってかなりの規模の土地をしだいに失っていった。人々は、しだいに狭い地域に押し込められていき、最上の狩り場や植物の採集場、とりわけ、漁場を求める激しい競合に追い込まれていった。

環境の変化によって引き起こされた経済的・社会的な問題は、しかしながら、こうした人々の暮らしに押し入ってきた一つの新たな影響力によってその激しさをさらに増していた。それは、すでにフランキティの洞窟の居住者たちやレペンスキヴィルの人々を圧倒していた、はるか彼方の西アジアに源を発していた影響力だった。紀元前五五〇〇年頃までには農民たちがすでに中央ヨーロッパに進出し、土着の人々と直接的に、あるいは、交易を介して接触していた。土地、女たち、毛皮、獣肉に対する農民たちの要求は、磨製石斧のような、集団の内部における競合を勝ち抜く威信を与えてくれる新たな道具を求めていた中石器時代の人々の要請とぴったりと一致していた。[24] 彼らは、開拓前線地帯の全域において交易を始めた。現在のポーランドとドイツの南部に当たる地域の農民たちと、デンマークとスウェーデンの北部の地域の狩猟採集民たちも、その種の接触を頻繁にもつようになった。しかしながら、そうした接触によって農耕定住地が発達していったとはいえ、その発達は、中石器時代の人々にさらなる社会的な分裂と経済的な緊張を引き起こしていた。そして、それは、最終的には、中石器時代を特徴づけていた狩猟採集文化を全面的な崩壊へと至らしめたのである。

20 開拓前線地帯にて

――紀元前六〇〇〇年から四四〇〇年における中央ヨーロッパへの農耕の普及と、それが中石器時代の社会に与えた影響

紀元前六〇〇〇年頃までには北ヨーロッパの中石器時代の人々は、訪問者たちから、東方の新たな人々に関するうわさ話を炉端の物語として耳にするようになっていた。それらの人々は、途方もなく大きな木製の住居に住み、獣肉の交易を管理しているというのである。ほどなくして、彼らは、磨製石斧や、粘土を型に入れて成形した調理用の器を用い、家畜の群を放牧している、中石器時代の隣人たちの姿を眼にするようになった。農耕集落が彼ら自身の狩り場にまで進出してきたとき、中石器時代の狩猟採集民たちは、木立の背後から、木材を組み立てた長い住居、縄で繋がれた家畜、芽吹いている穀草を凝視《みつめ》ていたのだが、彼らのその眼に読み取ることができたのは、恐れと畏敬と戸惑いと嫌悪感が入り交じった感情だった。

年老いた世代の人々は、彼らの眼に映じた光景を理解しようとして苦労したことだろう。彼ら自身、樹木を伐り倒して自分たちの住居を建てていたとはいえ、新たな農場の規模は、彼らの理解の限度をはるかに越えていたからである。(1) 農民たちは、自然を管理して支配し、それを作り替えようとする意思をもっているかのように見えたからである。中石器時代の文化は、自然界の延長にすぎなかった。その世界において削り出されていた石斧は、自然の営み、つまり、水流や氷結が石の塊を砕き、鋭い尖端を生み出す自然の営みを、

人の手によって入念に仕上げたものにすぎなかった。小枝細工の籠や編み上げたむしろは、たんに蜘蛛の巣や鳥たちの巣を人の手によってさらに精巧に仕上げたものにすぎなかったのである。

農民たちが粘土と砂を混ぜ合わせて焼成し、装飾や彩色を加えて造り出した土器は、自然界にはその先例がまったくない類のものだった。農民たちが斧を研磨し、磨きを掛けることによってそれを滑らかにするとき、それは、石がもっている自然な圭角を否定する意思を誇示しているかのように見えたのである。中石器時代の住居を建てることは、ハシバミのしなやかさ、ヤナギの粘りけ、すぐに薄板として使えるよう自然が育ててくれたカバノキの樹皮などの特性を活かし、それらを組み合わせる作業にすぎなかった。その一方、木材の骨格をもった長い住居は、自然をいったん引き裂き、それを構成する過程を必要としていた。

年老いた男たちと女たちは、中央ヨーロッパの森林地帯から身を引いて狩り場を棄て去り、これまでと同じように自然界を賛美する暮らしを続けたいと言い張ったことだろう。しかしながら、そうした人たちは、歴史の潮流に逆らった詩人であり、舞踏家だった。若者たちは、それとはまったく異なった考え方をもっていたことだろう。その多くは、農民たち、土器、家畜、コムギが、イノシシや、一年に一度の木の実やイチゴ類の収穫と同じように自然であるような世界に生を受けていたからである。彼らは、労働者や狩人として農民たちのために働いた。交易に従事し、陶芸を学び、土地を耕した。彼らの娘たちは結婚し、ほどなくしてその息子たちは、農民そのものになった。　北方の森林地帯で中石器時代の文化を維持していた人々は、伝統的な狩猟と採集の形態を調節しなければならなかった。毛皮、獣肉、蜂蜜など森林の産物を交易のために獲得しなければならなかったからである。その結果として、自然が育んでいた資源は、争いの種となり、さらに枯渇していった。また、数多くの女たちがしだいに農民たちの集落に加わり、農業が、自分たちと子供たちに経済的な安寧を与えてくれるきわめて優れた手段であることを理解するようになっていくにつれて、中石器時代の人々の個体群の維持に務める人たちの数は、しだいに少なくなっていった。土地と女たちのいずれもが対立の源となり、それは、しばしば中石器時代の墓の中の痕跡によって明瞭に示されている暴力として噴出した。

紀元前五五〇〇年までには新しい形態の農耕文化がすでにハンガリー大平原の周辺に姿をあらわしており、考古学者たちは、それを線帯文土器文化と呼んでいる(2)。それは、驚異的な速度で東西に広がり、ウクライナや中央ヨーロッパに伝搬していった。ラボック君が丸木舟でスカッテホルムに向かっていた頃、線帯文土器文化期の農民たちは、ポルトガル、ドイツ、北海沿岸の低地帯（今日のベルギー、オランダ、ルクセンブルグの占める地域）、フランスの東部の落葉樹の林地へと進出し、それらの地帯を開墾していった。

それは、まずギリシアで姿をあらわし、北方のバルカン半島を通り抜けてハンガリー大平原にまで到達していた文化とはまったく異なった新石器時代の文化だった。「線帯文土器」という名称が示しているように、これらの農民たちは、自らの土器に、いくつもの細い線を組み合わせた帯状の紐の装飾を施していた。彼らは、木材を組み立てて長い住居を建設し、ヒツジやヤギではなく、畜牛に依存していた。それにもかかわらず、考古学者たちは、伝統的に、線帯文土器文化期の農民たちが西アジアから最初期の時代に移住してきた人々の直系の子孫であり、ヨーロッパへのその種の移住の新たな局面を象徴していると想定してきた。

しかしながら、今日ではその種のアイデンティティに異議が申し立てられるようになっている。マレク・ズヴェレビルは、ハンガリー大平原の周辺で暮らしていた地元の中石器時代の人々が新たな移住者たちを観察して彼らから学んだり、家畜と穀類を交易によって手に入れることによって、農耕の慣習を自分たちのものとして採用していったのだと主張している(3)。両者の間にはなんらかの形の混交があったことだろう。それは、おそらくは婚姻によっていたと思われるのだが、ひょっとしたら、ヤノマミ族の場合と同じように、女たちの略奪もそれに一役買っていたのかもしれない。けれども、中石器時代の人々は、移住者たちの物真似に甘んじていたわけではけっしてなかった。彼らは、農耕という生活様式を、中央ヨーロッパの土壌、気象条件、林地に適応させていった。彼らは、自らの力によって線帯文土器文化を創りだした。そして、彼ら自身の新たな農耕個体群が増加していくにつれて、彼らは、住居の建設、集落の配置、社会的な組織と経済といった新たな文化のすべての側面における驚くべき一貫性を維持しながら、東西に広がっていった。それゆえ、ズヴェレビルによれば、新石器時代の線帯文土器文化期のヨーロッパの農民たちは、西アジアからまずギリシアに到着した移住者たちではなく、中石器時代の土着の狩猟採集民たちの、直系の子孫だった。

その祖先が誰であったにせよ、新しい農民たちは、一世代につき二五キロの驚くべき速度で西に向かって進出していった。ちょうどヨーロッパの南東部に移住していった当初の農民たちと同じように、彼らは、豊かな土壌に恵まれた新たな地域を農場と集落によって満たし、耕作には不適な土地を跳び越えながら、新たな開拓前線地帯を確立していった。そうした速度は、たんに彼らの生活様式の成功を物語っていただけではない。それは、拓殖という観念、つまり、「開拓前線地帯の暮らし」がもっていた魅力を意味しており、それらの人々を、南アフリカを渡り歩いた遊牧民トレックボーア人や、アメリカ大陸の西部開拓者たちになぞらえている人々もいる。

「開拓前線地帯」に固有の心的傾向は、また、線帯文土器文化期の農民たちの文化の均一性を説明してくれるといえるのかもしれない。パリ盆地のキュイイリー゠レ゠ショダルドの住居は、そこからほぼ一〇〇キロも隔たっているチェコ共和国のミスコヴィッチに数百年前に建てられた家屋とほとんど同一であるように見えることだろう。開拓前線地帯の人々は、故国において「規範」として記憶されていたものに、その「故国」

がすでに変化し始めていたとしても、執着する。キプロス島に移住した農民たちが、その故国の西アジアにおいては長方形の建築物がいたるところに姿をあらわすようになった後といえども、小さな円形の住居を作り続けた事例は、それを雄弁に物語っている。

中央ヨーロッパに進出した新たな農民たちは、林地の小さな地面を開墾し、通常は長さほぼ一二メートルにも及ぶ住居を建てたのだが、規模がその三、四倍にまで達することも稀ではなかった。小さな畑でコムギやオオムギを栽培し、それに加えてエンドウやレンズマメを育てることもあった。彼らの畜牛は、樹木が生い茂っている林地で若芽や若葉を食み、ブタは、地表を被っている葉積層を鼻で掘り返しながらエサを漁っていた。ネア・ニコメディアの場合と同じように、家族は、もっとも重要な社会的な単位だった。それは、窮乏時には最終的にはほかの家族に依存せざるをえないことがあったとしても、自ら決断を下し、自立を維持しようと務めていた。

彼らの長い住居はがっしりしており、その骨格は、三本の内部の支柱によって支えられ、側面には編み垣に粘土を塗り固めた壁を支える一列の杭が打ち込まれていた。壁に塗りつける粘土は、しばしば壁のすぐ外側から掘り上げられており、その結果として住居のまわりに掘られた溝は、ごみ捨て場として利用されていた。長い住居の内部はしばしば三つの区画に分割されており、それらは、おそらくは、貯蔵と、調理と食事や、眠ったりする部屋として用いられていたと思われる。「おそらくは〜と思われる」と書かなければならないのは、現代の農業経営者を含めたその後の農民たちのすべての世代は、線帯文土器文化期の農民たちとまったく同じように、一貫して肥沃な土壌に引きつけられてきたことから、その長い住居の床は、現代の農民たちの鋤によって破壊されてしまい、考古学者たちに残されているのは、木材の柱がかつて屋根や壁を支えていた痕跡を示している環状の黒みを帯びた土にすぎないからである。

長い住居の中には林地に一軒だけ建てられていたものもあれば、二、三〇軒の住居がそれぞれの戸口を東に向けて整然と配列されていることもあった。そうした集落の内部において、それぞれの住居の補修の状態は様々だった。ある家族の最後の成員が死んでしまったとき、その長い住居は、たとえその構造が堅固であったとしても、見棄てられた。それは、たんに集落の中で崩れ落ちていくに任され、ついには長くて低い塚になる。家族が死に絶えてしまったように、その住居も、また、死んでしまうのである。(4)

人々は、集落に隣接している共同墓地に葬られた。骨の保存状態は、一般的には、きわめて劣悪であり、耐久性のある歯のエナメル質のかすかな痕跡以外の人骨がそれぞれの墓の中に残存していることはほとんどない。骨が発見されたときには、その骨は、男と女たちや、年寄りや若者たちといった集落のすべての居住者たちがともに埋葬されたことを示している。斧や手斧、鏃や貝殻の装身具がしばしば男たちの、石臼や石錐が女たちのそばに置かれている。きわめて裕福だったり、権力を握っていた人物が存在していた痕跡はまったく発見されておらず、宗教的な信仰や儀式的な慣例を示している痕跡は、わずかしか残されていない。(5)

ジョン・ラボック君は、まだこれらの農民たちの誰とも遭遇していない。彼は、緩慢に崩壊しているデンマークの中石器時代の世界を探究しているところだからである。けれども、ほどなくして、これらの移住者たちと対面することだろう。

スカッテホルムの入り江を後にしたラボック君は、デンマークの海岸に渡り、次いで、北に向かって旅立ち、コペンハーゲンの北方ほぼ二〇キロに位置しているヴェドベックの町の背後の沼沢地と繋がっている狭い入り江に入ってきたところである。紀元前四八〇〇年頃、その入り江の地形は、スカッテホルムの礁湖ときわめてよく似ていた。それは、狩り場、漁場、野鳥の捕獲場として申し分のない条件を備えており、人々がそのためであれば闘って死ぬことも辞さない場所、人々がその死後といえども長くとどまりたいと願うような場所だった。数多くの小さな定住地が海岸に沿って散在しており、ラボック君がその一つを選んで訪れてみると、人々は、つい先ほど立ち去ったばかりだった。いくつもの炉床の中ではまだ薪が燻っており、繋がれているイヌが与えられたばかりのエサをガツガツ貪っている。

その定住地の居住者たちは、一群の粗朶葺きの住居の背後の低い円丘の上の共同墓地に集まっている。その人垣の間に割り込んだラボック君の眼に映じたのは、ちっぽけな男の赤ん坊が墓の中に横たえられている若い母親のそばに下ろされている光景だった。[6] 母親は、ほんの一八歳くらいにしか見えない。おそらく、その男の赤ん坊は、母親が身籠もった最初で最後の子供だったのだろう。仰向けに横たわっている母親は、きらびやかに見える。その衣服は、巻貝の貝殻の数珠玉の小さな環と、数多くの可憐な垂れ飾りによって飾られているばかりか、同じような装飾が施されているローブを折り重ねて枕としてその首にあてがわれており、その枕の左右にブロンドの髪が垂れ下がっている。赤い赭土の紅が差されているその両の頬は、輝かしく燃え立っている。その骨盤も朱に染まっているのだが、それは、たぶん出産のときの出血のせいなのだろう。

土色のちっぽけな男の子は、地面の上ではなく、その全身が白鳥の翼に柔らかく包み込まれた状態で母親のそばに横たえられた。一本の大きなフリントの刃が遺体の上に置かれたのだが、それは、あたかもその赤ん坊が成人して、一人前の男として死んだことを示そうとしてでもいるかのように思われる。ラボック君が見守っていると、木の椀の中の赤い顔料の粉末が風に運ばれ、赤ん坊の遺体の上に舞い降りていった。

この墓は、駐車場が建設されていたときその場所が突きとめられたボーグバッケンの共同墓地の中で一九七五年に発掘されたのだが、それには「墓穴八号」という素っ気ない名称が与えられただけだった。そのほかにも一六基の墓が発掘され、そのほとんどすべての遺体は、背中を地面につけ、両足を閉じて両手をその傍らに伸ばした、同じような姿勢で横たえられていた。墓そのものも整然とした平行の列をなしており、様々な姿勢を取っている遺体が雑然とまき散らされていたスカッテホルムの共同墓地とはまるで異なっていた。

墓穴八号の中の白鳥の翼は、男の子として生まれたその瞬間に命を断たれてしまった赤ん坊にこの上ない安息を与えたのかもしれない。北ヨーロッパの一九世紀のサーミ族の人々は、白鳥とカモ類が神々の使者だと考えていた。(7) 地上を歩くこともできれば、水面を泳ぐこともできるし、空中を飛ぶこともできるそうした鳥類は、つまるところ、それぞれ異なった世界の間を自由に行き来することができると考えられていたのである。おそらくは、中石器時代の人々も、また、同じような意味合いから白鳥を崇めており、一羽の白鳥にその哀れな赤ん坊を死後の世界へと運んでもらい、その世界においてこの地上では拒まれた暮らしをさせてやりたいと願ったのだろう。

ヴェドベックを後にしたラボック君は、南に向かって旅立ち、海岸線に沿って丸木舟を走らせ、夏の青葉を茂らせている林地を縁取っているハンノキの下手に密生しているアシ原を通り抜けていった。有機堆積物が腐朽している濃厚な匂いが浅瀬から漂ってくる。だが、辺り一帯には生命の力強い躍動感がみなぎっている。魚が水面の上に跳ね上がり、カエルが水中にドボンと飛び込み、トンボが飛び交い、カモがエサを漁っており、岸辺に沿って途切れることなく繋がっているのは、どうやら集落と漁のための野営地らしい。

ラボック君が出会った人々は、林地のアカシカやイノシシの狩りに執着しているのだが、それが成功する確率はさほど高くはなく、魚類、貝類、鳥類、ウナギ、カニ、時折のアザラシやネズミイルカといった海や淡水の産物の安定した調達に比べれば、食生活に対する貢献度はずっと低い。考古学者たちにとって幸運なことに、こうした中石器時代の人々の食生活は、彼らの歯の中に化学的な痕跡を残している。(8) こうした骨と骨の化学的な組成を分析する科学的な技術を欠いていたとしたら、考古学者たちは、中石器時代の人々がシカの歯やイノシシの牙から造った装飾品に示した愛着から判断し、彼らが漁撈よりも狩猟により多く依存していたとの考え方に疑念を抱くことはおそらくなかったことだろう[9]。

海産物がきわめて大きな比重を占めていた食生活は、ラボック君が出会った中に不相応に大きな腹部、青白い顔、下痢、嘔吐といった症状を発現しているように見える人々がいた理由を説明してくれるといえるかもしれない。魚の過食は体内への寄生虫の侵入を引き起こし、それは腎臓と腸の機能を低下させる。考古学上の痕跡が残されるのは、こうした損傷が著しい場合にかぎられているとはいえ、デンマークから出土した中石器時代のいくつかの遺骨に見られる頭骨の肥厚はその一例である[10]。

漁師たちがジーランドの西岸のトゥブリンド・ヴィックの定住地から夜の漁のために湾の中の泥底の浅瀬に出発したとき、ラボック君は、丸木舟の後部に体を押しつけていた[11]。暗闇が水面を被ってきた頃、漁師たちが丸木舟の中に分厚く敷いた砂の上で火を焚くと、ほどなくして、火に引き寄せられたウナギがもつれ合うように丸木舟のまわりに群がってきた。漁師たちは立ち上がって、ヤスで素速くウナギを突いていく。その場にじっと座り込んだラボック君は、炎のまわりに集まった蛾を眺めながら、一本のリンデンバウムの丸太を刳り抜いた丸木舟と、とりわけ、ハート形の短い幅広の櫂の見事な出来映えに感じ入った[12]。それぞれの櫂はトネリコを削り出して成形されており、その表面には幾何学的な模様が彫り込まれ、濃い茶色の顔料が擦り込まれている。

ラボック君は、海岸を歩いていたとき、同じような櫂が使われているのを眼にしていた。中石器時代の彼の仲間たちは、その模様からその丸木舟がどこからやってきたのか、どこへ行こうとしているのかを即座に判断することができた。ラボック君は、中石器時代の人々が魚や動物の群をめぐってお互いの所在を監視する意図をもっていることをすぐさま了解した。

島々を後にしたラボック君は、ユトランド半島に渡り、砂地を被っている広々とした林地に入っていった。ユトランド半島の北端は、フィヨルドが陸地に深々と食い込んでいる。彼は、そこで人々が貝殻、魚の骨、生活廃棄物の堆積によって形づくられた巨大な塚を築いていることに気づいた。彼は、『有史前の時代』にそうした遺跡に関する記載があることをすでに知っていた。[13] 彼がその名をもらい受けた人物は、一九世紀のデンマークの考古学者たちがコッケンモディンガー（字義的には、台所や調理場のごみやくず）と呼んでいた二つの貝塚を一八六〇年代に訪れていた。ヴィクトリア女王時代のジョン・ラボックは、そのうちの一つの貝塚を視察していたとき、自らの手で塚の小さな一区画を掘ってフリントの道具を収集している。

ラボック君は、今日、私たちがエルテベレの貝塚と呼んでいる遺跡に到着したのである。それは、横幅二〇メートル、高さ数メートル、長さは海岸に沿って一〇〇メートル以上にも達している、途方もないほど巨大な貝殻の塊である。[14] その一方の尖端は沼地であり、泉に近く、ほかならぬその泉が古代の人々の眼をその場所に引きつけるきっかけになったのである。カキ、ムラサキイガイ、ザルガイ、タマキビガイを手近で見つけることができた、広大で栄養分に富んでいた浅瀬は、多くの人々を引きつける魅力をもっていた。ラボック君は、打ち棄てられた貝殻と骨の堆積物の小山の上に座って、その近くで働いている一群の人々を眺めている。ごみの山が放っている異臭は実に強烈だとはいえ、それを気にしているのはラボック君だけらしい。石を加工している人々もいれば、焚き火のまわりに人垣を作ったり、魚のはらわたを取り除いている人々もいる。けれども、ラボック君は、それまでまったく眼にしたことがなかった狩猟採集民の作業に引きつけられた。一人の女が粘土の塊を土器へと成形していたからである。

紀元前四四〇〇年頃にその貝塚と関わりをもっていたすべての人々は、日々の暮らしの痕跡を残しており、それを発見したのは、一九八三年にエルテベレを発掘したオルフス大学のセーレン・アンデルセンだった。それは、フリントの剥片の散乱や、木炭によって埋められている穴のまわりに山を成していた動物の骨と、分厚く堆積していた魚の骨だった。もっとも、その遺跡を最初に発掘したのは、アンデルセンではなかった。そのほぼ一〇〇年前、「デンマーク国立博物館」がその巨大な貝塚を調査し、デンマークの中石器時代の最終期にエルテベレ文化という名称を与えていた。ジョン・ラボック君は、「博物館」が行った調査については『有史前の時代』によってすでにそれを知っていた。コッケンモディンガーを調査するために、生物学者（ステーンストルプ教授）、地質学者（フォルヒハンマー教授）、考古学者（ヴォルソー教授）によって構成されていた委員会が形成されたのだが、それは、過去の探索には学際的な研究が必要だと一貫して考えられていたからである。ジョン・ラボックは、それについて、「支配的な地位を占めていた三人の学者に多大の期待が寄せられたことは、至極当然の成り行きであり、もっとも楽天的な希望すら叶えられた」と記述している。

学際的な研究者チームを擁していたセーレン・アンデルセンは、貝塚の内部とその周辺のいずれをも発掘した。その貝塚を残した人々の住居と埋葬地を捜していたからである。ジョン・ラボックは、貝殻が「住居と小屋」のまわりに堆積していたこと、つまり、その塚が「古代の集落の遺跡」であることを当然のこととして決め込んでいた。しかしながら、アンデルセンは、その種の住居をまったく見つけ出すことができなかった。ジョン・ラボック君は、その理由をアンデルセンに伝えることができたことだろう。その貝塚のまわりに建てられていたのは、風雨がしのげる程度のごく簡素な小屋にすぎず、貝塚が広がっていくにつれて、その存在のわずかな痕跡、たとえば、小屋の支柱の穴は、貝殻の新たな層の中に埋め込まれてしまったからである。けれども、ジョン・ラボック君は、共同墓地の痕跡をなに一つとして見つけ出すことができず、死者たちの身になにが降りかかったかについては、セーレン・アンデルセンと同じように、その見当もつかない状態に取り残されてしまった。

エルテベレの人々は、すべての狩猟採集民たちと同じように、季節の移り変わりに準じて、それぞれ異なった動物と植物をどこで、いつ、どのようにして手に入れればよいかをこと細かく知っていた。彼らは、冬期にはユトランド半島の北端まで出かけ、デンマークの海岸に渡り鳥として飛来するオオハクチョウを捕らえていた。現在ではアッガースンドとして知られている遺跡には、解体されたオオハクチョウの骨と人工遺物が散乱していることが知られている。[15] 半島の東海岸に位置しており、浅瀬の湾からも近いヴェンゴー・ソーの小島に向かった人々もいたかもしれない。そこは、浅瀬に乗り上げて立ち往生しているクジラを捕らえるには申し分のない場所だったからである。人々は、夏期にはドリーホルムの小島を定期的に訪れていた。彼らは、そこで浅瀬を餌場としていたウナギの群を捕らえ、骨の刃を柄に埋め込んだ小刀でその皮を剥いでいた。[16]

海岸線に沿った季節ごとのこうした移動は、ピーター・ローリー゠コンウィが一九八〇年代に「動物考古学」の最新の技法を用いて行った動物の骨の詳細な分析によって確認されており、ローリー゠コンウィは、一部の人々が永続的にエルテベレの貝塚で暮らしていた可能性を指摘している。しかしながら、ローリー゠コンウィは、ヴィクトリア女王時代のジョン・ラボックの洞察力に導かれてことを進めたにすぎない。ラボックは、貝塚から発見されていた白鳥の骨、枝角、若い哺乳動物の骨の痕跡を論拠として、「『塚を築き上げた人々』が年間を通してデンマークの海岸で暮らしていた確率は高い」との結論にすでに達していたからである。白鳥は、それが寒い季節の渡り鳥であることから、冬の居住を指し示しており、枝角は、シカの頭部からそれが抜け落ちる季節である秋を、若い哺乳動物は、幼獣が生まれる春を示唆している。ジョン・ラボックは動物考古学者だったのだが、改めて断るまでもなく、その時代にこの言葉はまだ知られてはいなかった。

ジョン・ラボックは、植物の残留物にも気を配っており、穀類が発見されていないことは、「コッケンモディンガーの人々」が農耕に関する知識をまったく持ち合わせていなかったことを示していると述べている。貝殻も彼の詮索好きな知性を免れてはいなかった。ジョン・ラボックは、貝塚の中の貝がその当時のデンマークの海岸で見つけることができたよりはるかに大量であり、カキはすでにその姿を完全に消してしまっていると指摘している。彼は、その減少を海中の塩分の濃度の変化に求めているのだが、これは、塩分濃度の減少が貝塚の放棄と農耕経済への切り替えをもたらしたとのピーター・ローリー＝コンウィの主張をほぼ一世紀ばかり先取りしたものだった。(17)

エルテベレで造られていた中石器時代の土器は、ラボック君がネア・ニコメディアで眼にしていたそれとはまったく異なっていた。それは、分厚くて不均一な内壁をもった無骨なものであり、成形技術も未熟だった。そうした土器は、ラボック君にとってはけっして予想外ではなかった。『有史前の時代』においてジョン・ラボックは、一八六三年にその地を訪れたとき、「きわめて粗雑な土器の小片」を発見したと記述しているからである。ジョン・ラボック君は完全な器を眼にしたのだが、それは、底部が尖った椀と平たい皿だった。これらは主として調理用であり、木を刳り抜いたり、枝編み細工によって造られた器に比べれば、長足の進歩を示していた。

狩猟採集民たちが土器を造っている光景は、ラボック君が中石器時代のデンマークを旅してきた途次において気づいた変化のいくつかの徴候の一つにすぎない。そのもう一つは、磨製石斧をこれみよがしに腰紐に押し込んでいた若い男たちである。(18) 彼らは、背が高くて、目鼻立ちが整っており、ジョン・ラボックが中石器時代のデンマークに住んでいたと想像していた「突き出た額をもった小男の種族」とはまるで懸け離れている。

これらの石斧に関する情報は、ラボック君が中石器時代のデンマークにおいて最後に訪れることになる定住地リングクロスターで明らかになることだろう。(19) 驚いたことに、リングクロスターは、ユトランド半島の北東部の湖の畔の内陸に位置している。ジョン・ラボックは、「主として海産の軟体動物類によって露命を繋いでいた部族が内陸で大きな定住地を形成することはけっしてなかったことは明白である」と考えていた。この点については、彼は間違っていた。けれども、ほんの少しばかり間違っていたにすぎなかった。その後一五〇年に及ぶ調査がなされた現時点においてすら、デンマークの内陸からは、リングクロスター以外の中石器時代の定住地はまったく発見されていないからである。ラボック君は、その定住地を取り囲んでいる景観の美しさに度肝を抜かれてしまった。切りたった丘陵地帯には樹木が生い茂り、広々とした峡谷平野にはいくつもの湿原と湖が点在し、オーク、ニレ、リンデンバウム、ハシバミなどの林地の木々の多くがセイヨウキヅタの繁茂によって被われている一方、湖は、ハンノキが密生した湿原によって縁取られている。

冬の真っ盛りのたそがれ時にリングクロスターに到着したラボック君の眼に映じたのは一群の粗朶葺きの小屋が雪に被われている光景だった。林地は、リンデンバウムとニレの木々を伐り倒して開墾されていた。この二つの木は、丸木舟と弓にとって打ってつけの木質をもっている。人々は、すべて艶《あで》やかな衣服を着込んで、数珠玉の飾りを身に着けている。男たちと女たちのいずれもが髪をさなだに編んで、顔に彩色を施している。小屋の中でラボック君が眼にしたのは、弓と矢や、石斧と枝編み細工の籠であり、これらは、今では中石器時代の生活にはお馴染みの備品である。けれども、一つの小屋の中でラボック君の眼をとりわけ引いたのは、より糸で結ばれ、運び出す用意が整えられている分厚い毛皮の束だった。ラボック君が見守っていると、いくつもの籠に詰めたごみが持ち出されて湖に投げ込まれ、イヌたちが柱に繋がれた。定住地の中央では巨大なイノシシが串焼きにされており、そのまわりの地面の雪が払われ、樹皮の敷物が広げられている。人々は明らかに訪問者たちの到着を待ち受けているのである。ラボック君は、遠くからそれを眺めるために木に登った。

一時間も経たないうちに、リングクロスターでは大掛かりな祝宴が繰り広げられている。沿岸からやってきた訪問者たちは、籠に詰めたカキ、塩漬けのマイルカの切り身、山吹色に輝く琥珀の数珠玉などの交易の品々を携えている。これらの品々は、リングクロスターの特産として広く知られている最高級の冬毛と交換される。この二ヶ月間というもの、マツテン、ヤマネコ、アナグマ、カワウソをワナで捕らえてきたこの地の人々は、冬から春にかけてやってくる商人たちと取引する大量の毛皮を蓄えている。

人々は、炙ったイノシシの肉を食べたり、印象的な装飾が施されている土器に注がれたすがすがしい飲物を供されているのだが、その器は、ラボック君がそれ以前にそのほかの場所で眼にしたことがある簡素で単調なものとは著しい対照をなしている。千鳥格子の模様で飾られているものもあれば、柔らかい粘土を尖頭器で突いた点刻を連ねて曲がりくねった線が描かれているものもある。いくつもの平行な線刻が施されている、高い品質を備えていると思われる土器もある。その表面はむらがなく滑らかで、内壁は薄く、形状は優美に整えられている。

祝宴は夜更けまで続き、次いで、物語や歌や踊りが披露される。次の日の朝、商人たちは、毛皮を積み込んで去っていく。ラボック君は、その一人と同行することにした。リングクロスターの人々は、動物をワナで捕らえたり狩ったりする生活を続け、それは、デンマークの地に農耕がもたらされた後といえども一貫して変わらないことだろう。セーレン・アンデルセンは、一九七〇年代にこの定住地を発掘し、ピーター・ローリー＝コンウィは動物の骨を分析し、イノシシ猟と、利用価値の高い毛皮を手に入れるための集約的なワナ猟の痕跡を発見している。ローリー＝コンウィは、かつてリングクロスターを「すべての遺跡の中でもっとも洗練された遺跡[20]」と表現したことがある。

マツテンの毛皮の交易路をたどることにしたラボック君は、その売買に導かれて一つの集落から次の集落へと移動しながらユトランド半島の東海岸にたどりつき、ジーランド島とエーロ島を経由し、最終的にはドイツの北部に到着した。このように南に向かって旅を続けているうちに、彼の眼には、中石器時代の人々が、自らのアイデンティティと地域的な境界に対する関わりをしだいに強めているように思われた。それぞれの集団は、その特徴的な服装、髪型、道具の造り方によって同定することができたからである。銛を真っ直ぐに削り出す集団もあれば、曲線をもたせる集団もある。柄を石斧の真ん中に固定し、その両端に刃を研ぎ出している集団があれば、ふくらみを帯びた肉厚の石に切刃を研ぎ出して斧を造る集団もある。[21]ラボック君は、中石器時代が始まったばかりの時代、つまり、北ヨーロッパ全域において人々が実質的には同じ文化を共有していたスターカーの時代を思い出してみた。中石器時代の古きよき文化は、すでに分裂しており、ほどなくして消え去ってしまうことだろう。

毛皮の包みは、しだいにその数が少なくなり、その価値が上昇する。今では、一つの小さな籠の中に詰められているマツテンの毛皮しか残されていない。ラボック君は、これらの毛皮が、紀元前四四〇〇年のドイツの北部のとある森の中の開拓地に運び込まれるのを見守っている。二人の息子と若い娘をともなった一人の狩人が、それらの毛皮を地面の上に広げている。一人の男が向かい側の木々の中から姿をあらわし、毛皮のそばに磨製石斧を置いた。一人は中石器時代人であり、もう一人は線帯文土器文化期の新石器時代人である二人の男は、言葉によって意思を疎通させることはできない。互いの考えを相手に知らせる手段として、かすかに頷いて同意を示したり、不快感をあらわすために眼をつり上げてみせたり、驚きや疑いの念を込めて眉を顰めたりしてみせる。いったん交換が成立すると、二人は、片手を上げて別れを告げる前に後ずさりする。狩人が息子たちと娘をともなってその場を立ち去ろうとしていると、農夫が呼び掛ける声が耳に入った。振り返ってみると、その農夫は、娘を指差している。狩人は、少しばかり思案した後で農夫に穏やかに頷いてみせた。二人の男たちが次に会うとき、娘は、その農夫の妻になることができる。狩人は、娘のまだ小さな手を取って家路をたどりながら、この縁組みがもたらすことになると思われる石斧と穀類を思い浮かべていた。[22]

ラボック君は、開拓前線地帯に佇んでいる。そこでは、線帯文土器文化期の農民たちと、森林の狩猟採集民として暮らしている人々が生活圏をともにしている。林地の中の開拓地は、集合の場として知られているとはいえ、今までのところ、建築物などによるその痕跡は確認されていない。数世代のうちに農民たちは住居を建て、それを溝で取り囲むことだろう。後の世の考古学者たちは、その定住地がエスベックであることを知ることだろう。考古学者たちの中には、その溝が狩猟採集民に対する防衛手段だったと主張している人々もいるのだが、それは、狩猟採集によって特徴づけられていた中石器時代の文化がほぼ完全に姿を消してしまった以降といえどもそれまでと同じような狩猟採集の状態にとどまっていた人々が、農民たちに敵愾心を抱くようになったとの理解にもとづいている。[23]

21　中石器時代の遺産

──紀元前六〇〇〇年から四〇〇〇年における南ヨーロッパの新石器時代の人々
──歴史言語学と歴史遺伝学における論争

ヨーロッパの各地を経巡ったジョン・ラボック君は、丸木舟の最後の旅によって、低地帯（今日のベルギー、オランダ、ルクセンブルグが占めている地域）とイングランドの南部を繋ぐ巨大な踏み石のような観を呈している島々の間を通り過ぎていった。これらの島々と、ヨークシアの海岸の沖合のもっと大きな一つの島は、そのすべてが紀元前一二七〇〇年にクレズウェルの岩山を後にしたラボック君がかつて徒歩で踏破したときには低地だったドッガーランドの変わり果てた姿である。また、一〇〇〇〇年もの永きにわたってヨーロッパと陸続きだったグレートブリテン島は、ふたたびその名が示す通りの島になっている。(1)

ラボック君にとって、かつては、そこでホッキョクノウサギをワナで捕らえ、シロフクロウを眼にしたことがあるツンドラだった、だが、今ではオークが密生している林地を通り抜けてゴフの洞窟に立ち寄るだけの時間的な余裕はない。彼のヨーロッパの旅ももう少しで終わろうとしているからだ。紀元前四五〇〇年のとある日の闇夜の中を、彼は、フランス北部の沿岸の、考古学者たちにはテヴィエックとして知られている定住地に近づいている。(2) 火明かりと歌声によってそこが目的地であることが知れた。そこでは今しも祝祭をともなった葬儀が執り行われており、一〇〇人ばかりの人々が、炎に映し出されて地面の上で揺らいでいる踊り手たちの人影を一心に凝視《みつめ》ている。

不意に歌と踊りが止み、自然の力がその場を支配した。薪が火に煽られてパチパチひび割れ、大西洋の荒波が砕ける轟音が彼方から響き渡り、風が唸っている。ラボック君は、焚き火のそばに横たえられている男の遺体に眼を凝らした。顎髭はもじゃもじゃで、髪は黒々と密生し、身につけている衣服には数珠玉の装飾が施されており、その体には赤い赭土が振りかけられている。

シカの枝角がひときわ人目を引く半人半獣の衣裳を身に纏った呪術師が太鼓を打ち鳴らしながら、炎を跳び越えて姿をあらわした。呪術師は死者に軽く一礼し、石板を地面から持ち上げるよう命じた。二人の女が歩み出て、それを持ち上げ、石積みの墓穴の中のもう一人の遺体を露わにした。ラボック君が前屈みに覗いてみると、それぞれの骨が黄褐色の皮膚の下からはっきりと浮き出ている。呪術師は、墓のそばに膝を突き、干からびている死体を脇に押しやった。すると、死体はバラバラになって崩れ落ち、その内部にすでに積み上げられていた古い骨と入り交じった。[3] 新たな遺体が墓の中に横たえられると、死者の所持品が一つずつその遺体のそばに並べられ、見事な出来映えの一揃いのフリントの刃がその胸の上に置かれた。赤い赭土をもう一度遺体に振りかけてから、石板が元の位置に戻される。小さな焚き火が墓の上で焚かれ、その中にシカとイノシシの下顎骨が荘重な手つきで押し込まれた。焚き火が燃え尽きたとき、歌と踊りをともなった祝祭が再開され、[4] ジョン・ラボック君はその輪に加わった。それは、彼のヨーロッパの旅の最後の踊りである。

中石器時代の定住地であるとともに共同墓地でもあったテヴィエックを発見し、一九二〇年代の後半から一九三〇年代にかけてそれを、その近くのオエディックとして知られている共同墓地とともに発掘したのは、フランス人考古学者S・J・ペカール夫妻だった。これらの遺跡は、かつては広々とした海岸平野の低い円丘の上に位置していたのだが、海面の上昇によってブルターニュ半島の海岸の沖合のそれぞれの小島に取り残されてしまったのである。

それらの墓、人骨、生活廃棄物の研究は、大西洋沿岸の中石器時代の居住地がスカンジナビア半島の地域のそれと多くの特徴を共有していることを示していた。彼らは、大型の哺乳動物、貝類、果物や木の実といった多種多様な食料に依存しており、自分たちの生活圏と女たちを守るために闘っていた。彼らは、また、自分たちのアイデンティティを示す手段として衣服を用いていた。テヴィエックに埋葬されていた人々によって用いられていた外衣の留め針がイノシシの骨から作られていた一方、オエディックの人々が用いていた留め針は、シカの骨から作られていた。今日ではそうした留め針を見分けることができる人はごくわずかしかいないとしても、中石器時代の人々の眼にはその違いはきわめて大きかったに違いない。

テヴィエックの人々が価値を認め、副葬品として選んだ品々は、ラボック君がそのほかの場所で眼にしていたものとほとんど同じであり、フリントの石刃、シカの歯、イノシシの牙、骨製の短剣だった。もっとも裕福な人々は、この地においてもやはり若い成人であり、肉体的な力と頭の働きの機敏さによって富を獲得し、加齢とともにそれらが衰えると、冨を失っていった。オレネオストローフスキー・モギーリニクの場合と同じように、男たちは、女たちと比べれば、実用的な品々とともに埋葬されており、それぞれの性は、それぞれ固有の装身具によって、具体的には、男たちはタカラガイによって、女たちはタマキビガイの数珠玉によって特徴づけられていた。

複数の遺体の埋葬は、テルヴィックとオエディックのもっとも著しい特徴の一つである。私たちは、ペカール夫妻や、それ以後の考古学者たちと同じように、それぞれの石積の墓穴の中に葬られていた人々が単一の家族の成員だったこと、血縁がそれらの人々にとってはきわめて重要な意味をもっていたと想定することができる。けれども、すべての埋葬がこうした形を取っていたわけではない。個人として葬られていた遺体も数多くあり、いくつかの遺体が、枝角から作られたテント状の構築物によって被われていた事例も発見されている。

私たちは、テヴィエックとオエディックにおいて儀式と祭礼を示す痕跡が数多く発見されていることに驚くべきではない。その居住者たちは、不安を感じており、神々をなだめる必要に迫られていたに違いないからである。彼らは、東にほんの五〇キロしか離れていない地域で暮らしていた線帯文土器文化期の農民たちの影響に直面していたばかりか、南方から北上していた同じような混乱にさらされていたからである。

線帯文土器文化が中央ヨーロッパの全域に伝搬していた頃、新石器時代の集落が地中海沿岸地帯の周辺に姿をあらわしていた。一部の考古学者たちは、これらの集落が移住者たちによって構成されていた、つまり、彼らは、その祖先がギリシアやイタリアにネア・ニコメディアのような定住地を形成していた西アジアの農民たちの直系の子孫だったと考えている。そのほかの考古学者たちは、こうした考え方を斥け、地中海沿岸地帯の中央部や西部の中石器時代の人々が、東部の農民たちと接触をもった後、自らの判断にもとづいて新石器時代の文化を受け入れたのだと考えている。

見解の一致を見ているのは、紀元前六〇〇〇年から四五〇〇年に至る地中海沿岸の新石器時代の文化と中央ヨーロッパのそれとがまったく異なっているように見えるということである。中央ヨーロッパにおいては、木材の骨格をもった住居、畜牛、ヒツジ、穀類、土器、磨製石斧によって特徴づけられている、線帯文土器文化期の人々のような新石器時代の文化の一連の構成要素（一括文化）を完全に備えていた集団と、細石器とシカやイノシシの骨によって特徴づけられていた集団の間に明確な乖離を認めることができる。地中海沿岸地帯においては、しかしながら、新石器時代と中石器時代の構成要素は、それぞれの集団において互いに交じり合っており、同じ時に、同じ人々によって用いられていたと思われるのだ。そうした事情がとりわけ当てはまるのが洞窟で暮らしていた集団であり、ブラッドフォード大学のジェームズ・ルスウェイトとピーター・ローリー＝コンウィのような考古学者にとって、それは、完全な農民になることを望まなかった土着の狩猟採集民たちが新石器時代の一括文化を部分的に選び取ったことを示唆している。

ルスウェイトは、コルシカ島とサルデーニャ島の中石器時代の居住者たちが、両島にはアカシカがまったく移り棲んでいなかったことから、猟獣の不足を埋め合わせるためにヒツジとヤギを飼育するようになったと主張している。彼らは、そうすることによって、自らの伝統である狩猟と採集に依存している生活様式を維持するために、穀類と木材の骨格をもった住居の採用を避けるとともに、その生活様式は、小さな家畜の群によって今では安定性を増すことができた[5]。

狩猟採集民たちの中には、新石器時代の一括文化の中から土器を、食料の調理にとっての便利さや、社会的な地位の象徴といった観点から選んだ人たちもいた。彼らは、柔らかな粘土に貝殻を押し込むことによって特徴的な模様をもった器を作り出したのだが、これは、ヨーロッパのそのほかのいかなる地域にもまったく見られない独特なものだった[6]。穀類の栽培を、自然が育んでくれる食料を調達できる可能性に免れがたい季節毎の不均衡を埋め合わせる手段として採用した人々もいた。こうした人々は、種子を播いてから狩猟や採集のために分散していき、何ヶ月か後に居住地に帰ってきたとき、コムギやオオムギを、あたかもそれらが別種の野生の植物ででもあるかのように収穫した。新石器時代の構成要素のこうした恣意的で断片的な採用の結果として、厳密にいえば、中石器時代の狩猟採集民でもなく、新石器時代の農民でもない人々が、地中海沿岸地帯に居住するようになった。

イタリア北西部の急峻な絶壁と狭い峡谷平野の中に位置していたアレーネ　カンディデの洞窟を使っていた人々の生活様式は、その当時姿をあらわしていたこの種の混成型の典型だった。一九四六年以降の一〇年間に及ぶその発掘は、狩猟採集民たちの有機堆積物から始まり、完全な農民たちのそれによって終わる、長期に及ぶ一連の居住層が見られることを明らかにしている。この二つの両極の間の期間から発見された有機堆積物は、中石器時代の方式のブタ狩りと新石器時代の方式のヒツジの放牧によって暮らしを立てていた人々に由来していた。(7) これは、ピーター・ローリー＝コンウィが動物の骨を研究した結果として導き出した結論であり、ローリー＝コンウィは、狩られていたブタが野生種だったことを、その骨の大きさから判断することができた。それと同じように、彼は、きわめて数多くの子羊が屠殺されていることから、ヒツジが飼われていたのは、そのミルクを得るためだったと推測している。そうした手段を講じることによって、人々は、成熟した雌のヒツジのミルクを利用することができた。コルシカ島の人々とまったく同じように、中石器時代のアレーネ　カンディデの洞窟に住んでいた人々は、新石器時代の一括文化の要素を、中石器時代に培われてきた自らの生活様式に溶け込ませていったのである。

一九八〇年代においては、土着民による新石器時代の一括文化のこの種の断片的な採用は、農耕が地中海沿岸地帯の中央部と西部を越え、次いで、ポルトガルとフランスの大西洋沿岸に沿って、さらには、ローヌ川とガロンヌ川の峡谷平野を通り抜けて漸進的に伝搬していったことに裨益したと広く信じられていた。しかしながら、リスボン大学のジョアオ・シラオは、この種の確信に対して、それが信じられるようになったとき以降、一貫して異を唱えてきた。(8) 私たちは、ゴードン・チャイルドが一九三〇年代に普及させた、移住してきた農民たちが新石器時代の一括文化を地中海沿岸地帯にもたらしたとの考え方に復帰すべきだ、と彼は考えている。

シラオによると、土器とヒツジが、狩られていた動物と中石器時代の道具と併存していたことを示していると考えられている洞窟の証拠物件は、間違って解釈されている。これらの併存は、穴居性《けっきょせい》の動物が層位を徹底的に掻き乱してしまい、それが原形をとどめていないことによって引き起こされたのだと彼は主張している。彼は、野生のアイベックスの骨が家畜化されたヒツジのそれと取り違えられた事例が必ずしも稀ではなく、それぞれの遺物の放射性炭素年代が汚染のせいで、あるいは、誤った解釈によってまるで間違っており、それによって時代が同定されている土器の破片は真実の併存を示していない、と指摘している。

シラオは、新石器時代の移住者たちが海岸地帯に切り拓いたと思われる初期の農場が最終的な海面の上昇によって洗い流されてしまったのだと力説している。水没を免れた洞窟の遺跡は、おそらくその農民たちによって、狩りのための移動の途中で、あるいは、家畜の群を牧草地へと追っていくとき時折使われていた野営地にすぎなかった。

シラオは、自説の論拠を補強するために、グルタ・ド・カルディロに由来する証拠物件に言及している。ポルトガルのこの洞窟から出土した数々の遺物は、紀元前五七〇〇年に新石器時代の移住者たちが一艘、あるいはそれ以上の小舟に乗って積み荷とともに到着し、農耕定住地を形成した一方、土着の中石器時代の人々がそうした農民たちとはまったく接触をもつことなく狩猟と採集を続けていたことを示していた。紀元前六二〇〇年までには、狩猟採集民たちの大きな集落がポルトガルの中央部のテグス川とサド川の河口に形成されて栄えていた。彼らは、その規模においてデンマークのエルテベレに匹敵するほどの貝塚を築いていた。(9) ポルトガルで行われた発掘調査によっては、紀元前六二〇〇年以降の中石器時代の文化の痕跡は、それ以外の場所ではなに一つとして発見されていない。それゆえ、すべての個体群がこれらの河口で暮らすようになったと考えられている。

ポルトガルの貝塚は、ブルターニュ半島の場合とまったく同じように、ごみ捨て場としてばかりでなく、埋葬地としても使われていた。それらの墓の大部分は、貝塚の層の下から発見されており、おそらくは、家族の集団毎に、それぞれ個別の区域に配列されているように見える。墓の中には大きな石によって区割りされているものもあり、これは、テヴィエックやオエディックの墓を想起させる。そうした類似性は驚くには当たらない。私たちは、大西洋の沿岸地帯に由来する直接的な証拠物件をなに一つとして持ち合わせていないとはいえ、沿岸に形成されていた中石器時代の集団は、大きな丸木舟をもっており、それを操って海岸に沿って長距離の旅をしながら、ポルトガルの南部からフランスの北部に至る広大な地域と接触をもっていたに違いないからである。

一九七九年から一九八八年にかけてシラオは、その貝塚の北方の地点に位置していたグルタ・ド・カルディロの洞窟と、それまで中石器時代の遺跡が知られていなかった地域を発掘し(10)、土器と石器を含んでいた新石器時代の有機堆積物を、家畜化されたヒツジとイノシシの数多くの骨とともに、氷河時代の狩猟民の堆積物の真上の層から発見した。時折、野生の動物を好んで狩っていた羊飼いたちは、明らかにこの洞窟を使っていたのである。

グルタ・ド・カルディロの洞窟は、遺体の仮置場としても用いられていた。紀元前五二〇〇年頃、三人の男と一人の女と子供の遺体が、その頭を壁にもたせかけた姿勢で洞窟の床に横たえられ、死体を漁る野生動物と自然の力によって解体されて崩れ落ち、埋められるに任されていた。その二、三百年後、少なくとも一四人の遺体が洞窟の中に放置された。

シラオによると、これらの遺体は、その祖先が小舟に乗ってポルトガルの海岸に到着した農民たちに由来している。彼らの農地は峡谷平野の中にあったのだが、その考古学的な痕跡は、今では川が運んできた土砂の奥深くに埋め込まれてしまったのだと彼は推測している。彼らは、数百年にわたって農耕を続け、その一方、中石器時代の人々は、スペインのはるか北部の人々と同じように、もっと南の河口で狩猟と採集を続けていた。移住してきた農民たちによって形づくられていた同じような集団は、土着の中石器時代の人々とはまったく別個に文化的エンクレーヴ（飛び地）を形成し、南ヨーロッパの海岸地方一帯に広がっていったとシラオは考えている。グルタ・ド・カルディロを使っていた人々が栄えていった一方、紀元前五〇〇〇年までには、サド川とテグス川の河口の中石器時代の貝塚は、すでに放棄されていた。かつてそこに居住していた人々の身になにが起こったかは、明らかにされていない。彼らは、死に絶えてしまったのかもしれず、たんに狩猟と採集を諦め、農民になったということだったのかもしれない。(11)

移住してきた農民たちによる拓殖に与《くみ》しているシラオのような考古学者たちと、土着の中石器時代の人々が新石器時代の一括文化を部分的に採用したと信じているルスウェイトやローリー＝コンウィのような考古学者たちの間の論争は、過去の探求に最近利用できるようになったまったく新しい研究分野に由来している証拠物件によって解決することができるかもしれない。それは、現代社会で暮らしている私たち自身の遺伝形質である。この新たな研究分野は、歴史遺伝学として知られており、私たちの過去の研究に対するその影響力は、以前よりはるかに甚大で、さらに広い範囲に及ぼうとしている。アメリカ大陸に人々が住み着くようになった経緯の考察において歴史遺伝学に助力を求めることになることに鑑みれば、ヨーロッパの問題に対するその影響力を考察する前にこの学問分野を手短に説明しておくことは有益だと思われる。

ヒトの遺伝子を通して個体群の歴史をたどる可能性は、私たちがホモ・サピエンスという単一の種に属しており、同じような遺伝形質を共有している度合いがきわめて高いとはいえ、特定の細部においては異なっているという事実から生まれた。こうした類似性が存在しているのは、現在の世界中の人々がわずか一三〇〇〇〇年前にアフリカ大陸で暮らしていた小さな同一の個体群にその起源をもっているからである。その後に地球を襲った一つの氷期の最盛期の苛烈な環境的な条件は、総個体数がほんの一〇〇〇〇人程度にまで急落するという事態を引き起こした。これは、その当時存在していた遺伝的変異の量を減少させた「ボトルネック効果」として知られている。今から一二五〇〇〇年前に地球温暖化が始まったとき、総個体数は激増した。その個体群を構成していた人々は、アフリカ大陸から分散し、最初のホモ・サピエンスがヨーロッパとアジアへ、最終的には、アメリカ大陸へと入っていった。ホモ・ネアンデルターレンシスのようなヨーロッパにすでに存在していたいかなる個体群といえども、新人の遺伝子給源にいかなる影響を及ぼすこともなく、そのすべてが新人に取って代わられた。

こうした進化の歴史の結果として、今日この地上の両端に住んでいる人々といえども、きわめてよく似た遺伝形質をもっている。しかしながら、まったく同じではない。それは、偶然の成り行きによって突然変異が絶えず引き起こされていることに起因している。だが、たとえそうだとしても、そのほとんどは、私たちの行動と生理機能に否定的、あるいは、肯定的な影響のいずれをも与えることはない。また、まったく同じ突然変異が二人の異なった人に引き起こされる確率は極端に低い。それゆえ、二人の人が同じ突然変異体をもっていれば、その二人は、その突然変異を引き起こしたことがある祖先を共有している確率が高い。この二人が今ではこの世界の異なった場所に住んでいれば、当然のことながら、それによって遺伝学者たちは、人々が拡散していった道筋をたどることができる。

けれども、それだけの話ではない。遺伝子の突然変異が起こる時間的な間隔は、その論拠が現実には確定されているわけではないとはいえ、一定だと考えることができる。ヒトの二つの個体群の間の遺伝子の変異性の度合いを計測し、突然変異が引き起こされる時間的な間隔を判断することによって、私たちは、その二つの個体群が分離してからどの程度の時間が経過したかを算定することができる。

これらの純然たる事実は、人類の過去を研究するまったく新たな手法――歴史書をひもとくことはおろか、考古学上の発掘すらもはや必要とはしない手法――の基礎を築いてくれる。世界中の人々の遺伝子の変異性を、事実関係を詳細に再現する手法によって記録し、次いで、それを解釈すればよいからだ。そうすれば、過去の分散、移住、拓殖が確定されるからである。実に膨大で、複雑な要因を一思いに棄て去ってしまえば、少なくとも論理的にはそうなる。しかしながら、科学のすべての分野の事例に洩れず、理論を実践に移すのは、予想よりもはるかに困難である。(12)

ルーカ・カヴァッリ＝スフォルツァは、一貫して歴史遺伝学の闘士として振る舞ってきた。彼が一九九四年に二人の共同執筆者とともに著した『ヒトの遺伝子の歴史と地理』は、人類の歴史に対する私たちのアプローチの発達を物語る画期的な事件である。(13) この著書の中でカヴァッリ＝スフォルツァは、今日のヨーロッパの遺伝学的地図が南東から北西に向かって遺伝子頻度の傾きを示していると論じている。(14) これは、ギリシアからヨーロッパの東部、中央部、南部を経て、最終的にははるか北西部にまで広がっていった新石器時代の移住者たちの遺産にほかならないと彼は主張している。「進出の潮流」として知られるようになったこのモデルは、ヨーロッパの新石器時代の発達に関して土着の中石器時代の人々にいかなる役割をも与えていない。こうした見解にもとづけば、線帯文土器文化期の人々は、シラオが一貫して提唱しているように、土着の中石器時代の人々ではなく、西アジアの移住者たちの子孫にほかならない。地中海沿岸地域に関するシラオの解釈は、ルスウェイトとローリー＝コンウィのそれより信憑性が高いと理解されなければならない。

「進出の潮流」モデルは、一九八七年には非考古学的な証拠物件というもう一つの情報源からさらなる支持を獲得したのだが、それは言語学だった。ケンブリッジ大学の「ディズニー考古学教授」の地位をグレアム・クラークから引き継いだコリン・レンフルーは、歴史言語学のもっとも重要な課題の一つであるインド・ヨーロッパ語族の起源と取り組んでいた。この語族は、今日のヨーロッパで話されているほとんどすべての言語を含んでおり、言語学者たちは、これらの言語の原型である「基語」がいつどこで話されていたかについて長年にわたって議論を闘わせてきた[15]。

レンフルーは、きわめて説得力のある一つの答を提出した。「印欧基語」として知られているその言語は、紀元前七五〇〇年に現在のトルコのアナトリアか西アジア、あるいは、その両方の地域に住んでいた新石器時代人によって話されていたというのである。この言語は、ヨーロッパ全土と、アジアの中央部と南部のいくつかの地域へと広まっていったのだが、それは、新石器時代の移動性の農民たちがそれらの地域へと移住していったからだった。レンフルーによれば、バスク語やフィンランド語のような今日の非インド・ヨーロッパ語族は、中石器時代の個体群が生き残っていた地域を反映しており、新石器時代の、そして、最終的には、今日の文化的・言語学的な多様性に貢献した。けれども、これらの言語は、その数が少なく、互いに懸け離れている。レンフルーの論証は、新石器時代の農民たちが移住を繰り返しながらヨーロッパを横断していった「進出の潮流」を差し示しているカヴァッリ＝スフォルツァの遺伝子のデータとぴったりと一致していたのである[16]。

レンフルーの主張は、言語学者たちと考古学者たちのいずれからも直ちに論難された[17]。そのもっとも重要な論点は、言語は人々とは無関係に広まっていくことができるということにあった。一九九六年には遺伝子的な根拠にも疑議が唱えられた。カヴァッリ＝スフォルツァの主張に異論を提出したのは、オックスフォード大学のブライアン・サイクスとその同僚たちだった。彼らは、カヴァッリ＝スフォルツァが研究対象としていた核DNAとは異なったタイプのDNAであるミトコンドリアDNAを研究しており、まったく異なった結論に到達していたからである。(18)

私たちのほとんどのDNAは、それぞれの細胞の核内に見られ、私たちは、それを父母から「遺伝的組換え」として知られているプロセスによって同じ比率で受け継いでいる。これは、両親から受け継ぐ遺伝子の予測できない混合をともなっており、それがいくつもの世代を越えて繰り返されると、進化の歴史をたどることができる可能性は極端に困難になる。ミトコンドリアDNAは細胞核ではなく、細胞体の内部に見られ、私たちは、それを母親だけから受け継ぐ。筆者は、自分のすべてのミトコンドリアDNAを母親から受け継いでおり、それが筆者の子供たちに伝えられることはまったくない。組み替えという複雑なプロセスを経ていないことから、人々の間の遺伝子的な相関性の確定がはるかに容易であり、一般的には、もっと正確だと考えられている。

また、ミトコンドリアDNAは、核DNAよりはるかに頻繁に突然変異を引き起こす。だが、これらの突然変異は、はるかに高い確率において、中立突然変異と呼ばれる変異であり、個体の健康に役立つこともなければ、それを損なうこともない。その価値は、核DNAと比べて、人類の歴史のはるかに詳細な状況を描き出すことができる可能性が高いという点にある。それは、ときが経過していくにつれて、突然変異が偶然の成り行きによって引き起こされることによって、より多くの証拠物件が蓄積されていくからにほかならない。こうした手段によって、様々な血統集団が、つまり、そのすべてが特定の女性に、具体的にいえば、そのミトコンドリアDNAの同一の分子に由来している集団が、同定される。

サイクスとその同僚たちがヨーロッパの各地に分散している八二一人のミトコンドリアDNAを調査したところ、彼らは、明確な特徴をもった六つの血統の集団があることを発見した。これは、ヨーロッパの人々が「進出の潮流」のモデルが示唆しているよりも遺伝子的にさらに多様であることを明瞭に指し示していた。ミトコンドリアDNAが突然変異を引き起こす比率の最良の推定値を割り出すことによって、サイクスとその同僚たちは、ヨーロッパ人のそれぞれの集団が形成された年代を算定した。それらの集団の中の一つだけが、農民たちの西アジアからの移住と関連性がある確率がきわめて高い年代に形成されていたばかりか、事実、西アジア起源をはっきりと示している遺伝標識をいくつかもっていたのだ。それだけではない。ヨーロッパにおけるその地理的な分布が、考古学的に認められている移住の二つの道筋、つまり、ヨーロッパの中央部と地中海沿岸地帯と一致したのである。しかしながら、この集団は、六つの集団の中の血統全体のわずか一五パーセントを占めていたにすぎなかった。そのほかのすべての血統は、今から二三〇〇〇年から五〇〇〇〇年以前にまで遡る起源をもっており、現存しているミトコンドリアDNAの血統の八五パーセントが中石器時代にすでに存在していたこと、また、その起源がそれに先行していた氷河時代にまで遡ることを指し示していた。[19] 進出の「潮流」は、たんなるちっぽけな漣《さざなみ》にすぎなかったのである。

これは衝撃的な結論であり、カヴァッツリ＝スフォルツァとサイクスの間に激しい学問的な論争を引き起こし、いずれも論争相手の手法の妥当性に異を唱えた。[20] ミトコンドリアDNAにもとづく証拠物件のもっとも重要な問題は、それが女系を追跡しているだけだという点にある。もし西アジアの移住者たちが中石器時代の土着の女たちを妻としていたとしたら——その可能性はきわめて高いと思われるのだが——そのミトコンドリアDNAの系統は、移住者たちの存在そのものを瞬時にして歴史から抹殺してしまうからである。[21] それにもかかわらず、サイクスの結論は、ズヴェレビル、ルスウェイト、ローリー＝コンウィのような考古学者たちの陣営を強化した。シラオが紀元前五七〇〇年にポルトガルに移住した農民たちの文化的なエンクレーヴ（飛び地）を実際に同定したということであれば、それは、これらの農民たちがイベリア半島における新石器時代の全般的な発達には少ししか貢献しなかったことを意味している。そのことに関しては、私たちは、その祖先がサド川とテグス川の河口で貝塚を積み上げていた中石器時代の狩猟採集民に感謝しなければならない。

カヴァッリ゠スフォルツァとサイクスは、今なお論戦の矛先を収めてはいない。だが、二人のもっとも最近の調査結果はすでに収斂しており、コリン・レンフルーのような一部の考古学者たちは、二人の結論が矛盾することなく両立することができると考えている。カヴァッリ゠スフォルツァが現在のヨーロッパ人の遺伝子給源に対する農民たちによる移住の貢献を二八パーセントにまで引き下げている一方、サイクスは、その推定値を、二〇パーセントを少しばかり上まわる比率にまで引き上げているからだ。この二つの数字は、論争を続ける意味がもはやほとんどないほど接近しているように思われることから、私たちは、土着の中石器時代の人々は、ヨーロッパの新石器時代の発達に、少なくとも農民たちによる移住と同じような大きな役割を担っていたのだと結論づけなければならない。(22)

中石器時代の狩猟採集民たちの遺伝子は、今日のヨーロッパ人の間で優位を占めているといえるのかもしれない。だが、その生活様式は、紀元前四〇〇〇年を大きく越えて生き残っていくことはできなかった。狩猟と採集にもとづく生活様式は、ヨーロッパの北方の辺境においてのみ命脈を保ち、少なくとも紀元前一〇〇〇年まで続いていたとはいえ、その後は牧畜生活に取って代わられてしまったのである。(23)

スカッテホルム、ヴェドベック、トゥブリンド・ヴィック、エルテベレの定住地で暮らしていたスウェーデンとデンマークの中石器時代の集団は、線帯文土器文化との接触によってもたらされた新たな価値観との競合にさらされた結果として、最終的には瓦解した。若い娘たちが妻として、若い男たちが労働者として集落からしだいに、だが、間断なく流出していったことによって、集団が活力を失ってしまったからである。集団にとどまっていた人たちも、もはやアカシカやイノシシの狩りに精力を傾注しようとはしなかった。彼らも、また、物質的な豊かさ、社会的な権力、自然界の支配を望むようになっていた。彼らは、農民になることを望むようになり、事実、紀元前三九〇〇年頃には農民になっていた。

農民になったとはいえ、彼らは、線帯文土器文化期の人々とはまったく異なっていた。彼らは、畜牛を放牧し、中石器時代と同じような耐久性に乏しい住居に住み、中石器時代の祖先たちと同じように貝塚を築いていた。彼らは、あたかも居住用の建築物の不足を埋め合わせようとしていたかのごとく、考古学者たちが長形墳と呼んでいる巨大な埋葬記念物を築き上げた。自分たちの居住のためではなく、死者たちの住処《すみか》を建てる道を選んだのである。その着想の源となったのは、線帯文土器文化期の人々の長い住居だった。この長形墳は、新たに農民となった人々による、自らを東方から移住してきた農民たちと同等な存在として位置づけ、中石器時代の自らの過去を否定しようとする試みだった[24]。

そうした事情は、テヴィエックとオエディックの狩猟採集民たちが農耕という新たな生活様式に呑み込まれていった大西洋沿岸地帯についてもほとんど変わらなかった[25]。しかしながら、彼らは、異なった類型の新石器時代の文化を生み出した。それは、丸石と巨大な石板を使って建てた墳墓だった。これらの巨石墳は、農民たちの東方の祖先を偲ばせるというよりはむしろ、ポルトガルの貝塚の内部の石板造りの墓やテヴィエックの家族の墓を想起させる[26]。ヨーロッパのはるか北西部、とりわけ、グレートブリテン島では、長形墳と巨石墳のいずれもが新石器時代の新たな文化の不可欠な構成要素だった。紀元前四〇〇〇年までには、ヨーロッパに住んでいたほとんどすべての人々は、一つ、あるいは二つの類型に分類することができる農民たちだった。こうした農民たちとともにヨーロッパの歴史の新たな一章が始まった。だが、それは、中石器時代の世界のいかなる痕跡の残存をも除去しようとする類のものだった。少なくとも、私たちは、自らの遺伝子の中に予想外の中石器時代の遺産を発見するまでは、そのように考えていたのである。

22 スコットランド――ヨーロッパの旅への反歌

――紀元前二〇〇〇〇年から四三〇〇年におけるスコットランド西部への移住、中石器時代の生活様式、新石器時代への移行

ペッシュ・メルルの洞窟絵画から巨石墓の起源に及ぶヨーロッパの歴史に関する本書の記述は、イタリアの南部からノルウェーの北部、スイスのアルプス山脈からスペインのメセタ（イベリア半島の中央に位置する広大な乾燥高原）に至る数多くの地域を無視している。これらの地域は、そのほかの地域に見られるような文化的なドラマを欠いているとはいえ、それにもかかわらず、ヨーロッパの物語の一部をなしており、人々が地球温暖化と農耕の普及に対応していった経緯に関する考古学的な洞察力を与えてくれる。

実に残念なことに、そのすべては、一つの地域を除いて割愛せざるをえない。私たちは、ほどなくして大西洋を横断してアメリカ大陸の歴史の起源と取り組まなければならないからである。その一つの例外とは、筆者自身が中石器時代の過去の探究に長年を費やした地域、スコットランドである。もっとも、ここで考察するのはスコットランド全域ではなく、西海岸の沖合のヘブリディーズ諸島の最南端に位置している二つの島である。それはアイラとコロンセイであり、この二島は、隣接しているジュラ島とオロンセイ島とともに南ヘブリディーズ諸島として知られている小さな群島を形づくっている。この二島は、地理的にはヨーロッパのはるか周縁に位置しており、レペンスキヴィルやスカッテホルムのような華々しさに欠けているとはい

え、全体としてのヨーロッパに関する私たちの理解に貢献してくれるそれ自身の歴史をもっている。それゆえ、ヨーロッパの旅を締め括るこの反歌において、氷河時代から新石器時代に至るこの二島の歴史を、筆者自身の発掘の体験を交えて手短に物語っておくことにしよう。

南ヘブリディーズ諸島のこれらの四つの島々は、スコットランド西部に典型的な数多くの特徴を共有しているとはいえ、それでもなお、それぞれまったく異なっている。これらの島々のほとんどには樹木が生えておらず、入り組んだ海岸線にはいくつもの砂地の入り江が形づくられている。一九世紀に頂点に達したその島々の人口は、それ以降、しだいに減っている。ヒツジの飼育が広く行われているのだが、その経済的な効率は極端に低い。六〇〇平方キロ以上の面積をもっているアイラ島は、群島の中では最大で、ヘザー（各種の常緑低木）が生い茂っている沼沢地から砂丘に至るその景観はもっとも多様であり、それなりの大きさの町といくつかの村があるばかりか、ウイスキーの蒸留所が密集している度合いはスコットランドの中ではもっとも高い。コロンセイ島は、それよりはるかに小さく、長さ一三キロ、横幅五キロにすぎず、干潮時にはコロンセイ島と陸続きになるオロンセイ島は、その面積が五平方キロに満たない、地図の上ではちっぽけな斑点にすぎない。ジュラはもう一つの大きな島であり、その海岸線はアイラ島よりももっと入り組んでおり、その景観は、パップス（乳首）と呼ばれている三つの円錐形の山頂によって特徴づけられている。

これらの島々のほぼ全域は、紀元前二〇〇〇〇年にはイングランドの中央部にまで南下していた氷床によって被われていた。氷結していない地域がたった一つだけ残されており、それは、今日ではベイン・タルト・アヴィルとして知られている丘とその周辺の低地だったのだが、この低地は、今ではアイラ島の西端の半島――「リンズ地区」――を形づくっている。この地域が氷床を免れていたという事実は、その後の人類の居住の歴史にとってきわめて重要な意味をもっていた。この地域にはフリントを大量に含んでいる堆積層があり、それは、最終的には、アイラ島の最初の居住者たちに原材料を与え、彼らがどこを居住地として選ぶかを左右することになった。

ベイン・タルト・アヴィルの傾斜地は、五〇〇〇年にわたって隆起を続け、雪と氷に被われていた周囲の土地よりはるかに高くなった。そこから五〇キロ東に位置していたジュラ島のパップスは、氷を突き抜けて盛り上がっており、雲によって囲まれているときには、噴煙を吐いている火山のような景観を呈していた。リンズ地域は、海峡によってアイラ島から切り離され沖合のちっぽけな島に姿を変えていた。

紀元前一五〇〇〇年までには氷床が溶け始め、氷河が東に向かって退き、紀元前一二〇〇〇年までには、氷床は、南へブリーズ諸島から完全に姿を消していた。リンズ地区の低地は、砂と砂礫の分厚い層によって被われていた。その東側には、岩と堆積物の小山（氷成堆積物）が露出しており、かつて氷河がそれをここまで押し流してきたことを物語っていた。そのさらに東側には、湿地、剥き出しの岩石、砂、シルトが雑然と入り交じっており、その果てには、アイラ島をスコットランドの本土からいぜんとして隔てていた海原が広がっていた。

その一〇〇〇年後には、土壌によって表土層が形成されたことによって生み出された草地に背丈の低い灌木が点在し、辺り一帯は、極地ツンドラのような景観を呈していた。巨大な氷床の重圧が取り除かれたことによって土地が隆起し、その結果として、海面が低下していた。かつてはリンズ地域と氷河の最前線を隔てていた海峡は浅くなり、干潮時には海底が露出することもあった。

この時代、つまり、紀元前一一〇〇〇年までには、ゴフの洞窟で死体を切り刻んだり、クレズウェルの岩山の周辺でホッキョクノウサギをワナで捕らえていた開拓者たちの足跡を追った人々が、イングランドの多くの地域にふたたび移住を始めていた。けれども、紀元前八五〇〇年以前のスコットランドには居住地はまったく存在していなかった。(1) しかしながら、冒険心に富んだ人々は、南方からすでにこの地を訪れていた。アイラ島に渡ってきた氷河時代の狩人の一団が少なくとも一つのアーレンスブルク風の鏃を失っていたことは、それを物語っている。このフリントの尖頭器は、紀元前一〇八〇〇年のシュテルモールでトナカイの狩りに用いられていたものとほとんど同じ造りをもっていたのである。

一九三三年八月のとある日の午後、我々がアイラ島のブリッジエンド村の近辺の耕作地でフリントの人工遺物を収集していたとき、この尖頭器を発見したのは、筆者の教え子だった一人の学生だった。(2) 我々はそれを、おそらく新石器時代か青銅器時代だと思われるとはいえ、その時点では識別できなかった数多くの破片と一緒に袋に詰めておいた。現地の研究室でそれを洗って乾かしてから数日経つまで、筆者はそれには気づかなかったのだが、筆者の同僚であり、いずれもエディンバラ大学の石器の専門家であるビル・フィンレイソンと、ニーリー・フィンリーは、それがアーレンスブルク風の鏃ではあるまいかと考えていた。けれども、我々のうち誰一人として、それには確信がもてなかった。もしそうだとすると、それは、すでに知られているいかなる居住地より二〇〇〇年も遡る時代のスコットランドに人々が存在していたことを意味していたからだ。

ブリッジエンド村から出土した尖頭器は、スコットランドで発見された、アーレンスブルク風の鏃の可能性を秘めた最初の尖頭器ではなかった。それ以前にも同じような造りをもった五つの尖頭器が、そのうちの二つがそれぞれオークニー諸島とジュラ島で、もう一つがアイラ島より北に位置しているタイリー島で発見されていたからである。(3) けれども、これらの尖頭器は、破損していたり、その造りに疑わしい点があったり、現代的な記録の技法が採用されるはるか以前に発見されていたことから、その正確な出土地を特定することができなかった。新たに発見されたその尖頭器は、原型を完全にとどめており、アーレンスブルク風の鏃とまったく同じような外見をもっていたばかりか、我々は、それを発見した正確な場所を知っていた。そこで、我々は、直ぐさまその耕作地に戻り、最終氷期のスコットランドにおける最初の居留地を発見することができるのではないかと期待に胸を躍らせながらフリントの集中的な収集を行った。しかしながら、我々が発見することができたすべての人工遺物は、疑いもなく新石器時代か青銅器時代に由来していた。

ブリッジエンド村の耕作地は、一九八七年から一九九五年にかけてアイラ島とコロンセイ島において筆者が指揮を執った調査団が、発掘プロジェクトの一部として、有史前の定住地を探索した数多くの場所のうちの一つにすぎなかった。(4) 我々は、新石器時代とそれ以降の時代の遺跡をいくつか登録したとはいえ、筆者の関心は、中石器時代の、欲をいわせてもらえれば、氷河時代の遺跡を発見することだった。そのうちの前者の発見は比較的容易だった。我々は、その造りから明らかに中石器時代のものだと思われる人工遺物――道具と、それを作り出す過程で生みだされた破片――が散乱している場所を二〇ヶ所以上発見した。アイラ島では、筆者は、耕作地で発掘に従事したり、フリントを洗っている学生たちをその場に残し、スコットランドの海面の変化の復元の専門家であるコヴェントリー大学のアリスター・ドーソンと落ち合った。ドーソンと、今ではアバディーン大学で教鞭をとっており、その当時、アイラ島の泥炭の中の花粉粒(5)を研究していたケヴィン・エドワーズは、その島が中石器時代の居住者たちの眼にはどのように映じていたかを復元しようと試みていた。

アリスターは、丘陵地帯や大西洋の荒涼とした砂浜で調査活動を行っている方が研究室や会議室にいるよりもはるかに居心地がよさそうに見えるスコットランド人である。彼は、彼自身の調査隊を指揮しており、島のもっとも標高の低い地帯であり、かつてはリンズ地区を島から孤立させていた海峡の海底だったグリュイニャルトから堆積物の長い円柱をコアとして抽出していた。このコアの下の部分から、彼は、堆積物が現在の泥炭から、海水によって沈積したシルトと粘土に変わっていることを発見した。その下の泥炭は、その堆積物が海底の沈積物になる前には乾いた土壌だったことを示していた。アリスターは、大学の研究室で堆積物から珪藻土（化石化した珪藻の殻）を抽出した。こうした一連の異なったタイプの堆積物は、乾いた土地から淡海水へ、次いで、海水へ、さらにもう一度乾いたと土地へという微妙な変遷を物語っており、花粉粒は、それと同じように植生の歴史を私たちに伝えてくれる。アリスターは、ちっぽけな小枝などの植物の資料も抽出していた。これらは、その放射性炭素年代を突きとめることができることから、それにもとづいて、水没がいつ起こったかを正確に割り出すことができた[6]。

堆積物、珪藻土、放射性炭素年代を調べることによって、アリスターは、紀元前一三〇〇〇年頃に氷床が姿を消した直後にはかなり低かった南ヘブリディーズ諸島周辺の海面が紀元前八五〇〇年頃までにはほぼ現在と同じ程度にまで上昇していた推移を復元した。その後の二〇〇〇年以内に海面がふたたび上昇し、グリュイニャルトが水没して海峡に姿を変え、リンズ地区をアイラ島から孤立させていた。けれども、スコットランドの西部は、氷河の重圧が軽減された後の地面の隆起が終わっておらず、それが海面の上昇を圧倒した。その結果として、そのほぼ二〇〇〇年後には、かつての海峡は、ふたたび乾いた土地に姿を変え、現在までその状態を保っている。

アリスターは、また、現代の景観を「読む」ことによって氷河時代の過去を理解することができた。その一例を挙げれば、氷河が流れていった最西端を示している常緑低木のヘザーに被われている岩と砂礫の小山の近くに砂と砂礫によって形づくられている縦長の丘があり、彼は、それをエスカー（氷河底の水流によって形成された砂や小石の細長い曲がりくねった堤防状の丘）だと評していた。それは、かつて氷河の底を流れていた水が穿ったトンネルであり、それが砂礫によって塞がれてしまったことを物語っていた。つまり、氷河が溶けてしまったとき、かつてはトンネルだったその空洞が、その中に砂や砂礫が詰まった縦長の円丘として残されたのである。我々は、海岸に沿って歩きながら、現在の満潮時の水位を示している変色部分の数メートル上の小石が波に洗われていた痕跡を調べてみたのだが、それは、海面がかつては現在よりどの程度高かったかを示していた。

リンズ地区の台地でアリスターは、ヘザーが生えている地表の下の分厚いオレンジ色の粘土層を筆者に示してくれた。それは、氷河がアイラ島全体を被っていたとしたら、氷河から溶け出した水によって洗い流されてしまったことだろう。この粘土層は、それよりもっと以前の氷河作用によって島全体が浮遊性の氷床の下敷きになっていた、最終氷期最盛期の何千年も前に形成されたものだった。それが筆者にとって興味深かったのは、その中にフリントの大きな塊が含まれていたからであり、その塊は、今ではアイリッシ海の海底に沈んでいるチョークの巨大な堆積物からはるか古代の氷河によって運ばれたのである。そのオレンジ色の堆積物は、何千年もの永きにわたる浸蝕作用によって海に流れ込み、その角張ったフリントの塊が波に弄ばれているうちに申し分のない滑らかな丸石となって、リンズ地区の砂浜に打ち寄せられた(7)。これほど大きく、また、これほど見事な品質のフリントの丸石がこれほど数多く見つかる場所は、スコットランドではここ以外にはどこにもない。フリントは、有史前の狩猟採集民たちにとってきわめて重要な原材料であったことから、筆者は、氷河時代の開拓者たちがスコットランドにたどりついていたとすれば、彼らは、ほどなくしてリンズ地区を発見し、狩りのためにその近辺にとどまっていたに違いないと確信していた。だが、実に残念なことに、ほぼ一〇年の歳月をかけてアイラ島で調査と発掘を重ねたにもかかわらず、我々は、ブリッジエンド村から出土したたった一つのアーレンスブルグ風のフリントの尖頭器以外、氷河時代の狩人たちの証拠物件をなに一つとして発見することはできなかった。

スコットランドに最初に姿をあらわしたのは、紀元前八五〇〇年にイングランドの北部から移り住んで来た人々であり、エディンバラの近くのクラモンド島に最初期の遺跡を残している。南へブリディーズ諸島には紀元前七〇〇〇年以前のいかなる遺跡も知られていない。人々がようやくこの地に渡って来たとき、彼らは、フリントの丸石を含んでいる豊かな土壌をもったリンズ地区に引きつけられた。彼らの居住地の一つは、フリントが豊富な砂浜からわずか一〇〇メートルしか離れていないところに位置していた。そこは、丸石から剥片が最初に打ち欠かれた中石器時代の作業所だったのである。

この遺跡はクレララッハとして知られるようになったのだが、それを発見したのは、アイラ島の西海岸の同名の小さな農場を所有していたスー・キャンベルだった。数年間にわたってスーは、フリントの石刃、剥片、砕かれた丸石を排水溝から収集し、そのコレクションをボール箱に詰めて島の博物館に持ち込んでいた。一九九三年にそれを一見した筆者は、直ぐさま彼女が中石器時代の遺跡をすでに発見していたことを知った。我々は、その遺跡を突きとめるために彼女の牧場のいたるところに数多の小さな試験的な穴を掘り、次いで、一本の長い堀割を掘削した。だが、中石器時代の地表に到達するには泥炭を二メートルの深さまで掘らなければならなかった。すると、そこには道具と、それを作る過程で生みだされた破片が散乱しており、それらの尖端は、打ち欠かれたその日の生々しさをそのままとどめていた(8)。

その当時グラスゴー大学で教鞭をとっていたニーリー・フィンリーがそのコレクションを調査し、きわめて巧みに打ち欠かれているいくつかの丸石とともに、たんに叩いて壊しただけの丸石があることに気づいた。

いくつかの丸石はきわめて小さく、その中に水晶の結晶を数多く含んでおり、フリントの扱いに精通した熟練者であればけっして手を出さないような代物もあった。クレラララッハは、子供たちがフリントの扱いに手慣れた熟練者が価値がないと判断した丸石や、自分たちが砂浜で見つけてきた丸石を使って石器の造り方を学んだ場所だったのだろうとニーリーは考えている。それは、フランスのエティオールに匹敵する、スコットランドの「フリント工房」だったのである。

しかしながら、エティオールの発掘者たちとは異なって、我々は、発掘作業が絶えざる浸水を引き起こしたことから、スー・キャンベルの農場において中石器時代の地表の大きな区画を露出させることはできなかった。それゆえ、木炭の断片を見つけ出したとはいえ、中石器時代の炉床も発見できなかったし、クレラララッハに小屋が建てられていたか否かを知ることもできなかった。我々が獲得したすべては、人工遺物のコレクションだけであり、我々は、道具の製作以外の営みがかつて行われていたか否かを推測せざるをえなかった。クレラララッハがアイラ島最大の内陸湖ロッホ・ゴロムに近い地点に位置していることに鑑み、そうした営みが行われていたのではないかと筆者は考えている。その湖岸には、時折、カワウソやシカが姿をあらわしていた。紀元前六五〇〇年にクレラララッハで野営していた人々は、そうした動物を狩っていたのではあるまいか？

その当時のアイラ島の景観は、今日、私たちの眼の前に広がっている、ヘザーに被われた荒涼とした泥炭の湿原とはまったく異なっていた。クレラララッハの泥炭の下層に封じ込められていた花粉粒は、中石器時代にはその地にヤナギとハンノキが生い茂っており、標高の高い乾燥した地域にはカバノキとオークが生えていたことを私たちに教えてくれる。泥炭は、また、木炭のちっぽけな断片も含んでいた。そのうちのいくつかは、調理に使われていた炉火から吹き飛ばされたものかもしれないとはいえ、その量は、紀元前九五〇〇年のスターカーの場合とまったく同じように、湖岸のアシや樹木が意図的に焼き払われていたことを物語っていた。[9]

クレラフッハは、我々がアイラ島で調査した中石器時代のいくつかの遺跡のほんの一つにすぎない。それらの遺跡からは膨大な量のフリントの人工遺物が出土したとはいえ、実に残念なことに、動物と人のいずれの骨をも発見することができなかった。それらは、島の土壌が酸性であることから、すべてその形をとどめていなかったのである。動物の骨が発見されていれば、それは、ピーター・ローリー＝コンウィがスカッテホルムやリングクロスターや、ヨーロッパのそのほかの数多くの遺跡で用いた手法を踏襲することによって、その野営地がどの季節に用いられていたかを発見する手掛かりを与えてくれたことだろう。それにもかかわらず、それぞれの遺跡の石器とその周辺の状況は、そこでどのような営みが行われていたかを示唆していた。

クレラフッハから出土した遺物とは対照的に、丸石の砂浜から数キロ離れた台地に位置している遺跡グレン・モールから我々が回収した人工遺物は、石核として有益な役割を終えて投げ棄てられたフリントのちっぽけな塊によって構成されていた。[10] この遺跡は、人々がリンズ地区でシカを捜していたときほんの一度か二度ばかり使われただけの狩りのための野営地だったのだろう。いくつかの道具は、ちっぽけな剥片から造られており、おそらくこれらは、人々が持ち歩いていた手持ちの剥片のうち最後まで残っていたものだったのだろう。狩猟採集民たちは、道具を補給するためにグレン・モールからクレラフッハのような遺跡に戻らなければならなかったに違いない。

我々は、その近くの農場の名前に因んでウールと呼んでいた、グリュイニャルト湾の河口の東端で一つの遺跡を発見した。この遺跡は、バードウォッチングのための隠れ場所のごく近くに位置しており、我々は、中石器時代の狩猟採集民たちも、今日その隠れ場所を使って野鳥を観察している人々と同じように、鳥の群を見張っていたのではないかと思いついた。(11) グリュイニャルト湾の河口は、今では夏を北極地方で過ごすガンやカモの群が越冬する場所として広く知られており、その渡りの行動形態は、おそらく完新世が始まった時代にまで遡ると思われる。グリュイニャルト湾の今日のバードウォッチャーは、中石器時代の人々とまったく同じように、ガンやカモばかりか、そのほかの数多くの動物の姿を観察することができる。アザラシが、時折、河口の砂州に蝟集し、浅瀬ではカワウソが軽やかに泳ぎまわっており、水辺では水鳥が長い脚を折り曲げながら泥の中のエサを突《つつ》いている。チョウゲンボウやハヤブサが砂丘の齧歯動物を捕らえようとして空から急降下している一方、疎らに生えている木々の間にアカシカの姿を眼にすることもある。あたりには現代世界の痕跡がなに一つとして見当たらないことから、グリュイニャルト湾の河口に腰を下ろしていると、中石器時代の人々の眼に映じていた景観を身近に感じることができる。

ウールから出土した人工遺物の量も、また、この遺跡がほんの数回ばかりしか使われていなかったことを示唆していた。おそらく河口の川岸には人工遺物が散乱している同じような場所が数多くあることだろう。けれども、我々が発掘したもう一つの遺跡ボルセイは、中石器時代の人々がきわめて強い愛着を寄せていた居住地だったことに疑いの余地はなく、数千年もの永きにわたって何度となく繰り返し使用されていたに違いない。この遺跡は、今日ではロッホ・アヴォギとして知られている泥深い湿地のそばの広々とした草原に取り囲まれている。それは、中石器時代には林地の中の泉の近くに位置しており、ロッホ・アヴォギは淡水湖だった。ボルセイの発掘は、筆者が手掛けた中では最大のものであり、二五〇〇〇個以上ものフリントの人工遺物を回収することができたのだが、それとても、今なお地中に眠っている遺物のほんの一部にすぎない。

当初、我々は、ボルセイが中石器時代の主要な居住地だと考えていた。だが、道具を分析してみたところ、その圧倒的多数が細石器であり、その多くが鏃として用いられていたことが明らかになった。[12] 獣皮から肉や脂肪などの汚れをそぎ落としたり、住居の支柱の穴掘りといった家庭生活との関わりの痕跡を示している道具は、その数がかぎられていた。これらの細石器は、疑いもなく、泉のそばに座って狩りの器具を修理していた狩人たちの短期の居住が何度となく繰り返された結果として集積していったものであり、それは、彼らがアイラ島の中でもその地にもっとも強い愛着を抱いていたことを、その地の暮らしを楽しんでいたことを物語っているのだろう。[13]

クレララッハ、グレン・モール、ウール、ボルセイの発掘は、中石器時代の狩猟採集民たちがアイラ島の様々な場所をそれぞれ異なった営みに使用していたことを私たちに教えてくれる。けれども、人々は、それらの営みの場をこの一島に限定していたわけではなかった。一九六〇年代から一九七〇年代にかけて、細石器が散乱している場所がジュラ島に数カ所あることが明らかにされ、それを発見したのは、熱心な一人のアマチュア考古学者ジョン・マーサーだった。[14] けれども、我々が中石器時代の生活に関する思いもかけない洞察力を得た場所は、それよりもっと小さなコロンセイ島だった。

コロンセイ島で中石器時代の遺跡を探索することは、いずれかといえば、干し草の山の中から針を捜すようなものである。そこでは細石器を、泥炭の湿地や砂丘の中から捜し出さなければならないことも稀ではないからだ。我々が作業を始めたとき、調査すべきいかなる耕地もほとんど残されてはいなかった。ほとんどすべての耕作地がすでに牧場へと切り換えられていたからであり、これは、一九六〇年代以降、スコットランドの高地の全域と島々において進められてきた転換である。我々は、その中から居住地の発見が期待できる可能性があるのではないかと考えたターフ（芝草が群生して根を張った表土層）、泥炭、砂浜に、中石器時代の表土にまで達するいくつもの試験的な穴を掘った。それによってフリントの人工遺物が散在している少しばかりの場所を発見したのだが、そのすべてがおそらくは新石器時代か青銅器時代のものだと思われた。それは、あたかも中石器時代のコロンセイ島には人っ子一人住んでいなかったかのような観を呈していた。[15] それは驚くべき話ではないように思われた。コロンセイ島は本土からかなりの距離によって隔てられていたことから、そこには多くの哺乳動物が棲息していたわけではけっしてなかった。アカシカやノロのような猟獣や、キツネのような毛皮獣が見当たらないということであれば、中石器時代の人々にしても、アイラ島やジュラ島から丸木舟を操って二〇キロの海を渡る気にはとうていなれなかったに違いない。

しかしながら、我々の第一印象は間違っていた。我々が発掘したコロンセイ島の東海岸の小さな入り江であるストゥースヌィグが示しているように、その島には人々が渡ってくるべききわめて十分な一つの理由があったからだ。

筆者が初めて砂浜によって縁どられているこの狭い入り江を眼にしたのは、スコットランド本土から三時間の島巡りコースに就航しているフェリーに乗っていたときのことだった。そのフェリーはストゥースヌィグの入り江の北に位置している埠頭に停泊したのだが、そこでは一軒の売店と豪華なホテルがあるスカラセイグの小さな集落がその埠頭のまわりにまでせり出していた。筆者は、その二日後、そのホテルの庭の中で試験的な穴を掘っている学生たちの一行を残し、ストゥースヌィグの入り江沿いの、今ではこの島に残されている数少ない耕作地の一つを訪れた。もっとも、「耕作地」は、おそらく誇張的な表現だろう。その土壌は浅い砂地であり、牧草の種を播くためにその表面がほんの少しばかり掻きまわされていただけだったからである。その砂は、今では表土の下に埋め込まれており、現在より数メートル高かった中石器時代の砂浜に由来している。ストゥースヌィグの入り江は、フェリーから眺めたかぎりでは、中石器時代の丸木舟を繋ぐには理想的であるように見え、筆者は、その岸辺に中石器時代の狩猟採集民たちが屯している野営地を心に描いていた。それゆえ、フリントの人工遺物を発見できると確信しながら二時間ばかりを費やしてその耕作地を調べてみたのだが、その一欠片《ひとかけら》すら発見することができなかった(16)。

それは一九八八年のことだった。筆者は、学生たちとともにその島で三週間を過ごし、そのほかのわずかばかりの区画の耕作地を検分し、居住地が見つかりそうな場所を選んで試験的な穴を掘ってみた。我々に残されていた最後の日、筆者は、ストゥースヌィグの入り江に戻ってその耕作地をもう一度調べたのだが、明らかに石斧によって叩かれた痕跡を示しているフリントの塊を発見したのはそのときのことだった。

その発見に鼓舞された我々は、一九八九年、一九九一年、一九九二年の夏にそれぞれ一度ずつストゥースヌィグを訪れ、そこにあるに違いないと筆者が信じていた居住地を見つけ出そうとして、その耕作地の全長に及ぶ試験的な堀割を掘った。最初の二回の調査では洗い流されてしまった炉床とごく簡素な防風垣のかすかな痕跡を発見しただけだった。しかしながら、忍耐は、最終的には報われたのである。

一九九四年、我々は大きな堀割を掘り、それは、炭化したヘーゼルナッツ（ハシバミの実）の殻と石の人工遺物が詰まっている横幅四メートルの円形の穴を白日の下にさらした。それは驚くべき発見だった。その種のものは、スコットランドではそれまでまったく見つかっていなかったからである。この堆積物のまわりからはそれより小さい、だが、もっと深い一連の穴があったのだが、そのいずれもがそれ以前に我々が掘った堀割からほんの少しばかり逸れていたのだ。これは、なんともひどい悪運だったというほかあるまい。この新たな発掘には一夏を要した。それは実に牧歌的なひとときだった。その頃、コロンセイ島は熱波に見舞われており、我々は、昼休みに一泳ぎし、日が暮れてから砂浜でバーベキューを楽しんだ後、月の光を浴びながら泳いだのである。

　我々が回収した堆積物、植物の残留物、石の人工遺物は、様々な専門家による調査を必要としたことから、その分析を終えるにはさらに五年の歳月を要した。大きな穴の残留物にはヘーゼルナッツの殻の破片ばかりか、リンゴの芯やそのほかの植物、とりわけ、キンポウゲなども含まれていた。キンポウゲ属の各種の草本の根や茎は数多くの部族民によって利用されている。そうした部族民の中にはこの植物が薬効をもっていると信じている人々もおり、これは、ウマノアシガタの別名によっても知られている[17]。大きな穴は、その近辺に支柱の穴が見当たらないという実にいらだたしい難点があったとはいえ、かつては小屋の床だったのではないかと思われる。もっとも、それは、主としてごみ捨て場として使われていた。それを取り囲んでいたいくつもの小さな穴は、かつてはヘーゼルナッツを炙る炉だった。ヘーゼルナッツを地中に埋め込めておき、その上で火が焚かれたのである。その殻と、間違って焼かれてしまった実のいずれもが、そのほかの植物のくずや道具の製作過程から生みだされた破片とともにごみ捨て場に投げ棄てられていた[18]。

　我々は、一〇〇〇〇〇個以上のヘーゼルナッツの殻が、紀元前六七〇〇年頃の、おそらくは、この地での数年に及ぶ一年に一度の収穫によって、ごみ捨て場に投げ棄てられていたと推測していた。炭化したヘーゼルナッツの殻の散乱は、ヨーロッパ各地の中石器時代の遺跡で知られているとはいえ、それがストゥースヌィグにおけるほど大量に発見されている場所はそれ以外にはどこにもない。ヘーゼルナッツを収穫して炙るという作業は、そのほかの営みとは比較を絶するほどの規模で行われており[19]、ハシバミの木の林地は、その実が食用として、その木々が薪として利用されていったことによって、大幅に衰退していった。ストゥースヌィグの近くの湖の湖底から抽出された花粉の痕跡は、ヘーゼルナッツの集約的な収穫が行われた直後に林地がほぼ完全に消滅したことを指し示している[20]。これらの狩猟採集民たちは、紛れもなく、自然と「釣り合いを保ちながら」暮らす術を知らなかった。彼らが始めたコロンセイ島の林地の破壊は、その後その島に移住してきた最初の農民たちの手によって完了した。

今日のコロンセイ島にはハシバミの木はまったく生えていないとはいえ、その過去をゲール語でハシバミを意味する「コウル」にとどめている。中石器時代の人々は、コロンセイを「ヘーゼルナッツの島」だと考えていたに違いない。

アイラ島、ジュラ島、コロンセイ島の居住地の間を渡り歩いていた南へブリディーズ諸島の中石器時代の人々の生活様式は、一〇〇〇年以上に及んだ。それがどのようにして終焉を迎えたかに関する我々の理解は、四番目の島であるオロンセイ島と密接に結びついている。その面積はきわめて小さいとはいえ、オロンセイ島には中石器時代の貝塚が五つもあり、それ以外の島々にはその存在がまったく知られていない。一九世紀の末葉にすでに踏査されていたとはいえ、一九七〇年代にその島の徹底的な発掘に着手したのは、ケンブリッジ大学のポール・メラーズだった。[21] 彼は、貝塚が築かれた期間が紀元前五三〇〇年から、最初の農民たちによる移住の直前の紀元前四三〇〇年にまでまたがっていたことを突きとめた。

中石器時代の人々は、オロンセイ島に渡って来て多種多様な貝を採集し、それを食用と魚釣りのエサとして用いていた。彼らは、丸木舟を操りながらタラの一種であるセイスを釣ったり、実に多種多様な海鳥をワナで捕らえていた。アザラシも狩っていたのだが、もしその島が今日と同じようにその繁殖地だったとすれば、アザラシは、容易に捕獲することができる獲物だったことだろう。人々は、タマキビガイの貝殻から首飾りを造り、メラーズが発見した、毛皮を突き通すのに適している骨製の突き錐から判断して、衣服を縫い合わせていたのだろう。貝塚からは動物の骨、貝殻、炉床、壊れた人工遺物とともに人骨の断片が発見されており、オロンセイ島で人々が死んでいたことが確認されている。これらの断片が埋葬という手続きを経た遺体の残骸なのか、それとも、たんにごみとして遺棄されたのかは明らかにされていない。

セイスの耳石のようないくつかのきわめて小さな遺物は、実に重要な意味をもっている。それぞれの耳石の大きさは、それに由来している魚の大きさを直接反映している。つまり、それは、その魚が捕らえられたのが一年のうちのどの時期だったかを指し示している。この証拠物件からメラーズは、この島のそれぞれの貝塚が異なった時代に、一年のすべての季節において使用されていたことを明らかにした。彼は、また、人々が年間を通してその島で暮らしていた、つまり、定住性の狩猟採集民たちだったと提唱した[22]。

メラーズは、一九八七年にその発掘の成果を公表したのだが、その当時、ケンブリッジ大学の大学院生だった筆者は、彼の主張にまったく懐疑的だった。中石器時代のオロンセイ島は、ヘブリディーズ諸島のそれよりもっと大きな島々の豊かな食料の供給源に比べれば、狩猟採集民たちにごくわずかの食料しか与えることができず、人々はその島をごく短期間、定期的に訪れていたにすぎないと確信していたからである。一年に一度か二度訪れるだけだったとしても、それが一〇〇〇年という永きに及べば、容易に貝塚を築くことができるはずであり、それらの貝塚は、デンマークで発見されているエルテベレの貝塚に比べればはるかに小さいと考えていたからである。それゆえ、コロンセイ島で調査を始めたときには、オロンセイの貝塚と同時代の居住地を発見することによってメラーズの誤りを証明することができると確信していた。

しかしながら、発掘によって放射性炭素年代が蓄積されていったにもかかわらず、そのうちのどれ一つとしてオロンセイ島に貝塚が築かれていった一〇〇〇年という期間には該当しなかった。そればかりか、それは、放射性炭素年代がすでに確定されているジュラ島のいかなる遺跡にも該当しなかった。一九九五年までには、すでに三〇以上の年代を確定しており、そのうちの半分は、紀元前五三〇〇年以前であり、残りの半分は、紀元前四三〇〇年以後だった。この間の時代はまったく空白であり、貝塚は、とりもなおさずこの空白の期間に築かれたのである。ほどなくして筆者は、おそらくは、メラーズが最初から正しかったのだと認めざるをえなかった。[23] 人々は、アイラ島、コロンセイ島、ジュラ島でほぼ二〇〇〇年を過ごした後、食料の供給源の豊かだったこれらの島々を、樹木の数がかぎられている、吹きさらしのごくちっぽけな孤島のオロンセイのために見棄てたのだと思われる。これらの島々を訪れたことがあったにせよ、それはあまりにも短期間であり、その地における実質的な暮らしを欠いていたことから、人々は、考古学上の痕跡をまったく残すこともなかったのだ。一九九八年、メラーズは、オロンセイ島における永続的な居住をさらに確証するデータを公表した。その論拠の一つは、人骨の化学的な組成が、魚類、アザラシ、カニ、海鳥などの海産物にもっぱら依存した食生活を指し示していたことだった。[24]

狩猟採集民たちが行ったアイラ島からオロンセイ島への切り替えは、生態学的な常識をまったく無視している。彼らは、なぜそのような判断を下したのだろうか？　その答えを探究していたとき、筆者は、自分自身が考古学上の最後の手段——人々がオロンセイ島に強い愛着を抱いていたのは、私たちがけっして解き明かすことができないなんらかの観念論的な理由に依っていたとの考え方——に訴えようとしていることに気づいた。

私たちは、岩肌に絵画を描いたり、彫刻を施すといった表現手段をもはやもってはいないとはいえ、スコットランドの中石器時代の居住者たちは、人類のそのほかの集団と同じように複雑な神話体系に依拠しながら暮らしていたことだろう。ジュラ島のパップスやベイン・タルト・アヴィルに登ったり、ロッホ・ゴロムやグリュイニャルトの河口を訪れたり、コロンセイ島に残存しているオークの林地の中に腰を下ろしたり、浜辺を歩いていたとき、筆者の脳裏にはこれらが中石器時代の霊魂や死霊や神々が、その時代の人々とまったく同じように絶えず歩きまわっていた場所だとの観念が常につきまとっていた。景観は、起源神話や物語の創作にあたかも地下水脈のように染み込んでいたと筆者は確信している。そして、これらの起源神話や物語は、どこに住み、なにを食べるかに関する、私たちの眼には非合理的だとしか映らない決断を支えていた霊感だったし、そうした事情は、私たち自身の心の闇を覗き込んでみれば、今日といえども変わりがないのではあるまいか？

紀元前四三〇〇年以降、人々は、ふたたびもっと大きな島々で暮らすようになった。狩猟の野営地だったボルセイがふたたび使われるようになり、細石器が造られ、棄てられた。けれども、ボルセイの新たな居住者たちは、壊れた土器や磨製石斧も棄てている。そして、あたかもオロンセイ島の貝塚に取って代わるかのように、新たな形態の塚がアイラ島に姿をあらわしたのだが、それは巨石墓だった。

紀元前四五〇〇年までには、北方に進出していた農民たちが、すでにスコットランドの東部にまで到達していた。彼らは、広くその名を知られているスカラ・ブレイの集落の原型をなしている石造りの住居をオークニー諸島に、ヨーロッパ大陸の線帯文土器文化期の長い住居と同じような、木材を組み立てた住居をそのほかの場所に建てた。[25] 畜牛やヒツジを放牧し、コムギやオオムギの耕作地を開墾した。その頃には、すべての中石器時代の狩猟採集民たちは、歴史からその姿を消していた。

スコットランドの西部では、新たな農耕と旧来の狩猟と採集にもとづく生活様式が、地中海沿岸地帯の場合と同じように、ともに入り交じっていたように思われる。新石器時代特有の墳墓がアイラ島に築かれたとはいえ、ボルセイのような中石器時代の集落は、それ以前とほとんど変わらない状態で使用されていた。[26] なんらかの穀類の栽培が行われていたことを示すわずかばかりの痕跡が発見されており、それは、この種の農耕がきわめて小規模だったことを示している。新石器時代の住居や集落は、東部のそれと比肩できるようなものはまったく発見されていない。新石器時代の打製石器の散乱は疎らであり、一カ所から出土するその数が数百以上に達することは稀である。これは、ほとんどの中石器時代の遺跡から何千もの人工遺物が発見されている事実とは劇的な対照を示している。

南ヘブリディーズ諸島や、スコットランドの西部のそのほかの地域の新石器時代の人々は、野生動物を狩り、可食植物を採集する生活様式を保ちながら、ヒツジや畜牛の群を追って所々を転々としていた。しかしながら、彼らは、あたかも自らを中石器時代の狩猟採集民たちと区別する強固な意志をもってでもいたかのように、海産物をけっして口にしなかった。少なくとも、墓から回収された新石器時代の人々の少しばかりの骨の化学的な組成は、それを指し示している。[27] オロンセイ島の人々を支えていた貝や海産の哺乳動物や魚類は、まったく顧みられなかったのだ。これは、中石器時代の狩猟採集民たちがオロンセイ島で暮らすという判断を下した場合と同じように、実利を重んじる常識をまったく無視しているように思われる。

かつてオロンセイ島で暮らす道を選んだ中石器時代の人々は、どうなってしまったのだろうか？　その個体群はたんに衰退し、歴史からその姿を消してしまったのだろうか？　それとも、ヘブリディーズ諸島に新たに移り住んできた人々と物品を交換したり、ともに働いたりしながら、婚姻によって溶け合っていったのだろうか？　そのいずれの可能性も否定できないとはいえ、筆者は、もう一つの選択肢があったのではなかろうかと考えている。つまり、オロンセイ島の人々は、東部の人々から新たな考え方、新たな道具、新たな動物を手に入れ、もっと大きな島々に戻っていったのだろう。彼らは、彼らの祖先とまったく同じように、ボルセイの泉のそばに腰を下ろして石を叩いて細石器を造り出していた。たとえそうだとしても、そのときには、その傍らで畜牛が若葉を食んでいたのである。

アメリカ大陸

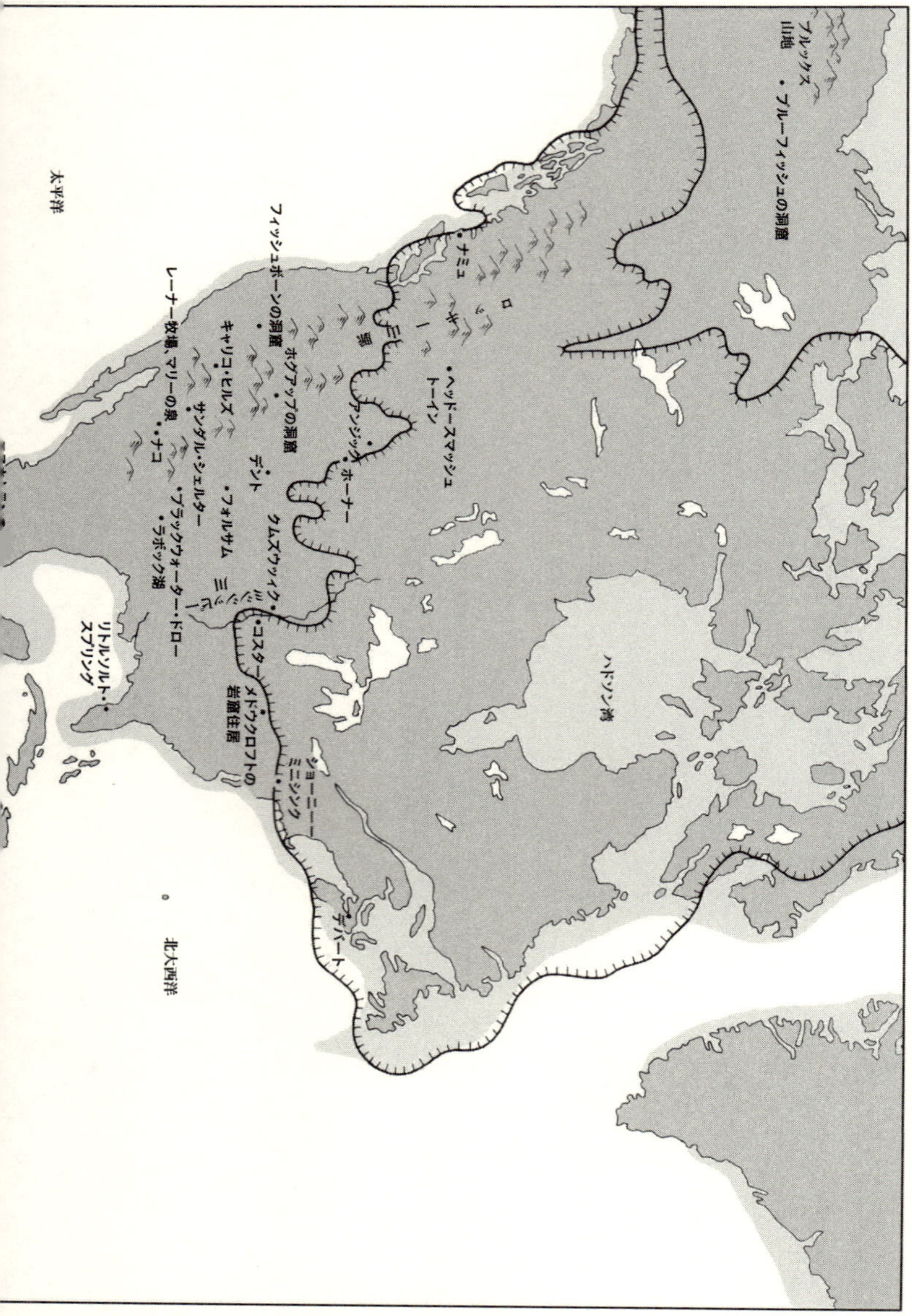
ブルックス山地
ブルーフィッシュの洞窟
太平洋
ナミユ
ヘッドースマッシュトーイン
フィッシュボーンの洞窟
ホグアップの洞窟
キャリコ・ヒルズ
サンダル・シェルター
レーナー牧場、マリーの泉
ナコ
アンジック
ホーナー
デント
フォルサム
ブラックウォーター・ドロー
ラボック湖
クムズウィック
コスター
リトルソルト・スプリング
メドウクロフトの岩窟住居
ハドソン湾
ショーニー＝ミニシンク
デバート
北大西洋

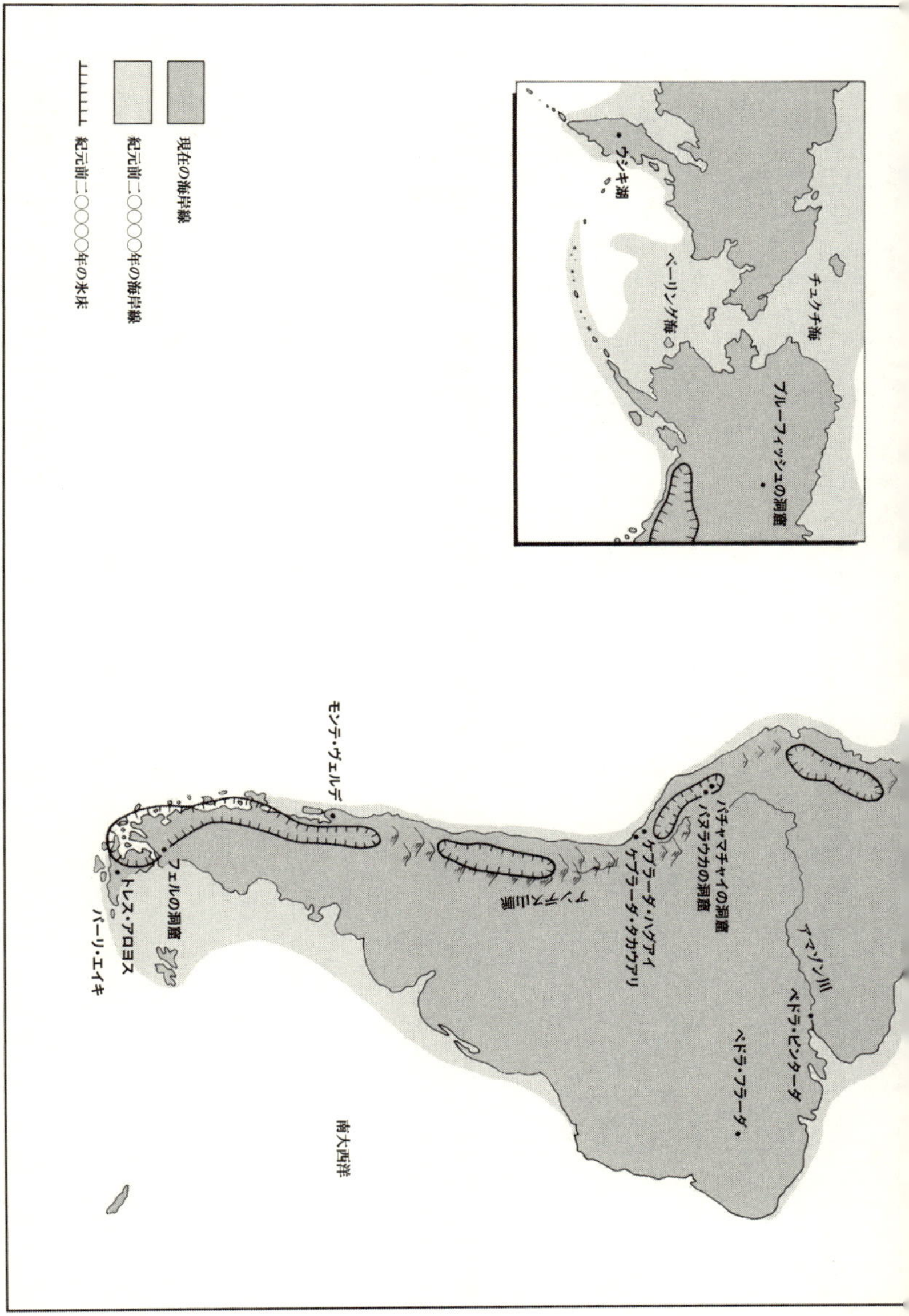
現在の海岸線
紀元前二〇〇〇〇年の海岸線
紀元前二〇〇〇〇年の氷床
チュクチ海
ベーリング海
ウシキ湖
ブルーフィッシュの洞窟
モンテ・ヴェルデ
パチャマチャイの洞窟
パヌラウカの洞窟
ケブラーダ・ハグアイ
ケブラーダ・タカウアリ
アンデス山脈
アマゾン川
ペドラ・ピンターダ
ペドラ・フラーダ
フェルの洞窟
トレス・アロヨス
パーリ・エイキ
南大西洋

23　最初のアメリカ人を求めて

——紀元後一九二七年から一九九四年における氷河時代の居住地の発見

　男たちは、バイソンの骨を仔細に検分しながら考え込んでいる。ジョン・ラボック君がそれを注意深く見守っている。男たちは、堀割のまわりを歩いたり、しゃがみこんだり、少しばかりの土を掻き取ったり、二言三言、言葉を交わしながら互いに顔を見合わせて心得顔で頷いたり、微笑んでいる。青っぽいデニムの作業着を着ている男もいれば、白いシャツと蝶ネクタイを身に着けている男もいる。男たちの眼は誰からともなく最大の関心事に戻っていく。それは、二つのあばら骨の間にしっかりと突き刺さっている投げ槍の石の尖頭器である。一人の男が腹を決めたように思われる。男は、自信に満ちた足取りでもう一人の男に歩み寄り、その手を握って背中を軽く叩いた。三人目の男は、パイプの煙を深々と吸い込み、顎をなでている。その男も、問題が解き明かされたことには疑問の余地がないことをほどなくして納得することだろう。四〇年にも及んだ激しい論争が解決したのだ。氷河時代が幕を閉じようとしていた頃、アメリカ大陸には人々が住んでいたのである。

　ジョン・ラボック君が今いるのは、ニューメキシコ州のフォルサムであり、日付は、一九二七年九月三〇日である。それらの考古学者たちの気分は、その国の全体的な風潮を反映していたのではあるまいか？　合衆国は、チャールズ・リンドバーグによるパリ単独飛行を祝い、経済的なにわか景気に沸き返っていたからである。けれども、飛行機や自動車に対する関心は、ラボック君の想像力とはまるで懸け離れていた。ラボック君も、また、堀割の周辺を歩きまわっていたからである。堀割は、辺り一帯の景観の中ではひときわ人目を引く、西に一キロばかりのところに位置しているジョンソン・メサ(岩石によって形づくられている台地)から流れてくる小川と隣り合っていた。

論争が解決したことによって賞賛を博したのは、「デンヴァー博物館」の館長だったジェシー・フィギンズだった。(1) 彼は、重圧から解放されて胸をなで下ろしていたとはいえ、自らの運勢の劇的な変転に、いずれかといえば、動転していた。氷河時代のバイソンの骨の収集を始めたときには、それを地方の博物館の新たな展示品に加えようとしていたにすぎなかったにもかかわらず、彼は、アメリカ大陸の歴史を書き換えてしまったのだ。

フォルサムのバイソンの骨は、一九〇八年の猛烈な豪雨によって、今となっては適切に名づけられているようには思えないワイルドホース(野生馬)・ヴァレーの古代の堆積物から露出していた。フィギンズは、作業を始めてからほどなくして投げ槍の二つの尖頭器を発見した。その潜在的な重要性に直ぐさま気づいたフィギンズは、ワシントンの「スミソニアン研究所」の上級考古学者アレス・ハードリチカに鑑定を依頼した。ハードリチカは、オールバックの髪、皺が刻まれている額、濃い眉毛、堅くて白いカラーといった外見からはっきりそれと知られるように、世評に対してひどく臆病なチェコ生まれの移民だった。彼は、フィギンズにきわめて重要なアドバイスを与えた。今後、投げ槍の尖頭器が見つかった場合、それには手をつけず、それが発見された状態をそのまま維持しておかなければならないと告げたのである。そこで、フィギンズは、その発掘物を調査する代表団の派遣を依頼する電報をいくつかの学術的な研究機関に送ったのだった。

その結果、一九二七年の晩夏に学者たちの一行がフォルサムに集まり、ラボック君は、それを観察する特権を与えられたのである。その調査団は、その頃もっとも重んじられていた考古学者の一人であり、パイプ・

タバコの愛好家のA・V・キッダー、その前途を有望視されていた大学院生のフランク・ロバーツ、「アメリカ自然史博物館」の古生物学者バーナム・ブラウンの三人によって構成されていた。ラボック君の眼の前で、ブラウンは、糊のよく効いた白いシャツに似つかわしい重々しい手つきで石の尖頭器をぐいと握りしめ、「新世界における人類の古代に対する答えは、この私の手の中にある」(2)と宣言した。

バーナム・ブラウンは間違っていた。だが、彼の軽率さは大目に見なければなるまい。そうした考えは、それを公言した人はいなかったとしても、大多数のアメリカ人考古学者たちが過去一五〇年にわたって抱いてきた類のものだったからである。フォルサムの発見によって氷河時代が終わる前に人々がアメリカ大陸に存在していたことが証明されたとしても、彼らがそこに到達した時代は、それによっては解明されていない。それは、紀元前一二〇〇〇年、二〇〇〇〇年、三〇〇〇〇年、五〇〇〇〇年のうちのいずれなのか、それとも、それ以前なのか？　人々はどのようにして、また、いつアメリカ大陸に到達したのかという疑問に明確な判断を下すことができる人は、今なおただの一人としているわけではない。けれども、筆者は、それが紀元前二〇〇〇〇年の凄まじい厳寒以降だったことにはほんの少しばかりの疑いしか抱いていない。それは、地球温暖化が人類の歴史にもたらしたもっとも重要な結果の一つだった。

ジョン・ラボック君は、筆者のそうした判断に囚われることなく、アラスカの北部からチリの南部に至る氷河時代の世界のもっとも好奇心をそそる考古学上のいくつかの遺跡を訪ねなければならない。これらの遺跡を経巡るにつれてその姿をあらわしてくるのは、驚嘆に値する物語、アメリカ大陸の有史前の歴史の物語である。それは、人々による移住のときを待っていた最後の可住大陸に石器時代の最初の足跡が刻まれたのはいつなのかを正確に突きとめようとする情熱、工夫、刻苦精励の――ときとして、そのすべてをまったく欠いていた試みの――物語にほかならない。オレゴン州の「最初のアメリカ人研究センター」の所長ロブソン・ボニチセンは、これらの足跡を「本源的に先駆的な出来事（中略）『すばらしい新世界』（オールダス・ハクスリーの反ユートピア小説）の勇敢なる新たな人々[3]」と表現している。無人の大陸から世界の超大国への礎を築いた足跡は、究極的な「アメリカンドリーム」だったのである。

アメリカの先史学の第一流の学者の一人であり、考古学的な思想に裏打ちされた歴史学者でもあるテキサス州の南メソジスト大学のデーヴィッド・メルツァーは、最初のアメリカ人に関する論争がアメリカの近代の発端そのものにまで遡るとの考え方を示している。ヨーロッパの探検家たちとアメリカ先住民との接触は、一五世紀の末葉に始まったからである。初めてアメリカ大陸に足を踏み入れたこれらのヨーロッパの人々は、ごく素朴な質問を発した。これらの土着民は何者なのか？　彼らはいったいどこからやって来たのだろうか？

三〇〇〇年以上にも及んだこの問いのごくありきたりの答えは、彼らが「イスラエルの失われた十支族」の一つだったというものだった。一五九〇年、フレイ・ヨセフ・デ・アコスタは、このさまよえる一支族が陸路を移動し、旧世界と新世界の合流点である大陸の北部にたどり着いたと推測した。メルツァーは、そうした推測が進化していった結果として、フォルサムの発見に至った経緯《いきさつ》をきわめて詳細に記述している[4]。医師であるとともに鋭敏な洞察力を備えていたアマチュアの考古学者だった、ニュージャージ州トレントン出身のチャールズ・アボットのような一九世紀の学者たちは、原始的な道具を使っていた石器時代の人々の種族がかつてアメリカ大陸に居住していたと堅く信じ込んでいた。そうした考え方を痛烈に批判していた学者たちもおり、その急先鋒の一人は、「アメリカ民族学局」のウィリアム・ヘンリー・ホームズだった。ホームズは、考古学界の主流派の一人であり、アボットのようなアマチュアによる人類の過去に対する大胆な発言に少しばかり神経を逆撫でされていたのである。

この論争に投げ込まれた一本の投げ槍は、絶滅動物の骨と関わりがあると思われる人類の人工遺物の発見によって論証されていたヨーロッパの古代だった。『有史前の時代』は、そうした発見の意義を明らかにすることによって、その時代を特定できる人は誰一人としていないとしても、氷河時代に人々がヨーロッパに住んでいたことをすでに確証していたからである。ヴィクトリア女王時代のジョン・ラボックは、また、「北アメリカの考古学」に一章を割き、その遺跡、墓、人工遺物の年代に強い関心を寄せていた。[5] 彼は、北アメリカにおける人類の人工遺物と絶滅動物の関わりについては懐疑的であり、人々がその大陸に三〇〇〇年以上にわたって住んでいたと信じるに足る根拠はないと結論づけている。けれども、彼は、それ以前に遡る居住の可能性を斥けない注意深さを持ち合わせており、それに必要とされる痕跡は、現時点では、発見されていないと指摘するにとどめている。

『有史前の時代』の慎重な論調は、一定の距離を置いて執筆する英国紳士の典型を示していた。ジョン・ラボックその人は、アメリカ大陸には一歩たりとも足を踏み入れたことはなかった。論争の最前線で闘いを繰り広げていたアボットやホームズのようなアメリカ人たちは、少しばかり耳障りな表現を用い、独断的な考え方に固執していた。それゆえ、デーヴィッド・メルツァーは、フォルサムの発見に先立つ数十年間を「旧石器時代に纏わる大論争」と名づけている。それは、それぞれ異なった考え方の主唱者たちの間の辛らつな言葉の遣り取りや、不適任者による告発や、あからさまな侮辱であり、人類の起源に関する近年の我々の論争をこの上なく温和だと感じさせるほどのものだった。

したがって、一九二七年九月三〇日にジェシー・フィギンズが不安の念に圧倒されていたのは驚くには当たらない。自分が発掘した遺物を検分するために集まったのは、そうした激しい論争を繰り広げていた立役者ばかりだったからである。バイソンの骨の間に突き刺さっていた投げ槍の尖頭器の発見は、氷河時代のアメリカ人を熱烈に支持していた人たちにとってすら思いもかけない事態だった。彼らは、自然石を打ち欠いただけの粗雑な礫器やヨーロッパのネアンデルタール人と同じような「原始的な」特徴を備えた人骨の残骸の発見を予想していたからである。けれども、フォルサムの遺跡で発見された、熟練した手業によって造られた投げ槍の尖頭器は、それを用いた狩りの技法がけっして粗雑ではなかったことを物語っていた。

その投げ槍の尖頭器は、長さがほぼ六センチで、その両面が加工されており（この技法は、両面から打ち欠く技法として知られている）、細長い縦の溝——樋状剥離——が基部から切っ先の近くにまで達している。それは、フォルサム尖頭器と呼ばれるようになり、それによって特徴づけられているアメリカ先住民の祖先を指し示すパレオ・インディアンという用語が使われるようになった。今日、私たちは、フォルサム尖頭器が紀元前一一〇〇〇年から九〇〇〇年に製作され、使用されていたことを知っている[6]。フォルサムの発掘から一〇年以内に数多くの同じような遺跡が発見された。なにを捜せばよいかをすでに知っていた人々は、古代にまで遡るような景観を呈している川の川底や湖底の堆積物を探査して絶滅動物の骨を探しだし、その周辺から人類の人工遺物を発見しさえすればそれでよかったからである。

一九三三年には一つの遺跡がコロラド州のデントの近くで発見された[7]。その獲物はバイソンではなく、マンモスであり、投げ槍の尖頭器は、フォルサムのそれよりもっと大型だった。その尖頭器は、ほどなくして新たな文化の特徴の代名詞として使用されるようになった。それが「クローヴィス文化」である。この名称は、ニューメキシコ州の小さな町の名前——その町の近くのブラックウォーター・ドローの遺跡から一九三〇年代にさらにいくつかの尖頭器とマンモスの残骸が発見された——に由来している[8]。クローヴィス尖頭器は大型であり、尖頭器の半ばにまで達している樋状剥離が施されており、槍の先端への取り付けを容易にするためにその基部が目の粗い石を使って研がれていた。フォルサムから出土したバイソン以前にすでにその姿を消していたと考えられているマンモスとの関わりは、それらの尖頭器が、それ以前に発見されていた石器よりさらに時代が遡ることを物語っていた。ブラックウォーター・ドローの発掘は、フォルサム尖頭器とバイソンの骨が含まれていた堆積物がクローヴィス尖頭器とマンモスの骨を含んでいた堆積物の真上に位置していたことを明らかにすることによって、それを確証した[9]。

一九五〇年代にはクローヴィス文化期の五つばかりの遺跡がアリゾナ州南部のサンペドロ川の峡谷平野で発見された。一九五三年には一頭のマンモスのほぼ完全な骨格と交じり合っている八個ものクローヴィス尖頭器がナコから発見された[10]。それ以外の考古学上の残骸は見つからなかったことから、この遺跡はほどなくして「逃げ去りしもの」と命名された。マンモスは攻撃されて深手を負ったにもかかわらず、その場を逃れて捕獲されることなく死んだのである。その二年後、ナコからほんの数キロのところに位置しているレーナー牧場で一二個の投げ槍の尖頭器が八頭のマンモスの残骸とともに発見された[11]。

一九七〇年代までにはクローヴィス文化期の遺跡は放射性炭素年代測定法によってその年代が特定されていたのだが、それらの遺跡のちどれ一つとして紀元前一一五〇〇年以前にまで遡ってはいなかった[12]。それ以前の居住地の痕跡がまったく見つからないことから、クローヴィスが最初のアメリカ人の文化だと考えられたのである。彼らは、北東アジアにその源を発し、まず最初にフレイ・ヨセフ・デ・アコスタが提唱した冒険的な旅を敢行した開拓者たちであり、現在では水没している、だが、海面が低下していた氷河時代にはシベリアとアラスカを結びつけていた広大な地域——ベーリンジア（ベーリング陸橋）——を横断し、次いで、カナダの全域を被っていた氷床が溶け始めるとすぐさま南進を開始した。これらの氷河は、東に位置していたローレンタイド氷床と西に位置していたコーディレラン氷床の二つであり、それらが溶け始めると、その間に「無氷回廊」が形成され、クローヴィス文化期の狩人たちは、おそらくは、それを通って北アメリカに足を踏み入れていったのだろう。

ナコやレーナー牧場などの遺跡が発見されたことによって、クローヴィス文化期の人々を特徴づけていたのがたんなる開拓者ではないことが明らかにされていった。彼らは、石器を先端に固定した投げ槍だけを使ってマンモスを捕殺していた。多くの学者たちは、それがマンモスを絶滅に追い込んだと考えており、こうした考え方は「過剰殺戮の仮説」として知られるようになった。「クローヴィス最古説」と「過剰殺戮」のもっとも熱烈な支持者は、アリゾナ州立大学のポール・マーティンだったのだが、今でもそれに変わりはない。彼は、クローヴィス文化期の狩人たちが紀元前一一五〇〇年までには「無氷回廊」の南端にたどりついていたと主張している。彼らは、数百年以内にそこから林地を抜け、草原を横断して北アメリカと南アメリカの森林地帯に進出し、マンモスばかりでなく、そのほかの巨大な野生動物を絶滅に追いやった。[13] ポール・マーティンはアメリカの英雄という理想像をクローヴィス文化期という過去に仮託しているにすぎないとのポストモダニストの主張を鵜呑みにするのは容易《たやす》いことだが、それは、まったく片手落ちであるに違いない。一九七〇年代においては、科学的モデルとしての「クローヴィス最古説」は、すでに発見されていた証拠物件のもっとも道理に適った解釈だったからである。しかしながら、それは、アメリカ大陸において前クローヴィス文化期の遺跡が発見されていると主張している考古学者たちによってすでに異論が唱えられている。東アフリカで初期人類の人骨を発掘して人類の起源アフリカ説を唱え、考古学界に重きをなしていたルイス・リーキーは、カリフォルニア州のモハーヴェ沙漠のキャリコ・ヒルズで「原始的な」人工遺物を発見したと主張したことがある。だが、彼は間違っていた。それは、川の丸石が砕けた破片にすぎなかったのである。[14] けれども、一九七〇年代の終わり頃には前クローヴィス文化期の居住地に関するはるかに具体的な主張がすでになされていた。

時は今、紀元後一九七八年であり、ジョン・ラボック君は、ユーコン川の峡谷平野、北極圏のただ中にいる。彼の目的地は、北西のはるか彼方に位置している、最終氷期最盛期を通して氷に被われていなかった地帯、つまり、今日ではアラスカと呼ばれているベーリンジアの東部である。人々が紀元前一一五〇〇年にアリゾナ州南部のレーナー牧場でマンモスを狩っていたということであれば、そこではその祖先が、つまり、今では水没しているベーリング陸橋を渡ってアジアからやって来た人たちが、必ずや見つかるに違いない。

今は真夏であり、大空は日中も夜間も明るく輝いている。北はブルックス山地に聳えているいくつもの山頂、南はアラスカ山脈、東はマッケンジーの山々に守られているこの地は夏の暑さもほどほどである。アラスカは広大であり、その面積はイギリス諸島のほぼ五倍に達しているとはいえ、そこに住んでいる人々の人口はロンドンの二〇分の一にすぎない。

ラボック君は、なだらかに起伏している丘陵地帯と低い山々の間を通り抜け、河川の流域に沿って進み、ワタスゲを踏みしめながら果てしなく続く低木林を歩いていった。大空にはガンやカモが数多くの群を作って羽ばたいており、オオカミやクマを見かけることもある。だが、彼の頭の中は、悪鬼のような蚊とアブで一杯だった。けれども、ユーコン川の北西に位置しているブルーフィッシュの洞窟にたどり着くためとあらば、それは我慢しなければならない。この洞窟では、今年、つまり、一九七八年に「クローヴィスの防壁」を粉砕しようとする新たな主張が今まさに公にされようとしているからである。[15]

ラボック君は、ブルーフィッシュ川に沿って進んだ後でオールドクロウ村の南西ほぼ五〇キロの地点に位置しているその洞窟を見つけ出した。トウヒに被われた峡谷の両側は、石灰岩のギザギザの尾根に向かって急な勾配を描いてそそり立っている。木々の間をはい進んだラボック君は、発掘現場を間近に眺めることができた。嶮しい岩山の麓に二つの小さな洞窟があり、その一つの入り口のまわりにはバケツ、手鋤、移植ごてが転がっている。

発掘作業を進めているのは、ジャック・サン＝マールとその同僚たちによって構成されたカナダの考古学調査隊である。ジャック・サン＝マールがこの洞窟を初めて眼にしたのは、一九七五年にブルーフィッシュ川をヘリコプターで調査していたときのことだった。今、彼は寒風と、蚊が媒介する疾病から身を守る衣服をぴっしりと着込んで一つの洞窟の中で発掘作業を行っている。その外部には黄土——風によって運ばれて堆積したシルト——と、小さな洞窟の天井から崩落した岩石によって構成されている堆積物が掘り出されて山をなしており、それがしだいに大きくなっている。

テーブル、椅子、箱、篩《ふるい》、ノート、発掘に必要なそのほかの用具が樹木を風よけとしてその下に並べられている。座っている人もいれば、発掘された大きな骨に標識を書き込み、それをノートに注意深く書き写している人もいる。これらの骨は、研究室までの長距離輸送に耐えられるよう密封梱包用の箱の中に固定される。骨の小さな断片は、それらが発見された洞窟の中の場所と層を指し示す標識を貼られていくつもの箱に詰められている。骨は、マンモス、バイソン、ウマ、ヒツジ、カリブー、クマ、ピューマや、数多くの小型の動物や、鳥類、魚類といった多種多様な生き物に由来している。いくつかの骨には歯跡（噛み切った痕跡）が残されている。これらは、氷河時代にその洞窟を巣穴として使っていたオオカミやクマのエサの残骸である。

石の人工遺物、小さな剥片、剥片が打ち欠かれた後の石の塊（石核の残滓）もある。同じような形状の道具は、アラスカのそのほかの場所でも発見されており、デナリ石器文化と呼ばれているのだが、それは、紀元前一一〇〇〇年以前には遡らないことが明らかにされている。

発見された遺物の三つ目のタイプが検分されて分類され、ラベルが貼られている。サン＝マールは、その動物の骨が人の手によって削られたことによって形が整えられていると確信している。その放射性炭素年代が得られたとき、石器のすぐ近くで発見されたこれらの「加工された骨」は、紀元前二〇〇〇〇年以前だと同定されることだろう。

ラボック君がその洞窟を訪れているときには、これらの年代は、サン＝マールには知られていない。だが、彼は、自分の発見がアメリカ大陸における前クローヴィス文化期の居住地を白日の下にさらすことになるとの確信を抱きながら発掘作業と取り組んでいる。ラボック君は、無理矢理、洞窟の中に入り込んで、狭苦しくて暗く、息が詰まるような作業現場を体験してみた。堆積物のいくつもの層は、水平でもなければ、きちんと積み重ねられてもおらず、急に落ち込んだり盛り上がっている。不規則な凹凸が甚だしく、その層位を読み解くのはほとんど不可能である。ラボック君は、それが、洞窟を巣穴としていたオオカミが地層を掻き乱したり、齧歯動物が柔らかな堆積物に穴を掘ったせいではなかろうかと考えた。ちっぽけな石の剥片は、これらの動物とともにいとも容易にその場所を変えてしまい、人々が石の塊から剥片を打ち欠いていた数千年も前にオオカミによって持ち込まれた骨と入り交じってしまう可能性が高い。

「加工された骨」が発見されてからこの方、考古学者たちは、その滑らかな先端が実際に人の手によって削られたのか否かをめぐって論争を積み重ねてきた。その種の形状をもった骨なら、餓死の一歩手前まで飢えていた動物が繰り返しなめることによって、あるいは、腐肉を漁った動物がその骨を残し、その骨がやはり餓死の一歩手前まで飢えていた動物によって洞窟に持ち込まれる前に被った風や水の力によってすら、作り出された可能性があるからだ。だとすれば、その骨を洞窟に持ち込んだのは、男だったかもしれず、女だったかもしれないし、獣だった可能性もある。発掘からほぼ三〇年の歳月が流れた今日、サン＝マールは、滑らかな先端をもった骨が紛れもなく人工遺物であり、それは、人々が最終氷期最盛期以前のアラスカに存在していたことを立証していると確信している。筆者は、その骨を眼にしたことはないとはいえ、その描写から判断して、それには懐疑的である。そうした加工を施した確率がもっとも高いのは、自然の力だと思われるからである。

ブルーフィッシュの洞窟は、アラスカ全土のうち紀元前一一五〇〇〇年以前の居住地であるとの主張がなされたことがある唯一の遺跡なのだが、それだけではそうした主張を斥ける根拠としては明らかに不十分である。だが、その種の遺跡がアラスカ――私たちは、それをベーリンジアの東部と呼ばなければならないのだが――には欠けているということであれば、それがもっと南の地区に存在している見込みはさらにかぎられている。それがアラスカには見当たらないという事実は、その地の過酷な気象条件から予想される、不十分な野外調査によって説明することはできない。考古学上の徹底的な調査によって氷河時代にまで遡る二〇以上の遺跡――過去の野営地――が発見されているからである。これらのうちのいくつかは、人工遺物の散乱、炉床、解体された動物の骨とともに黄土の奥深くに埋め込まれていた。けれども、それらの年代のいずれもが紀元前一一五〇〇年以前にまでは遡っていない[16]。

もっと正確にいえば、前クローヴィス文化期の主唱者たちが置かれている状況をさらに悪くしているのは、アラスカから証拠物件が発見されていないということだけではない。シベリア全土（ベーリンジアの西部）においても紀元前一五〇〇〇年以前に遡る遺跡は、まったく知られていないのだ。この年代までには狩猟採集民たちの集団は、おそらくすでに確立されており、今日では大陸間の往来の障害をなしているベーリング海峡は彼らの眼にはまったく見えず、したがって、知られてもいなかったことから、彼らが、最終的には、その地帯を渡ってアラスカに拡散していったと想像することは理に適っている。しかしながら、その当時の人々は、アラスカを、草本類や苔類が豊かだった北アメリカのツンドラや樹木が生い茂っていた林地から隔てていた分厚い氷床のせいで、南に向かって進むことはできなかった。「無氷回廊」が、紀元前一二七〇〇年以前に通過できる状況にあった見込みはありそうもない。それ以前に氷床の間に割れ目があったと仮定したとしても、薪や食料のいかなる供給源も存在していなかったことから、その旅は、想像を絶するほど過酷なものだったに違いない(17)。

しかしながら、そういうことあったとしたら、紀元前一六〇〇〇年にまで遡る石の人工遺物は、どのようにしてペンシルヴェニア州のメドウクロフトの岩窟住居に存在することができたのだろうか？　この岩窟住居は、私たちが考察しなければならない、異論が噴出しているもう一つの遺跡であり、それは、その当時は、ローレンタイド氷床の南に位置していた。

一九七三年、ペンシルヴェニア州のピッツバーグ大学のジェームズ・アドヴァシオは、オハイオ川へと注ぐクロスクリーク・ヴァリーの小さな洞窟の発掘に着手した(18)。その結果として、彼は、その後の三〇年をアメリカ大陸への人々の移住に関するメドウクロフトの岩窟住居の意義の研究と論争に費やすことになったのである。ちなみに、彼は、今なお健在である。アドヴァシオは、その発掘において、それぞれの層が明確に識別できる堆積物を五メートルまで掘り下げ、それによって数多くの放射性炭素年代を測定することができた。最下層の年代は、ほぼ紀元前三〇〇〇〇年であり、そこには人類の存在を示すいかなる痕跡も残されていなかった。その上の層は、ほぼ紀元前二一〇〇〇年であり、その中から籠の断片だと思われる、編み合わせた繊維の結び目が発見された。その次の層は、紀元前一六〇〇〇年まで遡っており、その中には人の手によって造られたことに疑いの余地がない石の道具が埋め込まれていた。

その洞窟からはさらに多くの動物と鳥類の骨が発見された。その中には洞窟をねぐらとしていたフクロウ、肉食動物、齧歯動物に由来しているものもあったとはいえ、疑いもなく人類が捕獲した獲物の残骸も含まれていた。メドウクロフトの岩窟住居は、掛け値無しに最初のクローヴィス尖頭器に少なくとも五〇〇〇年ばかり先行する紀元前一六〇〇〇年までにはアメリカ大陸に人類が居住していたことを立証しているように思われたのだ。だが、科学的モデルとしての「クローヴィス最古説」を私たちが棄て去ることができるためには、二つの問題点を解決しておかなければならなかった。

メドウクロフトのまわりの地質には、石炭の堆積物という難題が仕掛けられていた。石炭の粉塵が洞窟の中に吹き込んだり、地下水を通してその堆積物に染み込んでいたとしたら、年代の測定に使用された試料が汚染されていた可能性がある。すると、それらの試料からは、実際よりも数千年古い測定結果がいとも容易に導き出されてしまう。アドヴァシオは、そうした主張を、洞窟の近くの炭素を多く含んでいる堆積物はどれ一つとして水溶性ではなく、年代を、たとえば、紀元前一〇〇〇〇年から一六〇〇〇年に変えるのに必要とされる汚染の度合いはきわめて大きいことから、研究室における年代測定がそれほどの誤差を引き起こしてしまうことはありえないと説明することによって斥けている。

もう一つの問題を引き起こしたのは、動物の骨だった。その洞窟は、紀元前一六〇〇〇年にはローレンタイド氷床の先端からわずか八〇キロ離れていたにすぎなかったはずであり、それゆえ、私たちは、それが不毛なツンドラによって取り囲まれていたと推測することができる。それにもかかわらず、メドウクロフトから出土しているのは、シカ、チップマンク（北米産のシマリスの類）、リスの骨であり、これらの動物は、樹木が生い茂っている林地を棲息地としている。放射性炭素年代が正しいと仮定すれば、マンモス、ホッキョクノウサギ、レミングなどの骨が出土していないのはいったいなぜなのだろうか？

アドヴァシオは、紀元前一六〇〇〇年に遡ると考えられている骨が林地に棲息している動物に由来していること、人々が洞窟に最初に居住したとき、その周辺に生えていたのがオーク、ペカン（北米主産のクルミ科ペカン属の落葉高木）、クルミだったことを認めている。しかしながら、それは、洞窟が厳しい気象条件からとりわけ守られていたせいだと主張している。今日のクロスクリーク・ヴァリーは、その周辺の地域より年間を通して霜が降りない日が五〇日も多い。それゆえ、氷河時代のまっただ中でさえも、樹木や林地の動物は、そうした条件に恵まれていた峡谷の近辺で生き延びていくことによって、最初のアメリカ人たちに狩りと採集の機会を与えることができた。

アドヴァシオは、一九九三年にはメドウクロフトの岩窟住居が「アメリカ大陸において知られている、前クローヴィス文化期に由来すると考えられている遺跡のうちもっとも集中的に研究され、それについてもっとも広汎な視点から執筆され、もっとも徹底的な年代測定がなされてきた遺跡」になったと断言することができた[19]。最初期の堆積層から得られた木炭の試料の分析と再分析、及び、その堆積物の顕微鏡検査によっても、木炭の試料には汚染の痕跡はまったく認められなかった[20]。

しかしながら、深刻な未解決点がなおいくつか残されていた。人々が紀元前一六〇〇〇年にメドウクロフトの岩窟住居に住んでいたということであったとしたら、それらの人々は、いったいどのようにしてその地にたどり着いたのだろうか？

その一つの答えは、実のところ、一九七〇年代にクヌート・フラッドマークによってすでに提出されていた。シベリアから南下した最初のアメリカ人たちは、たぶん海岸線の陸路をたどることによって北アメリカの氷床を迂回していたのだろう。[21] こうした着想は、アルバータ大学の二人の考古学者ルース・グルーンとアラン・ブライアンによって普及していった。二人は、最初のアメリカ人たちは、「無氷回廊」を通り抜ける道筋ではなく、たんに西海岸沿岸を陸路か、その沖合の海路によって、あるいは、カムチャッカからカリフォルニアまで舟でベーリング海を渡って移住したのだと主張した。[22] それゆえ、人々がどのようにして紀元前一六〇〇〇年にメドウクロフトの岩窟住居にたどり着いたのかを示すべききわめて重要な数々の遺跡は、氷河時代の終焉とともに上昇した海面によって「水没」し、その姿を消してしまったのである。

また、今から三〇〇〇〇年前から一六〇〇〇年前の期間における氷河作用の規模から判断すると、海岸線に沿ったいかなる陸路と海路といえども、それをたどることはおそらく不可能だったと思われることから、ブライアンとグルーンは、アメリカ大陸への移住が始まった確率がもっとも高いのは、今から五〇〇〇〇年ばかり前だったと主張した。そうした主張を補強するために、二人は、北西海岸で発見されているアメリカ先住民の言語がそのほかの地域よりもはるかに多様である点を指摘している。二人は、それが人類のその地への居住がきわめて長い期間にわたって行われてきたことを反映していると信じている。一八九一年にアメリカ大陸の言語の最初の分類の一つが行われたとき、すでに同定されていた五八の語族のうち二二もの語族がカリフォルニア州で発見されていた。[23]

しかしながら、たとえ最初のアメリカ人たちが今から五〇〇〇〇年前に海岸線に沿った経路によって大陸に移住し、その初期の沿岸地帯の居住地が海面の上昇によって水没してしまったと仮定したとしても、それらの人々の存在を示す最初期の痕跡が紀元前一六〇〇〇年まで時代が大幅に下ったメドウクロフトの岩窟住居で発見されているのはいったいなぜなのだろうか？　最初のアメリカ人たちは、三〇〇〇〇年以上もの途方もなく長い期間を、海岸地帯から内陸へと旅だっていくことなく過ごしていたといったことなどありうるだろうか？　ブライアンとグルーンにとってすら、その確率はきわめて低かった。そこで二人は、前クローヴィス文化期の遺跡の不在に関するもう一つの論証を持ち出したのだが、それは、たとえ私たちがメドウクロフトの岩窟住居の熱烈な支持者だったとしても、その可能性は極端に低いものだった。最初のアメリカ人たちは、きわめて高い移動性をもった小さな集団を形成して暮らしていたことから、大陸を横断して拡散していったその道筋に残した居住の密度が低かった。つまり、彼らが残した考古学上の遺跡は、ほんの短期間使用されたにすぎず、たとえその種の遺跡がときの流れという過酷な条件に耐えて残存していたとしても、それを発見し、その時代を正確に特定できる可能性は極端に低い、とブライアンとグルーンは主張したのである。紀元前一一五〇〇年頃だと測定されている遺跡が大陸の各地で、突然、出現したのは、ブライアンとグルーンによれば、個体数が最低水準を越えたことによって、それに見合うだけの大きさをもった、また、考古学的に有意な数の居住地が形成され、確認できるに足るだけの考古学上の記録が残されたのである。[24]

そうした論証は、一見したところ首尾一貫している。しかしながら、メドウクロフトの岩窟住居が要求している権利を支持するさらなる初期の居住地――理想的には、最初のアメリカ人たちを紀元前二〇〇〇〇年まで遡らせる居住地――が見つかっていないという状況においては、その論証は説得力を欠いている。けれども、アドヴァシオがメドウクロフトの岩窟住居という自らの「代表作」を完成させようとしていたまさにそのとき、新たな主張がなされたのだ。それは、最初のアメリカ人たちを少なくとも今から四〇〇〇〇年前までに遡らせる遺跡の発見だった。この遺跡は、ペドラ・フラーダと呼ばれており、北方の氷床からは無論のこと、メドウクロフトの岩窟住居ばかりか、アリゾナ州南部のクローヴィス文化期のいくつもの遺跡からもはるかに隔たった南の地域で発見されたのである。

時は今、紀元後一九八四年であり、ジョン・ラボック君は、はるか彼方の遠隔地、ブラジル北東部のピアウイ州に到着した。辺り一帯には、この地方特有のカーティンガ（ブラジル、特にアマゾン川流域に住むトゥピ族の言葉で「白い森」を意味する）と呼ばれている、サボテンなどの棘をもった植物が散在している乾燥した林地と、石灰岩の絶壁が見渡すかぎり広がっている。その周辺には、その中にシカやアルマジロやカピバラといった土着の動物の壁画が描かれている小さな洞窟が数多くある。これらの壁画の中には小さな棒線画によって狩りの状景を描いたものもあれば、性と暴力を表現しているものもある。ラボック君は、そこが貧窮に虐げられている、高温で乾燥した、刺咬昆虫と爬虫類の危険に満ちたぞっとするほど厭な地域だということに気づいた。

ラボック君がこれから訪ねようとしている考古学者は、パリの「社会科学高等研究院」のニエド・ギドンである。彼女は、ブラジルの北東部で二〇年以上にわたって主として岩窟住居の調査とその地の古代の芸術作品の詳細な記録に従事していた。壁画が描かれた時代を特定するために、彼女は、ペドラ・フラーダとして知られている、もっとも大きな、もっとも鮮やかな壁画によって装飾されている遺跡の発掘に着手した。[25] それは一九七八年のことであり、その後六年の歳月を経た今では、彼女の発掘は、当初はまったく想定していなかった規模にまで達している。ペドラ・フラーダには今から四〇〇〇〇年以上前から人々が居住していた証拠物件を手に入れたと主張したとき、ギドンの関心は、紀元前ほぼ一〇〇〇〇年に描かれた壁画から人類の古代の遺跡へと転換したのである。

ラボック君はその遺跡をまず遠くから眺めて見た、というより、そこから彼の眼に映じたのは、サンザシとサボテンの低木地の上に高く突き出ている断崖だった。その麓にたどり着いてみると、その岩窟住居は、威圧的なまでに巨大だった。上体を後ろにそらし、急勾配を描きながら一〇〇メートル以上もそそり立っている断層崖のがっしりとした石の壁を見上げたとき、ラボック君は眩暈《めまい》を覚えた。この岩壁は、横幅ほぼ七〇メートル、奥行き一八メートトの地面を被っており、その中では考古学者たちが働いている。その中にはギドンその人も含まれている。攻撃性が強いことで悪名高いブラジルのセイヨウミツバチに二〇〇回も刺されながら、そんなものにはビクともしなかったという不屈の精神の持主であるこの女性は、遺跡の図面を点検している。彼女は、この遺跡に初めて到着したその日とまったく変わらないほど活力に満ちており、その活力を発掘に注いでいる(26)。

彼女の調査が岩窟住居そのものに匹敵するほどの規模であることは、一目で明らかだった。五メートル以上もの深さの堆積物が岩窟住居の床から取り除かれ、その多くは、発掘現場の向かいの木々の間に積み重ねられている。急ごしらえの壁によって支えられて円柱状をなしている床の上の堆積物は、考古学者たち自身の参照のためと、遺跡を調べたいと望んでいる訪問者たちのために残されている。人工遺物がそこから出土した層の配列の正確な記録を確保するために図面が作られたり、その写真が撮られている。壁面には赤と白の顔料によって数多くの絵画が描かれており、その近くに、当初の床の水準より少しばかり高く組まれた発掘作業のための足場がある。ラボック君は、その足場から発掘作業を行っている人々の目覚ましい作業ぶりを眺めた。突出部から崩落したがっしりした丸石は、岩窟の内部の規模を示している。両側には明らかに浸蝕作用によって断崖の頂上から剥がれ落ちたと思われる小石と小さな丸石が山をなしており、岩壁の変色は、水が上から流れていることを示している。床岩にいくつもの滝壺が穿たれていることから判断して、こうした水の流れが長期に及んでいたことも稀ではなかったに違いない。

今から四〇〇〇〇年前の居住地という主張がなされたのは一九九〇年代の初め頃だったにもかかわらず、石の人工遺物が発見された正確な場所と、年代が突きとめられている木炭の破片とそれらの人工遺物との関わり、また、炉床だと考えられているものの図面は、今なお公表されていない。自らの主張が批判にさらされていることを承知していたギドンは、そうした人たちにその遺跡を訪れ、自らの手で人工遺物を検分してほしいと促していた。フォルサムには一九二七年に高名な学者たちが訪れたのだが、ペドラ・フラーダの発掘作業は、その実績が高く評価されている三人の専門家、デーヴィッド・メルツァー、ジェームズ・アドヴァシオ、トム・ディルヘイが一九九三年の一二月にその地に到着したときにはすでに完了していた。また、ラボック君は、その三人とは会うことができなかった。彼は、一九八五年にペドラ・フラーダを後にし、ディルヘイが前クローヴィス文化期の居住地だと主張しているチリ南部のモンテ・ヴェルデに向かっていたからである。

ラボック君がその地のとどまっていたとすれば、彼は、メルツァー、アドヴァシオ、ディルヘイが円筒状の堆積物と、木炭の分厚い層を綿密に調査し、堆積物に本物の人工遺物ではなく、自然の力によって壊れた丸石が大量に交じっているのを眼にして眉間に皺を寄せた有様を観察したことだろう。三人が木々の間の堆積物の山から石の欠片を拾い集め、それらがギドンによって石の人工遺物だと主張されているものとは少しばかり異なっているのを発見してもっと気むずかしい顔を見せたのを目撃したに違いない。ラボック君は、三人が岩窟の壁面の変色を検分し、それを伝って流れ落ちた水が岩窟の中の岩の配置や人工遺物の配列にかなりの影響を与えたのではないかと訝しんだ姿を眼にしたかもしれない。

メルツァーと彼の同僚たちは、いささかの偏見ももたずにペドラ・フラーダを訪れ、ギドンの主張には納得できない思いを抱いてその地を後にした。三人は、石の人工遺物だと考えられているものが最初のアメリカ人たちの石斧によってではなく、自然の力によって砕かれた珪岩の欠片である可能性がきわめて高いと判断した。[27] メルツァーは、これらの珪石が岩窟の基部から一〇〇メートル上方の断崖の頂上から剥がれ落ちたものであることに気づいていた。先端から剥がれ落ちた珪石は、当然ながら、その下の地面に激突する。

三人の考古学者たちは、メドウクロフトの岩窟住居ではその可能性が疑われた、木炭の試料が汚染されている形跡がまったく見当たらないことを発見した。彼らは、木炭の断片が紛れもなく今から四〇〇〇〇年以上前のものであることをなんの疑問も抱くことなく認めた。だが、その木炭は、人類の営みとなんらかの関わりをもっていたのだろうか？　ペドラ・フラーダを少なくとも五〇〇〇〇年にわたって取り囲んできた乾燥した低木林は、落雷によって引き起こされた森林火災にさらされた可能性がある。そのような火災が岩窟の近くで発生していたとすれば、その結果として黒こげになった木々は、風雨の働きによっていとも容易に堆積物の中に紛れ込んでしまったことだろう。事実、岩窟の内部の木炭が拡散している分厚い層は、そのほかの遺跡や、ほかならぬペドラ・フラーダそれ自体の今から一〇〇〇〇年前の地層の、本物であることがすでに立証されている炉床の中に見られる、そのほかの堆積物とは明確に区別することができる木炭の薄くて凝集した塊とは異なっている、とメルツァーは判断した。[28]

メルツァーと彼の同僚たちは、一九九四年に公表した報告書において、「更新世のペドラ・フラーダに人類が存在していたとの主張には懐疑的である」と結論づけている。[29] それは、偏見に囚われていない慎重な考慮にもとづいた結論であり、ギドンと彼女の作業チームに対して、人工遺物が自然の力によって砕かれた珪石とどのようにして区別されたかを実例によって明示するといった手段によってその主張を補強するよう求める建設的な数多くの提案をともなっていた。実に残念なことに、ギドンは、その報告書に対して攻撃的に反応し、「部分的で間違った理解」にもとづいている三人の「論評にはなんの価値もない」と主張した。[30] かつて一九世紀のアメリカで繰り広げられていた論争を「旧石器時代に纏わる大論争」と評したことがあるデーヴィッド・メルツァーその人が、その現代版の中で、いずれかといえば、自ら望んだわけではない一人の立役者になってしまったのである。

24　現代社会に残されているアメリカの過去
――アメリカ大陸への移住に関する歯科学、言語学、遺伝学、骨格にもとづく証拠物件

ラボック君がチリ南部のモンテ・ヴェルデに向かって旅を続けている間に私たちは、最初のアメリカ人たちの探究におけるそのほかの進展をたどっておかなければならない。一九七〇年代の終わり頃、アメリカの過去に関する研究には基本的な転換が始まっていた。それは、もはや考古学上の証拠物件だけに頼ることはできないとの判断だった。現存しているアメリカ先住民たちを研究していた言語学者と遺伝学者も、また、先史学者になり、人類がアメリカ大陸にたどりついたのはいつなのか、また、彼らはどこからやって来たのかを問い始めたのである。歯科医も、また、それを問うようになった。

「歯科先史学」という概念は奇想天外に思えるかもしれないが、その研究は、きわめて重要な情報を与えてくれる。人々の歯は、その形と大きさがそれぞれ異なっている。門歯は、特定の隆起線と溝をもっており、それぞれの臼歯の根の数は異なっている場合があるし、咬頭の数も同様である。これらの特徴は、そのほとんどが私たちの遺伝子によって決定されており、きわめて緩慢に進化していく。それゆえ、同じような歯の特徴をもっている二人の人物は、近しい血縁によって結ばれている可能性が高い。

アリゾナ州立大学の人類学者クリスティー・G・ターナーは、アメリカ先住民たちの歯に関する情報を収

集し、それを旧世界の全域の人々の歯と比較することによって二〇年以上前から歯科先史学者になった。彼が研究対象としていたのは、ヨーロッパ人と接触をもつ前のアメリカ先住民と先史時代の墓から発掘された遺骨の歯だった。これは、重要な意味をもっている。まずヨーロッパ人と、次いで、アフリカ人との交雑からアメリカ人の遺伝子給源に入り込んだいかなる新たな遺伝子も、彼が研究していた歯の特徴に影響を与える恐れがあったからである。

ターナーが問い掛けた問題は、単純明快だった。私たちは、アメリカ先住民たちともっともよく似ている歯の特徴を備えている人々を旧大陸のどの地域で発見することができるのだろうか？　彼が依拠していた統計学的な技法は複雑だったとはいえ、その答えそのものはきわめて明白だった。それは、北アジア、さらに具体的にいえば、中国の北部、モンゴル地方、シベリアの東部だった。これらの人々は、そのほかの人々とは容易に区別できる歯の特徴をアメリカ先住民と共有していたことから、ターナーは、それらの人々を「シノドント」と呼び、これらの人々を、彼が「スンダドント」と名づけている、アジアのそのほかの地域やアフリカ大陸やヨーロッパの人々と対比させている。そうした判断にもとづき、ターナーは、北アジアこそがアメリカ先住民たちの古代における母国だと確信している。

北アメリカの「シノドント」それ自体の中にも相違点がある。ターナーは、明確な特徴によって分類された三つの集団を同定し、それが、紀元前一二〇〇〇年頃に始まった三つのそれぞれ異なった移住と関わりがあると提唱しており、それは、アメリカ先住民の言語からその痕跡をつけ加えることができたとすれば、紛れもなく有力な仮説となりうる類のものだった。

言語学者たちは、二〇〇年以上もの永きにわたって人類の集団の間の接触の歴史と、その移住の道筋の復元と取り組んできた。彼らは、言語間の類似性と差異性を調べ上げてそれらをそれぞれの語族に分類し、言語の「系図」を明らかにしようとしている。これは、動物の種をそれぞれの科に類別し、進化の過程における相関関係を探究している生物学者たちの手法とほとんど同じである。そうした取り組みは、私たちが前章で考察した、インドヨーロッパ語族の普及を、新石器時代の農民たちのヨーロッパへの移住と関連づけることによって言語学と考古学を結合させようとしたコリン・レンフルーによる試みのように、考古学的な研究と申し分なく連携することができるに違いない。

新世界の言語学にもとづく先史学の可能性は、その言語の数がきわめて多いことから、考慮に値するといえよう。ヨーロッパ人との接触が始まった以降に記録されてきた言語の数は一〇〇〇以上に達しており、そのうちの六〇〇の言語が今なお話されている。それらをそれぞれの語族に分類し、その起源をたどろうとする試みは、三〇〇〇年以上前から始まっている。トーマス・ジェファーソンは、一七九四年に「私は、アメリカ先住民たちの語彙を可能なかぎりすべて収集しようと努力している。彼らが共通の先祖をもっていたと仮定すれば、それは、アジアの言語が示しているように、彼らの言語の中に姿をあらわすからである[(2)]」と書きとめている。

一九六〇年代以降、これらの試みは、スタンフォード大学の言語学者ジョゼフ・グリーンバーグが提唱した論証をめぐって展開してきた。一九五〇年代にグリーンバーグは、彼がそれによって名声を築いてきたアフリカの言語の分類からアメリカ先住民たちの言語の分類に注目するようになっていた。一九八〇年代の中頃、彼は、これらが三つの語族に分類することができると結論づけた。それらは、北アメリカの北極圏に限定されており、一〇の言語によって構成されているエスキモー゠アリュート語族、トリンギット族やハイダ族のようなアメリカ先住民の集団を含めた、主としてアメリカのはるか北西部で発見されているナデネ語族、南北・中央アメリカのそのほかのすべての言語を含んでいるアメリカ・インディアン諸語なのだが、そのうちのアメリカ・インディアン諸語については異論が多い[3]。

グリーンバーグは、身体の各部を示す言葉に見られるような、それぞれの言語の基本的な語彙の類似性を探究することによって、こうした分類にたどり着いた。彼は、それぞれの語族が人類のアメリカ大陸への個別の移住に由来していると主張した。最初に移住してきたのは、アメリカ・インディアン諸語の基語を話していた人々であり、この「基語」とは、もはや存在していない、だが、現存している言語がそれから分岐した原型となる言語を指す慣例的な用語である。グリーンバーグは、最初のアメリカ人たちが移住してきたのが紀元前一一五〇〇年頃であり、考古学的にはクローヴィス文化によってその典型が示されていると主張した。その人々の血統は明らかにされていない。アメリカ・インディアン基語は、ヨーロッパとアジア全土に広く拡散して発見されている言語（言語学者たちは、それを「欧亜複合体」と呼んでいる）と類似点をもっており、それゆえ、それは、現存している語族が確立される前の時代に発生した基語である。

その次に移住してきたのは、紀元前一〇〇〇〇年頃にナデネ語族の基語を話していた人々であり、考古学者たちによってデナリ石器文化と呼ばれている新しい形式の石器によってその典型が示されている。サン＝マールは、一九七八年にブルーフィッシュの洞窟でそれを発掘している。グリーンバーグは、その基語の原型がインドシナに存在していたと信じていた。最後の移住が行われたのはその五〇〇〇年後であり、それらの人々が話していたエスキモー＝アリュート語族の基語は、北アジアに源を発している。

それぞれ時代を異にする三回の移住という考え方は、一九八〇年代の終わり頃に公表されたのだが、学者たちの中には、それに諸手を挙げて賛同した人たちもいれば、その種の試みにはいかなる期待を寄せることもできないと考えた人たちもいた。もっとも大きな意味をもっていたのは、一九八六年の「カレント・アンソロポロジー」[4]に掲載された論説であり、その中でグリーンバーグは、ターナーと、アメリカ先住民たちの特定の遺伝子の分布図を研究していたその同僚のスティーヴン・ゼグラと共同研究を行っていた。

グリーンバーグとその共同研究者たちは、有力な論拠を示していた。彼らは、それぞれの語族に属しているアメリカ先住民たちがその遺伝子と歯科学の詳細で綿密な分析において特定の類型を共有していると提唱していたからである。言葉を換えれば、三つのそれぞれ独立した系統の証拠物件が一点に収束することによって、アメリカ大陸へのそれぞれ時代を異にした三波の移住を、最初の移住がクローヴィス文化の出現に関わっているものとして、実体化していたのである。そうした別種の情報源に由来する証拠物件の収束は、アメリカ大陸への移住に関する真相を突きとめたいと望んでいたすべての人々にとってこの上なく魅力的だった。けれども、多くの人々は、あまりにも話ができすぎていると考えていた。

「スミソニアン研究所」のアイヴズ・ゴダートと、ルイジアナ大学のライル・キャンベルの二人は痛烈な批判者だった。[5] 二人の批判者たちは、歯学‐遺伝学‐言語学上の相関関係はあくまでも推定であり、そのようなものは実在しておらず、それらのデータを綿密に検証すれば、その相互の関連づけ、つまり、グリーンバーグとその共同研究者たちによって現に認められている事実が不適切な組み合わせによって導き出されたことが明らかになると論じている。[6]

しかしながら、二人の批判者たちがもっぱら関心をもっていたのは、それよりもはるかに基本的な問題だった。それは、グリーンバーグによるアメリカ先住民たちの言語の分類が間違っているという指摘だった。そこで使用されている手法によっては、同じような言葉とほんの少しばかりの文法の表面的な比較に毛が生えた程度の事柄しか明らかにすることはできない。全体としての言語の研究と、言語がときの流れとともにどのように変わってきたか——歴史言語学として知られている学問分野——がまったく留意されていない。言語というものは、遺伝子や歯の形とはまったく関わりなく、広がり、変化し、滅んでいく。これらの間の相関関係を、人種間結婚、奴隷制度、国内移住、ヨーロッパ人との接触後はいうまでもなく、それ以前のアメリカ先住民たちの歴史において起こったことが知られている闘争といった膨大な要因を考慮することなく、探究することはナンセンスである。

ゴダートとキャンベルが一九九四年にこのように批判したとき、二人は、アメリカ先住民の歴史言語学と取り組んでいる専門家たちのうちアメリカ・インディアン諸語になんらかの妥当性があると考えていた人々をただの一人として知らなかった。その支離滅裂さを、二人は、グリーンバーグの手法にしたがえば、フィンランド語がその語族の一つに含まれるべきだとの言葉によって鮮やかに指摘している。二人の見解によれば、グリーンバーグが行ったすべては、言語上の偶然の一致を照合し、次いで、それを先史時代に派生したものとして誤って解釈したものにすぎない。

この論争は、アメリカ先住民の起源に関する言語学的な研究の分野における唯一のものではなかった。カリフォルニア大学バークレー校の言語学者ジョハンナ・ニコルズは、新世界の言語の数がきわめて多いことから――彼女はそれを「言語学上の事実」と呼んでいる――新世界が少なくとも今から三五〇〇〇年前から何万年もの永きにわたったって人々が居住してきたことには疑問の余地がまったくないと主張している。ちなみに、この「三五〇〇〇年前」という数字は、一九九〇年にペドラ・フラーダを発掘していたニエド・ギドンをこの上なく幸せな気分にしたことだろう。[7]

ニコルズは、いかなる地域であれ、その内部の言語の数は、ときの流れとともにかなり一定の比率で増加すると想定している。彼女は、そこから数多くの現存している語族が派生した基語を指す言葉として、接ぎ穂や挿し枝をとる「親株」という用語を好んで使用している。たとえば、ユーラシアでは、印欧基語は、そこからゲルマン諸語、ケルト諸語、バルト-スラヴ諸語が派生した親株である。これらの諸語は、新たな語族の親株として機能することができる。彼女は、親株が平均すれば五〇〇〇年から八〇〇〇年毎に一・六の娘言語としての親株／語族を生みだすと主張している。ニコルズは、アメリカ・インディアン諸語の中で彼女が認めている一四〇の主要な言語がアメリカ大陸に最初の移住してきた人々によって話されていた基語から派生するには、ほぼ五〇〇〇〇年が必要とされると論じている。彼女は、この数字を、移住が一回以上だった、したがって、元々の親株が一つ以上だった場合を考慮し、今から三五〇〇〇年前まで切り下げている。

ニコルズとまったく同じデータを考察したオックスフォード大学の言語学者ダニエル・ネトルは、それとはまるで異なった結論に達している。ネトルの理解によると、アメリカ先住民たちの言語の数がきわめて多いという事実は、時代がさらに下ってから移住が始まったこと、具体的には、紀元前一一五〇〇年以前だったとは考えにくいことを示しているはずである(8)。ネトルは、ニコルズが主張している新たな言語が生み出される比率にはまったく根拠がないと論じている。彼は、言語がこうした形で枝分かれしていくとの前提そのものにも断固とした異議を唱えている。彼は、一つの新しい言語が、なんらかの特定の事情に迫られたとき、多くの場合は、一群の人々が新たな場所、とりわけ、人々が一連の新たな食料の供給源に対して自分たちの生活様式を適応させなければならない場所へと移住したとき、その結果としてのみ、最終的に生みだされると論じている。

ネトルによれば、新大陸への移住は、それぞれの集団が拡散して新しい「適所（ニッチ）」——一定限度の食料の供給源をもった地域——へと分散していくにつれて、移住者たちは、しだいに狩人、漁師、農民、牧夫として、それぞれ固有の生活様式をもつようになり、自分たち自身の語彙を、最終的には、言語を生みだす。利用することができるすべての適所は、最終的には、人々によって満たされるようになり、その結果として、新しい言語が生みだされる度合いが低下し、ついにはそれが終結する。そして、その後は言語の数が減っていくとネトルは論じている。いくつかの集団は、力を蓄えることによってそのほかの集団を征服する一方、交易の発達は、言葉の共有と一定限度の言語の収斂を必要とするからである。

人口がさらに増大し、人々が密集して暮らすようになると、使用されている言語の数は大幅に減少していく。このプロセスは、現存しているほぼ六五〇〇の言語が一〇〇年後には、グローバリゼーションの結果として、半分になると考えられている現代世界から難なく読み取りことができるはずである。それゆえ、新世界の言語がきわめて多様である事実は、時代が下ってから移住が始まったことを示している、とネトルは結論づけている。それは、科学的モデルとしての「クローヴィス最古説」に類似した見解である。(9) また、これは、ニコルズが到達した結論とはまったく正反対の見解である。

ジョハンナ・ニコルズとダニエル・ネトルは、どのようにしてそのようなそれぞれ異なった見解に到達したのだろうか？　その一つの理由は、二人の言語研究に対するアプローチがまったく異なった観点からなされていることにある。ダニエル・ネトルは、ジョハンナ・ニコルズとは異なって人類学者としての学問的な背景をもっており、主として、人々が社会的な関係を築き、それを維持するために言語を用いていること、経済学的・生態学的な要因が特定の大陸の内部の言語の分布とその数にどのような影響を与えるかという点に関心を抱いている。ニコルズのような言語学者たちは、しかしながら、そのような論点には二義的な関心しか寄せておらず、言語を、社会、経済、環境といった要因とはまったく関わりをもたない原動力をもった、漸進的に変化していく実体として理解している。

アメリカ大陸への移住に関するこれらの互いに矛盾するすべての論証を見てみると、言語学者たちは、考古学者たちと同じ苦境に陥っているように思われる。もっとも基本的な事実についてさえ互いに同意することができないからである。言語学に関する専門的な知識をもっていない私たちは、誰を信じればよいのだろうかと途方に暮れるばかりである。筆者自身は、ネトルの人類学的なアプローチと、ゴダートとキャンベルの、いずれかといえば、私たちを意気消沈させる結論に共感を抱いている。アメリカ先住民の言語の歴史に関する信頼に値する知識の度合いがあまりにも不十分であることから、その種の知識は、アメリカ大陸への人々の移住に関する多種多様な科学的モデルと矛盾なく両立してしまう。言語学者たちはその程度である。それでは、遺伝子学者たちはもっと優れた成果を達成しているのだろうか？

私たちは、ヨーロッパ全土への農耕の普及が西アジアに起源をもっている農民たちの移住によってもたらされたのか、それとも、土着の人々が新石器時代の文化を受け入れたことによって引き起こされたのかという問題を考えるとき、現代社会で暮らしている人々の遺伝学が活用できることをすでに理解している。また、とりわけミトコンドリアDNAの遺伝子の突然変異の特定のパターンを探究する同じ技法が、人々が初めてアメリカ大陸に足を踏み入れたのはいつだったのか、さらには、それらの人々がどこからやって来たのかを解き明かそうとする探究に用いられてきた。

ミトコンドリアDNAの三つの情報源が研究されており、それは、現代のアメリカ先住民、アメリカのデータとの比較を可能にする北アジアと東アジアの現代人、先史時代のアメリカ先住民たちの骨の残骸である。[10] 特定のタイプの分析が着手され、特定の結論が得られており、その違いは多岐に及んでいる。けれども、主要な発見は、アメリカ先住民のミトコンドリアDNAの配列が四つの主要なグループに分類されることを示していることであり、それらは、それぞれA、B、C、Dと呼ばれている。[11]

ナデネ語族とエスキモー―アリュート語族に属しているアメリカ先住民たちは、グループAに属するミトコンドリアDNAの配列を作り出しており、その一方、数多くの言語を含んでいるアメリカ・インディアン諸語に属しているアメリカ先住民たちは、四つのすべてのグループの遺伝子をもっている。だが、それは、おそらく驚くべき話ではあるまい。そうした遺伝子の多様性は、それぞれ異なったいくつかの個体群の移住を意味していることから、アメリカ・インディアン諸語の実体を疑っている言語学者たちを支持しているからである。けれども、考古学者と言語学者と同じように、遺伝子学者たちも移住がいつ、また、どのようにして始まったかについては、単一の答えを見つけ出しているわけではない。

一九九三年には日本の「国立遺伝学研究所」の宝来聡が率いていた遺伝学者チームが、四つのそれぞれの語族は、今から二一〇〇〇年から一四〇〇〇年前のアメリカ大陸への別個の移住の結果であると提唱した。[12]その一年後、合衆国アトランタ州のエモリー大学のアントニオ・トッローネが率いていたチームは、少しばかり異なった手法によってデータを分析し、アメリカ・インディアン諸語に属していた人々が二波に分かれてアメリカ大陸に移住してきたと結論づけた。最初の移住者たちは、グループA、C、Dの遺伝子をもっており、今から二九〇〇〇年から二二〇〇〇年前に到達し、二番目の移住者たちはBグループの遺伝子だけをもっており、そのずっと後にアメリカ大陸にたどりついたのである。[13]一九九七年にはリオ・グランデ・ド・スル州立大学のサンドロ・ボナートとフランシスコ・サルツァーノは、四つのすべての語族の人々が今から二五〇〇〇年前よりもっと時代を遡る一回の移住という単一の起源をもっていると結論づけた。[14]

遺伝学者たちにとって意見の一致を見るのがこれほどまでに困難なのは、いったいなぜなのだろうか？その一つの理由は、遺伝学者たちが言語学者たちと同じようないくつかの難問と直面しているという事実に求めることができる。[15]ある基語からその娘言語が分岐していく頻度の理解には限界があるのとまったく同じように、遺伝子の突然変異が発生する頻度に関する合意にも限界があるからだ。遺伝学者たちは、突然変異の頻度に関する最上の推測を効果的に使用しているとはいえ、そうした推測は、まったく見当を外れているかもしれない。それはかりではない。異なった遺伝子は、異なった頻度で突然変異を引き起こすかもしれず、いくつかの突然変異がそれ以前に引き起こされていた突然変異を被い隠してしまうといったこともありえない話ではない[16]。

もう一つの理由は、たとえアメリカの歴史と先史に関する私たちの知識がかぎられているとしても、それぞれ異なった時代にアメリカ大陸に移住してきた可能性のある人々をその祖先としているアメリカ先住民たちの遺伝子が頻繁に混合を繰り返してきたことには疑問の余地がないという事実にある。そうした混合が行われた後となっては、現代のアメリカ先住民たちの遺伝子のその種の突然変異の回数と時間的な間隔を同定することはまったく不可能である。

アメリカ大陸の先史を、現代人の歯、言語、遺伝子から復元しようとする試みは、また、最初と初期のアメリカ人の乏しい骨の残骸によって提起されているもう一つの潜在的な問題と直面している。これは紛れもない事実である。紀元後二〇〇〇年の時点において、紀元前九〇〇〇年以前に遡ることが年代測定によって確定されている人骨は、わずか三七体しかない。しかも、これらの人骨の多くは、骨のいくつかの断片にすぎない[17]。

合衆国のテキサスA&M大学の人類学者D・ジェントリー・スティールとジョゼフ・パウエルがこれらの人骨を調査したとき、彼らは驚くべき事実を発見した。最初期のアメリカ先住民たちは、それ以降の先史時代や歴史時代の人骨にその特徴を読み取ることができるアメリカ先住民たちとはまるで異なっているように見えたのだ[18]。時代が下った人々は、比較的広くて平坦な顔と高い頬骨、つまり、モンゴロイドの外見によって特徴づけられており、北アジアの血統であることを明らかに指し示していた。しかしながら、紀元前九〇〇〇年以前の骨の試料は、短くて細い顔と、クリスティー・ターナーによってアメリカ先住民として記述されている歯とはまったく異なった歯の特徴を備えた人々を示唆していた。事実、それらの初期のアメリカ人たちは、それ以降のアメリカ大陸や北アジアの人々のようには見えず、今から六〇〇〇〇年前にまで遡る最初期のオーストラリア人や現代のアフリカ人ときわめてよく似た外見をもっていた。

一九九六年、ワシントン州のコロンビア川流域で貴重な新しい頭蓋骨と骨格の部分的な残骸が発見された。[19] 法医学上の検査を行ったその地の考古学者ジェームズ・チャッターズは、細くて高い鼻のような、ヨーロッパや北アフリカや近東の人々を特徴づけいているコーカソイドの特徴から判断して、その骨がヨーロッパからの入植者に由来していると結論づけた。ところが、その年代測定の結果、その人物が紀元前七四〇〇年頃死んだことが明らかにされ、それは、その大腿部に刺さっていた石の尖頭器の特徴が示している年代とも合致していた。

ケネウィクの男と呼ばれるようになったその古代人は、ほどなくして大きな論議を引き起こす張本人になった。五つものアメリカ先住民の部族が、その人物を自分たちの直系の祖先だと主張したからである。ユマティイラ族がその主張を先導し、一九九〇年に制定された「アメリカ先住民墓所保全送還法」の名の下に秘密の場所への即時の改葬を要求した。数多くの科学者たちは、それに大きな衝撃を受けた。彼らは、それが法の濫用であり、いかなる部族との関連も立証されているわけではないと反論した。改葬は、アメリカ大陸への移住に関するきわめて貴重な証拠物件が失われてしまうことを意味していたからである。その骨は、地下の納骨所に厳重に保管され、その最終的な判断を下す訴訟は、遅々として進まなかった。だが、最終的にはＤＮＡ鑑定の許可が与えられ、それは、ユマティイラ族を激怒させる類のものだった。

紀元前七四〇〇年という年代測定を知ったチャッターズは、ケネウィクの男はたんにコーカソイドに似ていただけだと述べることによって自らの見解を修正した。詳細な統計学上の分析によって、頭蓋骨の形がポリネシア人、とりわけ、太平洋のイースター島の人々と日本のアイヌ人ともっともよく似ていることが明らかにされた。事実、コーカソイドのような外見をもっているアイヌ人は、最初期のホモ・サピエンスの血統であり、それらの人々が今から一〇〇〇〇〇年前からほどなくして東アジアへと広がっていったと考えることは理に適っている。こうした人たちの中には今から六〇〇〇〇年前までにはオーストラリア大陸にたどり着いていた集団もあれば、新大陸に真っ先に足を踏み入れた集団もあったということだったのではあるまいか？

肉体的な外見に見られる特徴という観点から判断すれば、紀元前九〇〇〇年以前の骨格の記録から知られている最初のアメリカ人たちは、その後の先史時代と歴史時代の記録によって知られているアメリカ先住民と、今日のアメリカ先住民のいずれともまったく関わりをもっていないということであるのかもしれない。時代が下っているアメリカ先住民たちのすべては、明らかに、モンゴロイドに固有の特徴を進化させた後の北アジアの人々の移住――もっと適切な表現を用いれば、おそらくは分散――にその源を発している。そのときすでにアメリカ大陸に居住していた人々は、たんにこれらの新たな個体群に組み込まれ、彼らの歯科学的・遺伝学的・言語学的な特徴は、新たな個体群のそれらの中に呑み込まれてしまったということだったのかもしれない。もう一つのシナリオとしては、最初のアメリカ人たちは、言語学的、あるいは、遺伝子学的な貢献を将来の個体群になに一つとして残さないまま絶滅してしまったと考えることもできる。三つ目の、さらにありそうもないシナリオは、最初のアメリカ人たちが新たな移住者たちによって意図的に全滅されられてしまったというものである。ケネウィクの男の大腿部に尖頭器が突き刺さっていたことを思い出していただきたい。どのシナリオが的を射ているにせよ、歯科学的・言語学的・遺伝学的な様々な研究が最初のアメリカ人たちに遡ることはけっしてできないことだろう。したがって、私たちは、考古学上の記録に頼らなければなるまい。それゆえ、ここで私たちは、アメリカ大陸におけるもう一つの、おそらくは、もっとも重大な遺跡を考察してみなければならない。それはモンテ・ヴェルデである。

25 チンチウアップの川岸にて

――紀元後一九七七年から一九九七年にかけて行われた、紀元前一二五〇〇年にまで遡るモンテ・ヴェルデ近郊の遺跡の発掘とその解釈

ジョン・ラボック君は、チリ南部のマウジン川の曲がりくねった浅い支流であるチンチウアップの泥炭質の川岸に沿って歩いている。この小川は、林地、沼沢地、野生動物が草を食んでいる草原を通り抜けてきた彼の道案内をしてくれる。東にはアンデス山脈の雪に被われているいくつもの山頂が樹木の先端の上に聳えており、西には太平洋の海岸地帯の低木に被われた傾斜地が広がっている。太平洋そのものも、ほんの三〇キロばかり離れているにすぎない。

ラボック君の目的地はモンテ・ヴェルデであり、そこではケンタッキー大学のトム・ディルヘイが一九八五年に最後の発掘シーズンを終えているのだが、それは、八年ばかり前に調査を始めたとき彼を圧倒し、少しばかり当惑させた遺跡だった。(1) 湿地とその植物の残留物がぎっしりと詰まっていた泥炭が、見棄てられた小屋、作業場、調理場、ごみ捨て場の上に瞬く間に堆積して通常の腐朽のプロセスを妨げたことによって、遺物は、前例がないほど良好な保存状態を保っていた。それゆえ、ディルヘイは、石の人工遺物や動物の骨ばかりでなく、植物の残留物、小屋の木材、木の人工遺物、毛皮の切れ端、かなりの量の動物の肉すら回収することができた。

ディルヘイは、彼の同僚の考古学者はいうまでもなく、地質学者、植物学者、昆虫学者、古生物学者といった共同研究者たちが顔を揃えた強力な調査チームを編成していた。そのチームは、たんなる考古学上の発見の分析ばかりか、モンテ・ヴェルデの居住者たちがその中で暮らしていた自然環境を復元しなければならなかったからである。そのチームにはもう一つの重要な任務があった。それは、その居住地の年代の確定だった。

ラボック君が小川に沿って歩いて行くにつれて水深が増し、流れが速くなった。気温が下がって湿気が強くなり、その足取りは、湿気た泥炭のせいでもはや弾まなくなり、柔らかな砂地に少しばかり沈み込むようになった。人声が聞こえてくる。小川の屈曲部にたどり着いたとき、ラボック君は、ブルーフィッシュの洞窟やペドラ・フラーダのときと同じような活況を呈している発掘現場を眼にすることができるのではないかと考えたのだが、予定していたよりもずっと早くモンテ・ヴェルデに到着してしまった。時は今、紀元前一二五〇〇年であり、定住地では当初からそこに棲み着いて人々がかなりな数に達している。

居住者たちは、漆黒の髪とオリーブ色の皮膚をもっており、細身で動物の毛皮を縫い合わせたポンチョのようなゆるやかな上着を身に着けている(2)。数人が、長い卵形の小屋の端で働いている。この小屋はいくつかの区画に分けられているところを見ると、おそらく複数の家族がそこに住んでいるのだろう。小屋は、川岸から数メートルのところに位置しており、働いている人たちは、その片端にもう一つの区画をつけ加えているらしく、壁と床の基礎のためにすでに丸木が据えつけられている。人々は手早く効率よく働きながら、石の剥片を使って支柱の先端を尖らせ、それを砂地の土壌に打ち込んでいく。その近くに座っている一団の女たちは、小屋の骨格を被う毛皮の掛け布を固定する植物の繊維の撚り糸を用意している。

男たちや女たちが働いている一方、子供たちは、小川の中で水をはね返して遊んでおり、一人の年老いた男が一列に並んでいる住居の外側に切られた大きな炉床の番をしている。老人は、残り火で温められている丸石を並べ替えており、その傍らでは二人の若い男が食事の支度を整えている。小さなジャガイモのように見える野菜を大きな緑色の葉っぱでくるみ、それを樹皮の大皿の上に積み重ねて蒸し焼きの準備をしたり、木を刳り抜いたすり鉢で木の実を磨り潰し、それを甘い香りがする葉っぱが入っている枝編み細工の椀に移している。

集落の後方の沼沢地の向こう側に広がっている林地から呼び声が聞こえてきた。人々は小屋を被っている毛皮の掛け布の隙間から外の様子を見詰めている。すると、笑みを浮かべている人々の一行が重い袋を抱えながら木々の間から姿をあらわし、下生えに被われた小道を横切って集落に入ってきた。その途端に仕事のことなど頭から消し飛んでしまった集落のすべての人々——少なくとも三〇人の男や女や子供たち——が歓迎の叫び声を上げたかと思う間もなくいっせいに駆け出し、一行を出迎えた。

集落に帰ってきた一行は、炉床のそばに座り、半ば調理済みの食べ物は、とりあえず片側に押しやられる。すべての人々が炉床のまわりに集まり、海岸からなにが持ち帰られたかをしきりに知りたがっている。ラボック君は、気がついてみると、モンテ・ヴェルデの人々——最初ではないにしても、最初期として知られているアメリカ人たち——と肩を擦り合わせながら人垣に割り込んでいた。

帰ってきた一行は、大きな袋を開け、中身を一つずつ取り出して高く持ち上げ、それを採集した顛末を物語る。まわりの人々は、その物語に聞き入っている。塩が詰まった膀胱の皮袋が手渡されていくときには、それを楽しげに味見している人もいる。ヒョウタンを刳り抜いた器に詰まっているビチューメン（古代社会においてセメント・モルタルとして用いられたアスファルト）は、石の剥片を木の矢柄に固定するために使われる。

石槌の格好の素材として珍重されている海岸の丸石は、小川から採集する角張った岩石の加工に用いられる。これらの品々が人々の手から手へと受け渡されているうちにほとんどの物語が哄笑とともに終わると、それらは地面の上に注意深く置かれる。

すべての品々に関する物語が終わると、海岸から帰ってきた人々は、旅先で眼にしたり、出会った人々についいて知りたがっているまわりの人々の数多くの質問に答えている。そうした四方山話は直ぐには終わりそうもない。一〇日ばかりの間集落を留守にしていた彼らは、別の集落を訪れた後、海岸に立ち寄って海草、貝殻、ザルガイ、ウニばかりか、役に立つと考えられるありとあらゆるものを運んできたのである。

三々五々と炉床を離れていった人々も、あたりがたそがれてくると戻ってきて、星空の下で焚き火のまわりに座り込んで唄を歌う。香草が燻《いぶ》され、空中には鼻を刺激する芳香が充満してくる。一人の男がその唄の音頭を取り、そのほかの人々はそれに聴き入っている。唄が若い女たちへと切り替わり、そのほかの人々が手拍子を取り始めると、その男が唄をもう一度引き取る。踊りが始まり、炉床のまわりにはその踏み跡によってはぎ合わせ細工のような模様が刻まれていく。人々は、大きな葉っぱの上に盛られている野生のジャガイモ、炙った肉、葉っぱや茎に磨り潰した地下茎と木の実を混ぜ合わせたミックスサラダを分け合う。食事が終わると、唄と踊りがふたたび始まり、それは、アメリカ大陸の夜が更けるまで続いていく。時は今、紀元前一二五〇〇年であり、ラボック君は、眠りに吸い込まれていく頭の片隅で、人類の歴史のこの時代にそのほかの場所で体験した事柄を思い出していたのだが、それは、クレズウェルの岩山の近くでホッキョクノウサギをワナで捕らえたり、アーレンスブルクの峡谷平野でトナカイを待ち伏せたり、アイン・マッラーハの人々がアーモンドを磨り潰したり、パンを焼いていた光景だった。

曲がりくねって流れている河川は、常にその水路を変えながら、堆積物を沈積させることによって新しい砂州や河床を作っている。チンチウアップの小川は、一九七六年にそうした活動を爆発させ、泥炭の底に久しく埋め込まれていたかつての水路の一つを切り裂いた。小川のかつての土手が剥き出しにされ、木材を運ぶ牛車の小道をつけていた地元の伐採人夫頭がそれをさらに掘り起こした。

土手から突き出ている骨を見つけたヘラルド・バリア家の人々は、その骨がウシのものだと考え、それを、農芸を学んでいた一人の学生に与えた。その学生は、それをバルディビア大学の人類学者カルロス・トロンコソと、その同僚の教授であるとともに博物館の館長でもあったマウリシオ・バン・デ・マエレに示した。二人の学者は、その遺跡を調べ、石の人工遺物とともにそのほかの骨を発見した。その段階で、同大学で教鞭をとっていたトム・ディルヘイがその遺跡に興味を抱き、骨の上に、とりわけ、あばら骨の上に数多く残されている切り傷らしきものに好奇心をそそられた。彼は、一九七六年にその遺跡を調査し、ほどなくして発掘を始めたのだが、それは、彼とアメリカ先史学全体のいずれをも「クローヴィスの防壁」の向こう側へと導くことになったのである。

「クローヴィス最古説」はそれまで一貫して無傷の状態を保っていたとはいえ、モンテ・ヴェルデは、その保存状態の良好さによって、新世界におけるもっとも注目に値する考古学上の遺跡としてしだいに揺るぎない名声を確立していった。ディルヘイは、分厚い二巻本を執筆し、発掘によって得られた証拠物件に対する解釈を加えた。だが、その出版が完結したのは一九九七年のことであり、そのときには発掘作業を開始してからすでに二〇年以上の歳月が流れていたのである。(3) そうした証拠物件によって、モンテ・ヴェルデの生活様式を詳細に復元することができたディルヘイは、人々が一年を通してその定住地で暮らしており、海岸地帯の居住者たちとの交易によって、あるいは、たんに定期的にその地を訪れることによって、河口域、潮だまり、砂浜から食料と原材料を手に入れていたと論じた。だが、その遺跡の評価をアメリカ大陸のそのほかのいかなる遺跡よりも高からしめたのは、モンテ・ヴェルデの年代だった。

ディルヘイは、人工遺物の別個の二つのコレクションを同定することができた。大部分の道具、小屋の残骸、食料の有機堆積物のほとんどを含んでいる最大のコレクションは、MV—IIに区分けされており、放射性炭素年代測定法によってほぼ紀元前一二五〇〇年に遡ることが明らかにされた。(4) もう一つのコレクションであるMV—Iは、同定の確かさの度合いが必ずしも高くない遺物によって構成されており、これらは古代の川の堆積物から出土したものだった。ディルヘイは、炉床の残骸ではないかと推定されている木炭の散乱を石と木の人工遺物らしきものの近くで発見したのだが、これらの年代は、少なくとも紀元前三三〇〇〇年まで遡ると特定されている。(5) 彼自身、MV—Iについては軽率な判断は禁物だと考えており、確信をもってなんらかの結論を下そうとすれば、さらに広い区画を発掘しなければならないことを明確に理解している。しかしながら、彼は、一九八五年までにはMV—IIの居住の年代が紀元前一二五〇〇年まで遡ることが確実であることには疑いの余地がまったくないと考えていた。五〇年以上もの歳月にわたって断固として無傷の状態を保っていた「クローヴィスの防壁」は、チンチウアップの小川の流水によって洗い流されてしまったのだ。

ラボック君が翌朝眼を覚ましたときには、新しい小屋を建てる作業がすでに始まっていた。毛皮を木の骨組みに紐で固定し、粗朶を屋根の全面に配列する作業が進められている。そのほかの人々は、新たに手に入れたビチューメンを使って道具を造ったり、修理したりしている。矢柄にとりつけられている剥片は、まるで人の手によって加工されているようには見えない。それらは、自然の力によって砕かれた石といとも容易に見間違えられてしまうことだろう。事実、ラボック君は、人々が小川の川底から鋭い先端をもった石を拾い集め、それをそのまま尖頭器として使っている現場を目撃している。これらは、キャリコ・ヒルズやペドラ・フラーダの石とほんの少ししか違ってはいない。

ほとんどの作業は、一群の小屋から三〇メートルばかり離れた、その定住地の作業場と思しき場所で行われている。ラボック君がそれぞれ異なった作業を行っている男たちや女たちのいくつかの集団の間をぶらぶら歩いてみると、これらの人々の多くは、働きながらお喋りを楽しんでいる。三人の男たちが胡座をかいて、ボーラ（末端に石を括りつけた投げ縄）を造っている。これは、動物に投げつけてその脚にからませる狩猟具である。三人は、海岸で拾ってきた堅い丸石を使って、それより柔らかい石を突いたり磨り潰したりしながら、それをほぼ完璧な球体へと加工し、その後でその石に紐を括りつけるための溝を刻んでいく。そのほかの集団は、大きな石斧で木を切っている。この石斧は、石の塊を両面から打ち欠いて造られており、これは、クローヴィス尖頭器の製作に用いられている技法とまったく同じである。

定住地のこの区画にはたった一つだけ構築物があるのだが、これは、モンテ・ヴェルデのそのほかの住居とはまるで異なっており、若木を曲げて半球状の骨格を作り、それを獣皮で被った構造をもっている。ラボック君がその中を覗いてみると、床には砂と砂礫を踏み固めた三角形の一段高い台座が設えられ、その二つの延長部分が湾曲しながら入り口の両側に向かって突き出ている。中には誰も見当たらない。床の上には木製の椀やすりこ木とすり鉢、平たい石臼、木のへらが散乱している。屋根からは葉っぱや草や花の束がぶら下がっている。

その近くでは人々が獣皮の加工と取り組んでいる。いくつかの獣皮が木釘で地面にピンと張られた状態で固定され、脂肪や肉をこそげる準備が整えられている。そのほかの獣皮は、衣服に仕立てるために引っ張ったり、叩いて柔らかくされている。ラボック君の眼の前で行われているその作業に用いられている骨の道具は、ほとんど加工されておらず、彼は、ブルーフィッシュの洞窟から出土した、加工されていると考えられている道具のことを思い出した。細心の注意を払う集中力を欠いている考古学者は、少しばかり滑らかにされている先端や、側面の刻み目に気づくことなどとうていできないことだろう。

道具を造ったり、獣皮を加工している人々の間には数多くの古い炉床がある。そのうちの一つが久し振りに使われようとしている。人々は、その灰の中にいくつもの小石を埋め込み、それを乾燥した薪と木の葉で被った。それに火を点けると、炎が、突然、だが、ほんのすこしばかりの間、燃え上がった。火が収まると、炉床から取り出した木の葉を砕いて水を張った椀に放り込み、三〇分ばかり経ったところで、残り火で加熱した小石を椀に加えてお茶を淹れる。人々は、作業の手をとめて一緒にお茶を飲んでいる。そのお茶を回し飲みしている人々は、お茶を飲む前に木の葉を噛んでその香りを楽しみ、その滓を地面に吐き出している。

ラボック君もそのお相伴に与ることにした。座ってお茶を飲んでいると、一艘の丸木舟が到着し、それに乗っていた二人の若い男が荷下ろしの手伝いを求めている。二人は、マストドン――氷河時代が終わる前のアメリカ大陸の全土に棲息していた巨大な象のような動物――のあばら骨とずっしりと重い大腿骨を拾い集めて運んできたのである。モンテ・ヴェルデの人々は、その死骸を数日前に見つけていた。これは願ってもない掘り出し物であり、その被毛、牙、獣皮はすでに回収していた。分厚い支脚皿は、使い勝手のよい籠として利用し、選り抜きの内蔵は、中身を取り除いた後、きれいに洗って縫い合わせ、防水の袋に加工されていた。(6)

ラボック君は『有史前の時代』の一文を思い出していた。ヴィクトリア女王時代のジョン・ラボックは、ミズリー州で発見されたマストドンの骨の残骸について一八五七年に出版されていた記述を要約していた。

それが、「インディアンたちによって石を投げつけられて殺されたことには疑いの余地がなく、インディアンたちは、その一部を火で炙って食べたのである」。それを書いたのはコッホ博士であり、彼は、インディアンたちが泥沼に足を取られて身動きできなくなっていた巨大な動物を発見し、近くの川岸から拾い集めた岩石を投げつけたのだと考えていた。彼は、灰、骨、岩石の間から鏃、投げ槍の石の尖頭器、石斧を発見したと主張してもいた。ジョン・ラボックは、コッホ博士の言説を長々と引用している。だが、そうした言説は、それが正しいことがさらに証明されなければならないと註釈を加えていることから判断すると、博士の言説そのものには懐疑的だったように思われる。(7)

ブルーフィッシュの洞窟、メドウクロフトの岩窟住居、ペドラ・フラーダをめぐる論争に鑑みれば、「クローヴィスの防壁」を破ったと考えているディルヘイの判断をすべての考古学者たちが共有していたわけではなかったことは、もはや驚くべき話ではあるまい。現在ではテキサス州ブライアンの「ブラゾス郡立博物館」に所属している考古学者トーマス・リンチは、ディルヘイが発掘した堆積物の中にそれよりはるかに後期の人類の居住地——その種のものはその地域ではまったく知られていない——に由来している人工遺物が紛れ込み、その中で浸蝕作用を蒙ったに違いないとほのめかしていた。マサチューセッツ大学の考古学者ディーナ・ディンカウズは、ディルヘイが放射性炭素年代の測定を誤ったのだと考えていた。

一九九七年にはその業績を高く評価されていた専門家集団が、ディルヘイの主張を調査するためにモンテ・ヴェルデを訪れたのだが、それは、その種の専門家集団が一九二七年にはフォルサムを、一九九三年にはペドラ・フラーダを検分した先例に倣ったものだった。この集団にはアメリカ大陸への人々の移住をめぐってそれ以前の三〇年間に闘わされていた論争の主役が顔を揃えていた。その顔ぶれは、考古学研究の歴史に関する該博な知識の持主であるデーヴィッド・メルツァー、一九六〇年代からこの方、科学的なモデルである「クローヴィス最古説」を擁護してきたヴァンス・ヘインズ、自ら発掘したメドウクロフトの岩窟住居をめぐる論争を闘ってきたジェームズ・アドヴァシオ、ディルヘイの解釈に異議を唱えていたディーナ・ディンカウズといった錚々たる面々だった[8]。

彼らが行った調査はこの上なく徹底的なものだった。それは、印刷を間近に控えていた、モンテ・ヴェルデに関するディルヘイの最終的な出版物の検討から始まり、ケンタッキー大学とバルディビア大学に収蔵されていたモンテ・ヴェルデの人工遺物の検分に至っていた。専門家集団は、次いで、モンテ・ヴェルデの環境の過去と現在に関する説明を受け、最終的に遺跡そのものの詳細な調査を行った。それがすべて終わったとき、専門家集団は、自分たちの発見を討議し、ルイス・リーキー、ジャック・サン＝マール、ジェームズ・アドヴァシオ、ニエド・ギドンが実現することができなかった、アメリカ大陸における前クローヴィス文化期の定住地の疑う余地のない立証をディルヘイが達成したか否かを決定した。

その結論は満場一致だった。専門家集団の誰一人して、ディルヘイが「クローヴィスの防壁」を破ったことについていかなる疑念をももっていなかった。人工遺物の多くが、とりわけ、打ち欠かれた石器、ボーラの石と繊維の編み紐が人類によって造られたものであることにはいかなる疑いの余地もなかった。それと同じように、それらの人工遺物が、それらが打ち棄てられていたまさにその場所で発見されたことについても、いかなる疑念もありえなかった。それらは、その遺跡全体を埋め込んでいた泥炭によってしっかりと密封されていたからである。その年代が汚染による影響を蒙っていないことが立証され、人類の居住が紀元前一二五〇〇年頃まで遡ることに議論の余地はなかった。それは、実質的には、それ以前にまで遡る可能性すら秘めていた。MV—Iに区分けされた遺物は、その数が少なかったことから、さほどの注目を集めることはなかったとはいえ、少なくともその専門家集団の中には、モンテ・ヴェルデにおける今から三三〇〇〇年前の居住の痕跡に強い印象を受けた人々もいた。

しかしながら、とりわけ初期の段階の居住の立証は、ディルヘイがさらに広い区画を発掘するまで待たなければならない。アメリカ大陸への移住の歴史と、少なくとも今後一〇年間のアメリカの考古学に必要とされている情報に関するかぎり、紀元前一二五〇〇年まで遡る居住が立証されたことは、それだけで十分きわめて重要な事件である。それは、クローヴス最古のシナリオがその命運を絶たれ、葬り去られてしまったことを意味していた。

一九二七年以前には、アメリカ大陸の最古の遺跡から投げ槍の尖頭器やバイソンの骨が出土するとは誰一人として夢想だにしていなかった。フォルサムは、最初のアメリカ人たちに関するまったく新しい人物像をもたらした。それは、巨大な獲物を求めて草原を徘徊していた狩人たちだった。モンテ・ヴェルデも、また、それと同じように予想外であり、その人物像を書き換えた。それは、定住地を形成して植物を採集していた森林の人々だった。

これらの二つの遺跡にはさらに劇的な相違がある。ニューメキシコ州のフォルサムが北アメリカに到達した最初のアメリカ人たちの位置標識としては論理的に無理のないところに位置を占めているにもかかわらず、モンテ・ヴェルデは、「無氷回廊」の南端からなんと一二〇〇〇キロも離れているのだ。モンテ・ヴェルデがアラスカか、せめて北アメリカに位置していたとしたら、アメリカ大陸の先史学を巡る物語の解明は、どれほど容易だったことだろう。人々が北から南進していった道筋において、そこで暮らしていたはずのそのほかのすべての居住地はいったいどこにあるのだろうか？　それは、ひょっとしたら、ブルーフィッシュの洞窟だったのかもしれないし、メドウクロフトの岩窟住居だった可能性もあり、ペドラ・フラーダだったのかもしれない。そうした居住地はいったいいくつくらいあったと考えればよいのだろうか？　それは、人々がモンテ・ヴェルデに到着するまでにどの程度の期間が必要だったのか、また、人々がその旅に陸路と海路のいずれを選んだのかによって左右される。

デーヴィッド・メルツァーは、人々がどのような経路をとったにせよ、数千年の年月が必要だったことだろうと考えている。歴史時代においては、毛皮をワナ猟によって手に入れていた猟師たちは、事実、二世紀以内に大陸を横断していたとはいえ、小規模の集団（その中には無論のこと子供たちも含まれていた）にそうした事情はとうてい当てはまらないとメルツァーは強く主張している。これらの集団は、刻々変化していた多様で未知の自然環境の中を、主要な生態学的な境界線を越えながら、人々を消耗させる氷床、増水した湖や河川といった手ごわい身体的・生態学的・地勢的な障害としばしば直面しながら旅を続けながら、その間ずっと活力に満ちた血縁関係の絆と個体群の規模を維持しなければならなかったからである[9]。

最初のアメリカ人たちが大胆な探検家であり、ベーリンジアからモンテ・ヴェルデまでの一五〇〇〇キロもの道程を二〇〇〇年以内に踏破したといった考え方は、メルツァーにとってはまったく非現実的である。メルツァーが正しいと仮定すると、人々は、紀元前二〇〇〇〇年の最終氷期最盛期の厳寒の前にアメリカ大陸に足を踏み入れていなければならない。しかしながら、その場合には、アメリカ大陸にモンテ・ヴェルデに先行している公認済みの居住地がまったく存在していないということは驚くべき事実であり、筆者にとってはその度合いがあまりにも強すぎ、それを信じることができない。

筆者の判断では、最初のアメリカ人たち、つまり、アラスカからチリの南部までの道程を一〇〇世代以内に踏破したに違いない人々は、この地球上にこれまで生存してきた人々のうちもっとも並外れた探検家たちの集団だった。アメリカ大陸への移住という謎は、時代がはるかに下ってから、人々を北極と南極へ、次いで深海へ、さらには月へと駆り立てた人類に固有の特性である好奇心と冒険への渇望を引き合いに出すことによってのみ解くことができるのではないかと筆者は考えている。この二つの特性こそ、最初のアメリカ人たちのそれぞれの世代を当初の居住地から南方への旅へと突き動かした原動力であり、人々は、おそらくは小舟によって居住地を後にし、その北西に位置していた海岸平野にたどりついたのではあるまいか？ その後、人々は、内陸を移動し、氷河が溶けた水によって形成された湖、連山、増水した河川を越えながら、林地、草原、多雨林で暮らす術を学びつつ、最終的には、紀元前一二五〇〇年頃にモンテ・ヴェルデにたどり着いたのではあるまいか？ そういうことであったとしたら、一九九四年に最初のアメリカ人たちを「すばらしい新世界の勇敢なる新たな人々」と評したロブソン・ボニチセンはおそらく正しかったのである。

人々が実際にそうした旅を敢行したということだったとすれば、地球温暖化が始まったことによって大混乱を引き起こしていた北アメリカを通り抜ける旅は、人類史におけるもっとも重要な出来事の一つだったことだろう。氷河期以降のアメリカ史の次の章の主題、つまり、大型動物相の絶滅を物語るために私たちがこれから訪れなければならないのは、そうした出来事の現場である。

26 目まぐるしく変化していた大自然の探検者たち

——紀元前二〇〇〇〇年から一一五〇〇年における北アメリカの動物相と景観の漸進的な変化と人類の移住

時は今、紀元前一二〇〇〇年であり、日光の輝きがしだいに衰えている夏の夕暮れ時に不慣れな林地の中で佇んでいるところを想像していただきたい。読者諸賢が今いるのは、ビャクシン、トネリコ、クマシデ属の各種の落葉樹、マホガニーの木々に囲まれた開拓地の中である。一本の川が凄まじい音を立てながら急湍《たん》を流れ下っており、その音に昆虫類の羽音と見知らぬ鳥のかん高い鳴き声が入り混じっている。木々の向こう側にはがっしりとした絶壁が川と林地の上にそそり立ち、その長い影が川と林地の一部を被っている。

それでは、それとは別の音と、おそらくは臭いが漂っているところを想像していただきたい。一匹の生き物がサボテンを避けながら地下茎や茎を求めてブタのように鼻を鳴らして下草をかき分けながら素速く近づいてくる。その生き物は、一〇メートルばかり離れたところで足をとめ、空中の馴染みのない臭いを嗅ぎ分けようとして後足で立ち上がった。それは読者諸賢をじっと凝視《みつめ》ているのだが、その二つの目の高さは地上から一八〇センチばかりである。その体は密生した茶色の毛でびっしりと被われ、小さな頭の中の両目は、好奇心と猜疑心で円く小さく光り、鼻孔は朝顔形に開いている。だらりと垂れている前足はピクリとも動かない。三つのかぎ爪がそれぞれの足先から突き出ている。その生き物は、ウーッと唸り声を上げたかと思うと前足を地面に着け、絶壁の中の洞穴を目指して走り去っていった。その中で排泄してから眠るのだろう。

それでは、今度は、イトスギの林の中の小さな丘の頂に立っているところを想像していただきたい。空中にはタールの粘り着くような臭いが漂っている。読者諸賢の向こう側には池があるのだが、池といっても、鮮やかな青色の水を湛え、それが日の光を反射してキラキラ輝いているような池ではない。黒々とした油質の沼池であり、その中では悪臭を放つガスの泡が湧き出てはじけている。このピッチの泥沼の中の片側では一頭のラクダがうずくまっている。泥沼が仕掛けたワナにはまってしまったのだ。文字どおりタールに釘づけにされてしまい身動きがとれない。タールから脚を抜こうとする身もだえに力を使い果たしてしまったラクダは、最後の力を振り絞って頭を持ち上げたかと思うと、大声で一声鳴いた。けれども、その命を絶ったのはタールではなかった。二〇センチもある鋸状の犬歯をもった、ライオンと同じくらいの大きさのヤマネコ（サーベルタイガー）が飛び込んできたのだ。大口を開けたヤマネコは、ラクダの息の根をとめる前にその肉を食いちぎった。

その近くでは一羽のワシが猛烈な勢いで羽ばたいている。翼が泥水をはね返す度ごとに、翼そのものが真っ黒なタールを浴びて重くなる。タールから逃れようとする身もだえはなんの役に立たない。


改めて断るまでもなく、今日、ロサンジェルスの繁華街のランチョ・ラ・ブレアのタール坑でスミロドン（剣歯虎の新世界種）がラクダ（科学者たちは「イエスタデーズ・キャメル」という適切な名称を与えている）を食い殺す現場に遭遇したり、グランドキャニオンのランパートの洞窟への途中で地上性シャスタナマケモノを見かけるなどといったことはあるはずもない。その種の光景を見ようとすれば、読者諸賢は、最初のアメリカ人の一人にならなければならない[1]。

今日のアメリカ大陸の動物相は、最初期の居住者たちが眼にしていたそれに比べれば、極端にその数が少なくなっている。たんに地上性シャスタナマケモノやスミロドンがいなくなってしまったばかりでなく、巨大なアルマジロの一種であるグリプトドン、ナマケモノの一種であり、地上性シャスタナマケモノよりはるかに巨大で、長さ六メートル、重さ三トンにも達していたエレモテリウム、アメリクロクマほどの体躯をもっていたビーバー、コンドルよりもはるかに大きな翼をもっていた肉食性のテラトーンなどはもはやどこにもいない。マンモスと、その遠縁種の、真っ直ぐな牙と扁平な頭蓋骨をもった、ゾウに似ていたマストドンも絶滅してしまった。

今では絶滅してしまった動物のすべてが、私たちの眼にとっては奇妙な姿形をもっていたわけではない。北アメリカに棲息していたダイアウルフとチーターは、現在のオオカミとチーターと同じような体つきをもっていた。絶滅してしまったせいでヨーロッパから移住してきた人々によってその先祖の地にふたたび導入されなければならなかった五種類のウマについてもそうした事情は変わらない。

最初のアメリカ人たちが遭遇した北アメリカの驚くほど多種多様な動物は、最終氷期最盛期以前の何百万年にも及ぶ生物学的・地理学的な進化の結果だった。今から五〇〇〇万年前まで北アメリカは、グリーンランドを通過する陸橋によってヨーロッパと繋がっていた。この二つの大陸は、北アメリカでウマへと進化した「あけぼのウマ」としても知られている、森林に棲息していた体高三〇センチばかりのヒラコテリウムのような数多くの同じ動物を共有していた。しかしながら、二つの大陸が地殻運動によって離ればなれになり、長い陸橋が失われてしまったとき以降、ヨーロッパと北アメリカの動物たちは、まったく異なった方向へと進化していった。今から四〇〇〇万年前までには新たな陸橋が姿をあらわしており、アジアへと繋がる道筋が生まれ、それをたどって数多くの種が北アメリカに移り棲んできた。そのうちもっとも重要な意味をもっていたのは、その後に最初のアメリカ人たちやクローヴィス文化期の人々がモンテ・ヴェルデを取り囲んでいた沼沢地や、樹木が生い茂っていた北アメリカの林地において遭遇することになるマストドンだった。

今から六〇〇〇万年から二〇〇万年前までの間、南アメリカと北アメリカは完全に切り離されていた。南の大陸では、オオナマケモノ（メガテリウム）や、オオアルマジロ（グリプトドン）とそのほかの巨大なアルマジロを含めた、著しい特徴をもった一連の動物たちが進化していた。今から二〇〇万年前にパナマ陸橋が形成され、これらの動物たちのうちいくつかの種が北アメリカに広がっていった。その一方、ウマ、シカ、サーベルタイガー、クマなどの動物たちが北から南へと広がっていった。これを古生物学者たちが「アメリカ大陸間大交差」と評しているのは驚くべき話ではない。今から一五〇万年前頃まずコロンビアマンモスが、今から一〇〇〇〇〇年前頃にはその同類のケナガマンモスがアジアとアメリカを結んでいた陸橋を渡って北アメリカに広がっていき、北方の地域に棲息していた。この二種類のマンモスは、北アメリカにおいて、事実上、共存していた。

最初にアメリカ大陸にたどり着いた人々が、紀元前一二五〇〇年以前のある時点において、見慣れていた獣や、彼ら自身ばかりかその祖先も眼にしたことがなかった獣に遭遇したのは、これらの孤立していた進化と、種の交差の時代の結果だった。彼らのアジアの母国には、地上性の巨大なナマケモノや巨大なアルマジロに似ていた獣などはまったく存在していなかったことだろう。だが、彼らの祖先は、数多くの世代を通してマンモスを知っていたし、おそらくそれを狩ってもいたに違いない。

私たちは、ランチョ・ラ・ブレアのタール坑から発掘された一〇〇万個以上もの骨からすでに絶滅している動物に関する知識を持ち合わせている。(2) 今日のロサンジェルスの繁華街に位置しているそのタール坑の水面には、少なくとも今から三三〇〇〇年前以降、オイルが絶えることなくしみ出ている。その泥水を引き上げると、それは、空気に反応して粘りけを帯びてきて最終的にはアスファルトに変わって凝固する。タール坑にはまり込んで身動きが取れなくなってしまった動物たちは、今日の地質学者たちに氷河時代の動物相に関するそのほかには類例のない記録を与えており、デーヴィッド・メルツァーは、それを「化石の巨大なタイムカプセル」と評している。このタール坑は、二〇世紀を通して何度となく発掘が行われており、おびただしい数の注目に値する骨格の残骸が、多くの場合、ほぼ完全な状態で回収されてきた。科学者たちがそれらの骨からオイルを取り除く技法をいったん案出すると、放射性炭素年代の同定が可能になり、それらが紀元前三三〇〇〇年から一〇〇〇〇年にかけて集積していったことが明らかにされた。

絶滅してしまった動物相の証拠物件のもう一つの情報源は、それらの動物がアリゾナ州のランパートなどの洞窟に残した糞である。(3) 洞窟の内部は氷河期が終わったとき以降きわめて乾燥した状態が一貫して保たれてきたことから、バクテリアは、それを分解することができなかった。その結果として、地上性ナマケモノのエサだった小枝の残留物が詰まっている、直径一〇センチにも達する丸い糞が今なお残存しており、その中には排泄されたばかりではないかと感じられるほどの臭いさえとどめているものもある。デーヴィッド・メルツァーがかつてその名を広く知られているワシントンの「スミソニアン研究所」においてナマケモノの糞を収蔵している引き出しを開けたとき、それは、家畜小屋のような臭いを発散したことがある。その糞の中からは毛の房や、獣の皮の切れ端すら、時折、発見されている。

グランドキャニオンの中のランパートの洞窟からは、それが一九七六年の七月から一九七七年の三月まで燃え続けた火災によって破壊されてしまうまでは、その種の堆積物の貴重な掘り出し物が回収されていた。(4) その火災の前にネズミが集めた種子や葉などの山とコウモリの糞によって形成されていたすべての層を掘り起こして地上性ナマケモノの丸い糞を発見していたのはポール・マーティンだった。この洞窟は、垂直に切り立った八メートルの高さの絶壁の頂上の壁面に穿たれおり、それを利用するのは容易ではない。ナマケモノは、岩の裂け目を伝ってそこまでよじ登っていたに違いない。いったんその中に入ってしまえば、獲物を狙ってそこいらをうろついていたオオカミやサーベルタイガーに見つかってしまう恐れはほとんどなかったことだろう。

絶滅してしまった動物の骨は、古代の川の土手が浸蝕作用によって削り取られているところからも発見されており、きわめて稀であるとはいえ、クローヴィス文化期の考古学上の遺跡からも回収されている。これらの証拠物件のすべてを整理してみると、何百万年にも及ぶ進化の結果としてアメリカ大陸で棲息していた驚嘆に値する多種多様な動物たちが、そうした悠久の時間に比べればほんの一夜にして姿を消してしまったことが明らかになる。それは、まさにアメリカ大陸における更新世の終焉を悼む悲劇的な最終楽章だった(5)。

北アメリカに棲息していた「大型動物相」と呼ばれているすべての大型の哺乳動物のうち七〇パーセント以上——三六種類——もが絶滅してしまった(6)。そうした荒廃状態を呈していたのは、北アメリカだけではなかった。同じ時代に南アメリカでは四六種類（大型動物相のうち八〇パーセント）が絶滅した。今から六〇〇〇〇年前までオーストラリア大陸に棲息していた一六種類のうち、ディプロトドン（巨大なウォンバット）、ブロブレオブ（肉食性の大型のカンガルー）、ティラコレオ（フクロライオン）を含めて、今日まで生き延びているのは、体高一八〇センチに達するアカカンガルー一種類だけである。絶滅種についてはヨーロッパもその例外ではなく、ケブカサイやオオツノシカを含む七種を失った。ほとんど無傷のまま難を逃れていたのは、アフリカ大陸だけであり、四四種の「大型動物相」のうちわずか二種類を失っただけだった(7)。私たちにとって有難いことに、この地上には、カバ、サイ、キリンといった並外れた野生動物を観察することができる一つの大陸が残されている。

氷河時代のすべての大型動物相にはどのような運命が降りかかったのだろうか？　これらの動物の絶滅の物語は、私たち自身の歴史のきわめて重要な一部であり、アメリカ大陸における絶滅種は、もう一つの物語、つまり、クローヴィス文化期の人々の物語と密接に関わっている。最初のアメリカ人という称号を与えられてからこの方、それらの野生動物を絶滅に追いやったのは、彼らが使っていた強力な投げ槍の石の尖頭器だったと一貫して考えられてきた。事実、人類の移住の物語と大型動物相の絶滅の物語は、切り離すことができないほど密接に絡まり合っているといっても差し支えあるまい。しかしながら、そのように絡まり合っている二本の糸の間には、ここで語っておかなければならない三つ目の物語が挟み込まれている。それは、最終氷期最盛期の厳寒という桎梏から解き放されたとき以降に引き起こされた北アメリカの自然環境の漸進的な変化である。(8)

人々が初めてアメリカ大陸に足を踏み入れたとき、大陸は、世界のほとんどの地域と同じように、気象条件の変動というきわめて困難な時代を迎えていた。

紀元前一四五〇〇年までにはしだいに速度を増していた大規模な解氷は、氷床の減少そのものと歩調を合わせていた。厳寒の絶頂期においてはその厚さが三キロにも及んでいたと思われる氷床は、当初はたんにしだいに薄くなっていった。次いで、氷床はその大きさと形を変えながら動き始め、ある地域においては収縮し、そのほかの地域においては拡張したのだが、それはまるで一貫性を欠いていた。その先端は、あたかも活発に動きまわるアメーバーのように脈動したり、起伏したり、揺れ動いていた。(9)紀元前一四〇〇〇年から一〇〇〇〇年にかけて、氷床は、凍りついた地面を切り裂きながらじわじわ進んだり、すでに解凍していた地面の上を滑りながら、少なくとも四回にわたってはるか南のアイオワ州とサウスダコダ州にまで押し寄せてきた。

氷床が海岸線から姿を消したとき、氷山がもはや海水の温度を下げることもなくなった結果として、温かな風が内陸へと吹き込むようになり、それが氷床の消滅に拍車を掛けた。次いで、紀元前一一〇〇〇年頃、新ドリアス期が地球温暖化を中断した。その厳寒は、ヨーロッパや西アジアに比べればはるかにその度合いが弱かったとはいえ、それ以前の七〇〇〇年間に温かな世界に適応していた植物の群落と動物の群集を崩壊させた。[10] 生態学的な混乱は、紀元前九六〇〇年にふたたび急速な地球温暖化が突然始まったことによってさらに悪化した。次いで、完新世が始まったことによって、アメリカ大陸は、世界のそのほかの地域と同じように落ち着きを取り戻した。しかしながら、比較的安定した気象条件に恵まれているこの時代は、今日では人為的な新たな地球温暖化によって脅かされている。

氷床が地球温暖化との闘いに最終的に敗れたとき、北アメリカの景観には途方もないほど巨大な惨状が引き起こされていた。事実、氷河から溶け出した何十億リットルもの水が大洋へと流れ込んだことによって、世界中の海岸線と沿岸地帯の集落は、言語を絶する巨大な混乱に見舞われていたのだ。アメリカ大陸のはるか北方で暮らしていた人々は、沿岸地帯が洪水に洗い流され、海水がしだいにステップを被うようになるにつれて、彼らの母国だったベーリンジアが一年毎に小さくなっていく光景を目の当たりにしていたことだろう。筆者の脳裏に浮かぶのは、人々が丘の頂上に立っており、年老いた男たちが眼の前に広がっているカバノキの森林が自分たちの土地にとってはどれほど目新しいものであるかを幼い子供たちに物語っている光景である。年寄りたちは、自分たちが子供だった頃には、今ではカリブーが若芽を食んでいる草原ではマンモスやジャコウウシの群が草を食んでいたときの移ろいを説明している。居住地を見棄てた人々は、今ではアザラシやセイウチが数を増してきた海岸へと向かっていった。人々が生活様式を切り換えていたその当時、それまでは氷のように透き通っていた青空は、濃い霧や霧雨によって被い隠されるようになっていた。

ベーリンジアからおそらくは海岸平野に沿って海路、あるいは陸路をたどりながら南下していった最初のアメリカ人たちは、コルディレラ氷床から解放された後、ロッキー山脈を踏査したことだろう。[11] 筆者は、山脈をよじ登っていった人々がはるか西には草原が広がり、東には数多くの山頂が折り重なり、いくつもの急峻な峡谷が迷路のように入り組んでいる光景を一望の下に見渡している姿を想像することができる。彼らは、大峡谷を流れている川を渡り、高地の峡谷の内部に残されていた氷河に行く手を阻まれたこともあったことだろう。彼らは孤立していたわけではなかった。高山にも適応できる草本植物と樹木がすでにロッキー山脈によじ登っていたし、オオツノヒツジや一連の小型の哺乳動物たちがその跡を追っていたからである。山脈を越えた最初のアメリカ人たちは、コロンビア川とフレーザー川の流域に広大な盆地を発見した。これらの盆地は、いったん氷床から解放されるとほどなくして針葉樹によって被われ、その間を流れていた河川では数多くの魚が繁殖を繰り返していた。それゆえ、最初のアメリカ人たちが産卵のために遡上してきたサケを、膝までの深さの氷のように冷たい水の中に立ってヤスで突きながら、そこが居住には格好の場所だと判断したところを想像するのは理に適っている。彼らがさらに南下し、今ではカリフォルニア州として知られている地域に入っていったとき、そこに広がっていたのは、木々が水不足のせいで成長を妨げられて疎らになり、サボテンやユッカのような目新しい植物が生えている景観だった。彼らが地下茎や塊茎を漁っていた地上性シャスタナマケモノと初めて遭遇したのは、ひょっとしたらこの地だったのかもしれない。

居住地は、採集すべき植物や、狩ることができる動物がもっとも豊かだと人々が判断した場所に設営されたことだろう。それぞれの居住地は、そこから探査の役割を担っていた一群の人々が出立していく基地として機能していたのではあるまいか？　その種の居住地がまったく発見されていないという事実は、それらが疎らに散在しており、そこに居住していたのがせいぜい一〇〇人程度の比較的少ない人々だったことを示唆している。その種の集団は、生物学的に生存可能な個体群を確保するために互いに接触を保っていたに違いない。近親婚を避け、一群の狩人たちが居住地に帰ってくることができなかったり、過酷な冬を乗り切ることできずに死者が続出するといった事態に対応しようとすれば、広い地域に及ぶ集団間の関係は不可欠だった。[12]食料、飲み水、薪がふんだんに手に入るときには、個体数の増加率は高く、一群の男たちや女たちは、すでに踏査されていた土地に新しい居住地を形成する準備を難なく整えることができたことだろう。そうした新たな土地は、それ以前の居住地の近隣ではなかったはずである。ちょうどヨーロッパの最初の農民たちと同じように、最初のアメリカ人たちは、生産性の低い地域を跳び越えながら、食料が豊かで、生活が容易な――少なくとも不慣れな世界の中で生きる道を選んだ人々にとって可能なかぎり容易な――河川の流域の盆地、大草原、河口域、林地を発見していったことだろう。[13]

私たちは、住み慣れた居住地を後にして南に進路を取った一行が一キロ進む度ごとに新奇さを増していく世界をひるむことなく探査していったという事実を直視しなければならない。彼らは、その途次のある時点においてランチョ・ラ・ブレアのタール坑に遭遇し、ひょっとしたらその足をとめ、泥沼から脱出しようする動物の無益な身もだえや、血生臭い殺戮の現場を目撃したことがあったかもしれない。いくつかの大胆な集団は、おそらくロッキー山脈から東に向かって進み、ローレンタイド氷床の先端近くの風と水によって支配されていた世界を通り抜けていったことだろう。一群の男たちが、突然襲ってきた、また、なんの前触れもなく不意に吹きやむ砂塵嵐に毛皮の衣服に包まれた背中を向けてぴったりと体を寄せ合っているところを想像していただきたい。こうした「探検家」たちは、今日の南極の氷河を吹き荒れているブリザードのような、秒速四〇メートルを越える強風に遭遇することも稀ではなかったはずである。

それ以降の世代の人々は、強風が最終的には弱まり、砂塵嵐がおさまり、耐寒性の低木や樹木が育つことができる豊かな土壌が形成され、それらの木々が彼らの北方への道筋を縁取ってくれたことによって、以前に比べれば楽な旅を続けることができるようになった。それゆえ、私たちは、嵐に行く手を遮られていた開拓者たちの孫やひ孫たちがヤナギやビャクシンやポプラの木々の間に野営している姿を想像してみることができる。彼らと行動をともにしていたのは、温かな気候に常に素速く反応する昆虫類であり、ほどなくしてその跡を追ったのは鳥類だった。私たちが脳裏に描いている旅人たちが野営地を引き払って旅を続けたとき、彼らは、革紐を巻きつけていた足で植物の種子や昆虫類を新たな土壌へと運ぶことによって、変化のときを迎えていた世界に貢献する役割を担っていたのである。

最初のアメリカ人たちがベーリンジアを通り抜け、氷床の先端に沿ってロッキー山脈を越える旅を続けていたとき、彼らは、新大陸の地図――物語や唄によって要約されている地図――を作らなければならなかった。ロッキー山脈、シエラネヴァダ、アパラチア山脈は、おそらくは、そのいくつもの山頂、峡谷、洞窟とともに、アメリカ史上初めて名称を与えられたことだろう。そうした事情は、湖、河川、滝、河口域、森林、林地、大草原についても変わらなかったに違いない。

しかしながら、その種の地形は、地球温暖化によって環境に引き起こされていた大混乱のたんなる個々の結果にすぎず、新たな世代のそれぞれの旅人たちは、景観が、焚き火のまわりで語られていた物語から学んだそれとはまったく異なっていることに気づいたことだろう。新たな世代の旅人たちの中には、氷床に遭遇すると考えていた場所にツンドラを発見した人たちもいたかもしれない。それとは逆に、かつてのツンドラが、移動してきた氷河の下敷きになっていたといったこともあったことだろう。ポプラとヤナギの林であるべき地域が、それらの先駆植物を駆逐してしまったトウヒとマツの林地に姿を変えていたかもしれない。彼らは、昆虫類や鳥類のうちまったく予期していなかった種を目撃したり、新たに形成されたトウヒの林地に入り込んで若芽を食むようになったマストドンのような動物と遭遇するようになっていたかもしれない。あるときは、まるで荒廃してしまった景観を目の当たりにしたこともあったに違いない。筆者は、樹木――その中で彼らの両親たちがシカを狩り、可食植物を採集していた林地を形づくっていた樹木――が南方へと滑っていった氷河によって押し潰され、その下に埋め込まれている光景を目の当たりにして呆然と立ちすくんでいる一団の人々の姿を思い浮かべてみることができる。

しかしながら、彼らをもっともたじろがせた光景は、おそらくは、氷床の先端に沿って途方もないほど巨大化していた湖だったに違いない。[14] これらは、広大な区域に姿をあらわした巨大な湖であり、この種の湖は、今日の北アメリカばかりでなく、世界中のどの地域にも類例がない。これらは、氷河から溶け出した水が北側の氷河の絶壁と次第に隆起していった南側の地面によって堰き止められたことによって生み出された湖だった。紀元前一五〇〇〇年頃、最初にコーディレラン氷床の南端に姿をあらわしたのは、ミズーラ湖であり、今日のオンタリオ湖と同じくらいの大きさだったのだが、その極めつけは、その西に位置していたアガシー湖であり、この湖は、紀元前一二〇〇〇年頃姿をあらわし、その後の四〇〇〇年にわたって水を湛えていた。その面積は、もっとも広大な地域を被っていたときには、三五〇〇〇〇平方キロもあり、世界最大の淡水湖スペリオルの四倍――アイルランドやハンガリーのようなヨーロッパの中くらいの大きさの国の面積とほぼ等しい規模――を誇っていた。

これらの湖の排水路は、状況によって変化していた。そのもっとも劇的な事例はアガシー湖であり、紀元前一一〇〇〇年まで湖水は、南に向かって流れ出てメキシコ湾に流入していた。その後ほどなくして、東端の氷河のダムが決壊し、何十億リットルもの湖水が南側の水路ではなく、東に向かってあふれ出てセントローレンス川へと流れ込み、北大西洋に流入するようになった。それは、海洋の還流に壊滅的な影響を与えたことによって気象条件を激変させ、おそらくは、新ドリアス期そのものを引き起こしたのではあるまいかと考えられている。(15)

北アメリカのいくつかの湖は、それが姿をあらわしたほとんど直後から甚大な被害をもたらす氾濫を引き起こしながら、完全にその姿を消してしまった。その一方、ミズーラ湖のようなそのほかの湖は、長期に渡ってその去就が定まらなかった。この湖の西の境界線の一部は、氷河のダムによって形成されていた。だが、そのダムは、湖が氷河から溶け出した水によって満たされるにつれてしだいに不安定になっていった。ダムが揺らいだそのとき、湖は、まさに突然、排水を始め、何百万リットルもの湖水が隣接している湖へ、次いで、コロンビア川の峡谷平野へと殺到し、その水路に位置していたいかなる林地をも一瞬のうちに水没させてしまった。ほんの二週間も経たないうちに湖底は干からびてしまい、その前方の広大な土地は、その樹木や植物ばかりでなく、土壌すら洗い流されてしまい、床岩が剥き出しにされてしまったのである。その後、氷河の移動によって氷床のダムがふたたび形成され、ミズーラ湖は、ふたたび水を湛えるようになった。だが、そのダムも最終的にはまたもや決壊した。こうした有為転変は、この湖が存在していた一五〇〇年の期間に四〇回も起こり、その度ごとに、湖のそれ以前の壊滅的な氾濫の後にふたたび定着していたばかりの脆弱な水界生態系を壊乱したのである。

そうした壊滅的な氾濫は、ミズーラ湖に特有のものではなかった。氾濫は、北方へと退いていた氷河の近辺の生命にとっては恒常的な宿命だった。それゆえ、私たちは、湖水によって排出された泥によって被われている巨大な区域に真っ先にセージやブタクサが繁茂している光景を目の当たりにしている最初のアメリカ人たちを心に思い浮かべてみなければならない。彼らがさらに探査を続け、自分たちを取り囲んでいる世界について知るようになるにつれ、彼らは、もはや水を湛えてはいない湖の湖岸や、川が干からびてしまったデルタ地帯を発見したことだろう。それよりもっと劇的だったのは、北アメリカのはるか東部の海岸地帯まで危険を冒して進んでいった人たちが目撃した、大西洋が陸地を浸蝕していったその速度の凄まじさだったに違いない。氷河から溶け出した水が大洋に流れ込むにつれて海岸線は内陸へと食い込んでいき、その度合いが、一年に三〇〇メートルにも達したことも稀ではなかったからである。コッド岬の北部では沖合の島々が水没してしまった一方、そのはるか南では、ツンドラとトウヒの林地が入り交じっていた海岸平野が冠水し、次いで水没した。今日、トロール漁をしている人々は、網にかかったマンモスの歯やマストドンの骨を引き上げているのだが、これらは、失われてしまった氷河時代を束の間ではあれ思い出させてくれる。

セントローレンス川の峡谷平野を被っていた氷河が紀元前一二〇〇〇年頃に姿を消したとき、海水が大陸の内部にまで殺到した。その後の二〇〇〇年にわたってオタワ、モントリオール、ケベックは、シャンプレーン海に水没していた。筆者は、最初のアメリカ人たちがクジラ、ネズミイルカ、アザラシを見守りながら、おそらくはカヤックを操ってそれらを狩る手立てを思案していたに違いない姿を想像してみることができる。この海は不安定だった。海水が温められ、淡水湖から流れ込む水によって塩分が希釈されたこともあれば、氷河から溶け出した水によって海水が冷やされることもあったし、大西洋から海水が新たに流入したことによって塩分の濃度が高くなることもあった。今日、その痕跡はほとんど残されていないとはいえ、読者諸賢がきわめて鋭敏な眼の持主だったとすれば、それらの痕跡を、今では隆起して乾燥しているオタワ川の峡谷平野の中の海産の貝の貝殻や、堆積物の中に埋め込まれて化石化している海草の繊維に見つけ出すことができることだろう。その海が姿を消してしまったのは、たんに氷河の重さから解き放たれた区域が最終的には隆起したからだった。

氷床の先端における日々の営みは、長期にわたってそれを享受することができる類のものではありえなかった。人々はその南に位置していた林地と草原で暮らすことができたとはいえ、それらも、また、絶えざる変化にさらされていた。私たちは、最初のアメリカ人たちの一行がそれまで遭遇したことがなかったような林地を目の当たりにして驚き呆れて立ち竦んでいる姿を想像してみなければならない。その林地の樹木は、おそらくは、池の水面より上に幹や枝葉を伸ばすために四方八方に傾いていたり、すでに窪地へと倒壊していたからである。これらの最初のアメリカ人たちが目撃していたのは、今日の生態学者たちが「酔いどれ林地」という適切な名称を与えている林地であり、そこでは林床は「林水」に姿を変えていたのである。

そうした林地は、氷河の停滞によって構成されていた氷の層の上に堆積した土壌の上で植物が新たに生育したことによって形成されたものだった。カナダのサスカチェワン州、ノースダコタ州、ミネソタ州の広大な地帯の全域においては、風が運んできた粉塵、水が運んできたシルトと砂礫、ふたたび進出してきた氷床によって押し流された土壌と岩石の堆積物などが氷河の氷の層を埋め込み、それを被っていた。そのようにして形成された土壌に先駆動物の昆虫類や先駆植物の種が入り込み、その当時の人々の一つの世代（ほぼ三〇年間）以内に林地が姿をあらわした。しかしながら、気温が上昇を続けるにつれて、埋め込まれていた氷河が、まずその上を被っていた土壌が浅いところから溶け始めたことによって、地面の上に染み出した水が水たまりや池を作った。氷河から溶け出した水によって形成されたこれらの池に雨水が流れ込んだことによって水温が上がり、生命が根づく環境が整ったのである。

これらの池を発見したのは、最初のアメリカ人たちだけではなかった。彼らは、ガンカモ科の鳥類が飛来するようになったことに気づいたことだろう。これらの鳥類は、その泥だらけの脚によって植物の種子や巻き貝の卵を運んでいた。これらの池の水は河川へと流れ込むようになり、河川は最終的にはミズリー川の支流と合流した。その結果として、トゲウオやヒメハヤのような魚類が林地に形成された湖へと入り込むことができるようになった。これらの魚類は、寄生虫という名の数多くの「旅の道連れ」をともなっていた。こうしたプロセスによって一連の生態的な環境が整い、その中央に位置していたのが、最初のアメリカ人たちだった。

彼らは、さらに南進を続けているうちに、今日では稀にしか眼にすることができない広々とした林地――樹木と植物が織りなしている植物学的なモザイク――を求めて針葉樹林を後にしたことだろう。それは、マストドンやコロンビアマンモスのような大型の哺乳動物の数多くの種にとっては理想的な餌場だった。このマンモスは、ウーリーマンモスほど毛深くなく、それよりも大きくて体高（肩の高さ）が四メートルにも達することがあり、一日に二二五キロものエサを必要としていた。最初のアメリカ人たちは、コロンビアマンモスの小さな群がユタ州南部のコロラド高原の洞窟を避難所としていたことに気づいたことだろう。マンモスたちは、その洞窟に差し渡し二〇センチにも達する球形の糞の分厚い層を残しており、それは、マンモスたちのエサがイネ科の草本やカヤツリグサや、カバノキやトウヒの葉だったことを明らかにしている。そのエサの量は驚くには当たらない。私たちは、現在のゾウが一日に九〇‐一二五キロの食料を消費していることを知っているからである。今日、私たちはこの洞窟をバカンの洞窟と呼んでいるのだが、これは、ナヴァホ族の命名であり、「大きな糞の洞窟」を意味している。(16)

紀元前一三〇〇〇年までには中西部は、水たまり、湿地、トウヒの林地が入り乱れたびしょ濡れの景観を呈していた。けれども、地球温暖化に拍車が掛かるにつれて、新たな排水路が形成されるようになり、中西部は乾燥し始めた。紀元前一一五〇〇年には定期的な干魃に見舞われるようになり、状況は、その数百年後の新ドリアス期の襲来によってさらに悪化した。樹木は、そうした乾燥した気象条件の中ではもはや生き延びることができず、それに取って代わったのが、イネ科の草本、セージのような香草、ブタクサ、数多くの顕花植物だった。マンモス、ラクダ、ウマ、バイソンなどの数多くの哺乳動物は、新たに形成された大草原を活用し、ひたすらそれを北アメリカのセレンゲティ（野生動物の楽園）に変えようとしていた。最初のアメリカ人たちは、それらの群を、私たちがアフリカの草原でヌーやレイヨウやシマウマを眼にしたとき感じるのと同じような畏怖の念をもって見守っていたことだろう。

最初のアメリカ人たちのいくつかの集団は、不屈の精神によって南進を続けているうちに、中央アメリカを通り抜け、急速に熱帯区へと姿を変えていた地域に入り込んでいった。それは、目新しくて風変わりな世界であり、その世界の中で新しい地形と新たな食料源について学ぶ彼らの能力は、その極限にまで押し広げられたに違いない。多雨林は、紀元前二〇〇〇〇年の極寒の時代を通してその大部分が処女地のままの状態を保っていた。その地に入り込んでいった最初のアメリカ人たちは、多種多様な葉っぱやイチゴ類のうちどれが可食であり、どれを避けなければならないかを見きわめるために、シカやサルなどの採餌の習性を注意深く観察しなければならなかったに違いない。この地において、彼らは、川岸でエサを漁っていたグリプトドン（巨大なアルマジロのような生き物）を含む奇想天外な野獣と遭遇したことだろう。

最初のアメリカ人たちは、ベーリンジアから南アメリカへと向かう旅の途次において数多くの人員の損失に悩まされたに違いない。「探検者」たちのうちには、洪水や泥滑動によって命を落としたり、肉食獣に食い殺されたり、新たな疾患の犠牲になった人たちもいたことだろう。[17] 孤立してしまったいくつかの集団もあったかもしれない。そうした集団が生物学的に生存可能な規模を備えていたとしたら、人々は、自分たちに固有の言語と文化や、遺伝標識すら進化させることができたかもしれない。そうした「失われた」人々は、北アジアからの分散に源を発していた初期のアメリカ人たちの新たな世代にとっては理解の限度をはるかに越えた存在になっていたに違いない。孤立したいくつかの集団は、生き残っていくことができるだけの規模をもっていなかったかもしれない。そうした人たちにとってその未来は冷酷なものだった。人員の数をしだいに減らしていき、最終的には消滅してしまうほかなかったからである。

紀元前一一五〇〇年までには、最初のアメリカ人たちは、すでに南はティエラデルフエゴから北はベーリンジアに至るアメリカ大陸の全土へと分散していた。おそらく数多くの移住の結果として生みだされたと思われるこれらの個体群は、すでに多数の言語と文化的な伝統を獲得しており、一定の頻度において遺伝子の突然変異を発現させてもいた。人類の人口は増加し、それは、移住の新たな潮流によって、少なくともデーヴィッド・メルツァーがいうところの「移住の滴り」によってさらに増大していったことだろう。(18)

クローヴィス尖頭器が考案された場所は知られておらず、その理由も明らかにされていないとはいえ、その発祥の地は、投げ槍の尖頭器がもっとも数多く発見されている北アメリカの東部の森林地帯だった確率がもっとも高いことだろう。これらの新たなクローヴィスの狩猟具一式と人々の数が増大したことによって、その生活様式が、突然、考古学者たちの眼にとまるようになったのである。

人々が、自分たちが発見することができた最上の石から大型の石の尖頭器を造るようになった核心的な理由は明らかにされていない。(19)それらが狩猟用だったと考えることは容易《たやす》いし、事実、その目的で使われた尖頭器もいくつかある。けれども、クローヴィス尖頭器は、植物を切る小刀としても使用されていたのかもしれないし、主として社会的な誇示行動として製作されていたのかもしれない。これらの尖頭器が大陸の全土に広まっていった驚嘆に値する速度は、おそらくは、それが、物体というよりはむしろ、一つの観念——氷河時代がその幕を閉じようとしているときに生存にとって不可欠だった、それぞれの集団の間の密接な繋がり——だったことを立証しているといえるのではあるまいか？　事実、そうした尖頭器の数、形式、分布は、筆者にとっては、尖頭器が自然界から食料を獲得する手段とまったく同じ程度において、それぞれの集団の間の社会的な絆を築き上げるために用いられていたことを示唆している。

それぞれの集団は、そうした観念を、自分たち自身の特定のデザインの中に表現しているように思われ、それゆえ、尖頭器の大きさや形状や形式には数多くの微妙な違いがある。考古学者たちは、それぞれの形式に、ミシガンの州のゲイニー型尖頭器[20]、フロリダ州のスワニー型尖頭器[21]、モンタナ州のゴセン型尖頭器[22]といった具合に、大陸の全域のそれぞれの尖頭器に異なった名称を与えている。[23]その技法が伝搬していった理由がどのようなものであったにせよ、いったんそれが拡散してしまえば、私たちは、いかにもとらえどころのない最初のアメリカ人たちにかかずらう必要はもはやない。彼らをクローヴィス文化期の人々と呼べばそれでよいからだ。

ところで、北アメリカの動物相は、まったく新たな種類の潜在的な捕食者と直面していた。それは、石の尖頭器を先端に固定した投げ槍で武装し、大きな集団を作って狩りをし、待ち伏せを仕組み、ワナを仕掛ける捕食者だった。マンモスやマストドンなどの巨大な草食動物は、オオカミ、ライオン、サーベルタイガーといった肉食獣によって、その幼獣を補食されていたことだろう。これらの動物たちは、その種の肉食獣と何百万年もの永きにわたって棲息地をともにしながら共進化しており、規模の大きな群、巨大な体躯、強力な牙、攻撃されやすい個体を守る群の形成、肉食動物の獣道を避ける行動様式といった防衛手段をすでに獲得していた。新たな種類の捕食者が姿をあらわしたとき、これらの防衛手段は、適切に機能したのだろうか？　その投げ槍は、スミロドンの「剣歯」よりも致命傷を与える確率がはるかに高く、その集団狩猟戦術は、オオカミのそれよりもっと洗練されていた。だが、それよりはるかに厄介だったのは、地上性ナマケモノやマストドンや、スミロドンすら遭遇したことがけっしてなかった一つの「武器」だった。その武器とは、獲物の裏をかく巧妙な作戦を考え出すことができる大きな頭脳だったのである。

27 クローヴィス文化期の狩人たちの罪状審理

——紀元前一一五〇〇年から一〇〇〇〇年における大型動物相の絶滅とクローヴィス文化期の生活様式

クローヴィス文化期の狩人たちは、巨大な獣たちを狩ることによってそれらを絶滅へと追い込んだ、とポール・マーティンが一九六〇年代に主張したとき、これらの動物が絶滅した正確な年代については比較的かぎられた理解しか得られていなかった。けれども、その証拠物件が蓄積されていったことによって、今ではクローヴィス文化期といくつかの大型動物相の絶滅は、事実上、まさしくときを同じくしていたと考えられている。

一九八五年までには、デーヴィッド・メルツァーと北アリゾナ大学の地質学者ジム・ミードは、化石が出土した一六三の場所に、とりわけ、ランチョ・ラ・ブレアのピット坑と南西部の乾燥した洞窟に由来している、絶滅した動物に関する三六三もの放射性炭素年代を集めることができた(1)。こうして集められた放射性炭素年代のうち、メルツァーとミードは、地中に含まれていた古い炭素によって汚染されている恐れのある、二人が疑わしいのではないかと考えたすべてを取り除き、三〇七の試料に由来している年代を手許に残した。その数年後、放射性炭素年代の専門家であるワシントン大学のドナルド・グレーソンは、もっと多くの年代を信頼に値しないとして斥け、放射性炭素年代の確定に用いる最終的な試料を一二五にまで絞り込んだ(2)。

そうした厳密さをもってしても、三六の絶滅種のうち二九種が絶滅したのが過去五〇〇〇〇年のある時点だったといった大まかな年代枠をそれ以上正確に同定することはできなかった。グレーソンは、これらの動物が絶滅したのが氷河期の最後の一五〇〇〇年の期間であり、これらの動物が、その期間において北アメリカの景観を最初のアメリカ人たちとクローヴィス文化期の狩人たちと共有していたことを当然のこととして決め込む考え方に警告を発していた。それにもかかわらず、氷河期は、「氷河期の七種」――マンモス、マストドン、ラクダ、ウマ、バク、地上性シャスタナマケモノ、スミロドン――を残してその幕を閉じた。北アメリカに棲息していたこれらの種のうち最後まで生き延びていた個体の生存期間が紀元前一一〇〇〇年から一〇〇〇〇年であることが信頼に値する年代測定によって裏づけられており、この期間は、全体的には、クローヴィス文化期の狩人たちとぴったりと符合する。(3)

クローヴィス文化期の狩人たちがこれらの動物を絶滅に追いやったとのポール・マーティンの主張は、サン・ペドロ川の峡谷平野の遺跡から出土した証拠物件を考え合わせれば、有無をいわせぬ説得力をもっていた。(4)レーナー牧場の遺跡から出土した一三頭のマンモスの残骸、投げ槍の尖頭器、解体具、炉床を目の当たりにすると、私たちは、すぐさまマンモスと人類をめぐるドラマを想像することができる。それは、マンモスの小さな群を水場で待ち伏せているクローヴィス文化期の狩人たち、殺戮によって朱《あけ》に染まった小川、焚き火のそばで始まる解体作業、肉が炙られている匂い、食べ残しの肉と内臓を漁ろうとして上空を舞っているハゲワシやコンドルと、近くの岩にとまっている巨大なテラトーンといった光景である。これは、イリノイ大学のジェフリー・ソーンダーズがマンモスの骨の調査によって再現した光景そのものである。(5)

そうした光景は、おそらく大陸の全土において、マンモスに対してばかりでなく、ナマケモノ、ラクダ、オオアルマジロ（グリプトドン）、巨大なビーバー（カストイロデス・オハイオエンシス）に対しても何度となく繰り返された光景だったに違いない。クローヴィス文化期の狩人たちは、たんにあまりにも強力であり、その獲物を出し抜く狡猾さを身につけていた。彼らは、過剰な殺戮によって「氷河期の七種」を絶滅へと追いやるという罪を犯した。

手際の鮮やかなシナリオではあるが、それは、果たして正しいのだろうか？　私たちは、クローヴィス文化期の狩人たちに対して適切な判決を下さなければならない。ポール・マーティン自身、自らの告発の論拠にきわめて重大な弱点があることを承知していた。マンモスの殺戮に関わっていた（と思われる）遺跡がいくつかあることは紛れもない事実だとはいえ、そのほかの三〇種ばかりの絶滅動物と関わっていたそれと同じような遺跡は発見されていないからである。少なくとも、それは、きわめて稀であるか、解釈一つでどちらとも判断できる異例である。マーティンは、それについて巧妙な言い抜けを用意している。「終末論的な」殺戮が、人類の標的にされる確率がきわめて高い動物に対して、なおかつ、きわめて速やかに行われた結果として、殺戮と関わっていた遺跡は、ごくわずかしか残されていないというのである。軍事的な用語を借れば、彼は、それが「電撃的集中攻撃」だったと説明しているのである。

それればかりか、マーティンは、最終氷期のなんらかの遺跡を考古学者たちが発見する確率があまりにも低いことから、私たちは、ナマケモノ、ラクダ、グリプトドンの殺傷と関わりのある遺跡が見当たらないことを嘆くよりはむしろ、すでに突きとめられているクローヴィス文化期／マンモスの遺跡の数に驚かなければならないと論じている。その種の動物たちは、堆積作用よりもむしろ浸蝕作用にさらされていた草原地帯や丘陵地帯で射止められて解体された。それゆえ、切り傷が残されていた骨や炉床は、久しい以前にバラバラに壊れ、私たちの眼のとどかないところにまき散らされてしまった。それらは、塵や埃に形を変えて今日の大陸のいたるところに吹き飛ばされたり、洗い流されてしまったのだ。

一九七〇年代には、処女地に進出していったクローヴィス文化期の狩人たちが南に向かって「快進撃」を続け、土着の動物たちに対して「電撃的集中攻撃」を加えていたといった考え方は、それを証明することも、それに異を唱えることもできなかったとはいえ、考古学上の証拠物件とぴたりと符合していた。けれども、そうした事情は今日には当てはまらないのだが、それは、主としてモンテ・ヴェルデに依拠している。つまり、その定住地は、クローヴィスの技術が考案される何千年も前に、また、もっと重要なのは、大量絶滅が引き起こされる前に、北アメリカに人々が住んでいたことを私たちに示しているのである。最初のアメリカ人たちが大型の獲物を狩っていなかったと仮定すると、それは、それらの動物が、ポール・マーティンが提唱しているような、容易に狩ることができる獲物ではありえなかったことを意味している。それとは逆に、彼らが大型の猟獣の狩人だったと仮定すると、それらの獲物を「電撃的集中攻撃」によって狩ることはとうていできなかったはずであり、それればかりか、私たちは、ナマケモノ、ラクダ、グリプトドンの殺戮と関わりをもった遺跡を発見しているはずである。いずれの場合においても、マーティンの主張はその論拠を失う。

クローヴィス文化期の人々を弁護しているのは、モンテ・ヴェルデというたんなる「状況証拠」だけではない。事実、彼らは、大陸の全土の実に数多くの地域における「現場不在」を「主張」しており、それを証明しているのは、クローヴィス文化期の遺跡そのものにほかならない。南西部の遺跡からはかなりの数のマンモスの骨が出土しているとはいえ、そのほかの地域の遺跡は、その生活様式が小型の猟獣の狩り、カメの捕獲、可食植物の採集に依存していたことを示している。[6] ペンシルヴェニア州のショーニー＝ミニシンクでは、クローヴィス文化期の人々は、サンザシの実やブラックベリーを採集していた。カナダのノヴァスコシア州のデバートの居住地では、カリブーを狩っていた。テキサス州のラボック湖の湖畔の獲物は、ウサギ、ガンカモ科の水鳥、野生のシチメンチョウだった。ネヴァダ州のオールドフンボルトの居住地のようなそのほかの場所では、マス、鳥類の卵、クラム（ハマグリなど食用二枚貝の総称）を常食としていたのだが[7]、大型の猟獣を狩ることも稀ではなかった。サン・ペドロ川の峡谷平野のマレー・スプリングスの周辺ではマンモスが狩られていたか否かひとまず措くとして、人々は、沼沢地でバイソンの群を待ち伏せて捕殺していたことが明らかにされている。けれども、マンモスの骨が人目を引くレーナー牧場のような遺跡においても、人々の通常の食生活の一般的な食材だったと思われるのは、小型の猟獣だった。

クローヴィス文化期の人々は、大型の猟獣の狩りに特化することなく、植物と動物の違いを問わず、利用できるものはなんであれ、状況に応じてそれを食材として採り入れるしなやかな精神の持主だったように思われる。したがって、フロリダ州のリトルソルト・スプリングで巨大なリクガメをヤスで刺し殺したり、ミズリー州のキムズウィックでマストドンを狩っていたのは、たんにそれが手近で利用できる唯一の食料だったことを示しているにすぎない[8]。彼らがとりわけ大型の猟獣を探しまわっていたということであったとしたら、私たちは、ケンタッキー州のビッグボーン・リックやヴァージニア州のソルトヴィルでクローヴィス尖頭器を発見することができるのではあるまいかと考えることができる。そこに露出していた岩塩は、氷河時代を通して大型の哺乳動物を引きつけていたことから、その種の猟獣を狩る機会を容易に見つけることができたはずだからである。だが、この二つの地域は、二〇〇〇年間にわたって探査され、膨大な数の動物の骨が発見されているにもかかわらず、これまでクローヴィス尖頭器は一欠片といえども発見されていない[9]。

したがって、マンモスの殺戮と関わっていると考えられている遺跡は、クローヴィス文化期の居住地の通例というよりはむしろ、例外だったと思われる。それればかりか、それらが狩りを指し示している度合いは、当初、考えられていたよりももっと低いのかもしれない。きわめて重要な問題は、生活廃棄物に由来する有機堆積物が見当たらないことを除けば、クローヴィス文化期の遺跡ときわめてよく似ているように見えるマンモスの骨の「自然な」集積が北アメリカにはいくつもあるという事実である。これらは、たとえば、群が氷河を通り抜けたり、凍結した湖を渡っていたとき自然災害に見舞われてしまったり、あるいは、予期していなかった泥沼にはまってしまった結果だった。これらの群は、人類のいかなる計らいとも関わりなく死んでしまったのである。

こうした解釈に賛意を表しているのは、一九八〇年代に干魃という自然現象によってその個体数を激減させたアフリカゾウを研究したことのあるネヴァダ大学の人類学者ゲーリー・ヘインズである。干上がってしまった小さな池のまわりのゾウの死体の集積と分解の状態を調査したとき、彼は、マレー・スプリングスやレーナー牧場のような遺跡のマンモスの残骸との著しい類似点を発見したのだ(10)。

ヘインズは、クローヴィス文化期の人々が干魃という自然の計らいによって追い詰められていたマンモスの個体群の激減の目撃者であり、しばしばマンモスにとどめの一撃を加えて意味のない苦しみから解放してやっていたのだと提唱している。死体は、多くの場合そのまま放置された。マンモスにはほんのわずかの肉しか残されておらず、骨を砕いて骨髄を取り出すだけの価値すらなかったからである。とどめの一撃を加えなかったとすれば、マンモスは餓死したはずだからである。マンモスは、事実、干魃の時代、つまり、新ドリアス期が始まる直前まで、あるいは、その期間を通して生き延びていたのかもしれない。だが、この点については、またしてもその証拠物件は確定的ではない。この時代の干魃の厳しさの度合いばかりか、その存在そのものすら数多くの考古学者たちの間で論争の的になっているからである(11)。

餓死しようとしているマンモスにとどめの一撃を加えた、あるいは、たんにそれを傍観していただけだったとしても、過去に対するそうした考え方は、ポール・マーティンやジェフリー・ソーンダーズのそれとはまったく異なっている。事実、そうした観点から見れば、クローヴィス尖頭器そのものが、当初考えられていた役割とはまったく異なった意味合いをもっていた可能性が開けてくる。これらの貴重な石の尖頭器は、死んでしまった動物たちのそばや、その上にさえ敬意の徴《しるし》として、あるいは、宗教的な慣例の一部として置かれていたのかもしれないからだ。

そのように考えて見ると、クローヴィス文化期の生活様式にはたんなるその日暮らしをはるかに越えたなんらかの実体があったに違いないと思えてくる。実に残念なことに、宗教的な信仰と集落の構成に関する証拠物件は、そのいずれもがきわめてかぎられている。彼らが死者たちをどのように扱っていたとしても、死者たちを一定の基準に則って埋葬する慣習をもっていなかったことは間違いないと思われる。少なくとも、死者たちが死後の生を生きるような場所、あるいは、考古学者たちがそれを眼にすることができる場所に埋葬されてはいない。[12] それには二つの例外がある。ネヴァダ州のフイッシュボーンの洞窟からはヒマラヤスギの樹皮に包まれた遺体の残骸が出土しており、[13] モンタナ州のアンジックの遺跡では二人の若い成人の断片的な遺骸が発見されている。[14]

アンジックの遺跡は、天井から岩石が崩落している小さな岩窟住居の中で一九六八年に発見され、干からびていた土壌からは、数多くの見事な出来映えの投げ槍の尖頭器を含む百個以上もの一連の石器が発見された。これらの石器は、バラバラの状態で投げ棄てられてはおらず、赭土が振りかけられていた道具類の貯蔵所に意図的に収納されていた。[15] 石の人工産物の同じような貯蔵所は、大陸のそのほかの場所でも発見されている。[16] もしこれらが、狩りの一行が帰ってきたとき、補充さるべき人工産物のたんなる貯蔵所だったとすると、アンジックの赭土、石の尖頭器のとりわけ入念な細工、埋葬といった取り合わせの関連性を適切に説明することはできない。

数多くのクローヴィス尖頭器の印象的な色も、また、それらがたんなる実用的な物体以上のなにかだったことを示唆している。尖頭器は、赤と茶の縞模様が交互に入っているチャート（ほとんどが無水珪酸からなる硬い堆積岩）、多色の玉随、赤碧玉、黒曜石、化石化した木片から造られている。そのような色彩の豊かな多種多様な原材料が選ばれたのはいったいなぜだったのだろうか？　オーストラリアのアボリジニーも同じような慣習をもっていたのだが、それは、宗教的な信仰に由来していた。しばしば深紅色のチャートが用いられており、その種のチャートは、祖先の血によって形成されたと信じられていた。水晶も愛蔵されていたのだが、それは、水晶がチラチラ光る有様が「虹が架かること」の本質と関わっていたからだ。アボリジニーは、それが生命の精髄だと信じていたのである。[17]

クローヴィス文化期の人々も、それと同じような根拠にもとづいて色彩の豊かな石を選んでいたのかもしれない。もしそうだとしたら、彼らは、自分たちの宗教的な信仰の証拠物件として洞窟絵画を残すことを怠ったのである。私たちがなすことができるすべては、彼らがその中に住んでいた社会的・象徴的な世界においては、石の尖頭器が重要な意味をもっており、その重要さの度合いは、小立像の彫刻が氷河時代の狩猟採集民たちに、水晶の尖頭器がオーストラリアの近年のアボリジニーに対してもっていたのと同じようなものだったのではあるまいかという推測だけである。

クローヴィス文化期の人々が用いていた投げ槍には明らかに血痕が認められるとはいえ、考古学上の証拠物件を点検してみれば、私たちは、彼らが大量絶滅に独占的な、あるいは、なんらかの役割を担っていたか否かについて少なからぬ疑念をもたざるをえない。しかしながら、彼らが無罪である、あるいは、少なくとも、一時的に「保釈出獄中」であるということであったとすれば、そのほかの誰を、あるいは、なにを拘束して尋問すればよいのだろうか？

それについては二つの代案があり、その一つは、好奇心を刺激するものであるとはいえ、純然たる憶測にもとづいている着想であることから、ごく手短に述べておこう。それは、致命的な伝染病の蔓延だった。「アメリカ自然史博物館」の古生物学者ロス・マカフィーと、チューレーン大学の熱帯医学教授プレストン・マルクスは、紀元前一一〇〇〇年頃北アメリカにおいて、ウイルスが新たに移住してきた人類から大型の猟獣に感染したのだと提唱している。[18] 憶測にもとづいているこの「異常な疾病」は、歴史にその記録が残されているいかなる疾病よりも致命的だったのかもしれない。これについてはごくわずかの痕跡すら残されているわけではないとはいえ、二人の学者は、疾病がその解釈が困難な大量絶滅に関するいくつかの事実、とりわけ、絶滅の速度と絶滅が大型の動物に偏っている事実を説明してくれると提唱している。具体的にいえば、二人は、成熟に長い年月を必要とする動物がその影響をより多く受けたと主張しているのである。論理的には、その証拠物件が発見されている。ウイルスに感染した個体のＤＮＡの断片が絶滅動物の骨に残存しており、それが抽出されたというのだ。なるほど、そういったことが実際にあったのかもしれない。しかしながら、それは、望みの薄い困難な試みである。というのも、古代の骨からＤＮＡを回収する作業は、ほんの数年前に科学者たちが考えていたよりもはるかに、というより、途方もなく困難であることがすでに証明されているからである。[19]

過剰殺戮に関するもう一つの代案は、気象条件の変化であり、私たちは、それを「告発」している三人の主要な「検察官」の名前を挙げることができる。その三人とは、「デンヴァー博物館」の古生物学者ラッセル・グレアム、テキサス大学の地質学教授アーネスト・ルンデリウス、アラスカ大学の古生物学教授デイル・ガスリーである。この三人は、気象条件の変化と、それが動物たちの棲息圏にひきおこした結果が大量絶滅の元凶だったと確信している。侮りがたいこの三人組によれば、気候が温かくなったり寒くなったり、湿潤になったり乾燥したとしても、それそのものがその犠牲者たちを死に追いやることはない。だが、それは動物たちの棲息環境を破壊する。[20] 私たちは、これが現代社会における動物の絶滅の主要な原因であることを知っており、三人が指摘している論拠に直ちに賛同しなければならない。グレアムとルンデリウスの主張によれば、氷河時代がその幕を閉じた後で棲息環境が被った深刻な被害は、夏が比較的暑くなり、冬がより寒冷になった気象条件に起因していた。季節間格差がかぎられていた条件の中で何千年もの永きにわたって進化してきた動物の群集と植物の群落は、あるものは冬に、そのほかのものは夏に耐えることができなくなったことによって崩壊した。

今日では互いに何千マイルもの距離によって隔てられた、根本的に異なった環境の中で棲息しているそれぞれの種は、その当時は互いに混じり合って棲息しており、これは、氷河時代の動物の群集のもっとも驚嘆に値する特性の一つだった。新たな世界の中を移動していた最初のアメリカ人たちは、カリブー、ジャコウウシ、レミングのような、今日でははるか北方のツンドラを棲息地としている種がヘラジカやバイソンのような、今日では林地や大草原に棲息している、純然たる南方の種と棲息圏をともにしていた光景を眼にしていたことだろう。氷河時代には動物たちにとってそうした混生が可能だったのは、季節間格差が今日におけるほど著しくなかったからだった。

冬がより寒冷になると、いくつかの種の動物たちは南方へと移動せざるをえなかった。それとは逆に、さらに暑くなった夏は、特定の種の動物たちを北方へと追い払った。これらの二つの種が中間的な地帯で遭遇することはもはやありえなかった。そのような地帯は、すでに存在していなかったからだ。新しい適地を見つけることができたこうした動物たちは幸運だった。適応できなかった数多くの種は絶滅してしまったからである。

デイル・ガスリーは、植物の群落の分布に対する気象条件の変化の影響力を復元することによって、ある種の動物が生き残り、そのほかの種がそうすることができなかった理由を説明している。今日の世界において、私たちは、その種の分布を明確な特徴をもった地帯として理解している。はるか北の彼方にはツンドラ地帯がある。その南は針葉樹林であり、そのさらに南には落葉樹の林地がある。それが姿を消すと、そこには見渡すかぎり草原が広がっている。最初のアメリカ人たちがその中で暮らしていた氷河時代の世界は、それとはまったく異なっていた。緯度にもとづく地帯の区分けはきわめて曖昧であり、植物の群落は「格子縞」状を、つまり、混生状態を呈していた。今日のツンドラ、針葉樹林、落葉樹林、草原といった多種多様な要素が互いに入り混じっていたのである。これらの地帯を引き裂いたのがより暑い夏ともっと寒冷な冬だった。

そのプロセスにおいて塗炭の苦しみを強いられていたのは、植物のこうした混生に依存していた動物であり、それらの動物の大部分は、マンモス、マストドン、オオナマケモノといった、きわめて大きな体躯をもった種だった。これらの動物たちは、その途方もないほど巨大な体躯を養うに足るだけの長期に及ぶ生育期を必要としていたにもかかわらず、それを制限せざるをえない情況によって苦難を強いられていたのである。植物の多様性の著しい縮小にも苦しめられていた。これらの動物たちは、十分なエネルギーと栄養の補給を多種多様な植物に依存していたからである。季節間格差がさらに著しくなり、植物の多様性が縮小していくにつれて、特定の植物に依存している動物たちが優位を占めるようになっていった。はるか彼方の北方においては、それは、地衣類だけに依存することができたカリブーだった。林地においては、それは、その食性を林地に適応させる能力にとりわけ秀でていたシカだった。南部においては、それは、多様な食性をもっていた動物に好まれていた長茎イネ科草本に取って代わった短茎イネ科草本の特定の種をエサとしていたバイソンだった。これらの新しい植物の中には化学物質によって身を守っていた種もあり、バイソンはそれに耐性をもっていたのだが、そのほかの多くの動物にとってそれは有毒だった。実際問題として、すべてがマンモス、マストドン、オオナマケモノにとって不利な条件を備えていたのだ。ガスリーによる論証は、絶滅が必然だったことを示している。

様々な種の間の競合は、すべての動物が群集の一部であり、いったんその構成要素の一つが生態系を乱すと、それが食物網全体に波及していく恐れがあることを私たちに思い出させてくれる。それゆえ、大陸からアメリカライオン、チーター、サーベルタイガーといった肉食動物が姿を消してしまったのは、たんにその獲物がいなくなった結果だったのかもしれない。また、これは、そのほとんどがワシタカ科の大型猛禽だった巨大な鳥類の絶滅を説明してくれるといえるのかもしれない。これらは、そのすべてがテラトーンと同じように肉食性の鳥類だったからである。それらの鳥類は、捕食者として、あるいは、清掃動物として、無防備な幼獣に――ラクダやウマの幼獣ばかりでなく、マンモスの幼獣にさえ――依存していたのかもしれない。[21]

生態学者のE・C・ピールは、大量絶滅に関する、環境や生態学にもとづいているこうした解釈を受け入れることに警告を発している。[22]その理由について、彼女は、今日まで生き延びている小型のビーバーは、巨大なビーバー（カストイロデス・オハイオエンシス）との競合の勝利者だったのだろうかと問い掛けている。アメリカライオンやサーベルタイガーが、バイソンやアメリカヘラジカ（ムース）やシカのような、たんに今日まで生き延びているばかりか、その数を盛んに増やしていた草食動物を補食できなかったのはいったなぜだったのだろうか？　また、これらの肉食動物の犠牲となって腐敗していた死体は、なぜテラトーンを生き延びさせることができなかったのだろうか？　私たちは、一般的には、この巨大な鳥類がそれほど気むずかしい食性をもっていたとは考えていない。[23]

これは説得力のある論証であり、それとともに浮上してくるのは、それよりももっと説得力をもった論証である。それは、地球温暖化のこの時代が少なくとも過去一〇〇万年において地球が引き起こしてきた気候の急激な変動のうちもっとも最近の、また、唯一無二とはほど遠い出来事だというごく単純な事実である。劇的な地球温暖化の時代は、ほぼ一〇〇〇〇〇年に一度の周期で訪れており、次いで、地球は氷河時代へと移り変わっていく。こうした変転の度ごとに、その結果として引き起こされていた季節間格差と植物の分布の変化が、今現在、私たちが論じている時代、つまり、紀元前二〇〇〇〇年の最終氷期最盛期以降の数千年間とは甚だしく異なっていたといったことはとうていありそうもない。

それにもかかわらず、大型動物相は、その度ごとに地球上に引き起こされていた気候の激変、棲息圏の消滅、生態学的な巨大な壊乱のすべて乗り越えて生き延びていた。それらの動物の多くが苦難にさらされたことには疑問の余地がないとしても、おそらくは、それ以前の氷河時代とさほど変わらない状態を保っていたと思われるはるか北方に避難所を見つけ出すことによって、それに対処していた。そして、いったん気候が元の状態に戻ると、動物たちは、避難所から分散していき、ふたたび地球の動物相の主要な構成要素になった。それでは、最終氷期がその幕を閉じたとき、マストドンがトウヒとマツの森林が生き残っていた北方地帯に移動し、その地において氷河期以降のおぞましい暑気と湿気が過ぎ去るのを待つことができなかったのはいったいなぜなのだろうか？　イエスタデーズ・キャメル、オオナマケモノ、巨大なビーバー（カストイロデス・オハイオエンシス）はおろか、ウマまでが広大で驚くほど多様な北アメリカに生き延びるべきなんらかの場所を見つけ出すことができなかったということなのだろうか？　たとえおあつらえ向きの場所が見つからなかった、あるいは、そこに到達することができなかったとしても、これらの動物が新しい棲息圏に適応する術を学んだり、自然淘汰が救いの手をさしのべることによって、その生理機能と行動様式に微妙な変化が生まれるといった事態に立ち至らなかったのはいったいなぜだったのだろうか？　それは、これらの種がそれ以前の何百万年の間に行わなければならなかったことにほかならない。それでは、その同じ戦術が、最終氷期がその幕を閉じたときには機能しなかったのは、いったいなぜだったのだろうか？

私たちは、動物たちの生き残り戦術に関する驚異的な一つの事実をすでに発見しており、それは、それが一九九三年に脚光を浴びたとき、科学者たちにきわめて大きな衝撃を与えた一つの事件だった。その年の三月まで世界中のマンモスのいかなる個体といえども、紀元前一〇〇〇〇年までには、少なくともその直後までには、すでに死滅していたと考えられていた。それにもかかわらず、ロシアの科学者たちは、シベリアのはるか彼方の北方二〇〇キロに位置している北極海の無人の孤島ヴランゲリにおいて、それよりはるかに時代を下るまで生き残っていたマンモスの骨を発見したと公表した。[24] これらのマンモスは、たんにそれより数百年長く生き延びていたわけではなかった。その期間は、なんと六〇〇〇年、つまり、エジプトのピラミッドの時代にまで歴史を下る驚異的なものだった。

今から一二〇〇〇年前、ヴランゲリ島はベーリンジアの一部であり、その丘陵地帯を徘徊していたそれらのマンモスは、そのほかの地域の個体とまったく同じように、体高（肩の高さ）がほぼ三メートルから三・五メートルだった。海面が上昇したとき、これらのマンモスは孤立したのだが、生き残りにはそれなりの対価を支払っていた。というのも、ほぼ五〇〇世代が経過したその過程において、巨大な体躯が縮小し、矮小体に変わり果てていたからである。最後まで生き残っていた個体の体高は、一・八メートルにすぎなかった。だが、これはヴランゲリ島に固有の事例ではない。ミニマンモスやミニゾウのいくつかの事例が人類の歴史におけるそれよりはるか以前の時代において、キプロス島、マルタ島、カリフォルニア州の海岸の沖合の島々ですでに発見されている。これらのマンモスの中にはヤギと同じくらいの体躯にまで矮小化した個体すらいた。

棲息圏が小さな孤島に限定されたとなると、矮小化は、きわめて適切な生き残り戦略である。エサの量がかぎられている場合、動物は、体の大きさを縮めることによって生殖上の利点を得ることができる。そうした手段によって以前より早く性的に成熟して成体になった個体は、その結果として、その遺伝子を次の世代に速やかに伝えることができるからである。また、より大きな体躯を獲得する当初の目的の一つが肉食獣を怯《ひる》ませるということだったとすれば、まわりにオオカミ、ライオン、サーベルタイガーがまったく棲息していない環境の下では、それは不必要になる。それゆえ、私たちは、ヴランゲリ島のマンモスがクローヴィス文化期の人々がレーナー牧場の近辺で狩っていたそれと比べてずっと小型だったことに驚く必要はない。

矮小化したマンモスの発見が衝撃的だったとしても、それは、世界のそのほかの地域において紀元前一〇〇〇〇年までにはほとんどのマンモスがすでに絶滅していた謎の解明にはごくわずかしか役立たない。ヴランゲリ島のマンモスが生き延びていたのは、おそらくは、その地の特定の気象的・地質的な条件によってイネ科などの各種の草本や低木といった植生が維持されていたからだろう。それゆえ、その島は、沼沢地が点在しているツンドラと林地が広がっていたそのほかの地域と同じように、マンモスにとっては避難場所にほかならなかったのである。ヴランゲリ島は、マンモスがそこからその数を増やしていき、以前の体躯を完全に取り戻せる可能性を秘めていた始点だったのだが、それには、そのマンモスたちが絶滅の落とし穴に転落してしまう前に次の氷河期が到来して海面が低下し、マンモス・ステップが甦るという条件が課されていた。

マンモスたちは、落とし穴に転落してしまったのだろうか、それとも、そこに追い込まれていったのだろうか？　それはたぶん後者だった。というのも、人類が初めてヴランゲリ島に移住した時代は、マンモスが絶滅した時代とぴったりと一致しているからである。私たちは、その移住についてはごくわずかの知識しか持ち合わせていない。生存にはまるで適していないそうした島において生き残りの限界まで追い詰められていた人々が残したに違いない石の人工遺物の痕跡が少しばかり発見されているにすぎないからである。しかしながら、捕食者にまったく警戒心を抱いていない、また、どこにも逃げ延びることができないミニマンモスほど容易に狩ることができる獲物がそのほかにいるだろうか？

ヴランゲリ島におけるこの発見は、クローヴィス文化期の狩人たちをふたたび被告席に引き戻したように思われる。それは、最終氷期が終焉のときを迎えようとしていたとき、マンモスがレフジア（気候の変化期に比較的気候が安定しており、ほかの場所では絶滅した種が生き残った地域）を見つけ出したにもかかわらず、いったん人類がその地に入ってしまうと、その結果として、絶滅が加速されたことを示している。それゆえ、クローヴィス文化期の狩人たちがナコ、マレー・スプリングス、レーナー牧場のような遺跡の周辺で捕殺し、それを絶滅の奈落の瀬戸際まで追い詰めていたのは、こうした少数のマンモス、つまり、個体群が崩壊してその個体数が激減しており、生態学的な大混乱という状況の中でレフジアを捜し求めていたときにはすでに虚弱で、劣悪な健康状態に陥っていたマンモスだったのである。

私たちは、北アメリカにもう一度引き返し、今では絶滅に関する唯一の解釈の可能性のカギを握っていると思われる「被疑者」を最終的に取り調べなければならない。クローヴィス文化期の狩人たちと気象条件の変化のいずれもが、それだけが作用因として機能しただけでは、十分な影響力をもっていたとは考えられないとしても、その二つの力が結合して作用したとき、それは、実質的には、マンモス、オオナマケモノ、マストドン、及びその仲間の犠牲者たちに対する死刑宣告に等しいものだった。

クローヴィス文化期の狩人たちと気象条件の変化という「共同謀議」を最終的に審理するに当たって、筆者は、一九九〇年代の初め頃の筆者自身の研究に依拠することにしよう。筆者はなんとしてもクローヴィス文化期の狩人たちの殺戮の現場を調査したいと望んでいたのだが、この調査は、野外調査の艱難とはまったく関わりのないコンピューターを使って行ったものだった。ちょうど経済学者たちが利率の増大がインフレーションの規模に与える影響のような将来の予測にコンピューターを使うのと同じように、考古学者たちも、また、過去を「予測」するモデルを構築することができる。筆者の調査の目的は、少しばかり増加した補食率が、同じように増加した干魃の頻度との関わりにおいて、北アメリカのマンモスの個体群の規模に与えた影響を探究することだった[25]。

学生時代に筆者が習得した技能の一つは、動物の個体数の数学的モデルを構築し、次いで、コンピューターを使って先史時代の狩りの手法をシミュレーションすることだった[26]。筆者は、生態学者との共同作業によってアフリカ大陸のゾウの個体数の変遷の型をシミュレーションするコンピューター・プログラムを作成していた。そこで、我々は、シミュレーションされた個体数を使って、それを干魃の年と密猟者によって「撃つ」ことによって、ゾウが一つの種として次の世紀まで生き延びることができる確率の考察をコンピューター上で実験してみた。

マンモスとクローヴィス文化という問題は、筆者の頭の片隅に常にまとわりついていた。今日のアフリカゾウと更新世の北アメリカのマンモスの個体群の変遷の型は、それぞれの体躯が似ていることから、類似点をもっていることだろう。それゆえ、筆者は、コンピューター・シミュレーションのいくつかの代替的なヴァージョンを作り出し、それらをクローヴィス文化期の人々によるマンモスの狩りに連動させてみた。次いで、ゾウのモデルの場合と同じように、これらのシミュレーションを使って、それぞれ異なった形態のマンモスの狩り——群全体や、特定の年齢と性をもった個体だけの捕殺といった異なった戦略——と異なった度合いの環境的な変化を組み合わせたいくつかの実験を行った[27]。

その調査結果は実に驚くべきものだった。環境の変化だけによってもマンモスを絶滅に追いやることは、無論のこと可能だった。干魃の強度と頻度を上げれば、マンモスの個体群は最終的にはすべて死滅する。幼獣の死亡率があまりにも高くなり、性的な成熟があまりにも遅くなった結果として、個体数の減少がその増加を上まわるようになる。最終的には、気象条件の変化がまったくなかったとしても、マンモスの個体群は、人類による補食の影響を受ける度合いがきわめて高くなる。たとえ狩人たちが一年に四、五パーセントにすぎない低い比率によって群から無作為に個体を選び出して補食したとしても、個体数は深刻な低下を被り、その結果として、群は絶滅の危機にさらされる。

そうした結果が引き起こされてしまうのは、たんにマンモスの生殖率が低いからである。群から生殖活動が活発な数頭の雌を取り除くと、その結果として群が被る影響は甚大である。筆者は、次いで、単独ではそのいずれもが個体群を絶滅させるに十分なレヴェルには達しない少量の狩りと軽度の干魃を組み合わせてみた。この組み合わせは強力だった。コンピューターのスクリーン上では何千頭ものマンモスの個体群が数十年以内に絶滅へとなだれ込んでいったのだ。筆者の教え子である大学院生のメリッサ・リードは、さらに複雑なモデルを構築したのだが、そのモデルも同じ結果を導き出した。

こうした結果を引き起こすのに電撃的集中攻撃のような戦略はまったく必要ない。考古学上の記録と矛盾しない低い頻度の場当たり的な狩りでまったく十分だと思われる。軍事的な比喩に訴えれば、ゲリラ戦は、壊滅的な結果を引き起こす。そればかりか、環境的な変化と狩りがときを同じくする必要もない。数頭の、とりわけ、若い雌のマンモスを捕殺したとしても、その結果は一〇年後まで表にはあらわれないかもしれない。だが、そのとき環境的な変化が加わると、その効力は、甚大な被害を引き起こすこともある。

同じ解釈は、地上性ナマケモノ、マストドン、アメリカ大陸原産のウマ、ラクダ、バクについても当てはまるといえるのかもしれない。しかしながら、これらのいかなる動物に関しても考古学上の証拠物件がまったく欠けていること、また、新ドリアス期の干魃には今なお異論があることは記憶しておかなければならない。それればかりではない。私たちは、いくつかの大型の哺乳動物、とりわけ、生き残っていくためには大量の水を消費しなければならないバイソンが絶滅を免れたのはなぜなのかを理解する試みに取り組まなければならない。(28)

一九九七年の春、メリッサと筆者は、レーナー牧場、マレー・スプリングス、ナコに旅行したのだが、それに同行していたのは、一九六〇年代の終わり頃その遺跡を発掘した地質考古学者ポール・マーティンとヴァンス・ヘインズだった。

我々二人は、その前にアリゾナ州立大学で我々の研究に関するセミナーを開催し、筆者の研究とメリッサの新しいシミュレーションの結果を説明していた。このセミナーでは研究発表を論証する画像をモニター・スクリーン上に提示していたので、ヴァンスとポールや、そのほかの参加者たちは、我々の解釈にもとづく先史時代の復元を視覚によっても確認することができた。そのテーマは、人々のアラスカへの移住、氷床の後退、「無氷回廊」を通り抜けて北アメリカ全土へと拡散していった人々、クローヴィス文化の出現、絶滅の奈落へと転落していったマンモスの個体群だった。

セミナーの準備をしていた我々は、少しばかりの恐怖心を抱いていた。ヴァンスとポールは、マンモスの絶滅という問題に強い関心を抱き、その研究にすでに三〇年以上もの歳月を費やしていたからである。メリッサが生まれる前からその問題と取り組んでいた二人は、筆者が在学中だった頃すでに遺跡を発掘したり、訪れたりしながら、著書や論文を執筆して主要な会議に出席し、過剰殺戮の可能性に関する賛否を闘わせていた。それゆえ、筆者は、我々の研究の成果を発表しているとき、二人を注意深く凝視《みつ》めながら、二人が互いにささやき始めるとそれがひどく気がかりで、二人はいったいなにを考えているのだろうかと訝ったり、我々は、あの二人なら見破ることができるなんらかの基本的な誤りを犯しているのではなかろうかと危ぶんだ。

そうした懸念はまったくの杞憂だった。実際に会って話してみると、ヴァンスとポールは二人とも、その批判は建設的であり、優れている点はすぐさまそれを認める見識を備えていた。そればかりか、二人は、我々を古典的な遺跡――マレー・スプリングとレーナー牧場、及び「逃げ去りしもの」の遺跡として知られているナコ――に伴いたいと申し出てくれたのだ。その前にポールは、我々二人をツゥーソンの街並みとアリゾナの沙漠を見晴るかす丘の上の研究室に招くという好意を示してくれていた。その一角には見事な出来映えの陳列用ガラス戸棚があり、ありきたりの人であれば、その中に硬貨やメダルやピンで留めたチョウを収蔵するのだろうが、ポールがそこに秘蔵していたのは有史前の動物の糞の玉だった。

ヴァンスは、マレー・スプリングスの発掘を回想したいと考えているように見えた。そこにたどりつくためには車から降りて低木が茂っている沙漠を少しばかり歩かなければならなかった。その遺跡に着いたとき、ポールは、剥き出しにされている区画の、氷河時代が終焉の時を迎え、完新世へと移行していた頃に長期に及んだ干魃の痕跡を示していると考えられているいくつもの層を指差しながら、それらの層位を説明してくれた。彼は、エロイーズ――その骨が完全な状態で見つかった雌のマンモスに彼が与えた名前――を発見した正確な場所を示してくれた。その雌のマンモスは殺傷された痕跡がまったく残されてないことから、自然死したと考えられているのだが、彼は、クローヴィス文化期の人々がその死体の肉を漁ったと推測している。我々は、その足跡が発見された場所を眺めた。それは、そのマンモスの最後の足取りだったのかもしれず、ひょっとしたら、瀕死の巨獣に好奇心をそそられた、あるいは、それを気遣った別の動物の足跡だったのかもしれない。ポールは、自分のジャケットからその遺跡で発見された不可解な人工遺物の複製を取り出した。それは、彫刻が施され、一つの穴が穿たれている長さ二五センチばかりのマンモスの骨の欠片だった。これは、矢柄を真っ直ぐに伸ばす器具だったと考えられている。ポールは、ヴァンスにそれを手渡し、発見された場所に置いてくれと頼んだ。それは、なんらかの儀式を連想させるような行為だった。二人は、エロイーズが眠っていた場所から数メートル離れたところがバイソンが殺戮された現場だと我々に教えてくれた。捕殺される前に沼沢地へと追い込まれたと思われるバイソンの群の残骸がここで発見されたのである。

北アメリカのマンモスの最後の一頭の命が尽きたのは、紀元前一〇〇〇〇年頃のとある一日のことだった。そのマンモスがクローヴィス文化期の狩人たちの攻撃によって血まみれの状態で絶息したのか、それとも、その上空を舞っていた大型の猛禽類以外のなにものにも看取られることなく静かに死を迎えたのかは誰にもわからない。それと同じ頃、地上性ナマケモノ、グリプトドン、イエスタデーズ・キャメル、アメリカ大陸原産のウマなども相次いで絶滅した。これらの種が絶滅したことによって、自然は、生物多様性を減少させ、好奇心をそそられる度合いも低くなってしまった。大草原ではバイソンが優位を占め、かつては多種多様な氷河時代の哺乳動物の棲息地だったマンモス・ステップに取って代わった、沼沢地が入り交じっているツンドラではカリブーが大きな群を作るようになった。

北アメリカは、それまでとは異なった景観によって彩られるようになった。西南部は沙漠に変わり、大陸の中央部には巨大な草原が広がっていた。東部には落葉樹の林地が、北部には針葉樹林が生まれた。氷床はほとんどその姿を消し、巨大な湖は速やかに湖水を排出し、今日、私たちが知っている規模へと変わっていった。気候は安定し、過去数千年の間に猛威を揮っていた激変がぶり返すことはもはやなかった。

そのほかにもいくつかの変化がすでに生まれていた。最後のクローヴィス尖頭器が造られて使用され、打ち棄てられた。氷河時代の「動物寓話集」が完結し、もっと安定した環境が生まれたことによってクローヴィス文化期の生活様式はすでに姿を消していた。そのことに明らかなように、人類の文化は、生物多様性を減少させていた自然とはまるで逆の状況を呈していた。それは、多様化することによって北アメリカに彩りが豊かで、興味深い状況を生みだしていた。そのすべての居住者たちは、それまでと同じように狩猟採集民として暮らしていたとはいえ、クローヴィス文化期には北アメリカの人々が共有していた均一性が甦ることはけっしてなかったのである。

28 「処女性」の再考

――紀元前一一五〇〇〇年から六〇〇〇年における ティエラデルフエゴとアマゾン川流域の狩猟採集民

時は今、紀元前一一〇〇〇年であり、チンチウアップの小川の冷たい水が、土手に静かに腰を下ろし、紀元前五〇〇〇年まで時代を下るアメリカの通史に自分を招き入れることになるこれから先の旅についてあれこれ思案しているジョン・ラボック君の足の爪先を洗っている。水面は、樹冠を突き抜けて射し込んでいる、昇ったばかりの太陽の光を反射してチラチラ光っている。垂れ下がっている枝にとまっているカワセミを除けば、座っているのはラボック君だけである。見棄てられてしまったモンテ・ヴェルデには今なお誰一人として住んでいないとはいえ、南アメリカのそのほかの場所では人々がほとんどいたるところで暮らしており、事実上、ありとあらゆる形態の狩猟と採集が行われている。大型の猟獣を狩っている人々もいれば、漁に依存している人たちもいるし、植物を採集している人々もいる。こうした人々の文化も、また、多様であり、まったく加工していない石器を使い続けている人たちもいれば、様々な形に削りだした見事な出来映えの石の尖頭器を採り入れている人たちもいる。事実、この時代の南アメリカは、クローヴィス尖頭器と、それをほんの少しばかり造り替えた異型が全土に普及していた北アメリカよりも文化的にははるかに多様だった。

モンテ・ヴェルデを後にしたラボック君は、チンチウアップの小川に沿ってマウジン川の峡谷平野に入り、次いで、アンデス山脈に登ってそれを越えていった。そうしているうちに、温帯性の森林は、ブナの林地に、次いで、矮性のマツがまばらに生えている土地へと変わっていった。最終的には、彼は、草花が一面に繁茂している草原を横断し、氷河の間の山道や澄みきった湖のそばを通り抜けていった。雪を頂いた花崗岩の山頂が高く聳え、それが光り輝く太陽の光を浴びて灰色からピンク色へと変わっていく。氷河がはるか下方の西の山腹まで広がっており、それは、あたかも氷の舌が峡谷に入り込み、それを越えて延びているかのような景観を呈している。

南に向かって歩いているうちにふたたび草原に入ったラボック君は、見棄てられた野営地と黒こげの動物の骨の散乱を眼にするようになった。草本植物の群落がいくつもの深い峡谷によって切り裂かれている広大な高原を被っており、高原は、大西洋に向かってなだらかな下降線を描いている。大西洋の海岸は、海面が氷河時代の低い水位を保っていることから、現在よりもはるかに東に位置している。この草原は、その後の一〇〇〇〇年間に干からびてまったくの不毛の地に変わったことから、ラボック君と同じように、だが、一九世紀の初頭にパタゴニアを旅したチャールズ・ダーウィンは、それを呪われた不毛の地だと考えていた。

ラボック君は、浅い川沿いの低地、峡谷、低い丘陵地帯によって構成されている、大西洋の海岸からほど遠からぬ地域にたどり着いた。彼が入っていった峡谷は、アンデス山脈を後にしてからこのかた絶えることなく彼の体力を消耗させていた強風を遮ってくれる天然の避難所だった。そこが避難所だということに気づいたのは、ラボック君だけではなかった。四人の狩人たちが峡谷の片側の岩壁に穿たれている洞窟に帰ろうとしている。彼らは、毛皮と獣皮に身を包み、ウマの肉片を運んでいる。ラボック君は、その後を追って洞窟に入っていった。

洞窟の中では乾燥した動物の糞が燃やされているので、えがらっぽくて、空気も淀んでいるように感じられる。眼が薄暗がりに慣れてくると、ラボック君は、そのほかにも六人の人々——女たちと子供たちと一人の老人——が座っていることに気づいた。その奥の方では足を引きずるようにして歩いている人が何人かいるけれども、暗くてその数はよくわからない。貴重な薪の切れ端が焚き火に投げ込まれ、ウマの肉の厚切りを炙る用意が整えられている。ラボック君は、焚き火のそばに座って狩人たちとともに暖を取り、狩りの話に聴き入っている。彼らは、峡谷にワナを仕掛けて待ち伏せし、ワナにかかったウマを石の尖頭器を先端に固定した投げ槍で射止めたのである。その屠体をその場で解体し、最上の肉片を持ち帰ったのだった。帰ってくる途中で男たちは、最近死んだばかりのオオナマケモノと遭遇した。ウマを仕留めていなかったとしたら、彼らは、その死体から肉を切り出していたことだろう。だが、すぐに集まってくるに違いないハゲワシやコンドルにそれを残しておいてやったのである。

数日、寝起きをともにしているうちにラボック君は、この狩猟採集民の集団がいくつもの異なった洞窟を使っており、少しばかりの所持品を携えて一族とともに洞窟から洞窟へと頻繁に移動していることを知った。彼らがとりわけ好んでいるのは、西にほぼ三〇キロの地点に位置している、かつての火山の噴火口の中の洞窟である。彼らは、ウマやナマケモノばかりでなく、草原で小さな群を作っている、ラマに似たグアナコも狩っている。彼らは効率のよい狩りの技法を身につけており、はるか北方のクローヴィス文化期の狩人たちと同じように、強力な投げ槍の尖頭器を使っているとはいえ、その形式はまったく異なっている。彼らの尖頭器は、クローヴィス尖頭器に特徴的な中央の浅い溝——樋状剥離——を欠いているのだが、入念に仕上げた長い柄をもっている。

あるとき、ラボック君は狩りの一行と行動をともにし、はるか南の、今日ではティエラデルフエゴ群島として知られている地域に到着した。漆黒の夜陰に包まれ、耳を聾せんばかりの風の唸り声を聞きながら、トレス・アロヨスとして知られている狭苦しい洞窟[1]の中に座っていると、ラボック君は、自分が今いるのがまさしく地の果てにほかならないことを実感した。真っ赤に輝いている残り火の向こう側では、彼の仲間たちが明日はウマを捜そうか、それとも、キツネのワナを仕掛けようかと小声で話し合っている。炉火の明かりを頼りに『有史前の時代』読んでみたラボック君は、彼がその名前をもらい受けた人物がこの不毛の地の一九世紀の居住者たちについてどのように考えていたかをおおよそ理解することができた。

ヴィクトリア女王時代のジョン・ラボックは、フエゴ島の人々に関する個人的な体験をもっていなかったことから、偉大な友人であり、良き師でもあったチャールズ・ダーウィンが彼に与えた情報に依拠している。ダーウィンは、ビーグル号に乗船して航海していた一八三四年にティエラデルフエゴ群島に到着していた。[2]ダーウィンが会った人々は、狩猟と採集のみに依存して暮らしていたことから、ダーウィンとそのほかのヴィクトリア女王時代の旅行家たちによる記述は、トレス・アロヨスの洞窟の有史前の残留物の解釈を試みようとしている今日の考古学者たちにとってきわめて大きな価値をもっている。事実、一九世紀のフエゴ島の人々は、おそらく紀元前一一〇〇〇年にトレス・アロヨスやそのほかの洞窟を使っていたティラデルフエゴの最初期の居住者たちの直系の子孫だったのだろう。しかしながら、ヴィクトリア女王時代の記述は、有益な観察と人種的な偏見を見分ける細心の注意を払って読まなければならない。

「上陸しようとしていたとき、六人のフエゴ島人が乗った一艘のカヌーが我々のボートのわきにつけていた」とダーウィンは記述し、次のように言葉を継いでいる。「彼らは、私がそれまで眼にしたうちでもっとも卑賤で貧相な人々だった。(中略)これらの劣等で哀れな人々は、発育が阻害されており、醜怪な顔には白い塗料を塗りたくり、その皮膚はきたならしく脂ぎっている。髪の毛は縺れ、その声は耳障りで、その身振りは荒々しくて品位というものがまるでない。そうした男たちを見ていると、彼らが同じ世界に居住している同胞だと自らを納得させるのはほとんど不可能である」。ダーウィンは、さらに、彼らが「動物のようにとぐろを巻いて湿った地面の上に寝て」おり、食人風習と近親殺しによって飢餓を凌いでいると記述している。ビーグル号の船長だったロバート・フィッツロイは、女たちは雌のフエゴ島人と呼ぶべきであり、「それらの女たちは、荒削りの男たちには相応しいかもしれないが、その外見は、文明人にとっては吐き気を催すほど醜い」と感じていた。(3)

ジョン・ラボックも、また、精妙な工芸の技術と、きわめて効率のよい狩りと採集の技法が貧相で哀れな荒削りの男たちから予想されるものとはまるで相容れない類のものであるとのダーウィンの記述を引用している。フエゴ島の人々は、ウィグワム（一部のアメリカ先住民の半球形のテント風の小屋）に似ている小屋に住み、石器を先端に固定した投げ槍、釣具、弓と矢などの多種多様な道具の一部として「磨き上げた真っ直ぐな矢」と「我々が使っているのとほとんど同じ形をもった釣り鉤《ばり》」を使っていた。彼らは、驚くほどよく訓練されたイヌを飼っており、泳ぎにも熟達していた。グアナコの待ち伏せにかけては熟練の業を持ち合わせていることについても疑いの余地がなかった。「野蛮人たちに関するほとんどすべての記述を読んでみると、誰しも狩猟具やそのほかの道具を用いるその技術を賞賛しないわけにはいかない」とジョン・ラボックは結論づけている。(4)明らかに彼は、ヴィクトリア女王時代に一般的であり、チャールズ・ダーウィンその人すら隠そうとはしなかった野蛮人たちに対する感情的な傾向を、狩猟採集具の製作と使用に必要とされる技能に対する彼自身の賞賛の念と両立させようとして苦闘していたのである。

モンテ・ヴェルデから南パタゴニアのいくつもの洞窟への旅において、ジョン・ラボック君は、南アメリカにおけるもっとも最近の発掘現場の一つと、最初期の二つの発掘現場をすでに訪れている。彼が最初に入った洞窟はフェルの洞窟であり、かつての火山の噴火口に穿たれていたのはパーリ・エイキの洞窟だった。いずれの洞窟も、南パタゴニアに関する先駆的な考古上の実地踏査を行った「アメリカ自然史博物館」のジュニアス・バードによって一九三四年に発掘され、[5]それは、炉床の残骸、その後ほどなくして「魚尾型尖頭器」[6]として知られるようになった特徴的な石器、ウマ、ナマケモノ、グアナコの骨を白日の下にさらした。[7]

バードは、これらの堆積物がはるか古代にまで遡る遺物であることを熟知していた。彼は、それらの骨の中には絶滅動物のものが含まれていることを明確に理解しており、フェルの洞窟の残留物が天井の崩落によってその下に封じ込められ、その上にその後の人々が野営していたことを発見した。バードは、魚尾型尖頭器の年代やそれを突きとめる手段についてはごくわずかの知識しか持ち合わせていなかった。放射性炭素年代測定法は、まだ開発されていなかったからである。この技法によってフェルの洞窟における人々の居住が紀元前一一〇〇〇年まで遡ることが明らかにされたのは、一九六九年のことだった。[8]これは、改めて指摘するまでもなく、モンテ・ヴェルデの発見のはるか以前のことだったのだが、この年代は、フェルの洞窟が今なおアメリカ大陸全土における最初期の居住地の一つであることを示している。[9]

時は今、紀元前一〇八〇〇年であり、ティエラデルフエゴから北に向かって五〇〇〇キロ以上の道程を踏破したラボック君は、アマゾン川流域に到着した。[10]彼は、将来のいつの日にかタパジョスとして知られるようになる川で丸木舟を漕いでいるのだが、この川は、その名で呼ばれるようになる前に実に頻繁にその水路を変えている。ヨーロッパと西アジアは新ドリアス期に入ったばかりであり、アーレンスブルクの峡谷平野のシュテルモールの狩猟民たちは弓を点検しており、その一方、アイン・マッラーハの住居群にはもはや人々は誰一人として住んでいない。けれども、アマゾン川のこの流域では、新ドリアス期は、誰一人として気づかないうちに過ぎ去っていくことだろう。ラボック君は、川の砂州で日向ぼっこをしているカイマンのそばを通り過ぎており、マイルカが丸木舟を追いかけている。

今日のアマゾン川流域は、「大英博物館」、「ルーヴル美術館」、ニューヨークの「メトロポリタン美術館」のすべての収蔵品の総量よりももっと多くの目録を誇っている地上最大の博物館である。その植物の群生は、ほとんど変化を被ることなく氷河時代の全期をやり過ごしてきた。また、この博物館の大部分は、今日、私たちがその破壊に最大限の努力を注いでいるにもかかわらず、二一世紀を迎えた今なお、有史前の世界の景観をとどめている。

アマゾン川流域は、かつては氷河時代に大幅に破壊されたと考えられていた。流域全体に広がっていた森林が、カラカラに乾燥した気候によって林地とサバンナと草原の寄せ集めに解体されたと推測されていたのである。しかしながら、氷河時代の堆積物から花粉の試料が採集されたとき、それは、森林が、事実上、無傷のまま残されていることを示していた[11]。流域では、大まかにいえば、草本と樹木のほとんど同じ分布域がその調和を保ちながら、最終氷期最盛期にその頂点を迎えた地球規模の気温の急落期を通して維持され、そうした状態が、その後の気温の上昇を経て今日にまで受け継がれてきた。アマゾン川流域がそれなりの進化を経てきたことは、紛れもない事実である。紀元前二〇〇〇〇年にはその低地は、寒冷な気候を必要とし、今ではアンデス山脈の東側の丘陵地帯に生育地がかぎられているいくつかの種の原産地だった。けれども、気温が上昇するにつれて、それらの種が排除されていったといったことは、ごく些細な事柄である。多雨林は、いかなる変化をもまったく蒙らなかったからだ。

ラボック君は、ニエド・ギドンがいつの日にか発掘することになるペドラ・フラーダの近くを通り過ぎながら、南アメリカの東部の草原と茨の生い茂った林地を踏破した後でアマゾン川流域に入っていった。その途中で数多くの狩猟採集民たちの集落に遭遇したのだが、できるだけ早く多雨林にたどり着きたかったラボック君は、そのすべてをそそくさと素通りした。林地にはしだいに樹影が濃くなり、気温も上がってきたので、彼は、陸路から水路に切り換えた。一つの支流が別の支流と合流しながらラボック君を多雨林の中心へと運んでいくにつれて、熱帯の動植物が姿をあらわすようになった。

ラボック君を運んでいる川がもう一つのもっと大きな、澄み切った水ではなく、濃い茶色の濁った水がもっと速く流れている川に合流した。これがアマゾン川である。林冠を渡っているサルの群がラボック君を見つけて警戒の遠吠えを始め、驚いた数羽のサギが飛び立った。新しい川に入ってからほどなくしてラボック君は、一艘の丸木舟が遠くの土手に繋がれており、二人の男が浅瀬に立ってサルたちの騒ぎに耳を澄ませているのに気づいた。二人は背中を見せて木々の間に消えた。ラボック君は、川を横切って自分の丸木舟をその丸木舟に繋ぎ、二人の足跡を追った。沼沢地と接している細長い林地を通り過ぎ、次いで、樹木が生い茂っている森林を抜けると、ほどなくして、しっかりと踏み固められた小道があらわれた。枝葉を濃く茂らせている林冠からは太陽の光がごくわずかしか漏れてこないので、辺り一帯はひんやりしており、木下闇が広がっている。足許の地面は、腐葉土の分厚い層に被われているので柔らかい。空中には腐敗した有機物の刺激臭が濃く立ち籠めている。ラボック君は、かぎりがないのではないかと思われるほど多種多様な森林樹の間を通り過ぎていった。樹木の多くは垂直に伸びているがっしりとした幹をもっており、その幹には巨大な蛇のようなアメリカヅタが巻きついている。樹幹の根元が途方もなく巨大なので、それが木の壁のように見える樹木もある。

時折、二人の男の後ろ姿をチラリと見ることができたので、ラボック君は、そのうちの一人が紐を通した何尾もの大きな魚を背負っており、その尾鰭が時折地面を掃いていることに気づいた。二人の男は、足早の歩きながらけっしてその足をとめて休もうとはしない。一〇キロばかり歩いていくと、赤く輝いている岩塊の頂上が、木々の上にあたかも勝ち誇ってでもいるかのような姿をあらわし、ラボック君は、ほどなくして砂岩の円丘に穿たれた、迷路のように入り組んでいるいくつもの洞窟に直面した。二人の男は、自分たちが帰ってきたことを大声で告げながら迷路の中に姿を消した。歓迎の言葉が聞こえ、誰かが悪ふざけをしたらしく、はしゃいだ笑い声が響いた。

洞窟の入り口に近づいていったとき、ラボック君は、砂岩の上の絵画に気づいた。同心円が赤と黄で描かれ、手形がいくつも押されており、略図によって上下が逆に描かれた人物の頭部から太陽のような光線が放射している。それらの絵画は、ペドラ・フラーダの絵画を思い出させる類のものだった。

ラボック君が到着したのは、ポルトガル語で「幸福な山」を意味するモンテ・アレグレであり、これから会おうとしているのは、ペドラ・ピンターダの洞窟の居住者たちである。これは、アマゾン川流域における、というより、南アメリカ全域においてすら、もっとも重要な考古学上の遺跡であり、それを発見したのは、一九九一年にアマゾン川の下流域調査に着手したシカゴの「フィールド自然史博物館」のアンナ・ローズヴェルトだった。その遺跡を発掘した彼女のチームは、紀元前一〇八〇〇年に人類が居住していた痕跡を発見し(12)、人類学者たちが驚いたことには、人々がアマゾン川流域の多雨林で狩猟採集民として暮らしていたことを証明した。それ以前には、人類学者たちは、焼き畑式の農耕によって森林から十分な食料を獲得することは不可能であり、したがって、アマゾン川流域には少なくとも紀元前五〇〇〇年までは人々は住んでいなかったと確信していた。しかしながら、これからラボック君が発見するように、ペドラ・ピンターダの洞窟に住んでいた人々は、狩猟と採集だけに依存しながら暮らしていた。

風通しのよい洞窟の内部では少なくとも一〇人の人々が人垣を作って立ちながら漁の成果を喜んでいる。これらの人々は、ごくわずかの衣服しか身に着けておらず、灰色と赤みを帯びた橙色の丈夫な肌、真っ直ぐな黒髪、気品のある彩色を施した顔といった今日のアマゾン・インディアンと同じような特徴をもっている。床は、巨大な葉っぱから作られたむしろによって被われており、壁に沿って籠や袋が積み上げられている。その一隅には投げ槍、釣り竿、銛が立て掛けられている。洞窟の後方の木の椀には赤い岩石の粉末を水で溶いた顔料が入っている。別の壁のそばには柔らかい草の束を植物の繊維で結んだクッションがいくつも置かれている。中央に切られた炉床の中では薪が燻っており、その傍らの地面には大きな魚が転がっているのだが、その魚体は実に堂々としている。

一人の女がうずくまって石の小刀で魚の頭を切り離し、それを魚を運んできた若い男に差し出した。男は、ニコニコ笑いながらそれを受け取り、両目を啜りながら呑み込んだので、血と体液が男の胸にしたたり落ちた。女は、魚を洞窟の外に持ち出し、はらわたを抜いた[13]。

ラボック君は、その後の数日をペドラ・ピンターダの人々とともに過ごし、淡水産のムラサキイガイの採集を手伝ったり、驚くほど多種多様な果物、木の実、地下茎、木や草の葉を集めた。ブラジルナッツやカシューナッツなどはもはや珍しくはなかったが、そのほかの木の実はまったく目新しいものだった。彼は、道具を製作する新しい技法も学んだ。石の剥片は、ハンマー・ストーン（自然石をそのまま槌として用いたもの）で叩くことによってではなく、石に対して先端が尖った骨の欠片を、その石から砕片が剥がれ落ちるほどの力で押しつけることによって、投げ槍の尖頭器へと成形される。この技法は、考古学者たちには「圧力剥離」として知られており、有史前の世界の全域において、この遺跡で発見されている三角形の尖頭器や、北アメリカのクローヴィス尖頭器のようなとりわけ精巧な人工遺物の製作に使用されていた。

南アメリカの旅において動物の狩りと植物の採集の現場を何度となく繰り返し眼にしてきたラボック君にとって、彼の存在にはまったく気づいていない主人役の人々が食料の獲得のために身につけている高度な知識と洗練された技能は、驚くべき話ではなかった。数かぎりない植物の原材料を使って衣服を縫い合わせたり、生活用品を造り上げる技能と工夫も、そのいずれもがすでにお馴染みだった。けれども、淡水魚の多様さは、ラボック君にとってまったく目新しいものだった。この点においても、彼らは衆に抜きんでていた。大きな魚は小舟を操りながらヤスで突き、小さな魚の捕獲には魚網を用いている。今日、アマゾン川流域で暮らしている人々は、毒物を使って魚を捕らえており、紀元前一〇八〇〇年にペドラ・ピンターダの洞窟に住んでいた人々もそうしていたと考えることにはそれなりの根拠がある。

ラボック君は、森に採集に出かけようとしている男と女や子供たちの総勢一〇人ばかりの一行に同行したとき、それを学んだ。一行は、洞窟から一キロばかりのところに生えている一本の樹木に向かった。それは、実に巨大で、胴まわりは、ラボック君がそれまで眼にしたことがあるいかなる樹木のそれよりも大きかった。彼が見守っていると、一行は、間隔を開けていくつもの小さな穴を掘り、網の目状に延びている根を剥き出しにした。次いで、石製の鋸と小刀を使ってそれぞれがラボック君の肱から手首くらいまでの長さの断片を切り出し、それをいくつもの籠に積み重ねた。すべての籠が一杯になると、一行は、若い女たちがそれを頭の上に載せて運びながら立ち去っていった。

ちっぽけな踏み分け道が浅い小川の岸辺の開拓地へと続いており、一行は、その岸辺で籠の中身を地面に放り出した。男たちと女たちは一時的に森の中に姿を消してしまい、ラボック君は、根っこの切片を浅くて濁った水に投げ込んでいる子供たちとともにその場に残った。頑丈な木の棒を手にして戻ってきた男たちは、根っこの切片を打ち砕いて、それをどろどろの状態に変えていく。そのとき少しばかりの繊維や白い樹液が空中に飛び散るので、口を固く閉ざしている。そうこうしているうちに、女たちが大きくて平たい蝋質の葉っぱを手にして帰ってきた。数分も経たないうちにその葉っぱを編み目の粗い籠に敷き詰める作業が終わった。男たちは、どろどろになった根っこをすくい上げて籠に移し、砕かれた繊維質からしみ出ている樹液が皮膚に付着しないよう注意しながら籠を持ち去った。ラボック君は、小川を堰きとめるダムを作るために枝や葉を受け渡している女たちや子供たちの列に加わった。五〇〇メートルばかり上流に到着した男たちは、そこで膝まで水に浸かりながら水につけた籠を強く揺すると、乳白色の液体が流水に溶け込んでいった。

ダムを作り終えた女たちは、今ではイチゴを食べながら休んでいる。ほどなくして男たちもそこへやって来たのだが、男たちは、イチゴより葉っぱを丸めた塊を噛む方を好んでいる。子供たちは興奮して水面を凝視《みつめ》ており、最初の魚が姿をあらわすとかん高い叫び声を上げた。魚たちは、文字どおり必死の思いで泳ぎながら、下流に向かってゆっくりと流れている毒物を避けようとしている。ところが、いったんダムまで流れ下ってしまうと行き場がない。流れを遡上しようとしてその甲斐なく直ぐさま死んでしまう魚がいる一方、枝や葉っぱにからまってもがいている魚もいるのだが、ほどなくしてそこで息の根が切れてしまう。数分間のうちに、小川の水面に浮かんでいる魚が太陽の光を反射してチラチラ光っている。女たちは、これらの魚を拾い集め、その鰓に、骨の針を先端に固定した撚り糸を通していく。ほどなくしてすべての人々は、銀色に輝いている魚を肩に掛けてペドラ・ピンターダの洞窟に帰っていった。はらわたを抜き水で洗って焼けば、毒物は取り除かれることだろう。けれども、ラボック君は、もはや彼らとともにときを過ごすことはできない。はるか彼方のアンデス山脈を目指して西に向かってこの地を離れなければならないからである。

ローズヴェルトは、その発掘によって、釣りのエサとして使用されていたタルマの木の果実を含め、アマゾン川流域で暮らしている人々が今なお利用している動物と植物の残留物を発見した。動物の骨の保存状態はけっして良好ではなかったとはいえ、ヘビ、両生類、鳥類、淡水亀、ほんの数センチの小魚から体長一・五メートルを越える巨大魚に至る、群を抜いて多種に及んでいた魚類の膨大な種を同定することができた。

ローズヴェルトは、植物の残留物、動物の骨、炉床のほかに、道具の製作過程から生みだされた三〇〇〇個以上もの石の薄片——そのうち完成された道具はわずか二四個だった——と何百もの赤い顔料の塊を発見した。彼女は、細心の注意を払って赤い顔料を顕微鏡で検査し、その化学的性質を分析することによって、それが洞窟の壁画に用いられていた赤色の顔料と同じものであることを確認した。事実、それは、数多くの絵画に用いられているのとまったく同じ顔料であることが明らかにされ、ペドラ・ピンターダの壁画は、更新世のアメリカ大陸におけるもっとも詳細に記録された洞窟絵画の事例の一つになったのである。

ペドラ・ピンターダは、紀元前一〇〇〇〇年の後ほどなくして見棄てられてしまった。モンテ・ヴェルデの場合と同じように、人々のその後の行方はまったく知られていない。その後二〇〇〇年間以上その洞窟には誰一人として住んでおらず、その床は、吹き込んだ砂によって被われてしまった。次いで、新たな居住者たちがその洞窟を使うようになったのだが、彼らは、ほんのときたまそれを基地として使用しただけであり、洞窟に絵を描くことにはまったく興味を示さなかった。これらの人々は、同じような一連の植物や動物や魚類の残骸とともに、それ以外のもの、南アメリカ全域においてもまったく新しいものを残した。それは土器だった。アマゾン川流域に住んでいた人々は、紀元前六〇〇〇年までには陶芸の技術をすでに創案しており、そうした土器の中には簡素な幾何学的な模様の装飾が施されているものもある。[14] その種の新たな技術が生みだされたことによって古い技術が色褪せていくにつれて、精巧な造りの三角形の尖頭器はしだいに見棄てられるようになり、石器は、たんなる単純な剥片やごく雑な造りの石臼になってしまった。陶芸が中央アメリカ（メキシコの南の国境からコロンビアの北の国境まで）の北部で採用されるようになるまでには、一五〇〇年の歳月を待たなければならず、それがアンデス山脈の中央部で使われるようになったときには、さらに四〇〇〇年の歳月が過ぎ去っており、そのときには、人々は、すでに野生の植物を栽培植物化し、家畜を飼育していた。

同じような土器の破片が川岸に沿って紀元前六〇〇〇年以降に築かれた貝塚の中から発見されており、これは、アマゾン川流域で暮らしていた人々が貝類と魚類という川の二つの動物相に特化していたことを示している。ときの流れとともに川岸の集落は発達し、人々は、最終的には、キャッサバとトウモロコシを栽培するようになった。[15] これらは、ダーウィンの聡明な同僚だったアルフレッド・ラッセル・ウォレスのようなヴィクトリア女王時代の旅行家たちが最初に遭遇した人々であり、そのときには、ペドラ・ピンタータの洞窟と、そして、おそらくは、アマゾン川流域のそのほかの地域の狩猟採集民たちは、はるか昔の物語となり、人類の記憶から消え去っていたのである。

ペドラ・ピンターダの洞窟で発見された投げ槍の三角形の石の尖頭器は、今日のアマゾン川流域の土着民とほとんど同じような生活様式をもっていた有史前の「園芸家たち」に由来していると推定されている。けれども、その形状と製作技術のいずれもが、南アメリカのそのほかの地域で発見され、その年代が最終氷期の終わり頃にまで遡ることがすでに明らかにされている尖頭器ときわめてよく似ている。[16] それゆえ、ローズヴェルトによるペドラ・ピンターダの洞窟の発掘は、アマゾン川流域の多雨林ですでに知られていた居住の年代をさらに過去に遡らせたという観点からばかりでなく、氷河時代がその幕を閉じようとしていた頃に暮らしていた人々の生活様式に関する理解を深めたという観点においても、きわめて重要な意味をもっている。

しかしながら、彼女の発掘のもっとも興味をそそられる重要性は、それが森林地帯の「処女性」に異議を唱えたことに求められなければならない。これは、アルフレッド・ラッセル・ウォレスが一八八九年に著したアマゾンに関する旅行記の中で用いている表現である。ウォレスは、一九世紀のそのほかのすべての旅行家たちと同じように、森林地帯全域が人類の手による影響をまったく蒙っていないことを当然のこととして決め込んでいた。しかしながら、ローズヴェルトが人類による居住がさらに五〇〇〇年ばかり歴史を遡ることを明らかにした今となっては、それは、問い直されなければならない。ブラジルナッツやカシューナッツの木々のような、人々に食料を与えていた一連の特定の植物が自然の力と同程度において人類の営みの結果である可能性が提起されるようになっているからである。(17) アマゾン川流域という巨大な博物館の「展示品」は、有史前の園芸家でもあり、略奪者でもあった人々の世代交代の連鎖によってゆるやかに、また、微妙にその「配列」が変えられていったのかもしれない。

29　牧夫と「幼児《おさなご》キリスト」
——紀元前一〇五〇〇年から五〇〇〇年における　アンデス山脈山麓の野生動物の家畜化、野生植物の栽培植物化、沿岸地帯を襲った惨劇

手足の痛みに悩まされているジョン・ラボック君は、岩陰で痛烈な強風を避けているところなのだが、それは、彼が目下のところ眩暈《めまい》に襲われているからでもある。(1) 岩壁の向こう側には草原が広がっており、その先の湖は、はるか彼方の空と混じり合い、その境界線はまったく見分けることができない。はるか昔に熱帯地方を後にし、森林が林地へと、さらには矮性の木々の散在へとしだいに姿を変えていった嶮しい峡谷を登ってきたラボック君が今座り込んでいるのは、プーナ（ペルーのアンデス山脈の吹きさらしの乾性の荒原）である。空気はすでに薄くなっており、彼は、節々の痛みと吐き気のせいで心身ともに疲れ果てている。

プーナは、なだらかに起伏している標高四〇〇〇メートルの丘陵地帯と岩石の急斜面によって構成された特徴的な景観をもっており、そのいたるところに小川が流れ、湖が点在している。(2) ラボック君の前に広がっている湖は、彼がそれまで眼にしたうちもっとも大きく、後世の人々にはフニン湖として知られるようになる。この湖は、もっと大きくてさらに広く知られているティティカカ湖の北東八〇〇キロに位置している。

ラボック君がプーナを探査しなければならないのは、この地が最終的にはインカ族の生まれ故郷となるからである。彼らが建設するようになる巨大都市、道路、寺院は、ラボック君の旅が終わってから数千年後に

姿をあらわす。だが、その文明を担うことになる「礎」は、目下ところ彼の眼の前の草原で草を食んでいる。それは、シカと同じくらいの体と長い首と尖った耳をもっている動物の群であり、その動物とは、肉と毛織物のもっとも重要な供給源となったアルパカの野生の祖先のビクーニャである。

ラボック君は、プーナへの旅、というより、熱帯地帯以外の南アメリカ全域における旅の途次にそれと同じような、だが、もう少し大きい、ラクダ科の動物として知られているグアナコと遭遇している。このグアナコも、また、群を作っているとはいえ、標高の低いところを好んでおり、その棲息地は、小川や湖にはさほど縛りつけられていない。グアナコは、広い背中をもち、アンデス山脈の高地において物資の主要な輸送手段となったもう一つの重要な、飼い慣らされた動物を生みだしたのだが、それはリャマだった。

ラボック君がこれまで眼にしてきたすべての動物は、野生種であり、数千年以上の歳月を乗り越えて生存し続けることになる。時は今、紀元前一〇五〇〇年であり、これらの動物を狩っているのは、すでにプーナの草地《そうち》で何世代のもの永きにわたって暮らしてきた人々である。狩人たちの一群がラボック君に近づいてきたのだが、風がその足跡を吹き消し、その声を吹き飛ばしてしまう。これらの八人の狩人たちは、分厚い獣皮を着込んでおり、先端に石を固定した投げ槍を手にしている。数分も経たないうちに四人が反対側の湖の方角に姿を消した。そのほかの男たちは、座って狩猟具を点検している。尖頭器がしっかりと固定されており、切れ味もよいことを確認しておかなければならないからだ。一人の男が袋から骨の突き錐を取り出し、投げ槍の尖頭器にそれを渾身の力を込めて押しつけたので、その先端から小さな薄片が剥がれ落ちた。それによって尖頭器のバランスがよくなり、貫通力が増大する。

男たちは、一時間ほど休んだ後でビクーニャの群に向かって出発した。吐き気がすでに収まっていたラボック君は、ゴツゴツした岩を登って湖に向かった男たちの後を追うことにした。物音一つ立てずにゆっくりと歩いていた男たちは、ほどなくして膝くらいの高さの草の間にうずくまった。しばらくすると、腹ばって身をくねらせて湿った草の間をくぐり抜けながら草を食んでいる獣にじわじわとにじり寄っていく。標的は群を率いている雄である。この雄は、雌の群から離れることはめったにない。雌たちを縄張りの内側に閉じ込めておかなければならないからである。一瞬、不安を感じたビクーニャの雄が頭を持ち上げて空中の臭いを嗅ぎ、訝しそうにまわりを見まわした。だが、そこいらにはなにも見当たらず、物音も聞こえてこない。雄は、ほどなくして草を食み始めた。ラボック君は、狩人たちとともにふたたび手足を使って前に進み、ついにビクーニャの歯が堅い茎を噛み切って磨り潰す音を聞き取ることができるほど近くまでにじり寄った。

一人の狩人がかすかに頷いたとたん、狩人たちは、立ち上がって手にした投げ槍をいっせいに投げつけた。投げ槍は的を外した。だが、すべてを失ったわけではない。ラボック君が眼を凝らしていると、狩人たちは追跡を開始し、雌の群を追い散らしながら、雄を二番手の投げ槍へと真っ直ぐに追い込んでいく。二番槍を投げたのは、雌の群から遠く離れた湖畔にあらかじめ身を潜めていたそのほかの狩人たちだった。

その日の夕方、ラボック君は、狩人たちやその家族とともに湖の南側の石灰岩の嶮しい岩山に穿たれた大きな洞窟の入り口に座っている。洞窟の入り口には夏の居住の間いっこうに吹きやまない風の侵入を防ぐために小さな壁が取りつけられている。湖のはるか彼方に雪を頂いているいくつもの山頂が聳えている北側の眺めは、壮観そのものなのだが、夕闇がしだいに濃くなっている今では、そのおぼろげな輪郭だけが浮かび上がっている。

スタンフォード大学のジョン・リックが一九七四年と一九七五年にパチャマチャイの洞窟を発掘したとき、彼は、数多くのビクーニャの死体の残骸と、それを狩るために使われた投げ槍を発見した。(3) 紀元前一〇五〇〇年まで遡るこれらの遺物は、その洞窟が継続して九〇〇〇年にわたって使われた結果として、その後の数多くの世代の居住によって残された膨大な量の有機堆積物の下に埋め込まれていた。ところで、最初の居住者たちがビクーニャとグアナコの狩人たちだった一方、最後の居住者たちは、アルパカとリャマの放牧者たちであり、これは、生活様式の突然の変化ではなく、狩猟から牧畜への漸進的な移行の結果として生じたと思われる経済的な転換を示していた。この転換の正確な年代を突きとめることは、これらの四種類の動物の骨がほとんど同じであることから不可能なのだが[4]、紀元前五〇〇〇年頃だった確率がもっとも高いと思われる。その頃までにはラクダ科の動物は、パチャマチャイの洞窟ばかりでなく、ペルーのプーナですでに発掘されているすべての洞窟においても、食料として消費されていた動物の骨の圧倒的多数を占めるようになっていた。それ以前の狩人たちは、シカや鳥類を含めた実に多種多様な獲物を狩っていたのである。

もっと多くを物語っているのは、おそらくは、紀元前五〇〇〇年頃、生まれたばかりの幼獣や若い個体が総個体数に占める比率が四分の一から半分にまで増加したということであると思われる[5]。「スミソニアン研究所」の研究員であるとともに、アメリカ大陸の食料生産の起源に関する第一流の専門家であるブルース・スミスは、これが囲い柵に閉じ込められるようになった動物たちの群の間で感染症が蔓延するようになった結果として引き起こされるようになった幼獣の死亡率の上昇を反映しているのではあるまいかと推測している。感染症に起因する幼獣のそうした高い死亡率は、今日のリャマの群にごく一般的に見られる特徴である[6]。

ジョン・リックは、その洞窟の遺物の研究にもとづき、プーナの草地で暮らしていた狩人たちが紀元前一〇五〇〇年の後ほどなくして数ある洞窟のうち最大のものに永続的に住み着くようになったと結論づけている。湖盆を中心とした区域を生活圏としていた集団はおそらくいくつかあり、そのそれぞれが主要な居住地として洞窟を使っていた。パチャマチャイの洞窟の内部の人工遺物の数と種類の多さは、洞窟に壁が取りつけられており、その内部が絶えず清掃されていたことを示している痕跡と相俟って、その洞窟が常に移動している狩猟採集民たちによる一時的で短期間の居住とはまったく異なった目的のために使用されていたことを物語っている。それゆえ、ちょうど西アジアのナトゥフ文化期の人々の場合と同じように、定住は、農耕へと向かう決定的な段階だったのかもしれない。しかしながら、この場合は、それは、植物の栽培ではなく、動物の放牧の前兆だったのである。

定住した狩人たちは、洞窟の近くの集水池に集まってくる群に関する詳しい知識——おそらくは、数多くのそれぞれの個体と、とりわけ、雌の群を支配している雄を同定する知識——を獲得していったに違いない。それ以外の雄は、群を作って棲んでおり、ほどなくして主要な獲物になったのかもしれない。だが、これらの雄が狩られたとしても、それは全体としての個体群の生存と繁殖にとって脅威にはならない。それらは一種の「消耗品」だったからである。どの個体を狩るかの選択は、次いで、過酷な冬の期間に飼い葉を与えることによって群の行動を管理するといった段階へと移行していったのかもしれない。人々が傷を負ったり、母親を失った幼獣の世話をするようになっていった可能性もあり、これは、最終的には、家畜化された群の基礎を築いたことだろう。いったんそうした群が生まれると、それは、自然界から新たな種——この場合は、動物ではなく、植物——を人間社会に持ち込む上できわめて重要な役割を果たしたに違いない。それは、キノア（アンデス高地産のアカザ科の植物。ヒエ状の実をペルーやボリビアで食用にする）だった。

キノアは、アンデス山脈の標高の高い盆地や峡谷平野における初期の有史前の食料生産経済を左右していた二つの植物のうちの一つであり、もう一つはジャガイモだった。(7) キヌアと呼ばれることもある、アカザ科の植物であるキノアは、インカ族にとって必須の穀草となったばかりか、その高いタンパク質の含有量を評価している農民たちによって自給用作物として今なお栽培されている。その多色の穂先は、熟すると腰の高さくらいであり、収穫してビスケット、パン、ポリッジに調理することができる。アカザ科の植物の野生種と栽培種の大きな違いは、西アジアのコムギの野生種と栽培種のそれと同じである。いずれの栽培種も「収穫者を待って」おり、発芽を遅らせることがけっしてなく、その結果として、群生しているすべての穀草の種子が同時に熟する。

最初期のキノアは、パチャマチャイの洞窟から三〇キロばかり離れているにすぎない、やはりジョン・リックによって発掘されたフニン盆地の洞窟から出土している。同じような種類の人工遺物と動物の骨が発見されているこのパヌラウカの洞窟は、おそらくはプーナに定住していた別の狩猟採集民たちの集団によって野営の基地として使われていたのだろう。紀元前五〇〇〇年のパヌラウカの洞窟から出土したキノアの種皮は薄くて、それが栽培植物化されたキノアの種皮に匹敵するものだったことは、発芽を遅らせる特性が減退していたことを示している。それゆえ、この時代までにはキノアが、おそらくは洞窟の近辺のリャマやアルパカがその中に閉じ込められている囲いの近く、ひょっとしたら老朽化した囲いそのものの内部で栽培されていたのかもしれない。

ラクダ科の動物は好んでキノアの野生種をエサとしているのだが、その種子を消化することはできない。これらの種子は、その動物の腸を無傷のまま通過し、大量の天然の肥料とともに、しばしばその植物が当初育っていた場所とははるか隔たった場所に排出される。ブルース・スミスは、初期の牧夫たちが夜間に群を囲いに閉じ込めるようになっていたとしたら、アカザ科の植物の群生が有機肥料をふんだんに含んでいた土壌で見事な生育ぶりを示したことだろうと提唱している。だとすれば、たんに囲いの位置を変え、柵を作って繁茂している新たな群落を家畜から守るだけで、かなりの食料源をいとも容易に定住地の近くに確保することができる。いったん栽培が、つまり、雑草取りや水やりや耕作地の所替えが始まれば、それによってそれらの植物に微妙で偶発的な遺伝子変異が引き起こされ、野生のアカザ科の植物から栽培植物化されたキノアに変わるまでの道程《みちのり》は、ほんの一歩だったことだろう。

アンデス山脈ではもう一つの植物が栽培品種化されたのだが、その場所は、おそらくティティカカ湖の湖盆だったと思われる。しかしながら、この植物は、キノアとは異なって、一六世紀に南アメリカからヨーロッパに持ち込まれ、それ以降の人類の歴史に大きな役割を果たすことになった。それはジャガイモである。今日の南アメリカにはジャガイモの野生種と栽培種が数種類あることが知られており、ティティカカ湖の湖盆が遺伝的変異性の中心地であることから、この地において最初に栽培植物化された系統が生まれた可能性が高い。

初期の栽培の考古学上の痕跡は、その湖盆の内部とその周辺の川の峡谷平野のいずれにおいてもまったく発見されていない。けれども、これは、おそらくは、広い地域に散在していた定住地の調査がかぎられているからだろう。ほとんどすべての発掘は、高地の洞窟に集中しており、それがペルーの中央部の有史前の生活様式に関する全体像を与えてくれるといったことはとうていありそうもない。ブルース・スミスは、そうした広い地域に散在していた定住地がいったん発掘されれば、ジャガイモの栽培植物化がラマ、アルパカ、キノアと関わりをもった動向の一部として起こったことが明らかにされると考えている。

もう一つの種も、また、その動向と関わりをもっていた可能性があるのだが、それはモルモットである。その骨がジョン・リックによってパチャマチャイの洞窟から発見されており、モルモットは、家畜化されて食料源になる前にはアンデス山脈の全域において盛んに狩られていたことが知られている。それが家畜化された正確な時代は今なお特定されていない。西アジアのマウスやラットと同じように、その野生種は、家庭から排出されたくずや穀類といったエサを安定して確保できたことから、初期の永続的な定住地に引きつけられたのかもしれない。モルモットは、その高い繁殖率とかぎられた空間の中で育てることができる利点のゆえに家畜化に適しており、今日の子供たちのペットとして理想的なのはその後者の利点に負っている。

パチャマチャイの洞窟では一日はゆったりと始まる。ジョン・ラボック君は、明け方に眼を覚ましたのだが、ほとんどの人はまだ眠っている。彼らは、洞窟の奥まったところを寝床として使っており、そこは、柔らかな寝藁と獣皮によって快適な温かさが保たれている。一人の若い女が入り口に座って赤ん坊に乳を与えており、数人の子供たちがその近くで棒切れをいじっている。一人の男が起き上がって夜通し燻っていた炉床に息を吹きつけて火を燃え立たせようとしている。そのほかの人々も起き上がってきたので、柳細工の籠から棘に被われた球体が灰の中に投げ込まれた。これは、丸い小丘状をなしてプーナ地帯全域で群生している、棘だらけのウチワサボテンの一種、オプンティアの果実である。果実は数分後に灰から引き出される。棘が燃えてしまった、だが、水分をたっぷり含んだ果実が次々と手渡されていき、人々は、灰をきれいに拭って丸かじりしている。

パチャマチャイの洞窟の居住者たちが採集していた植物はすべて野生種だった。その洞窟から出土した植物を分析したデボラ・ピアソールは、その保存の条件が炉床の中でたまたま炭化したものにかぎられていたにもかかわらず、実に多種多様な種子を発見した(8)。一部の残留物がオプンティアやキノアのような食料として採集されていた果実や種子に由来していた一方、そのほかのものは、医薬品としての役割をもっていたのかもしれない。たとえば、ユーホルビア属の植物の九〇個の種子が発見されているのだが、そうした植物は、今日のアンデス山系の人々によって医薬品として用いられており、ある種の植物の白い液汁は、緩下剤として、そのほかの種は、その塊茎をつき潰して腹痛の緩和剤として、さらには皮膚の発疹の軟膏として用いられている。

ラボック君は、少しばかりのビクーニャの乾燥肉と二個のオプンティアの果実を食べ、フニン盆地を後にし、山々を越えてティティカカ湖に向かう困難な旅に出発した。次いで、ティティカカ湖から迷路のような峡谷に降りていき、それを通り抜けて今日のペルーの海岸地帯へと入っていった。彼は、紀元前一〇〇〇年に不毛で味気ない山麓の丘陵地帯に到着したのだが、その丘陵地帯は、木々によって縁取られた、リボン状のオアシスをなしている狭い峡谷によって切り裂かれている。そこは山間部よりも温かいとはいえ、とりわけ、海岸に近い丘陵地帯は、薄墨色の濃い霧によってしばしば閉ざされることがあり、そうしたときには、熱帯に位置しているにもかかわらず驚くほど冷涼である。

ケブラーダ・ハグアイ、つまり、ハグアイ峡谷として知られるようになる大峡谷の北の川岸の一群の円形の住居に到着したラボック君を出迎えてくれたのは魚の臭いだった。丸木舟がほぼ八キロ離れた河口域の漁から帰ってきたばかりであり、重い漁網が薄暗がりの中で陸揚げされている。ラボック君もそれに加わり、魚を籠に移したり、植物の繊維の撚り糸に引っかかっている魚を外す作業を手伝った。

半地下式の小屋は、粗朶、壁に塗り込む粘土、太い木の支柱を用いて建てられている。その屋根を通り抜けて立ち昇っている煙に誘われたラボック君は、中に入って焚き火のそばに座った。小屋と小屋の間には狩猟採集生活に典型的な生活廃棄物や原料が山積している。道具を造り出す過程から生みだされた屑が散乱しており、繊維を取り出す根茎や籠の素材となるイグサの束が積み上げられている。川岸に掘られた炉床や、魚介類や獣肉を炙るための穴のまわりには有機物の残骸が散乱している。

ラボック君は、ほどなくして沿岸地帯のこれらの居住者たちが有為転変にさらされてきたことに気づくことだろう。人々は、ほぼ一〇〇〇年にわたってこの近辺で暮らしており、その期間を通してずっと魚を捕獲し、クラムを採集してきた。この居住地は、かつては海岸から山間部に毎年移動していた人々によって野営地として使用されていた。高地に移動していたとき、人々は、グアナコを狩り、石器時代の世界の全域において高く評価されていた黒曜石を掘り出し、可能なかぎり大量に持ち帰っていた。
しかしながら、そうした山間部への移動はもはやなされておらず、したがって、黒曜石は、ラボック君のまわりにはまったく見当たらない。人々は、毎年三つか四つの異なった居住地の間を移り住んでいるとはいえ、今では一年を通して沿岸地帯で暮らしている。人々は、特定の目的を意図してケブラーダ・ハグアイにやって来たのだが、それは、河口域で盛んに繁殖していたニベ科の魚の大群を捕らえ、豊富なクラムを採集するためだった。その一方、人々は、小屋を修復したり、峡谷の川沿いの低地に自生しているウリ科の植物を採集している。いったん魚の大群が河口域を離れてしまうと、人々は、次の居住地へと移り住み、おそらくは、鵜をワナで捕らえたり、カタクチイワシを捕らえているのだろう。(9)

ケブラーダ・ハグアイの遺跡は、一九七〇年に発見されたのだが、その発掘がメイン大学のダニエル・サンドワイスによって始ねられたのは一九九六年のことだった。(10) その遺跡からはラボック君がティエラデルフエゴで眼にしたような魚尾型尖頭器や、アマゾン川流域の三角形の尖頭器のような特徴的な形をもった石器が発見されなかったことから、サンドワイスは、放射性炭素年代が確定されるまで、魚の骨、クラムの貝殻、黒こげの骨、支柱の穴がどの程度古い時代のものであるかを見きわめることがまったくできなかった。ケブラーダ・ハグアイの外れに人々が紀元前一一〇〇〇年以降暮らしていたことが明らかにされると、その遺跡は、直ぐさま重大な発見として高く評価された。それは、ペルーの最初期の人々が海産資源の活用に熟達していたことを例証するとともに、小舟と漁に関する技術においても秀でていたことを示唆していた。それは、また、初期のアメリカ人たちの生活様式の多様性に関するさらなる証拠物件をもたらしたのである。ラボック君は、その後の数週間をこれらの沿岸地帯の人々とともに暮らし、繊維を結ぶのを手伝ったり、遠出の漁に加わった。彼らが近くに住んでいる人々を訪れる旅に同行したこともあったし、変転きわまりない海の状態や空模様を読んでいる人々を観察したこともあった。こうした遠出や旅を重ねているうちに、彼は、地面の大部分がある場所ではきめの細かいシルトが、別の場所ではきめの粗い砂礫が堆積した分厚い層によって被われていることに気づいた。ある峡谷の入り口では、この層は、木々の幹のまわりで腰の高さにまで達しており、別の場所では、木々がなぎ倒されたり、押し潰された痕跡が明らかに残されていた。あるとき、彼は、並外れて深い考古学上の発掘現場の側面のように見える岩石の垂直な露出面を発見した。渓流が峡谷の急勾配の斜面を穿ってそこから大量の堆積物を洗い流し、垂直の壁が残されたのである。その中を覗いてみると、小屋の壊れた壁と木材と炉床が眼に入った。

その後一〇〇〇〇年以上もの歳月が過ぎ去ったとき、合衆国地質調査団のデーヴィッド・キーファーは、ラボック君が訪れていた漁撈の集落の南方ほぼ五〇キロの地点に位置しているケブラーダ・タカウアリ（タカウアリ峡谷）に建設される新たな道路のためにつけられた堆積物の切り通しを検分していたとき、同じような発見をした[11]。彼は、きめの粗い砂礫の分厚い層の間に挟まれていた紀元前一〇八〇〇年にまで遡る炉床とごみの堆積物の痕跡を発見したのである[12]。それは、激しい集中豪雨によって引き起こされた大量の有機堆積物の突然の流出に見舞われた居住地の残骸だった。

キーファーとその同僚たちがもっと多くの年代を同定したとき、彼らは、ペルーの南部の沿岸地帯が紀元前一〇八〇〇年から八〇〇〇年にかけて四回の大規模な有機堆積物の流出にさらされたことを明らかにした。それこそが自然環境に繰り返し荒廃を引き起こしていた唯一の元凶だったに違いない。キーファーは、有史前の歴史にその痕跡を残している、スペイン語で「幼児《おさんご》キリスト」を意味するエルニーニョの最初期の影響力——それは、今なお現代世界に繰り返し荒廃をもたらしている——を発見したのである。(13)

エルニーニョは、太平洋の熱帯区の全域における海面の温度の分布と気圧の変化によって引き起こされる。それは、巨大な温かい海水塊が二年から一〇年に及ぶ周期で中央アメリカと南アメリカの海岸の沖合に形成されたとき発生し、海流を混乱させ、栄養分を含んだ海底の近くの冷たい海水の海面への環流を妨げる。その結果として、魚の群が冷たくて栄養分に富んだ海域を求めてそこを離れる。これは、漁撈——それは紀元前一〇〇〇〇年においては、おそらくは、たかだか数百人の生活を支えていたにすぎなかったとしても、今日ではその数は何百万人にも達している——に甚大な被害を引き起こす恐れがある。

それよりさらに劇的なのは、気圧の変化が世界の各地の天候に引き起こす大混乱である。アメリカ大陸の太平洋沿岸地帯が、エルニーニョによって引き起こされた嵐による洪水の甚大な被害を蒙る一方、東南アジアは、干魃に苦しめられる。コンピューター・モデルは、エルニーニョ現象の頻度と強度が地球温暖化によって増大する恐れがあると予測している。これは、氷河時代がその幕を閉じた頃にはその種の現象が七〇〇年から八〇〇年に一度という低い頻度で発生していたにすぎなかったにもかかわらず、過去一五〇年間においてはその周期がわずか一〇年にまで短縮したというデーヴィッド・キーファーの発見によって立証されているように思われる。こうした成り行きの作用因は、紀元前七〇〇〇年にその頂点を迎えた自然現象としての地球温暖化だけだったと思われる。したがって、私たちは、今後百年間の人為的な地球温暖化がエルニーニョに与える影響と、それが私たちの環境と経済に引き起こす被害の大きさを思い煩わないわけにはいかない。

紀元前一〇八〇〇年にケブラーダ・タカウアリを襲った出来事とその被害については、私たちはそれを推測してみることしかできないとはいえ、エルニーニョの凄まじい威力をまざまざと描き出してくれるのは、一九九七年から一九九八年にかけてペルーの海岸地帯を襲った大災害である。[14] カナダの面積に匹敵する巨大な温水塊が太平洋の海面下四〇〇メートルに形成されたのだ。その結果として発生した嵐が一九九七年一二月に太平洋の沿岸地帯を次々と襲うようになり、その影響力は、ほどなくして終末論的な規模にまで拡大した。増水した河川と泥滑動によって六ヶ月以内に三〇〇もの橋が破壊され、いくつもの集落全体が押し流されてしまったことによって、五〇万人もの人々が我が家を失った。漁業は甚大な被害を被り、港湾は破壊され、疾病の蔓延に申し分のない状況が生みだされた。海水は、内陸を一五キロの地点まで水浸しにし、無人の都市と化していたトルヒーリョを襲った大洪水は、その都市の最古の共同墓地を浸蝕し、古代の棺《ひつぎ》と死体が通りを漂っていった。こうした恐るべき惨状を目の当たりにしたその都市の指導者たちは、雨交じりの強風が吹きすさんでいる一九九八年三月のとある日曜日、壊滅的な被害を被った市民に神の救いを求めるよう呼び掛けた。それは、紀元前一〇八〇〇年に定住地が破壊されたとき、その居住者たちが行ったことにほかならなかったことだろう。エルニーニョの、つまり、「幼児イエス」の威力に直面したとき、人々は、それ以外にどのような行動をとることができただろうか？

鵜の番《つがい》が、翼の先端をほとんど海面に触れるほど低く飛んでいるので、ほんの一瞬だけ月明かりの中に姿をあらわしている。番は、雲が月を包み込んでしまったので暗闇の中に姿を消し、潮が砂浜から引いていくにつれて、波が砂地に吸い込まれていく。ラボック君は、真っ暗闇の岬に座りながら眼下の太平洋に眼を釘づけにして震えている。

そろそろ南アメリカを去らなければならない。暗闇に足を踏み入れていったラボック君の脳裏に次々に浮かんできたのは、モンテ・ヴェルデで啜った温かいお茶、ティエラデルフエゴで味わったウマの肉、アマゾン川の魚釣り、アンデス山脈で追いかけたビクーニャ、ケブラーダ・ハグアイで採集したクラムなどの光景だった。彼は、モンテ・ヴェルデの人々が本当に最初のアメリカ人たちだったのだろうかと訝しみ、洞窟絵画の意味に思いを馳せ、人々が狩人ではなく牧羊者になったのはなぜだったのだろうかと考えている。氷河時代以降の南アメリカは、一貫して驚嘆に値する人々と、答えのないいくつもの問いの大陸であり続けている。しかしながら、ラボック君は、マンモスとクローヴィス文化の時代の後になにが起こったかを発見するために、これからまずメキシコに、次いで、北アメリカに向かって旅立たなければならない。

30　オアカハ峡谷に関する二つの解釈
──紀元前一〇五〇〇年から五〇〇〇年のメキシコにおけるトウモロコシ、カボチャ、マメの栽培植物化

紀元後二〇〇〇年九月のとある日の午後、洞窟の壁に背中を向けて胡座をかき、やおら起き上がって別の壁のそばにしゃがみこんだとき、筆者は、子供っぽい興奮を覚えたことをありのままに自認しなければならない。そうしたふざけた行動をとってみたいという願望は、サンザシの茂みを突破し、最後の難関であるオプンティアの棘をなんとか切り抜け、メキシコの中央部の小さな洞窟ギラ・ナキッツに到着した途端に筆者を圧倒していた。

それは、けっして洞窟と呼べるような代物ではなかった。オアハカ峡谷の中の絶壁の突出部の下の岩肌に穿たれた岩棚に毛が生えたようなものにすぎない。その近くには、ぽっかりと口を開けた入り口と、岩の奥深くにまで達する広々とした空間をもったいかにも洞窟らしい洞窟がいくつもある。その峡谷の中のはるか彼方にはいくつかの壮大な考古学上の遺跡があり、その中でもっとも広く知られているのは、今から二五〇〇年前にザポテク文明がその首都として築いた古代都市モンテ・アルバンである。

モンテ・アルバンの構築物は印象的なものだとはいえ、筆者が峡谷の中の丘の頂上を訪れたのは、それに比べれば二義的なものに興味をそそられたからだった。筆者は、そこで新世界において最初期に栽培植物化

された系統が発見された遺跡ギラ・ナキッツを訪れるためにオアハカ州まで足を運んだのである。[1] そこを訪れたとしても洞窟学者としての筆者の経歴に箔がつく度合いはかぎられている。だが、絶壁の突出部の下で胡座をかいたことは、真昼の太陽に照らされながら長時間歩くことによって筆者がかいた大量の汗と、その間に被ったサボテンとサンザシの棘による掻き傷のすべてを埋め合わせてあまりある体験だった。

筆者は、ある瞬間には、自分自身があたかも紀元前八〇〇〇年にギラ・ナキッツで野営している狩猟採集民の一人でもあるかのように、次の瞬間には、一九六六年一月二六日——筆者自身の訪問の三四年と二四三日ほど前——にその遺跡を（再）発見した、ミシガン大学にその研究活動の本拠地を置いていたケント・フラナリーででもあるかのように思い込んでいた。フラナリーは、その後、地表から石の人工遺物と植物の残留物を発見した状況を記述しているのだが、彼が植物の残留物を発見することができたのは、その土壌が極度に乾燥していたからだった。その洞窟には、ごく最近までそこを専有していたヤギが残した大量の糞を除けば、眼を引くものはなに一つして見当たらなかった。フラナリーは、一九六六年の春の発掘にわずか六週間を費やしたにすぎなかったとはいえ、発見した遺物の分析とその成果の出版には、さらに一五年の歳月を注ぎ込まなければならなかった。

筆者にとってギラ・ナキッツが魅力的だったのは、それが世界の歴史における通常の生活と異常な出来事の間の対比を示しているからだった。紀元前八五〇〇年から六〇〇〇年にかけてその洞窟には数回にわたってわずか四、五人の人々、おそらくは、単一の家族が居住していたにすぎなかった。それらの人々は、石器を造ったり、ウサギや小さなカメを調理したり、洞窟の近辺から採集した測り知れないほど多種多様な可食植物の種子を穂から外したり、殻を取り去ったり、磨り潰したり、加熱したりするための場所としてその洞窟を使っていたのである。彼らは、オークの葉や草を寝藁として用いながらギラ・ナキッツに寝泊まりしていた。彼らは、そうした時間の大部分をうわさ話や冗談や、ひょっとしたら唄や踊りにすら費やしていたのではなかろうかと筆者は想像している。彼らがそこに居住していたのは秋であり、その期間は、ほんの数日だったかもしれず、あるいは、二、三ヶ月に及んでいたのかもしれない。彼らにとってギラ・ナキッツは、オアハカ峡谷の中の数多くの野営地の一つにすぎなかった。それは特筆すべき重要性などまったくもっておらず、そこを利用していた人々は、たんにアメリカ大陸の中央部で前期完新世の日々の生活を営んでいたにすぎなかった。

フラナリーは、そうした日々を送っていた彼らが、実は歴史を作っていたことを発見したのだ。彼らが最初にその洞窟を野営地として使っていたとき、彼らが採集していたすべての可食植物は野生種だった。しかしながら、彼らがそこを最後に訪れたときには、その一部は、すでに栽培植物化されていた。それは、その後の人類が生存のために依存することになる植物だった。ギラ・ナキッツの人々は、それを知る由もなかったとはいえ、彼らが作りだした新たな植物は、最終的にはオルメック族、ザポテク族、アステカ族といった部族がそれを担った偉大なるメソアメリカ文明を支えることになったのである。

筆者の脳裏にこうした想念が浮かんだのは、賃借りした四輪駆動車を駆ってオアハカ峡谷の支流のゲオ・アラ川の干上がった川床を、勇を奮って行けるところまで行こうとギラ・ナキッツを目指して上流に向かい、これ以上は危険だと車を降りたときのことだった。筆者は、それから生い茂った草に被われた小道をたどり、ときには低木の茂った林地を通り抜けていったのだが、その道筋に十分な確信があったわけではなかったので、フラナリーの著書に描かれていたので見覚えのある特徴的な絶壁の外観を見のがさないよう用心しなければならなかった。サボテンはいうまでもなく、樹木や灌木の多くは、筆者にとってはまったく見慣れないものばかりだった。そうした植物のなかにはその上に風変わりな着生植物が根を下ろしているものもあった。

これらの植物は、そのほかの植物に着生することによってその生命を維持しており、曲がりくねった触毛を空中に伸ばしている。辺り一帯にはチョウやハチが飛びまわっていた。

植物を同定できなかった筆者はかなりの欲求不満を引き起こしてしまった。とりわけ異国情緒豊かな黄と白の花、時折漂ってくる刺激臭のある芳香、実をつけ始めている小さなベリー、ふくらみかけている莢《さや》が実に愛らしく感じられたのだが、ほかならぬ自分自身が眼にしている植物に関する知識をなに一つとして持ち合わせていないのだ。筆者は、下調べをしてこなかったことに不快感を覚えてしまった。というのも、オアハカ峡谷のこの地域の植生は、紀元前八〇〇〇年にギラ・ナキッツを取り囲んでいたそれと近しいと考えられているからである。それゆえ、古代の採集民たちは、まったく同じ花や莢を眼にし、同じ芳香を嗅ぎ、同じ種類のサンザシの棘によって掻き傷を作っていたのである。けれども、改めて断るまでもなく、彼らは、これらの植物について正確な知識を持ち合わせていた。どの植物が最上の食べ物であり、最上の繊維はどの植物から取ればよいのか、どの植物が医薬的な効能をもっていたり、刺激薬として使用できるかを知悉していたのである。

洞窟に到着したとき、スズメバチのベル形の巣が天井からぶら下がっていた。その外皮は、ちょうど人類の継続的な居住が床の上に生みだした有機堆積物の層と同じように、重なり合ったり、互いを埋め込むことによって、かさぶたのようなつぎはぎ模様を形づくっていた。ふざけた行動をとってみたいという衝動がいったん収まると、筆者は、這いずるようにしてサンザシの木々を通り抜け、丸石が散乱している断崖の下手の斜面を降りながら、生い茂った草に被われている小道を捜した。筆者は、そのとき初めて思い当たったのだが、これこそが、筆者が勇を鼓して試みたよりももっとギラ・ナキッツに近づくためにフラナリーとその発掘チームが何度となく繰り返し車輌を走らせたことによってつけられた小道だったのである。

進軍しているアリの隊列に気づいた筆者は足をとめた。ちょうどそのとき、溝や凹みを乗り越えながら無理矢理前に進もうとしているエンジン音を耳にしたような気がした。筆者は、我とも知らず、三〇年以上も前に一日の仕事を終えてフォードのピックアップに乗り込んだフラナリーとその仲間たちが車体を軋らせたり、跳ね上がらせたりしながら筆者を追い越していったところを想像していた。筆者はぶらぶら歩きながら、峡谷という背景とはどう考えても調和しそうもないもう一台の車輌を心に思い浮かべていた。それは、今、筆者の眼の前に広がっている川床をなんとかして切り抜けようとしているメルセデス・ベンツであり、ケント・フラナリーは、初めてオアハカ州を訪れるために親戚の実業家からそれを借用していたのである。思うにその実業家は、考古学者たちの遣り方についてまったく無知だったに違いない。もっとも、メルセデスは、ロバが通るような小道に沿って走ったり、深い峡谷を切り抜けながらフラナリーを峡谷のあちこちに連れて行くことにかけては、そこいらの四輪駆動車より優れた性能を発揮したのかもしれない。サボテンやサンザシの木々を通り抜けて自分自身の車輌を捜しながら歩いていた筆者は、確かに疲れてはいたのだが、ギラ・ナキッツの洞窟の中で胡座をかいたことによって爽快な気分に浸っていた。

時は今、紀元前八〇〇〇年であり、ラボック君は、その洞窟の中に座って『有史前の時代』を読んでいる。彼のまわりには狩猟採集民たちの野営地にお馴染みの生活廃棄物が散乱している。洞窟の居住者たちは植物の採集に出かけている。床の上には編んだむしろが敷かれており、大量の草が寝藁として設えられている。炉床の灰はまだ温かい。椀や籠や袋がむしろの上に置かれていたり、壁に固定されている掛け釘からぶら下がっている。ラボック君は、アメリカ大陸の考古学に関する章に視線を移し、彼が名前をもらい受けた人物がアメリカ大陸の農耕についてもっていた知識と、農耕がどのようにして始まったかを考察しているか否かを点検している。ヴィクトリア女王時代のジョン・ラボックは、その地の農耕の基礎を築いたのがトウモロコシだったことを知っており、「アメリカに半文明が生まれたのはその結果であり、次いで、それがその文明の漸進的な進歩を可能にしたのである」(2) と註釈を加えている。ジョン・ラボック君は、この註釈を思案している。というのも、それは、栽培植物化された穀類が、彼がギラ・ナキッツで眼にしたそれよりはるかに複雑な社会において姿をあらわしたことを示しているからである。

今日、私たちは、いくつかの穀類がメキシコの中央部で最初に栽培植物化されたことを知っている。三つの重要な意味をもっている栽培植物化された種——トウモロコシ、マメ、カボチャ——の祖先に当たる野生種がその地域で発見されているからである(3)。トウモロコシとマメについては、どの野生の個体群が栽培植物化された種の特定の遺伝標識をもっているかを突きとめることによって、野生種から栽培種への進化のきわめて精密な位置づけがすでに与えられている。

トウモロコシは、メキシコの辺境において今なお栽培されているブタモロコシと呼ばれている雑草から進化した。ブタモロコシは、その中に穀粒が詰まっている、容易に収穫できるいくつかの穂軸を一本の茎につける代わりに、その茎が枝分かれし、それぞれの枝に少しばかりの穀粒が包み込まれている抱葉をいくつかつける。メキシコ中央部のバルサス川の峡谷平野の丘陵地帯に自生しているブタモロコシは、生物化学的な観点から今日のトウモロコシととりわけよく似ている。それゆえ、有史前の植物の採集民たちによってブタモロコシの集約的な栽培が始まり、食用と次の年に播く種子としてもっとも大きな穀粒が繰り返し何度となく選ばれたのは、この峡谷平野の内部だったのかもしれない。

その一方、マメの野生種は、中央アメリカ(メキシコの南の国境からコロンビアの北の国境まで)の全域で自生しており、現代の都市グアダラハラの周辺に自生している種が赤インゲンマメ、ぶちインゲンマメ、サンドマメを含む多種多様な、栽培植物化された一般的なマメ（インゲンマメ）の祖先であることが同定されている。私たちが西アジアにおいて考察したオオムギ、コムギ、レンズマメと同じように、栽培植物化されたマメは「収穫者を待っている」。それゆえ、収穫者がいなかったとしたら、マメはその種子を播くことができない。西アジアの植物の場合と同じように、栽培植物化されたマメへの移行は、意図的と偶発的の違いを問わず、人々が、実が熟したときはじける傾向のより少ない莢を繰り返し選択していったことによってもたらされたのである。

重要な意味をもった三つ目の栽培種であるカボチャの野生の原種は、今なお突きとめられていない。メキシコ全土には今なお数多くのカボチャの野生種が自生していることは紛れもない事実であり、そのすべてが小さな緑色の実をつける。これらのうちの一つがほどなくして、大きくてオレンジ色の実をつける栽培種の特定の原種として、つまり、ギラ・ナキッツの洞窟を使っていた人々によって栽培されていた系統の子孫として同定されるのではないかと思われる。

こうした栽培植物化された系統がいつ、また、なぜ姿をあらわしたのかを明らかにする研究は、その当時シカゴ大学の大学院生だったリチャード・マックネイシュがメキシコの土着の植物に引きつけられ、その地において調査活動と取り組むようになった一九四〇年代の終わり頃に始まった。それは、長期に及んだ卓越した彼の経歴の始まりであり、二〇〇一年一月の交通事故によって終止符を打たれてしまったのだが、マックネイシュは、その事故に遭遇する直前まで八二歳の高齢でありながら、なお野外調査と取り組んでいた(4)。

マックネイシュは、メキシコの北東部のタマウリパス山脈の中の洞窟の干からびた堆積物の発掘とともにその研究に着手した。一九六〇年代の初め頃までには、その調査活動を、はるか南のメキシコ中央部のテワカン峡谷にまで広げており、その峡谷において、コスカトランの洞窟を発掘し、数多くの野生植物とともにトウモロコシ、マメ、カボチャの大量の残留物を発見した。

そのトウモロコシの穂軸は、長さ二センチにすぎなかったとはいえ、それが栽培植物化された種のものであることには疑いの余地がなかった。これらの穂軸は、当初、その近くで発見されていた木炭の破片から得られた放射性炭素年代にもとづいて紀元前六〇〇〇年から四五〇〇年頃のものだと考えられていたのだが、穂軸そのものの年代が直接測定されたとき、それがそこまで年代を遡るものではなく、紀元前三五〇〇年程度であることが明らかにされた。そうした事情は、マクネイシュが発掘した栽培植物化されたマメについても変わらなかった。それは、当初、最終的に導き出された結果より四〇〇〇年ばかり古いと考えられていたのである。

その結果として、ギラ・ナキッツで発見され、紀元前四二〇〇年にまで遡ることが認められている穂軸[5]が現在知られている中では最古だと考えられている。もしこれが栽培植物化の始まった年代だと仮定すると、それは、氷河時代の終焉からメキシコで栽培植物化されたトウモロコシが出現するまでの間には実に長期に及ぶ遅滞があることを意味しており、これは、西アジアにおける栽培植物化された穀類の出現とは状況がまったく異なっていることを物語っている。しかしながら、これらの放射性炭素年代は、栽培植物化された最初の系統が出現した時代についてまるで間違った情報を与えているのかもしれない。トウモロコシに関する最近の遺伝子研究は、栽培植物化が紀元前七〇〇〇年にはすでに始まっていたことを指し示しているからである[6]。

フラナリーも、また、ギラ・ナキッツから栽培植物化されたカボチャの試料を回収していた。これらの試料は、皮、茎、種子の断片にすぎなかったとはいえ、野生種と栽培種を識別できるだけの十分な特徴を備えていた。その決定的な違いとは、たんにその大きさである。栽培植物化されたカボチャは、食料としての有用性を示すに足るだけの大きさを備えている。けれども、ギラ・ナキッツの試料が最初に調査されたとき、わずか一つの種子だけが十分な大きさを備えた実《み》のものだとみなされ、栽培種に分類されただけだった。その種子は、紀元前八〇〇〇年にまで遡ると測定されている。

その試料を「スミソニアン研究所」のブルース・スミスが一九九五年に再調査したとき、彼は、ギラ・ナキッツの人々がその時代までにはすでにカボチャを栽培していたとの考え方を支持するさらに大量の痕跡を発見した。[7] 最初期の堆積層から出土したカボチャの断片が野生種のものであることには（その一粒の種子を除けば）疑いの余地がなかったとはいえ、紀元前七五〇〇年から六〇〇〇年頃の堆積層から出土した残留物は、明らかに栽培植物化された系統のものだった。種子と茎の残留物が、野生種のそれよりもはるかに大きかったのである。その皮も、野生種の実《み》に特徴的な薄くて緑色ではなく、厚くて輝かしいオレンジ色だった。

スミスは、ギラ・ナキッツの居住者たちが紀元前八〇〇〇年までにはすでにカボチャを栽培していたと結論づけた。人々は、野生の植物から雑草を取り除き、もっとも大きなカボチャの実から種子を選び出し、翌年の収穫のためにそれを播いていたのである。また、もしそういうことだとすると、ギラ・ナキッツの人々、テワカン峡谷とバルサス峡谷で暮らしていた人々、グアダラハラ周辺の山麓の丘陵地帯で採集生活を送っていた人々も、おそらくは、マメやブタモロコシ／トウモロコシを栽培していたものと思われる。すると、次に私たちの頭に浮かんでくるのは、人々がそうした行動を取るようになったのはなぜなのか、という問題である。彼らは、はからずも将来のメソアメリカ文明の礎を築いたのだが、それはいったいなぜだったのだろうか？

メキシコの中央部における栽培植物化された系統の起源については、現時点では、二つの主要な、だが、互いに根本的に異なった解釈がある。その一つは、フラナリー自身がギラ・ナキッツにおける彼自身の発掘にもとづいてたどり着いた解釈であり、もう一つは、サイモンフレーザー大学のブライアン・ヘイデンが歴史的に詳細に記述されている狩猟採集民に関する該博な知識に依拠して導き出した解釈である。これらの解釈は、洞窟から出土した遺物ではなく、オアハカ峡谷の川沿いの低地やそのほかの河川の峡谷に狩猟採集民たちの永続的な集落が存在していたか否かを論題の中心に据えている。(8)

フラナリーには、オアハカ峡谷における野外調査を身をもって体験しているという強みがあるとはいえ、私たちは、正しいと思われるものを選ぶ前に双方の解釈を考察してみなければならない。私たちがそうすることができるためには、ジョン・ラボック君に、紀元前八〇〇〇年のオアハカ峡谷について再考してもらわなければならない。つまり、彼は、ケント・フラナリーがギラ・ナキッツについて想像した世界に一〇年間暮らし、次いで、その同じ一〇年をブライアン・ヘイデンが思い描いた世界で過ごしてみなければならない。

オアハカ峡谷の最初の一〇年間、ラボック君は、植物の採集、狩り、唄と物語といったギラ・ナキッツの人々の営みのすべてに参加した。そんなふうにして暮らしながら、彼は、子供たちが成長し、生きていくために必要とされる採集と狩りの技法を学ぶ姿を注意深く見守った。それには狩猟具、植物を採集するための籠、水を運ぶための容器を造る技術が含まれていた。履き物や衣服は、植物の繊維、樹皮、毛皮、鳥の羽根から作らなければならない。子供たちは、また、薬効のある植物や、ごく幼い子供たち、虚弱な人たち、年老いた人たちの世話の仕方についても学ばなければならない。そのどれ一つとして教えてもらっただけで身につくような類のものではまったくない。子供たちは、たんにそうした仕事に従事している大人たちに加わってそれを実践する。注意深く見守り、熱心に耳を傾け、実地に試し、失敗し、しだいに両親や祖父母と同じような技能と知識を身につけていくのである。

その一〇年が終わりに近づいていた頃、娘たちの一人がその集団を離れてテワカン峡谷で暮らしている一族に加わった。その後ほどなくして、若い男たちの一人がそのほかの人々の総意によって集団の暗黙の指導者になった。彼は、今ではいつ野営地を移動するのか、次はどこへ行くのかといった、全体としての集団に影響を与える決断が求められるとき、先ずその口火を切り、それを纏めあげることを許されるようになった。すべての人々が彼の意見に注意深く耳を傾けたのだが、たとえそうだとしても、それぞれの人には自分自身の言い分がある。年輩の男たちや女たちの判断には特別の配慮を払わなければならない。すると、決断は、しだいに集団の討議から浮かび上がってくるようになる。その結果として、指導者は、本質的には、いくつもの選択肢を要約したり、緊急の見解を明示する調停者の役割を帯びるようになっていった。[9]

人々は、夏の期間を今日の考古学者たちにはゲオ・シンの遺跡として知られている、峡谷の川沿いの低地の野営地で過ごしている。カボチャが沖積土の上で育てられており、エノキの実とメスキート（米国南西部やメキシコ産のマメ科の低木）の豆果が収穫されている。大型の黒いイグアナが狩られ、薪の熾《お》きで炙られている。とりわけ食料が豊かなときには、これまでにも何度か、ほかの集団がゲオ・シンの集団に合流したこともある。訪問者たちは、数日間ゲオ・シンに滞在し、新たな話題やうわさ話を取り交わす。二つの集団の間で婚姻が成立したときは、すべての人々がそれを祝福し、夫婦はいずれかの集団の成員になり、ゲオ・シンにとどまるか、その地を離れていくのだが、いずれにしろ、この夫婦の間にはほどなくして子供たちが生まれることだろう。

秋の野営地はギラ・ナキッツである。ラボック君は、すでにその地の魅力を正しく認識している。手近なところで可食植物をふんだんに採集することができるからである。もっともそのためには、少なくとも地下の塊茎を雑草の小さな根っこと識別する方法や、いくつもあるイチゴ類のうちどれが可食であり、どれを避けなければならないかを見分け、野生のメロン、ベニバナインゲン、オニオンをどこで見つければよいのか、地中の炉によって長時間加熱した後ではじめて食べられるようになるのはどの植物なのかといった知識だけは身につけておかなければならない。オジロジカ、クビワペッカリー、ノウサギといった猟獣や、ウズラや各種のハトなどの猟鳥の習性についても一通りの知識を持ち合わせておかなければならない。

飲み水を常時確保できることは必須の条件なのだが、それは、切り立った絶壁の下を流れている川や散在している泉から調達することができる。川や泉からあふれ出た水がごく小さな池を作り出すこともあり、これらの池は、洞窟とその周辺をそのほかの場所よりもずっと住みやすくしてくれる。人々は、こうした池や泥深い川岸で見つけることができるカメを、甲羅の中身を丸ごと炙って食べている。ラボック君は、この地には泉、実をつける樹木やサボテンの群落、カボチャの自生地へと続く小道が網の目のように張り巡らされていることにすでに気づいている。事実、それは、自然が育んだ菜園であり、アイン・マッラーハ周辺の自然環境ときわめてよく似ているとはいえ、そこで育っている様々な植物の種類はまったく異なっている。

秋が終わると乾期がやってくる。一年が終わる頃になると、川にはほんの少しばかりの水しか流れなくなることも稀ではなく、夏期には水が湧き出ていた泉も、地面の少しばかりの区画が湿っているので、かつてそこに泉があったことがわかるだけである。そこで、ラボック君は、ギラ・ナキッツの人々とともにもっと湿潤な高地に移動し、そこで冬を過ごすことにした。多くの所有物は洞窟の中にそのまま残しておく。洞窟の内部はきわめて乾燥しているので、それらが湿気たり腐ったりする恐れはない。事実、秋期の収穫がとりわけ豊かだったとすれば、種子やドングリや塊茎や、とりわけ、カボチャ――彼らは、それが長期の保存に耐えることを知っている――を、集団が帰ってきたときの食料として残しておくのである。

秋がめぐってくる度ごとに、人々は、ギラ・ナキッツに帰ってきて、自分たちの世界の中心に戻ったことに心の安らぎを覚える。彼らは、移動性の生活を送っており、そこでは価値の共有、協力、意見の一致がきわめて重要な役割を担っている。狩りが成功することは稀であり、塊茎が思いのほか小さかったり、莢の中に実がほとんど入っていないことがあるとはいえ、人々が飢えに苦しむことはほとんどない。

ギラ・ナキッツの人々との生活が長くなるにつれて、ラボック君は、天候が比較的湿潤で食料が豊かな年もあれば、ひどい乾燥に苦しめられる年もあることを以前よりもっと正しく認識するようになった。湿潤と乾燥をめぐるその年の気象条件をあらかじめ予測することはまったく不可能であることから、ギラ・ナキッツの人々は、いかなる気象条件に見舞われたとしても、それに対応できるだけの生活の知恵を身につけておかなければならない。

春と夏に降雨量に恵まれたときには、人々は、積極的に洞窟からはるか遠くまで移動することによって、見知らぬ植物が可食であるか否かを験し、それ以前には馴染みがなかった動物の狩りを試みていることにラボック君は気づいた。彼らがそうした行動を取ることができるのは、たとえその種の冒険的な試みが失敗に終わったとしても、従来の食料の供給が保証されているからである。そうした遠出の試みは、たとえそれがいかなる成果を生まなかったとしても、彼らを取り巻いている自然界に関する知識を涵養するためには必要不可欠である。こうした観点からすれば、ギラ・ナキッツの人々は、モンテ・ヴェルデの人々ときわめてよく似ているばかりか、ラボック君が生活をともにしたことがあるそのほかのすべての狩猟採集民たちともさほど異なっているわけではない。つまり、彼らは、「博物誌」に対する抑えがたい渇仰を覚えており、ありとあらゆる機会を捉えてそれを満たそうとしているのである。

ラボック君が初めて別の営みを目撃したのは、とりわけ湿潤な年のことだった。人々は、ギラ・ナキッツの近辺でカボチャが育っているいくつかの区画を熟知していることから、今年は、例年より大きな実が数多く収穫できることを知っている。彼らは、頃合いを見計らってカボチャの花と実の生育状態を検分した。そうしているうちに、カボチャの間近のそのほかのすべての植物を引き抜き、次いで、いくつかのもっとも大きな花と実以外のすべてを切り取って投げ棄てた。彼らがそうした浪費を敢えてする余裕があるのは、たとえ彼らが選んだカボチャの株がほんの一つか二つの実しかつけなかったとしても、その秋にはそのほかの可食植物の豊かな収穫を見込むことができるからである。人々は、発育の状態が思わしくない葉をつけているすべての株を引き抜いて投げ棄ててしまった。

あるとき、女たちの後を追ってみたラボック君は、とりわけ葉が濃く茂っており、つるが絡まり合っているカボチャを眼にした。女たちは、もっとも丈夫に育っているように見える二つか三つの株をディッギングスティックで掘り上げ、それを籠に収めた。次いで、そのほかの株をいくつか間引き、残っている花の受粉の手助けをした。女たちは、ギラ・ナキッツに帰る途中、立ち止まってカボチャの株を手早く植え直し、運んでいた中空の大型のヒョウタンからそれに灌水した。これは、ラボック君にとってまるで意味をなさない、ふたたび眼にすることは難しいだろうと思われるような行動だった。その土壌には際立った特徴などまるでなく、移植されたこれらのカボチャは、たまたまそれを眼にしたいかなる人にとっても、たんなる野生種にしか見えなかったからである。

ギラ・ナキッツの人々は、栽培という言葉を口にすることはけっしてない。彼らは、それを、狩猟や採集や移動といった決まりきった日々の仕事の一部として行っているにすぎない。一見したところ意味があるとは思えないそうした行動がその後でもたらす恩恵をラボック君が正しく認識することができたのは、とりわけ乾燥した年がめぐって来たときのことだった。

その年の自然環境は、ラボック君が期待していたような活気を欠いていた。黄色や白い花々は疎らで、サボテンの緑にも潤いがなく、実をつけたときにも、それは、いつもの鮮やかな赤色ではなく、茶色っぽくくすんでおり、実そのものも小さくしぼんでいた。猟獣も稀にしか姿を見せない。しかしながら、そうした乾ききった景観の中でも、人々は、カボチャに依存することができた。カボチャは、虚弱な系統はすべて取り除かれていたので、病気に冒されることもなく、その実に詰まっている丈夫な種子を集めて翌年のために備えることができた。カボチャの収穫量はかぎられていたとはいえ、それは、洞窟への短距離の移動を支えるに足るだけのエネルギーを補給してくれたのである。

ギラ・ナキッツの人々とともに暮らした一〇年間において、ラボック君は、実そのものにはいかなる変化にも気づくことができなかった。けれども、一〇年ではなく一〇〇年、あるいは、一〇〇〇年その洞窟にとどまっていたとしたら、実がしだいに大きくなり、その色も緑からオレンジに変わったことを知ったことだろう。食用部分の果肉も、かつては種子がその中にへばりついていた薄い層がしだいに厚みを増し、栽培種に相応しい進化を遂げていたことだろう。そうした植物の成長は、ギラ・ナキッツの人々による手間暇をかけた管理のあるなしに大きく左右されるようになっていたことだろう。栽培植物化された系統は、たんに降雨量が乏しいときの食料不足に対するこれらの狩猟採集民たちの自己防衛の試みから生みだされたのである。

ジョン・ラボック君は、ケント・フラナリーによるギラ・ナキッツの人々の姿の復元の観点に沿って暮らしながらこの一〇年間を過ごし、カボチャの栽培植物化に関するフラナリーの解釈を人々が実演するのを観察したのだが、これは、トウモロコシやマメにも難なく転用することができることだろう。それは、降雨量がかぎられている年の潜在的な食料不足を補うためにカボチャを育てていた移動性で平等主義的な植物の採集民たちの世界である。この世界においては、ギラ・ナキッツは、彼らにとって重要な意味をもっていた居住地の一つだった。彼らは、秋がめぐってくる度ごとにその洞窟を狩猟と採集の基地として使っていた。ケント・フラナリーにとって、栽培植物化された系統の起源は、不規則な降雨量と、それよって左右される野生の可食植物の調達と闘わなければならなかった狩猟採集民たちの自衛手段に起因していた。だが、ケント・フラナリーは間違っているのかもしれない。それゆえ、ラボック君は、栽培植物化された系統の起源にまったく異なった解釈を施しているブライアン・ヘイデンが思い描いたまるで別の世界の中で一〇年をふたたび過ごしてみなければならない。

紀元前八〇〇〇年のオアハカ峡谷の生活をもう一度「解釈」する起点において、ラボック君は、ギラ・ナキッツの洞窟の床に三人の女たちとともに座っている。一人の女は、紐で括りつけた乳飲み子を背負っている。午後もかなり遅い時刻であり、植物を採集してきたこの一行は、オアハカ峡谷の川沿いの低地の定住地に帰る前に一休みしているところである。女たちが採集してきたのは、種子、木の実、草や木の葉であり、それぞれ、運ばなければならないふくらんだ大きな袋をもっている。その中の一つに詰まっているのは、数多くの緑色の小さなカボチャの実である。日が翳ってきたので、一行は、帰途につくために洞窟の下手の急勾配の傾斜地を降り、次いで、低木が茂った林地を通り抜けて峡谷に入っていった。この周辺には自然が育んでくれた菜園がまったくないことから、そこに足繁く通うこともなく、それゆえ、たどるべき小道もないにもかかわらず、女たちが進路を見つけ出すのに困難を覚えることはまったくない。これらの女たちがその洞窟を訪れる機会は、きわめて稀である。

三時間後、女たちとともに暗闇から抜け出したラボック君は、焚き火の明かりに照らし出されている集落に入っていった。一〇軒か、せいぜい一二軒ばかりの小屋が、赤々と輝いている熾きの光を放射している中央の炉床のまわりに大雑把な円を描いている。小屋は円形であり、粗朶葺きの屋根が、木材の骨格の上に垣を編み、それを漆喰で塗り固めた壁によって支えられている。数多くの人々が炉床のまわりに座っており、そのうちの何人かが立ち上がって女たちを出迎え、大きな袋を降ろすのを手伝ったり、飲み水を手渡している。ラボック君は、運んできた大きな袋を降ろし、それが持ち去られて収納されるのを見守っている。その仕事から解放された彼の安堵の念は、おそらく女たちのそれより大きかったことだろう。女たちは、自分たちが眼にしたことや、収穫してき植物についてほかの集落の人々に話したり、洞窟や泉や動物の足跡の状態に関する質問に答えている。ラボック君は、そのそばに座って女たちの話に耳を傾けながら、木材の骨格をもった住居と中庭を見まわしている。ケント・フラナリーが広範囲に及ぶ野外調査によって構築したギラ・ナキッツの世界にはそうした集落は存在していない。それは、ゲオ・シンのようなごく小さな野営地にすぎず、その規模は洞窟の内部とごくわずかしか違わない。ただし、ラボック君が住んでいるのは、ヘイデンの想像力が生みだした世界であり、ラボック君は、この集落こそが、彼がその名前をもらい受けたヴィクトリア女王時代の人物によって認識されていた半文明——その人物は、そこから農耕が生まれたと考えていた——なのではなかろうかと考えている。ラボック君は、地面の上に大の字に寝転がって眠りに落ちていった。

彼が眼を覚ましたときには、御馳走の支度が始まってからすでに長い時間が経っていた。彼が運ぶのを手伝った種子や木の実は、すでに殻を剥かれ、今では木を刳り抜いたすり鉢の中で練り粉にするために磨り潰されている。いくつかの小さな地中の炉の中では塊茎が焼かれており、ペッカリーを炙る大きな穴が用意されている。食べ物が詰まったそのほかの数多くの籠を覗いてみると、その一つには、ギラ・ナキッツの近辺で採集されるものとはまったく異なった、オレンジ色の大きなカボチャが堆く積み上げられている。丸木、アシで編んだむしろ、草の束から作ったクッションが焚き火のまわりに置かれている。

集落のまわりをぶらついているうちに、ラボック君は、もっとも大きな小屋の中で精妙なローブが用意されていることを知った。撚りをかけた植物の繊維を織ったこの長い上着は、樹皮を編んだ箱から取り出され、鮮やか色彩の羽根、花々、貝殻によって一連の装飾が施されているところである。この小屋のすぐ後ろには手間暇をかけて管理されているカボチャの菜園がある。もっとも大きな実はすでに摘み取られているけれども、数多くの実が熟し始めている。菜園が粗朶の柵によって囲われているところ見ると、これは私有地なのだろう。

祝宴は午後遅くに始まった。これは、焚き火の片側に席を占めている、テワカン峡谷からやって来た集団のために張られた祝宴である。その指導者は、豊かな色彩のローブを着込み、木の腰掛けに腰を降ろしているので、随行者たちよりも一段高いところに位置を占めている。オアハカ峡谷の人々は、それぞれ身分にしたがって座を占めながら、ローブを身につけている自分たちの指導者とともに反対側に座っている。ラボック君も、焚き火のそばに座っている。ここは、今しも始まろうとしている言葉と唄と食べ物の張り合いを観察する特等席である。

以下は、その後の五時間にわたってその場で繰り広げられた事柄の正確な描写である。一方の側が物語を披露し、それに対してもう一方が応戦する。最初のうちはどの物語も短く、まったく事実だけに関わっている。だが、夕闇がしだいに濃くなってくると、物語はもっと長くなり、さらに情熱を込めて物語られ、その中に、突然、唄、踊り、祖先の行為を劇的に再現する描写が交えられるようになる。炉や肉を炙るために掘られた穴の中で調理された料理が定期的にオアハカ峡谷の女たちによって運び込まれて招待客たちに配られている。物語の中には一人の指導者からもう一人の指導者への貴石、貝殻、珍しい羽根などの贈り物に関わっているものもある。

オアハカ峡谷の指導者の物語が頂点に達したとき、大皿に盛られたオレンジ色のカボチャが灰の中で蒸し焼きにするために焚き火の中に差し込まれた。ラボック君が注意深く見守っていると、招待客たちは、その実の数、大きさ、色に思わず息を呑んだ。[10] いったん蒸し上がると、カボチャは切り分けられ、その種子が全員に配られたのだが、テワカン峡谷の指導者の前に差し出されたのは、椀に盛られた種子だった。彼は、これほど見事な出来映えのカボチャと、これほど大量の種子を目の当たりにしたことはそれ以前には唯の一度としてなかった。彼は、それを食べ、次いで、オアハカ峡谷とその人々を称揚する最後の物語を物語ることによって敗北を認めた。

祝宴は月が昇るまで続いた。テワカン峡谷の人々は、一時的な野営地に引き上げ、オアハカ峡谷の人々は、小屋に帰っていった。何人かの人々は、一人、あるいは、それ以上の招待客をともなっていたのだが、それは、おそらく、彼らが食べた食事と同じような法外なセックスを楽しむためだったのだろう。翌日、テワカン峡谷の人々は、自分たちの定住地を目指して出発していった。人々は義務を果たすことができたし、彼らの指導者は、その体面を維持することができた。一行が集落に着いたとき、指導者は、受け取った贈り物を広げてみることだろう。それは、彼自身の峡谷では眼にすることができないものばかりである。そこで、彼は、部下たちに周辺の丘陵地帯のトウモロコシをこれまでよりもっと丹精を込めて栽培するよう指示することだろう。それは、翌年、オアハカ峡谷の人々をもてなすとき、これまでに見たこともないような大きな——彼の親指をいっぱいに伸ばしたほどの大きさをもった——トウモロコシの穂軸を山のように積み上げてみせるためにほかならない。その種の植物の栽培は、人々が真剣に取り組まなければならない日々の務めだった。だが、それは、それが与えてくれるカロリーのためではなく、それが授けてくれる地位のためだったのである。

競合的な祝宴は毎年続いた。それは、二つの集団の間で開かれたこともあれば、三つや四つや五つの集団が互いに豊かさを張り合ったこともあった。ラボック君は、そうした機会に様々な目新しい食料が持ち込まれるのを目の当たりにした。その中にはカボチャやトウモロコシの穂軸に加えて、トウガラシ、アボカド、マメなどが含まれていたのだが、そのすべてが、彼が現代社会の中で知っているものよりはるかに小さく、それらが完全に栽培植物化された種になる途上にあることを示していた。これらの植物は、珍味として賞味されたり、指導者たちによって、招待客ばかりでなく、自らの集落の人々に強い印象を与えるために使われたのである。指導者たちがそれに失敗すれば、彼らはその地位を失った。すべての若者たちは、自分たちの小屋の背後に菜園をもっており、そこで植物の栽培と取り組んでいたからである。彼らは、自らはそれを意識していなかったとはいえ、山の頂上を均してオアハカ峡谷を見晴るかす壮大な規模によって特徴づけられている都市をモンテ・アルバンに建設することになるザポテク文明の礎を築いていたのである。

ギラ・ナキッツの人々についてヘイデンが思い描いている世界と、野生種の栽培植物化に関して彼が提唱している動機は、フラナリーによるそれとは根本的に異なっている。ヘイデンによれば、ギラ・ナキッツは、オアハカ峡谷の人々の暮らしにとってはまったく末梢的な存在だった。それは、峡谷の川沿いの低地の永続的な集落から狩りや採集のために長い距離を移動するとき、野営地としてほんの時折使用されていただけだった。ヘイデンが想像した世界では、威信と権力を備えていた「有力者」が、女たちを一人、あるいは、それ以上を妻とする選択権をもっており、集落の面子を賭けた祝宴を張ったり、風変わりな貝殻、羽根、貴石を贈り物して受け取ることによって権力を誇示していた。この世界においては、栽培植物化された穀類の起源は、もっと目新しい食べ物によって近隣の人々に強い印象を与えようとしていた狩猟採集民たちの努力に由来している。

カボチャやトウモロコシの栽培植物化に関するこれらの二つの解釈のいずれが正鵠を射ている確率が高いかを決定しようとすれば、私たちは、峡谷の川沿いの低地に狩猟採集民たちの永続的な集落が存在しており、そこで面子を賭けた祝宴が張られていたというヘイデンの主張を査定しなければならない。その種の遺跡の痕跡はまったく発見されていないとはいえ、それは、その考古学上の遺物が数千年に及ぶ川の浸蝕作用によって堆積物の下に埋め込まれてしまったせいだとヘイデンは主張している。

ケント・フラナリーは、ヘイデンの見解を痛烈に批判している。彼は、たとえ沖積土がところどころに存在していたとしても、それは、紀元前八〇〇〇年より前のことだと論難している。したがって、もしそうした集落が存在していたとしたら、その考古学上の痕跡は、今日の地表の上に残されているはずである。峡谷の川沿いの低地では広範囲に及ぶ、また、綿密な調査が行われ、数多くの考古学上の遺跡が発見されている。しかしながら、紀元前八〇〇〇年に面子を賭けた祝宴に使用されたとヘイデンが構想しているような集落は、大まかに判断すれば、それに似ていると考えられる類のものすらまったく発見されていない。ギラ・ナキッツからほんの数キロの地点に位置しているゲオ・シンは、夏期に使用されていたと思われる小さな野営地であり、一九六七年の発掘によって数多くの人工遺物が発見されているとはいえ、いかなる建築物の痕跡もまったく見当たらない。その野営地における営みは、洞窟の内部のそれとごくわずかしか異なってはいなかったことだろう。[11] 浸蝕作用によって峡谷の集水域の溝に流れ込んでいたかなりの量の小屋の木材は、その最初期のものが紀元前一五〇〇年に遡ることが確認されており、これが、峡谷に最初の集落が形成されたと考えられている年代である。

四輪駆動車を駆ってギラ・ナキッツの洞窟を訪れた後でオアハカの町まで引き返したとき、筆者は、ヘイデンとフラナリーのそれぞれの主張を比較考量しながら道路の両側の畑を注意深く観察した。あたりはすでにたそがれていたとはいえ、そこには集約的な農耕が営まれており、お馴染みのニンジンやレタスに加えて、トウガラシ、アボガド、豆類、トウモロコシなど筆者にとってはなお風変わりに見える一連の植物が栽培されていた。その中にはカボチャも含まれていたことだろう。紀元前八〇〇〇年の時点において集落が存在していた見込みは望み薄であることから、筆者は、気がついてみると、栽培植物化された系統の起源に関するフラナリーの科学的モデルに完全に説き伏せられていた。

それぞれの集団の面子を賭けた祝宴が歴史的に知られているアメリカ先住民の集団の間では紛れもなく重要な意味をもっていたとはいえ、それは、食料の莫大な剰余が生みだされるようになって初めて形づくられていった慣習である。北西海岸の先住民たちは、太平洋から信じられないほど大量のサケを捕獲しており、ライバルの族長に強い印象を与えることによってその高慢の鼻を折るために、祝宴、つまり、ポトラッチ（北西海岸のインディアンの間で富と権力の誇示として行う冬の祭礼時の贈り物の分配行事）を使っていた。こうした生活様式を紀元前八〇〇〇年のオアハカ峡谷で暮らしていた人々に押しつけるのは、まったく不適切であるように思われる。彼らの社会生活が競合よりも共有により多くもとづいていたと思われるばかりでなく、ライバルが一握りのカボチャの種子によって、たとえそれがその当時としては大量だったとしても、高慢の鼻を折られたはずもないことはさておき、強い印象を受けたとは考えづらいからである。(12)

筆者は、オアハカの町に到着する前に車を停めて沿道のバーに入り、メスカール（地元のテキーラ）を少しばかり試してみた。その味はけっして結構とはいえない代物だったのだが、その中に香草と果実が詰まっているボトルは、眼に鮮やかだった。筆者は、家に持ち帰るためにそれを一本だけ購入したのだが、そうした異国情緒豊かな飲物は、我が家でディナーパーティーを開いたとき、招待客たちに必ずや強い印象を与えるに違いない。

31　コスターへ

――紀元前七〇〇〇年から五〇〇〇年における北アメリカの狩猟採集民の生活様式

メキシコを後にしたジョン・ラボック君は、アリゾナ州のサンペドロ川の峡谷平野を通り抜け、マンモスの骨とクローヴィス尖頭器がその地中に埋まっているレーナー牧場とマレー・スプリングスを通過した。彼は、バイソンとシカを狩るためにフォルサム尖頭器を使っている人々と遭遇した。それは、事実、ジェシー・フィギンズがほかならぬフォルサムで発掘することになる尖頭器と同じような特徴をもっていた。そのほかの人々は、新たな形式の石の尖頭器を使っていたのだが、そのすべてが最初期の時代の特徴的な溝――樋状剥離――を欠いていた。すべての人々は、前期完新世の野営地で発掘される石臼の数によって後の世の考古学者たちが明らかにしているように、クローヴィス文化期の人々よりもはるかに高い度合いにおいて、可食植物に依存するようになっていた(1)。

こうした食生活の変化は、気候がより温暖になり、降雨量が増えた結果として、林地が増大したことを反映していた。川谷《せんこく》に沿ってヤナギ、ハコヤナギ、トネリコの群生が枝葉を濃く茂らせるようになったのだ。それゆえ、ラボック君は、クローヴィス文化期の人々が野生動物を狩っていたときには広々した草原だった、だが、今ではオークやビャクシンが枝葉を茂らせている林地の中を難儀しながら歩いている。種々の低木や草本などの下生えが豊かであり、十分な知識をもった人々であれば、食料、医薬品、日用品の原料をふんだんに採集することができる。

考古学者たちは、前期完新世のアメリカ人たちを「アルカイック時代の狩猟採集民」と呼んでおり、この用語によって彼らをパレオ・インディアンやクローヴィス文化期の人々のような後期更新世の人々と区別しているのだが、これは、大まかにいえば、ヨーロッパにおける中石器時代という用語に相当している。また、ちょうど中石器時代の人々と同じように、アルカイック時代の狩猟採集民たちは、多様な生活様式をもっていた。その中にはきわめて急速に定住性の生活を採用して最終的には農民となり、支配者、聖職者、奴隷によって構成されている社会を発達させていった人々もいれば、最初のヨーロッパ人たちがアメリカ大陸にたどりつき、先住アメリカ人たちの社会の衰退が始まった運命の年である紀元後一四九二年に至るまでの完新世全体を通して、狩猟採集民としてとどまっていた人々もいた。

ラボック君は、紀元前七五〇〇年までにはすでにアリゾナ州を通過しており、コロラド高原の南端のゴツゴツした深い峡谷に入っていった。彼は、今日のシェヴェロン・キャニオンの中の、考古学者たちには今ではサンダル・シェルターとして知られている洞窟の中で一休みしている。(2) それは、かつては下側の砂岩と上側の石灰岩の繋ぎ目の裂け目だった。だが、川が現在の標高より数メートル上を流れていた時代にその浸蝕作用によって裂け目が広げられることによって洞窟になったのである。彼は洞窟の床の上に座っているのだが、その背後には炉床が切られており、そのまわりには焼け焦げた骨、石の細片、木製のディッギングスティックが散乱している。洞窟の壁のそばには一足のサンダルもある。これは、固く編んだユッカの葉を使ってつま先の開いた履物に仕上げられており、取りつけられている紐を足首に固定して着用する。ラボック君が片足を滑り込ませてみると、その履き心地はかなり上々である。けれども、その所有者が万一帰ってきた場合を考慮し、この目新しい履物を試してみたいという誘惑には屈しなかった。

完全な形をとどめているアルカイック時代のサンダルが、奇異に思えるほど数多くコロラド高原の洞窟の中で考古学者たちによって発見されているのだが、それは、一つには、干からびた状態で保存されていたからであり、さらには、それらが頑丈な素材から作られていたからである。そのほかの有機物には衣服、袋、籠の断片が含まれていた。私たちは、今なお洞窟で盛んに繁殖を繰り返しているモリネズミに感謝しなければならない。これらの毛深い齧歯動物が小枝と葉っぱを使って作った大きな巣は、考古学に測り知れないほどの恩恵を与えてくれている。これらの齧歯動物は、巣を作るとき、そうしたことがなかったとしたら腐朽してしまったに違いない人類の有機堆積物を利用していたからである。サンダル・シェルターからは、棄てられたり、忘れ去られたり、神秘的な具合に姿を消してしまった一九ものサンダルがこれらの動物の巣穴の中から発見されている。

一九九七年、北アリゾナ大学のフィリップ・ゲイブは、ある洞窟の中のモリネズミの「貝塚」から回収され、地元の博物館の棚に収蔵されたまま忘れ去られていたいくつものサンダルを見つけ出し、それを調査した。彼は、ほぼ一五〇〇年の期間に及んでいる放射性炭素年代を確定したのだが、そのうち最初期のサンダルは、紀元前七五〇〇年まで時代を遡っていた。サンダルの保存状態がきわめて良好だったので、ゲイブは、それがどのようにして作られたのかを正確に復元し、それをより北方の洞窟から出土したサンダルと比較してみた。彼は、アルカイック時代の履物が地域と時間の経過によってどのように変わっているかを詳細に記録しており、これは、考古学上の調査に圧倒的な優位を占めている石器の研究の対案としてきわめて貴重である。その結果として、私たちは、おそらくコロラド高原のアルカイック時代の履物について、彼らの生活のそのほかの側面よりももっと豊富な知識を持ち合わせているといえるだろう。

夜が明けたけれども誰もサンダルを取りに帰ってこないので、ラボック君は、洞窟を後にしてシェヴェロン・キャニオンに沿ってリトルキャニオンとの合流点まで歩き、さらにリトルキャニオンに沿って北西に二〇〇キロの道程を踏破し、グランドキャニオンそのものへと到着した。そこで彼が出会った狩猟採集民たちは、グランドキャニオンの巨大な絶壁、複雑な色の変化、日差しの角度の変化とともに位置を変える影、急端《たん》に対して、今日そこを訪れる人たちと同じような強い畏敬の念を懐いていた。ラボック君は、旅を続けてグレートベースンを横切っていった。ちなみに、この「大いなる盆地」という名称は誤称であり、それは、実際には、東のロッキー山脈と東のシェラネヴァダに鋏まれた数多くの盆地によって形づくられている地域である。今日では、ネヴァダ州のほとんどを占めているこの地域は、極度の乾燥にさらされている。

最終氷期最盛期のこの地域には数多くの澄み切った青い湖があり、そのうち広く知られているのは広大なボーンヴィル湖だった。これらの湖は、北アメリカの氷床が大気の環流に与えた影響に帰因していた、地域によってまったく異なった降雨量という気象条件の結果として生み出されたのである(3)。けれども、紀元前七五〇〇年という時点においてすら、これらの湖はすべて姿を消しており、ラボック君は、小さな池、浅い湖、沼沢地、小川、泉によって彩られている景観を通り過ぎていった(4)。いくつかの盆地や峡谷は、完全に干上がっており、その土壌には耐塩性の植物が漸進的に群落を作っている。眼を転じると、ヨモギ科の亜灌木が優位を占めている低木林が広がっており、すでに沙漠のような外観を呈している。丘陵地帯の低い傾斜地ではピニヨンマツやビャクシンが育っている一方、高地ではマツやトウヒが枝葉を濃く茂らせている。

グレートベースンの狩猟採集民たちは、小さな集団を作って散在して暮らしている。彼らは、シカ、レイヨウ、ノウサギ、リス、ジリスといった多種多様な猟獣を狩っており、ときにはバイソンを射止めることもある。その一方では、魚を捕ったり、様々な可食植物を採集してもいる。彼らは、ほんの数週間くらいしか一ヶ所にとどまることはけっしてなく、わずか二、三日で移動することも稀ではない。それゆえ、その野営地には人の手が必要最低限しか加えられておらず、そこに残された骨や植物は、酸性の土壌の中でほどなくして分解してしまう。(5) したがって、後世の考古学者たちに残されている痕跡は、極端にかぎられており、投げ槍の壊れた尖頭器や棄てられた石臼がすこしばかり散乱しているにすぎない。

しかしながら、考古学上のこうした乏しい情報を補ってくれるのがもっと乾燥している洞窟から出土している遺物の数々である。こうした利点をもった洞窟は、それに相応しい意味ありげな名称を奉られている。ラストスーパーケイブとダーティーシェイム・ロックフェラーからは六〇個の縄の断片が発見されているし、フィッシュボーンの洞窟とデンジャー・ケイブからは、ヒマラヤスギの樹皮を編んだ一枚のむしろとヤナギの籠細工が出土している。スピリット・ケイブからは、その地域唯一のアルカイック時代の墓が発見されており、そこに葬られていた遺体は、ウサギの毛皮のローブを身に纏い、植物の繊維で編んだむしろで被われていた。

考古学上のもっとも豊かな情報を与えてくれるのは、ホグアップとして知られている、ユタ州のグレートソルト湖の北西の先端に位置している洞窟である。(6) この洞窟から発掘された遺物には石臼、多種多様な籠や袋、ヤナギの樹皮の盛り皿の断片が含まれており、もっとも意義深い発見は、洞窟の中に堆積していた、化石化した人類の排泄物だった。

こうした化石が一一個ほど発掘されており、近くのデンジャー・ケイブからは六個が出土している。これらの化石をバラバラにして分析したところ、それにはオプンティアの果実、カヤツリグサ科やアカザ科の植物が含まれていた。噛み砕かれた骨の細片、昆虫、動物の毛も含まれていたのだが、動物の毛は、おそらくは、動物の生皮から肉や脂肪などの汚れをこそげる作業の途中で歯を使って生皮を固定したことに起因しているのではないかと思われる。木炭や砂礫の破片は、たぶん食べ物の下ごしらえの方法に由来していたのだろう。砂礫は、植物を磨り潰す作業の効率を上げるために使われていたからである。

ラボック君は、ロッキー山脈の東側の山麓の丘陵地帯を降《くだ》り、ハイプレーンズ〔ロッキー山脈東方の大草原地帯(グレートプレーンズ)の特にネブラスカ州から南の部分〕に入っていった。なだらかに起伏を描いている丘陵地帯と草原によって織りなされているこの広大な帯状地帯は、大陸の中央部を縦断してカナダからメキシコにまで延びている。時は今、紀元前七〇〇〇年であり、彼は、ワイオミング州の北部のビッグホーン盆地の中の、後世の人々からホーナーの遺跡と呼ばれるようになる地点に到達したばかりである。(7) あたり一面に漂っていた土埃がようやく収まったので、一〇人ばかりの男たちと女たちが、狭い小峡谷の川沿いの低地で射止めたばかりの四頭のバイソンのまわりにうずくまっている姿がはっきりと見えるようになった。ほんの少し前までは残忍な殺戮者だった彼らは、今では大自然と一体となり、その命を平原で暮らしている人々に与えてくれた動物に荘重な面差しと敬意を込めた眼差しを向けている。

もっとも勇敢な狩人たちが小峡谷の行き止まりの岩石の背後に身を潜め、そのほかの狩人たちは、谷底を見下ろす急勾配の両側で待機していた。すべての狩人たちは、血流が血管を乱打する音を耳にしながら、投げ槍をしっかりと握り締めている。まず最初、かすかな地響きが聞こえてきたかと思う間もなく、土埃の臭いが漂ってきた。ほどなくして蹄足の速駆けの音が轟き、巨躯から吐き出される喘ぎがそれに混じる。猛り狂った四頭のバイソンが、大声で叫びながら棒切れで地面を叩いている男たちや女たちから逃れて狩人たちに向かって突進してきた。完璧な瞬間を待っている狩人たちは、それまでは槍を投げようとはしない。ほんの一瞬その判断を誤っただけで自らの命を落とす恐れがあることを知っているからだ。投げ槍が命中した一頭、二頭、三頭のバイソンが地面に崩れ落ちた。もう一頭は負傷している。苦痛に悶え苦しみ、怒りのあまり大声で唸りながら、それが最後の抵抗でもあるかのように蹄足を激しく動かしている。だが、四頭目のバイソンも、最後の投げ槍が心臓と肺を貫通したとき、途方もないほど大きな一声を発したかと思う間もなく絶息した。

解体作業が始まった。石の小刀と鉈が皮袋から取り出されたとき、ラボック君は、五五〇〇年前にパリ盆地のヴェルブリでトナカイの解体を観察したことを思い出した。だが、バイソンの狩人たちは、もっと手早く作業を完了させなければならない。ここは厳寒の地ではないし、蠅がすでに傷口に群がっている。これらの獣は、ラボック君が旅を始める以前に野生生物保護公園や西部開拓史の映画で見たことがあるバイソンよりはるかに大きい。それらは、ほどなくして絶滅することになる古代バイソンの最後のいくつかの種の一つである。古代バイソンが絶滅してしまった頃には、もっと小型の、Bison bisonという想像力を著しく欠いた学名によって知られるようになるアメリカバイソンが草原で草を食んでいることだろう。

解体作業は速やかに進められている。誰もが蠅が卵を生んだり、肉が酸敗を始める前にそれを完了させようと懸命に働いている。まず大型の石の剥片を使ってそれぞれのバイソンの腹部を尻尾から喉元まで切り裂く。内蔵を切り離すと、巨大な一繋がりの内蔵が地面の上に転がり落ちるので、美味として好まれている器官は注意深く取りのけているのだが、そのほかの部位はそのまま放置している。それは、いずれハゲタカなどの清掃動物が始末してくれる。解体作業を行っている人々は、頻繁に石器の先端の脂や血糊をバイソンの分厚い皮で拭って取り除いている。幾人かの人々は、バイソンの骨と取り組んでいる。下肢は皮を剥いだ後、その肉を骨から引き剥がす。皮を剥いだり、肉を引きはがす小刀は、そのほかの石器と同じように、実用に即した造りをもっている。

肉は、細長い束として切り分け、直ぐさま小峡谷の突き当たりの木にぶら下げておく。すると、数分も経たないうちに、その表面には固くて薄い層が形成され、蠅が群れをなして飛んでいるとはいえ、蠅はその固い表面を貫いて卵を生むことはできない。そうこうしているうちに、木がそれ以上の重さには耐えられなくなったので、狩人たちは、木の枝と丸石を使って肉を吊す木組みを作った。解体は、気管や舌を取り除いたり、骨盤を砕いてバラバラにしたり、いくつもの生皮を、肉や脂肪を大まかに取り除いた後で、重ね合わせたりといった作業を含めて数時間続いた。ラボック君は、片側の作業が終わった後でバイソンの巨躯をひっくり返したり、肉を木組みに運んだり、肉を盗みにやってくるカササギやワタリガラスに石を投げたりしながら、自分にできる範囲内で作業の手助けに奮闘した。

夕刻になると、人々は、清掃動物を近づけないために火を焚き、少しばかりの肉片を炙った。一行はその夜を小峡谷で過ごし、夜明けとともに重い荷物を運びながら居住地に帰っていくのである。夜の帷が降りてきて作業が終わると、人々は、焚き火のまわりに座ってその日の狩りを心の中で再現する。生のまま食べる肝臓は、美味として好まれており、すべての人々に平等に配分される。ラボック君は、その切れ端を盗み食いしてみた。一人の男が焚き火を離れて打ち棄てられている大量の内臓を掻きまわし、胆囊を手にして戻ってきたかと思うと、その絞り汁を薄切りの肝臓の上に滴らせから肉片を口の中に放り込み、さも旨そうに口をもぐもぐ動かしている。

翌朝、狩人たちは北に向かって旅立ち、年寄りや若者たちが喉から手が出る思いでバイソンのステーキを待っている夏期の居住地に帰っていった。ラボック君は、南に向かって進み、草原を横断してコロラド州に入っていった。この地では狩人たちの別の集団と行動をともにし、丘陵地帯のオオツノヒツジ狩りと、林地の低木密生林の中のシカ狩りを体験した。彼らは、草原ハタネズミやジリスをワナで捕らえたり、その巣穴を掘り起こすこともあるし、可食植物を採集することもあるとはいえ、植物の採集は、彼が採集を手伝ったことのあるアブー・フレイラ、モンテ・ヴェルデ、アマゾン川の流域に比べれば、面白味に欠けている。ラボック君の存在には気づいていない彼の仲間たちは、シカに忍び寄っていようと、植物の種子を磨り潰していようと、その心がバイソンや狩りの計画から逸れることはけっしてない。

彼らが重んじている持ち物は投げ槍である。その石の尖頭器は、ラボック君がそれまで眼にしたことがあるうちでもっとも完成度が高く、長さが一五センチばかりのものもある。それは、熟練の業によって申し分のない左右対称形に削り出されており、先端の鋭さは、その標的に致命傷を与える切れ味を秘めている。投げ槍の柄は、なによりも大事にされている。それに適している材質はけっしてあり余っているわけではないし、狩りの成功は、尖頭器そのものと同じ度合いにおいて、標的に向かって正確に飛んでくれる投げ槍に左右されるからだ。腱と樹脂による接合部もきわめて重要である。これは、尖頭器を固定する十分な強度を備えていなければならないばかりか、投げ槍の貫通力を減殺しないためには細くて曲線を描いていなければならない。最後に求められるのは、動物に必殺の一撃を加える手練《しゅれん》の「呼吸」である。尖頭器の先端によって毛皮を切り裂き、柄の重量が生みだす十分な貫通力によって心臓や肺に致命傷を与えようとすれば、狩人たちは、一秒の何分の一かのとっさの判断によって、標的に狙いを定め、正確さと力を込めた一投に賭けなければならない。

ジョン・ラボック君は、紀元前六五〇〇年の秋の終わりまで草原にとどまった。この年月の間にバイソンの狩人たちの暮らし向きは厳しくなった。今後二〇〇〇年間はそうした状態が続くことだろう。毎年、降雨量が少なくなり、間欠的な干魃に見舞われるようになったのだが、この干魃は、定期的で、その期間がしだいに長くなっていくからである。

こうした気候の期間は、アメリカ大陸では中期完新世の高温期[8]（アルチサーマル）として知られており、その干魃の影響は深刻で、南西部の全域を直撃した。地下水脈が急激に下がり、砂塵を巻き上げる強風がしばしば吹き荒れ、その風蝕作用によって砂丘が形成されるようになった。グレートベースンの沼沢地は、最終的には、干上がってしまった。それと同時に、漸進的な沙漠化に拍車が掛かり、それが最終段階に達した。ハイプレーンズの大部分では草地が生き残っていたとはいえ、植物の多様性が崩壊し、もっとも耐久力を備えていた種だけが生き残った。ごくわずかしか草を食めなくなったバイソンは、小さくて虚弱な幼獣を生むようになり、そのうちの少ししか成体になるまで生き延びることができなくなった。

紀元前六五〇〇年には、バイソンの狩人たちは、はるかに水位が下がってしまった地下水脈に達する井戸を掘らなければならなかった。ラボック君は、井戸掘りを手伝ったばかりか、狩人たちと交替で石臼を挽いた。可食植物が生存を維持していく上で不可欠になったからである。男たちはバイソン狩りについて話し合ったのだが、それを狩るべき場所を知っている人はもはや誰もいなかったことから、そうした骨折りには意味がないという結論に達することが多かった。河川や泉が干上がっていくにつれて、居住地は、残された数少ない水源に縛られるようになった。石の尖頭器の切れ味は、人々が地元の劣悪な品質の石に頼らざるをえなくなったことによって劣化した。

最終的には干魃が終わりを告げることによって、バイソンは、ふたたび元の状態を回復することだろう。事実、そうした状態は、歴史時代に入ってからも継続することになるのである。しかしながら、草原の土壌は、紀元前二〇〇〇年までには、大陸の全土に広まっていたトウモロコシ、カボチャ、マメを定住地の近辺で栽培するようになっていたアメリカ先住民たちにとって常にあまりにも乾燥しており、霜が降りる頻度もあまりにも高かった。[9] だが、彼らは、新しい狩りの技法を編み出した。群を崖に追い込んでそこから転落させるのである。その技法に適した天然の地形を利用できないときには、囲い柵を作って動物たちをその中に追い込んだ。弓と矢が投げ槍に取って代わった。彼らは、草原の広大な区画を焼き払って新芽の発育を促し、そこにバイソンをおびき寄せるようになった。そのどれ一つとして群の存続を脅かすことはなかった。「黙示録的な」破局は、ヨーロッパ人たちとともにウマが大陸に戻ってきた後で初めて引き起こされたのだ。アメリカ先住民たちと白人たちは、そのいずれもがウマにまたがって銃弾をバイソンに雨あられと浴びせかけ、何千頭ものバイソンをごく短期間のうちに殺戮するようになったからである。

太陽が昇って紀元前六〇〇〇年の温かな秋の一日が始まったのだが、その世界は、乾燥した埃っぽい草原とはまるで無縁である。石灰岩の峻しい岩石の上に座っているラボック君は、西に顔を向け、沼沢地と草地によって縁取られ、日差しを浴びて銀色に輝いている広々とした川を眺めている。川の流れは速い。その向こう側には、黄金色に輝いている柔らかな葉を濃く茂らせた落葉樹が密生している林地が広がっている。雨が戻ってきたからだ。岩石の下に眼を遣ると、急勾配の傾斜地の麓には木々がまばらに生えた窪んだ草地が広がっている。その窪地には五つの長方形の小屋によって形づくられている集落があり、その茅葺きの屋根の赤色と朽ち葉色が、秋の朝日を浴びている木の葉と草の色合いと調和した美しさを醸し出している。最初に火が入れられた炉床から煙がゆったりと立ち昇り、イヌの吠え声と子供の泣き声が聞こえてくる。

その川はイリノイ川であり、その集落はコスターなのだが、この名称は、一九六八年にその遺物が発見された土地を所有していた農夫セオドル・コスターに由来している。[10] ラボック君が訪れたのがその年だったとすれば、彼は、セントルイスから北東八〇キロ、シカゴから南西四〇〇キロに位置している地点に立って、牧草地に点在している何千もの畑が渾然一体となったトウモロコシ畑を見下ろしていたことだろう。

一九六九年に始まったその発掘は、アメリカ大陸の土壌に企てられた最大級の発掘の一つだった。それによって明らかにされたのは、人々がその窪地に最初に野営したのが紀元前八〇〇〇年だったという考古学上の事実だった。[11] 土壌が幾重にも堆積している層とその中に埋め込まれていた人類の有機堆積物は、人々がどのようにして何千年もの永きにわたってその窪地に住み続けていたかを物語っていた。その窪地には峡谷の両側から押し流されてきた土壌によって一〇メートルもの堆積物が形成され、その中にはそれぞれ明確な特徴をもった一三の居住に由来する有機物の層が年代順に積み重ねられていた。紀元前五〇〇〇年までにはすでに永続的な集落が形成されており、そこから猟獣を狩ったり、植物を採集したり、漁をしたりしていた人々は、飢えに脅かされる恐れはまったくなかった。その地は、アメリカ中西部のエデンの園だったのである。

その集落の紀元前六〇〇〇年の先祖の一日は、人々が獣皮の掛布を押しのけてそれぞれの住居から姿をあらわすことによって始まる。人々は、座ったり、話したり、お茶を淹れたり、磨り潰した種子を水と混ぜ合わせたポリッジを炉火で焼いた小石で温めて食べている。巧みな手業によって縫い合わせた、ゆったりとした上着にスカートを取り合わせている人もいれば、衣服をまったく身につけずにしなやかな肉体を朝の太陽にさらしている人もいる。関節炎を患っている一人の老人が妻とともに戸口の上がり段に腰掛けている。彼は、そこで自分に割り当てられた少しばかりの仕事をしながら一日の大半を過ごすのだろう。その仕事とは、子供たちに物語を物語ることであり、彼が飼っているイヌたちに棒切れを投げてやることである。

人々は、一人ずつ日々の仕事へと分散していく。女たちと子供たちの一行が堅果をつける木々が育っている森に出かけていく。豊かな収穫が見込めることを知っているからであり、ヒッコリーの実は、秋の食料の中でももっとも大きな比率を占めている。若い男たちは、投げ槍を手にしてシカ狩りに出かけていき、そのほかの人たちは川に向かった。集落に残って仕事をしている人たちもいる。小枝細工の籠を修理しなければならないし、病弱な子供には薬を調合しなければならないからである。

炉火のそばに座っているラボック君は、このところあちこちに出かけたせいで疲れている体を休めながら満ちたりた気分を味わっている。一人の女がやって来て彼のそばに座った。女は石の塊を取り出し、それを熱い残り火の中に置いた。女はその石が熱くなるのを待ちながら小さな鉢に入っている樹脂を掻きまわし、木製の柄に切り欠きを作った。女は、革の切れ端を使って炉床から焼けた石の塊を取り出し、加熱されたことによって砕けやすくなった石を叩いて五、六個の見事な出来映えの剥片を打ち欠いた。これらの剥片を切り欠きに挿入して樹脂で剥片を柄にしっかりと固着する。女は立ち去っていったのだが、その場に残された小刀は、申し分のない出来映えだった。炉床のそばには二つばかりの剥片が打ち棄てられており、これらは、何千年もの歳月が過ぎ去った後、細心の注意を払って発掘されて洗われ、標識がつけられることだろう。

太陽が西の丘陵地帯に沈もうとしている。木の実の収集に出かけた人たちは、重い籠を抱えて帰ってきた。だが、狩人たちは空手である。川から戻ってきた人たちはアシの束を手にしている。イグサを編んだむしろと柔らかな獣皮が焚き火のまわりに並べられ、集落のすべての人々が集って夕食を摂った後は物語の時間である。月が昇り、夜も更けてくると、すべての人々がそれぞれの住居に引き上げていったのだが、ラボック君は一人だけ居残っている。

真っ赤に燃えている残り火が蛾を引き寄せ、頭上にはコウモリが飛びまわっている。気温が下がってくると、星が心なしかその輝きを増す。ラボック君は、草地をチョコチョコ走っているネズミの足音に耳を傾けている。

早起きした人が炉床に火を入れると、また新たな一日が始まり、ふたたびラボック君は、中西部の峡谷に散在している数多くの集落の一つであるコスターで繰り広げられている日々の生活を観察している。(12) ほとんどの人々が、それぞれの住居に居残っている。その日の大半は、木の実の殻を剥いて突き潰したり、イグサを編んでむしろを造ったり、屋根の修繕に精力を注ぐことに費やされる。そうこうしているうちに夜も更け、また、次の一日が始まるのだが、その日が豪雨のこともある。日が昇り、沈んでいき、ラボック君は、焚き火のそばに座り込んだまま、たきつけがパチパチ音を立てているうちに不意に炎が燃え立つのを見守ったり、燃え盛っている火の暖気を心地よく感じたり、夜の微風が冷たくなった灰をふんわりと持ち上げる頃には身震いしている。来る日も来る日も、彼は、集落の生活と、その生活が織りなす遺物——草地で失われた石器、日々排出されるごみの堆積によって築かれる小山、雨水をわきへ逸らすために掘られる穴——を観察している。そうこうしているうちに霜が降りるようになる。彼は、夜中には焚き火のそばに残された獣皮やイグサを編んだむしろの下に潜り込んだ。

凍てついた夜が明けた朝方、ラボック君が見守っていると、一人の年老いた男が寝床から運び出され、緑がかった淡青色の空の下で霜に被われている草地の上に横たえられた。人々は、終日、その遺体の傍らに集まり、自分たちがその老人から狩りや漁の技法を教わったことを思い出したり、老人が常々口にしていた、人々が常に移動していた「古き時代」の物語を回想しながら老人に敬意を表した。その夜、老人は、小屋の背後に埋葬された。御馳走が用意されて唄や踊りが披露され、呪術師が祈りを捧げる。そうした人影に紛れて年老いた女が一人涙を流していた。

冬が巡ってきたのだが、ラボック君はそれまでと同じように炉床のそばに座っている。ところが、彼は、それぞれの家族が所有物を籠や袋に詰め込んで集落を離れていく姿を眼にするようになった。ほかの家族と一緒に出発していく家族もあれば、単独で集落を後にしていく家族もある。だが、その行き先はラボック君ばかりでなく、後世の考古学者たちにもわからない。けれども、紀元前六〇〇〇年の冬をコスターで過ごした人は、人々が帰ってくるのを待っていたラボック君以外には誰一人としていない。

春の訪れとともに人々が帰ってきた。小屋を修理して掃除し、新たな一年が始まった。数人がラボック君のそばに座って長い時間を費やしながら繊維を結び合わせて新しい漁網を作っている。数日後、彼は、それらの人々が数多くの魚が引っかかっている漁網を担いで川から帰ってくる姿を眼にした。夏になると、ラボック君は、オジロジカの狩りの打ち合わせをしている人々の話し声を耳にした。秋になると、集落には来る日も来る日も、ヒッコリー、クルミ、ドングリ、ヘーゼルナッツ、ペカンの木の実を粉に突き潰す音が鳴り響く。次いで、ふたたび人々が集落を去っていくのだが、その一方、一人だけ居残っているラボック君は、冬の厳しい霜と雪に真っ向から立ち向かわなければならない。来る年も来る年も、そうした状況が繰り返された。しかしながら、ある年の春には、誰一人として帰ってこなかった。集落は、自然の手に委ねられたのである。このようにして後の世の考古学者たちが「コスター八期」と呼ぶことになる時代が終わりを告げた。(13)

歳月だけが過ぎ去っていき、ラボック君は、住居が崩れ落ち、その木材が朽ち果てていく自然の営みを見守っている。ごみの山から植物が芽吹き、それぞれがヒマワリ、ニワトコ、オーク、ヒッコリーに育っていく。雨が滝のように峡谷の斜面に降り注ぎ、押し流されたシルトが失われた道具を久しく被っていた草地、排水のために掘られた穴、死者が眠っていることを示していた小さな塚を埋め込んでいく。ラボック君は、自然がかつては自らに属していたもの——小刀や尖頭器に変えられてしまった石、住居として使われていた木材やアシや樹皮、本来なら地中で朽ち果てるはずの、だが、人類の手によって加工されていた骨や獣皮や内蔵――に対する権利を取り戻していくときの流れを注意深く見守っている。

年を追うごとに降雨量が増大したことによって、河川の水流がしだいに力を強めていき、それまでより早く土手を突き崩すようになった。年々の洪水がもはや途切れることがなくなった結果として、沼沢地や草原に湖が生まれた。今、ラボック君は、ガン、カモ、ハクチョウの群が新たな湖を見つけ出し、そこを夏の棲息地にするようになった景観の激変を目の当たりにしている。湖は、ほどなくして魚で満ちあふれ、イシガイによって縁取られるようになることだろう。

そんなふうにして歳月を過ごしていたとある年の春の朝方、ラボック君は、独特の音調をもった人声を耳にしてハッとして眼を覚ました。一〇〇〇年が過ぎ去った今、人々がコスターに帰ってきたのだ。起き上がって人々の到着を待ち受けようとしたラボック君は、この瞬間を辛抱強く待っているうちに、土壌が膝の深さまで堆積していることに気づいた。自らの二の足をその中から掘り出したラボック君が眼にしたのは、しかしながら、二人の男が川の方から近づいてくる姿だけだった。二人の男は、この窪地にはかつては誰かが住んでいたのではなかろうかと大声で話し合いながら、ラボック君の間近を通り過ぎていった。窪地は、厳しい気象条件から守られている谷間に位置しているばかりか、林地、河川、湖といった立地条件にも恵まれているからである。

その後一週間のうちに、いくつかの家族がやってきた。こうした人々の中には一時しのぎの粗朶葺きの小屋を建てている人もいれば、木を伐り倒したり、低木林を切り拓いたり、住居を建てている人もいる。数日のうちに新しい集落の骨格が姿をあらわし、一九七〇年代の考古学者たちは、それを「コスター六期と七期」と呼ぶことになる。(14)

それは、以前とは異なった発達段階を示していたとはいえ、人々が今なお狩猟と採集に依存しているという観点からすれば、その違いは、本質的にはごくわずかだった。その年の夏の間、人々は、さらに住居を建てるために傾斜地に地崩れを防ぐ段々を築き、支柱を立てるための深くて細長い溝を掘った。ラボック君は、石をそのまわりに詰め込んで固定されようとしている木材を支えたり、壁の骨格を形づくる若木を編み合わせたりしながらその作業を手伝った。数日を川辺で女たちとともに過ごし、女たちがヒマワリやテマリカンボクの乾燥した花頭を揺すって種子をはたき落としているとき、それを受けとめる籠を支えたこともあった。明け方には戻り水によって生まればかりの湖に入って両膝を濡らしながらマガモやアメリカヒドリガモを待ち伏せたり、おもりのついた網を打つ手助けをした。林地に入ってシカに忍び寄ったり、集落に居残って住居の掃除をしたこともあった。夜になると、顔に顔料で彩色を施して一群の小屋の中央で燃えている焚き火を囲んで歌ったり踊ったりしているコスターの人々の輪に加わった。

定住地は今では以前より大きくなり、少なくとも一〇軒ばかりの小屋の中にはほぼ一〇〇人の人々が暮らしている。食料の種類もはるかに多くなり、人々は、シカばかりでなく、アライグマやシチメンチョウを狩ったり、粘土を張った穴の中で様々な魚類やイシガイをゆっくりと蒸し焼きにしている。集落は、丸木舟に乗ってやってくる大勢の人々で賑わっている。川は、今では漁場としてばかりでなく、公水路として重要な役割を果たすようになったのだ。人々は、五大湖の銅、メキシコ湾の貝殻、後にオハイオ州と呼ばれるようになる地域から掘り出された高品質のフリントの塊といった交易の品々を携えている。こうした原料の大部分は、最終的には腕輪や垂れ飾りに加工されている。だが、それを身につけているのは、数多くの人々ではなく、かぎられた人々であるように思われる。

こうした状況に明らかなように、変革の時が忍び寄っており、旧来の平等主義にはすでに亀裂が入っている。ラボック君は、ほぼ同時代に中石器時代のデンマークを旅していたときのことを思い出している。その地では農民たちの斧や穀類が狩猟採集民たちの旧来の生活様式の瓦解に拍車を掛けていたからである。彼は、コスターでは社会的な変革の異なった徴候が見られることにも気づいている。死者たちは、もはや誰一人としてともに埋葬されなくなった。なんらかの肉体的な欠陥をもっていた人々は、小屋の背後のごみの山の近くのむさくるしい場所に浅い墓を掘って葬られ、身体強健でありながら、なんらかの理由によって命を落とした人々は、太陽が昇ると直ぐさま朝日に照らされる、河川や湖を見晴るかす高台の共同墓地に埋葬されている。(15)

集落は繁栄しており、最終的に見棄てられてしまうまでそうした状態を保つことだろう。集落が見棄てられる以前の紀元前一〇〇〇年頃、コスターは、ラボック君がその種子の採集を手伝った野生のテマリカンボク、ヒマワリ、アカザの子孫である、栽培植物化されたまったく新しい一連の種を育てている農民たちの集落になることだろう。さらに時代が下ると、イリノイ川の峡谷平野で暮らしている人々は、はるか遠い昔にメキシコの中央部で栽培植物化されたカボチャ、トウモロコシ、マメを育てるようになることだろう。もっとも、カボチャは、メキシコとはかかわりなく、北アメリカの東部において栽培植物化されたのかもしれない。細かな編み目をもった籠は、土器に取って代わられ、投げ槍の尖頭器は鏃によって一蹴されてしまい、巨大な墳墓が権力を生得権として握っている支配者たちのために建造されるようになることだろう。しかしながら、森林が開墾され、中西部が今日の壮大なコーンベルト（諸州にまたがる広大なトウモロコシ栽培地帯）へと変容を遂げていくのは、大陸にヨーロッパ人が入植するようになった以降の物語である。(16)

その種の成り行きは、この歴史書の射程距離をはるかに越えている。ラボック君がコスターで最後の日を過ごしたのは、紀元前五〇〇〇年の話だからである。彼は、午前中にシカを狩って、キノコを採集した。正午にはコスターに初めてやってきたとき腰を下ろした石灰岩の嶮しい岩石から惜別の情を込めて集落を一望した。その次の日、彼は、二人の交易商の丸木舟に同乗した。二人は、新たに手に入れた獣皮と毛皮を積み込んで出発し、後の世にミシガン湖として知られるようになる湖の畔の生誕の地を目指して北に丸木舟を向けた。

32　サケ漁と歴史の贈り物
——紀元前六〇〇〇年から五〇〇〇年における北西海岸沿岸の複雑な狩猟採集民

ジョン・ラボック君がただ乗りした丸木舟は、イリノイ川に沿って進んでいる。この舟旅から始まる物語によって、アメリカ大陸の歴史を経巡ってきたラボック君の旅は、終わりを告げることになる。数日後に丸木舟は、現在ではミシガン湖として知られている湖の南側に位置している交易商たちの定住地に到着した。その定住地は、四方八方から人々が集まってくる加工と交易の場所のように見えるのだが、その地の人口は、ほどなくして狩猟採集民たちの倫理的規範である平等と共有が維持できなくなる規模にまで急速に増大することだろう。

ラボック君は、とある夏の日の午後、湖畔に座って眼の前の平穏な光景を眺めている。空には雲一つなく、湖面は鏡のように滑らかで、子供たちが短い幅広の櫂を漕いでおり、空中には湖岸に沿って広がっている一群の小屋から薪の煙の臭いが漂っている。暮らしぶりが常にこんなふうに平穏だったわけではないし、これから先もそうした日々が続くとはかぎらない。

この地域は、最終氷期最盛期にはローレンタイド氷床の南端に位置しており、分厚い氷によって被われていた。その後の数千年間、最初のアメリカ人たちによって発見される以前には、氷河が溶けた水が河川に流入し、その急流の浸蝕作用によって生みだされた湖の湖底だったこともあれば、その中にマツとトウヒが散在しているツンドラだったこともあり、その当時、ツンドラには強風が吹き荒れていたことだろう。しかしながら、おそらくそのすべてといえども、この地を待ち受けていた将来とはとうてい比ぶべくもなかった。それは、シカゴになったのだ。丸木舟と粗朶葺きの小屋は、蒸気機関車と摩天楼の先触れだったのである。(1)

しかしながら、ラボック君は、西海岸へ、その南端には彼がペルーにいたときかつて座っていた入り江がある太平洋沿岸まで引き返さなければならない。そこで、彼は、途方もないほど長大な旅に乗り出していった。まず徒歩でミシシッピー川までたどり着き、次いで、丸木舟に乗って川岸の集落の間を通り抜けながら、今日に至るまでごくわずかの変化しか被っていないカナダの広大な原野に向かった。湖と河川と樹木が密生した森林によって形づくられているこの地において、彼は、人々が移動性の小さな集団を作って暮らしていることに気づいた。これらの人々は、カリブーやアメリカヘラジカを狩り、ビーバーやマスクラットをワナで捕らえているのだが、考古学者たちが発見することができるその痕跡はごくわずかしか残されていない。

ラボック君は、真西に進路を取って最終的には林地を通り抜け、グレートプレーンズの北端を横断していった。その地の人々は、今なおバイソンを狩っており、彼は、後世の人々に「ヘッド - スマッシュト - イン」という実に適切な表現によって知られるようになる、バイソンを断崖に追い込んでそこから墜落死させた名高い大量殺戮の現場の近くを通り過ぎた。草原を通り抜けた後は、ロッキー山脈とコロンビア山脈を踏破した。フレーザー川を横切り、高々と聳えている隆起線と草原によって特徴づけられている高原に踏み入り、そこではシロイワヤギと野生のヒツジの狩りを観察した。ラボック君は、その最上部がマツの森で被われている、嶮しくて深い峡谷へと降りていった。その渓流にはゆるやかな曲流と水しぶきが迸る急湍《たん》が交互している。雨が降る冬の日々には、高々と枝葉を広げた常緑樹の下に密生しているシダの間の踏み固められた小道をたどりながら、川が海へと流れ込んでいる地点に到着した。その海域は浅くて沖合には数多くの島々が点在している。これが太平洋である。コスターから三五〇〇キロもの長大な旅を終えたラボック君は、精も根も尽き果てて座り込んでしまった。

フレーザー川の対岸の地域は、考古学者たちにはカスカディアとして知られている。それは、今日のワシントン州とブリティッシュコロンビア州を含み、アラスカの南部からカリフォルニア州の北部にまで広がっていた。その太平洋の海岸線は、内陸に深く切れ込んでいるフィヨルドによって入り組んでいるばかりか、海上の水路と沖合の数多くの島々によって複雑きわまりない景観を呈している。カスカディアは、ラボック君がアメリカ大陸の旅を終えるに相応しい場所である。そこではアメリカ大陸の、というより、おそらくは世界の歴史全体の中でももっとも複雑な狩猟採集民たちの社会が生みだされることになるからだ(2)。

ヨーロッパの人々が一八世紀の末葉に北西海岸のアメリカ先住民たちと初めて遭遇したとき、彼らは、先住民たちがそれまで会ったことがあるいかなる人々とも似ていないことに気づいた。それは、木材の骨格をもった住居と、一〇〇〇人以上もの居住者を擁している定住地のせいではなかった。それは、その定住地が自由民と奴隷によって構成されている一種の貴族社会であり、絶大な権力を握っていた族長が、文芸復興期のパトロンと同じように、芸術家たちに住居の正面やトーテムポールに彫刻や彩色を施させていたからでもなかった。人々が土地の所有という観念をもっており、芝居じみた饗宴を恣《ほしいまま》にし、その饗宴に、富と高い地位を誇示する手段として膨大な量の食料と資材を湯水のように注ぎ込んでいたからでもなかった。

そうした住居と町や、芸術作品と風習は、人々がトウモロコシを栽培し、家畜を放牧していたとしたら、驚くべき話ではなかったからである。しかしながら、北西海岸の沿岸で暮らしていたそれらの人々は、狩猟採集民だった。もっと正確にいえば、漁師だった。彼らの複雑な文化は、もっぱらサケ漁に由来していたのだ。北太平洋の海面の水位は、氷河から溶け出した水の影響が氷河の重圧から解き放たれた陸地の隆起によって打ち消されるプロセスにおいて数千年に及ぶ上昇と下降を繰り返した後、今からほぼ六〇〇〇年前頃に安定した。(3) 巨大なサケの群が、あたかも申し合わせたかのようにけっして時期を違《たが》えることなく北西海岸の数多くの大河を遡上して生殖し、その一生を終えるようになった。来る年も来る年も、漁師たちはそれを待ち構えていた。彼らは、ちょうど農民がトウモロコシを収穫するように、紐付きの鈎《かぎ》、熊手、網、棍棒、銛を使ったり、梁《やな》や筌《うけ》を仕掛けることによってサケを捕獲していた。

そうした一年に一度の大量の捕獲は、それを蓄えることができる場合にのみ価値をもつ。人々は、サケを三枚におろして木組みの上に置き、天日と風で乾燥させたり、天井から吊して炉火の煙で燻蒸していた。カスカディアは食料源が豊かであり、サケだけが唯一の食料ではなかった。人々は、そのほかにも数多くの種類の魚を捕らえていたばかりか、アザラシ、カワウソ、シカ、ヘラジカ、クマも狩っていた。イチゴ類、ドングリ、ヘーゼルナッツを採取してもいた。事実、彼らが手に入れることができた食料は、たとえありあまるほど豊富なサケを利用できなかったとしても、途方もないほど多岐に及んでいた。それが彼らの幸運のカギをなしていたのである。

自然界から際限がないほど豊かな食料を与えられていたカスカディアのアメリカ先住民たちは、永続的な定住地で暮らしており、一年のうち乏しい食料しか調達できない時期には保存食に依存していた。彼らは、専門職の職人集団を擁し、交易に従事できるだけの経済的な余裕をもっていた。狩猟採集民たちに課されている通例の条件である継続的な移動と定期的な食料不足から免れていたことから、その人口は増大していった。そうした豊かさを考慮すれば、指導者たちが生まれ、彼らが近隣の人々に闘いを仕掛けていったことはけっして驚くべき話ではない。

考古学者たちから「複雑な狩猟民」と呼ばれるようになった人々が初めて歴史の表舞台に登場したのは、紀元前五〇〇〇年頃だった。けれども、ラボック君が紀元前五〇〇〇年に北西海岸に到着したときには、そうした人々が姿をあらわす下地がすでに整えられていた。一休みした後、彼は、峡谷と森林を通り抜ける道案内をしてくれた川の河口域の岬を探検してみた。すると、カキの貝殻となんらかの動物の骨が部分的に砂と草に埋もれた状態で散乱していた。その中には砕かれた石の塊や石の剥片が少しばかり残されており、そのうちのいくつかは、小さな尖頭器へと削り出されている。その近くにはかつては粗朶葺きの小屋を形づくっていたと思しき建材の残骸がある。数本の支柱が地中に埋められている。その支柱には編んだ枝と獣皮の欠片がいくつかこびりついているとはいえ、今では、それらもだらしなくぶら下がっているだけである。ラボック君は、二本のがっしりとした支柱と編んだ枝を少しばかり選び出し、新たに粗朶を拾い集め、自分自身のための小屋を建てて雨風を凌ぐことにした。

人声が聞こえてきたので作業の手をとめて振り返ってみると、二つの家族と思しき一〇人ばかりの人々が、ラボック君が二、三時間前にしたのと同じように、崩壊しかけている小屋を検分している。彼らは、獣皮の切れ端とボロボロの壁を引きはがし、ぐらぐらしている支柱を岩石で固定し、小屋の建て直しを始めた。数人が浜辺に出かけていき、一時間も経たないうちに貝を運びながら帰ってきた。彼らは、それを食べ終わると貝殻を草の下に半ば埋もれているごみの上に投げ棄てたのだが、そこは、嵐雲が夕べの空に盛り上がっているのでラボック君がその修復の完了を急いでいる小屋の間近だった。

翌日には、沿岸や林地に分散して夏を過ごしていたもっと多くの家族が到着し、先着していた家族がそれらの人々を出迎えた。ほどなくしてその地は、少なくとも一〇〇人の居住者を擁する、粗朶葺きの小屋が建ち並ぶ集落になった。ごみが山のように堆積し、気がついてみると、ラボック君は、カキやムラサキイガイの貝殻ばかりでなく、彼らが狩ったシカやネズミイルカの残骸に取り囲まれてしまった。彼らは、魚のシチューの食べ残しをごみの山の上に振りかけるばかりか、そこを便所としても使っている。ウジ虫を殺し、清掃動物を近づけないために火が焚かれることもある。ラボック君の小屋は、腐敗している食べ物の屑と人々の排泄物の悪臭ばかりか、煙によって包み込まれてしまった。

人々は、遡上してくるサケ漁の準備に忙しく立ち働いている。そうした数日を、居住者たちを後にして林地を探検して過ごしたラボック君は、マツ、ツガ、トウヒの間を歩きながらシカやマスクラットを捜しているうちに、林地に群生している小さなベイスギを発見した。それが大木に育てば、人々が家屋、丸木舟、トーテムポールを作るようになったときにはさぞかし珍重されることだろう。また、ある日には、銛やヤスを造ったり、粘板岩の小刀を準備したり、枝を使ってサケを干す木組みを作っている猟師たちの傍らに座ってときを過ごした。夕刻になると来る日も来る日も物語が語り継がれるのだが、その多くは、林地や海の霊に関わっていた。

サケ漁の季節が巡ってきた。最初のうちは一、二尾だったサケが巨大な群れをなして本能の命ずるままに上流に向かって泳いでいく。それを待ち構えていた漁師たちは、老若男女のすべてがヤスや銛を手にし、踝や膝の深さの水中に立っている。サケの遡上は、ほんの数日で終わりを告げる。何百尾ものサケが捕獲されたのだが、その手を逃れたサケは数千尾にも達している。木組みがしなるほど大量の切り身が秋の日差しを浴びている。

いくつかの家族は、自分たちの分け前を受け取って集落を後にしていく。だが、ほとんどの家族は、そこにとどまっている。ほどなくしてニシンの大群が河口に姿をあらわすばかりか、サケのおかげでそれを待つ間の食料にこと欠く恐れはまったくないからである。ほとんど毎日のように雨が降り、老いも若きも湿気を含んだ衣服や寝藁に絶えず悩まされている。初老期を迎えている人々の中にはこの時期に命を落とす人もおり、ごみ捨て場の背後に浅い墓を掘って埋められる。そのほかの集落の居住者たちが訪れ、黒曜石と魚の干物が交換されることもある。春が巡ってくると、人々は、サケがふたたび種の保存のために川を遡る秋には帰ってくることを期しながら、家族ごとに思い思いの場所へと移動していくことだろう。そうしているうちに小屋は崩れ落ち、ごみの山は、風が運んできた砂によってほんの少しばかり埋められるに違いない。

ラボック君は、土砂降りの雨のときには、今にも倒れそうな小屋で雨を避けながら『有史前の時代』を読んでいる。彼がその名をもらい受けた人物は、北アメリカの先住民たちを現代の野蛮人の実例にほかならないと評している。[4] ヴィクトリア女王時代のジョン・ラボックは、その大半の情報を、ヘンリー・スクールクラフトが一八五三年に著した『インディアン部族の歴史と特性と将来性』から引き出している。その語調は、フェゴ島人を口汚く罵倒している一節とはまったく異なっており、その大部分は、大陸全域の様々な集団の衣服、器具、狩猟と漁撈、農耕などの習慣に関する、相対的に私情を交えない描写によって占められている。

ラボック君の小屋のまわりの家庭廃棄物の山はナミュの遺跡として知られるようになったのだが、この名称は、それがブリティッシュコロンビア州の沿岸のナミュ川の河口域に位置していたことに由来している。サイモンフレーザー大学のロイ・カールソンが一九七七年から一九七八年にかけてその貝塚を発掘したとき、彼は、その堆積が紀元前九五〇〇年から始まり、八〇〇〇年間もの永きにわたって継続していたことを発見した。[5] 初期の生活廃棄物は、人々が河口域にとどまっていた短期間に投げ棄てたものであり、その堆積物には魚類、鳥類、貝類、野生動物の残骸が含まれていた。細石器を含む壊れた道具や、道具を作り出す過程で生みだされた廃物も、貝塚の中に残されていた。

紀元前六〇〇〇年以降ほどなくして、貝塚の構成物に変化が生まれた。サケの骨が突如としてそのほかのすべての廃棄物を圧倒するようになったのだ。これは、サケの遡上が始まったことを指し示している。棄てられている道具も変わってきた。細石器はもはや見られなくなり、粘板岩の尖頭器がその数を増していったのである。黒曜石の破片も姿をあらわすようになり、それは、交易が始まったことを示しているとはいえ、住居の痕跡は、いくつかの支柱の穴以外にはまったく残されていない。これらの遺物は、あまりにもかぎられており、そこから多くのことを突きとめるのは不可能なのだが、これは、サケがナミュ川を遡上するようになったとはいえ、その群の規模が年間を通した居住を可能にするほど大きなものではなかったことを指し示している。

ナミュは、前期完新世に北西海岸の沿岸に築かれたいくつかの貝塚の一つにすぎないとはいえ、その堆積物は、人々が多様な食料源を活用しながら、サケ漁に特化するようになった経緯を明らかにしてくれる。ナミュ川を遡上するサケの群はその後の数千年間にしだいに大きくなり、以前よりも数多くのサケを捕獲する新しい技術が生みだされていった。食料に対する需要は、急速に増加していた人口によって増大していった。一部の人々は、機会を捉えて最上の漁場に対する所有権を主張したのだが、そのほかの人々はそれを認めようとはせず、両者の間で闘いが始まった。

ラボック君は、岬に腰を下ろし、後世の人々からフィッツヒュー海峡と呼ばれるようになる河口域とその沖合の一群の島々を見晴るかしている。それらの島々の白い砂浜が夕刻の残照を浴びてキラキラ輝いている。一艘の丸木舟が鏡のように滑らかな海面を切り裂いて本土から島の砂浜に渡ろうとしている。数千年前には、丸木舟は、まったく不必要だった。それらの島々は、広大な海岸平野の丘陵地帯であり、人々は、そこまで歩いていくことができたからである。人類の足跡がその上に初めて刻まれたアメリカ大陸の土地とはこの平野だったのかもしれない。アジアの海岸から小舟をこぎ出し、あちこちに氷が浮かんでいる北太平洋を横断してきた人々は、この海岸平野に足を踏み入れていったのではあるまいか？

それは、アメリカ大陸の歴史の起点だった。その時点においては、ロッキー山脈は人跡未到の地であり、丸木舟を操ってアマゾン川で釣りをしたり、危険を冒してティエラデルフエゴへと向かっていた人は誰一人としていなかった。しかしながら、紀元前五〇〇〇年の現在においては、人々は、大陸の北端から南端に至る全域において、そのほとんどが狩猟と採集に、一部が農耕に依存しながら暮らしている。彼らは、大陸に歴史を与えたのだが、それと同時に、その自然を占拠した。彼らの祖先は、クローヴィス文化期にはマンモスや地上性ナマケモノの絶滅を速めたのかもしれず、アルカイック時代には、カボチャやトウモロコシの新たな変種を作り出した。しかしながら、巨大な猟獣の狩人でもなければ農民でもなかったナミュの人々は、それ以上のことを成し遂げた。彼らは、自然そのものを自分たち自身のために専有して今日に至っている。彼らにとってクマやワタリガラスは、もはやたんなる動物ではない。山々の頂や河川は、たんなる地質学と降雨の産物ではない。彼らにとってそれぞれの季節がめぐってくるのは、地球が太陽のまわりを公転しているからではなく、夜が明けて朝になるのは、私たちの惑星が自転しているからでもない。

数メートル離れたところで焚き火が燃えており、歌声が聞こえてくる。ナミュの人々は、山々と河川を創造し、姿形をクマに変えて彼らの世界を見まわっている神々に感謝の言葉を捧げている。彼らは、最初に彼らの土地に飛んできたワタリガラスがその地が寒冷で人々がまったく住んでいないとはいえ、猟獣が豊かであることを発見した神話を思い出している。(6) 彼らは、太陽が昇り、春がめぐってきますようにと歌っている。[7] ラボック君は、立ち上がって体の向きを変え、焚き火に歩み寄ったのだが、それは、人々とともに腰を下ろし、新たな夜明けを招来しようとしている歌声に加わるためだった。

1　歴史の誕生

（1）残念なことに、本書には「農耕」、「町」、「文明」、「集落」、「狩猟採集民」といった筆者が用いている数多くの用語を定義づけるだけの紙幅はない。筆者は、これらの用語を一般的な慣例にしたがって用いている。「文明」はおそらくもっとも異論のある用語だろう。筆者は、それによって、階級組織、記念碑的な建造物、労働の分化をともなっている社会を意図している。筆者は、そうした社会が「文明化された」価値をもっていたとか、あるいは、そうした社会が、二〇世紀の初頭の先史学者や社会理論家たちがその用語によってほのめかしていたような、漸進的な社会の進化の結果であることを意味しているわけではない（Trigger 1989を参照）。筆者の「町」の使用も、ほんの少しばかりの註釈が必要だろう。筆者は、この用語を、筆者が集落と呼んでいる最初期の定住性の集団よりもかなり大きな定住地を意味するために用いており、その定住地を構成しているのが狩猟採集民たちなのか、栽培者たちなのか、それとも、農民たちなのかはその用語とは関わりがない。そうした「町」は、歴史時代の定住地に比べれば、きわめて小規模であるかもしれず、先史時代の後期や歴史時代を考究の対象としている二〇世紀後半の考古学者たちは、それを集落と呼んでいるかもしれない。筆者は、「町」によって、集落のそれとは異なった、社会的、あるいは、経済的な特定の組織を意味しているわけではない。

（2）本書においてより科学的な「今から〜年前」（BP）ではなく、「紀元前」（BC）を用いているのだが、筆者は、そのいずれもが同じように自由裁量に委ねられていると理解している。「今から〜年前」の「今」は一九五〇年であり、「紀元前」にもとづく年代はたんにそれに一九五〇年を加えるだけで、「今から〜年前」にもとづく年代に変換することができる。本書の本文においては「紀元前」のおおよその年代が放射性炭素年ではなく、歴年で示されており、その違いは、二章で説明されている。註においては、較正されていない放射性炭素年代にもとづく特定の年代を示し、可能な場合には、（OxCal version 3.5を用いて計算された）一つの標準偏差において較正された「紀元前」の年代が併記されている。きわめて数が少ない例外とはいえ、すべての年代が放射性炭素年代測定法に依拠している場合もあり、その多くには加速器質量分析法が用いられている。放射性炭素年代測定法については二章を参照されたい。

（3）Mithen (1998)

（4）二章に説明されている放射性炭素年代の較正と、以下に示されている、コアから正確な詳細を引き出す作業に関わっている問題のせいで、氷河の状態が絶頂期を迎えていた正確な年代は特定することはできない。それは、筆者が便宜的に選んだ概数ではなく、おそらく紀元前二二〇〇〇年か二一〇〇〇年頃だったと思われる。

(5) 氷床が拡大した理由と循環的な気候の変化一般については、二章で考察されている。

(6) 南極大陸のヴォストーク基地で採集されたコアから引き出された情報にもとづいている、地球の気候の一〇〇〇〇〇年周期の論証については、Petit et al (1999) を参照。

(7) こうした主張には異論があることは筆者も承知しており、私たちは、現在の地球温暖化(とそれに起因する気候の変化)が私たち自身の活動というよりもむしろ、自然の力に起因している可能性を否定することはできない。過去一三〇年の太陽エネルギーの出力は増大を続けているからである(Parker 1999)。しかしながら、私たちは、人類の活動が地球温暖化の現在の局面の主要な要因であることを確信している。この論題に関する網羅的な論述については、Climate Change 2001, The Report of the Intergovernmental Panel on Climate Change (3 vols.), published by Cambridge University Press を参照。

(8) 温室効果ガスは、地球の表面から放出される放射熱を吸収することによって地球を包み込む効果をもった、大気中に含まれているガスである。これらのガスの中でもっとも重要なのは水蒸気なのだが、大気中のその量は人類の活動によって直接的に変化することはない。しかしながら、人類の活動は、二酸化炭素、一酸化窒素、クロロフルオカーボン、オゾンの量に影響を与える。いったんこれらが増大すると、その種のガスは、温室効果をもち、それが被っているものを温める。温室効果ガスの働きと地球温暖化に関する論争については、Houghton (1997) に記述されている。

(9) 二〇世紀の大部分の考古学者たちにとってもっとも重要な関心事は、考古学上の文化の同定であり、多くの考古学者たちは、その文化が民俗学的に規定された人々の集団と直接的に関連性があることを暗黙のうちに当然のことと決め込んでいた。Childe(たとえば、一九二九年、一九五八年)は、そうした考え方の擁護者であり、有史前の文化を同定するために人工遺物の形態(たとえば、土器、刀、埋葬の慣例、建築物などのスタイル)に反復して見られる関連性を用いていた。この種の文化のうちもっとも一般的に知られているのは、「ケルト文化」である。それゆえ、人類史は、一つの文化の別の文化への置き換えと新たな文化の勃興にすぎなくなり、新たな文化の起源は、しばしば、確定されていないなんらかのメカニズムによってどこかの遠隔地の中に見出されたのである。多くの考古学者たちは、そうした考古学上の文化と人類の集団の間に直接的な関連性がある必要はないと信じていた。つまり、考古学上の文化は、それ自身が進化の原動力をもっていると想定されており、そうした見解を発展させたのがDavid Clarkeだった。過去に対するこうした「文化に依拠した歴史観」は、BinfordやRenfrewの著作に見られるような「プロセス考古学」が出現した一九六〇年代には厳しい論難にさらされるようになった。だが、プロセス考古学そのものもIan Hodderのような「ポストプロセス考古学者たち」によって非難されるようになった。Trigger (1989) は、そうした考古学に関する思想の発展を概観している。筆者は、特定の類型の物質文化をその手段として用いた過去の「文化」の同定は、過去の人類の行動、社会、歴史の復元の試みにはわずかの価値しかないと考えている。しかしながら、それには少しばかりの例外がある。それは、人口産物の製作の伝統がきわめて強固であり、その結果として、人々が自己自身をその伝統に重ね合わせている、つまり、自己自身をなんらかの形態の文化的な統一体として認識しているように見える場合である。それゆえ、筆者は、「ナトゥフ文化」や「クローヴィス文化」という用語を、Childeの用語に従って考古学上の文化を意味し、一定限度の文化的な自己同一性をもっていた人々に言及するために用いている。だが、筆者は、圧倒的に多くの場合、過去の文化への依拠を意図的に避けている。そうした文化が実在していたとの確信がもてないからである。

(10) John Rubbockは、一つの学問分野としの考古学の確立と、とりわけ、人類と文化に関する進化論をめぐる一九世紀の論争に関わっていたヴィクトリア女王時代の人々のうちもっとも影響力をもっていた人物の一人だった。Hutchinson (1914) は、二巻本の伝記を著しており、Rubbockの考古学と進化論的な思想の発達への貢献は、現代の立場からも論考するに値している。Trigger (1989) は、そうした観点から彼に関する簡潔な論考を執筆している。ダラム大学のJanet Owenは、考古学と記述民俗学を巡る彼の数々な著作に関する研究を行っており、これらの著作に関する下記の情報の多くは、彼女の最近の出版物 (Owen, 1999) に依拠している。

John Rubbockは、ロンドンのシティーの銀行家の父親と自由主義的な精神の持主だった母親の間の息子として生を受けた。一家は、ケント州のダウンの近くのハイエルムズの団地に住んでおり、チャールズ・ダーウィンの隣人だった。この交わりは、親密であるとともに刺激的だった思われ、その結果として、Rubbockの科学と進化論に対する情熱が育まれていったのだろう。彼は、父親の後を継いで同族会社の銀行家となり、一八七〇年には下院議員に選出された。Rubbockは、ヴィクトリア女王時代の博識家として、昆虫学、植物学、地質学、考古学、記述民俗学に関わっていた。彼は、一八六五年にPrehistoric Times (『有史前の時代』) を出版し、この著作は、ベストセラーに、次いで、標準的な教科書になり、一九一三年には、七版目の最終刊が刊行された。次の著作On the Origin of Civilisationは、一八七〇年に出版され、やはり七版まで版を重ねた。

Rubbockは、一八六〇年にオックスフォード大学で行われた「英国学術協会」の世に広く知られている会合においてHuxleyを擁護した。彼は、ダーウィンの学説を支持するために考古学上の証拠物件を用いようと努め、一八六〇年代に数多くの論文を執筆しており、それは、二冊の著作として実を結んだ。彼は、進化論を擁護するためにエリート集団によって一八六四年に設立されたXクラブの創立メンバーの一人であり、そのほかのメンバーにはThomas Huxley、Joseph Hooker、John Tyndall、Herbert Spencerといった錚々たる人物が名を連ねていた。Rubbockは、強い影響力をもっていた数多くの社会的な地位を占めており、その中には、「民族学協会」会長（一八六四‐五年）、「先史考古学国際連合」会長（一八六八年）、「王立考古学協会」初代会長（一八七一‐三年）、「リンネ協会」副会長（一八六五年）、「王立協会」副会長（一八七一年から一八九四年の間に数度）、「古美術協会」会長（一九〇四年）が含まれていた。彼は、この時期に、考古学を一つの学問分野として確立することにきわめて重要な役割を果たしたもう一人の人物John Evansと親密な関係を保ちながら活動していた。世界の各地から考古学と民俗学と関わりのあるかなりな量の人工遺物を収集していた陸軍中将Henry Lane Fox Pitt-Riversとも親交があり、彼自身も重要な遺物の収集を行っていた。

一八七〇年以降、Rubbockは、考古学と民俗学よりもむしろ政治と自然科学に時間と労力を注ぐようになった。植物学、動物学、地質学に関するおびただしい数の論文を執筆し、一八八二年にはAnts, Bees and Waspsと題した著作を出版した。

Rubbockは、ケント州のメイドストンから選出された自由党の下院議員として卓越した政治的な実績をもっていた。彼は、四つの事柄に主要な関心を抱いていたのだが、それは、小中学校の科学の学習の増進、国債と自由貿易とそれに関わる経済的な論争、古代の遺跡の保全、労働者階級の付加的な休日と労働時間の短縮の確保だった。一八七一年にはストーンサークルを差し迫った倒壊から保全するために、エイヴバリーの市有地の一部を購入した。一八八二年には古代遺跡保全法の議会の通過に尽力した。一八九〇年に貴族に列せられたとき、エイヴバリー領主の称号を取得した。一八七一年の銀行休日法を含む二八の法令の議会の通過に貢献した彼は、一八八八年に設立された「ロンドン市議会」の設立メンバーの一人であり、一八九〇年から一八九二年までその議長を務めた。彼の最初の妻Ellen Frances Hordernが一八七九年に死去し、その五年後、Pitt-Riversの娘Alice Lane Foxと再婚した。John Rubbockがこの世を去ったのは一九一三年のことだった。

(11) 特定の個人の行為に言及することによって文化的・歴史的な変化が説明される度合いは、人文科学の分野において久しく論争が闘わされてきた論題である。筆者自身は、考古学上の解釈には、それぞれの個人の活動への言及（Mithen, 1990, 1993b）と、人類の日々の体験による長期に及ぶ全体的な発達が織り込まれている物語の創作が必要とされていると考えている。筆者は、本書の執筆に当たり、とりわけ、Hobsbawmのエッセイ On History from Below (1997) と、ポストモダニストのアジェンダに対応して歴史的な解釈の本質を論じているEvansの著作 In Defence of History(1997) の影響を受けている。

（12）これらは、一九八五年から二〇〇〇年にTherouxが執筆した旅行記の集大成The Fresh-Air fiend (London, Penguin Books, 2001) に緒言として付されているエッセイBeing a Strangerから引用されている。

（13）W. Thesiger, The Marsh Arabs (London, Penguin Books, 1976, p. 23)

2　紀元前二〇〇〇〇年の世界

（1）Pushkariは、Soffer (1990) によって記述されており、その放射性炭素年代は、一九〇一〇±三〇〇年（BP）である。それは、保存状態の良好な遺跡ではなく、筆者が復元したシナリオの大部分は、Soffer (1985) によって描写されている、それより時代が下る遺跡であるMezinとMezerichに依拠している。

（2）人類の進化に関するさらに詳しい情報については、化石の記録に関する詳しい図解入りの著作Johanson & Edgar (1996)を、新人の起源に関しては、Stringer & McKie (1996)を、創造的思考力の進化に関しては、Mithen (1998) を参照。

（3）二〇〇二年に発見された七〇〇万年前の化石については、Nature (vol. 404, pp. 145-9, 11 July 2002) にBernard Woodの註釈（一三三－四頁）を付して記載されている。

（4）ヒト属の種がアフリカ大陸を後にしてアジアとヨーロッパのそれぞれ異なった地域に到達した正確な時代は、古人類学者たちによってかなりの論争が闘わされてきた主題である。最近の論評と論争の抜粋については、Straus & Bar-Yosef (2001) によって編集された選集を参照。筆者自身は、この問題をコンピューターシミュレーションによって探究し、ヒト属のアフリカ大陸からの拡散の時代と自然環境を確定している (Mithen & Reed, 2002)。

（5）合衆国サウスダコダ州のHot Springsは、マンモスの骨の出土に関する世界でもっとも重要な現場の一つである。少なくとも一〇〇頭のマンモスが天然のすり鉢形の落ち込み穴で最期を遂げており、堆積物の中で類例がないほど良好な状態で保存されていた。マンモスの骨の較正されていない放射性炭素年代には、二六〇七五±九七五年（BP）と二一〇〇〇＋七〇〇、一六四〇年（BP）が含まれており（Haynes 1991, p. 225によれば、これらの数値の正確さには問題があるとはいえ）、ほとんどのマンモスが今からほぼ二六〇〇〇年前に絶滅していたとの推定を支持している。これらのマンモスは、草本植物を食むために、あるいは、水を飲むために池の岸辺にやって来て泥にはまり込んでしまい、餓死、あるいは、溺死してしまったのだろう。Lister & Bahn (1995) は、その現場を実に鮮やかな図解とともに描写している。

（6）太陽のまわりを公転している地球の軌道の変動によって引き起こされる長期に及ぶ気候の変動の原因に関する以下の記述は、Dawson (1992) とLowe & Walker (1997) に依拠している。ミランコビッチの理論は、海洋コアと氷床コアの記録によって（下記に記述されているように）同定されているいくつかの温暖期の絶頂が、今から一二五〇〇〇年前の温暖化「酸素同位体ステージ5e」(註8を参照)と、今から二〇〇〇〇年前と一〇〇〇〇年前の間の温暖化のような、ミランコビッチによって予測されていた地球温暖化の年代と対応していることによって実証されてきた。それと同じように、今から二〇〇〇〇年前に氷床をもたらした地球寒冷化も、また、ミランコビッチ周期における、太陽の放熱の照射線量の春期の短縮と冬期の増大、つまり、北半球に氷床の増大をもたらした状況と対応している。一九九九年に明らかにされたヴォストーク基地のコアから得られた新たなデータは、一〇〇〇〇〇年と四一〇〇〇年の周期を確認した一方、二一〇〇〇年の周期も、また、気候の主要な周期の間の短期間の変動にとっては重要な意味をもっている。

ミランコビッチ周期は、地球規模の気象の変動の唯一の要因ではない。もう一つの周期的な現象は、太陽エネルギーの出力の変化であると思われる。つまり、太陽は、しだいに熱くなったり冷たくなったりといった現象を繰り返していると考えられるのである。これは、過去一五〇〇〇年に明らかに示されている地球規模における気候の一五〇〇年の周期性を説明しているのかもしれない(Campbell et al., 1998)。過去一三〇年間、太陽エネルギーの出力は明らかに増大を続けており、それが地球規模の温度に影響を与えているとはいえ、過去二〇年の温暖化には、人類の活動に起因する要因が優位を占めている(Parker, 1999)。

地球規模の気候に対する影響のすべてが周期的な現象に由来しているわけではない。歴史的に名高い非周期性の影響は、流星によって引き起こされた衝撃であり、そのうちもっとも広く知られているのは、今から六五〇〇万年前に地球に衝突し、大気中に膨大な量の埃をまき散らすことによって地球に途方もないほど長期に及んだ冬をもたらした流星だった。火山の爆発も、また、地球の気候に影響を及ぼしてきた。今から七五〇〇〇年ばかり前のスマトラ島のトバの噴火は、おそらく過去一〇〇万年において知られている最大の火山の噴火であり、短期間の、だが、強度の寒冷期である酸素同位体ステージ4を引き起こした主要な要因だったと考えられている。

(7) 気候の変動を引き起こすことがすでに確定されている地球の軌道の変化については二つのきわめて重要な問題がある。その一つは、それぞれの季節間格差に地球の軌道の変が引き起こしている影響に関する私たちの知識にもとづけば、一〇〇〇〇〇年周期は、それより短期間の周期に比べれば、地球の気候にはるかに弱い影響を与えているにすぎないとはいえ、それにもかかわらず、もっとも重要なのは、この長期に及ぶ周期だということである。もう一つは、軌道の変化は漸進的に引き起こされるにもかかわらず、地球の気候に対するその影響が不意に発現し、状況を一変させてしまうということである。

この二つの問題に鑑み、季節毎の気温の小さな変化と北半球と南半球の間の季節間格差がどのように増幅されることによって劇的な気候の変動という結果がひきおこされているのかを理解しようとするかなりな努力がなされてきた。もっとも重要な増幅のメカニズムは、おそらく海流の変化である（Ruddiman & McIntyre, 1981）。氷期には北大西洋には深層水が形成されないことから、海流は、間氷期のそれとは異なった循環経路を描いていたことだろう。その結果として、西ヨーロッパに暖かい冬が巡って来ることはなかった。これは、ミランコビッチ周期によって引き起こされた比較的小さな季節毎の気候の変化が卓越風の風向きを変えることによって、蒸発作用がある海域から別の海域へと移動したことに起因していたかもしれない。蒸発作用にさらされていた海域の海水は、比較的塩分濃度が上昇することによって重くなって沈みやすくなる一方、卓越風によって運ばれてきた水蒸気を降雨として受け取った海域の海水は、その塩分濃度が低くることによって、沈みにくくなる。それぞれ異なった海域の海水の塩分濃度の違いが一つの限界に達し、それが海流の状態を突然一変させるといったことが起こったのではあるまいか？事実、そうした変動が過去に起こり、その変動によって地球の軌道の漸進的な変化の影響力が増幅されたことによって、地球の気候が急激に変化した可能性は、氷床に取り込まれているガスの気泡から検出されている、地球の大気中の二酸化炭素の濃度の変化から明らかである。

海流は、たぶんいくつかの増幅のメカニズムのたんなる一つにすぎないことだろう。これらのメカニズムは、それらだけでは地球温暖化を説明することはできないと思われるのだが、突然、深層水の形成を停止した北大西洋は、それ固有の影響力をもっていたことだろう。それ以外の増幅のメカニズムも重要な意味をもっていたと思われる。その一つは、主として二酸化炭素によって構成されている温室効果ガスの濃度の上昇であり、それは、主として海流の変化によって引き起こされていたのかもしれない。今日起こっているのとまったく同じように、温室効果ガスは、地球を温め、氷期から間氷期への転換をもたらしたのかもしれない。氷床の拡大そのものも、増幅のメカニズムの一つだったのかもしれない。その規模が増大するにつれて、アルベド（太陽からの入射光に対する反射光の強さの比率）の度合い、つまり、その白い表面から反射する放射線量が増大したと考えられるからである。それゆえ、地球がミランコビッチ周期の影響にさらされていた期間に、アルベドが増大していくにつれて、その存在そのものが地球寒冷化をさらに増幅させ、気候に対する比較的穏やかな影響力を強めていたのである。それとは対照的に、いったん地球温暖化が始まり、氷床が溶け始めると、それにともなって減少に転じたアルベドは、地球温暖化を増幅させたことだろう。

（8）グリーンランドと南極大陸の氷床コアがどのようにして過去の気象に関する情報を与えてくれるのかを説明しようとすれば、そうした情報が海洋の堆積物に由来している理由の記述から始めなければならない。これらは、主として、有孔虫として広く知られているカルシウムを多く含んでいる骨格をもった微生物の残骸によって構成されている。堆積物の化学成分は、有孔虫がその中に棲息していた水の科学的性質を反映している。海洋に含まれている酸素は、二つの主要な同位体である酸素18と酸素16（異なった数の中性子をもった原子）である。海水の温度が下がるにつれて、より軽い同位体が選択的に蒸発によって取り除かれるので、酸素18の量が比較的多くなる。それとは逆に、海水の温度が上昇すると、酸素18の量は比較的少なくなる。それゆえ、有機体の残骸がしだいに海底に沈積していくにつれて、それは、酸素18と酸素16の量が変動していった相対的な水準の痕跡を生みだし、それによって、気温の変化の記録を与えてくれる。海底に最小限の擾乱しか引き起こされていない海域から堆積物のコアを採集することによって、つまり、コアから一連の連続した薄片を切り出し、その中の酸素18と酸素16の相対的な比率を測定することによって、私たちは、地球の気候がどのように変化していったかを観測することができる。そうした数多くのコアが世界のそれぞれの海域から採集されており、これらは、同位体の出現率の変化に関して同じような曲線を描いている。

そのうちもっとも重要な意義をもっているコアであるV38－238は、太平洋の赤道付近のソロモン海台として知られている海域に由来している（Shackleton & Opdyke, 1973）。このコアの一五〇〇センチの堆積物にはほぼ一〇〇万年が記録されており、しばしば揺れ動いている酸素18と酸素16の比率は、地球の気候の歴史に四つばかりの主要な著しい特徴があることを私たちに告げている。そのうちの一つは、過去一〇〇万年間において少なくとも一〇回に及ぶ氷期－間氷期の主要な周期があり、その各々がその完結にほぼ一〇〇〇〇〇年を要したということである。もう一つは、この周期の中に比較的温暖な気候と寒冷な気候の間の数多くの小さな波動があったということであり、科学者たちは、これらを亜氷期（間氷期の中の比較的寒冷な時期）と、亜間氷期（間氷期の中の逆の状態の時期）と呼んでいる。三つ目は、氷期から間氷期への移行なのだが、これは、しばしば急速に発現し、地球の気候は、数百年や数千年単位ではなく、数十年単位で急激に変化した。四番目は、現在の間氷期が、今から一二五〇〇〇年前の前回の間氷期とまったく同じように、とりわけ温かいということである。この二つの間氷期においては、地球の歴史のいかなる時代よりも氷河の規模が小さい。

酸素の同位体によって同定されている、地球の気候の温暖と寒冷が交互している期間は、数字によって表示されている。温暖な時期は、奇数によって示されており、その数値は時代が遡るにつれて大きくなる。したがって、私たちがその中で暮らしている間氷期は、「酸素同位体ステージ１」と、今から二〇〇〇〇年前に絶頂に達した最終氷期は、「酸素同位体ステージ２」と呼ばれている。後者に先行している、今から五九〇〇〇年前と二四〇〇〇年前の間の温暖な時期が「酸素同位体ステージ3」として知られている一方、今から一二五〇〇〇年前にその頂点に達した最大限の最終間氷期は「酸素同位体ステージ5」である。そればかりか、間氷期そのものも比較的温暖、及び、寒冷な下位の五つの段階に分割され、それは文字によって、「酸素同位体ステージ5a」-「酸素同位体ステージ5e」と表示されており、後者は、海面がもっとも高かった時期を示している。酸素同位体曲線は、また、最終氷期最盛期と同じように氷床の規模が大きく、海面が低かった氷期を示している。たとえば、今から四七八〇〇〇年前と四二三〇〇〇年前の間の「酸素同位体ステージ12」は、大規模な氷河が北アメリカとユーラシアの全域にまで進出した時期だった。

氷床コアは、地球の気候が過去五〇万年の間にどのように変化したかについて、海底の堆積物よりもさらに詳細な全体像を私たちに与えてくれることができるのだが、それは、その個々の各年の層を調査することができるからである。海洋から蒸発した水分は、最終的には雪の中に凝結し、氷河の氷の中に保存される。したがって、氷の層は、それがしだいに積み重なっていくにつれて、海底の堆積物の層とまったく同じように、変動している酸素18と酸素16の比率の記録を含んでいる。しかしながら、氷床の中のこの比率と地球の温度の間の関係は、海底の堆積物のそれとは逆であり、酸素18の占める比率が比較的低いとき、それは比較的温暖な時期を表示している。これまでに採集されたもっとも長い氷床コアは、Petit et al., (1999) によって記述されており、このコアは、氷期から間氷期への定期的な変動を劇的に例証している。氷床コアは、また、そのほかの膨大な情報を含んでいる。たとえば、氷の中に閉じ込められているガスの気泡は、大気の状態を私たちに教えてくれる一方、氷の電気伝導率は、過去の大気の中に含まれていた埃、具体的には、嵐の状態を示している埃の量、を私たちに告げてくれる。

(9) J. Lewis-Williams (2002) は、後期旧石器時代の芸術を、薬物によって誘発された可能性のある呪術的な没我の幻視から生みだされたものと解釈する見解を示している。

(10) この場面の時代設定については、筆者は、少しばかり芸術的な放縦に身を任せているといえるかもしれない。Pech Merleのウマの絵は、最終氷期最盛期以前の二四八四〇±三四〇年(BP)だと測定されている(Bahn & Vertut, 1997)。ただし、年代の偏差を大きくとれば、この場合の最終氷期最盛期の信頼水準は九五パーセント以内に収まっている。Pech Merleの絵画については、氷河時代の技法を用いてその絵を自ら模写しているLorblanchet (1984) によって記述されている。

(11) 第二次世界大戦の直後の放射性炭素年代測定法の出現は、Willard Libbyによって一九四九年に放射性炭素年代が初めて公表されたことによって考古学を一変させた。それに用いられている技法がBowman (1990) によって記述されている一方、放射性炭素年代測定法の考古学に対する意義は、

Renfrew (1973) によって余すところなく説明されている。現代の考古学者たちは、Hedges (1981) が述べているように、好んで加速器質量分析法を用いているのだが、それは、この技法が最大限の正確さを与えてくれるからである。加速器質量分析法のもっとも重要な特質は、それが炭素14の原子を、その放射能を無視して直接計量することにある。これは、小さな試料の年代測定に用いることができることから、その技法をトリノの聖骸布や旧石器時代の洞窟絵画のような貴重な遺物に対して用いることができる。それは、また、さらにレヴェルの高い正確さを与えてくれる。ただし、放射性炭素年代測定法がこれから先どれほど進歩したとしても、標準偏差の度合いを五〇年以下に切り詰めるといったことは不可能であるに違いない。したがって、これから先もある程度の不正確さは避けがたいことだろう。

(12) 年輪にもとづいた較正曲線については、Kromer & Becker (1993) とKromer & Spurk (1998) を参照。今から一一〇〇〇年前以前の年輪は存在していないことから、その時代の年代については、年輪年代学を使用して放射性炭素年代を較正することはできない。これは実に残念なことである。というのも、文化と自然環境に関するもっとも重要ないくつかの出来事が発現したのが、まさに今から一一〇〇〇年前以前の数千年の期間にほかならず、正確な年代測定を欠いた状態においては、これらの間の関連を突きとめることはできないからである。幸いなことに、年代を較正するそのほかの手段がすでに発見されている。ただし、これらの手法を、年輪を用いたそれと区別するために、一般的には「補正」という用語が用いられている。

補正の一つの手段は、サンゴの中のウランとトリウムの比率を測定することによって年代を同定する方法である (Bard et al., 1990)。このウラン／トリウム年代測定法は、放射性炭素年代測定法と同じ原理によって機能しているのだが、この場合、ウランが崩壊してトリウムに変わる年数にもとづいており、その年数は暦年代によって表示される。そうした意味合いにおいては、それは年輪の測定と同等である。年輪を用いた場合と同じように、私たちは、ウラン／トリウム（つまり、暦年）と放射性炭素年の間の偏差を考察し、そうすることによって、考古学上の遺跡の遺物に由来する年代を補正する手段を得ることができる。この手法は、今から二〇〇〇〇暦年前の時点については、放射性炭素年代がそれより三〇〇〇年ほど「若い」ことを示しており、したがって、ある骨が今から一七〇〇〇年前と測定されたとすれば、その動物が今からほぼ二〇〇〇〇年前に死んだことを意味している。その年代が今から一二五〇〇年前だったとすると、放射性炭素年代は、それより二〇〇〇年ばかり「若く」測定される。

(13) 本書のすべての放射性炭素年代は、OxCal ver. 3.0を用いて較正されている。

(14) オハロにおける日々の営みの描写は、Nadel & Hershkovitz (1991) とNadel & Werker (1999) によって収集された素材に依拠している。放射性炭素年代を含めたオハロに関するさらに詳細な情報は三章に示されている。

3　火災と草花

（1）筆者がOhaloと呼んでいる遺跡は、実際にはOhalo IIという適切な名称によって知られている。Nadelとその同僚たちは、この遺跡の特殊な側面に関する一連の著作を出版している。Nadel & Hershkovitz (1991) は、その地の生活に関する最初の報告書であり、Nadel et al. (1994) は、撚り合わせた繊維について、Nadel (1996) は、居住地の空間の構成について、Nadel (1994) は、Ohaloの埋葬について、Nadel & Werker(1999) は、粗朶葺きの小屋について記述している。Nadel et al. (1995) は、二六の加速器質量分析法にもとづく放射性炭素年代を明らかにしており、それは、二一〇五〇±三三〇年と一七五〇〇±二〇〇年の間であり（それらとはかなり懸け離れた一つの年代、一五五〇〇±一三〇年を含む）、人々がその地に居住していたのがおそらく今から一九四〇〇年前だったことを示している。Belitzky & Nadel (2002) は、その遺跡が短期間のうちに洪水に見舞われてしまった自然環境的な、及び、想定しうる地質構造上の理由を考察している。

（2）Moor et al. (2000) は、地中海沿岸地帯の海岸平野がカルメル山の南に位置しているラタキアから五キロ、パレスチナの海岸線に沿って一五キロほど拡大したと報告している。

（3）この章で簡潔に説明されている、花粉の分析によって過去の自然環境を復元する手法の解説については、Lowe & Walker (1997) を参照。

（4）これはあくまでも理論である。それを実践するとなると、数多くの複雑な要因が絡まってくる。それぞれ異なった種は、異なった量の花粉を作り出すからである。ヤナギがそれを大量に作り出すことで広く知られている一方、気候が温かくなるとツンドラに真っ先に群生するヨモギは、基準以下の花粉しか作らない「代表選手」である。それゆえ、ヤナギの花粉粒がコアから大量に見つかったとしても、それは、必ずしもヤナギが群生していたことを意味しているわけではないし、コアの中にヨモギの花粉がほとんど存在していなかったとしても、ヨモギが密生していたかもしれない。ハンノキのようないくつかの種の花粉は、その木のすぐ近くに堆積する一方、マツのようなそのほかの種のそれは、風に乗って何キロもの遠方まで運ばれることもある。木々の間のこれらの相違点を考慮しなければならないことから、採集された花粉粒を植物の群落に正確に「翻訳」しようとすれば、植物に関する膨大な知識と、その地の自然環境の数多くの要因に関する正しい認識が必要とされる。幸運なことに、花粉粒の研究は、すでに一〇〇年以上の歴史をもっており、今日においてはもっとも洗練された技法の一つの域に達していることから、それを用いて有史前の自然環境を復元することができる。

（5）フラ盆地のコアに由来する花粉胞子学にもとづく年代配列は、Baruch & Bottema (1991) によって、その地域のそのほかの花粉コアに由来する年代配列とともに記述されている。これらの中ではシリアの北西部のガーブのコアが重要な意味をもっているのだが、それは、フラ盆地のコアに記録されているそれとは対照的な植生の成長、つまり、最終氷期最盛期と新ドリアス期に林地が拡大したことを示しているからである。Hillman (1996) は、それがその地特有の植生の成長を反映しているかもしれないとはいえ、ガーブのコアに年代配列を与えているかぎられた数の放射線炭素年代は、おそらく間違っているのではないかと提唱している。Hillmanは、また、ザグロス山脈北部のゼリバールのコアに由来している証拠物件についても手短に述べている。

（6）Hillman (2000, 図12.2) は、一九八三年の春に撮影した花々が咲き乱れているシリア中央部のステップの写真を使って晩氷期の色彩豊かなステップの景観を、自らの考古学上の知識と想像力にもとづいて復元している。

（7）Hillman (2000) は、彼が復元したステップの景観、及び、有史前の人々が利用していた可食植物とそれが有史前からどのようにして活用されていたかに関する考察に詳細な説明を加えている。Hillman (1996) とHillman et el. (1989) は、抜粋した解釈を纏めた縮小版である。この主題に関する彼の業績は、有史前の狩猟採集と農耕の起源の理解の手段として考古学上の発掘そのものと同等の重要性をもっている。

（8）Zohary & Hopf (2000) は、新石器時代の様々な穀類の野生の原種を考察し、それらと栽培植物化された変異体の間のきわめて重要な違いについて論じている。

（9）T. E. Lawrenceは、The Seven Pillars of Wisdom（『知恵の七柱』）(1935, pp. 591-2) において次のように書いている。「また、アズラクは、オアシスの女王として有名な場所であり、その新緑と、水が渾々と湧き出ている泉によってアムラよりも美しかった。（中略）翌日、我々は、アズラクに向かってゆっくりと歩いていった。溶岩の小石がそこいらにゴロゴロ転がっている最後の尾根を通り過ぎると、あらゆる墓地の中でももっとも美しく設えられており、星の数ほどある墓の王ともいうべきムジャブルが姿をあらわした。（中略）アズラクにはアラブの姿はなく、それは、相変わらず美しかった。だが、その少し後で日の光を反射して光り輝いている池が、泳いでいる我々の部下たちの白い肉体との鮮やかな対比を示し、アシ原をゆったりと吹き抜けていく風が、水面に反響する部下たちの陽気な叫び声と水をはね返す音によって際立っているように感じられたときにはもっと美しかった」。

（10）Lubbock (1865, p. 67)

（11）考古学者たちは、無論のこと、そうした人工遺物のすべてに形式論にもとづく名称を与えている。筆者がこのシナリオにおいて心に描いているのは、Wadi el-Uwaynidで製作された細石器（Garrard et al., 1987）であり、それらは、「みねの先端が二重に削り出された破片」、「アーチ形のみねと湾曲した尖頭をもった破片」、「ラ・ムイア尖頭器」、「ビュラン」（鑿状の石器）などと表現されている。

(12) これらのコレクションから細石器の多種多様な製作技法とその形が発見されている。これらが特定の狩猟や採集と関わりがあったということはありそうもない。それらは、その地に固有の伝統であり、おそらくは、私たち自身の習慣が知らずしらずのうちに子供たちに伝えられていくように、家族の中において世代から世代へと受け継がれていったのだろう。そうした伝統が定期的に行き来していたいくつもの家族と集団の間に広まっていき、それゆえ、私たちは、そうした彼らの社会生活の記録を手にすることができるのである。いくつかの異なった伝統が発見されているということは、人々が小さな集団を作って散在して暮らしていたことを示唆しているのだが、最終氷期最盛期とそれ以降の数千年間の寒冷で乾燥していた自然環境に鑑みれば、それは驚くべき話ではない。その名を広く知られているNigel Goring-Morris (1995) のような一部の考古学者たちは、石の人工遺物のコレクションに明らかな細石器の製造技法と形の間の違いがネベキアン、カルカン、ニッザナンといった風変わりな名称をもったそれぞれ異なった文化、つまり、異なった民族集団を反映していたと考えている。そのうちもっとも広く行き渡っていた文化は、ケバーラ文化として知られており、これは、しばしば晩氷期の狩猟採集民たちすべての文化を総称的に示す言葉として用いられている。Goring-Morris (1995) は、その時代が細石器の形式論にもとづいて四つの段階に分けることができると提唱し、その根拠を解説している。しかしながら、筆者にとっては、過去の人々が自分たち自身をそうした文化に類別していたといったことは、ありそうもないことだと思われる。彼らが実際に自分たちを類別するなんらかの基準をもっていたと仮定したとしても、ちっぽけな細石器がそうしたアイデンティティの表現だったといったことは、とうていありそうもないことだからである。

(13) これらの遺跡は、Uwaynid 14と18と呼ばれており、そのいずれもが泉の近くにその種の人口産物が継続的にまき散らされた、孤立していた遺跡であるように思われる(Garrard et al., 1987)。Uwaynid 14の年代が一八四〇〇±二五〇年(BP)と一八九〇〇±二五〇年(BP)と計測されている一方、Uwaynid 18の年代は、一九八〇〇±三五〇年(BP)と一九五〇〇±二五〇年(BP)である(Garrard et al., 1988)。

(14) Garrardが調査したこれらの遺跡の年代は、後期旧石器時代から後期新石器時代にまで及んでおり、そのうちのいくつかは一九三〇年代にすでにWaechterによる実地踏査によって突きとめられていた。アズラク盆地から南西五五キロに位置しているWadi el-JiratにおいてGarrardが探査したいくつもの遺跡はとりわけ印象的であり、そのうちもっとも広く知られている、一八二〇〇平方メートルを占めている広大な遺跡Jilat 6は、三つの特徴的な時代を経ており、その最初期はWadi el-Uwaynidと同時代だと思われる(Garrard et al., 1986, 1988)。

(15)（Garrard et al., 1986）は、彼が発掘したいくつかの遺跡でカメの甲羅を発見したと報告しており、それらが椀として用いられていたと提唱している。
(16) 以下の記述は、Hillman (1996) に依拠している。
(17) 筆者がここで言及しているのは、晩氷期の打製石器の一括遺物に一定限度の均一性をもたらした「ジオメトリック・ケバーラン」である。Goring-Morris (1995) も、また、ネゲヴ沙漠に存在していた二つの文化であるラモニアンとムシャビアンを区別しているのだが、それは、そのいずれもが細石器の製造技法と細石器の形に固有の特徴をもっているからである。
(18) Neve Davidは、Kaufman (1986) によって記述されている。

4　オーク森林地帯の集落の生活

(1) 一九五四年に発見された'Ain Mallahaは、当初、Kean Perrotによって一九五五年と一九五六年に調査され、Perrotは、一九五九年から一九六一年にかけて十分な発掘を行った。一九七一－二年にはMonique Lechevallierが、一九七三年から一九七六年にかけはFrançois Vallaがさらに発掘を行い、Vallaは、一九九六－七にふたたびこの遺跡を発掘した。最初期の調査の解釈は、Valla (1991)によって、最終的な発掘は、Valla et al. (1999) によって記述されている。
(2) Bar-Yosef (1998a) とValla (1995) は、ナトゥフ文化に詳細な論評を加えている。Bar-Yosef & Valla (1991) は、この文化に関する各種の論文を選りすぐった優れた選集であり、この章は、もっぱらこの選集に依拠している。
(3) Bar-Yosef & Belfer Cohen (1989) は、前期ナトゥフ文化期のいくつかの集落が定住を選んだことに鑑み、ナトゥフ文化を、農耕への道筋における「後戻りすることなどありえない段階」であると述べているのだが、それは、筆者にとっては無条件では受け入れることができない見解である。
(4) 住居一三一号に関する筆者の描写はBoyd (1995) による調査に依拠している。
(5) ナトゥフ文化、とりわけ、前期ナトゥフ文化は、実用的な装飾と彫刻と、明確には実用的な目的をもっていない作品のいずれをも含んでいる芸術的な遺物に富んでいる。Bar-Yosef & Belfer-Cohen (1998) がナトゥフ文化の芸樹について論評を加えている一方、Belfer-Cohen (1991) は、Hayonimの洞窟から出土した芸術作品を、Noy (1991) は、Nahal Orenの芸術作品を、Weinstein-Evron & Belfer-Cohen (1993) は、El Wadの発掘によって最近発見された作品について記述している。Kebaraの洞窟とEl Wadからは有蹄動物を象った手鎌の柄が発見されているのだが（Bar-Yosef & Belfer-Cohen 1998, 図5を参照）、その種の遺物は、（筆者が知りうるかぎり）'Ain Mallahaからは出土していない。それゆえ、筆者は、ここでは芸術には認められている自由を行使している。
(6) 'Ain Mallahaに固有の埋葬の慣習とナトゥフ文化一般のそれは、かなりの論争の対象とされており、それぞれ異なった解釈がある。Wright (1978) は、それらがナトゥフ文化期の社会の階層化を反映していると論じているのだが、こうした解釈は、とりわけ、Wright が無視していたナトゥフ文化期の前期と後期の間の埋葬の慣習の違いに留意し、その種の情報にさらに入念な考察を加えた Belfer-Cohen (1995) と Byrd & Monahan (1995) によって疑問視されている。

（7）前期ナトゥフ文化期は、世界のいかなる地域よりも早い最初期の段階のイヌの家畜化の証拠物件を私たちに与えてくれる。Ain Mallaha の初老の女と子犬に関する筆者の想像図は、初老の人物の頭部の近くに子犬が配置され、その左手が子犬の体の上に置かれていた埋葬の状況にもとづいている (Davis & Valla, 1978)。Clutton-Brock (1995) は、イヌの家畜化の起源に関してすでに明らかにされている情報を概説している。

（8）これは、Bar-Yosef & Belfer-Cohen (1998, Fig. 4) によって図解されている。

（9）D. E. Bar-Yosef (1989) は、地中海沿岸地帯の南部における旧石器時代と新石器時代の貝殻について記述し、それに解釈を加えている。

（10）Rubbock (1865, p. 483)。この一文は、ヨーロッパ、とりわけデンマークの貝塚から出土した証拠物件と関連している。

（11）Rubbock (1865, p. 484)

（12）Hayonim の洞窟のナトゥフ文化期の遺物は、Bar-Yosef (1991) によって記述されており、Belfer-Cohen (1988) は、その埋葬に関する独自の研究を行っている。この洞窟については、二つの放射性炭素年代、一二三六〇±一六〇年（BP）（紀元前一三一二三‐一二一五五暦年）と一二〇一〇±一八〇年（BP）（紀元前一二九七四‐一一六一五暦年）が報告されており、それは、この遺跡が前期ナトゥフ文化期ではあるが、最初期ではないことを示している。Hayonim の台地における後期ナトゥフ文化期の居住は、Henry et al. (1981) と Valla (1991) によって記述されている。

（13）地中海沿岸地帯におけるナトゥフ文化期の個体群に関する生物学的な情報は、Belfer-Cohen (1991) によって記述されている。

（14）Bar-Yosef & Belfer-Cohen (1999) は、Hayonim の洞窟から出土した石灰岩と動物の骨に刻まれていた模様が Kebara の洞窟に由来している骨に施されていたそれと驚くほどよく似ていると述べている。

（15）Garrod (1932) は、ナトゥフ文化の発見を「公表」した。彼女によるカルメル山の麓の El-Wad の発掘は、Garrod & Bate (1937) によって記述されている一方、Belfer-Cohen (1995) は El-Wad に由来している装飾的な副葬品について批判的な論考を執筆している。El-Wad の新たな発掘は、Valla et al. (1986) によって記述されている。

（16）以下の本文は、Lieberman (1993) に依拠している。Campana & Crabtree(1990) は、ナトゥフ文化期の共同的なガゼルの狩りと、それがその社会と経済にもっていた潜在的な意味を論じている。

(17) ナトゥフ文化期の定住に対する批判については、Edwards (1989) を参照。

(18) 一年のうち一定期間だけしか居住しない住居の建設に移動性の狩猟採集民たちが時間と労力と資源を注ぎ込んだことはありえないことではないことから、Tchernov(1991)によって提起されている片利共生生物、つまり、人類の存在に依存している「野生の」動物が定住のきわめて重要な証拠物件だと考えられている。しかしながら、Tangri & Wyncoll (1989) は、その種の残骸を定住の痕跡として理解することに深甚な疑問を提出している。

(19) Tchernov & Valla (1997) は、Hayonim の台地の後期ナトゥフ文化期の堆積物から出土したイヌの墓について記述し、ナトゥフ文化期のイヌの家畜化について論じている。

(20) Beidha におけるナトゥフ文化期の人々の居住は、Byrd (1989) によって、Wadi Tabqa のそれは、Byrd & Colledge (1991) によって記述されている。

(21) 以下の本文は Hastorf (1998) に依拠している。

(22) Hastorf (1998, p. 779)

(23) Bar-Yosef & Belfer-Cohen (1999, p. 409)

(24) Hillman(2000)は、自らの実験的な研究にもとづき、すりこ木とすり鉢を使った野生のコムギの脱穀は、その穀皮が堅くて穀粒と密着していることから、穀皮を十分に炙ってそれを砕けやすくしないかぎり、ほとんど不可能だと書きとめている。殻を扇ぎ分けることができる野生のライムギとは異なって、野生のコムギの殻は重いことから、木製の皿の上で揺すらなければふるい分けることができない。

(25) 人工遺物の調査と実験的な研究を必要とするナトゥフ文化期の植物の管理に関するかなりの規模の研究は、Unger-Hamilton (1991) によって行われている。

(26) Hillman & Davies (1990) は、野生の穀類の栽培植物化の進度に関する独創性に富んだ詳細な研究を行っている。

(27) 以下の記述は、Unger-Hamilton (1991) に依拠している。

(28) 以下の記述は Anderson (1991) に依拠している。

5 ユーフラテスの河畔にて

(1) Abu Fureyra は、その遺跡を水没させてしまうアサド湖の建設に先立つ救済事業として Andrew Moore によって発掘された。以下の本文は、崩壊した泥煉瓦造りの壁が丘状遺跡(テル)を形づくっていた、かなりな規模をもった新石器時代の定住地の下に位置していた晩期旧石器時代の定住地である Abu Fureyra 1 に関わっている。筆者は、Moore (1979) によって描かれている集落とその発掘の描写とともに、発掘報告書の摘要書 (Moore, 1991) とその最終版 (Moore, 2000) に依拠している。年代順配列に関しては、Abu Fureyra 1 では加速器質量分析法にもとづく二六の放射性炭素年代が知られており、その一連の年代は、間隔を開けることなく今から一一五〇〇年前から一〇〇〇〇年前に及んでいる。

（2）Abu Fureyraの住居の復元についてMoore (2000) は、二つの選択肢を提起しており、その一つは、そのそれぞれに屋根がついている半球形の住居であり、もう一つは、いずれかといえば、ベドゥインのテントのような、いくつもの穴が一つの繋がっている屋根によって被われている住居である。Mooreは、支柱の穴から判断して後者の可能性が高いと考えている。

（3）これは、ナトゥフ文化期の人々が狩っていたガゼルとは異なった種類であり、それより大きな群を作って移動していた。毎年、初夏が巡って来ると、群は、現在のヨルダンの東部とサウジアラビアの沙漠地帯から北に向かって移動し、ユーフラテス川にたどり着いていた。その群の多くの個体はシリアの北部の夏期の牧草を求めて西に向かっていたのだが、狩人たちがそれを待ち受けていたことに明らかなように、すべての群がそうしていたわけではなかった。Abu Fureyraの人々によるガゼルの狩りに関する下記の本文は、Legge & Rowley-Conwy (1987) に依拠している。このコウジョウセンガゼルの学名はGazella Subgutturosaである。

（4）Hillmanの独創性に富んだ研究とその成果は、Hillman (1996) とHillman (2000) に記述されている。考古学上の痕跡をまったく残していないと思われる植物に鑑み、彼は、二五〇種以上の植物がAbu Fureyraの人々によって活用されていたと提唱している。

（5）Legge & Rowley-Conwy (1987) は、彼らの成果とその解釈を摘要書に記述している一方、Moore et al. (2000) にはAbu Fureyraの狩りの慣行に関する広範な議論が収録されている。

（6）実に残念なことに、Abu Fureyra Iからは人体の残骸がまったく出土していない。前期ナトゥフ文化期の人々の古病理学については、Belfer-Cohen et al (1991) を、ナトゥフ文化期の個体群の栄養状態に関する歯科学の証拠物件については、Smith (1991) を参照。

（7）ナトゥフ文化期の定住に関するVillaの見解とMaussへの言及については、Valla (1998) を参照。

（8）この文節と直接的に関わっているのは、Rubbock (1865, pp. 296-9) である。気候の変動に関する現行の理論については、Dawson (1992) と一章の巻末の註を参照。

6　一〇〇〇〇年に及ぶ干魃

（1）ネゲヴ沙漠における後期ナトゥフ文化期の人々の居住地については、Goring-Morris (1989, 1999) を参照。Henry (1976) は、Rosh Zinの発掘について記述している。

（2）Nahel Orenについては、Noy et al. (1973) を参照。

（3）Mureybetについては、Cauvin (1977, 2000) を参照。

（4）Cope (1991) は、ナトゥフ文化期の人々のガゼルの狩りに関する自らの研究を記述している。

（5）Bar-Yosef (1991) は、ナトゥフ文化期の下層に位置していた、後期旧石器時代の初め頃に遡るHayonimの洞窟における居住について記述している。その二つの放射性炭素年代である一六二四〇±六四〇年（BP）と一五七〇〇±二三〇年（BP）は、ケバーラ文化期の人々の居住と関わっていた。これらの層の下の分厚い堆積物は、中期旧石器時代の居住の痕跡をとどめていた。

（6）ナトゥフ文化期の人々の健康状態に関する歯科学の証拠物件については、Smith (1991) を参照。

（7）ナトゥフ文化期の個体群に見られるその種の身体的な違いに関する痕跡は、Belfer-Cohen et al. (1991) によって記述されている。

（8）フラ盆地のコアとその解釈については、Baruch & Bottema (1991) とHillman (1996) を参照。

（9）Hallan Çemiについては、Rosenberg & Davis (1992) とRosenberg & Redding (2000) によって記述されている。そこでは五つの放射性炭素年代が引用されており、それらは、一一七〇〇±四六〇年（BP）（紀元前一二三四四‐一一一八四暦年）と九七〇〇±三〇〇年（BP）（紀元前九四九〇‐八六二五暦年）の間に位置している。建築物の圧倒的大多数は、この期間の半ば頃、つまり、今からほぼ一〇四〇〇年前まで遡ると考えられている。

（10）ナトゥフ文化期の埋葬の慣習の変化に関する以下の本文は、Byrd & Monahan (1995) に依拠している。

（11）Anderson (1991)

（12）Goring-Morris(1991)は、彼がハリーフ文化と呼んでいるネゲヴ沙漠の考古学上の遺跡について包括的に記述し、それに解釈を施している。

（13）たとえば、ユデアの丘陵地帯の中のHatula (Ronen & Lechevallier, 1991) は、その時代が確定されていないとはいえ、その遺跡の動物の残骸が後期ナトゥフ文化期と先土器新石器時代のそれとの類似を示しており、定住性の生活様式の痕跡が見当たらないことから判断し、後期ナトゥフ文化期に属していると思われる。この遺跡ではガゼル、ヒツジ、オーロックス、イノシシ、ウマ科の動物に加えて、ノウサギ、ケナガイタチ、アナグマ、ヤマネコ、キツネの骨が発見されており、それは、前期新石器時代には、小さな獲物の重要性が著しく増大していたことを示している。ヨルダン川の峡谷平野のSalibiya I (Crabtree et al., 1991) の人々も、また、多様な小型の獲物への依存を示している一方、かなりの数の未成熟なガゼルを狩っており、それは、それらの群を圧迫する過剰利用に陥っていたことを物語っている。Salibiya Iは、近くの堆積物からその放射性炭素年代が一一五三〇±一五五〇年（BP）と計測されている一方、三日月細石器（リュナート）の特殊な形状によって、それらの人々が暮らしていたのは、後期ナトゥフ文化期だったことが確認されている。

（14）更新世における二酸化炭素の低い濃度が穀類の生産性と農耕の起源一般に与えた影響に関する議論については、Sage (1995) を参照。

(15) Hillman (2000, Hillman et al., 2001) は、Abu Fureyraのライムギの種子の状態に関する極度に詳細で注意深い論証を展開している。彼は、なんらかの種類の豆類も、また、ライムギと同時に栽培変種になったと提唱している。ライムギの種子固有の年代は、一一一四〇-一〇〇年（BP）（紀元前一一三七二-一一三三三暦年）、一〇九三〇±一二〇年（BP）（紀元前一一一八三-一〇九二八暦年）、一〇六一〇±一〇〇年（BP）（紀元前一〇九二五-一〇四一七暦年）である。

(16) Heun et al. (1997) は、一粒系コムギの野生種と栽培種に系統発生論にもとづく分析を加え、トルコ南部のカラジャダーの丘陵地帯を栽培植物化の現場として同定した。彼らは、その研究に着手するために立てなければならなかった仮説に関する一連の但し書きからその論文を始めており、彼らの成果を考察するときには、その点に入念に留意しなければならない。

7　イェリコの形成

(1) Kenyon (1957) が自らの発掘を平易に記述したDigging up Jerichoは、今なお第一流の著作であり、彼女に先行していたその丘状遺跡の発掘に関する概要を含んでいる。Jerichoの「先土器新石器時代A」の定住地の放射性炭素年代は、Bar-Yosef & Gopher (1997) に要約されている。彼らは、西側の堀割に由来している一五の年代を列挙しており、それは、一〇三〇〇±五〇〇年（BP）（紀元前一〇八五六-九三五一暦年）から九二三〇±二二〇年（BP）（紀元前八七九六-八二〇五暦年）に及んでいる。北側の区分に由来している三つの年代は、九五八二±八九年（BP）（紀元前九一六〇-八八〇〇暦年）から九二〇〇±七〇年（BP）（紀元前八五二一-八二九二暦年）にまたがっている。

(2) Kenyon (1957, p. 25)

(3) Kenyon (1957, p. 70)

(4) Kenyonの簡潔な伝記については、Champion (1998) を参照。

(5) Jerichoの建築物と層位については、Kenyon & Holland (1981) を、土器をはじめとする遺物の発見については、Kenyon & Holland (1982, 1983) を参照。

(6) Kenyon (1957, p. 68)

(7) Bar-Yosef (1996) は、Jerichoの壁が洪水と泥流に対する防壁だったとの主張を提唱している。

(8) 新石器時代に関するChildeの見解については、たとえば、Childe (1925, 1928) を参照。

(9) Kenyonは、ニューギニア島のセピック川の峡谷平野の頭蓋骨崇拝に言及しているとはいえ、それが「先土器石器時代A」の頭蓋骨崇拝との有益な類比を提起しうるとの論証を発展させているわけではない。セピック川流域では、氏族の祖先は、一般的には、しばしば氏族の形成とその歴史にきわめて重要な役割を果たしたと考えられている人物の顔型によって象徴されていた。Kenyonが示唆しているように、「先土器新石器時代A」の石膏によって成形された頭蓋骨は、その集落の形成にきわめて重要な役割を果たした人物の頭蓋骨だったのかもしれない。セピック川の峡谷平野においては、装飾を施された頭蓋骨と縮められた頭部は、しばしば敵の頭部から作られていた。Baxter Riley (1923) は、どのようにして頭部と頭蓋骨が調製されたかをとりわけ生きいきと再現している。オセアニアで行われていた首狩りと頭部を戦利品として用いる慣習は、「先土器新石器時代A」の慣例に有益な類比を提起しているといえるのかもしれず、それは、Hutton (1922, 1928) とVon Hurer-Haimendorf (1938) によって記述されている。

(10) アル・キヤーム尖頭器は、小さな刃の基部に二つの切り欠きを施した左右相称的な鏃である。それは、本来的には、アル・キヤームの台地を発掘したEchegaray (1963) によってその特徴を規定されたものである。この尖頭器は、二〇年間にわたって「先土器新石器時代A」の顕著な特徴を備えている唯一のタイプだとされていた。だが、さらに広範なコレクションが利用できるようになるにつれて、それ以外のタイプの人工遺物もそれに該当すると考えられるようになったのが、そのうち広く知られているのは、ヨルダン川の峡谷平野の尖頭器とサリービーヤ尖頭器だった (Nadel et al., 1991)。これらの三つは、すべて三角形であり、狭い基部をもっている。そのほかのタイプのフリントの人工遺物も、また、「先土器新石器時代A」に特有のものとして認められるようになり、そのうちもっとも広く知られているのは、Bar-Yosef et al. (1987) によって記述されているように、先端を斜めに切り出したハ・グドゥード尖頭器である。肥沃な三日月地帯に由来する新石器時代の打製石器の形式論に興味のある方々にとっては、Gebel & Kozlowski (1994) は、欠くことができない読み物である。アル・キヤーム尖頭器、先端を斜めに切り出したハ・グドゥード尖頭器、細石器、両面から削り出した小さな尖頭器の相対的な出現率は、「先土器新石器時代A」に特徴的な二つの相——アル・キヤーム尖頭器とスルタン尖頭器——を規定するために用いられており、後者においては、細石器の出土率は低く、先端を斜めに切り出したハ・グドゥード尖頭器と両面から切り出した尖頭器は、それなりの数が出土している。アル・キヤーム尖頭器とスルタン尖頭器は、同じ文化に由来する、機能的に異なった道具であり、それが異なった遺跡から発見されているのか (Nadel, 1990)、それとも、同じ居住地で用いられていたのか (Mithen et al., 2000)、あるいは、「先土器新石器時代A」の年代的に継続的な段階を示しているのか (Bar-Yosef, 1998b) については、今なお論争が闘わされている。一部の考古学者たちは、アル・キヤーム尖頭器は、たんに堆積後の地層の攪乱によってスルタン尖頭器と混じり合っただけであり、いずれもナトゥフ文化の基調をなしていた道具だと論じている (Garfinkel, 1996)。

(11) これは、尖頭器の上の微細な摩耗に明らかであり、その多くは、投射尖頭器にみられる衝撃に起因する破砕ではなく、穴を開ける作業に特徴的な回転運動を指し示していた。そうした微細な摩耗の研究は、Sam Smithによってレディング大学の博士課程の研究として行われている。Dhra'から出土した尖頭器に関する予備的な報告は、Goodale & Smith (2001) によって示されている。

8　絵文字と石柱

(1) Netiv Hagdudに関する十分な記述については、Bar-Yosef & Gopher (eds., 1997) を参照。彼らは、九四〇〇±一八〇年（BP）（紀元前九一一五 - 八三四〇暦年）と九九七〇±一五〇年（BP）（紀元前九七四六 - 八九二二暦年）の間の一〇の放射性炭素年代を測定しているのだが、そのほとんどが今からほぼ九七〇〇年前に集中している。Netiv Hagdudの発掘によってJerichoに由来するよりもはるかに数多くの植物の残留物の試料が出土している。これにはかなりな量のオオムギの種子が含まれており、この種子は、Kislev (1989, Kislev et al., 1986) の研究によって、生物学的には栽培植物化された変異体ではなく、野生の原種に由来していることが知られている。しかしながら、大量の収穫と植物の加工に用いられた数多くの器具は、かなりな規模の生産力を有する栽培が行われていたことを示している。Noy et al. (1980)1 とNoy (1989) によって記述されているGilgalでは、少なくとも五つの放射性炭素年代が報告されており、それは、九九五〇±一五〇年（BP）（紀元前九七四三 - 九二四六暦年）から九七一〇±七〇年（BP）（紀元前九二五〇 - 八九二二暦年）に及んでいる。この地域のそのほかの「先土器新石器時代A」の遺跡にはEnoch-Shiloh & Bar-Yosef (1997) によって記述されているSalibiya IXが含まれている。この定住地で測定された二つの放射性炭素年代、一八五〇〇±一四〇年（BP）と一二三〇〇±四七年（BP）（紀元前一三〇七二 - 一二一五九暦年）は、文化的な遺物に照らし合わせるとあまりに古く、試料が汚染されていたことを示している。「先土器新石器時代A」の遺跡であるGesherに関する情報はかぎられているのだが、Garfinkel & Nadel (1989) は、その打製石器の一括遺物について記述している。この遺跡の四つの放射性炭素年代は、一〇〇二〇±一〇〇年（BP）（紀元前九七四一 - 九三〇九暦年）から九七九〇±一四〇年（BP）（紀元前九五九七 - 八八三九暦年）に及んでいる。

(2) Edwards (2000) は、「先土器新石器時代A」の遺跡であるZad（より正確には、その近くの青銅器時代の遺跡と区別するためにZad 2として知られている）に関する報告を執筆している。彼は、一つの放射性炭素年代九五〇〇年（BP）（紀元前九一〇〇 - 八五五〇暦年）を報告している。

(3) Kuijt & Mahasneh (1998) によって記述されているDhra'については、九九六〇±一一〇年（BP）（紀元前九六八四 - 九二七六暦年）から九六一〇±一七〇年（BP）（九二二〇‐八七五〇暦年）に至る三つの放射性炭素年代が測定されている。この報告書には二〇〇〇年の発掘シーズン(Finlayson, pers. Comm.) に発見された、石柱をもった泥煉瓦造りの建築物は含まれていない。

（4）WF16に関する予備的な報告書については、Mithen et al. (2000) を参照。この遺跡では目下のところ薪の木炭に由来する七つの放射性炭素年代が測定されており、それは、一〇二二〇±六〇年（BP）（紀元前一〇三二六‐九七四八暦年）から九一八〇±六〇年（BP）（紀元前八四五一‐八二九〇暦年）に及んでいる。

（5）ヨルダン川の峡谷平野の「先土器新石器時代A」の全体像については、定住地の権力者集団の存在を示唆しているKuijt (1995) を参照。遺跡の概要は、Bar-Yosef & Gopher (199によっても示されている。もう一つの重要な遺跡であるイラクのEd-Dubbは、Kuijt et al. (1991) によって記述されている。ここには後期ナトゥフ文化期の居住地があり、その放射性炭素年代は一一四一五‐一一二〇年（BP）（紀元前一一五二八‐一一二二二暦年）から一〇七八五±二八五年（BP）（紀元前一一一九七‐一〇三九三暦年）に及んでおり、「先土器新石器時代A」の堆積物の一つの年代は、九九五〇±一〇〇年（BP）（紀元前九六七八‐九二五五暦年）である。

（6）以下の本文に紙幅の余裕がなかったことから、筆者は、この時代のきわめて重要なもう一つの遺跡であるTell Aswadに言及することができなかった。Bar-Yosef & Gopher (1997) は、その「先土器新石器時代A」の遺物を簡潔に要約している一方、van Zeist & Bakker-Heeresは、植物の残留物の重要な一括遺物について記述している。その基部の堆積層は、九七三〇±一二〇年（BP）（紀元前九二八三‐八八三五暦年）から九三四〇±一二〇年（BP）（紀元前八七七六‐八三三八暦年）に及んでいる。それは、ダマスカス盆地で発見され、当初は、今ではアテイベ湖として知られている湖の畔の円形の住居によって構成されていた小さな集落だった。人々は、その地に何千年もの永きにわたって住み続け、その定住地は、最終的には、今日ではTell Aswadとして知られている丘状遺跡（テル）へと発展した。初期の集落につては比較的わずかのことしか知られていないのだが、現在では新たな発掘がリヨン大学のDanielle Stordeurによって着手されている。当初はごくわずかの植物の残留物しか回収されなかったとはいえ、これらは、今から九〇〇〇‐八五〇〇年前にまで遡る最初期の堆積層に由来していると分析されている。これには栽培植物化されたコムギが含まれており、これは、もっとも初期の時代にまで遡る発見の一つである。レンズマメとエンドも栽培されており、これらは、最初期に栽培植物化された系統だと考えられている。

（7）Mureibetの発掘は、Cauvin (1977) に記述されている。その放射性炭素年代が今から一〇〇〇〇‐九六〇〇年前まで遡るMureibet Phase IIIは、最初期の新石器時代の遺跡であり、その植物の残留物は、van Zeist & Bakker-Heeres (1986) によって記述されている。
(8) Cauvin (2000) を参照。彼は、新石器時代の宗教と神性の本質を論じ、観念に関する変化が経済的な変化に先行していたと主張している。
(9) Jerf Ahmar の記述については、Stordeur et al. (1996, 1997) を参照。その二つの放射性炭素年代は、九六九〇±九〇年（BP）（紀元前九二四九 - 八八四〇暦年）と九七九〇±八〇年（BP）（紀元前九三四五 - 九一六七暦年）である。
(10) Hallan Çemi Tepesi のこの建築物は、Rosenberg (1999) によって記述されている。
(11) Stordeur et al. (1996, p.2)
(12) Göbekli Tepe は、Hauptmann (1999) によって記述されている一方、Schmidt (2001) は、一九九五年と一九九九年に行った発掘に関する報告書を執筆している。この遺跡には記念碑的な建造物が建てられていたことから、その正確な年代の特定は必須だとはいえ、その遺跡を取り巻いていた現実は、それを困難にしていた。炉床や穴のような日々の生活と関わっている遺物が発見されておらず、それは、測定に必要とされる良好な状態で密封されている木炭が欠けていることを意味している。建造物を埋め込んでいた土の中から発見された木炭から得られた二つの放射性炭素年代は、それが「先土器新石器時代A」であることを指し示していた。だが、その木炭がなにに由来していたかが不明であることから、それは、壁と柱の年代の判断の決め手にはならない。それにもかかわらず、Schmidt は、層位学上の証拠物件によってその建築物とどっしりとした柱が「先土器新石器時代A」であることを突きとめることができた。円形の建築物が埋められた後、数多くの「先土器新石器時代B」の長方形の建築物が、残されていた窪地の縁のまわりに建設されたのだが、この窪地は、「先土器新石器時代B」の建築物と同時代である階段状の壁によって囲われており、この壁は、それ以前の建築物を埋め込んだ土の上に直に建てられていたからである (Schmidt, pers. Comm.)。
(13) Schmidt によって一九九〇年代に行われた発掘によって発見された芸術作品とそのほかの遺物に関する描写とその解釈については、Schmidt (1994, 1996, 1998, 1999) を参照。
(14) Heun et al. (1997) は、一粒系コムギの野生種と栽培種に系統発生論にもとづく分析を加え、トルコ南部のカラダジャーの丘陵地帯を栽培植物化の現場として同定した。彼らは、その研究に着手するために立てなければならなかった仮説に関する一連の但し書きからその論文を始めており、彼らの成果を考察するときには、その点に入念に留意しなければならない。
(15) Ghuwayr I は、Simmons & Najjar (1996, 1998) によって記述されている。

9 レイヴンズ峡谷平野にて

(1) 筆者は、この章とそれ以降の章において「町」という用語をたんに「先土器新石器時代B」の定住地を「先土器新石器時代A」のそれと対比させるために用いているにすぎず、その用語の使用によっていかなる特定の社会的・経済的な区別をも意図しているわけではない。

（2）Beidhaに関する下記の本文は、三冊の主要な出版物に依拠しており、それは、Kirkbride自身の発掘に関する二冊の報告書Kirkbride (1966, 1968) と、Byrd (1994) による建築物とその配列に関する分析である。二〇〇一年の段階では、Beidhaの「先土器新石器時代B」の定住地を発掘したKirkbrideによる最終的な報告書は出版されていない。Weinstein (1984) は、Beidhaに由来する一七の放射性炭素年代を列記しており、それは、九一二八±一〇三年（BP）（紀元前八五二二‐八二四二暦年）から八五四六±一〇〇年（BP）（紀元前七七二九‐七四八二暦年）に及んでいる。

（3）Kirkbride (1968) は、Beidhaの発掘に至った背景を簡潔に記述している一方、その詳細な伝記はChampion (1998) に収められている。

（4）Beidhaに関する特定の研究については、Byrd (2000) とともに、Byrd (1994) を、新石器時代の町の建築物の配列に関する重要な研究については、Banning & Byrd (1987) とByrd & Banning (1988) を参照。

（5）Kuijt (2000) は、事実上、埋葬に由来している、「先土器新石器時代B」のかぎられた社会的・文化的な証拠物件を精密に調べている。彼は、それを、「特定の個人や集団が居住者たちによって選ばれ、存命中は頭蓋骨の変形によってそのほかの人々とは異なった処遇を受け、その死とともにふたたび石膏によって成形されたその頭蓋骨が特定の場所に安置されることによって特別の扱いを受ける」(p. 157) と述べることによって要約している。Byrd (2000) は、「先土器新石器時代B」の住居の規模と外観が類似しており、埋葬の慣例が一般的には均一であることは、たとえそれぞれの家族の間で突発的な不平等が発生するようなことがあったとしても、集落全体の平等主義の精神の涵養に裨益したのではあるまいかと提唱している。彼は、年長者たちが羨望の的となる物品、結婚後の住居の選択、結婚の経費を含むそのほかの事柄を管理していたのかもしれないと提唱している。

（6）Wright (2000) は、西アジアの初期の集落や町の調理と食事に関する卓越した研究を提示しており、食料の準備と食事がどこで行われたのか、また、その社会的な起源とその結果について論じている。彼女は、ベイダのような「先土器新石器時代B」の町においては、人々がたぶん人目に触れる中庭で食材を調理し、食事の一部を住居の中で摂ったと考えられることを強調している。

（7）Nahal Hemarの洞窟の発掘は、Bar-Yosef & Alon (1988) によって記述されている。その堆積物にはかなりの攪乱が引き起こされており、正確な年代を測定することは不可能である。炉床に由来している木炭から八二七〇±八〇年（BP）（紀元前七四七二‐七一四三暦年）と八一〇〇±一〇〇年

（ＢＰ）（紀元前七三〇九－六八三〇暦年）の間の三つの年代が測定されている一方、有機体の人工遺物からは、一貫してそれより古い年代が得られており、糸を結び合わせた網は、八六〇〇±一二〇年（ＢＰ）（紀元前七七九七－七五二三暦年）、撚り合わせた繊維は、八五〇〇±二二〇年（ＢＰ）（紀元前七九一三－七一八五暦年）、縄類は、八六九〇±七〇年（ＢＰ）（紀元前七七九四－七五九九暦年）と測定されている。

（８）Nahal Hemar の洞窟から出土した有機物の残骸は、Bar-Yosef & Schick (1989) によって記述されている。

（９）そうした物質について私たちが得ることができるそのほかの洞察力は、Jericho (Kenyon, 1957) と 'Ain Ghazal (Rollefson & Simmons, 1987) で発見されている、漆喰を塗り固めた床の上に残されているむしろの編み目の痕跡に由来している。

（10）Kirkbride は、Beidha のこの建築物について「廊下建築」という用語を用いているのだが、それと同じような建築物は、（筆者が知りうるかぎり）そのほかの「先土器新石器時代Ｂ」の定住地からは発見されていない。

（11）Beidha では長方形の住居の下に円形の住居が埋め込まれているとはいえ、この遺跡と、ヨルダン川の峡谷平野のそのほかの「先土器新石器時代Ｂ」の定住地には二つのタイプの建築物の間の漸進的な移行を示している痕跡はまったく残されていない。しかしながら、その種の建築上の発達は、Mureybet (Cauvin, 1977, 2000)、Jerf Ahmar (Stordeur et al., 1996, 1997) のような遺跡には存在しており、それにもとづき、一部の考古学者たちは、こうした移行とともに「先土器新石器時代Ｂ」が始まったと考えている。

（12）「先土器新石器時代Ａ」と「先土器新石器時代Ｂ」の間の住居の形態の変化は、前期完新世の考古学上の記録のもっとも劇的な特徴の一つである。それをもっとも顕著に示しているのは、比較的小さな円形の、それぞれ分離した住居から二階建ての長方形の住居への移行であり、それは、世界のそのほかの地域の複雑な社会の発達においても確認されている。Flannery (1972) は、この移行を解釈するに当たって、記述民俗学的な類推にもとづき、前者の住居が父系の一夫多妻の複合家族によって居住されていたと思われる一方、後者の長方形の住居が個々の家族によって居住されていたのではあるまいかと論じている。こうした考え方は、一九九三年に Saidel によって批判され、Flannery は、同年にそれに反駁を加え、Byrd (2000) によってさらに論じられた。彼は、主だった変化とは、集落の再編というよりはむしろ、様々な営みが住居の中で行われる度合いが高くなったになったことであり、そのこと自体は、集落に対する考え方とその内部における相互作用に数多くの潜在的な重要性をもっていたとしても、それが直ちに顕在化したわけではなかったと理解している。Flannery (2002) は、建築上の変化の問題をふたたび考察し、危険管理の主体が集団から家族へと移っていった変化をとりわけ強調している。

（13）Byrd (2000) とGoring-Morris (2000) のいずれもが「先土器新石器時代B」の町に生まれていたと思われる緊張を強調し、しだいに複雑さを増していた社会的な関係を調節するために社会的な序列と、儀式の中で表現されるなんらかの観念形態が必要とされたと提唱している。

（14）Legge (1996) とUerpmann (1996) は、東南アジアにおけるヤギの家畜化に関する問題を論じている。ヤギやそのほかの動物の野生種から家畜化された種への移行の同定には途方もないほどの問題点がある。その一つは、二つの種を区別するための形態学的な基準が、いずれかといえば、主観的な状態にとどまっており、その地の生態学的な条件に起因する動物の体躯と外観の変異性を考慮することによって調節されなければならないという点にある。Kahila Bar-Gal et al. (2002a, 2002b) による最近の研究に鑑みれば、遺伝的な証拠物件を用いることによってかなりの進歩が達成されていると思われる。これらの研究は、形態論的な基準だけによっては、種の同定と、動物相の残骸によって示されている動物の家畜化の状態に関して誤った印象を抱きがちであることを追認している。

（15）Abu Fureyraでヒツジとヤギの放牧が始まった年代の同定にはいくつかの不一致がある。Legge & Rowley-Conwy (1987) は、Abu Fureyra のphase 2の始点を紀元前七五〇〇年に置き、ヤギとヒツジへの切り替えが紀元前六五〇〇年頃に起こったと考えている。その一方、Hedges et al. (1991) は、Trench Eの年代として八三三〇±一〇〇年（BP）（紀元前七五二二－七一八九暦年）を挙げており、その年代がヒツジとヤギへの切り替えと結びついていると理解している。Legge (1996) は、ヤギの骨が、彼が今から九四〇〇－八三〇〇年前だと考えているphase 2Aで発見されていると述べることによって、事態をさらに複雑にしている。

（16）ヤギの家畜化一般に関する以下の本文は、Hole (1996) とLegge (1996) に依拠している。

（17）Ganj Darehの年代の同定については、いくつかの異論がある。Hole (1996) は、基層の年代が今から一二二〇〇年前（暦年）だと報告しているのだが、今から一〇〇〇〇年前と九四〇〇年前（暦年）の間のある年代の方がより適切だと考えている。Legge (1996) は、今から九〇〇〇年前と八四五〇年前（放射性炭素年）の間に集中しているいくつもの年代を選び、それより早い年代には説得力がないと考えているように思われるとはいえ、その根拠を提示しているわけではない。Hedges et al. (1991) は、九〇一〇±一一〇年（BP）（紀元前八二九二－七九六七暦年）と八六九〇±一一〇年（BP）（紀元前七九四〇－七五九三暦年）の間に四つの放射性炭素年代を提示しており、それらの年代の解釈に関わっている問題点にも言及している。

（18）Hesse (1984) は、Ganj Darehから出土したヤギの骨の研究を記述している。野生の個体群と比べた場合、重要な意味をもっている体躯の矮小化が認められたとする主張は、今ではその後にさらに詳細な研究を行い、その斃死率の意義を確認しているZeder (Zeder & Hesse, 2000) によって棄却されている。Zeder & Hesse, (2000) は、ヤギの家畜化の年代が紀元前八〇〇〇年であることを確認している放射性炭素年を提示している。

(19) Hole (1996)。ヤギの家畜化に関する最近の研究については、Zeder (1999) を参照。

(20) Beidhaの、さらにはすべての「先土器新石器時代B」の町の放棄については数多くの論争が闘わされている。一般的な自然環境の劣化がその主要な要因だったと思われるとはいえ、それが気候の変化、開墾による森林伐採、燃料を得るための森林伐採、漆喰の生産のための森林伐採のいずれに起因していたのかということになると、それは、今なお明らかにされていない。きわめて重要な論点といくつかの可能性は、Rollefson & Köhler-Rollefson (1989) とSimmons (2000) によって論じられている。

(21) 一九八六‐九年に行われたBastaの発掘は、Nissen (1990) によって記述されている。

10 死霊の町

(1) Bar-Yosef & Meadow (1995) は、「先土器新石器時代B」の農耕集落の人々と沙漠地帯の狩猟採集民たちとの間の交易の可能性について言及している。

(2) Abu Salemは、ネゲヴ沙漠の中央部の高地に位置しており、Gopher & Goring-Morris (1998) によって記述されている。「先土器新石器時代B」のもう一つの重要な定住地は、シナイ半島の東部のEin Qadis Iである。

(3) 「先土器新石器時代B」には新しい形式の鏃や投げ槍が急増しており、その多くは優美な造りをもっている。伝統的な形式には「ビュブロス型尖頭器」、「イェリコ型尖頭器」、「アムーク型尖頭器」が含まれており、そのそれぞれが長い石刃から削り出された後に、少しばかり異なった工夫が施されている。その種の人工遺物の製作に不可欠な作業は、Gebel & Kozlowski (1994) によって記述されている。野生動物の重要性が変わったことも、また、Kfar HaHoreshにおいて埋葬の儀式に野生動物が使われたことや (Goring-Morris, 2000)、'Ain Ghazal (Schmandt-Besserat, 1997) のような遺跡から出土している、動物を象った小立像に明らかである。

(4) Rollefson & Simmons (1987) は、'Ain Ghazalによってその典型が示されているそれぞれ異なった四五種の野生動物に言及し、それが消費されていた肉類の五〇パーセントを占めていたと推測している。彼らは、これらの野生動物のすべてが'Ain Ghazalの居住者たち自身によって狩られていたと想定している。

(5) Reese (1991) とD. E. Bar-Yosef (1991) は、晩期旧石器時代から新石器時代に至る地中海沿岸地帯における貝殻の交易について記述している。D. E. Bar-Yosefは、ツノガイの貝殻の人気が薄れるようになった傾向は「先土器新石器時代A」においてすでに始まっていたと論じ、それが文化的な好みの変化と、地中海沿岸地帯の東部や紅海の海岸でその採集が困難になったことのいずれに起因していたのかは明らかではないと書きとめている。

（6）「先土器新石器時代B」のJerichoに関する下記のシナリオは、Kenyon (1957) にもとづいている。Jerichoに建設された「先土器新石器時代B」の町の二一の放射性炭素年代がWeinstein (1984) によって示されており、それらは、九一四〇±二〇〇年（BP）（紀元前八六八七 - 七九七二暦年）（E遺跡）から七八〇〇±一六〇年（BP）（紀元前六九八一 - 六四六一暦年）（F遺跡）に及んでいるのだが、その圧倒的多数は、今から八五〇〇年前に集中している。Waterbolk (1987) は、東南アジアにおいて明らかにされている放射性炭素年代について論じ、それぞれ異なった研究室に由来している年代の精度と、年代の数値が最大化されている現状について論評している。

（7）「先土器新石器時代B」の建築にはそれぞれの遺跡の間でかなりの違いが見られる。Beidha特有の「廊下建築」は、そのほんの一例にすぎない。Byrd & Banning (1988) は、Jerichoや'Ain ghazalに見られる、彼らがいうところの「迫持（せりもち）住居」と、BouqrasとAbu Fureyraで発見されている「多室住居」の間の対比に焦点を合わせることによって、そのほかの特質を論じている。

（8）遺体の肉体などが自然の成り行きによって腐朽するまでのかなりの期間埋葬されていた後で頭蓋骨が取り外されたのかもしれないとはいえ、埋葬の前に頭部が切り離された可能性がないわけではない。Jericho, Kfar HaHoresh, Beisamounから出土している、石膏によって成形された頭蓋骨の製作技術の詳細については、Goren et al. (2001) を、'Ain Ghazalのそれについては、Griffin et al. (1998) を参照。

（9）Goren et al. (2001) は、Jericho, Kfar HaHoresh、Beisamounから出土している、石膏によって成形された頭蓋骨に関する比較研究を行い、基本的な技法は共通しているとはいえ、頭蓋骨の成形の手法ばかりか、その象徴的な提示法の詳細においては、それぞれの遺跡の間で著しい相違点があるとの結論を下している。彼らは、その成形に必要とされる技術が所々を転々としていた職人によってではなく、一般的な知識の伝達によって伝搬していったと指摘している。

（10）Nahal Hemarから出土している遺品の記述については、Bar-Yosef & Schick (1989) を参照。

（11）Kfar Hahoreshの発掘は、Goring-Morris et al. (1994, 1995) によって記述されており、その遺跡の年代は、今から九二〇〇年前から八五〇〇年前の間だと測定されている。Goring-Morris (2000) は、Kfar HaHoreshの儀式の慣例をその地の人々に固有のより広い社会的な状況の中で解釈している。彼は、少なくとも二つ、おそらくは四つの墓には遺体とともに野生動物のほぼ完全な死体が葬られていたと書きとめている。

（12）Atlit-Yamの発掘は、Galili et al. (1993) によって記述されている。これは、後期「先土器石器新石器時代B」／「先土器新石器時代C」の遺跡であり、その五つの放射性炭素年代は、八一四〇±一二〇年（BP）（紀元前七四四八－六八六二暦年）と七五五〇±八〇年（BP）（紀元前六四六一－六二六〇暦年）の間だと測定されている。

（13）下記の本文において、筆者は、Rollefson & Simmons (1987) によって示されている'Ain Ghazalの一般的な全体像ばかりか、以下に明記している専門家たちの様々な報告書に依拠している。この町は、三つの年代的な段階に分かれており、その内訳は、大部分の遺品が集中している中期「先土器新石器時代B」（紀元前七二五〇－六五〇〇年）、後期「先土器新石器時代B」（紀元前六五〇〇－六〇〇〇年）、「先土器新石器時代C」（紀元前六〇〇〇－五五〇〇年）（Rollefson, 1989）である。

（14）Banning & Byrd (1987) は、'Ain Ghazalの住居の建築の技法に関する詳細な研究を行っており、その地では頻繁に住居が改装されており、それぞれの家族の住居の規模がしだいに小さくなっていく傾向が見られていたのではないかと推測している。

（15）Schmandt-Besserat (1997) は、'Ain Ghazalの動物を象った彫像について記述しており、それを「先土器新石器時代B」に由来する獣形神の比喩的表現という一般的な脈絡にもとづいて解釈している。一二〇個ほど回収されている動物の彫像のうちもっとも興味深いのは、喉、腹部、胸部、あるいは眼に細石器が突き刺さっている二つのウシの彫像である。

（16）Schmandt-Besserat (1992) は、これらの粘土製の物体が文書の発達の最初期の段階において重要な役割を果たしたのではあるまいかと考えている。しかしながら、それらの機能は、今なおまったく不明確であり、多くの考古学者たちは、彼女の主張はその根拠が薄弱だと考えている。

（17）このシナリオは、Rollefson (1983) によって記述されている。'Ain Ghazalで発見された、なんらかの儀式に用いられたと考えられているいくつもの立像の二つの貯蔵所のうちの最初の一つに依拠している。その製作に用いられた手法は、その立像の保全のプロセスによって突きとめられている (Tubb & Grissom, 1995)。Rollefson (2000) は、「先土器新石器時代B」からヤルムーク文化期に至る期間の'Ain Ghazalにおける儀式と社会構造の特徴を考察している。筆者は、ユニヴァーシティ・カレッジ・ロンドンのKathryn Tubbによる立像に関する論考にもっとも感謝している。

（18）Schmandt-Besserat (1998) は、'Ain Ghazalの立像を、近東のそのほかの地域に由来している同じような立像の断片と石膏によって成形された頭蓋骨という脈絡の中で論じ、それらを、バビロニアの文献と立像との比較によって解釈している。Schuster (1995) は、'Ain Ghazalの立像が死者の霊を象徴していると提唱していた。

（19）Rollefson (1998) は、'Ain Ghazalのこれらの新たな建築

物を記述し、それに解釈を施している。

(20) 'Ain Ghazal の居住の最終的な段階は、Rollefson (1983, 1993) によって記述されている。彼は、「先土器新石器時代C」と建築物の独自の特徴を結びつけることによって、それらの特徴が土器を使っていた新石器時代の人々によって、ヤルムーク文化と呼ばれている伝統の中に受け継がれていると論じている。

(21) Banning et al. (1994) は、考古学者たちが「先土器新石器時代B」の直後の個体群の規模を過小に見積もってきたと論じている。彼らは、定住地が丘陵地帯の麓に設営されるようになった結果として、それが丘陵地帯から流出した堆積物によって埋め込まれてしまい、それゆえ、実地調査によってもその所在が突きとめられていないのだと提唱している。

(22) 前章において言及しておいたように、一般的な自然環境の劣化が「先土器新石器時代B」の町が見棄てられるようになった主要な要因だったと思われるとはいえ、それが気候の変化、開墾による森林伐採、燃料を得るための森林伐採、漆喰の生産のための森林伐採のいずれに起因していたのかということになると、それは、今なお明らかにされていない。きわめて重要な論点といくつかの可能性は、Rollefson & Köhler-Rollefson (1989, 1993)、Rollefson (1993)、Simmons (2000) によって論じられている。

(23) Rollefson & Köhler-Rollefson (1993) は、農耕と放牧が組み合わされた結果として引き起こされた自然環境の劣化のせいで、生活の基盤が農耕と放牧という二つの部門に切り離された形で再建され、後者が移動性の牧畜生活へと移行していったと論じている。Goring-Morris (1993) は、ネゲヴ沙漠とシナイ半島における牧畜経済の出現を考察している。

11 チャタル・ヒュユクの天国と地獄

(1) Bouqras の関する筆者の本文は、Matthews (2000) によって示されている要約と解釈に依拠している。彼は、紀元前六四〇〇-五九〇〇年に及んでいるその定住地のいくつもの放射性炭素年代に言及している。

(2) Nevari Çori に関する筆者の本文は、Hauptmann (1999) によって示されている要約に依拠している。彼は、その遺跡の堆積層 I/II の三つの放射性炭素年代に言及しているのだが、それは、九二一二±七六年(BP)(紀元前八五二六-八二九四暦年)、九二四三±五五年(BP)(紀元前八五四八-八三二四暦年)、九二六一±一八一年(BP)(紀元前八七三八-八二七二暦年)であり、墓穴二二七号のそれは、九八八二±二二四年(BP)(紀元前九九五六-八九一九暦年)である。Hauptmann の報告書は、Özdoğan & Başgelen (1999) によって編集された秀抜な一巻本に収録されており、この一巻本は、トルコの新石器時代全般に及んでいる。

(3) Çayönü, Hallan Çemi Tepsi, Nevali Çori における祭儀建築物の比較研究と、祭儀建築物に関する興味をそそられる見解については、Özdoğan & Özdoğan (1998) を参照。

（4）その低い小丘が最初に発掘されたのは、一九六二年のことであり、それを部分的に指揮していたのは、シカゴ大学のRobert Braidwoodだった。一九九一年までには、一七シーズンに及ぶ発掘が行われており、それに関わっていたのは、シカゴ大学に加えて、イスタンブール大学、カールスルーエ大学、ローマ大学の考古学者たちだった。一九八五年には、Çayönüの発掘作業は、イスタンブール大学のÖzdoğanによる総指揮の下に行われるようになり、彼は、すべての発見を総合することによってその定住地の歴史を明らかにする膨大な作業に着手した。発掘の変遷と定住地の発達の要約は、Özdoğan (1999) によって記述されている。Braidwoodは、有史前の考古学の先駆者の一人であり、考古学者、植物学者、動物学者、地質学者を糾合した発掘チームを編成した最初の人物の一人だった。彼は、四五章において言及しているように、Çayönüばかりか、Jarmoを含む数多くの遺跡を発掘している。Robert Braidwoodは、二〇〇三年一月一五日に九五歳でこの世を去ったのだが、常に彼に連れ添っていた妻は、その一八時間後に六六歳の生涯を終えた。

（5）中央アナトリアの黒曜石の膨大な採掘場は、Balkan-Atli et al. (1999) によって記述されている。

（6）Aşikli Höyükは、Esin & Harmankaya (1999) によって記述されている。これは、かなりな規模の丘状遺跡（テル）であり、その最上層に集中的な発掘が行われたことによって、高度に整然と配列された泥煉瓦造りの長方形の住居群が路地によって分割されていたことが明らかにされている。

（7）Çatalhöyükは、一九六〇年代にJames Mellaartによって発掘されており、下記の本文の多くは、その遺跡に関する彼の概説書（Mellaart, 1967）に依拠している。新たな発掘は、Hodderによって現代的で科学的な幅広い技法を用いた、彼が「内省的な」表現している方法論（Hodder, 1997）によって着手された。この新たな発掘は、きわめて有益なウェブサイト（catal.archaeology.cam.ac.uk/catal/）と、論文を収録した二巻本をもたらし、そのうちの一巻は、地表考古学に関するものであり（Hodder, 1996）、もう一巻は、方法論的な論点に的を絞ったものだった（Hodder, 2000）。Hodder (1999a) は、その遺跡の象徴的な意味を解釈しようとする新たなアプローチの有益かつ簡潔な要約である。筆者がラボック君にÇatalhöyükを訪れさせているシナリオは、二〇〇〇年の八月にHodderがイーストアングリア大学で行った講演から影響を受けている。Cessford (2001) は、Çatalhöyükの最初期の時代区分について、加速器質量分析法にもとづく新たな一連の放射性炭素年代を示しており、一九六〇年代に測定されていたその定住地の後期の年代を査定している。すでに知られていた住居の下には一連の貝塚が埋め込まれており、ヒツジとヤギの飼育小屋が突きとめられ、加速器質量分析法にもとづく一四の放射性炭素年代が測定されたのだが、それらは、八一五五±五〇年（ＢＰ）（紀元前七三〇〇－七〇七〇暦年）から七九三五±五〇年（ＢＰ）（紀元前七〇三〇－六九六〇暦年）に及んでいる。Cessfordは、Mellaartがいくつかの建築年代に分割していた後期の居住年代を評定し、それが八〇九二±九八年（BP）（紀元前七三一〇－六八二〇暦年）と七五二一±七七年（BP）（紀元前六四四〇－六二五〇暦年）の間に位置していると提唱している。

（8）この部屋の筆者の描写は、（Hodder, 1999b）によって示されているÇatalhöyükの住居の復元にもとづいている。

（9）この小立像は、Mellaart（1967, p. 184）によって女神として記述されている。それは、穀類の貯蔵容器の中、つまり、MellaartによってÇatalhöyükの祠堂として記述されている場所から発見されており、その遺跡に由来している膨大な数の小立像のうちのほんの一つにすぎない。彼は、Çatalhöyükの人々の神話的な世界の中心に位置していたのは地母神だったと考えていた。この地母神は、「日々の暮らしの唯一の源であり、（中略）農耕の手順、家畜化された動物の馴致と飼育、増殖、富裕、豊穣といった観念と深く関わっていた」（Mellaart, 1967, p. 202）。その後、彼は、その神格を、「すべての生命の源にして支配者、造物主、大母神、生命そのものの象徴」と表現している（Mellaart, et al., 1989, p. 23）。こうした表現は、Voigt（2000）にも引用されており、彼女は、その象徴的な意味に関するHodderによる解釈（1990）と彼女自身の解釈を記述しているのだが、そのいずれの解釈においても地母神という概念は用いられていない。

（10）Çatalhöyükでは、Mellaart（1967）によって記述されているように、おびただ数の注目に値する絵画や彫刻が発見されており、下記の本文に言及されているのはそのうちのほんの小さな断片にすぎない。

（11）Hodderは、一九七〇年代の後半と一九八〇年代においてポストプロセス考古学として知られるようになった学派の主要な提唱者であり、考古学に関する理論一般の発達と新石器時代に関する私たちの理解にきわめて大きな影響力を及ぼしてきた。彼のきわめて重要な著作には、Hodder（1985, 1990, 1991, 1999c）が含まれている。二〇〇〇年以降、Hodderは、スタンフォード大学をその活動の拠点としている。

（12）顕微鏡を使った層位学に関する研究のいくつかの側面は、Matthews et al. (1996, 1997) によって論じられている。

（13）Özdoğan & Özdoğan（1998）は、祭儀建築物が住居とは明確に区別されているÇayönü, Hallan Çemi Tepsi, Nevali Çoriのようなトルコの東部の新石器時代の定住地と、儀礼的行事と日々の暮らしの営みが同じ空間の中で完全に一体化しているÇatalhöyükのようなトルコの中央部の定住地の間の実に興味深い一つの対比を指摘している。

（14）Asouti & Fairbairn (2001) は、Çatalhöyükと中央アナトリアのそのほかの遺跡から出土している植物の残留物を要約し、それに解釈を施している一方、Martin et al. (2001) は、動物の骨について同様の試みを行っている。

（15）これは、一九九九年に「カリフォルニア考古学協会」によって行われたインタビューであり、www.scanet.org/

hodder.html.で読むことができる。Hodderは、Çatalhöyükにおける自らのプロジェクトを二五年にわたって持ち堪えるつもりだと簡潔に述べている。

12　キプロス島における三日

（1）キプロス島の考古学上の遺跡の名称は、正式には遺跡が発見された場所が接頭辞としてつけ加えられている。したがって、Aetokremnosの洞窟は、Akrotiri- Aetokremnosと表記される。いくつかの遺跡の名称はすでに多音節であることから、筆者は、本文ではこうした形式偏重の手数を省いている。完全な名称を知りたい方々のために、そのほかの遺跡についてもそれに触れておけば、そのそれぞれは、Kissonerga-Mylouthkia, Parekklisha-Shillourokambos, Kalvasos-Tentaと表記される。筆者が知るかぎりでは、Khirokitiaは、一般的には、地名を示す接頭辞がその前に置かれていない。

（2）Akrotiri- Aetokremnosの洞窟とそれがSimmonsによって発掘された経緯に関する十分な記述は、Simmons (1999)に示されている。筆者は、その研究と解釈について論じ、それに対する筆者の批判的な論評に建設的に応答してくれたAlan Simmonsに深く感謝している。また、この章は、Sue Colledgeとの討論から利益を得ており、その点についてては、彼女にも感謝しなければならない。

（3）その洞窟から回収された様々な遺物から三一の放射性炭素年代が得られており、それらは、一二一五〇±五〇〇年（BP）（紀元前一三三五六－一一五七九暦年）から三七〇〇±六〇年（BP）（紀元前二一九六－一九八〇暦年）に及んでいる。骨に由来する三つの年代は、信頼できないと考えられており、残された二八の較正された年代の平均値は、紀元前九七〇三年である（Simmons, 1999）。平均的な年代として紀元前一〇五〇〇年も、また、しばしば引用されているのだが、それは骨の年代も含んでいると筆者は想定している。その放射性炭素年代は、Manning (1991)によって批判的に査定されている。

（4）実に残念なことに、キプロス島の古代の生態環境ついてはごくわずかの研究しかなされていない。筆者の本文は、Simmons (1999)によって記述されている情報に依拠している。紀元前一〇〇〇〇年におけるその地に固有の植物相はまったく明らかにされていない。キプロス島の初期の植物相については、野生のオオムギが前期新石器時代の遺跡から回収されているとはいえ、野生のコムギがそれに含まれていたことを示している証拠物件はない（Coledge, pers.comm.）。

（5）カバとゾウがいつキプロス島にたどり着いたのか、また、その矮小体が姿をあらわしたのがいつなのかに関する痕跡はきわめてかぎられている。これらの論点に関するさらなる論考は、Sondaar (1977, 1986)によってなされている。

（6）私たちは、その薪の種類に関する証拠物件をまったく手にしておらず、私たちが知っているのは、それが燃料として使用されたといった程度のことにすぎない。流木は、遺跡の年代順配列に問題を引き起こす。それは、それが燃やされる前にすでにかなりの年代を経過していた可能性があるからである。これは、Aetokremnosの年代が三〇〇年の幅をもっていることを説明する手助けになるかもしれない。

(7) この論争の特色と、疑わしい論点を巡る討論については、Journal of Mediterranean Archaeology 九号に掲載されたBunimovitz & Barkai (1996), Strasser (1996), Simmons (1996), Reese (1996) による研究論文の応酬を参照。Vigne (1996) は、コルシカ島に由来する証拠物件を省察することによって貴重な貢献を達成している。

(8) キプロス島の動物相は豊かであり、多種多様な鳥類が棲息していたのだが、これらの多くは、おそらく自然のプロセスだけによってこの島に棲息するようになったのだろう。その数がもっとも多かったのはノガンであり、ノガンは狩人たちにとってもっとも重要な標的だったと思われる。群居性のノガンは捕獲が容易であり、人類という捕食者にそれ以前にはまったく馴染みがなかったからである (Simmons, 1999)。

(9) Simmonsは、Olsen (1999) の報告書に示されている個々の批判を、彼が一九九九年に編んだ一巻本に脚註として収録しているのだが、これは、学問に対する彼の信念を物語っている。

(10) コビトカバの骨は、放射性炭素年代の測定にとってきわめて重要な化合物であるコラーゲンをまったく含んでいなかった。それゆえ、測定は骨の燐酸カルシウムについて行われたのだが、これは一般的には信頼性がないと考えられている。骨は、それよりもはるかに「若い」薪に由来している木炭によって汚染されていたと思われる。

(11) 実に残念なことに、私たちは、キプロス島で矮小化したゾウとカバが絶滅したのはいつなのかについてごくわずかの知識しか持ち合わせていない。それゆえ、この筆者の文章は、純然たる憶測にもとづいている。キプロス島の洞窟からかなりな量のカバとゾウの骨がすでに回収されており、それに年代測定のプログラムを用いれば、この問題と取り組むことはけっして不可能ではない。完新世におけるこの島の動物相の絶滅に人類が演じていた役割の可能性については、Sondaar (1987) によって詳細に論じられている。

(12) Mylouthkiaの井戸については、Peltenburg et al. (2000) によって、Peltenburg et al. (2001) によってさらに詳細に記述されており、この章のこれ以降の情報は、それに依拠している。Mylouthkiaの「先土器新石器時代」の年代は、九三一五±六〇年(BP)、九二三五±七〇年(BP)(紀元前八五四五-八二九八暦年)、九一一〇±七〇年(BP)(八四四六-八二四二暦年)と測定されている。筆者は、二〇〇一年九月にキプロス島に滞在していたとき、井戸について論じ合い、その解釈を聞かせてもらったことについてPaul CroftとEddie Peltenburgに深く感謝している。

(13) Paul Croft (pers. Comm.) は、井戸が掘られたのは、人々

が天然の港をもっている湾の近くに居を構えたかったからだと提唱している。この島は真水の流水が豊かであり、井戸を掘らなければならない必要はまったくなかった。

(14) これは純然たる憶測である。私たちは、有史前の地中海沿岸地帯のこの時代の小舟の構造について、いかなる証拠物件をも手にしていない。

(15) Shillourokambosの発掘については、Guilaine et al. (1998) によって記述され、Peltenburg et al. (2001) によって要約されている。重要な意味をもっている放射性炭素年代は、九三一〇±八〇年(BP)(紀元前八七一七-八三四〇暦年)、九二〇五±七五年(BP)(紀元前八五二四-八二九三暦年)、九一一〇±九〇年(BP)(紀元前八四五一-八二三九暦年)である。

(16) Tentaの発掘は、Todd (1987) によって記述されており、Todd (1998) は、この遺跡の学問的にも有益な手引き書である。円丘の頂上の建築物からToddが得た一つの放射性炭素年代は、それが紀元前八三〇〇年頃(九二四〇±一三〇年(BP)(紀元前八六〇五-八二九二暦年)に建てられたことを示していた。これは、そのほかのすべての年代よりも少なくとも一〇〇〇年ばかり遡っており、したがって、彼は、信頼に値しないとしてそれを無視していた。しかしながら、MylouthkiaとShillourokambosが発見されたことによって、今ではその初期の年代は、まったく妥当であるとみなされている。

(17) これらの類似性は、Peltenburg et al. (2001) によって詳細に論じられており、その中にはJerf Ahmar の構築物の図解が示されている。

(18) そのテントは、その遺跡のTentaという名称を考慮してデザインされている。その地の伝説によれば、コンスタンティヌス大帝の母親であるセントヘレナが、磔刑の十字架とともに紀元後三二七年にエルサレムからキプロス島に戻ってきたとき、Tentaから北西二〇キロばかりの地点にスタヴロヴォウニ修道院を建てる前に、その遺跡の近くにテントを張ったと伝えられているからである(Todd, 1998)。

(19) Khirokitiaの発掘については、Le Brun (1994) と、その遺跡に関する学問的にも有益な手引き書であるLe Brun (1997) を参照。

13 北方地帯の開拓者たち

(1) Gough's Caveは、サマセット州のメンディップ丘陵の西端の石灰岩に深く切れ込んでいる乾燥した峡谷地帯を形成しているチェダー峡谷の地下に穿たれている空間の一部をなしている。Jacobiによる発掘は、Currant et al. (1989) によって記述されている。人骨と人工遺物の放射性炭素年代は、一二三〇〇±一六〇年(BP)(紀元前一三一七八-一二一三二暦年)から一二八〇〇±一七〇年(BP)(紀元前一三七九七-一二四四四暦年)に及んでいる。チェダー峡谷のGough's Caveとそのほかの洞窟は、ダービーシア州のクレズウェルの岩山とともに、グレートブリテン島の晩氷期の居住地としてもっとも重要な地域であり、その名称が、チェダー型尖頭器やクレズウェル型尖頭器としてその地の特徴的な人工遺物に与えられている。Jacobi (1991) は、グレートブリテン島の晩氷期に関する全体像を与えてくれる。

(2) Cook (1991)。これらの人骨は、その洞窟から最初に出土していた人骨ではなかった。初期の発掘によって人骨の試料が発見されていたのだが、その表面は、発掘作業に携わった人々が使っていた器具によって損壊されてしまい、防腐剤によって被われていた。今日では想像すらできないそうした処置は、いかなる詳細な研究をも不可能にしてしまった。Cookは、人体の解体が死の直後に行われたことを明らかにすることができた。

(3) Parkin et al. (1986) は、Gough's Caveから回収された動物の骨の分析を行っており、その大多数は、ウマとアカシカによって占められていた。腱と靭帯が取り除かれていたことを示している証拠物件ばかりか、切り傷の痕跡は、皮が剥がれて四肢が切断され、肉が切り分けられたことを示していた。肉食動物が洞窟の後部を使っており、そこに堆積していた骨には数多くの噛み跡が残されていたのだが、それらの骨は、たぶん人々が居住していた入り口の近辺から引き込まれたのだろう。アカシカの顎骨は、その洞窟が冬期に使われていたことを示していた。

(4) フランスの南西部の最終氷期最盛期に由来しており、トナカイがその圧倒的多数を占めている一括遺物は、Delpetch (1983) とBahn (1984) によって記述されている。それらの多くは、ピレネー山脈のGourdonから出土している骨と同じように、粉々に粉砕されていた。

(5) Rubbockの原文 (1865, pp. 243-6) には、彼が一八六三年にそれらの洞窟を調査したとき、実際にLartetとChristyをともなっていたか否かについて、すこしばかり紛らわしい点がある。Rubbockは、彼自身がドルドーニュを訪れたことを、洞窟における発見に関する文脈の中で述べ、それらの場所を訪れたことを記述する文中に「我々」という言葉を遣っている。

(6) Marshack (1972) は、Montgaudierで発見された、その表面に彫刻が施されている骨について記述している。その魚は、下顎の突起から産卵時の雄のサケであることが同定されている。アザラシは、春になると入り江や海岸に蝟集していっせいに川を遡るサケを追ってきたのかもしれない。一匹のウナギは明らかに雄であり、ウナギは、春になると、冬ごもりを終えて姿をあらわす。Marshackが述べているように、そのほかのいくつかの芸術作品は、それぞれの季節に固有の形象を描いている。Mithen (1990) は、これらの形象が後期旧石器時代においてどのようにして意思決定に用いられたかを推測している。

(7) いずれもRubbock (1865, p. 255) から引用。

(8) Atkinson et al. (1987) は、甲虫の残骸に由来している、

過去二二〇〇〇年のグレートブリテン島のそれぞれの季節の気温の復元について記述している。
（9）Cordy (1991)
（10）Chaleuxの洞窟は、ベルギーのナミュール州で発見され、一九六〇年代にEdouard Dupontによって発掘された。Charles (1993) は、彼が回収した動物相を再評価している一方、Cordy (1991) は、小型の哺乳動物について記述している。
（11）Lubbock (1865, p. 295)
（12）花粉の分析によって植生の歴史を復元する試みは、二〇世紀の初頭までは発達しなかった。だが、そうした状況を変えたのは、Von PostとGodwinによって一九三〇年代になされた著名な研究だった。Lubbockは、一八六五年の時点において、植物がその種に固有の花粉を作り出すことを明確に理解していたと筆者は確信している。
（13）Lubbock (1865, p. 316)
（14）オックスフォード大学の地質学の教授であり、後年、準男爵に列せられたSir Joseph Prestwich。
（15）Lubbock (1865, p. 295)
（16）英国のクレズウェルの岩山から出土したノウサギの骨には切り傷の痕跡が残されているとはいえ、私たちは、それらのノウサギがどのようにして捕らえられたかを知っているわけではない。筆者の少しばかりのシナリオは、Birket-Smith (1959) とGraburn (1969) が簡潔に記述している、イヌイット族によるワナ猟に依拠している。
（17）ドッガーランドの自然環境の復元、その成り行きの歴史、それが北海に水没した経緯についてはColes (1998) を参照。
（18）Cambell (1977)
（19）Charles & Jacobi (1994)
（20）Robin Hoodの洞窟の放射性炭素年代は、四二九〇〇±二四〇〇年（BP）から二〇二〇±八〇年（BP）にまで及んでいる。ノウサギの骨に由来する五つの年代は、一二二九〇±一二〇年（BP）（紀元前一三一三八‐一二一三九暦年）と一二六〇〇±一七〇年（BP）（紀元前一三五四六‐一二三六〇暦年）の間に集中しており、ほとんど区別がつかない(Charles & Jacobi, 1994)。
（21）この難題は、ベルギーのナミュール州の州都近くのTrou de Blaireauxとして知られている小さな洞窟を人々が最初に使っていたのがいつなのかを明らかにしようとする試み(Housley et al., 1997) によって手際よく示されている。この洞窟の下層から出土している石の人工遺物はごくかぎられているのだが、それらは、同じ層に由来している動物の骨の放射性炭素年代から判断して、かつては今から一六〇〇〇年前まで遡ると考えられていた。けれども、測定に用いられたその骨は、トナカイの雌と若い個体の枝角に由来しており、それらの動物は、オオカミが幼獣に与えるためにその洞窟の中に運び込んだものだった。たぶんその洞窟は、かつてはオオカミの巣穴として使われており、人類がそこに住むようになったのはその後にすぎず、その生活廃棄物が、オオカミが残した動物の残骸と混じり合ったということだったのだろう。それを引き起こしたのは、おそらくは、その洞窟に近年に穴を掘ったアナグマであり、その洞窟は、最終的には、「アナグマの巣穴」と呼ばれるようになった。

(22) Rubbock (1865, pp. 244-7)。彼が切り傷だと判断した痕跡が実際に石器に由来していた否かは明らかではない。私たちは、今では走査型電子顕微鏡で確認しないかぎり、骨の表面にはフリントの小刀の痕跡とほとんど同じように見える数多くの溝が自然の力のよって作り出されることがあることを知っているからである。

(23) Rubbock (1865, p. 183)

(24) Rubbock (1865, p. 260)

(25) Rubbock (1865, pp. 184-5)

(26) 放射性炭素年代の測定に用いられている加速器質量分析法は、試料に含まれている炭素原子の同位体14が、同位体13と12に占めている比率を計測する。それは、ほぼ〇・五グラムの骨から得られる一ミリグラムの炭素しか必要としていない。この技法を用いることによって、切り傷の痕跡を残している骨のほんの一欠片ばかりか、彫刻を施された遺物や洞窟絵画から得られた試料の年代を個々に測定することができる。Grove (1992) は、加速器質量分析法による年代測定が従来の技法に勝っている利点を説明している。

(27) Housley et al. (1997)。Charles (1996) も、また、切り傷の痕跡が残されている骨に加速器質量分析法による年代計測を用いることによって人々の北方地帯への再進出に関する研究に重要な貢献を達成している。

(28) ある場合には、道具に削り出されている骨や枝角といった理想的な試料ですらその年代が計測できないことも現実にはありえた (Housley et al., 1997)。加速器質量分析法が利用できるようになるはるか以前に防腐剤を塗布した骨は、その化学的な組成が変化してしまい、その結果として、その放射性炭素年代が疑問視されることもあった。だが、人によって手を加えられていたそれ以外の数多くの試料は使用することができた。

14　トナカイの狩人たちとともに

(1) アーレンスブルクの峡谷平野と筆者が再構築したシナリオに関する下記の本文は、Rokelmann (1991) とBratlund (1991) に依拠している。晩氷期の北ヨーロッパの狩猟の戦法に関するさらに詳細な情報については、Bratlund (1996) を参照。

(2) トナカイは、紀元前二五〇〇〇年頃まで遡る時代にはヨーロッパのネアンデルタール人によって狩られていたきわめて重要な動物だった。けれども、紀元前一三〇〇〇年よりさほど前ではない時代に解剖学的には新人と呼ばれるホモ・サピエンスが登場した頃には、トナカイの狩りの度合いは、それより以前の時代の大量殺戮によって著しく低くなっていた。中期旧石器時代と後期旧石器時代の間のトナカイ狩りの対比と、後期旧石器時代の経済におけるトナカイの役割は、今なお論争の主題とされている（たとえば、Chase, 1989、Mellars, 1989、Mithen, 1990、七章を参照）。

（3）Lubbock (1865, pp. 243-5) は、Lartetが提唱していた、もっとも優位を占めていた動物の種にもとづく時代区分の概略を述べ、これらの四つの種が年代的に重なり合っていたと考えていた。

（4）Audouze (1987) は、パリ盆地の晩氷期の居住地を概説している。Verberieの年代は、一〇六四〇±一八〇年（BP）（紀元前一〇九七四－一〇三九〇暦年）であるとはいえ、その狩猟具の技術と動物相は、人々の居住に起因する堆積物の大部分が今からほぼ一二〇〇〇年前まで遡ると思われることを示している。

（5）筆者がトナカイの解体を描いているシナリオは、ヌナミウト・エスキモーによって用いられている手法に関するBinford (1978) の研究に依拠している。Audouze & Enloe (1991) は、それがVerberieにおける作業の格好のモデルだと思われると論じている。

（6）Pinceventのさらに詳細な描写については、Leroi-Gourhan & Brézillon (1972) を参照。Enroi et al. (1994) は、Pinceventの骨の断片の散乱の状態からなにが読み取れるかを自己の解釈にもとづいて記述している。Housley et al. (1997) は、加速器質量分析法にもとづく六つの放射性炭素年代を示しており、それは、一一八七〇±一三〇年（BP）（紀元前一二二四一－一一五八二暦年）から一二六〇〇±二〇〇年（BP）（紀元前一三五五六－一二三五四暦年）に及んでいる。

（7）Enloe et al. (1994), Audouze & Enloe (1991)

（8）以下の本文に描かれているEtiollesにおける石器を造り出す技術に関するさらに詳細な記述については、Pigeot (1987) を参照。Housley et al. (1997) は、加速器質量分析にもとづく五つの放射性炭素年代を示しており、そのうちの四つは、一二八〇〇±二二〇年（BP）（紀元前一三八一一－一二四三五暦年）と一三〇〇〇±三〇〇年（BP）の間であり、残りの一つは、それらとはかなり懸け離れた数値一一九〇〇±二五〇年（BP）（紀元前一二三一八－一一五二四暦年）を示している。

（9）この特殊な技術のために、剥片を打ち欠く人々は、まず石の塊を左右相称に、なおかつ、幅よりも厚みを短く成形し、上部の表面を平らにして石の塊に一撃を加える台座を作る。こうして用意した石核は、石の塊の長さとまったく同じ頂部をもっていなければならない。これは、最初の一撃を台座に加えたとき石に入る割れ目を左右する。長くて薄い剥片は、頂部の完全な先端部分をくっつけたまま剥がれ落ち、長さ六〇センチばかりの刃を生みだすこともある。それは、石核の上に二つの平行な隆起をもった「疵」を残し、それが石鎚による二番目、三番目の打撃の導きの糸となる。こうした手順によって、一つのフリントの石核から二〇個から三〇個ばかりの石刃が造り出され、そのそれぞれは、その作業が進むにつれて、しだいに小さくなっていく。Etiollesで剥片を削りだしていた人々は、大量の、また、高品質のフリントの塊を手に入れることができたことから、その有り難さをまったく理解していなかった。彼らは、まだ一五センチばかりの刃を削り出すことができるフリントの塊を石核の残滓として破棄している。だが、こうした石核は、氷河時代のそのほかのほとんどの居住地では高く評価されていたことだろう（Pigeot, 1987）。

（10）Pigeot (1990) は、炉床と職人たちの距離と職人たちの技量に関する自らの研究を簡潔に要約している。Fischer (1990) も、デンマークの晩氷期の遺跡Trollesgraveに由来している石核について同じような研究を行っている。

（11）以下の本文は、もっぱらStraus & Otte (1998) が示している資料に依拠している。

（12）Bois Laiterieに関する詳細な研究は、Otte & Straus (1997) によって記述されている。

（13）これは、婚姻を成立させるための網状組織に関わっている。Birdsell (1958) は、狩猟採集民たちの間の個体群の構成に関する独創性に富んだ研究論文を執筆している一方、Wobst (1974, 1976) は、大きな影響力をもった数学的なモデルを創り出している。五〇〇人という数値は、近親婚の危険を冒すことなく集落の個体群の安定を保つに足るだけの子供たちを生むことができるだけの女たちが存在していることを意味している。

（14）トナカイの個体数の変動が後期旧石器時代の狩猟採集民たちにもっていた意義は、Mithen (1990) によって論じられている。彼は、人類による狩りがその変動の規模を大きくした可能性があると提唱している。

（15）西ドイツの晩氷期の居住地に関する概観については、Weniger (1989) を参照。

（16）Bosinski & Fischer (1974) は、Gonnersdolfの発掘について記述している。Housley et al. (1997) は、加速器質量分析法にもとづく九つの放射性炭素年代を報告しており、それは、一二七九〇±一二〇年（BP）（紀元前一三七六〇-一二四五八暦年）から一〇五四〇±二一〇年（BP）（紀元前一〇九二七-一〇三四二暦年）に及んでいる。

（17）薬物が引き起こした陶酔の中でこれらの粘板岩の石板の上に線刻が施されていたことを示している証拠物件はまったく発見されていない。だが、Lewis-Williams & Dowson (1988) は、呪術、芸術、変性意識状態が有史前のヨーロッパにおいて相互に関連づけられていたとの考え方を提唱している。同じような関連性がそのほかのいくつかの芸術の伝統によって示されており、そのうちもっとも広く知られているのは、北アメリカの岩絵である（たとえば、Whitley, 1992を参照）。

（18）Gonnersdolfから出土したマンモスの輪郭の素描の記述については、Bosinski (1984) を参照。

（19）Rubbock (1865, p. 460)
（20）Rubbock (1865, p. 363)
（21）Rubbock (1865, p. 437)。これはフエゴ島人に関する記述である。
（22）Bosinski (1991) は、Gonnersdolfから出土した、女を象った彫像について記述している。
（23）ヨーロッパの新ドリアス期のトナカイ狩りの効率を増進させたアーレンスブルク風の投げ槍の尖頭器の技術革新と、ほぼ同じ時代のネゲヴ沙漠のガゼル狩りのために新たに考案されたハリーフ尖頭器の類似点をここで指摘する人がいるかもしれない。

15　スターカーにて

（1）Star Carrの発掘に関する報告書にClark（1954）がつけた序文を参照。
（2）これは、ことの真相を誇張する恐れがあることを承知の上での言葉である。というのも、ClarkによるStar Carrの発掘は、彼自身が中石器時代に関するそれ以前の研究においてすでに開拓した形式論にもとづいたアプローチというよりはむしろ、中石器時代（及び、先史学一般）に対する経済的な観点からのアプローチの発達にとって決定的なものだったからである（Clark, 1932）。
（3）Rubbock (1865, p. 2)
（4）Rubbock (1865, p. 2)
（5）Rubbock (1865, p. 2)
（6）Rubbock は、デンマークの学者Christian Thomsen (1788-1865) によってすでに提唱されていた石器 - 青銅器 - 鉄器という三つの時代区分に依拠していた。これがどのようにして発案され、考古学に関する思考にどれほど深い影響を与えたかについては、Trigger (1989) を参照。
（7）この本文の基調をなしている考え方は、Rubbock (1865, pp. 191-7) によって示されている。
（8）Clark (1932)
（9）Thomsen, Worsaae, Steenstrupに関するさらに詳しい情報と、コッケンモディンガー（貝塚）が一九世紀の研究についてもっていた意義については、Klindt-Jensen (1975) を参照。
（10）Clarkは、一九四九 - 五一年の三つのシーズンの野外調査によってStar Carrを発掘してその成果を独創性に富んだ小論によって公表し（Clark, 1954）、ほぼ二〇年後にその遺跡に関する解釈を出版した（Clark, 1972）。Mellars & Dark (1998) は、Clarkが発掘した人工遺物から加速器質量分析法にもとづく六つの放射性炭素年代を報告しており、それは、九六七〇±一〇〇年（BP）（紀元前九二四三 - 八八三六暦年）から九〇六〇±二二〇年（BP）（紀元前八五五二 - 七五九九暦年）に及んでいる。彼ら自身による発掘は、それ以前の居住の段階を明らかにしており、加速器質量分析法にもとづくその放射性炭素年代は、九七〇〇±一六〇年（BP）（紀元前九二八〇 - 八八〇二暦年）と九五〇〇±一二〇年（BP）

（紀元前九一三六－八六三一暦年）である。Dark (2000) は、Star Carr の正確な年代を求めるためにそれに微調整を加え、上記の年代は、実際よりも二〇〇年ばかり「若過ぎる」のかもしれないと示唆している。

（11）Star Carr については新しい解釈が絶えず生みだされており、その試料に対する新たなタイプの研究が行われているのだが、そのいずれもが、考古学に関する理論に対するアプローチの方法の変化と、新たな技術、とりわけ、科学によって生みだされた考古学に関する技術の出現を反映している。それは、また、グレートブリテン島には保存状態の良好な中石器時代の遺跡がきわめてかぎられていることと、Star Carr には、いずれかといえば、中石器時代に関する考古学の発達を阻害してきた不健康な強迫観念がまとわりついていることを反映しているのかもしれない。Clark 自身による研究（1972）以降に達成された重要な貢献は下記の通りである。Jacobi (1978) は、その遺跡が初夏に居住されていたのではないかと提唱し、Pitts (1979) は、Star Carr が枝角と獣皮の加工に特化していた遺跡だったとの考え方を提出し、Andersen et al. (1981) は、Star Carr の遺跡の構成の研究に取り組み、それぞれの季節に対応した多様な居住がなされていたと提唱し、Dumont (1988) は、打製石器の摩損の顕微鏡検査に着手した。最近のもっとも重要な研究は、Legge & Rowley-Conwy (1988) による動物相の探究と、Dark によってなされた古代の自然環境に関する研究 (Mellars & Dark, 1998 に収録) である。

（12）Legge & Rowley-Conwy (1988)

（13）Dark と Law によって達成された貢献 (Mellars & Dark, 1998 に収録）を参照。Petra Dark の研究は、きわめて重要な意味をもっているのだが、それは、それが過去の自然環境と、人類と植生の相互作用ばかりでなく、その湖の堆積物に含まれていた木炭の微細な粒子の密度の変化によって示されている、その居住地における人々の営みを私たちに教えてくれるからである。

（14）後期更新世と完新世の時代のヨーロッパの植生の歴史に関するさらに詳細な記述については、Huntley & Webb (1988) を参照。

（15）中石器時代のヨーロッパで用いられていた狩りの手法と中石器時代のそのほかの側面については、Mithen (1994) を参照。Bonsall (1989) と Vermeersch & Van Peer (1990) は、数々の重要な論文を収録している。Zvelebil (1986a) は、後期中石器時代と農耕への移行を論じている。

（16）細石器の機能は、中石器時代に関する研究において盛んに討議されてきた。考古学者たちは、それを、矢の尖頭器と「かえり」だと従来は決め込んでいたのだが、Clarke (1976) は、それらが植物を加工する器具、とりわけ、植物をすり下ろすおろし金の突起として台板に埋め込まれていたと提唱することによって旧来の考え方に挑戦した。細石器を植物の残留物と結びつける大胆な発想は、Mount Sandel (Woodman, 1985) と Staosnaig (Mithen et al., 2000) の遺跡に由来しており、摩損の痕跡は、様々な用途を物語っている（たとえば、Finlayson, 1990; Finlayson & Mithen, 1997を参照）。それにもかかわらず、細石器の大多数は、狩猟具として、おそらくは、Zvelebil (1986b) とMithen (1990) によって提唱されているような目的のために用いられていたと思われる。

（17）柄に埋め込まれていた細石器については、Clark (1975) を参照。Vigから出土した細石器は、Noe-Nygaard (1973) によって、Prejlerupのそれは、Aaris-Sørensen (1984) によって記述されている一方、Noe-Nygaaöd (1974) は、人類の狩りによって骨に損傷を蒙った動物との関連において中石器時代の狩猟を再考している。

（18）籠細工の最良の実例の一つは、スウェーデン南部のスコーネ地方のAgeröd V遺跡から出土しており、四八本の枝が今なおマツの根とともに編み合わされている（Larsson, 1983）。しかしながら、籠細工が魚を捕獲する道具だったのか、籠そのものだったのか、それとも、そのほかの機能をもっていたのかということになると、それを特定するのは困難である。

（19）デンマークのTybrind Vigからは漁網の断片、うき、おもりも回収されている。Andersen (1995) は、デンマークの後期中石器時代に由来している種々様々な漁具を概説している一方、Fischer (1995) の数々の論文は、沿岸と湖沼と河川の漁の数多くの特徴を論じている。Burov (1998) は、ヨーロッパの北東部の中石器時代の原材料としての植物素材の用途を精密に調査している。

（20）リンデンバウムを刳り抜いた丸木舟とトネリコを削り出した短い幅広の櫂がデンマークのTybrind Vigから発見されている（Andersen, 1985）。

（21）漁に使用された木製の工作物の好例は、デンマークのHalsskovの遺跡から回収されている。中石器時代の漁に用いられていたそのほかの木製の工作物については、Pedersen (1995) を参照。Burov (1998) は、カバノキの樹皮を編んだ袋について記述している。

（22）Larsson (1983) は、スウェーデン南部のスコーネ地方のAgerödの遺跡から回収されたこの折れた弓を復元し、そのほかの遺物とともに記述している。

（23）Clarke (1976) は、中石器時代のヨーロッパの可食植物の意義について思索を巡らせている一方、Zvelebil (1994) は、すでに発見されている証拠物件を包括的に要約している。

（24）Franchthiの洞窟から出土した植物の残留物は、Hansen & Renfew (1978) によって要約されている。

（25）Staosnaigの遺跡の発掘は、Mitehn et al. (2000) によって記述されている一方、その植物の残留物は、Mithen et al. (2001) によって要約されている。ハシバミの実を大量に含んでいた堆積物の加速器質量分析法にもとづく七つの放射性炭素年代は、七九三五±五五年（BP）（紀元前七〇二九-六六九七暦年）から七〇四〇±五五年（BP）（紀元前五九八五-五八四二暦年）に及んでいる。

16　洞窟絵画の最後の芸術家たち

（1）Bahn & Vertut (1997) によって引用されている、洞窟絵画の加速器質量分析法にもとづく放射性炭素年代のうちもっとも時代が下がっているのは、一一九五〇±一二〇年（BP）（紀元前一二三一七‐一一六七一暦年）にスペインのサンタンデールのLas Monedasの洞窟に描かれた黒いウマと、一一六〇〇±一五〇年（BP）（紀元前一一八六一‐一一四九一暦年）にフランスのアリエージュのLe Portelの洞窟に描かれたウマである。

（2）フランスの南西部の後期更新世における漁の規模は、論争の的の一つである。洞窟の発掘によって大量のトナカイの骨が発見されたにもかかわらず、魚類の骨はごくわずかしか回収なかったのだが、これは、二〇世紀の初期には回収の技法がかぎられていたことによって説明されるかもしれない。Jochim (1983) は、アメリカ大陸の北西海岸の狩猟採集民たちの複雑な集団との類比を用いることによって、洞窟絵画を制作していた人々の集団が主として魚類に依存していたのではあるまいかと思索を巡らせている。しかしながら、人類の骨の化学的な組成の検査にもとづく食生活の研究は、かなりな量の水産資源の利用を示している証拠物件が初めて発見されたのが今から一二〇〇〇年前以降、つまり、更新世がまさに終わりを告げようとしていた時代にすぎないことを明らかにしている（Hayden et al., 1987）。

（3）Pesh Merleの洞窟の斑点をもったウマの岩絵そのものの放射性炭素年代は、二四八四〇±三四〇年（BP）（Bahn & Vertut, 1997）であるとはいえ、その岩絵の前の床の上の木炭のそれは、一一三八〇±三九〇年（BP）（紀元前一一八七三‐一一〇二四暦年）、別の岩絵の前方に由来しているそれは、一一二〇〇±八〇〇年（BP）（紀元前一二一八五‐九八二〇暦年）(Lorblanchet, 1984) である。これらの年代の違いには様々な説明が可能なのだが、そのうちの一つは、岩絵が描かれてから膨大な年月が過ぎ去った後で誰かがその洞窟を訪れたというシナリオである。

（4）Bahn (1984. pp. 250-60) は、Mass d'Azilの洞窟の発掘とその複雑な層位を簡潔に要約している一方、その数多くの芸術作品は、Bahn & Vertut (1997) によって図解されている。

（5）Bahn & Vertut (1997) は、穴が穿たれていた赤い赭土の平らな堅い層と、その赭土と関わりをもっていたと思われる、骨の先端を鋭く削り出した針がどのようにして洞窟の中で発見されたのか、また、それが発掘者たちによって入れ墨の証拠物件として解釈されたのはなぜなのかについて記述している。

（6）Bahn (1984) は、ピレネー山脈の遺跡Mas d'AzilとIsturitzを、それらの芸術作品と人工遺物の量の多さと質の高さのゆえに、「超絶的な遺跡」と呼んでいる。

（7）更新世がまさに終わりを告げようとしていたとき、平たくて小さな、しばしば穴が穿たれていた銛がマドレーヌ文化期のもっと長くて円筒形の銛に取って代わって製作されていた。これらの銛は、年代学と利用できる試料という観点からすれば、まったく時代後れだったとはいえ、Thompson (1954) は、これらの新しい「アジール文化期の」銛について記述し、その形式論とそれらがどのようにして用いられていたかについて思索を展開している。

（8）Couraud (1985) は、アジール文化期の小石に関する詳細な研究を行っており、その重要な成果は、Bahn & Couraud (1984) によって要約されている。

（9）Straus (1986) は、後期更新世のスペインのカンタブリア山脈の居住の形態について記述し、それには居住を目的とした主だった野営地と、沿岸と高地で行われる特定の作業に固有の野営地が含まれていたと提唱している。

（10）筆者は、アルタミラの洞窟にはアジールの文化ホライズンはなかった理解しているのだが、最初の発掘の報告書に照らし合わせてそれを確認する機会にこれまで恵まれてこなかった。Beltrán (1999) は、実にすばらしい絵画の写真が収録されているその洞窟に関する自らの最近の研究において、アジール文化期の資料についてまったく言及しておらず、Straus (1992) も、アジール文化期の人々とアジール文化期の放射性炭素年代のリストに関する著作においてアルタミラの洞窟にはまったく言及していない。

（11）La Riera の発掘は、スペインのカンタブリア山脈における一九世紀の調査を包括的に論評している Straus & Clark (1986) によってこと細かに記述されている。Ricardo Duque de Estrada は、一九一四年に La Llera の岩窟住居を、一九一五年には Cueto de la Mina の小さな洞窟を発掘し、後者が後期更新世から前期完新世に至る長期にわたって継続的に居住されていたことを明らかにしている。

（12）La Riera の堆積層は二九層にまで達しており、その多くがいくつかの文化ホライズンに区分けされている。その放射性炭素年代は、二〇八六〇±四一〇年（BP）（堆積層1）から六五〇〇±二〇〇年（BP）（紀元前五六三八 - 五二六〇暦年）（堆積層29＝表層）(Straus & Clark, 1986) に及んでいる。

（13）考古学者たちは、有史前の時代の実際の、あるいは、相対的な人口の水準を推定しようとしたり、食生活の変化が自然環境の劣化によって引き起こされていたのか、それとも人口の増大に起因していたのかを推定しようとするとき、きわめて困難な状況と直面する。Straus & Clark (1986, pp.353-66) は、氷河時代の La Riera における生活の変化を考察し、増大していた人口が狩猟への依存度の増大と食料源の多様化に決定的な役割を果たしていたと結論づけている。この問題に関する簡潔な記述は、Straus et al. (1980) によってなされている。

（14）Straus (1992) は、洞窟壁画のうち「屋舎図形」として知られている四角形の略図（一般的には住居を示していると解釈されている）がその種の天然の障害柵の描写ではあるまいかと提唱している。
(15) 更新世から完新世への移行期におけるスペイン北部の自然環境と社会の変化の全体像については、Straus (1992) を参照。
(16) アルタミラの洞窟絵画の顔料について最近測定された加速器質量分析法にもとづく放射性炭素年代は、それぞれの絵画が長い時間を費やして漸進的に描かれていったことを明らかにしている。Bahn & Vertut (1997) は、一六四八〇±二一〇年(BP)から一三五七〇±一九〇年(BP)に及んでいる七つの年代に言及している。
(17) 後期旧石器時代の芸術については、Bahn & Vertut (1997) を参照。
(18) これは、Pfeiffer (1982), Jochim (1983), Rice & Patterson (1985), Mithen (1988, 1989, 1991) のような考古学者たちによっていくつかの異なった表現形式によって表明されている、旧石器時代の芸術に「適応」の観点を援用することによって生まれた解釈である。
(19) 情報としての旧石器時代の芸術は、芸術を社会との脈絡の中で捉えているGamble (1991) の研究や、適応にもとづく観点を明確に採用している人々による研究(たとえば、Jochim, 1989やMithen, 1991)の基調をなしている。
(20) これは、芸術と、狩猟採集民たちが獲物や自然環境一般に関する情報を獲得する方法の間には数多くの明確な関連があると主張しているMithen (1988) によって提起されている主題である。
(21) 改めて断るまでもなく、私たちは、旧石器時代の狩猟採集民たちによって語り継がれていた物語を知ることはできない。だが、それらの物語が生き残っていくための情報を含んでいたという主張は、Minc (1986) によって解釈されているイヌイット族の物語との類比にもとづいている。

17 沿岸地帯の大変動

(1) Christensen et al. (1997) は、北ヨーロッパの海面の上昇について、バルト海の西側で四・〇メートル/一〇〇年からドイツの北海の海岸線で二・三メートル/一〇〇年に至る様々な推定値を報告している。
(2) Dawson (1992) は、前期完新世の海面の変化の複雑な形態を要約している。彼は、最大の大災害を引き起こした洪水がローレンタイド氷床の崩壊によって今から八〇〇〇年前に発生し、それが世界中の海面をほぼ同時に〇・二メートルから〇・四メートル上昇させたと解釈している。
(3) Coles (1998) は、ドッガーランドの晩氷期と前期完新世の景観の復元を試みている。
(4) Coles (1998, p. 47) は、Clark (1936) が中石器時代のヨーロッパに関する演繹的推論を働かせることによって「水没してしまった土地が前期中石器時代の文化の中心地だった」という直観的な理解を得た経緯を記述している。
(5) 「かえり」をもったこの枝角の尖頭器の発見の重要性は、

Clark のStarr Carr に関する小論文の序文（Clark, 1954）に示されている。その一方、彼は、Clark (1972) において、それが中石器時代の研究の発達にもっていた意義を強調している。オワーの浅瀬から出土した尖頭器を含む中石器時代の尖頭器の初期の発見については、Godwin & Godwin (1933) を参照。

（6）この尖頭器の年代は、一一七四〇±一五〇年（ＢＰ）（紀元前一二〇七七 - 一一五二七暦年）(Housley, 1991) と測定された。Coles (1998) は、それが猟獣や毛皮や、特定の季節に大きな群を作って飛来していた水鳥を求めてしばしば北方へと進出していた、南方で集落を形成していた狩猟採集民たちに由来していたのかもしれないと提唱している。

（7）Fischer (1997) は、森林地帯の水没に関する詳細なシナリオを、デンマークのスドーレベルト（「大ベルト海峡」のデンマーク語名）の海底に今も残されている根株という証拠物件にもとづいて記述している。

（8）Van Abdel & Lionos (1984) は、Franchthi の洞窟の立地条件の変化を、海底の水深を曲線で表示し、それをすでに知られている海面の変動と関連づけることによって海岸との関係において復元している。

（9）Franchthi の洞窟の発掘は、Jacobsen & Farrand (1987) によって記述されている。

（10）Wordsworth (1985)

（11）Dawson et al. (1990)

（12）下記の本文は、Ryan et al. (1997) によって示されている資料にもとづいている。大災害を引き起こした洪水を証拠物件によって詳細に記録している海洋地質学者 Bill Ryan と Walt Pitman は、それを旧約聖書に物語られているノアの方舟と結びつけようと試みている (Mestel, 1997)。

（13）Lubbock (1865, p. 177)

（14）Sir Charles Lyell (1797-1875) は、三巻本の著作 Principles of Geology を一八三〇 - 三年にかけて出版した。この著作は、斉一観、つまり、過去の地質的な変化は、現在において観察することができるそれと同じプロセスを経て、また、同じ頻度において起こったとする概念を提唱していた。緩やかで継続的な変化という考え方を提起していたこの著作は、Charles Darwin と、自然淘汰にもとづく進化という彼の概念の深化に深甚な影響を与えた。それは、人類の人工遺物と絶滅した動物の骨を含んでいる堆積物の堆積には膨大な歳月を要することを含意していたことから、人類の古代に対する探究の可能性をも開いたのである。

（15）Prestwich (1893)

（16）Pirazzoli (1991) は、海面の水位の変化に関する理解の歴史を簡潔に記述している。

（17）バルト海沿岸地帯の海面の水位の複雑な変化に関する下記の本文は、Björck (1995) に依拠している。

18　ヨーロッパ南東部の二つの集落

（1）下記の本文は、Lepenski Vir I の描写にもとづいており、その素材は、Srejović (1972) とRadovanović (1996) による鉄門峡谷に関する地域研究に依拠している。Lepenski Vir Iそれ自体は、五つの時代 (a-e) に区分けされている。Radovanović (1996, appendix 3) は、Lepenski Vir Iの一一の放射線炭素年代を報告しており、それは、通常の時代区分に収まらない二つの年代である六六二〇±一〇〇年（BP）（紀元前五六二五 - 五四七八暦年）と六二〇〇±二一〇年（BP）（紀元前五三六二 - 四八五四暦年）を除けば、七三六〇±一〇〇年（BP）（紀元前六三七六 - 六〇八三暦年）から六九〇〇±一〇〇年（BP）（紀元前五八八五 - 五六六六暦年）に及んでいる。

（2）Balma Marginedaは、更新世がまさに終わりを告げようとしていた今から一一〇〇〇年前に遡る数多くの連続的な堆積物の層をもっている (Geddes et al., 1989)。筆者が言及しているのは、後期中石器時代の堆積層であり、その年代は、八五三〇±四二〇年（BP）（紀元前八二〇〇 - 七〇八一暦年）から八三九〇±一五〇年（BP）（紀元前七五八二 - 七一八六暦年）に及んでいる。

（3）Roc del Migdiaの植物の残留物は、Holden et al. (1995) に記述されている。ドングリの痕跡は残されてはいないとはいえ、彼らは、それを、きわめて重要な食料源だと思われるドングリの保存状態が劣悪だったためだと考えている。中石器時代の堆積層の四つの放射性炭素年代は、八八〇〇±二四〇年（BP）（紀元前八二〇二 - 七六〇九暦年）から七二八〇±三七〇年（BP）（紀元前六四六三 - 五七四四暦年）に及んでいる。

（4）南ヨーロッパを踏破するこの想像上の旅は、Nicholas Crane (1996) がヨーロッパの山岳地帯を横断したとき書きとめた記述に刺激を受けたことに由来している。同じような刺激を与えてくれたのは、Patrick Leigh Fermor (1986) によるオランダのフックからコンスタンチノープルに至る踏破の記述、とりわけ、トランシルヴァニアの森林地帯を踏み越えていった山歩きの記述である。

（5）筆者のこの情景描写は、Baring-Gould (1905) による二〇世紀に入ったばかりの時点におけるリヴィエラの描写から影響を受けている。

（6）Mondeval de Soraの発掘は、Alciati et al. (1993) によって記述されている。北イタリアの中石器時代は、カステルノーヴォ文化期と呼ばれており、Mondeval de Soraについては二つの放射性炭素年代、八三八〇±七〇年（BP）（紀元前七五三九 - 七三四九暦年）と七三三〇±五九年（BP）（紀元前六二二九 - 六〇八七暦年）が示されている。

（7）そうした洞窟の一つであるŠebrn Abriの発掘は、Miracle et al. (2000) によって記述されている。その三つの放射性炭素年代は、九二八〇±四〇（BP）（紀元前八六〇四 - 八三四二暦年）から八八一〇±八〇年（BP）（紀元前八一九八 - 七九八四暦年）に及んでおり、これは、いずれかといえば、筆者の物語の時代設定より少しばかり前であるとはいえ、その近くにはそれより少しばかり時代が下った頃に居住されていたと考えられている同じような岩窟住居がある。
(8) この「小屋」は、Lepenski Vir I の Phase 2 (Radovanović, 1996, p. 109) の中央に位置していた住居五四号である。Garašanin & Radovanović (2000) は、最近、この小屋から出土した土器が示している意義と、鉄門峡谷で暮らしていた中石器時代の人々とバルカン半島の新石器時代の集団の間の接触のタイミングについて論じている。
(9) Lepenski Vir の子供たちの健康状態に関するこれらの評言は、そのデータを入手することができる現代の集落ヴラサツに関する報告書にもとづいている。Meiklejohn & Zvelebil (1991) は、四四パーセントの子供たちの骨格の軟化、一五パーセントの成人と二五パーセントの女たちの骨軟化症を突きとめている研究を引用している。これらはいずれも、ビタミンDかカルシウムの、あるいは、その両方の不足に起因している。これは、主として魚類に依存している個体群にとっては驚くべきことのように思われる。彼らは、すべての歯の七〇パーセントがエナメル質の形成不全だったことを突きとめている研究も引用している。筆者は、Lepenski Vir の健康状態もそれに似ていたと想定している。
(10) これは、Lepenski Vir I の住居四〇号 (Srejović, 1972, p. 119) から出土した墓と下顎骨の位置選定にもとづいている。Radovanović (2000) は、考古学上の遺物の再評価に鑑み、Lepenski Vir の埋葬の慣例の変化の度合と年代的な配列を再分析している。
(11) 川の流れと人々の生活の周期と魚類、とりわけ、チョウザメの年間の移動を結びつけている Lepenski Vir に関する象徴主義的な解釈については、Radovanović (1997) を参照。
(12) 以下の本文は、Srejović, (1972) と、Radovanović (1996) による鉄門峡谷に関する地域研究に依拠している。
(13) 鉄門峡谷の重要な遺跡のすべては、Radovanović (1996) に記述されている。Whittle (1996) は、Lepenski Vir が宗教上の中心地だったのではあるまいかと提唱しており、狩猟採集民たちの定住地が、初期の農民たちと接触する前に、鉄門峡谷の内部に出現したという考え方に懐疑的である。彼は、Lepenski Vir とそのほかの遺跡が新石器時代以前に遡る発達の歴史をもっていたという考え方に疑念を抱いている。
(14) Srejović (1989) は、ブルガリアとユーゴスラヴィアの南部のいかなる中石器時代の遺跡にも言及することができなかった一方、Chapman (1989) は、ヨーロッパの南東部のほとんどすべての地域において中石器時代の個体群の痕跡がごくわずかだったことを強調している。
(15) Perlès (2001) は、新石器時代のギリシアとその背景をなしていた中石器時代について記述している。彼女は、中石器時代の個体群が疎らだったと結論づけるとともに、そのきわめて特徴的な技術の伝統に鑑み、それらの個体群が、中石器時代のヨーロッパに広く行き渡っていた動向から孤立していたとも論じている。

(16) Nea Nikomedeiaの定住地とその生活様式の復元に関する本文は、Rodden (1962, 1965) に依拠している。彼は、一つの放射性炭素年代六二二〇±一五〇年（BP）（紀元前五三一九‐四九五九暦年）を提示している。

(17) Perlès (2001) は、農耕に依存していた移住者たちがどこからやってきたのかを示している可能性のある証拠物件を考察している。彼女は、トルコと西アジアの特定の地域との繋がりを示している申し分のないいかなる根拠といえども見つけ出すことができなかったと結論づけている。きわめて重要な論点の一つは、移住してきた人々が当初の文化的なアイデンティティをどの程度維持していた、あるいは、失ってしまったのかということである。ギリシアに移り住んで来た人々は、急速に「母国」の文化に対する強い帰属意識を失ってしまったと思われるのだが、これは、ヨーロッパの中央部を越えて移住していった、線帯文土器文化によって特徴づけられていた農民たちとはまったく異なっていた。

(18) クレタ島への新石器時代の人々の移住については、Bloodband & Atrasser (1991) を参照。Whittle (1996) は、イタリアの南部の込み入った状況について論じている。家畜化されていた動物と栽培植物化されていた穀類という「新石器時代の一括文化」全体を備えていたと思われる前期新石器時代の遺跡は、移住という見解を支持していると考えられてきた。ブーリア卓上台地の囲い地は、この見解にとりわけ影響を及ぼしている。しかしながら、Whittleは、中石器時代の定住地に関する知識の不足を力説し、ギリシアや西アジア起源の農民たちが移住してきたとの考え方に関して、一般的には、慎重な立場を取っている。

(19) 筆者のこの本文は、ヨーロッパの南東部の新石器時代が新たな人々の流入ではなく、その地の中石器時代から姿をあらわしたのではあるまいかという考え方を斥けているのだが、それは、Dennell (1983) によっても支持されている見解である。Halstead (1996) とさらに最近ではPerlès (2001) は、中石器時代が新石器時代へと流れ込んでいったとする連続性の主張を精密に調べ上げており、Perlèsは、「農耕が移住者の集団によって導入されたとの仮説は、今日では不可避的な結論である」(Perles, 2000, p.45) と結論づけている。

(20) ギリシアにおける最初期の新石器時代の年代学は、不十分にしか明らかにされていない。Van Andel & Runnels (1995) は、すでに明らかにされている放射性炭素年代を要約して前期新石器時代が今から九〇〇〇年前から六〇〇〇年前まで続いたと考えており、それは、Halstead (1996) による無土器新石器時代の特徴の描写とも合致している。Perlès (2001) は、すでに明らかにされている放射性炭素年代を、とりわけ、先土器新石器時代に由来していると主張されている遺跡のそれを含めて、もっとも詳細に研究している。その種の遺跡には一四の放射性炭素年代が知られており、その確率変数のもっとも頻度の高い年代は、今から八一三〇年前から七二五〇年前（紀元前七五〇〇から六五〇〇年）に及んでいる。

（21）Perlès (1990) は、Franchthi の洞窟から出土した打製石器を図解して分析し、一連の因果的連鎖における主要な変化が有土器新石器時代に入って初めてあらわれただけであることを示している。Shackleton (1988) は、家畜化された動物が初めて姿をあらわしたとき以降も、その洞窟の居住者たちが海産の軟体動物類の様々な種を採集し続けていたことを明らかにし、沿岸の食料の調達の形態の連続性を指摘している。
（22）前期新石器時代の農民たちの氾濫原への依存は、Van Andel & Runnels (1995) によって詳細に論じられている。その議論において、彼らは、Barker (1985) がかつて主張していた、前期新石器時代の農耕は、歴史時代の地中海沿岸地帯に見られた農耕の方式と類似点をもっていたとする、広く支持されていた見解を斥けている。
（23）Rodden (1965) は、Nea Nikomedeia とヨーロッパの南東部の同時代の定住地から出土した様々な装飾品について記述し、それらが Çatarhöyü k から出土した装飾品と類似していると指摘している。彼は、ヨーロッパ的な特徴とアジア的な特質のいずれもが認められると主張している。
（24）この種の事柄については、考古学者たちといえども、そのほかの人々と比較してけっして賢明であるわけではなく、新石器時代の宗教的な観念形態については、主として粘土製の小立像にもとづく、念入りに仕上げられたシナリオを捏造してしまうこともある。それについては、たとえば、(Gimbutas, (1974) を参照。
（25）Halstead (1996) は、前期新石器時代の集落において生産活動がどのようにして組織化され、それぞれの家族がどのようにして最低限の生活の糧を確保していたかを記述している。
（26）Ammerman & Cavalli-Sforza (1979, 1984) は、ヨーロッパの各地に拡散していった農民たち（あるいは、農耕）を表現する「進出の潮流」というきわめて強い影響力をもったモデルを作り上げた。この当初のモデルは、かつては開拓前線を形成していた地帯における着実な人口の増大によって駆り立てられていた継続的な移動を意味していた。Van Andel & Runnels (1995) は、ヨーロッパの南東部の前期新石器時代に関する詳細な検討と解釈を行おうとしたとき、「進出の潮流」のモデルに時間と空間における不連続性を組み込んだ。具体的にいえば、彼らは、初期の農民たちは一つの豊穣な草原から次の草原へと「抜きつ抜かれつのレース」を繰り広げながら効果的に拡散していったのだが、氾濫原がしだいに定住地によって埋め尽くされていくにつれて、そうした急速な移動の時代に相対的な均衡状態が交えられるようになった主張したのである。しかしながら、彼らも認めているように、この新たな「進出の潮流」モデルは、不十分な放射性炭素年代の年代順配列という壁によって阻まれている。
（27）Whittle (1996) は、ドナウ川の峡谷平野における主要な文化的な発達が農耕集落の拡散に対応して達成されたと理解し、これらを「その地の人々の抵抗運動」と評している。

（28）一七章「沿岸地帯の大変動」を参照。黒海の海岸平野の急激な水没は、Ryan et al. (1997) によって記述されている。

（29）Lillie (1998) は、ウクライナのドニエプル川流域の中石器時代と新石器時代のいくつもの共同墓地について、加速器質量分析法にもとづく大量の放射性炭素年代を記述しており、そのうちのいくつかの墓地には一〇〇体以上の遺骸が埋め込まれていた。今ではそうした二〇の共同墓地が知られており、そのうちのいくつかは、その全体が中石器時代に属している一方、そのほかは、両方の文化的な期間にまたがっている。たとえば、Marievka の共同墓地は、加速器質量分析法にもとづく三つの放射性炭素年代が知られており、それは、七九五五±五五年（BP）（紀元前七〇三三－六七〇八暦年）から七六三〇±一一〇年（BP）（紀元前六六三六－六三八四暦年）に及んでいる一方、Derievka I については、五つの年代が測定されており、それは、七二七〇±一一〇年（BP）（紀元前六二二六－六〇一八暦年）から六一一〇±一二〇年（BP）（紀元前五二〇九－四八五三暦年）に及んでいる。そのほかの共同墓地は、それよりもっと長い時代にまたがっており、もっとも時代が下っているのは、今からほぼ二五〇〇年前である。実に残念なことに、これらの共同墓地と関連づけられている定住地はごくわずかしか残されていない。

19　死者の島々

（1）Oleneostrovski Mogilnik の共同墓地は、カレリアのオネガ湖の中のディア島から発見された。Price & Jacobs (1990) は、人骨の加速器質量分析法にもとづく一一の放射性炭素年代を報告しており、そのうちの八つの年代は、七七五〇±一一〇年（BP）（紀元前六六八九－六四四四暦年）から七二八〇±八〇年（BP）（紀元前六二一八－六〇三二暦年）にぴったりと密集している。この時代分布から外れた三つの年代（二つは新しく、一つが古い）があるのだが、それは、汚染の結果だと説明されている。Jacobs (1995) は、従来の技法にもとづく一連の放射性炭素年代を引用しており、その平均値は今から七〇五〇年前である。

（2）下記の本文は、Jacobs (1995) によって示されている Oleneostrovski Mogilnik の研究の歴史に関する記述に依拠している。スターリン体制下のソヴィエト連邦における考古学の発達については、Trigger (1989) を参照。

（3）Gurina (1956)

（4）この埋葬については、筆者は、Gurina (1956) による当初の素描にもとづいているJacobs (1995, fig. 6) に収録されている図解に依拠している。

（5）下記の本文は、O'shea & Zvelebil (1984) に依拠している。

（6）今日においては、そうした仮説が人類の骨格から抽出された古代のDNA研究によって検証されうる可能性がある。そのためには試料が実験室のような環境の下で発掘されなければならず、それは、一九三六年の発掘が置かれていた状況ばかりか、今日のほとんどすべての発掘現場ともまったく異なっている。人骨から古代のDNAを抽出する技法は一〇年以上前から利用できるようになっているとはいえ、それが成功した事例はかぎられているのだが、それは、主としてそれには膨大な方法論上の問題が関わっているからである(Renfrew, 1998によるその種の研究に対する検討を参照)。これらの問題点は、その技法が開発された当時は過小に評価され、個体群の歴史と生物学的な関連性との取り組みに驚異的な可能性を秘めていると考えられていた。古代のDNAの研究は、生体分子考古学(Hedges & Sykes, 1992)と、過去の個体群の歴史を推論するために現代人のDNAを利用することがある遺伝子考古学に組み込まれている(Renfrew & Boyle, 2000)。

(7) Jacobs (1995)

(8) Coles & Orme (1983) は、ビーバーによって引き起こされた自然環境の変容を眼にした中石器時代と新石器時代の人々がそれから住居の建設にきわめて大きな利益を受けたに違いないと指摘している。

(9) この舟旅について考え、それを執筆するに当たり、筆者は、Arthur Ransomeが一九二七年に著した『ラカンドラ号の処女航海』に示されている、バルト海の航海の描写に想像力を刺激された。

(10) Zvelebil (1981) とZvelebil et al. (1998) に収録されている論文は、バルト海沿岸地帯の中石器時代の定住地を、新石器時代への移行との関わりにおいて論評している。Matiskainen (1990) は、フィンランドにおける中石器時代の暮らしぶりを要約している。

(11) Skateholmに関する下記の記述は、Larsson (1984) に依拠している。この定住地と共同墓地の放射性炭素年代は、六二四〇±九五年(BP)(紀元前五三〇四 - 五〇六〇暦年)から五九三〇±一二五年(BP)(紀元前四九五九 - 四六一八暦年)に及んでいる。

(12) Skateholmに固有の自然環境と人々の生活様式の詳細な復元は、Larsson (1988) によって示されている。

(13) Rowley-Conwy (1988)

(14) Skateholmからはいかなる種類の住居の直接的な証拠物件も発見されておらず、私たちは、衣服の痕跡をまったく手にしていない。筆者がそうした多様性を連想したのは、埋葬の慣例の多様さがそれを誘い出したのである。

(15) だが、イヌだけが埋められていた墓は、共同墓地の一画に集中していた(Larsson, 1984)。

(16) Skateholmの共同墓地を、O'shea & Zvelebil (1984) によってその解釈が施されているOleneostrovski Mogilnikの共同墓地と比較した詳細な研究はなされていない。Clark & Neeley (1987) は、ヨーロッパの中石器時代における社会の分化という一般的な脈絡の中でSkateholmのデータと取り組んでいる。

(17) Skateholm の共同墓地では、呪術師やそのほかの卓越していた人々を明確に示す、私たちにはたんに読むことができないなんらかの複雑で象徴的な標識が用いられていたのかもしれない。ある人物を座っている状態で、あるいは、横たえた状態で埋葬するのか、副葬品はカワウソの頭蓋骨なのか、それとも、木製の道具なのかといった事柄の決定に関して、その人物の類型、集落における役割、あの世でその人物を待っている人々を反映した厳格な規則が実際には適用されていたかもしれない。私たちは、たんにそれを知らないのである。

(18) とりわけLarsson (1989, 1990) は、Skateholmにおけるイヌの墓の問題と取り組んでいる。

(19) Netwell et al. (1979) による中石器時代のヨーロッパに由来する骨格の残骸の目録は、損傷の痕跡を示している人骨への言及を含んでいる。Bennike (1985) は、デンマークの中石器時代の人骨の外傷性の損傷の痕跡を精密に調べ上げ、頭蓋骨への損傷が四四パーセントに達しているにもかかわらず、新石器時代のそれが一〇パーセントにすぎないことを発見した。これは、規模の小さい集落に対する著しく高い比率の暴力を物語っているのかもしれない。Schulting (1998) は、そのデータを再検討し、スウェーデンとフランスのデータをそれに加えることによって、損傷の痕跡がほぼ二〇パーセントの人骨に認められると結論づけているのだが、これすらも明らかに高い数値である。

(20) ヤノマミ族の間の暴力と闘争については、Chagnon (1988, 1997) を参照。

(21) Chagnon (1997, p. 187)

(22) Ofnetから出土した大量の頭蓋骨の年代は、今からほぼ七五〇〇年前であり、Frayer (1997) は、それを中石器時代の大虐殺の証拠物件だと解釈している。

(23) 人口と食料源の不均衡に関するこの議論については、Price (1985) を参照。

(24) Zvelebil (2000) は、中石器時代の人々が新石器時代の農民たちとの接触の結果として六種類の影響を蒙っており、それが狩猟採集文化の崩壊を引き起こしたのではないかと論じている。その内訳は、(1) 羨望の的となる物品と社会的な競合によって引き起こされた集団の内部の混乱、(2) 農民たちが狩猟採集民たちの労力を場当たり的に利用したことに起因する中石器時代の食料の調達行動への妨害、(3) 農耕が引き起こした狩り場の減少、(4) 農民たちへの森林産出物の提供によって引き起こされた生態学的な変化と天然資源の乱獲、(5) 女たちが農耕集落に嫁いだことによって引き起こされたその個体数の激減、(6) 新たな疾病の伝染、である。

20　開拓前線地帯にて

(1) Bladley (1997) は、中石器時代の人々と新石器時代の人々の間には観念形態の違いがあり、そのせいで狩猟採取民たちは農耕を受け入れることに抵抗したのではなかろうかと指摘している。彼は、動物の家畜化や植物の栽培品種化が「心理的な傾向の問題」だったと主張している。

（2）線帯文土器文化に関する下記の本文は、Whittle (1996), Price et al. (1995), Coudart (1991) によって示されている資料に依拠している。Coudartは、線帯文土器を使っていた人々の社会構造と文化的な規範の遵守に関するとりわけ興味深い論考を展開している。線帯文土器を使っていた人々の移住をもっとも最近に考察しているのは、Price et al. (2001) であり、それは、人骨の化学的な組成を革新的に活用することによって、人々がその生涯においてどれほどの頻度で居住地を変えたかを探究している。

（3）農耕と新石器時代のヨーロッパへの普及がどの程度人々の拡散に由来していたのか、また、由来していたとすれば、それは、移住によってなのか、それとも、農耕を受け入れた狩猟採集民たちによっていたのか、あるいは、その知識の普及によっていたのか、といった問題については久しく論争が闘わされてきた。Zvelebil (2000) は、農耕のヨーロッパへの普及という現行の論考に卓越した論評を加え、中石器時代の集落の内的な社会動学と、それが「開拓前線」地帯の新石器時代の人々と社会的にどのように関わっていたかにきわめて大きな力点を置いている。この論考において、彼は、線帯文土器がハンガリー大平原の周縁部で中石器時代の集落において製作されたと論じている。

（4）筆者は、その種の遺跡と「死んでしまった住居」に関する情報をRichard Bradleyに負っている。彼は、その問題とその証拠物件をBradley (1998) において考察している。

（5）Van de Velde (1997) は、線帯文土器文化期の埋葬の慣例に関する問題を考察し、そこからその社会的な構成を論理的に導き出そうと試みている。

（6）Vedbaek のBøgebakken の共同墓地の墓穴八号の描写は、Albrethsen & Brinch Petersen (1976) の記述に依拠している。この共同墓地の三つの放射性炭素年代は、六二九〇±75年（BP）（紀元前五三六〇‐五〇八一暦年）、六〇五〇±七五年（BP）（紀元前五〇四二‐四八〇九暦年）、五八一〇±一〇五年（BP）（紀元前四七七九‐四五四〇暦年）である。

（7）サーミ族の観念形態については、Ahlbäck (1987) を参照。Zvelebil (1997) は、記述民俗学にもとづき詳細に記述されているシベリア西部の呪術的な慣行と中石器時代の考古学上の痕跡の間のいくつかの直接的な類似点を指摘している。

（8）陸生と海生の植物の間ではその光合成の経路が異なっていることから、それぞれに含まれている炭素の同位体12の同位体13に対する比率が異なっており、この比率は、海生の植物においては著しく低い。そのレヴェルは、食物連鎖を通して維持される。人類の骨は、一〇年周期でその組成が作り直されることから、その化学的な組成は、人生の最後の一〇年間の食性の特徴に関するかなりの指標を与えてくれる。炭素の同位体12の同位体13に対する比率は、とりわけ、食性における海生と陸生の食物の相対的な割合を指し示すことができる。Price (1989) は、人骨の化学的な組成から食性に関する情報を導き出すこれらの技法の概略を示している。Tauber

(1981) は、中石器時代のデンマークの食料源に関する第一級の成果を達成することによって、中石器時代と新石器時代の食性の間の劇的な違いを例証している。Schulting (1998) は、ヨーロッパの北西部に由来している証拠物件を集めることによってこの主題をさらに探究し、中石器時代の食料の大多数が、新石器時代の食事からほぼ完全に姿を消してしまう海産物によって占められていたことを明らかにしている。

（9）これは、事実、中石器時代の人骨に化学的な分析が適用されるようになる前には、ほとんどの考古学者たちが当然のこととして受けとめていた考えだった。

（10）後期中石器時代の個体群の健康状態は、Meiklejohn & Zvelebil (1991) によって記述されている。

（11）Tybrind Vigに関する以下の本文は、Andersen (1985) の報告書に依拠している。水没していたこの定住地は一九七八年に発掘され、漁具を含む実に数多くの人工遺物が回収されたばかりか、少なくとも一つの墓、ごみ捨て場、仕事場が発見された。この遺跡の放射性炭素年代は、六七四〇±八〇年（BP）（紀元前五七一七 - 五五六二暦年）から五二六〇±九五年（BP）（紀元前四二二二 - 三九七七暦年）に及んでいる。

（12）Andersen (1987) によって記述されているように、Tybrind Vigからは二艘の丸木舟と短い幅広の櫂が発見されている。

（13）Ertebølleに関するPrehistric Times（『有史前の時代』）からの以下の引用は、Lubbock (1865, pp. 171-97) から取られている。

（14）Ertebølleに関する以下の本文は、Andersen & Johansen (1986) による報告書に依拠している。その遺跡については一連の数多くの年代が知られており、それは、六〇一〇±九五年（BP）（紀元前五〇二五 - 四七四一暦年）から五〇七〇±九〇年（BP）（紀元前三九六三 - 三七七四暦年）に及んでいる。Enghoff (1986) は、Ertebølleの漁撈に関するきわめて詳細な研究を行っており、この沿岸の定住地で消費されていた魚類のほとんどが淡水魚だったとの驚くべき発見を達成している。彼女は、それを、ウナギが好まれていたことに起因していると解釈している。彼女は、ユトランド半島の東海岸のNorsmindeの貝塚に由来している魚類の骨についても同じような研究を行ったのだが、その貝塚から淡水魚は一尾たりとも発見されなかった。その貝塚を使っていた人々は、カレイやヒラメの漁に特化していたのだが、それは、たぶんその地の生態環境を反映していたのだろう (Enghoff, 1989)。

（15）Aggersundの遺跡は、Andersen (1978) によって記述されている。この遺跡には三つの放射性炭素年代が知られているのだが、その両端は、五四六〇±九五年（BP）（紀元前四四四八 - 四一一三暦年）と五四一〇±一〇〇年（BP）（紀元前四二四四 - 四〇五〇暦年）である。

（16）永続的な定住地だと考えられているErtebølleの周辺における食料の調達活動の復元は、Rowley-Conwy (1983) によってなされており、それにはDryholmとVaengo Søで行われていたと思われる特定の作業が含まれている。

(17) Rowley-Conwy (1984a)

(18) ここで言及されている磨製石斧は、デンマークの中石器時代との関わりにおいてFischer (1982) によって報告されているように、ドナウ文化期の、その中に柄を挿入する穴の開いている石斧と、それと同じ造りの斧と鎚を兼ねた道具である。デンマークの中石器時代の居住者たちは、また、T字型の枝角の斧、骨を加工した櫛と指輪を、新石器時代の人工産物を真似て製作していた (Zvelebil, 1998)。

(19) 以下の本文は、Andersen (1994) によるRingklosterの発掘報告書に依拠している。Rasmussen (1994) は、一三の放射性炭素年代を報告しており、それは、五八二〇±九五年(BP)(紀元前四七七六 - 四五四九暦年)から四八〇〇±六五年(BP)(紀元前三六五二 - 三五一九暦年)に及んでいる。Rowley-Conwy (1994) は、その遺跡から出土した動物の骨を分析して解釈し、Enghoff (1994) は、魚類の骨についてそれを行っている。

(20) Rowley-Conwy (pers. Comm.)

(21) Vang Petersen (1984) は、おそらくは個々の集団の生活圏と重なっていたと思われる、人工遺物の分布によって示されている地域を記述している。骨製の櫛と、アカシカの枝角から造られたT字型の斧は、フューン島の東側では発見されていない。その一方、特徴的なタイプの石斧と曲線を描いている銛は、ユトランド半島には欠けており、そこで発見されているのは真っ直ぐに削り出されている銛だけである。ジーランド島(デンマーク語ではジュラン島の英語名)ではそれぞれ異なった三つのタイプのフリントの斧が発見されており、そのそれぞれがその島の別個の地域から出土している。南東部のそれは、先端が漏斗状に開いている一方、北東部のそれはほとんど左右相称的な二つの刃先をもっている。Verhart (1990) は、北ヨーロッパ全土における骨と枝角の尖頭器の分布にもとづく社会的な境界線の同定を試みている。

(22) 新石器時代の農民たちと中石器時代の狩猟採集民たちの間の交易の証拠物件を最初に提起したのはFischer (1982) だった。Zvelebil (1998) は、この証拠物件を卓越した論点から再考し、狩猟採集民たちと農民たちの相互の影響に関する論考を著している。彼は、記述民俗学にもとづく根拠が示されている狩猟採集民と農民の接触の事例において、女たちが農耕社会に嫁いでいく比率――女たちが自分たちより上の階層の男たちに嫁ぎたがる現象――がどれほど高かったかを強調している。Verhart & Wansleeben (1997) は、オランダにおける中石器時代と新石器時代の相互の影響と、前者から後者への移行を、ニューギニア島の人々との対比に依拠しながら論じ、その当時羨望の的だった物品の交換を強調している。

(23) Esbeckに関する簡潔な記述は、Whittle (1996) によってなされている。Esbeckは、腐朽した住居の残骸によって示されている四角い定住地を溝が取り囲んでいる遺跡であり、個々の住居のまわりにはさらに溝が掘られていた。Whittleは、それらの溝があまりも浅いことから、防衛の役割を果たすことはできなかったと指摘しており、その年代を、線帯文土器文化期が終わりを告げようとしていた頃だと推定しているのだが、それが線帯文土器文化期の初期の定住地だとする解釈もありえることを承知している。

21 中石器時代の遺産

（1）ドッガーランドの水没については、最後まで残存していた島々の地図を収録しているColes (1998) の記述を参照。

（2）Téviecの発掘は、Péquart et al (1937) によって、Hoëdicの発掘は、Péquart & Péquart (1954) によって報告されている。筆者の本文は、それらの遺跡を要約し、副葬品の分布を分析しているSchulting (1996) に依拠している。彼は、八つの放射性炭素年代を報告しており、それは、六七四〇±六〇年（BP）（紀元前五七一二 - 五五六四暦年）から五六八〇±五〇年（BP）（紀元前四五八二 - 四四〇八暦年）に及んでいる。

（3）Téviecの墓穴HとKのいずれにおいても、以前に埋葬されていた人骨の残骸は、その後の埋葬の空間を確保するために脇に押しやられていた。墓穴Kには、六体の遺骨が埋められており、その中の最初の遺骨は、脇に押しやられることなく元の位置に残されていた（Péquart et al., 1937）。

（4）Péquart et al.（1937）は、石によって縁取られていたTéviecの炉床を、家庭用、祝宴用、儀式用の三つに分類している。祝宴用と儀式用の炉床は、埋葬の慣行と直接関わっていたと思われる。祝宴用の炉床がより大きな墓と近かった一方、儀式用の炉床は、しばしば墓の石板そのものの上に設えられていた（Schulting, 1996）。Thomas & Tilley (1993) は、祝宴の意義を強調しているのだが、それは、それが新石器時代の慣習の先例を用意したと彼らが考えているからである。けれども、Schulting (1996) は、祝宴には彼らが主張しているような大きな意義はなく、集落全体が関わっていた会合よりもむしろ、貝塚の中身こそが人々の日々の暮らしを反映していると論じている。

（5）Lewthwaite (1986) は、紀元前一〇〇〇〇年以前にすでにコルシカ島に人々が住んでおり、その島の固有種のシカが絶滅したのはそのせいだとする提議を斥けている。人類が最初にその島に移住したのは、紀元前七〇〇〇年以降だった。Araguina-Sennolaのような遺跡における居住は、人々が種々様々な小型の獲物と沿岸の食料に依存していたことを示しており、土着の中型の獲物の残骸は、まったく発見されていない。

（6）この土器は、カルジウム土器と呼ばれている。それは、いずれかといえば、雑に造られており、その小さな破片が残存している。その実例は、Whittle (1996) によって図解とともに記述されている。

（7）Arene Candideの発掘は、Maggi (1997) によって報告さ

れている。それは、Rowley-Conwyによる動物の骨に関する最終的な報告を含んでおり、Rowley-Conwyは、ブタとヒツジの骨の解釈をRowley-Conwy (2000) において要約している。

(8) 以下の本文は、南ヨーロッパにに関する既成のデータを鮮やかな手際で要約し、異文化間の接触による相互的変容という解釈に批判的な論考を提示しているZilhão (1993) に依拠している。

(9) ポルトガルのサド川の峡谷平野の中石器時代の集落については、Morais Arnaud (1989) を、ポルトガルの中石器時代の遺物のさらに一般的な概観については、Gonzales Morales & Arnaud (1990) を参照。

(10) Gruta do Caldeirão の発掘は、Zilhão (1992) によって記述されている。

(11) Lubell et al. (1989) は、ポルトガルの貝塚から出土した後期中石器時代の人々と同地域の最初期の新石器時代の人々の骨格の残骸を考察し、それらがすべて良好な健康状態を示していると思われることを発見することによって、中石器時代の人々が栄養と健康の観点から農耕に引きつけられたとの見解を斥けている。

(12) 個体群の歴史の問題と取り組むために人類の遺伝子を用いる研究に関わっている潜在的な可能性、技法、問題点の論評については、ヨーロッパに関しては、Renfrew & Boyle (eds, 2000) を、アメリカ大陸に関しては、Renfrew (ed., 2000) を参照。

(13) Cavalli-Sforza et al. (1994)。本書は、一九世紀中葉のドイツの偉大な歴史学者Leopold von Rankeの著作が伝統的な歴史学という学問分野の発達に果たしたのと同じような貢献を歴史遺伝学の発達にもたらしたといったとしても、けっして過言ではない。Leopold von Ranke (1795-1886) は、ローマ教皇の歴史、宗教改革の時代のドイツ史、八三歳のとき執筆を始め、その八年後に全一七巻を擱筆した世界史を含め六〇冊以上の著作を執筆した。彼が著したHistory of the Latin and Teutonic Nations 1494-1535 (1824) は、一般的には、本文批評にもつづく最初の歴史書だと考えられている。Evans (1997) は、Ranke がたんに事実を収集するばかりでなく、過去の内的な本質を理解しようと望むことによって、歴史を、文学と哲学から分離した一つの学問として確立することにどれほど大きな貢献を達成したかを記述している。

(14) Cavalli-Sforza は、ヨーロッパ人の遺伝子に関する研究を一九七〇年代に始めた。当初は、彼が遺伝子の代用となると考えていた血液蛋白と取り組み、次いで、核ＤＮＡに由来する三九の遺伝子にもとづく古典的な研究によってゲノム配列を直に考察した (Lewin, 1997; Sykes, 2000; Cavalli-Sforza et al., 1994)。彼の研究のカギをなしていたのは、そのデータの主成分分析だった。ここで引用されているヨーロッパの南東部から北西部に至る遺伝子頻度の傾きは、分析の最初の主成分によって生みだされており、それは、分散量の全体の二六から二八パーセントを占めていた。

(15) Renfrewは、この論証を一九八七年に出版したArchaeology and Languageによって提起した。インド・ヨーロッパ語族の起源に対する関心は、一九世紀末葉と二〇世紀初頭の考古学者たち、とりわけ、Gordon Childe(たとえば、一九二六年に彼が著した一巻本A Study of Indo-European Origins)にとっても重要な役割を演じていた。Renfrewがこの議論を新たに活気づかせるまでは、インド・ヨーロッパ語族は、紀元前三〇〇〇年のロシアのステップにその源を発しており、部族民の侵略によってヨーロッパに広まったと大多数の言語学者たちは考えていた。Renfrewは、そうした見解が考古学上の記録とはまったく両立しがたいことを論証したのである。

(16) Lewin (1997)は、RenfrewとCavalli-Sforzaの双方の考え方がどのような道筋をたどることによってぴったりと一致したかを示している。

(17) RenfrewがArchaeology and Languageを出版した翌年、Antiquity誌は、この主題に関する特集を組み、Zvelebil & Zvelebil (1988), Sherrat & Sherrat (1988), Ehret (1988)の三本の論文を掲載した。これらの論文のすべてが考古学を言語学と関連づけようとしたRenfrewの試みには賞賛の意を示していたとはいえ、インド・ヨーロッパ語族に関する彼の結論にはかなりの批判を加えていた。Zvelebil & Zvelebilは、ごく最近の時代以前には、非インド・ヨーロッパ語族の方が、事実上、より広い地域に普及していたことを強調していた。その一方、Sherrat & Sherratは、ヨーロッパにおける言語の進化のプロセスがRenfrewによって提唱されているよりはるかに緩やかだったに違いないと論じ、Ehretは、言語、民族意識、物質文化の複雑な関係性に議論を収斂させていた。

(18) Sykesの研究を支持している重要な論文は、Richards et al. (1996)である。Sykesは、この研究をSykes (1999, 2000)において要約している一方、Lewin (1997)は、それがヨーロッパの考古学にもっている意義を平易な説明によって明らかにしている。Sykes (2001)も、また、自らの研究を平易な言葉によって解説している。

(19) Sykes (1999)は、後期旧石器時代の初め頃(紀元前五〇〇〇〇年から二〇〇〇〇年)まで遡る血統が現代の遺伝子給源の一〇パーセントを占めている一方、後期旧石器代の終わり頃(紀元前二〇〇〇〇年から一〇〇〇〇年)のそれは七〇パーセントを占めていると提唱している。もっとも興味深い研究の一つを展開しているのは、Torroni et al. (1998)であり、彼らは、ミトコンドリアDNAを使って紀元前一五〇〇〇年頃に人々が大挙してヨーロッパの南西部から北東部へと移動したことを示している。これは、最終氷期最盛期にレフジアに逃れていた人々が晩氷期にそこから拡散していったことを示している考古学上の証拠物件とぴったりと一致している。

(20) この論争に関するきわめて重要な論文は、Cavalli-Sforza & Minch (1997)とRichards et al. (1997)である。女性の歴史人口学を突きとめる試みとして、女性のY染色体に関する新たな研究が行われている(Sykes, 2000)。Sykes (1999)

は、ミトコンドリアDNAにもとづく証拠物件が偏った情報をもたらす可能性があることを、ポリネシアに由来する証拠物件を引用することによって認めている。この事例では、九九パーセントのミトコンドリアDNAがヨーロッパ人の移住以前にまで遡るものだったとはいえ、Y染色体の少なくとも三分の一は、ヨーロッパ人に由来していたからである。彼は、また、ミトコンドリアDNA研究にはそのほかにもいくつかの明確な潜在的な問題点があり、とりわけ、突然変異の頻度の推定にはそれが著しいと指摘している。Zvelebil (2000) は、全体としての遺伝子研究に対して包括的な批評を加えている。

(22) Sykes (1999) は、彼自身の結論とCavalli-Sforzaのそれの間の収斂度が高まっていることを強調しており、Renfrew (2000) も、二つの一連の成果が互いに両立できると論じている。

(23) バルト海沿岸地帯の北部における中石器時代から新石器時代への移行に関する研究については、Zvelebil et al. (eds, 1998) に収録されている論考を参照。

(24) スカンジナビア半島の最初期の新石器時代は、ファンネル・ビーカー文化と呼ばれている。長形墳の着想の源が線帯文土器文化期の長い住居だったとする考え方はChildeに端を発しており、Hodder (1984) によって、もっとも最近ではBradley (1998) によって発展させられてきた。けれども、北ヨーロッパから土着の建築物がしだいに姿を消していった時代に長形墳を最初に築いたのは、おそらく線帯文土器文化期の農民たちだったと思われる (Scarre, 1992)。

(25) Zvelebil & Rowley-Conwy (1986) は、ヨーロッパの大西洋沿岸地帯の中石器時代の最終段階と最初期の新石器時代におけるその証拠物件を詳細に検討している。

(26) ヨーロッパの北西部と大西洋沿岸地帯における新石器時代と巨石時代の起源の研究については、Sherratt (1995) とScarre (1992) を参照。Thomas & Tilley (1993) が論じているように、最初期の新石器時代に顕著に見られる祝宴と埋葬の関連は、Téviecに明示されている中石器時代の伝統にその端を発しているのだろう。

22 スコットランド──ヨーロッパの旅への反歌

(1) 一九九二年の時点まで、スコットランドの最初期の放射線炭素年代が測定されていた居住地は、ラム島のKinlochの八五九〇±九五年(BP)(紀元前七七四二 - 七五四〇暦年)と八五一五±一九〇年(BP)(紀元前七八一〇 - 七二〇七暦年)(Wickham-Jones, 1990)、及び、スコットランド東部のファイフのFife Nessの八五四五±六五年(BP)(紀元前七五九二 - 七五二三暦年)と八五一〇±六五年(BP)(紀元前七五九二 - 七五二三暦年)だけだった。一九九二年以降、それより少しばかり初期の二つの遺跡が発見されたのだが、それは、その年代が九〇七五±八〇年(BP)(紀元前八四四六 - 八二〇六暦年)(Ward, pers.comm.)と測定されたクライズデールのラウザー・ヒルズのDaerと、九二五〇±六〇年（ＢＰ）(Saville, pers.comm.) と測定されたエディンバラのCramondだった。

（2）この耕作地から出土したすべての人工遺物（BRG3と呼ばれている）、石の尖頭器の図解、アイラ島全体の実地踏査は、Mithen, Finlayson, Mathews & Woolman (2000) によって記述されている。

（3）これらの尖頭器は、Morrison & Bonsall (1989) によって考察されており、彼らは、それをアーレンブルク風と描写している。それらは、Mithen (2000b), Edwards & Mithen (1995) によっても論じられている。

（4）このプロジェクトの正式名称は、The Southern Hebrides Mesolithic Projectであり、それについては、Mithen (ed., 2000) によって詳細に記述されている。

（5）Edwards (2000) は、アイラ島とその周辺の島々の植生の歴史を精密に調査している。

（6）この研究は、Sue Dawsonと共同で行われ、Dawson, S. & Dawson, A. G. (2000b) によって、アイラ島を取り囲んでいた海面の水位の変化の復元とともに記述されている。

（7）Dowson, S. & Dawson, A. G. (2000a) は、リンズ地区の氷河‐海洋沈積作用とフリントの小石の起源について記述している。それらの小石は、アイラ島とコロンセイ島の西海岸にかぎられており、それを立証したのは、ヘブリディーズ諸島の海岸の実地踏査を行ったMarshall (2000a, 2000b) だった。

（8）Coulererachの発掘と、その遺跡から出土した人工遺物の分析は、Mithen & Finlay (2000b) によって記述されている。その遺跡の発掘作業は、どこに堀割を掘ったとしても、それが直ぐさま水浸しになってしまうことから、とりわけ困難だった。これらの堀割は、耕作地のかぎられた区域に掘削されただけだったことから、我々の発掘作業は、その区域の外部には及ばなかった。計測することができた放射性炭素年代は、七五三〇±八〇年（ＢＰ）（紀元前六五三〇‐六二一〇暦年）だけであり、筆者は、その泥炭の下には良好な状態で保存されている中石器時代の遺跡が残存しているのではないかと推測している。

（9）Bunting et al. (2000) は、ゴーム湖の近辺の泥炭の堆積物の胞子学にもとづく研究を記述している。Coulererachそれ自体に由来している泥炭は、人工遺物の散乱と、今から四七〇〇‐一〇〇〇年前と計測された泥炭の基部との間に隙間があったことから、中石器時代の研究に対する価値はかぎられていた。

（10）Gleann Morの発掘とその遺跡から出土した人工遺物の研究については、Mithen & Finlayson (2000) を参照。この遺跡からは一つの中石器時代の放射性炭素年代として七一〇〇±一二五年（ＢＰ）（紀元前六一五四‐五八一〇暦年）が得られている。

（11）Aoradhの発掘とその遺跡から出土した人工遺物の研究については、Mithen, Woolman, Finlay & Finlayson (2000) を参照。
（12）考古学者たちは、細石器が矢の尖頭器と「かえり」として用いられていたと考えており、それを疑う人はほとんどいなかった。だが、Clarke (1976) がその多くは植物を加工する道具として用いられていたのではないかと提唱してからこの方、従来の考え方が疑問視されるようになった。Bolsay から出土した細石器の先端部に残されている微細な摩損の分析は、その多くが鏃として用いられていたことを指し示しており、残りの細石器の先端部に残されていた、切断したり穴を開けたりする動作の痕跡は、それらがそのほかの作業に用いられていたことを示していた（Finlayson & Mithen, 2000）。Bolsay に由来している一括遺物の著しい特徴は、細石器の高い出土率ばかりでなく、それらの大多数が一つの形式、つまり、不等片三角形によって占められていたという事実だった。
（13）Bolsay の発掘とその遺跡から出土した人工遺物の研究については、Mithen, Lake & Finlay (2000a, b) を参照。この遺跡の中石器時代の放射性炭素年代は、七二五〇±一四五年（BP）（紀元前六二四二－五九二三暦年）と七四〇〇±五五年（BP）（紀元前六三七九－六一一八暦年）である。
（14）John Mercer と Susan Searight は、ジュラ島のかなりの数の中石器時代の遺跡を一九六〇年代と一九七〇年代に発掘した。これらの遺跡のうちもっとも重要だったのは、Star Carr から出土している石器と形状が似ている前期中石器時代の細石器が埋め込まれている可能性を秘めていた Glenbatrick (Mercer, 1974) と、晩氷期の遺物の発掘が期待されていた Lussa Wood I (Mercer, 1980) だった。後者の遺跡の放射性炭素年代は、八一九五±三五〇年（BP）（紀元前七五七三－六六九九暦年）である。打製石器が密集して散乱しているジュラ島のすべての遺跡は、Mithen (2000b) によって、それと関わりのあるすべての関係書目と照合して論評されている。
（15）Mithen (2000c) は、コロンセイ島において行われたフィールド・ウォーキングと試掘のいずれをも含む考古学上の実地踏査を記述している。
（16）Staosnaig の初期段階の実地踏査とその後の発掘は、一九八九年と一九九四年の間に行われたのだが、それは、Mithen & Finlay (2000a) によって記述されている。
（17）Sarah Mason と Jon Hather は、Mithen & Finlay (2000a) においてキンポウゲ属の各種の草本の利用に関する民族歴史学にもとづく研究を提示している。
（18）数名の専門家が Staosnaig から出土した遺物の研究に携わっており、その内訳は、Nyree Finlay（打製石器）、Clare Whitehead（雑石）、Wendy Carruthers（ハシバミの実の殻）、Sarah Mason & Jon Hather（そのほかの植物）Stephen Carter（堆積物）である。その遺跡の中石器時代の遺物の放射性炭素年代は、八一一〇±六〇年（BP）（紀元前七二九四－七〇五〇暦年）から七〇四〇±五五年（BP）（紀元前五九八五－五八四二暦年）に及んでいる。これらの穴を埋める急速な堆積作用は、たぶん今から七七〇〇年前頃に始まったのだろう。植物の残留物は、Mithen, Finlay, Carruthers, Carter & Ashmore (2001) によって要約されている。

(19) ハシバミの実を炙って食用にする慣習は、中石器時代を通して一般的だった。この慣習は、実を粉砕して練り粉を作って保存を容易にするとともに、遠出の携帯食として利用するためだったのかもしれない。この慣習は、また、大量の実の風味を引き立てるためだったのかもしれない。ハシバミの実を炙ったことのさらなる理由は、Mithen & Finlay (2000a) において考察されている。ハシバミの実を炙る実験については、Score & Mithen (2000) を参照。

(20) この花粉の証拠物件は、コロンセイ島の湖ロッホ・チョーヤに由来しており、Edwards (2000) によって要約されている。木の花粉の減少が実際に人類によるハシバミの実の収穫に起因していたのか、それとも、たんなる気象条件の変動を反映していたのかは今なお明らかにされていない。

(21) オロンセイ島の貝塚の主要な発掘は Mellars (1987) によって行われたのだが、Mellars がその著作に述べているように、重要な発掘は、二〇世紀初頭にすでに実施されていた。

(22)「耳石」の最初の研究は、Mellards & Wilkinson (1980) によって出版されている。Mellards は、可能性のあるいくつかの居住のシナリオを提起しているのだが、明らかに定住のモデルを優先させている。実に残念なことに、鳥類の骨に由来する季節に関する証拠物件は、公表されていない。それは、耳石に由来する根拠を追認する可能性があるとはいえ、ひょっとしたら、それに反論を加えるかもしれない。

(23) Mithen (2000e) は、彼の発掘に由来するいくつもの放射性炭素年代と、それがオロンセイ島の貝塚の解釈になにを意味しているかを要約している。アイラ島の居住の記録の「空白」も、また、その当時の自然環境に由来する証拠物件の一つである。

(24) 貝塚から発見された人骨の断片の炭素の同位体の研究は、Richards & Mellars (1998) によって報告されている。筆者が Mithen (2000e) において述べているように、オロンセイ島における居住の形態にはこうした永続的な定住以外の可能性が残されている。その可能性を認めるということであったとすれば、私たちは、人々がアイラ島、コロンセイ島、ジュラ島、ひょっとしたら、もっと遠くの場所を訪れていたことを考慮しなければならない。それは、個体群の生存能力を確保し、集団の内部の近親婚を避けるために必要だったはずである。

(25) オークニー諸島の新石器時代の石造りの住居の伝統は、Richards (1990) によって記述されている。Stonehall の遺跡は、それが今から五〇〇〇年前に遡ると考えられることを示している。今から五二〇〇年から四七〇〇年前に遡る木材を用いた長大な住居は、Balbridie で発見されており (Fairweather & Ralston, 1993)、この遺跡からは大量の穀類の残留物が出土している。Mithen (2000b) は、スコットランドにおける中石器時代から新石器時代への移行を概説している。

（26）Bolsayの年代は、中石器時代よりも新石器時代の方が多く、四七四〇±五〇年（BP）（紀元前三六三三‐三三八三暦年）から三五三五±八〇年（BP）（紀元前一九五二‐一七四四暦年）に及んでいる。Bolsayからは、かなりな量の新石器時代の土器と一つの磨製石斧も出土している。それとは対照的に、一括遺物の中に見られる形式論的に明瞭な新石器時代の打製石器は、その数がごくかぎられている。それから判断すれば、その新石器時代の遺跡の居住者たちは、細石器の技術を継続的に使用していたと思われる（Mithen, Lake & Finlay, 2000b）。アイラ島のPort Charlotteの墓の放射性炭素年代は、五〇二〇±九〇年（BP）（紀元前三九四〇‐三七〇九暦年）であり、その構築物の下にはヒツジと思われる骨が散乱していたのだが、それがシカの骨だと主張している考古学者たちもいる。残念なことに、当初のコレクションは、もはや研究には使用することができない。

（27）Schulting 1999）は、スコットランドの西部から出土した中石器時代と新石器時代の人骨の炭素の同位体の出現率を比較し、二つの時代の間の食性におけるかなりな対比を示している証拠物件を発見しているのだが、これは、ヨーロッパの北西部の全域において繰り返し認められている情況である。

23　最初のアメリカ人を求めて

（1）Figgins (1927) は、Folsomにおける自らの作業を記述している。Folsomに関する以下の本文は、Meltzer (1993a) に依拠しており、この物語の主役たちの外見の描写は、その著作に収録されていた写真にもとづいている。Meltzer (2000) は、Folsomの遺跡に関する新たな研究をつけ加えて書き直したものである。

（2）Adovasio (1993, p. 200)

（3）Bonnichsen & Gentry Steele (1994)

（4）Meltzer (1993a) は、最初のアメリカ人たちを探究した歴史物語を鮮やかな筆致と適切な図解によって描き出している。

（5）Prehistoric Times（『有史前の時代』）の八章は、「北アメリカの考古学」を考察しており、以下の引用文は、一九八‐二三六頁にもとづいている。ヴィクトリア女王時代のJohn Rubbockは、彼自身アメリカ大陸の土を踏んだことはなく、その当時すでに「スミソニアン博物館」から出版されていた「四つの卓越した回顧録」に依拠していた。この章の大部分は、防壁、囲い地、神殿、マウンドの記述によって占められている。石や金属の様々な「道具」についても、ヨーロッパで発見されているものとの類似点に関するいくつかの註釈とともに、記述されている。

John Rubbockは、この章の全体を通して、遺跡と人工遺物の年代に関して絶えず手掛かりを求め、樹齢が少なくとも三〇〇年に達している木々が銅の鉱山から排出された廃石の山の頂上でどのようにして育ってきたのだろうかと書きとめ、現存のインディアンの野蛮人たちは、考古学上の遺物の解明にはなんの役にも立たないと述べている。彼は、有史前の墓に堆積した土の丘を被っている林地に生えている種々様々な樹木がかなりの年代を示唆していると考えていた。埋葬されている人骨の状態と量にもとづいている墓の古さの論証は、注意深く扱われていた。それは、Lubbockが、グレートブリテン島では数多くの有史前の墓が手つかずの状態で残されているにもかかわらず、サクソン族のそれがしばしば完全に破壊されていることを知っていたからだった。

この章を締め括るに当たり、彼は、最初のアメリカ人たちの遺跡に関するいくつかの説明を加えている。彼は、有史前のインディアンたちが独自に農耕を考案したことを知っており、そうすることによって、未開状態から脱却することができたと考えていたとはいえ、彼らはその後に古墳を築くことによって、「部分的に未開状態に後戻りした」と信じていた。そうした発達にとっては、「三〇〇〇年以上もの過去に遡る遺跡一つすら必要ではなかった」と彼は書きとめている。筆者は、無論のこと、そうした期間があまりにも永すぎたと観じられたことを否定するつもりはない。だが、少なくとも筆者の考えでは、それが永すぎたと観じる「必要」はない。それと同時に、それとは異なった観察結果もあり、それが最終的に正しいことが判明したとすれば、それは、三〇〇〇年よりもはるかに古い過去を指し示すことだろう。

「それとは異なった観察結果」とは、絶滅した動物の骨と人類の人工遺物に関する解釈であり、それについて、彼は、有史前のゾウともいうべきマストドンと関わっている二つの解釈を示している。Lubbockは懐疑的であり、「今までのところ、人類がマンモスとマストドンと共存していたことを示している申し分のないいかなる証拠といえども発見されていないように思われる」と結論づけている。

(6) 放射性炭素年代に新たな技法にもつづく較正を加えたフォルサム文化の最新の年代については、Fiedel (1999) を参照。

(7) Dentは、Cassells (1983) によって記述されている。Haynes (1991) は、Dentで発見されたマンモスの骨とクローヴス尖頭器との関わりは、いったん積み重ねられた堆積物がその後に動いたことに起因していた可能性があると指摘している。

(8) Warnica (1966) がBlackwater Drawの発掘について記述している一方、Saunders (1992) は、マンモス狩りに関する証拠物件の解釈を提示している。

(9) 層位学にもとづく関連性と、放射性炭素年代測定法に依拠したフォルサム文化とクローヴィス文化の年代的な関係は、Taylor et al. (1996) によって詳細に論じられている。

(10) Haury et al. (1953) は、Nacoのマンモスとクローヴィス尖頭器について記述している。

(11) Haury et al. (1959) は、Lehner Ranchの最初の発掘について記述している。この遺跡のマンモスの骨の痕跡は、購入しようとしていた牧場を検分していたEdward Lehnerによって一九五二年に最初に発見されていた。彼は、いくつかの断片を注意深く拾い集め、それは、「アリゾナ州立博物館」によってマンモスに由来していることが突きとめられた。一九五五年の夏の豪雨によってもっと多くの骨が露出したことから、すでにNacoを発掘していた当該博物館のW. Hauryが発掘に着手した。八頭のマンモスの骨の間から一三個の投げ槍の尖頭器がそのほかの一連の石器とともに回収された。発掘が続けられていた一九五六年には九頭目のマンモスの下顎骨がウマとバクを含むそのほかの動物の骨とともに発見された。「イリノイ州立博物館」のJeffrey Saunders (1977) は、それらのマンモスの骨を詳細に調査し、人類から攻撃されたマンモスの群が幼獣や傷ついた個体を守ろうとして群がったにもかかわらず、最終的には、そのすべてが殺戮されたと結論づけた。だが、数多くの学者たちは、この解釈に異議を唱えた (Haynes, 1991)。Lehner Ranchがマンモスだけの殺戮現場ではなかったことは明らかだった。さらに発掘を続けたアリゾナ大学のHauryとVance Haynesは、一九七四 - 五年に鳥類、ウサギ、クマ、ラクダなど様々な動物の骨を回収した。それらの発見にもとづき、Lehner Ranchは、狩人たちの集団の主要な野営地であり、彼らは、たぶん特定の季節にその地に立ち戻っていたのだろうと考えられるようになった。

(12) 紀元前一一五〇〇年という年代は、必ずしも一九七〇年代に理解されていたものではない。クローヴィス文化期の年代に関する最新の理解については、Fiedel (1999) を参照。

(13) Martinの主張は、二七章において詳細に論じられている。ここでは、彼がその主張の根拠としていたクローヴィス文化期の遺跡、とりわけ、殺戮と関わっていた遺跡が比較的稀であり、それは、これらの狩人たちがアメリカ大陸全土に拡散していった速度がきわめて速かったことを示していることを指摘するにとどめておこう。彼の主張は、Martin (1984, 1999) によって、Mosimann & Martin (1975) においてはシミュレーション・モデルを使って明確に示されている。

(14) モハーヴェ沙漠は、カリフォルニア州南東部のコロラド川の北に位置している。石の人工遺物は、一九四八年にキャリコ・ヒルズの砂礫から拾い集められていた。東アフリカにおける人類の祖先の発見者として名高かったLouis Leakeyは、それに注目し、この一幕でもう一度主役を演じることができるのではあるまいかと考えた。キャリコ・ヒルズにおける彼の作業は、Leakey et al. (1968, 1970) によって説明されている。一九六三年五月、Leakeyは、ロサンジェルス出身の考古学者Dee Simpsonとともにその地を訪れていた。古代の湖と河川の痕跡に強く心を動かされた彼は、その地が最初のアメリカ人たちにとっては格好の居住地だったと考えた。「ディー、ここを掘ってみよう」とLeakeyは、確信に満ちた口ぶりで語りながら、大きな丸石を手早く積み上げて四つの石塚（ケルン）を作った (Leakey et al., 1970, p. 72から引用)。

　発掘が始まり、さらに石の人工遺物が回収されたのだが、それらは、地表に転がっている石よりその形式においてもっと粗製だった。Leakeyは、これらが「原始的な」外見をもっており、何万年前、ひょっとしたら、何十万年前に造られたものに違いないと宣言した。そのほかの人々、とりわけ、Vance Haynes (1973) は、直ぐさまそうした「人工遺物」は疑わしいと考えた。Haynesは、数回その遺跡を訪れたのだが、それらの石片のどれ一つとして人工遺物だとは納得できなかった。いくつかの石は、明らかにそのほかの石か、硬い地表に叩きつけられたことによって割れたものだった。だが、そうした石片なら自然の力だけでも作り出すことができたはずである。彼は、人工遺物だと考えられている石片が由来している砂礫を考察してみた。古代の川は急流だった。それが運んできた石は、凄まじい勢いで転がっていったことだろう。そうした石のいくつかが人類の手によって造られた人工遺物のように見える形を呈するに至ったとしても、なんの不思議もない。丹念に捜せば、そうした石がついには発見されることだろう。それこそがキャリコ・ヒルズで起こったことにほかならないとHaynesは主張していた。

Mary Leakeyは、自叙伝 (1984, pp.142-4) において、キャリコ・ヒルズの発掘と、それによって夫婦の仲に亀裂が入った経緯について自らの見解を示している。彼女は、キャリコ・ヒルズの遺跡に対する彼の意気込みが明らかに自然の力によって砕けた丸石に対する判断力をまったく欠いたアプローチを引き起こしてしまい、それによって、学問の世界で彼が勝ち得ていた敬意がどれほど失われてしまったかを明らかにしている。彼女は、彼がカリフォルニア州の南部で「大立て者としてもてはやされて」おり、そうした追従に慣れ親しむことによって「個人的な誤謬絶無」に陥っていたと説明している。Mary Leakeyは、それを、「キャリコ・ヒルズの発掘は、彼の職業上の経歴にとっては破滅的でしたし、私たちがそれぞれ別の道を歩むようになったのは、主としてそのせいだったのです」(p. 142) と回想している。

（15）Bluefishの洞窟に関する以下の本文は、Cinq-Mars (1979), Adovasio (1993), Ackerman (1996) に依拠している。Ackermanは、壊れていて原型の特定が困難だとはいえ、皮から肉をそぎ落とす道具に加工されていたのではないかと思われるカリブーの頸骨の断片の年代が今から二四〇〇〇年前であり、マンモスの骨の髄のそれが今から二三五〇〇年前であると報告している。

（16）とりわけ重要な一連の遺跡がネナナ川とタナナ川の峡谷平野において発見されているのだが、それらの遺跡の名称は、狩猟採集民たちが自然界に抱いていた親密さを呼び覚ます類のものである。Dry Creek（一一一二〇±八五年（BP）：紀元前一一二三八 - 一一〇二〇暦年）、Broken Mammoth（一一七七〇±二一〇年（BP）：紀元前一二一一二 - 一一五二四暦年）、Swan Point（一一六六〇±六〇年（BP）：紀元前一一八六八 - 一一五二一暦年）、Owl Ridge（一一三四〇±一五〇年（BP）：紀元前一一五二一 - 一一一九一暦年）、Walker Road（一一一二〇±一八〇年（BP）：紀元前一一三八九－一〇九六八暦年）。これらの遺跡の年代が初期である一方、その年代測定に用いられた素材が人々の営みと明確な関わりをもっている、あるいはその産物であるとの確信をもつことが困難なものもいくつか含まれている。だが、これらの証拠物件は、紀元前一一五〇〇年までには人々がカバノキ、マツ、トウヒの林地でバイソンやワピチを狩ったり、漁をしたり、野鳥を捕らえたり、カワウソやキツネをワナで捕らえてその毛皮を手に入れていたことを示している。アラスカの最初期のこれらの狩猟採集民たちは、ネナナ文化と呼ばれている石器を用いていた。そのいくつかの特徴は、クローヴィス文化のそれときわめてよく似ているとはいえ、樋状剥離が施されている尖頭器は発見されていない。この年代以降に新たな技術が登場し、きわめて小さな石刃が造られるようになった。これは、Bluefish の洞窟からも発見されており、デナリ石器文化と呼ばれている。この文化は、北アメリカにはまったく伝搬しなかった。ベーリンジアの西部と東部の遺跡は、West (1996) によって要約されている。

（17）「無氷回廊」の開通の年代を紀元前一二七〇〇年とする考え方は、Jackson & Duk-Rodkin (1996), Mandryk (1996) による主張に依拠しているFiedel (1999) によっても支持されている。この年代に関するもっとも最近の論考は、Mandryk (2001) によって示されている。

（18）Meadowcroft の岩窟住居に関する以下の本文は、Advasio et al. (1978, 1990) による発掘の報告書、Advasio et al. (1985) によって記述されている古代の自然環境の復元、Advasio (1993) によって示されている全体像に依拠している。Avdasio et al. (1978) は、ほぼ五〇の放射性炭素年代の一覧表を示している。私たちの関心は、そのうちの下層にあり、その七つの年代は、一九六〇〇±二四〇〇年（ＢＰ）から一三二四〇±一〇一〇年（ＢＰ）に及んでいる。これらのすべてがこれほど大きな偏差をともなっているわけではなく、その中には、一五一二〇±一六五年（ＢＰ）と一三二七〇±三四〇年（ＢＰ）が含まれている。これらのうちの最初期の年代は、籠細工ではないかと思われる樹皮のような素材から測定されたものである。これらの一連の年代よりさらに過去に遡る二つの年代、二一三八〇±八〇〇年（ＢＰ）と二一〇七〇±四七五年（ＢＰ）が示されているのだが、それらは、特定の文化とは関わりをもっていない。

（19）Advasio (1993, p. 205)

（20）一九九九年に公表された堆積物の顕微鏡検査によって、木炭の試料が地下水によって汚染されている痕跡がまったく見当たらないことが明らかにされ、一九七〇年代に発掘されていた証拠物件の年代の妥当性が確認された（Goldberg & Arpin, 1999）。

（21）沿岸の陸路／海路という考え方は、一九六〇年代に Chard によって最初に提起された。しかしながら、それを考慮に値する仮説に発展させた最初の人物は Fladmark であり、それは、Fladmark (1979) に明らかである。

(22) 沿岸の陸路／海路というシナリオの全体像は、Gruhn (1994) によって示されている。古代の自然環境にもとづく証拠物件の提示は、沿岸の陸路／海路の可能性にさらなる支援を与え、今から一一五〇〇年前に「無氷回廊」を通り抜ける陸路の可能性に対して以前にも増して異議が唱えられるようになった。つまり、この年代は、最初のアメリカ人たちにとってあまりにも遅すぎるのである。

(23) 筆者は次の章においてアメリカ先住民たちの言語の多様性の意義と取り組むつもりであることから、ここでは、BryanとGruhnの主張はまったく間違っていると指摘するにとどめておこう (Melzer, 1993b; 言語の多様性に関する代替的な解釈については、Nettle, 1999を参照)。

(24) 海岸線を経由したアメリカ大陸への移住のシナリオの一つの難点は、それが技術的な矛盾を隠蔽しているように思われることにある。最初のアメリカ人たちが沿岸を航行することができる、丸木舟よりもっと大きな舟を建造することができるだけの知力の持主であったと仮定すると、彼らの存在の唯一の具体的な証拠物件である石の人工遺物が、技術的に洗練されていた新人というよりはむしろ、私たちの祖先の猿人の道具とすら比較できる、Pedra Furadaから出土しているような粗雑なものだったのはいったなぜなのだろうか? Ruth Gruhn (1994) は、アメリカ先住民の集団を指摘することによって自らの立論を擁護している。彼女は、ティエラデルフエゴのヤーガン族の人々を考察してみていただきたいと問い掛けている。彼らは、寒冷で頻繁に暴風雨に襲われる、生存に困難な情況を強いる自然環境の中で、いかなる物質文化と呼べるようなものをもまったくもたぬまま暮らしていた人々であり、これは、ビーグル号で航海していたとき、彼らと遭遇したチャールズ・ダーウィンに強い印象を与えた事実だった。彼らが残したいかなる考古学上の記録といえども、その存在が主張されている前クローヴィス文化期のアメリカ人たちのそれとは異なっていなかったことだろう。

(25) Pedra Furadaに関する以下の本文は、Guidon & Delibrias (1986), Guidon (1989), Bahn (1991), Meltzer et al. (1994), Guidon et al. (1996) に依拠している。

(26) Bahn (1991) によって用いられている表現。

(27) Meltzer et al. (1994) は、石斧によって剥がされたものとほぼ同じように見えるこれらの剥片が、砕けている丸石そのものとともに洞窟の堆積物に埋め込まれており、間違って本物の人工遺物として解釈されたのだと結論づけた。Guidon自身は、浸蝕作用によって剥がれ落ちた丸石が人工遺物の供給源にほかならなかったことは認めたとはいえ、破砕が純粋な自然現象に起因していたとの結論は拒否した。だが、それは、きわめて説得力のある結論である。砕けている丸石が人工遺物にほかならないと仮定すれば、私たちは、ふたたびPedra Furadaの人々が二〇〇万年以上前にアフリカ大陸のサバンナに住んでいた私たちの祖先が造っていたのと同程度の粗雑な道具を製作したのはいったいなぜなのかを問わなければならない。最初期のアメリカ人たちがアフリカ大陸、アジア、ヨーロッパにおいて簡素な石器を一〇〇万年以上もの永きにわたって造ってきた種、つまり、化石人類とはまるで異なった新人であることに異を唱える人など誰一人としていない。アメリカ大陸においてはもっとも原始的な技術にまで後戻りしてしまったのはなぜなのか、また、今から四〇〇〇〇年以上前から一貫して同じ形状の石器を造り続けたのはなぜなのか？　世界のそのほかのすべての地域において新人の文化は絶えざる変化によって特徴づけられているにもかかわらず、Pedra Furadaでは、技術的な進歩の形跡がまったく見当たらない。また、その地域のそのほかのすべての洞窟からはその種の人工遺物が出土していないのはいったいなぜなのか？　それは、たぶんそれらの洞窟の堆積物には浸蝕作用という自然現象によって崩落して砕けた珪岩が埋め込まれていないからだろう。

（28）Meltzer et al. (1994) は、流水が旋回したことによって容易に形づくられる円形に配列されている小石のような、その遺跡のそのほかのいくつかの「遺物」にも疑念を抱いている。

（29）Meltzer et al. (19994) より。

（30）Guidon et al. (1996) より。

24　現代社会に残されているアメリカの過去

（1）Turner (1994)。Meltzer(1993a)は、Turnerの研究を鮮やかな手際で要約している。

（2）Ruhlen (1994) からの引用。

（3）Greenberg (1987)

（4）Greenberg et al. (1986)

（5）以下の本文は、Goddard & Campbell (1994) に依拠している。

（6）たとえば、Christy Turnerは、いくつかの歯の特徴を共有している北西海岸のアメリカ先住民の部族を突きとめていたのだが、これは、Greenbergによって実地調査されていたナデネ語族とは共通性をまったくもっていなかった。

（7）Nichols (1990)

（8）Nettle (1999)

（9）Nettleによれば、ヨーロッパ人との接触は、想定されている言語数の減少が起こる前に始まった。この接触それ自体は、先住アメリカ人の言語、とりわけ、東海岸の人々のそれの大幅な減少を引き起こしていた。事実、Alan Bryanがアメリカ大陸への初期の移住の証拠物件として用いている西海岸の相対的な言語数の多さは、David Meltzerによれば、「西海岸が、土着の個体群がヨーロッパ人との接触と疾病による致命的な影響を切り抜け、集中的な言語の実地調査が始まった一九世紀の末葉まで生き延びていた、大陸の一つの地域だったからにすぎない」(Meltzer, 1993b)。

（10）とりわけ最初のアメリカ人たちの研究に関してミトコンドリアＤＮＡに認めることができる長所の論考については、

Wallace (1995) を参照。

（11）Torroni (2000)。この技術用語は「ハプログループ」と呼ばれている。それは、ハプロタイプによって明確に識別される集団、つまり、制限酵素断片長多型にもとづいて分析されたとき、一連の遺伝標識を共有している集団である。さらに詳細な情報については、Torroni (2000, pp. 78-80) を参照。

（12）Horai et al. (1993)

（13）Torroni et al. (1994)

（14）Bonatto & Salzano (1997)。Stone & Stoneking (1998) は、有史前の先住アメリカ人の共同墓地に由来する古代のDNAの試料に依拠することによって同じような結論に到達し、一回の移住の年代を今から二三 - 三七〇〇〇年前と想定している。Torroni (2000) は、ミトコンドリアDNAに関するすべての研究を精密に調べ上げることによって共通領域を見つけ出そうと試みている。

（15）歴史遺伝学と歴史言語学は、同じような問題に直面しており、Renfrew (2000) によって例示されているように、相互に支え合うためにはそれらの研究が一体化されなければならない。

（16）これらの問題は、人類が進化していった途方もなく永い時間的な間隔ではなく、移住のような、それに比べればはるかに時代が下る人類の歴史と取り組もうとすれば、さらに深刻になる。想定されている突然変異の発現頻度のほんの少しばかりの違いは、移住の時期の推定値を数千年も変えてしまい、その結果として、おそらくは、今から一二〇〇〇年前を一五〇〇〇年前に、今から二〇〇〇〇年前を三〇〇〇〇年前にすら書き換えてしてしまうことだろう。そうした数千年の違いは、新人の起源（今からほぼ一三〇〇〇〇年前）や、新人と類人猿が共有していた最後の祖先の年代（今からほぼ五〇〇 - 六〇〇万年前）といった何十万年も前に起こった事柄の年代を推定する場合には、さほど大きな障害にはならないかもしれない。しかしながら、数千年は、アメリカ大陸への移住の解明にとっては、途方もないほど大きな違いを生みだしてしまう。ここで求められている精度は、現段階においては、突然変異の発現頻度と、それが個々の遺伝子の間でどのように異なっているのかに関する私たちのかぎられた理解によって達成できる限度をはるかに越えているということなのかもしれない。

（17）Chatters (2000) によって示されている数値。

（18）Steele & Powell (1994)

（19）Chatters (20000)。Kennewick Man の左手の第五中手骨の断片の年代は、八四一〇±六〇年（BP）（紀元前七五七四 - 七三七七暦年）と測定されている。

25　チンチウアップの川岸にて

（1）この章は、Dillehay (1989, 1998) の Monte Verde の発掘の最終的な報告書と二つの簡潔な論文（Dillehay, 1984, 1987）に依拠しており、筆者による復元は、特別の但し書きがないかぎり、彼が提示している証拠物件にもとづいている。彼自身、Dillehay (1987, p. 12) においてその遺跡と取り組んだとき、困惑し、圧倒されたと述べている。

（2）Monte Verde からは人骨の残骸がまったく出土していないことから、その遺跡の居住者たちの身体的な外見に関するいかなる叙述も、今から一〇〇〇〇年前以前のそのほかの骨格の資料（Steele & Powell, 1994; Chatters, 2000）に依拠した純然たる推測にもとづいている。

（3）Meltzer (1997) は、アメリカ大陸の考古学に関する該博な知識にもとづき、Monte Verde に関する著作である Dillehay (1989, 1997) を、アメリカの考古学にとって画期的な事件だと表現している。

（4）MV—IIの一一の放射性炭素年代は、一二七八〇±二四〇年（BP）（紀元前一三八〇二－一三一八八暦年）から一一九九〇±二〇〇年（BP）（紀元前一二三六五－一一五七八暦年）に及んでいる。Dillehay は、これらの年代の中から今から一二五七〇年前（これは、紀元前ほぼ一二五〇〇年と較正されている）がもっとも適切な年代だと考えている。

（5）MV—I の年代は、三三三七〇±五三〇年（BP）と、＞三三〇二〇年（BP）、つまり、それよりはるかに遡ると測定されている。現時点では、こうした年代を較正することは不可能なのだが、それらの数値は、おそらくは、遅くとも紀元前三六〇〇〇年を指していると考えて間違いあるまい。

（6）Monte Verde のマストドンの骨の残骸が狩りと死肉の利用のいずれに由来していたかは明らかにされていない。筆者が示している支脚皿と内蔵の利用法は、民族学にもとづく類比に依拠した純然たる推測である。Dillehay (1992) は、Monte Verde における人類とマストドンの関係を論じている。

（7）Lubbock (1865, pp. 234-5)。この原文は、A. C. Koch 博士によって一八五七年に出版された The Transaction of the Academy of Science of St Louis の六一頁に記載されている。

（8）Advasio & Pedler (1997)

（9）Meltzer (1993b, pp. 159-60) を参照。

26　目まぐるしく変化していた大自然の探検者たち

（1）北アメリカの動物相の特徴と進化に関する筆者の本文は、Sutcliffe (1986) に収録されている資料に依拠している。

（2）今日ではカリフォルニア州のロサンジェルスに位置しているランチョ・ラ・ブレアからは、今から三六〇〇〇年前から一〇〇〇〇年前に至る更新世の動物相の実に数多くの化石が発見されている。この時代の全体を通して、タールが自然にしみ出ていた小さな沼は動物たちを捕らえ、その結果として、天然のアスファルトに埋め込まれた夥しい量の化石のコレクションを私たちに与えてくれた。これらの化石は、一八七五年に初めて明確に理解され、その時以降、マンモスから鳥類や無脊椎動物に至る一〇〇トン以上もの化石が回収された。その詳細な研究は、Stock (1992) によって示され、Sutcliffe (1986) はそれを要約している。

（3）アメリカ大陸の南西部の洞窟において知られている、低い湿度と均一な気温という条件の下で、糞は、菌類による腐朽とバクテリアと昆虫の攻撃を免れることができた。グランドキャニオンの内部で発見されたRampartの洞窟からは、最良の状態で保存された糞の玉が回収されており、それは、Martin et al. (1961) とHansen (1978) によって記述されている。

（4）Martin et al. (1985)

（5）かつて北アメリカや世界のそのほかの地域に棲息していた大型動物相の絶滅種に関する記述は、Martin & Klein (1984) によってなされている。

（6）「大型動物相」という用語は、体重四〇キロ以上の動物を示すために用いられている（Martin, 1984）。北アメリカにおける絶滅の概観は、Stuart (1991), Mead & Meltzer (ed., 1985), Grayson (1989) によって示されている。

（7）Martin & Klein (1984) は、世界全体の大型動物相の絶滅について記述している。アフリカ大陸のその種の動物はごくわずかしか失われなかったのだが、それがいったいなぜなのかは明らかにされていない。一つのシナリオは、人類がアフリカ大陸で進化したことから、その大型動物相は、群生と移動という行動様式を発達させることによって、人類による補食を最小化させていたという可能性である。もっとも数多くの種の絶滅は、時代が下ってから人類が進出していった大陸において引き起こされており、それは、その動物たちがそれまでは人類による補食に対する回避や防衛の仕組みをまったく発達させる必要がなかったことに起因していたと考えることができるのかもしれない。オーストラリア大陸における大型動物相の絶滅は三四章において、アフリカ大陸におけるそれは、四九章において考察されている。

（8）北アメリカにおける自然環境の変化に関する以下の本文は、もっぱらPielou (1991) の物語的な著作に依拠している。

（9）これは、氷床に関するPielou (1991) の考え方である。

（10）北アメリカにおける新ドリアス期の影響は、今なお明らかにされていない。文献にもとづく筆者の研究では、それは、かなりな程度だったと思われるのだが、David Meltzer (pers. Comm.) は、考古学と古環境に関するさらに包括的、かつ、詳細なデータによって裏づけられた知識にもとづき、新ドリアス期が北アメリカの植物の群落、動物の群集、人類の文化に引き起こした影響を誇張することに対して慎重な注意を喚起している。

（11）Anderson & Gillam (2000) は、アメリカ人たちがたどった可能性のある特定の経路を、「無氷回廊」と北西海岸を経由した進出という、犠牲を最小限にとどめるシナリオによって提起している。

（12）誰の眼にも明らかな、最初のアメリカ人たちによる急速なアメリカ大陸への進出は、彼らが高度な移動性と高い出生率のいずれをも備えていたことを示している。Surovell (2000) は、狩猟採集民たちの高い移動性が、一つには幼い子供たちを運ばなければならないことにから、一般的には、高い生殖率とは両立しないと指摘しつつも、最初のアメリカ人たちにとっては高い出生率と高度な移動性のいずれもが、事実上、可能だったと提唱している。Meltzer (n.d.a.) も、また、アメリカ大陸への初期段階の移住を取り巻いていた個体群統計学にもとづく問題を論じている。

(13) Meltzer (n.d.a.) は、アメリカ大陸への移住における「自然環境学習」の問題を論じているのだが、これは、残念なことに、新世界への移住を論じている数多くの文献では無視されている論点である。

(14) 氷河から水が溶け出したことによって生みだされた湖沼に関する以下の本文は、Dawson (1992) に依拠している。

(15) Broecker et al. (1989) は、ローレンタイド氷床から溶け出した水によって引き起こされた海流の変化が新ドリアス期を誘発したと論じている。今から一三〇〇〇年前までは南大西洋から北に向かって流れていた摂氏一〇度程度の温かい海流は、北緯ほぼ六〇度、具体的には、ラブラドル半島やスコットランドの北部の海域に到達したとき、沈み込んでいた。それは、ほぼ摂氏二度まで冷やされ、低い水深を南に向かって逆流していた。海流が沈み込んだとき、その熱が大気へと発散し、それが最初に引き起こした結果は、ヨーロッパ全土に吹き込んできた温かな風だった。その二番目の結果は、今から一四〇〇〇年前にはヨーロッパの人々が、北アメリカの同じ緯度の地帯に住んでいた人々が着込んでいたほど分厚い衣服を身に着ける必要がなくなったということだった。それと同じことは、今日にも当てはまる。一直線に東に向かってニューファンドランドで休暇を楽しもうとしているイギリス人であれば誰であれ、余分の衣類を持参した方がよい。今から一三〇〇〇年前にアガシー湖から海洋へと流出し始めた大量の水は、このいわゆる「ベルトコンベヤー・システム」を混乱させたのかもしれない。真水は、南大西洋から流れてきた海水の塩分濃度を下げる。塩分を希釈させた海流は沈み込まないことから、熱が大気中に発散されられることもない。その結果が、あるいは、少なくとも一部の科学者たちによって主張されている結果が、新ドリアス期であり、それゆえにこそ、ナトゥフ文化期の狩猟採集民たちは、たんに野生の植物を採集するだけではなく、その栽培を始めなければならなかったのである。新ドリアス期は、アガシー湖の水が北大西洋に流入し続けるかぎり継続した。

(16) Bechan1の洞窟と、コロンビアマンモスの食性と習性の簡潔な要約については、Lister & Bahn (1995) を参照。

(17) Dillehay (1991) は、疾病生態学とアメリカ大陸への人類の移住を考察している。

(18) Meltzer (1993a)

(19) クローヴィス文化の伝統の起源については長年にわたって議論されてきた (Stanford, 1991)。これは、クローヴィス文化期の人々が最初のアメリカ人だと考えられていたときには、特別な問題だった。両面から打ち欠かれ、樋状剥離が施されていた投げ槍の尖頭器は、きわめて稀な例外を除いて、ベーリンジアからは発見されておらず、その例外も、クローヴィス尖頭器そのものとは関わりがなかったのかもしれない。Goebel et al. (1991) は、アラスカのネナナ文化複合がクローヴィス文化の先触れだったと論じている。たとえこの文化が樋状剥離が施されている尖頭器を欠いていたとしても、それは、石鎚を用いてフリントなどの石を割る技法や石器の形式について、クローヴィス文化期の一括遺物と類似した特徴を備えている。彼らが提示しているシナリオによれば、クローヴィス文化の技術は、南に向かって進出していった第二波の移住者たちによって北アメリカに持ち込まれた。これは、北から南への普及が年代的にまったく確認されていないという事実、さらには、東部の森林地帯において発見されているクローヴィス尖頭器の分布率がもっとも高いという事実と矛盾しているように思われる。一九九七年以降、Dennis Stanford とBruce Bradleyは、クローヴィス尖頭器がヨーロッパの南西部のソリュートレ文化期の尖頭器に由来していると考え、クローヴィス文化がヨーロッパにその源を発していると提起している。その先頭器も、樋状剥離を欠いているとはいえ、両面から打ち欠かれているからである。したがって、彼らは、ソリュートレ文化期の子孫がおそらくは海産物に依存しながら氷床の端に沿って進むことによって大西洋を越えるのに五〇〇〇年を費やしたと論じている。Straus (2000) は、こうした考え方に見られる基本的な弱点を指摘しているばかりか、「考古学の一部の専門家たちが、有史前のヨーロッパの人々が新世界に移住したことを示す信頼に値するいかなる科学的な根拠をも提示することなく、アメリカ先住民がアメリカ大陸に最初に移住した人々の子孫ではないと提唱することは、私にとっては無責任であるように思われる」と述べることによってこの問題に対する自らの見解を示している。筆者は、こうした所感を是認したい。

(20) Storck (1991)

(21) Dunbar (1991)

(22) Frison (1991)

(23) Byran (1991) は、樋状剥離を施された尖頭器の全体としての伝統を、その多様性に論点を絞って記述している。

27 クローヴィス文化期の狩人たちの罪状審理

(1) Meltzer & Mead (1985)

(2) Grayson (1989)

(3) この数値には不正確さが必然的にともなうのだが、それは、一つには、放射性炭素年代そのものが少なくとも一〇〇年の偏差をもつからであり、さらには、較正に確実さが欠けるからである。

(4) Martinの主張は、事実、留保条件をまったく認めておらず、世界中の大型動物相を絶滅へと追いやったのは人類にほかならないというものである (Martin, 1984)。彼は、北アメリカのマンモスに関する最近の自らの見解をMartin (1999) において要約している。

（5）Saunders (1977) は、マンモスの年齢分布に依拠しており、それは、群全体がLehner Ranchにおいて殺戮されたことを示していた。けれども、彼は、切り傷の痕跡によって示されているいかなる証拠物件をも示しておらず、したがって、何頭ものマンモスが同時に殺されたと信じるに足る揺るぎないない根拠はない。Meltzer (pers. Comm.) や Haynes (1991) のような考古学者たちは、彼の解釈に異を唱えている。

（6）動物の骨の断片と植物の残留物は、クローヴィス文化期の遺跡ではごく稀にしか保存されていない。従来の議論は、大型の猟獣の狩りに集中していたのだが、それは、おそらくは、マンモスの骨がいくつかの遺跡に残存している確率が高く、それらの遺跡がその発見が期待されていた初期のクローヴィス文化期に由来していたという事実に起因していた。クローヴィス尖頭器が大陸のどこかで発見されると、考古学者たちは、それらが大型の猟獣の狩りに用いられたと決め込んでいた。クローヴィス文化期の遺跡の分布も、また、おそらくは、大型の猟獣の狩りの立地条件を備えた遺跡に偏向していた。多くの遺跡は、たぶん河川の峡谷平野の沖積層に深々と埋め込まれており、そこでは日々の営みは、植物の採集に集中していたのかもしれない。たとえば、テキサス州の北東部のトリニティ川の岸辺に位置しているAubreyの遺跡には植物の残留物が残されていたのだが、時代がすでに完新世に入っていたことから、それは、川の堆積物によって八メートルほど埋め込まれていた。Meltzer (1993c) は、クローヴィス文化の自然環境への適応を概観し、考古学上の記録が偏向によって歪められている現実を論じている。Dincauze (1993) は、アメリカ大陸の東部の林地におけるクローヴィス文化期の経済を概観し、Tankersley (1998) は、北東部についてそれを行っている。

（7）ペンシルヴェニア州のShownee-Minisinkは、沖積層に深々と埋め込まれていたもう一つの遺跡である。この遺跡からはその種が特定されていない魚類の残骸と、種々の植物が回収されており、それは、温帯性の森林地帯において魚の漁と植物の採集が行われていたことを指し示している (Dincauze, 1993)。Debertから回収された人工遺物の上に残されていた血痕は、カリブーに由来していることが突きとめられている (Tankersley, 1998)。ラボック湖の湖畔では小型の動物とともに、マンモス、ウマ、ラクダといった大型の猟獣が狩られていた痕跡が発見されている (Johnson, 1991)。Old Humboldtの遺跡については、ネヴァダ州のFishboneの洞窟から出土した魚類の骨についても記述しているWillig (1991) を参照。

（8）フロリダ州南西部のシャーロット港の近くのLittle Salt Springは、かつては真水の泉であり、今では水のたまる穴である。一九五九年の発掘によって巨大なリクガメの甲羅が、その甲羅の背面と腹面の間に木製のヤスが挟まった状態で発見され、そのヤスが右の前足の後側に突き刺さっていたことを物語っていた。いくつかの骨は焼かれており、それは、その場でカメがひっくり返されて炙られたことを示していた(Dunbar, 1991)。Kimmswickは、ミシシッピー川、ミズリー川、イリノイ川の合流地点に位置しており、野生のウシと仔牛、マストドン、ペッカリー、オジロジカ、地上性ナマケモノや、多種多様な小型の哺乳類の骨の残骸と関わりをもっていたと考えられる石の人工遺物が発見されている(Tankersley, 1998)。

(9) Meltzer (1993c)

(10) Haynes (1987, 1991) は、考古学に関するもっとも貴重ないくつかの研究が過去ではなく、現在を注視することによって達成されたことを示している第一流の実例である。そうした見地にもとづきHaynesは、南西部のクローヴィス文化期の狩人たちが干魃によってやせ衰えていた動物たちの絶滅にはほとんど関わっていなかったと主張した。彼は、アフリカ大陸で長年の歳月を過ごし、ゾウの個体数が激減した現場を調査した。一九八〇年代は、この種の調査には好適だった。それは、数年間続いた干魃という自然の計らいのせいで数多くの個体が餓死に追い込まれていたゾウにとっては窮乏の時代だったからである。Haynesは、干上がってしまった水たまりに集まって息が絶えてしまったゾウの死体が肉食動物によって漁られていない現場をしばしば目撃した。それゆえ、それらが埋め込まれたとき、各部の数多くの骨は、繋がったままの状態を保っていた。こうした残骸は、その地の人々による狩りと解体に関するごくかぎられた記録に示されているそれとはまったく異なっていた。そうした場合、死体は、徹底的に各部に切り分けられ、骨は、骨髄を取り出すために砕かれ、その残骸は、その辺り一帯にまき散らされていた。これらの残骸とともに人工産物が失われたり、打ち棄てられていることはめったにないのだが、それは、主として、解体に用いられた主要な道具が高価な金属製のナイフだったからである。人類の関与の形跡は、骨の上に残された解体の痕跡という動かぬ証拠を除けば、炉床だけだったかもしれない。

こうした知識を身に着けていたHaynesは、クローヴィス文化期のマンモスの遺跡を調査し、驚くべき、というよりもむしろ、「逆説的な」行動様式を発見した。一方においては、マンモスの残骸は、自然の計らいによってゾウが激減した現場と著しく似ているように見えた。それは、水たまりに位置しており、多くの骨はその時点ですら繋がった状態を保っており、切り傷の痕跡や骨を砕いた形跡は、事実上、見当たらなかった。そればかりではない。いくつかの遺跡においては、マンモスの骨は、そのほとんどが若い成体と雌に由来しており、それらの推定年齢層は、アフリカ大陸の水たまりで死んでいたゾウのそれと酷似していたのである。それゆえ、クローヴィス文化期の遺跡は、すでに知られていたゾウの殺戮と解体の現場のいかなる実例ともまったく異なっていた。それにもかかわらず、人工遺物、それも大型のクローヴィス尖頭器の存在は、人類がそれらの死体となんらかの形で関わっていたことを紛れもなく指し示していたのである。

（11）アメリカ大陸の南部と西部の全域におけるクローヴィス文化期の考古学上の遺跡の分布は、クローヴィス文化期の人々にとって水の安定した確保が猟獣とともに重要だったことを示している。Dunbar (1991) は、フロリダ州のクローヴィス文化期の遺跡の圧倒的多数が低地と「水のたまる穴」——石灰岩の浸食や岩石の崩落によって作り出された地面の凹み——のまわりで発見されていると述べている。これらは、その地のオアシスの役割を果たしていたと思われるのだが、新ドリアス期に入るとしだいに干上がっていった。同じような状況は、南部の草原地帯（Johnson, 1991）とはるか彼方の西部（Willig, 1991）においても認めることができる。それにもかかわらず、クローヴィス文化期の人々は、フォルサム文化期の子孫と比較すれば、はるかに表流水に恵まれた自然環境の中で暮らしていたのかもしれない。Meltzer (pers. comm.) は、クローヴィス文化期の干魃の存在を疑問視しており、Holliday (2000) は、その根拠を批判的に再考している。アメリカ大陸南西部では最終氷期最盛期は、湿潤で寒冷な時代であり、今では干上がっている数多くの湖沼が存在していた（Li et al., 1996）。MockとBartlein (1995) は、それを寒帯前線ジェット気流の変化の結果だと指摘しているのだが、こうした気象条件は、新ドリアス期にも当てはまっていたのかもしれない。旧世界のそのほかの地域が新たな干魃に苦しめられていた一方、アメリカ大陸南西部の降雨量は増大していた。クローヴィス文化期の干魃という考え方をもっとも説得力のある論拠によって論じているのは、Vance Haynes (1991) である。彼が提示している重要な根拠は、Murray Springs の泉の底の「黒ずんだ基盤」——泉の堆積物がぎっしり詰まっている層位——である。それは、地下水面の急激な上昇を指し示しており、その上の層からはマンモスの骨はまったく発見されていない。Haynesは、かつてはそれが新ドリアス期の終焉を示していると考えていた。けれども、そうした見解を改め、それがその始まりを示していると提唱しているのだが、その方が、紀元前一〇八〇〇年に幕を開けた新ドリアス期の直前の紀元前一〇九〇〇年頃に終焉を迎えたクローヴィス文化期の年代記（Fiedel, 1999）とより同調している。

（12）クローヴィス文化期の人々は、アパラチア山脈の洞窟に見られるような、誰の眼にも明らかな墓をまったく作っていなかったように思われる。Walthal (1998) は、クローヴィス文化期と前期完新世の洞窟の遺跡にも墓が見当たらないと指摘している。

（13）ネヴァダ州のFishboneの洞窟では、墓とともに魚類、マンモス、ウマ、ラクダ、鳥類の骨の残骸が発見されており、その放射性炭素年代は、一一二五〇±二六〇年（BP）から一〇九〇〇±三〇〇年（BP）に及んでいる（Willig, 1991）。

（14）Lahren & Bonnichsen (1974)

（15）Anzickの貯蔵所は、投げ槍の骨製のフォアシャフトをいくつか含んでいた。フォアシャフトは、尖頭器そのものが取りつけられる投げ槍の先端部であり、尖頭器が動物に突き刺さると、折れることによって狩人たちは矢柄を容易に回収することができた（Lahren & Bonnichsen, 1974）。

（16）クローヴィス文化期の人工産物の数多くの貯蔵所は、大陸全土において知られている（Stanford, 1991）。Simonの遺跡として知られているモンタナ州の貯蔵所は、赤色の赭土で被われた、とりわけ大きな投射尖頭器をいくつか含んでおり、これは墓だったのかもしれない。これらのうちもっとも人目を引くのは、Ritchie-Robertsとして知られている、ワシントン州の中央部で発見された貯蔵所であり、その中から長さが一〇センチからなんと二三センチにも及ぶ、樋状剥離が施された精巧な造りの一四個の尖頭器が発見されている。これほど大きな尖頭器が実際に使われたか否かは疑わしく、おそらくは、主として道具の製作技術を誇示するために造られたのだろう。コロラド州のDrakeの貯蔵所からは新たに造り出された、あるいは、先端をふたたび削り出した一三個の尖頭器が出土しており、象牙のちっぽけな断片は、たぶんフォアシャフトの残骸だと思われる。

（17）Taçon (1991) は、オーストラリア大陸のアーネムランド西部における石の用途の象徴的な側面と道具の発達について記述している。「夢の時代」の神話のもっとも重要な画像の一つである虹蛇（三六章を参照）は、そのほかの祖霊を飲み込み、次いで、その骨を吐き出すよう強いられていた。これらの骨は、オーストラリア大陸の峨々たる石灰岩の山脈や石英の断層崖といった自然環境を形づくっており、アボリジニーたちは、そうした自然から石の尖頭器を造り出す材料を得ていた。それゆえ、石の尖頭器は、祖霊の精髄を体現しており、神秘的な特性を賦与された貴重な対象だった。石の人工産物は、性とも関わりをもっていた。アボリジニーの社会では石斧と石の尖頭器は男たちに属しており、その財産だとされていた（Taçon, 1991）。クイーンズランド州北部のヨロント族の女たちや若い男たちは、年輩の男たちから石斧を借りなければならず、そうすることによって、それらの男たちの社会における権限を補強していた。石の尖頭器は、アボリジニーの数多くの集団においてはペニスの暗喩だと考えられていたのだが、それは、その形と堅さのせいばかりでなく、そのいずれもが肉を貫通するために用いられていたからである。

（18）MacPhee & Marx (1999)

（19）きわめて重要な問題は、骨がその中に埋め込まれていた土壌の中の有機物や発掘者による、あるいは、発掘前の調査段階における汚染である。

（20）Lundelius & Graham (1999) とGuthrie (1984) は、後期更新世の動物の絶滅に関して、季節間格差と植生の変化に集中することによって、自然環境にもとづく解釈を施している。

（21）いくつかの種は、事実上。そのほかの種とともに生態学的な群集を維持しており、ある種をその中から取り除いてしまうと、その群集が崩壊するということなのかもしれない。生態学者のNorman Owen-Smith (1987) は、マンモスがこの役割を演じたのだと提唱している。そのほかの数多くの種が生き残っていくための状況の維持に不可欠だったマンモスは、彼の用語を借れば、「要石的な種」だった。私たちは、今日のゾウによってそれを理解することができるに違いない。ゾウたちは、樹木を踏み倒し、実生苗を根こぎにすることによって自分たちの棲息地を維持している。そうすることによって、ゾウたちは、数多くの種類の植物の繁茂を確保し、草や若芽をエサとしている一連の動物の生存を支えている。ゾウが姿を消してしまうと、自然環境が同型の低木林や林地に変わり、それは、今よりはるかに少ない種しか支えることができない。それゆえ、Richard Leakeyは、ゾウが絶滅してしまえば、そのほかの数多くの種がその後を追うことだろうと指摘している。これは、おそらくは、氷河時代がその幕を閉じようとしていた時代の北アメリカにも当てはまることだろう。季節間格差の増大に起因するマンモスの絶滅は、その種の一連のプロセスを誘発し、生物多様性の大規模な喪失が引き起こされたのである。

(22) Pielou (1991)

(23) 氷河時代の動物の絶滅に棲息地の喪失が演じた役割を探究しようとするとき、私たちは、私たち自身の経験に依拠しようとするかもしれない。だが、過去五〇〇年の間に世界中でほぼ九〇種の哺乳動物が絶滅したとはいえ、その圧倒的大多数は、人類による狩りや疾病ではなく、棲息地の破壊のせいでそうした状況に追い込まれてしまったのである。ただし、これらの動物は、氷河時代が終焉を迎えたとき失われてしまった種とはまったく逆の状況に置かれていた。それらのうちの大多数は、齧歯類、トガリネズミ類、翼手類（コウモリ）によって占められており、そのうちの七五パーセント以上が小さな島に棲息していた。その点に関しては、大陸から失われた大型の動物との共通点はまったくないといったとしても、それはけっして誇大な表現ではない。

(24) S. L. Vartanyan et al. (1993)。Lister (1993) は、この発見の意義について有益な論評を加えている。

(25) 本書の執筆に着手した一九九〇年代の初め頃以降、干魃の証拠物件にはますます異議が唱えられるようになっている (Meltzer, pers. Comm.; Holliday, 2000)。

(26) こうした技能は、生態学者たちが今日の動物の個体群の増大と減少の推定を研究するときにも有益である。筆者は、一九八〇年代の初め頃、ケンブリッジ大学の生態学者Steve AlbonとClutton-Brockのためにスコットランドのラム島に棲息しているアカシカの群に関するプログラムの作成に少しばかりの時間を割いたことがある。ケンブリッジ大学で教鞭をとっていたとき、ゾウの生態学者Keith Lindseyが筆者と接触をもとうとしてきたことがあった。ボツワナにおける現地調査によってアフリカゾウの群に気象条件の変化と密漁が与える影響の推定値を知ろうとしていた彼をはじめとする生態学者たちは、ゾウの繁殖の頻度と干魃がそれにどのような影響を与えるかといった情報を筆者に提供することができた。

妊娠期間（二四ヶ月）や性的に成熟するまでの期間（九－一三年）といった数値は、筆者にとっては、実に驚くべきものであり、水が不足している時期の幼獣が最初の誕生日を迎えることができる確率は、五分五分という厳しいものだった。こうした厳しい条件は、干魃が二年、あるいは、それ以上続くとさらに増幅される。筆者は、こうしたデータを処理するために数学と取り組み、ゾウの個体群の変遷の型を描き出すコンピューター・シミュレーションを開発した。

（27）Mithen (1993, 1996)

（28）筆者は、大型動物相の絶滅に人類が演じた役割をきわめて恣意的に断定している人々にとってはこうした不愉快な事実を思い出させてくれたDavid Meltzerに謝意を表しておきたい。

28 「処女性」の再考

（1）この遺跡の年代は、一〇四二〇±一〇〇年（BP）（紀元前一〇八二八－五〇一六二暦年）と一〇二八〇±一一〇年（BP）（紀元前一〇六二〇－九七五一暦年）である。この遺跡からはグアナコ、キツネ、ウマ、ラクダ、齧歯動物、鳥類の骨と、先端を削り出した剥片の一括遺物が出土している(Dillehay et al., 1992)。

（2）Lubbock (1865, pp. 189-91)。以下の引用文のすべてはこれらの頁から取られている。

（3）以下の本文は、Lubbock (1865, pp. 432-9) から引用されている。

（4）Lubbock (1865, p. 440)

（5）Bird (1938)

（6）南アメリカの南部の魚尾型尖頭器の概観については、Politis (1991) を参照。

（7）貧歯類に属しているこの地上性ナマケモノは、ミロドン（Mylodon darwinii）とも呼ばれている。この種がパタゴニアでいったいいつ頃まで生き残っていたかは明らかにされていない。Bruce Chatwin (1977) がチリ南部のミロドンの洞窟を、かつてその洞窟の中で発見されたとされているミロドンの一枚の獣皮を求めて訪れ、その洞窟の内部で体毛を発見したと記述しており、その旅行記は、かなり有名になったのだが、その記述の信頼性は疑問視されている。たとえば、その洞窟に関する彼の基本的な描写は、まったく不正確だからである。Borrero (1996) は、後期更新世の人々は、ミロドンを狩っていたというよりはむしろ、その死肉を漁っていたのだと論じている。

（8）Fellの洞窟の放射性炭素年代は、一一〇〇〇±一七〇年（BP）（紀元前一一二二二－一〇九一四暦年）から一〇〇八〇±一六〇年（BP）（紀元前九九八七－九三一〇暦年）に及んでいる (Politis, 1991)。

（9）Palli-Aikeの洞窟について彼が測定した放射性炭素年代は、それより一〇〇〇年ばかり時代が下っていた。Birdは、その洞窟から魚尾型尖頭器を造っていたと考えられている人々の数体の人骨も発掘している（Dillehay et al., 1992）。
（10）実に残念なことに、筆者は、アマゾン川流域の自然環境と最近のアマゾン川流域の人々の慣習に関する描写は、そのすべてを二人の旅行家の記録に依拠している。その一人は、Charles Darwinとともに自然淘汰を発見したAlfred Russel Wallace (1889) であり、彼は、一八八九年にTravels on the Amazon and Rio Negroを出版している。もう一人は、その一〇〇年以上後にアマゾン川流域に関する日誌を出版した野生動物の写真家Nick Gordon (1997) である。
（11）少なくとも、この広大な地帯のうち、アマゾン川流域のカラジャスの低地とパタ湖から得られた二つの試料と、アマゾン川の河口域の海底に由来している一つの試料に含まれていた花粉の配列から判断するかぎり、それが実情だったものと思われる（Colinvaux et al., 2000）。
（12）その居住地の薪と炭化した植物から五六の放射性炭素年代が確定されており、それは、一一一四五±一三五年（BP）（紀元前一一三九四 - 一一〇二二暦年）から一〇〇〇〇±六〇年（BP）（紀元前九六七七 - 九三一〇暦年）に至る一二〇〇炭素年に及んでいる（Roosevelt et al., 1996）。Vance haynesとDina Dincauzeは、最初期の年代に異議を唱え、最初期の年代の標準誤差が大きいことから、最初の居住のもっとも信頼度の高い時代が今から一一二〇〇年前ではなく、一〇五〇〇年前だと提唱している。Rooseveltは、それに反論し、最初期の年代が最下層に由来している層位学にもとづく年代配列を指摘している（Gibbons, 1996）。
（13）魚は、アマゾン川流域の人々にとって昔も今も食の楽しみの一つであり、水面に落ちた樹木の種子や果実をエサとしている大型淡水魚コロソマの目玉は美味とされている（Gordon, 1997）。
（14）南アメリカの初期の土器の論評については、Roosevelt (1995) を参照。
（15）アマゾン川流域の有史前の完新世の文化の発達は、Roosevelt (1994) によって簡潔に要約されている。有史前と最近のアマゾン川流域の先住民に関するさらに包括的な論評については、Roosevelt (1994) を参照。
（16）Roosevelt et al. (1996)
（17）この可能性は、Gibbons (1996) によって引用されているように、Dina Dincauzeによって提起されてきた。

29　牧夫と「幼児《おさなご》キリスト」

（1）標高が二五〇〇メートルを越えると、人々は、気圧の減少に起因する酸素の摂取量の低下のせいで低酸素症に苦しめられる。その徴候には、吐き気、疲労感、過呼吸、見当識失調、眩暈が含まれており、それは、一般的には、二四時間から四八時間ばかり継続する。高地の居住者たちは生理的にそれに適応するようになる（Aldenderfer, 1998）。
（2）筆者のプーナの描写は、Rick (1980, 1988) によって示されている情報に依拠している。

(3) Pachamachay の洞窟は、そのほかの考古学者たちによって一九六九年、一九七〇年、一九七三年にすでに発掘されていた。Rick (1980) は、一九七四年に洞窟の内部に一メートル四方の比較的小さな割掘りを、一九七五年には洞窟の直ぐ外側に三メートル四方の割掘りを掘って発掘を行った。彼は、三三層のうちの下から二番目の層の年代を今から一一八〇〇±九三〇年前と測定しているのだが、その年代の価値は、偏差の値が大きいことから、かぎられている。

(4) リャマとアルパカ、グアナコとビクーニャの間には体躯の違いがある。門歯の形も、また、特徴の判断基準として用いられており、ビクーニャの門歯は、開いた歯根に対して互いに平行に並んでおり、その間にほとんど隙間がない。グアナコとリャマの門歯は閉じた歯根に対して互いにへら状をなして並んでおり、アルパカの門歯はその中間である (Browman, 1989)。

(5) Smith (1995) は、フミン盆地のいくつもの動物相の残骸の変化を要約している。

(6) Browman (1989)

(7) アンデス山脈中央部の野生植物の栽培植物化に関する論考については、Smith (1995) を参照。

(8) Pearsall (1980) は、Pachamachay の洞窟から出土した植物の残留物を詳細に記述し、その当時の人々と最近の人々の植物の利用法について論評している。

(9) 今から一二五〇〇年前のペルーの沿岸の遺跡 Quebrada Tacahuay では鵜などの海鳥とカタクチイワシなどの魚類が利用されていた (Keefer et al., 1998)。前期完新世の時代にこれらの資源も、また、利用されていたことを疑問視する理由はまったく存在していない。

(10) Quebrada Tacahuay の遺跡については、Sandweiss et al (1998) によって記述されている。その遺跡からは後期更新世の遺物が出土しており、その最初期の放射性炭素年代は、一一一〇五±二六〇年(BP)(紀元前一一四五九-一〇九四四暦年)であり、前期完新世の遺物のそれは、七五〇〇±一三〇年(BP)(紀元前六四五八-六二二六暦年)である。黒曜石が後期更新世の層位から発見されており、その微量元素によってその産地が一三〇キロ離れた高地であることが突きとめられている。

(11) Keefer et al. (1998)

(12) Keefer et al. (1998)。九つの放射性炭素年代が公表されており、それは、一〇七七〇±一五〇年(BP)(紀元前一一〇五一-一〇四八七暦年)から七九九〇±八〇年(BP)(紀元前七〇五七-六七七一暦年)に及んでいるのだが、この分布から大きく外れた年代は、四五五〇±六〇年(BP)(紀元前三三六七-三一〇一暦年)である。その報告書は、これらの試料のすべてが、あるいは、そのうちのいくつかが、考古学上の遺物の年代を直接示していることを確信させる上で不十分な情報しか与えてくれない。たとえば、一〇五三〇

±一四〇年（BP）（紀元前一〇八九一－一〇二二八暦年）は、打製石器の人工遺物とともにたまたままき散らされていた大量の試料――木炭の断片――について計測されている。考古学上の原材料も、また、きわめて広い範囲に散在しており、それが純然たる居住の遺跡だったのか、それとも、人工産物の加工場だったのかに関する決定的な証拠物件を与えてくれない（Meltzer, pers. Comm.）。

（13）エルニーニョに関する以下の記述は、Houghton (1997) から引用されている。

（14）一九九七－八年のエルニーニョが引き起こした衝撃については、World Disasters Report の一九九九年版に記述されている。

30　オアカハ峡谷に関する二つの解釈

（1）Flannery (1986) には Guilá Naquitz の遺跡の周辺の現代と過去の自然環境、彼によるその発掘、農耕の起源についてその遺跡がもっている潜在的な重要性に対する包括的な研究が収録されている。本章に示されている Flannery による発掘とその解釈は、当該書に依拠している。Marcus & Flannery (1996) には、オアハカ峡谷の自然環境、農耕の発達、都市社会に関する卓越した判断が示されている

（2）Lubbock (1865, p. 233)

（3）以下の本文は、中央アメリカの農耕の起源を簡潔に要約している Smith (1995) に依拠している。

（4）「怒りっぽい」Richard MacNeish と呼ばれていた MacNeish は、総計五六八三日を、主として中央アメリカと南アメリカの地面を掘ることに費やした。彼は、マサチューセッツ州アンドーヴァーの「ロバート・P・ピーボディー考古学財団」の理事としてその生涯を終えた。野外調査に専念した一流の考古学者だった彼は骨身を惜しまず発掘に精を出し、酒を浴びるほど飲み、車を疾走させていたのだが、二〇〇一年一月一六日にビリーズで引き起こした交通事故の後に八二歳で息を引き取ったのは、そのうちの後者のせいだった。MacNeish は、考古学に情熱を傾けており、その度合いといえば、彼を病院まで運んだ運転手がたまたまアマチュアの考古学者だったことから、その道すがら自分が手掛けていた「仕事の話」を語り続けたほどだった。

（5）Guilá Naquitz から出土したトウモロコシの穂軸は、それが栽培植物化の途上にあったことを示しており、その年代は、五四一〇±四〇年（BP）（紀元前四三四〇－四二二〇暦年）から五四二〇±六〇年（BP）（紀元前四三五五－四〇六五暦年）に及んでいる（Piperno & Flannery, 2001）。Benze (2001) は、これらの穂軸がトウモロコシの原種がブタモロコシであることの論証にどれほど裨益しているかを論じている一方、Smith (2001) は、新世界における農耕の起源にとってこれらの年代がもっている一般的な意義を論じ、考古学と生物学のデータが収斂することの重要性を強調している。

（6）Matsuoka et al. (2002) は、現代のトウモロコシの品種

の系統発生論にもとづく研究を行うことによって、単一の栽培植物化がなされたと想定される年代を確定し、その栽培種からいくつもの変種が生みだされていったと論じている。
（7）Smith (1997)。彼は、Guilá Naquitz から出土した、形態学上の一連の特徴を示しているカボチャの種子と花柄の試料の九つの放射性炭素年代を測定しており、それは、栽培植物化が八九九〇±六〇年（BP）（紀元前八二〇七ー七九七〇暦年）から六九八〇±五〇年（BP）（紀元前五九七〇ー五七九〇暦年）に及んでいることを示している。
（8）筆者が要約し、その当否を論じている二つの解釈の詳細な記述については、Flannery (1986; Marcus & Flannery, 1996) と Hayden (1990) を参照。
（9）狩猟採集民たちの意思決定の研究については、Mithen (1990) を参照。
（10）Flannery (pers. Comm.) は、我々が知るかぎりにおいて、この時代（紀元前八〇〇〇年）には、カボチャの種子だけが食用とされていたことを強調している。その上で彼は、オレンジほどの大きさの果肉から取り出された種子を巡る競合的な祝宴の有様を想像してみていただきたいと問い掛けている。
（11）Gheo-Shih は、Frank Hole によって研究され、Flannery & Marcus (1983) によって記述されている。この遺跡からは放射性炭素年代の測定の決め手となる木炭が出土していないとはいえ、人工遺物の形式論にもとづく根拠からその年代は、紀元前五〇〇〇年から四〇〇〇年に及ぶと想定されている。投射尖頭器のもっとも一般的な形式は、パードナレス型として知られており、それらは、Guilá Naquitz の最上層からも出土している。動物と植物の残骸の保存状態は劣悪である。一つの区画には人工遺物や丸石がまったく見当たらず、そこは、会合か踊りのために使用されていたのかもしれない。Flannery (pers. Comm.) は、彼を含めて数多くの考古学者たちがその峡谷の川沿いの低地で二〇〇〇以上もの遺跡を発見しており、かなりの規模の定住地が未発見のまま残されている可能性があるといった考え方は受け入れることができないと指摘している。彼は、Hayden の主張が野外調査を含む直接体験によって得られたその地域の地形学と考古学に関する不十分な知識によって歪められていると考えている。
（12）筆者は、Kent Flannery (pers. Comm.) によって示されている、北西海岸のアメリカ先住民たちの間で記録されているような競合的な祝宴が紀元前八〇〇〇年のオアハカ峡谷のモデルには当てはまらないという、本書の本文にも反映されている彼自身の見解を支えている解釈に感謝しなければならない。彼は、歴史的な記録が残されている、西部沙漠地帯とグレートベースンのアメリカ先住民たちが、その食料源と、すでに知られている生活様式に鑑み、より優れた類推を与えてくれると指摘している。オアハカ峡谷における格付けや競合の痕跡は、農耕が始まってから六〇〇〇年以上も時代が下った紀元前一一五〇年まではまったく見当たらない。祝宴の最古の痕跡の年代は、紀元前八五〇年から七〇〇年頃であり、それにはイヌが関わっていた。そうした歴史的な展開は、オアハカ峡谷における農耕と都市社会の発達を鮮やかな筆致によって描いているMarcus & Flannery (1996) によって示されている。

31　コスターへ

（1）前期完新世の自然環境と南西部の遺物は、Cordell (1985) によって要約されている。

（2）サンダルとSandal Shelterに関する以下の本文は、Geib (2000) に依拠している。彼が示している加速器質量分析法にもとづく一連の年代は、八三〇〇±六〇年（BP）（紀元前七五一四 - 七一九六暦年）から五五七五±五〇年（BP）（紀元前四四五四 - 四四一七暦年）に及んでいるとはいえ、その大多数は、今から七五〇〇年前頃に集中している。

（3）Mock & Bartlein (1995)

（4）更新世が終わりを告げ、完新世が始まった頃の自然環境とグレートベースンから出土した遺物に関する詳細な論評は、Beck & Jones (1997) によって示されている。

（5）すでに知られているたった一つの構築物は、ポーリン湖の湖畔の遺跡に由来しており、そこでは岩石を取り除くことによって形づくられた直径四メートルの楕円形の中央に炉床が掘られており、これは、住居の残骸だと考えられている (Beck & Jones, 1997)。

（6）Hogupの洞窟は、長期にわたって散発的に利用されていたのだろう。その放射性炭素年代は、八三五〇±一六〇年（BP）（紀元前七五七六 - 七一八一暦年）から今からほぼ三七〇〇年前に及んでいる (Beck & Jones, 1997)。

（7）Frison (1978) は、ビッグホーン盆地を描写し、Hornerの遺跡の形成のシナリオを提示している。彼は、三つの放射性炭素年代、七八八〇±一三〇〇（BP）、八七五〇±一二〇年（BP）（紀元前八一五六 - 七六〇五暦年）、八八四〇±一二〇年（BP）（紀元前八二〇一 - 七七九八暦年）を報告している。大きな偏差は、これらの年代の価値を減じており、Frisonは、若い年代ではなく、古い年代の方に優先権が与えられなければならないと（その根拠を示すことなく）述べている。しかしながら、筆者の本文は、若い年代に依拠している。ハイプレーンズにおけるバイソン狩りに関する以下の本文は、Frison (1978) とBamforth (1988) に依拠している。

（8）「アルチサーマル期」という用語は、一九四八年にAntevによって提出されたのだが、私たちが完新世の気象条件の変動に関する新たな知識をかなり蓄えた今となっては、いずれかといえば、据わりがよくないといえるかもしれない。それが地域的な単一の現象だったのか、それとも、地上に残されている痕跡によっては区別できない数多くの小さな変動の混合体だったのかは今なお明らかにされていない。Meltzer (1999) は、アルチサーマル期が平原に与えた影響に対する人類の対応を査定している。

（9）農耕は、紀元後一二五〇年から一四五〇年頃にかけて、南部の平野ばかりでなく、北部の平野とミズリー川の峡谷平野においても、短期間ではあれ制限されていた（Meltzer, pers. Comm.）。

（10）コスター・プロジェクトは、Stuart StrueverとJames Brownの二人の考古学者によって指揮されており、発掘は、一九七九年まで継続された。何本かのかいつまんだ報告書が出版されているとはいえ、最終的な報告書は、現時点では公表されていない。信頼に値する平易な発掘の説明とその解釈がStruever & Holton (1979)によって示されており、以下の本文の大部分はそれに依拠している。Brown & Vierra (1983)は、その遺跡の基本的な層位と文化的な発達に純理論的な考察を生態学の枠組にもとづいて加えている。

（11）Kosterにおける最初の居住はPhase 2に属しているとされており、その放射性炭素年代は、八七三〇±九〇年（BP）（紀元前七九四〇－七六〇五暦年）である。

（12）Kosterは、中西部のアルカイック期の定住地としてもっとも広く知られている一方、多岐にわたるそのほかの形態の定住地がすでに発見されており、それは、人々が生態環境の観点からな特定の適所に住み着くことによって多種多様な生活様式を発達させていたことを物語っている。たとえば、洞窟に居住していた人々もいれば、沿岸に定住地を構えて貝塚を築いた人々もいた。その時代の様々な遺跡とその全体像は、Phillips & Brown (1983)によって示されている。

（13）KosterのPhase 8の時代は、七六七〇±一一〇年（BP）（紀元前六六三九－六四二一暦年）から六八六〇±八〇年（BP）（紀元前五八三六－五六六四暦年）に及んでおり（Brown & Vierra, 1983）、この期は、ミドルアルカイック 2とも呼ばれている。

（14）KosterのPhase 7aの年代は、五八二五±八〇年（BP）（紀元前四七七五－五五五二暦年）であり、その一方、Phase 6の最終的な年代は、四八八〇±二五〇年（BP）（紀元前三九六〇－三四八五暦年）である。Kosterに由来しているそのほかの年代については、標準偏差の大きな値がその価値を減じている。この期は、ミドルアルカイック 3（Helton）とも呼ばれている。

（15）Kosterに由来している人骨の残骸は、Buikstra (1981)によって研究されている。わずか二五体の人骨の残骸が六期と七期から出土しているのだが、そのほとんどは、断片化し、ふたたび埋め直され、バラバラの状態で点在していた。彼女は、これらの人骨が外傷性の損傷と変性疾患を異常なまでの頻度で示していることを発見しており、これは、Kosterと同じ地域のミドルアルカイック期の遺跡であるModecの岩窟住居の人骨にも見られる特徴である。それとは対照的に、絶壁の頂上に位置しているGibsonの遺跡のホープウェル文化期の後期の共同墓地の下に位置しているミドルアルカイック期の共同墓地の人骨には損傷と疾患の痕跡のいずれもがわずかしか認められない。それゆえ、Buikstraは、疾患や損傷によって通常の作業の遂行に耐えることができなかった人々が健常者たちとはまったく異なった場所に埋葬されたのだと結論づけている。幼児と子供たちの骨はいずれも含まれておらず、それらは、おそらくは、また別の場所に埋葬されていたのだろう。彼女の解釈は、その解釈が依拠している人骨がきわめてかぎられていることから、慎重に判断されなければならない。筆者自身は、狩猟採集民や古代の園芸家たちが身体的な損傷や疾患をもっていた人々を集団のそのほかの成員とは異なった場所に埋葬していたという、記述民族学にもとづく類推を確認できたことはこれまでにはない。

(16) アメリカ大陸の東部における土着の野生種の栽培植物化を含めた農耕の発達は、Smith (1995) によって記述されている。この地域の複雑な社会は、ホープウェル文化に属しているとされている。

32　サケ漁と歴史の贈り物

(1) 残念なことに、筆者がここで言及している「交易商たちの定住地」は、純然たる推測にもとづいている。シカゴは、一八〇三年にディアボーン砦の近くに形成され、一八三七年には都市になり、鉄道の建設によって拡大した。筆者は、その同じ場所に古代の定住地の証拠物件を確認することはできないとはいえ、その環境的な条件は、完新世の狩猟採集民たちにとっては理想的だったと推測している。

(2) 北西海岸の狩猟採集民たちに関する以下の本文は、Ames & Maschner (1999) に依拠している。

(3) Cannon (2000) は、ブリティッシュコロンビア州の沿岸の海面の水位の変化と、それが人類の居住地に与えた影響を研究してきた。彼は、貝塚の年代とその現在の海抜高との直接的な相関関係を発見しており、それは、今から一〇〇〇〇年前から八〇〇〇年前の間に海面がしだいに下降したことを指し示している。

(4) Rubbock (1865, pp. 412-25)

(5) Carlson (1996) は、Namuの発掘とその遺跡の最初期の居住に由来している遺物の発見について記述している。最初の発掘は、一九六九 - 七〇にかけて着手され、一九九四年にその後の発掘が行われた。一九七七 - 八年の発掘は、「ベラベラ族集団評議会」の合意にもとづき、一九九四年の発掘は、サイモンフレーザー大学と「ヘイルツク族評議会」の共同管理の下に行われた。Cannon (1996) は、その遺跡から出土した動物と魚の骨について記述し、その経済に関する推論を引き出している。彼は、Namuの基部の堆積層の年代を九七二〇±一四〇年（BP）（紀元前九二八二 - 八八一一暦年）と計測している（Cannon, 2000）。

(6) これは、Blondinによって伝えられている現代のデネ族の物語（Driver et al., 1996によって引用されている）であり、それをNamuの人々と結びつけているのは、筆者のたんなる憶測にもとづいている。

(7) 今から六〇〇〇年前のNamuの居住者たちが歴史時代の記録が残されている北西海岸のアメリカ先住民たちと同じ

ような観念形態にもとづく考え方をもっていたといったことは、改めて断るまでもなく、筆者の憶測にすぎない。しかしながら、今から一二〇〇〇年前という驚くほど早い段階からワタリガラスが象徴的な意味を賦与されていたことを示していると思われる痕跡は、ブリティッシュコロンビア州のCharlie Lakeの洞窟に由来している（Driver et al., 1996）。この洞窟からは、なんらかの儀式を示唆している二羽のワタリガラスの骨格が出土している（一羽は、今から一〇五〇〇年ばかり前で、もう一羽は、九五〇〇年ばかり前）。いずれの骨格もほぼ各部が残されており、切り傷や肉食獣が死体を漁った痕跡はまったく残されていない。二羽のうち年代の若いワタリガラスは、窪地に細石刃の石核とともに埋め込まれていた。Driver el al.は、この二羽のワタリガラスが自然死したことに疑念を抱いており、その後の伝統に見られるワタリガラスの神話的な意義を示唆している。

氷河期以後

紀元前二万年からはじまる人類史（上）

2015年4月30日　第1刷印刷
2015年5月15日　第1刷発行

著　者　スティーヴン・ミズン
訳　者　久保儀明

発行者　清水一人
発行所　青土社
〒101-0051　東京都千代田区神田神保町1-29　市瀬ビル
［電話］03-3291-9831（編集）　03-3294-7829（営業）
［振替］00190-7-192955

印刷　ディグ（本文）
　　　方英社（カバー・表紙・扉・帯）
製本　小泉製本

本文デザイン　戸塚泰雄（nu）
装丁　菊地信義＋水戸部功

Printed in Japan
ISBN978-4-7917-6859-2